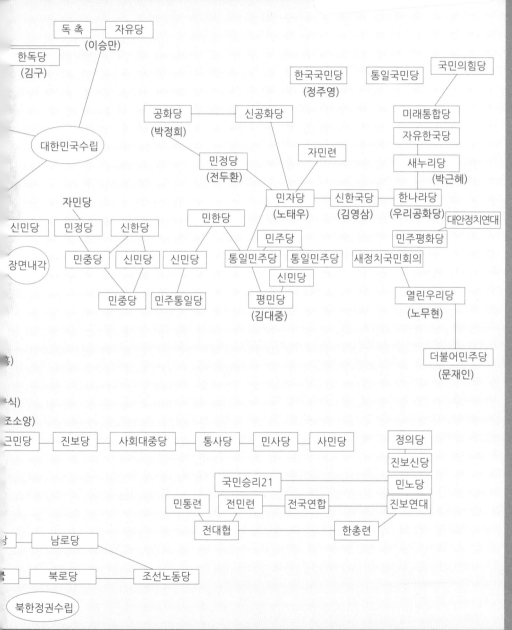

독 촉 ── 자유당
(이승만)

한독당
(김구)

대한민국수립

한국국민당
(정주영)

통일국민당

국민의힘당

미래통합당

자유한국당

새누리당
(박근혜)

공화당 ── 신공화당
(박정희)

자민련

민정당
(전두환)

민자당
(노태우)

신한국당
(김영삼)

한나라당
(우리공화당)

대안정치연대

민주평화당

자민당

신민당 민정당 신한당

민한당

민주당

통일민주당 통일민주당

신민당

새정치국민회의

장면내각

민중당 신민당 신민당

통일민주당

평민당
(김대중)

열린우리당
(노무현)

민중당 민주통일당

더불어민주당
(문재인)

식)

조소앙)

근민당 ── 진보당 ── 사회대중당 ── 통사당 ── 민사당 ── 사민당

정의당

진보신당

국민승리21

민노당

민통련 전민련 ── 전국연합

진보연대

전대협 ──────── 한총련

남로당

북로당 ── 조선노동당

북한정권수립

광복 한국정쟁 4.19 5.16 광주항쟁 6.29선언 동구권붕괴

제4판
한국 보수세력 연구

정신이 살아 있는 출판

청미디어
CHEONG MEDIA

이 도서의 국립중앙도서관 출판예정도서목록(CIP)은 서지정보유통지원시스템 홈페이지
(http://seoji.nl.go.kr)와 국가자료종합목록 구축시스템(http://kolis-net.nl.go.kr)에서 이용하
실 수 있습니다. (CIP제어번호 : CIP2020005224)

이 책 초판은 한국언론재단의 저술지원을 받아 출간되었습니다.

A Study of Conservatives in Korea

The Fourth Edition

by Si-Uk Nam

CHEONG MEDIA

제4판 머리말

2021년 11월 들어 한국의 정치 지형은 괄목할만한 변화를 기록했다. 그것은 2022년 3월 9일의 제20대 대통령 선거일을 4개월 앞둔 11월 5일에 보수 야당인 국민의힘 당 대통령 후보에 윤석열 전 검찰총장이 선출되어 진보 여당인 더불어민주당 대통령후보 이재명과 양강 구도를 이루었기 때문이다.

윤석열은 이날 오후 서울 용산구 백범김구기념관에서 열린 국민의당 제2차 전당대회에서 최종적으로 47.85%의 득표율로 강력한 라이벌이었던 홍준표 의원(41.50%)을 제치고 제1야당의 대선 후보로 당선되었다. 윤석열의 드라마틱한 등장으로 국민들의 관심은 그 동안 무기력하던 국민의힘 당에 새로운 기대감과 함께 제20대 대통령 선거에서 과연 정권교체가 이룩될 수 있을지 여부에 쏠리게 되었다.

이번 《한국보수세력연구》 제4판은 지난 2020년 2월에 나온 제3판 이후 살펴보지 못했던 한국 보수 우파 세력의 움직임을 윤석열 등장을 중심으로 해서 조명해 보기 위해 서둘러 기획된 것이다. 독자 여러분들의 지속적인 성원을 부탁드린다.

2021년 11월

남시욱

제3판 머리말

2010년대로 접어들면서 한국의 국내정치는 대외관계만큼이나 격동의 연속이었다. 사상 최대 규모의 촛불시위가 연일 계속되는 가운데 헌정사상 최초로 대통령이 탄핵–파면되고, 그 뒤를 이어 들어선 진보좌파정권의 국정실패로 경제는 파탄이 나고 국가안보는 위험에 빠졌다. 문재인 정부가 출범한 2017년 이후의 기간은 건국시기부터 한국정치를 이끌어 온 보수우파세력과 이를 지지하는 국민들에게는 특히 엄청난 시련과 좌절의 시기였다.

이번 《한국보수세력연구》 제3판은 지난 2011년 3월에 나온 제2판(증보판)에 담지 못했던 2020년 1월 말 현재까지 약 9년간의 보수우파세력을 중심으로 살펴본 한국 현대정치의 발자취를 추가한 것이다.

제 3판에서는 또한 작년에 출간한 본인의 졸저 《한국진보세력연구》의 개정증보판 처럼 본문 사이사이에 화보 페이지를 새로 넣었다. 화보가 주는 시각적 효과를 감안해 독자들로 하여금 이 책을 쉽고 재미있게 읽을 수 있도록 도움이 되고자 한 것이다.

이번 제3판에 대해서도 독자 여러분의 계속적인 관심과 성원을 부탁드리면서 그동안 책 발간과 편집작업을 위해 수고해 주신 청미디어의 신동설 대표와 편집진 여러분에게 감사를 드린다.

2020년 1월

남 시 욱

증보판 머리말

　이 책 초판이 2005년 12월 발간되자 독자들로부터 예상 밖의 관심과 호응을 받게 된 것은 저자로서는 여간 기쁜 일이 아니었다. 이번 증보판은 초판 이후의 상황발전, 즉 이명박 정부의 출범과 집권 3년차까지의 공과, 그리고 2012년 정권교체를 앞두고 보수세력이 직면한 새로운 도전과 과제를 추가했다.

　한국사회는 물론이고 세계는 이 책 초판이 나온 이래 5년간 엄청난 변화를 겪었다. 한국은 그 동안 세계 7위의 무역대국으로 성장하고 G20의 일원이 되어 국제적 위상이 올라갔으나 북한이 일으킨 천안함사건과 연평도사건으로 국가안보가 흔들리고 G2로 급성장한 중국의 북한경도로 커다란 시련이 닥쳐왔다. 10년 만에 정권을 되찾았지만 계속 집권이 미지수인 한국 보수세력의 책무는 그 만큼 막중해 졌다.

　증보판은 이 밖에 해방공간에서 반탁운동을 벌인 학생단체에 관한 부분을 보충하고, 초판에서 설명이 미진했거나 부정확하게 기술된 노태우 정권 당시 3당 통합 이후 민주당의 결성과정 등 몇 가지 사실과 표지 안쪽 한국의 주요 정치사상 및 정당 계보 그림도 보완했다. 독자 여러분의 계속적인 성원과 비판을 바라면서 증보판 발간에 애쓴 청미디어의 신동설 대표와 편집진에게 심심한 사의를 표한다.

2011년 1월

남시욱

초판 머리말

　대한민국을 반세기 동안 지배해온 한국의 보수세력, 그들은 과연 누구인가. 그들은 어떤 사상과 이념을 갖고 있는가. 또한 그들이 지키고자 하는 핵심가치는 무엇인가. 그리고 그 뿌리는 어디에 있고, 그 인맥은 어떻게 이루어져있는가. 이 책은 이런 여러 의문들에 대해 종합적이고 체계 있는 답을 찾아보기 위해 시도된 것이다.

　이 책에서 다루고자 하는 한국의 보수세력은 자유민주주의와 시장경제를 정치적 이념으로 삼고 있는 우파세력을 지칭한다. 물론 그들의 신념체계가 그렇다 해서, 언제나 그 신념체계대로 행동한 것은 아니다. 정치세계에서는 이념과 현실 사이에 항상 괴리가 있게 마련이다. 한국의 보수세력이 긍정적 평가와 부정적 평가를 동시에 받고 있는 이유도 여기에 있다.

　한국의 보수세력에 대한 긍정적 평가로는 그들이 대한민국을 세운 건국세력이자 20세기 들어 산업화에 성공한 '한강변의 기적'의 주역들이라는 것이다. 부정적 평가로는 그들이 지난날 일제에 협력하고 분단정권을 수립했으며 권위주의 정권을 수립하거니 이에 협력함으로써 자유와 인권을 유린했다는 것이다.

　이런 상반된 평가가 교차하는 가운데 한국의 보수세력은 21세기 초입에서 한국사회의 지배집단의 지위를 상실했다. 그 분기점은 2002년의 대통령선거와 2004년의 4·13국회의원총선거였다. 일부 '진보적' 지식인들은 보수세력이 참패한 4·13총선을 '의회주의 혁명'이라고 찬양한다. 이런 주장이 맞는다면 한국의 보수세력은 역사의 전개과정에서 혁명의 대상이 된 수구세력이 된다. 과연 그런가. 저자는 이런 문제를 탐구해 보고자 한다.

2005년 봄 현재 한국의 정치지형은 오른 쪽으로부터 왼 쪽으로 자유민주연합→한나라당→민주당→열린우리당→민주노동당 순으로 배치되어있다. 10석이라는 많은 의석-과거의 진보당 등과 비교해서-을 얻은 민주노동당의 원내진입은 분명히 과거에 보지 못하던 현상이다. 과거의 보수일변도 정치판도는이제 종말을 고했다.

한국의 정치이념을 분류하는 기준으로 쓰이는 '진보'와 '보수' 라는 용어는 어디까지나 상대적인 개념이다. 사회주의의 종주국이었던 러시아에서 오늘날 전통적인 공산주의를 '보수'로, 새로운 자유주의세력을 '진보'로 분류하고 있는 사실을 감안하면 한국의 상황은 기이하다고 할 수밖에 없다. 더욱 이상한 일은 한국에서 '진보'니 '좌파'니 하는 용어들이 극좌파인 북한 공산정권과의 관계를 기준으로 해서 호칭되고 있다는 사실이다. 이 책은 이 같은 특이한 상황에 처해있는 한국 보수세력이 지금까지 걸어온 발자취와 그 공과, 그리고 좌파세력과의 갈등과 대립의 긴 역사를 가능한 한 균형 잡힌 시각에서 짚어보고자 한다. 그리고 한국 보수세력의 미래 또한 저자 나름대로 전망해 볼 작정이다. 이 문제는 책의 결론부분에 해당될 것이다.

저자는 우리 근·현대정치사를 가급적 통시적(通時的) 시각에서, 그리고 국제정치라는 보다 넓은 관점에서 아울러 살펴보려 했다. 이 책에서 다루는 한국근·현대사의 여러 문제들 가운데 학자들 간에 논란거리가 되고 있는 쟁점들-즉, 갑신정변과 갑오경장의 자율성 문제, 애국계몽운동과 실력양성론의 문제, 반일독립운동의 방법론 문제, 좌우합작과 남북협상 및 단독정권 수립의 문제, 그리고 이승만과 박정희에 대한 관점-을 분석, 평가하는데 있어서 우리 민족국가의 완성과 민주주의의 발전, 그리고 경제적 번영과 민족구성원의 삶의 향상이라는 관점과 잣대를 적용하고 이를 일관되게 견지하려 했다.

우리 근·현대사는 정치적 이상주의(때로는 유토피어니즘)와 현실주의(때로는 마키아벨리즘) 간의, 그리고 이 두 노선의 신봉자들인 진보주의자들과 보수주의자들 간의 끊임없는 갈등의 역사라고도 말할 수 있을 것이다. 그 갈등의 핵심적인 문제들—현재도 마찬가지지만—은 항일 독립운동과 통일의 방법론이었다. 우리 근·현대사에 대한 저자의 접근은 이런 시각에서 출발했다. 독자들께서는 이 같은 저자의 입장과 분석방법론을 포함해 이 책의 내용 가운데 오류가 발견되는 경우 기탄없는 질책과 가르침을 주시기를 바란다.

이 책을 쓰는 데는 많은 분들의 정성 어린 지도와 친절한 조언이 있었다. 이분들의 이름을 일일이 밝히지는 않지만 이 자리를 빌려 깊은 감사를 드리고자 한다. 아울러 이 책에 인용된 많은 훌륭한 저서와 논문들의 저자와 필자들에게도 마음속으로부터의 고마움을 표하려 한다. 혹시라도 문맥과 어긋나는 인용이 있었다면 그것은 전적으로 저자의 책임이다. 마지막으로, 이 책을 저술하는데 재정적 지원을 아끼지 않은 한국언론재단의 정남기 이사장과 김광원 이사에게 심심한 감사를 드리며, 이 책의 출판을 맡아준 (주)나남출판의 조상호 사장과 편집국 여러분께 사의를 표한다.

2005년 11월
남 시 욱

한국보수세력연구 제3판

차 례

제1부 개국과 일제 시기

Ⅰ. 한국 보수이념의 기원

Ⅱ. 식민치하의 좌우대립

제2부 건국과 전쟁 시기

Ⅲ. 건국시기의 좌우대결

제3부 산업화와 민주화 시기

Ⅴ. 군사정변과 보수세력

Ⅵ. 민주화와 보수세력

제4부 좌파정권 등장 시기

Ⅶ. 좌우경쟁 시대의 보수세력

Ⅷ. 기로에 선 보수세력

제1부
개국과 일제 시기

1. 1871년 4월 14일(음력) 미해병대의 강화도 침공사건(신미양요) 때 미군이 약탈한 강화도의 조선군 사령관이었던 순무중군 어재연 장군의 '수(帥)'자 기(旗)를 자기들의 군함에 걸어놓고 경비를 서고 있는 모습. 이 깃발은 2007년 미국으로부터 장기임대 형식으로 한국에 송환되었다.

2. 흥선대원군과 그가 병인양요와 신미양요에서 프랑스와 미국의 요구를 거절하는데 성공하자 자신감이 생겨 전국 각지에 건립한 위정척사비.

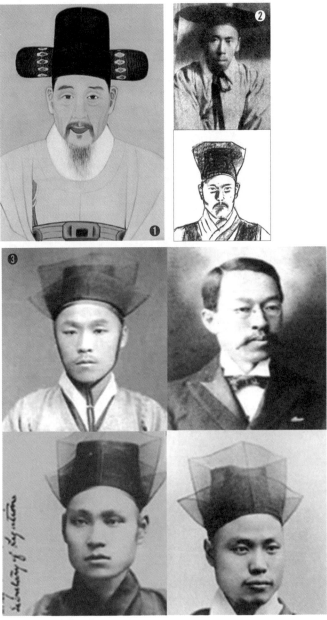

1. 개화파의 비조 박규수의 초상화.

2. 그의 집 사랑채에서 함께 개화파 핵심인물들을 교육한 오경석(상)과 유홍기(하).

3. 개화파 선구자들에게 교육을 받은 김옥균(윗줄 왼쪽), 박영효(윗줄 오른쪽),
   서광범(아랫줄 왼쪽) 및 홍영식(아랫줄 오른쪽).

1. 1881년 통리기무아문이 일본에 파견한 총 62명의 신사유람단과 함께 일본을 방문한 김옥균은 4개월간의 시찰 끝에 귀국한 다음 국정개혁안을 제출해 국왕의 윤허를 받았다. 그 골자는 교육장려, 신문발행, 군대조련의 세 가지였다. 이에 따라 1882년에 최초로 세워진 민간학교인 함경도 덕원부 원산의 원산학사에서 수업을 하는 모습.

2. 국정개혁의 일환인 군대조련, 즉 국방개혁 방침에 따라 신식무기로 무장한 신식군대인 별기군.

3. 국정개혁의 일환으로 1883년 10월 1일(양력 10월 31일)자로 창간된 《한성순보》는 자유민권사상, 입헌군주제도, 3권분립제도, 만국공법제도, 부국강병책 등 서양의 근대사상을 줄기차게 전파한 개화세력의 가장 유력한 매체였다.

1. 조미수호조약 체결 135주년을 맞아 2017년 5월 19일 인천시 동구청이 주최한 제28회 화도진 축제 행사의 일환으로 화수동의 화도진 동헌 마당에서 조약조인 재연행사를 가졌다. 조선대표 신헌 역은 이흥수 동구청장(오른쪽에서 두 번째)이, 미국 대표 슈벨트 역은 마크 네퍼 주한미국대사대리(왼쪽에서 두 번째)가 각각 맡았다. 사진 인천게릴라뉴스

2. 첫 주한미국공사 푸트가 1983년 5월 서울에 부임해오자 고종은 민영익을 정사로 하는 보빙사절단을 그해 7월 워싱턴에 파견했다. 앞줄 가운데가 정사 민영익이다.

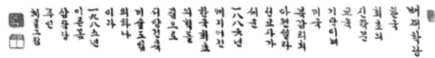

1. 1885년 고종이 그의 주치의인 미국인 의사 호러스 N. 알렌의 건의를 받아들여 서울 제동에 세운 한국 최초의 근대식 국립의료 기관 모습. 원래 이 해 2월 29일 광혜원(廣惠院)이라는 이름으로 설립되었으나 12일 후인 3월 12일 그 명칭이 취소되고 제중 원(濟衆院)으로 바뀌었다. 갑신정변을 일으켰다가 실패해 처형된 개화파 홍영식의 집터(현재의 헌법재판소 자리)이다.

2. H. G. 아펜젤러 목사가 1885년에 세운 국내 최초의 근대식 중등 교육기관인 서울 정동의 배재학당 초창기 건물 모습. 배재학당 에서는 서재필과 김규식이 강의를 맡았으며, 이승만, 안창호, 여운형, 주시경, 지청천, 오긍선, 김소월 등 유명인들이 공부했다. 1886년에 건축된 이 건물은 1923년에 헐리고 새로운 현대식 건물이 들어섰다. 혜촌 김학수 화백 작품.

1. 서재필이 조선이 독립국임을 만백성과 세상에 알리기 위해 건립자금을 모금해 과거 국왕이 직접 나가 중국 사신을 맞이하던 영은문을 헐고 그 바깥쪽으로 건립한 독립문 모습. 서재필은 프랑스 파리의 개선문을 모델로 직접 독립문 설계도안을 스케치하여 이를 토대로 우크라이나 출신 러시아인 건축가 아파나시 이바노비치 세레딘-사바틴(士巴津)을 초빙해 1896년 11월 21일 정초식을 거행하고 1897년 11월 20일 완공했다.

2. 황제복을 입은 고종(왼쪽 사진)과 그가 1897년 10월 12일 문무백관을 거느리고 대한제국 황제 즉위식을 거행한 원구단(현재 서울 중구 소공동 조선호텔 경내에 위치).

1. 1898년 10월 28일에서 11월 2일까지 6일간 서울 종로 네거리에서 독립협회 주최로 만민공동회가 열렸다(민족기록화 작가 최대섭).

2. 서재필과 1896년 창간된 《독립신문》.

3. 한말의 다른 언론인들- (좌로부터) 장지연, 박은식, 신채호, 양기탁.

1. 1902년 한성감옥에 갇힌 독립협회 회원들. (뒷줄 왼쪽부터) 이승만, 이승인, 유동근, 김린, 안국선, 아버지 대신 복역하는 소년, 앞줄 왼쪽부터 강원달, 홍재기, 유성준, 이상재, 김정식.

2. 1907년 비밀결사체인 신민회를 조직한 지도자들. (왼쪽부터) 안창호, 이승훈, 이동휘.

3. 1912년 설립된 동제사의 지도자들이자 일제하 독립운동의 선구자들인 신규식, 신채호, 박은식.

1. 1919년 3·1운동을 비롯한 국내외 독립만세사건의 최고 지도자들. (좌로부터) 이승만, 안창호, 여운형, 김규식.

2. 1919년 2월 파리강화회의에 파견된 신한청년단 대표단. 앞줄 왼쪽 첫 번째가 여운홍(여운형의 동생), 오른쪽 끝이 김규식, 가운데는 대표단 사무실 건물주인 블레베 부부. 뒷줄 서 있는 사람 중 왼쪽에서 두 번째가 이관용, 세 번째가 조소앙, 맨 끝이 황계환.

3. 신한청년당이 1919년 1월 파리에 파견한 강화회의 대표단(단장 김규식)의 활동을 돕기 위해 국내외 각지에서 시위운동을 일으키도록 독려하기 위해 파견한 요원들. (사진 좌로부터) 장덕수(일본), 김철, 선우혁, 서병호(국내).

27

1. 일본 동경 2·8독립선언 주역들이 1920년 3월 26일 형무소에서 출감한 뒤 찍은 기념사진. 가운데 줄 왼쪽부터 조선청년독립단 대표인 최팔용, 윤창석, 김철수, 백관수, 서춘, 김도연, 송계백, 장영규(앞줄 맨 오른쪽), 최승만(그 왼쪽), 강종섭(뒷줄 가운데).

2. 1918년 10월 이승만의 밀지(密旨)에 따라 독립운동 거사 계획을 세운 서울 중앙학교의 교주 김성수(왼쪽), 교장 송진우(가운데), 교감 현상윤(오른쪽).

3. 3·1운동의 종교계 대표 3인-손병희(천도교), 이승훈(기독교), 한용운(불교).

1920년 7월 12일자《동아일보》의 3·1운동 민족대표 48인의 공판기사와 함께 실린 인물사진은 다음과 같다.
제1열 우로부터 손병희, 최 린, 권동진, 오세창, 임예환, 권병덕, 이종일, 나인협
제2열 우로부터 홍기조, 김완규, 나용환, 이종훈, 홍병기, 박준승, 이승훈, 박희도
제3열 우로부터 최성모, 신홍식, 양진백, 이명용, 길선주, 이갑성, 김창준, 이필주
제4열 우로부터 오화영, 박동완, 정춘수, 신석구, 한용운, 백용성, 안세환, 임 규
제5열 우로부터 김지환, 최남선, 함태영, 송진우, 정노식, 현상윤, 이경섭, 한병익
제6열 우로부터 김홍규, 김도태, 박인호, 노현용, 김세환, 강기덕, 김원벽, 유여대

이상 48인 중 제1열~제4열의 백용성 까지 30명과 제6열 마지막의 유여대를 합친 31명은 독립선언문에 직접 서명한 민족대표들(민족대표 33인 중 망명한 김병조와 옥사한 양한묵을 제외)이며, 나머지는 독립선언서 기초자 최남선을 비롯한 비서명 각계 대표 17인이다.

1. 1920년 12월 28일 상해에서의 이승만 임시정부 초대 대통령 환영식. 이 때까지 상해임정은 구성이 다양했다. 서있는 이들은 (왼쪽부터) 존왕파인 손정도 목사, 이동녕, 이시형, 그 다음이 카이젤 수염의 사회주의자 이동휘, 외교론자인 이승만, 실력양성론자인 안창호, 애국계몽론자인 박은식, 무장투쟁론자인 신규식이다.

2. 1920년 5월 상해에서 결성된 상해파 고려공산당의 간부들-앞줄 왼쪽에서 1번째 신원미상, 2번째 이동휘, 3번째 박진순, 4번째 김립, 뒷줄 왼쪽에서 1번째 김철수, 2번째 계봉유, 3번째는 신원미상.

3. 1920년의 봉오동전투와 청산리전투가 전개된 지역들-2003년 7월 2일 EBS 화면 캡쳐.

4. 1920년 6월의 봉오동 전투의 영웅 홍범도 장군과 같은 해 10월의 청산리 전투의 영웅들인 김좌진, 이범석 장군과 1930년의 대전자령 전투의 영웅인 지청천 장군 (사진 왼쪽부터)

1. 연정회 결성을 추진한 동아일보의 김성수와 송진우(인물사진 오른쪽에서부터)와 조선의 자치를 주장했다가 엄청난 반발에 부딪힌 문제의 사설 "민족적 경륜" 제1회 분이 실린《동아일보》1924년 1월 2일자 1면.

2. 1925년 4월 창당된 조선공산당 주동자들(좌로부터 김재봉, 이준태, 권오설).

3. 1927년 2월 15일 중앙기독교청년회관(서울YMCA회관)에 개최된 좌우합작의 신간회 창립총회를 주도한 각계의 발기인들.

1. 김구, 조소앙 등에 의해 1940년 5월 16일 중국 충칭에서 열린 좌우합작의 한국독립당 제1차 중앙집감위원들. (앞줄 왼쪽부터) 김붕준·지청천·송병조·조완구·이시영·김구·유동열·조소앙·차리석. 대한민국 임시정부의 여당이자, 대한민국 건국 초기의 야당이다.

2. 1940년 9월 17일 한국광복군 총사령부 창설 때 신흥무관학교 졸업생들이 광복군사령부 앞에서 기념촬영을 하고 있다.

3. 1938년 10월 10일 중국 한쿠(漢口)에서 조선민족혁명당 당수 김약산이 조직한 조선의용대 대원들. 이들은 1941년 임정의 좌우합작으로 광복군 제1지대로 편입되었다.

1. 중경임시정부 주석 김구가 1945년 8월 중국 시안에서 광복군총사령 지청천 장군을 대동하고 미국 OSS 중국책임자 도노반 장군과 광복군의 한반도 투입문제를 논의하기 위해 회의장으로 걸어가는 모습.

2. 1945년 조직된 최초의 광복군과 미군의 합동부대원들-이들은 3개월간의 OSS대원 훈련이 끝나고 한반 도에 침투해 일본군 진지를 파괴하기 위한 50명의 결사대를 조직했다. 그러나 일본의 예상보다 빠른 항 복으로 이들의 작전은 실행되지 못했다.

1. 일제 항복 발표 사흘 뒤인 1945년 8월 18일 광복군 정진대가 미군 OSS대원들과 함께 C-47 수송기를 타고 여의도 비행장에 착륙했으나 일본군의 상륙거부로 중국 산둥성 웨이현으로 되돌아갔다. 정진대의 주요 임무는 일본군 무장 해제, 일군 징병 한인 인수, 조직 등이었다. 이들 정진대원은 대장인 이범석 장군과 장준하·김준엽·노능서 등 4명 이다. 사진은 웨이현 비행장에서 촬영된 것이다. 사진=독립기념관 소유.

2. 중국 중경에서 광복을 맞은 임시정부 요인들이 1945년 11월 3일 환국에 앞서 태극기를 들고 기념사진을 찍는 모습. 앞줄 왼쪽에서 5번째가 임정 마지막 주석인 김구이며 그 왼쪽 앞에 이시영이, 왼쪽 뒤에 조소앙이 보인다.

Ⅰ. 한국 보수이념의 기원

① 자유민권사상의 수용

> 역사에는 방향감각이 있기 때문에 비로소 우리는 과거의 여러 사건을 정리하고 해석하는 작업–이것은 역사가의 일이 다–을 할 수가 있으며, 미래를 내다보면서 오늘날의 인간의 에너지를 해방하고 조직하는 작업–이것은 정치가 경제학자 사회개혁가의 일이다–을 할 수 있는 것이다. 그러나 이 과정 자체는 언제나 진보하는 것이고 동적인 것이다.
>
> – 이 H. 카(E. H. Carr)

1. 개화사상의 태동

조선조 말의 세 가지 사상

1860~1870년대의 조선에는 밖으로부터 밀려오는 외세에 대응하는 사상으로서 세 가지 흐름이 형성되고 있었다. 그 하나는 위정척사사상(衛正斥邪思想)이고, 다른 하나는 동학(東學)의 혁명적인 정치·사회사상이며, 마지막 하나는 개화사상(開化思想)이다.[1] 위정척사사상이 정치적 명분주의라면, 동학사상은 종교적 신앙과 변법론에 입각한 유토피아적 혁명사상이며, 개화사상은 변법론적 요소가 강한 근대화 지향의 정치적 현실주의이다.

이들 세 사상은 서로 모순관계에 있으나 모두가 중국 변방의 소국인 조선왕국이 서양세력 주도의 새로운 국제질서에 편입되는 과정에서 생성 발전된 사상이다. 이들 세 사상은 그로부터 130~140년이 지난 지금도 한국인들의 의식 밑바닥에 침전되어있다. 시대에 따라, 그리고 내부적 사정과 외부적 자극에 따라 구체적인 전개방식은 달랐지만, 이들 세 사상은 오늘날까지 한국의 정치 경제 사회 대외관계에 지대한 영향을 미쳐오고 있다. 즉, 위정척사사상은 강력한 민족주의형태로, 동학사상은 평등주의와 민중주의 사상으로, 그리고 개화사상은 자유주의와 민주주의 이념, 그리고 근대화사상으로 발전해왔다. 현재 한국에서 보수세력이라고 불리는 우파세력은 이들 세 사상의 전통을 모두 이어받았지만, 그 중에서도 개화사상의 영향이 가장 크다. 먼저 위정척사사상과 동학사상부터 간단하게 살펴본 다음 이 장의 주제인 개화사상으로 넘어가기로 하자.

위정척사사상은 1870년대 후반의 문호개방 이전 조선의 정치와 사상을 지배했던 통치이데올로기였다. 위정척사사상은 문자 그대로 정학(正學)과 정도(正道)인 성리철학과 유교적 질서를 지키고 사학(邪學)과 이단(異端)인 서양학문 및 기독교를 물리쳐야 한다는 사상이다. 이 사상은 현실 정치세계에서는 강력한 쇄국정책과 철저한 천주교도 탄압으로 나타났다.[2]

위정척사사상을 가장 충실하게 실천한 지도자는 흥선대원군 이하응(興宣大院君 李昰應)이었다. 그가 고종의 즉위와 동시에 섭정의 자리에 오른 1864년은 조선왕조가 쇄국의 깊은 잠에 빠져 있던 시기였다. 대원군은 인재등용, 서원철폐, 재정 및 세제 개혁, 국방 및 군제 개혁, 풍속개량 등 내정개혁에 놀랄만한 식견과 능력을 발휘했다. 그러나 그의 국제문제에 대한 완고한 고정관념 때문에 개국의 시기를 놓쳐 국가의 불행을 사전에 막을 수 있는 절호의 기회를 그르치고 말았다. 그의 정치적 명분주의가 그렇게 만든 것이다. 대원군은 한 마디로 '중화적(中華的) 세계질서'라는 당시의 전통적 세계관에 사로잡혀 국제정세 판단을 제대로 못함으로써 미국과 프랑스의 수교 요구를 거부해 개국의 시기를 놓쳤다.

시대를 못 읽은 위정척사 사상

대원군 치세 기간 중 맨 먼저 조선에 통상을 요구한 나라는 러시아였다. 러시아는 1864~1865년 두 차례에 걸쳐 국경도시인 경흥부와 회령에 관리를 보내와 통상과 국경왕래의 자유를 요청했으나 대원군은 이를 한 마디로 거부했다. 이 무렵 대원군과 내왕이 있던 천주교도 남종삼(南鍾三) 홍봉주(洪鳳周) 등이 포교의 자유를 얻으려고 러시아의 남진을 막기 위해서는 영국·프랑스와 동맹하는 것이 좋으며 이 두 나라와 동맹을 하려면 조선에 와있는 프랑스 선교사의 힘을 빌리는 것이 방책이라고 상소했다. 대원군은 처음에는 관심을 표하다가 결국 이를 듣지 않았다. 그는 도리어 프랑스 선교사 9명과 이들을 포함한 천주교도 8천여 명을 색출해 학살해 버렸다. 1866년 10월 이 사건을 따지기 위해 로즈(P. G. Roze) 제독을 사령관으로 하는 프랑스 극동함대 소속 군함 7척과 전투원 2,500명이 강화도에 들이닥쳐 강화부를 점령하고 내륙의 김포 문수산성에 침입했다. 그러나 대원군은 병사 5천명을 파견, 10여 일간의 항전 끝에 이들을 물리치는데 성공했다. 이것이 병인양요(丙寅洋擾)이다.

그해 6월에는 미국 상선 제너럴 셔먼(General Sherman)호가 대동강을 거슬러 올라와 평양 근처에서 약탈행위를 자행하다가 선원 20여 명이 군민들에게 살해당하고 선체도 불탄 사건이 발생했다. 이듬해에는 충청도 덕산에 있는 대원군의 생부 남연군(南延君)의 묘를 파려다가 적발된 이른바 독일인 오페르트(Ernst Oppert)의 도굴미수사건이 발생했다. 제너럴 셔먼호사건을 계기로 미국 정부는 조선과 통상·수교를 요구하기 위해 1871년 4월 아시아함대 사령관 로저스(John Rodgers) 제독이 지휘하는 군함 6척을 경기도 남양 앞바다에 보내 미국정부의 수교의사를 조선정부에 전달했으나 이를 거부당했다. 이때도 미군의 일부 병력이 강화도에 상륙, 양국간에 군사충돌을 일으켜 사상자가 났다. 미국 측은 군함의 방한 목적이 전투에 있는 것이 아니라 수교에 있었으므로 군대를 서울로 진격시키지 않기로 결정하고 병력을 철수시켰다. 이것이 신미양요(辛未洋擾)이다.[3]

서양 군함들이 물러가자 기세등등해 진 대원군은 전국 도처에 '척화비'(斥和碑)를 세우고 쇄국정책을 강화했다. 조선왕조는 그로부터 11년이 지난 1882년에 청국의 권유로 미국과 수교했지만, 만약 신미양요 당시 대원군이 그처럼 완고하게 쇄국정책을 고집하지 않았더라면 한반도의 정세는 달라졌을지 모른다. 조선은 신미양요 4년 후인 1875년에 일본으로부터 무력으로 개방을 강요당해 이듬해에 국교를 수립했다. 일본은 조선의 최초 수교국이 됨으로써 한반도에서 우월한 지위를 선점했다. 한말 언론인이자 역사가이며 독립운동가인 박은식(朴殷植)은 대원군의 행동을 그의 '학식부족'으로 돌렸다. 그는 대원군의 실책을 이렇게 비판했다.

만약 그 때 (미국 등과) 국교를 체결하고 정치 예술 교육 산업의 장점을 받아들여 백성들을 계몽하고 실력을 배양했더라면 조선은 자립할 수 있는 강국이 되었을 것이다…우리 문물과 무력이 이미 충분하다고 자만하여 완고 오만으로 시기를 놓치니 대원군의 국제정세에 대한 무지함이 참으로 통탄스럽다.[4]

 전통유학 교육을 받은 박은식이지만 당대의 진보적 언론인답게 시대의 진운을 꿰뚫어 본 통찰이라 할 것이다. 대원군에게 쇄국정책의 사상적 토대를 제공한 대표적인 사상가는 그 보다 20여년 연장자이자 조선후기의 유명한 성리학자인 이항로(李恒老)와 기정진(奇正鎭) 등이다. 조선을 '소중화'(小中華)로 인식한 이들은 일본과 서양을 '이적'(夷狄)이라고 규정하고 만약 조선이 이들 나라들과 통상을 한다면 조선 역시 '금수의 나라'로 전락할 것이라고 주장했다. 병인양요 때 결사항전을 상소한 사람들도 이들이며, 대원군이 세운 척화비의 내용도 이항로의 주전론 그대로이다.[5]
 그러나 위정척사사상은 1873년 대원군이 은퇴하고 고종이 친정을 펼치기 시작하면서 차츰 빛을 바래기 시작했다. 쇄국의 어둠이 걷히고 새벽 동이 트면서 아침 해가 떠오르듯 '조용한 아침의 나라' 조선에도 새로운 세계의 모습이 비치기 시작했다. 위정척사사상은 개화정책에 대한 반동으로 발생한 1882년의 임오군란 때 한 동안 복원되는 듯하다가 위정척사파의 지도자인 대원군이 청국에 납치되는 것을 계기로 정치적 영향력을 잃고 말았다. 그렇다고 해서 위정척사사상의 모든 이념적 요소가 사라진 것은 결코 아니다. 뒤에서 설명하는 바와 같이, 위정척사사상은 그 후 1890년대에는 개화파들의 개혁조치에 대한 반발로, 또한 항일 의병운동으로, 그리고 1900년대 초 나라를 잃은 후에는 독립운동으로 이어진다. 아마도 후기 위정척사파의 대표적인 인물은 대원군 보다 13세나 아래인 최익현(崔益鉉)일 것이다. 위정척사운동은 반침략·반외세 자주 운동이라는 긍정적 요소와 함께 조선왕조의 사대주의적이고 유교적인 국가체제를 계속 유지하려다가 역사발전을 가로막는 역기능을 수행한 부정적 요소를 동시에 지니고 있다.

혁명적 동학사상

동학은 서양세력의 침투로 인해 위기의식이 팽배해진 1860년 경 최제우(崔濟愚)가 서학(西學, 천주교)에 대항해 동방의 도를 일으킬 목적으로 창시했다. 사람이 즉 하늘이라는 '인내천'(人乃天) 사상은 당시로서는 혁명적인 인간평등사상이었다. 그는 3년 후 체포되어 사도난정(邪道亂正)이라는 죄목으로 처형되었다. 그러나 교주의 사형에도 불구하고 동학은 더욱 번성했다. 교도들 뿐 아니라 일반 중인층과 농민을 대상으로 한 사회운동으로 발전했다. 제2대 교주인 최시형(崔時亨)은 1892~1893년 2차에 걸쳐 교조 최제우의 신원(伸寃)운동을 벌였다. 1894년에는 드디어 동학란, 즉 동학농민전쟁이 일어났다. 동학혁명전쟁은 무능한 민씨 정권으로 하여금 외세를 끌어들이는 계기를 만들어 청일전쟁을 유발함으로써 조선조의 운명을 근본적으로 바꾸어놓았다.

동학혁명은 근대 한국역사상 대표적인 반봉건·반외세 및 자주독립 운동이었다. 동학사상이 혁명사상인 이유는 사회질병설과 개벽사상에서 비롯된다. 사회질병설은 혼돈과 부패가 극도에 이른 조선조 말의 국내정세를 반영해서 당시 사회가 정신적으로나 물질적으로나 병에 걸린 상태라는 현실인식이다. 이 질병을 고치기 위해서는 정신개벽, 민족개벽, 사회개벽을 이룩해야 한다는 것이다. 정신개벽은 인간성의 정상화운동으로서 나중의 민족정신 개조운동으로 발전할 터전을 마련했다. 민족개벽은 사대주의 보수주의 이기주의적 민족성의 결함을 제거해 한국인 스스로의 번영뿐 아니라 전 인류의 번영을 위해서 민족적 자각과 긍지를 되살리자는 열린 민족주의사상이었다. 사회개벽은 사회를 인간으로 구성된 유기체로 파악하고 인간의 노력으로 이상적인 사회를 건설하자는 것이다. 이것이 동학의 개벽사상이다.[6] 동학은 이 같은 개벽사상을 기초로 동학혁명 때 정부 측에 폐정(弊政) 개혁안을 내놓았다.

동학운동은 위정척사사상가들의 반일의병운동처럼, 1905년 을사보호조약 체결과 1907년 군대해산, 그리고 1910년 합병을 전후한 시기에 의병전쟁으로 발전했다. 한일합병 후에는 3·1독립운동으로 이어졌다. 동학의 제3대 교주이자 천도교 초대 교령인 손병희(孫秉熙)와 소년시절에 동학에 입문, 동학농민전쟁에 참여했던 김구(金九)가 그 대표적인 인물이다. 손병희는 3·1독립운동의 최고지도자이자 민족대표 33인 중 한 사람이었다. 김구는 동학혁명 당시 18세의 나이로 황해도 안악지방의 동학군 팔봉도소(八峰都所)의 지도자가 되어 700명을 거느리고 해주성을 공략했다.[7] 민족대표 33인 중 천도교 대표가 반수에 가까운 15명을 차지한 사실에서도 동학이 한민족의 독립운동에 끼친 영향력을 알 수 있다. 개화기에 박문국 사사(司事)이자 한성순보(漢城旬報) 발행에 참여했던 오세창(吳世昌)은 나중에 동학의 후신인 천도교의 대표로 3·1운동에 참여해 민족대표 33인 중 한 사람이 되었다.

동학사상이 한국 계급투쟁사상의 출발점이라고 말한 사람은 김규식(金奎植)이었다. 그는 1922년 1월 모스크바에서 코민테른(Comintern, Communist International) 주최로 열린 극동민족대회에서 "한국의 혁명운동"이라는 보고를 행하면서 1894년의 동학농민전쟁을 '한국 혁명사의 출발점'이라고 규정했다. 김규식은 동학농민전쟁은 특권계급의 타도, 빈부 평등을 표방한 계급투쟁이었으며, 전체 동양의 근본적 변혁이 이때부터 이루어지게 되었다고 말했다. 그는 당시 이르쿠츠크파 고려공산당 후보당원이자 56명에 달하는 한국대표단의 단장이었다.[8]

2. 개화사상의 뿌리

실학파의 전통

개화사상은 실학파의 전통에다 개화사상의 선구자 자신들이 직접 중국 일본 미국 등지에서 견문한 바를 접목한 개혁사상이다. 개화사상은 중국의 중체서용론(中體西用論)처럼 유교사상은 지키되 서양의 과학기술만 도입하자는 동도서기론(東道西器論)을 편 온건개화파와 일본의 명치유신처럼 유교사상까지 타파하자는 급진개화파로 나뉜다[9]. 개화파 중 급진파는 1884년에 갑신정변을 일으켰다가 실패해 몰락했으나 1894년 갑오경장 때 사면·복권되어 다시 정치현장에 복귀한다. 이들 개화운동가들은 1896년 이후 독립협회와 만민공동회를 비롯한 자유민권운동과 구국계몽운동을 발전시켜 후기 개화사상을 꽃피운다.

어느 시대, 어느 사회를 막론하고 하나의 철학이나 사상이 형성되는 데는 그에 필요한 환경이 있게 마련이다. 결코 갑자기 하늘에서 떨어지는 것이 아니다. 개화사상에 끼친 실학사상의 영향은 절대적이었다. 실학사상은 사상적 흐름에 있어서나 인맥 상으로나 개화사상의 원류라 할 것이다. 실학사상은 한국적인 민권사상과 변혁사상의 출발점이 되었다. 개화사상은 민족주체의식의 고취, 이용후생(利用厚生)과 무실역행(務實力行)의 방법론, 국제관계의 새로운 관점, 문화개방의 제창, 민중참여의 확대, 상공업의 장려 같은 구체적 문제에서 실학사상을 그대로 계승했다. 인맥에 있어서는 개화운동의 선구자인 박규수(朴珪壽)가 실학파의 거봉 박지원(朴趾源)의 친손자이고, 개화사상가인 오경석(吳慶錫)과 강위(姜瑋)는 실학파의 거두 김정희(金正喜)의 문하생이다.[10] 앞에서 언급한 개화기의 언론인 오세창은 오경석의 아들이다.

흥미 있는 사실은 실학파들이 외국 선진문물의 도입에 적극적인 '해외파'라는 점이다. 이 점은 후세의 개화파들과 공통적이다. 실학파의 거물인 지봉(芝峰) 이수광(李睟光)은 세 차례에 걸쳐 사절단의 일원으로 청국을 방문했을 때 얻은 지식을 토대로 백과사전류의 《지봉유설》(芝峰類說)을 펴내 동남아와 서양의 사정을 소개했다. 그는 명나라에 와있던 이탈리아 신부 마테오 리치(Matteo Ricci, 중국명 利馬寶)가 쓴 《천주실의》(天主實義) 2권과 《교우론》(敎友論) 1권을 가지고 귀국해 서학(西學)을 최초로 도입한 인물이다. 실학파의 다른 거물인 성호(星湖) 이익(李瀷)은 종래의 종족 중심의 화이론(華夷論)에서 점차 문화 중심의 화이론으로 바뀌고 있었던 당시의 역사사상을 대변했다. 그는 모든 나라는 중국 중심의 '천하'(天下)에 소속된 존재가 아니라, 각기 하나의 독자적 유기체를 이루고 있다고 주장함으로써 중국 중심의 세계질서를 부정했다. 이 같은 사상이 후세의 개화파들로 하여금 개국론과 서양의 과학적 지식의 수용, 공리적인 인간관의 형성, 중화(中華) 관념의 극복을 신봉케하는 사상적 기초가 되었다.[11] 그는 또 지구가 둥글다고 주장해 천원지방설(天圓地方說)을 부정하고 지전설(地轉說)을 제기했으며 노비신분을 점차적으로 해방시킬 것을 주장했다.

박지원은 《열하일기》(熱河日記)에서 중국의 도로 성곽 수리 상업을 소개하고 우리도 본받을 것을 주장했다. 박지원의 이 같은 태도는 그의 손자인 박규수로 하여금 외래문화의 적극적 수용을 주장하도록 영향을 미쳤다. 실학파의 또 다른 거두인 박제가(朴齊家)는 《북학의》(北學議)를 내어 국가의 부강을 도모했다.[12] 이 책은 애덤 스미스(Adam Smith)의 《국부론》(國富論, *The Wealth of Nations*)에 비견될 만한 선구적이고 실용적인 저술이다. 성호학파와 북학파는 학풍의 차이에도 불구하고 서양에 관한 새로운 지식에 개방적이었다는 점과 낡은 주자학의 학풍과 당시의 정치 사회현실에 비판적이었다는 점에서 유사점을 지니고 있다. 개화사상에 영향을 준 실학파 가운데 민주적 정치사상을 주장한 다산 정약용(茶山 丁若鏞)은 조선조의 가장 위대한 사상가 중 한 사람이다. 그의 "탕론"(湯論)은 정통주자학적 정치사상에 정면으로 반기를 든 혁명론이다. 이 글은 하(夏) 나라의 걸(桀)을 쫓아내고 상(商) 나라를 일으킨 탕(湯)의 이야기를 예로 들어 민중혁명의 정당성을 설명했다. 이 글은 왕권을 하늘이 주었다는 이론을 부인하고 왕은 지역 지도자들이 뽑은 것이라고 함으로써 일종의 사회계약론적 입장에서 민(民)을 정치의 주체로 본 것이다.[13] 이런 사상들은 개화사상가들, 특히 갑신정변을 주도한 김옥균 등 젊은 층에 영향을 주었다.

개화사상의 선구자들

개화파의 핵심사상은 실학파가 서양의 선진기술을 부분적으로 수용할 것을 주장한데 비해 서구문명을 훨씬 폭넓게 도입해 국가를 총체적으로 개혁하자는 사상이다. 개화사상이 대두한 19세기 중·후반은 중국과 일본이 서양제국의 군사력에 굴복, 강제로 개국을 한 시기였다. 중국은 아편전쟁(1840~1842)에 패해 굴욕적인 남경조약(1842)을 맺고 5개 항구를 개방한데 이어 1856년에는 다시 애로(*The Arrow*)호 사건으로 영불 양국의 동양함대가 광동을 점령하고 천진을 공격해 천진조약(1858)을 체결, 추가로 10개 항구를 개방했다. 청국이 이 조약의 비준을 미루자 두 나라 군대는 1860년 다시 천진과 북경을 점령해 청국 황제가 피난을 갔으나 결국 청국은 굴복하고 북경조약을 맺어 구룡반도를 할양했다. 러시아 역시 청나라를 위협, 이 해에 북경조약을 체결하고 연해주까지 영토를 확장했다. 이로 인해 조선은 하루아침에 러시아와 국경을 마주하게 되었다. 일본은 1853년 미국 해군제독 페리(Matthew C. Perry)가 지휘하는 검은색 군함, 즉 '쿠로부네'(黑船)의 시위에 굴복, 1858년 미국과 불평등한 수교조약을 맺고 나라를 개방했다. 중국과 일본이 서양의 무력 앞에 여지없이 무너지는 것을 본 당시의 조선지도자들은 극심한 혼란과 위기감에 빠졌다.

개화사상은 이런 시대적 상황에서 형성되었다. 개화사상은 앞에서 살펴 본 바와 같이 조선 후기 실학사상을 계승한 개화파의 선구자인 박규수, 오경석(吳慶錫), 유홍기(劉鴻基) 등이 직접 청국을 드나들면서 익힌 개명사상에 의해 형성되었다. 이들은 중국에서 서양문물을 소개한 책들을 반입해 해외사정을 공부했다. 박규수는 서양열강의 침략에 대항하려면 나라의 문호를 개방하고 서양의 과학기술을 도입해 산업을 일으키고 무기를 개발함으로써 부국강병의 길로 가야 한다고 믿었다.

이들 개화사상의 선구자들 중에서도 오경석은 가장 먼저 개화사상에 눈 뜬 인물로 지목되고 있다.[14] 이런 이론은 그가 개화파인사 중에서 맨 처음으로 청국을 방문한 사실에 근거한 것이다. 개화파의 비조라 할 박규수는 1861년에 청나라에 위문사절단의 부사로 방문했다. 조선왕국이 이 때 사절단을 파견한 것은 영국과 프랑스 연합함대의 북경점령으로 피난한 황제를 위문하기 위해서였다. 박규수는 그 후 1872년에 동지사로 청국을 두 번째 방문했다.[15] 이에 비해 오경석은 박규수보다 8년 앞선 1853년, 23세의 젊은 역관 신분으로 처음 청국을 방문, 북경에서 근 1년 동안 머물면서 중국의 실제 모습을 보고 엄청난 충격을 받았다. 그는 그 후 1857년까지 4차례, 1874년까지는 도합 13차례나 청국을 드나들면서 당시의 양무파(洋務派)를 포함한 중국 지식인들과 교류했다. 그는 현지에서 중국의 새 책들을 구입해 귀국했다. 그는 원래 어려서부터 실학파의 학문을 익혀 신진사상에 매료되어 있었다. 그는 동갑친구이자 같은 중인출신 의원(醫員)인 유홍기에게 청국에서 사온 책을 읽게 했다. 오경석의 개화사상이 형성되기는 1855~1959년경이며, 박규수와 유홍기의 개화사상이 형성된 시기는 1860~1866년 사이로 알려져 있다.[16]

흥미 있는 사실은 오경석과 유홍기가 1866년의 병인양요에서 충격을 받고 개화혁신 세력을 양성하기 위해 서울 북촌의 양반자제들을 선발해 개화사상을 고취하기로 의견을 같이 한 점이다. 그들의 이 같은 희망은 1969년 박규수가 평안도 관찰사를 끝내고 서울에 돌아오자 실현되었다. 박규수 오경석 및 유홍기 3명은 이 시기에 서울에서 합류, 사상적 동지가 되었다. 박규수는 김옥균(金玉均) 박영효(朴泳孝) 박영교(朴泳教) 홍영식(洪英植) 서광범(徐光範) 김윤식(金允植) 등 양반 자제들을 서울 북촌의 재동에 있는 그의 집 사랑방에 모아놓고 할아버지인 박지원의 《연암문집》(燕巖文集)과 청국에서 들여온 서양소개 책자들과 자신이 직접 연경(燕京)에서 터득한 견문을 중심으로 새로운 사상을 가르쳤다. 문하생들이 읽은 책 중에는 《해국도지》(海國圖志), 《영환지략》(瀛環志略) 등 세계 각국에 관한 소개서들이 포함되어있었다.[17]

이들 젊은 청년들은 이와 같은 교육과정을 통해 세계정세, 서양의 정치제도와 산업에 관한 새로운 지식을 익히고 국정개혁의 필요성에 눈을 뜨기 시작했다. 이들은 요즘 식으로 표현하자면 '박규수 스쿨'의 학생들인 셈이다. 박규수의 사랑방이야 말로 개화사상의 산실이었다고 박영효는 나중에 회고했다.[18] 이들이 박규수 집에 모인 시기에 관해서는 그가 우의정에서 물러난 1874년 11월부터 세상을 떠난 1877년 2월까지 2년 여 간이라는 설[19]과 이보다 빠른 1869년 후반부터 1870년 초까지 사이, 즉 그가 한성판윤과 형조판서 시절이라는 설[20]이 있다. 이들 양반 청년들은 처음에는 중인 출신인 오경석과 유홍기에게 직접 배우려 하지 않았으나 나중에는 사회적 신분차별제가 부당함을 깨닫고 그들의 가르침을 받았다.[21] 1880년대에 개화당의 영수가 된 김옥균은 이 때 불과 20세에 문과에 급제한 엘리트 청년이었다.

개화파들의 개혁사상

박규수 등 개화파 지도자들은 개방과 개국의 불가피성을 앞장서서 주창했다. 박규수의 수제자인 김윤식은 "(박규수가) 사람들이 말하되, 서법(西法)이 동으로 오면 이적과 금수가 됨을 면하지 못하게 된다고 한다. 내 생각으로는 동교(東敎)가 서양에 들어갈 조짐이 있어 이적과 금수가 장차 모두 사람이 된다고 생각 한다"고 말했다고 기록하고 있다.[22] 이것은 개화사상을 확고히 가진 그가 서양의 문물을 이적시 하지 않고, 동양의 문화가 도리어 서양을 교화시킬 수도 있다는 뜻이다. 박규수는 그러나 무력에 의한 개항이나 개국은 단호하게 반대했다. 그는 평안관찰사 당시 대동강을 침입한 미국 상선 제너럴 셔먼호를 격침시킨 다음 서양식 군선을 제조할 것과 서해안의 요지에 방어진지를 구축하는 것을 골자로 한 '관서해방책'(關西海防策)을 대원군에게 상주했다. 오경석 역시 병인양요 때 프랑스함대의 침입에 대처하고자 청국의 지원을 얻으려 외교활동을 벌이는 한편 화륜선의 도입을 주장했다. 이런 그였지만 앞에서 설명한 대로 1871년 미국 군함이 대통령의 국서를 갖고 와서 수교를 요청했을 때는 대원군에게 개항을 하자고 건의했다. 그러나 미국 군함이 그대로 돌아가지 않고 신미양요를 일으키자 이에 단호히 맞서기 위한 외교활동을 벌였다.

박영효 김옥균 유길준 등 개화파는 일본 시찰에서 돌아온 다음 신문발행 사업은 박영효가 직접 맡았다. 그는 한성판윤에 임명되자 한성부에서 신문을 발행키로 하고 박문국(博文局)을 신설, 한학에 조예가 있는 관리들을 제작진에 임명했다. 박영효가 후쿠자와의 추천으로 대동 귀국한 일본인 기자 2명(牛場卓藏, 高橋正信)과 수행원(井上角五朗), 그리고 활판공 및 기계·주조공 등 모두 5명의 일본인의 도움을 얻기로 했다. 한성부 신문국 장정(漢城府 新聞局 章程)도 마련되어 궁극적으로는 일간지를 목표로 해서 계획이 진행되었다. 유길준은 신문발간의 취지문을 준비했다.[23]

그러나 박영호가 수구파의 책동으로 한성판윤 자리에서 물러나 광주유수(廣州留守) 겸 수어사(守禦使)로 좌천되자 신문발간사업도 난관에 부딪쳤다. 임오군란 때 청국의 대원군 납치로 겨우 정권을 되찾은 민씨 정권이 개화파를 경계하기 시작하면서 박영효를 한성판윤 자리에서 밀어낸 것이다. 이 바람에 일본인 기자 2명은 1883년 4월 일본으로 귀국하고 나머지는 남아서 좀 더 사태를 관망키로 했다. 결국 조정에서는 신문발간사업을 온건파인 통리교섭통상아문(統理交涉通商衙門, 外衙門) 협판 김윤식에게 맡겨 그의 종형인 신임 한성판윤 김만식(金晩植)이 실제 사무를 담당하게 되었다. 민씨 정권은 개화파를 경계했지만 신문발간의 필요성에 대해서는 개화파와 같은 의견이었다. 이 무렵 일본인들이 부산에서 《조선신보》(朝鮮新報, 1881년 창간)를 내고 있어, 국익을 해치는 보도를 하고 있었다. 이 신문은 한국에서 발간된 최초의 근대신문인데, 국내 최초의 근대신문을 한국인이 아닌, 일본인이 발간한 사실은 창피한 일이 아닐 수 없다. 여하간, 민씨정권은 신문발행을 담당할 박문국 초대 총재에 외아문 독판 민영목(閔泳穆), 부총재에는 한성판윤 김만식, 주재(主宰)에는 이노우에, 주사(主事)에는 김인식(金寅植) 여규형(呂圭亨) 고영철(高永喆), 사사(司事)에는 장박(張博) 오세창(吳世昌)을 임명했다. 이들 중 편집을 맡은 실무자들은 한국 최초의 기자인 셈이다. 한성부의 재정사정이 어려워 직원 봉급은 외아문에서 지급하고 기타 비용은 한성부에서 부담키로 했다. 박문국의《한성순보》는 우여곡절 끝에 1883년 10월 1일(양력 10월 31일) 창간호를 발행했다. 개화의 중요한 수단으로 신문창간이 이루어짐으로써 개화운동은 본궤도에 올랐다.[24]

김윤식이 쓴 것으로 알려진 순보서(旬報序)는 세무(世務)에 힘쓰는 자는 각국이 이웃나라처럼 된 세계의 정세를 알아야 하므로 조정에서는 박문국을 설치하여 외보를 폭넓게 번역하고 아울러 내사까지 기재하여 국내에 반포하고 외국에도 파분(派分)하여, 견문을 넓히고 여러 가지 의혹된 점을 판단케 함으로써 사회의 등불이 되고 인민의 거울이 되어 포폄권징(褒貶勸懲), 즉 사회의 목탁기능을 하겠다고 밝혔다.[25]《한성순보》는 정부기관지임에도 불구하고 서양의 자유민권이념과 삼권분립제도를 소개하고 민회(民会, 즉 국회)의 이점을 거론해 10여년 후 서재필의《독립신문》과 독립협회가 그 실현을 위한 운동을 벌이게 되었다.《한성순보》는 이 같은 방법으로 선진정치제도를 지도층과 일반인들의 머릿속에 심기 시작했다.

3. 서양 정치사상의 도입

자유민권 사상과 보수이념의 뿌리

서구 민주정치제도를 최초로 수용한 사람은 실학파인 최한기(崔漢綺)였다. 그는 청국에서 들어온《해국도지》(海國圖志)《영환지략》(瀛環志略) 등 서양의 정치 경제 사회상을 소개한 책들을 읽고 1857년에《지구전요》(地毬典要) 라는 책을 썼다. 그는 이 책에서 세계 각국의 지리, 역사, 학문 등을 소개하면서 코페르니쿠스의 지동설과 원소의 개념 등 많은 서양과학 내용을 전했다. 그는 또한 영국 의회를 공회소라 하고 상원을 작방(爵房), 하원을 향신방(鄕紳房)이라고 부르면서 영국의 의회제도와 입헌군주제를 자세히 소개하고 미국의 공화제와 대통령제, 그리고 의회제도와 선거제도에 대해서도 자세히 서술했다. 최한기가 민주정치제도에 관해 진지하게 검토하고 이를 유가적(儒家的) 군주정과 함께 놓고 저울질 한 것은 한국정치사상사에 있어서 매우 중요한 의의를 갖는다.[26] 최한기가 책을 쓰는데 참고 한 《영환지략》은 위정척사파인 홍시중(洪時中)이 종로에서 불살라버리라고 상소를 올린 책들 중 하나였다. 그렇기는 하나 최한기의 책은 발행되지 못해 그 내용은 아쉽게도 세상에 전해지지 못했다.[27]

최한기에 이어 서양의 입헌제도를 가장 체계적으로 소개한 이는 유길준이다. 그는 1881년 김옥균 박영효 등과 함께 신사유람단의 일원으로 도일, 일본의 개화사상가 후쿠자와(福澤諭吉)를 만나 견문을 넓힌 다음 1880년대 후반, 서양의 정치제도를 자세히 다룬 《서유견문》(西遊見聞)을 집필, 1895년에 출간했다. 일본에서는 밀(John Stuart Mill)의 저서(On Liberty)가 이미 1872년에 《자유지리》(自由之利)라는 이름으로 번역되어 자유주의 사상이 지식인들에게 큰 영향을 미치고 있었다. 유길준은 신체의 자유, 재산의 자유 등 '인민의 권리'를 체계적으로 소개하고 근대적 권리는 법률에 의해 보장된다는 것과 법의 근본 목적은 개인의 권리와 자유를 보전하기 위한 것임을 강조했다. 그는 서양의 선진정치체제를 입헌(군주)정체와, 공화정으로 나누어 소개하고 입헌정체를 군민공치(君民共治)라고 부르면서 영국의 헌법체제가 가장 이상적이며 조선에도 이것이 제일 바람직한 정체라고 주장했다.[28] 이 같은 견해는 비슷한 시기에 그가 집필한 한국 최초의 체계적인 이론서라 할 《정치학》의 미완성 원고에서도 나타나있다. 그는 독일의 정치학자 블룬츨리(Johann C. Bluntschli)의 일본 번역서[29]를 참고해 저술한 이 책의 원고에서 근대입헌국가의 헌법은 국가와 신민의 권리의 한계를 밝힌 것이며 그 단초는 영국의 권리장전(Bill of Right, 1689)이라고 썼다.[30]

박영효 역시 갑신정변 때 일본에 망명해 1886~89년 사이에 쓴 국왕에게 보내는 건백서(建白書)라는 상소문에서 "자유란 그가 옳다고 생각하는 바를 행하는 것"이라고 정의하고 모든 백성의 타고난 자유가 나라의 부강과 평화를 가져온다고 말함으로써 근대적인 인권사상을 폈다. 일본에서 천부인권설에 영향을 받은 그는 인권이 없으면 국권도 없고 나라도 존립할 수 없으므로 무엇보다도 인권의 보장이 급선무라고 강조했다. 이 같은 그의 인권사상은 1889년 그가 망명지 일본에서 만든 청년조직인 대조선국 청년보국회 서문(大朝鮮國 保國會 誓文)에 나타나 있다.[31]

개화사상에서 주목할 대목은 양반제도의 폐지, 즉 근대시민사상의 기초가 되는 평등이념이다. 박규수 오경석 유홍기 세 사람은 다 같이 조선의 양반신분제도를 폐지할 것을 주장했다. 이들은 국가는 능력 있는 인재를 신분의 귀천 없이 모두 등용해야 하며 이를 위해서는 양반제도를 철폐하고 중인계급에게도 기회를 주는 것이 급선무라고 역설했다. 오경석과 유홍기는 자신들이 중인 출신으로서 무능한 양반들에게 신분상의 차별을 받았기 때문에 양반제도의 불합리성을 누구보다도 잘 느끼고 있었다. 다만 그들은 당시의 사회여건상 이 문제가 쉽사리 해결될 수 없으리라는 것을 알고 있었기 때문에 양반 자제들이 참여하는 개화혁신세력을 양성할 필요를 느꼈다. 이에 비해 박규수는 세도 당당한 양반 집안 출신이었으나 할아버지 박지원의 실학에 감화를 받아 양반제도의 폐지에 찬성했다.[32]

대대수 개화사상가들의 신분제도개혁주장은 이미 실학사상가들에서도 나타났다. 다만 실학사상은 유교국가의 기본에서 벗어나지 못하는 한계를 지닌데 반해 개화사상은 이런 한계를 초월해 근대국가를 만들겠다는 데에 차이가 있다. 초기 실학사상가인 반계(磻溪) 유형원(柳馨遠)은 노비의 인권 존중과 인도주의 사상에 기초해서 노비신분의 세습과 비인도적 박해를 반대했다. 그는 노비에게 신분차별은 인정해도, 한 세대에 한해야 하며 윗사람은 아랫사람에게 은덕으로 대하는 고용관계로의 완전한 이행만이 노비를 종국적으로 없앨 수 있다고 생각했다. 그는 신분상으로 상전에게 예속되지 않는 고용관계를 이상화했다.[33]

《한성순보》의 자유권과 민회 소개

《한성순보》는 창간 직후부터 서양의 선진 정치제도를 계속해서 소개했다. 이 신문은 창간 직후인 2호(1883. 10. 11)에서 유럽주를 소개하는 장문의 기사를 싣고 유럽에서는 "왕공(王公) 같은 귀한 사람들도 종복을 거느리지 않고 다니며, 무릎을 꿇고 절하는 예절이 없다"고 설명했다. 그런 다음 "국민들이 하는 행동이 사회에 해를 끼치지 않으면 금지하지 않으며, 옆 사람을 비방하지 않고 각자의 취향에 맡겨 마음대로 하게 하니, 이런 제도를 '자주의 권리'라 부른다"고 강조했다. 기사는 이어 "그래서 상하가 협력하여 크게는 나라가 부강하고 작게는 자신의 권리를 보존한다"고 설명함으로써 서양의 시민적 자유권을 찬양했다.[34] 《한성순보》가 자유주의 정치체제를 찬양한 것은 결코 가볍게 보아서는 안 될 사상적 발전이다. 이 신문은 제7호(1883. 12. 29)에서 서양과 일본의 법률제도를 소개한 "태서법률"(泰西法律)이라는 기사에서 선진국들의 법절차에 따른 수사와 재판, 피고인의 무죄추정원칙, 그리고 백 사람의 유죄인을 놓아 줄지언정 한 사람의 무죄인을 죽이지는 않는다는 법언(法諺)을 소개했다.[35]

《한성순보》제2호(1883. 10. 11)는 또한 유럽의 정치에 관해, 스위스와 프랑스만이 공화정을 실시하고 러시아와 터키는 군주전치(君主專治)를 하며 기타 각국은 모두 군주와 국민이 함께 다스리는 군민동치(君民同治)를 한다고 소개했다. 현대식 표현대로 하자면 군주전치는 전제군주제, 군민동치는 입헌군주제를 의미한다. 《한성순보》는 이어 "유럽 각국에는 국민들로 하여금 의원을 선거케 하여 법률을 의정(議定)토록 하는데 이를 민회(民會)라 한다"고 소개한 다음 재상(宰相)이 시행할 조안(条案)은 민회에 붙이고 시행할 정책은 한결같이 민회에서 의결한 준칙대로 하기 때문에 정부나 국왕이 자기 마음대로 할 수가 없다"고 했다. 그리고 "민회는 세출과 세입 예산안을 통과하기 때문에 조세가 비록 과중하더라도 국민들은 원망하지 않으며 민회는 세입 정산표(精算表)를 민회에 제출하기 때문에 관리들은 부정을 하지 못하고 백성들은 의심할 염려가 없다"고 평하면서 다음과 같이 주장했다.

> 이로 미루어 본다면 서양의 부강은 민회에서 나온다는 말이 결코 근거 없는 말은 아니다. 그렇다면 이제 서양제국과 마주하고 있는 나라들은 고식(姑息)만 따르지 말고 마땅히 때에 미쳐 진작하여 격치(格致)의 공부를 자세히 강구하고 육해의 군무를 잘 갖춘 연후에야 천하 모든 일이 거의 잘 되어서 우리 국민들이 안도하게 될 것이다.[36]

이 기사는 서양의 의회제도를 단순히 소개하는 데만 그치지 않고, 서양의 부강이 입헌군주제도에서 나오므로 조선도 종래의 고식적인 태도에서 탈피해 마땅히 올바른 대책을 연구해야 한다고 주장하고 있다. 우리는 이 기사에서 오늘날 한국 자유민주주의 이념의 뿌리가 개화사상에 있다는 사실을 알 수 있다. 그리고 더 거슬러 올라가면, 앞에서 최한기 등의 예에서 보았듯이, 실학사상에서 비롯된 사실을 살필 수 있다. 우리가 여기서 주목해야 할 것은 절대군주시대였던 개화기에는 자유민주이념이 오늘날처럼 보수사상이 아니라 진보사상이었다는 점이다. 그것은 왕권사상이 지배하던 18세기 말의 유럽대륙에서 민주사상이 진보사상이었던 사실과 같은 상황이다. 자유민주사상이 한국에서 보수사상이 된 것은 뒤에서 설명하는 바와 같이 사회주의사상이 도입된 1920년대였다.

《한성순보》는 제5호(1883. 12. 9)에서는 일본의 역사를 약술한 "일본사략"(日本史略)이라는 긴 기사에서 전체내용의 약 반 가량을 할애해 명치유신을 소개했다. 이 기사는 왕정복고와 삼권분립, 그리고 재판의 삼심제도 행정개혁 교육개혁 국방개혁을 낱낱이 설명하면서 "지금의 천황이 천하의 대세를 일찍이 깨달아 안으로는 여러 항구를 열어 무역을 하게하고 밖으로는 공사와 영사를 구미 각국에 보내 널리 부강의 방책을 구하여 화차 기선 전기 우편 광업에서부터 농상(農桑) 경직(耕織)까지 다 서양 것을 모방하고 정제(政制)는 조종(祖宗)의 법과 세계 각국의 정속(政俗)을 참작하여 정해 일본의 기무(機務)에 대해 구미인 역시 크게 칭찬하고 칭탄(稱歎)한다"고 부연했다.[37] 이 당시의 조선 개화파 중에서도 급진개화파(개화당)가 명치시대의 일본을 모델로 국가를 근대화하려는 생각을 가지게 된 이유를 짐작하기가 어렵지 않다.

입헌제도와 삼권분립론

《한성순보》는 제10호(1884. 1. 30)에서 '구미입헌정체'(欧美立憲政体)라는 긴 기사에서 본격적으로 서양의 헌법에 기초한 통치제도를 소개했다. 이 기사는 구미 양주의 치국(治国)의 요점이 군민동치(君民同治)와 합중공화(合衆共和) 2종인데 모두가 이를 '입헌정체'라고 부른다고 설명한 다음 왕권의 제한과 삼권분립, 죄형법정주의, 상하양원제, 국회의원선거방식, 정부의 행정조직, 내각책임제와 내각총사퇴제도 등을 자세히 소개했다. 이 기사는 또한 서구가 아닌 다른 나라에서는 재상이 적임자가 아니어서 정치가 제대로 이루어지지 못하고 백성이 평안치 못했던 것은 혹은 문벌 혹은 파당으로 사람을 등용하고 군자를 널리 뽑아 등용하지 않았기 때문이라고 당시 조선의 정치를 간접적으로 비판했다. 흥미 있는 대목은 입헌정체는 민선(民選)을 근본으로 하기 때문에 나라 안의 현명한 사람은 누구나 의원과 재상이 될 수 있으므로 소인들이 임금을 불의에 빠뜨리는 일은 일어날 수 없다고 주장한 부분이다. 이 기사는 서구의 입헌정체를 이처럼 찬양하면서도 "그러나 인민에게 슬기가 없으면 함께 의논할 수 없는 것은 당연하다. 인민들에게 슬기가 많아, 국가의 치란(治乱)과 득실(得失)의 연유를 안 다음에 이런 일(입헌정체)를 실시할 수 있다"고 주장했다. 이 기사는 또 일본에서는 예로부터 군주독치(君主獨治)의 정치에 익숙해 있기 때문에 갑자기 서구처럼 정치를 할 수가 없으므로 일본 황제는 점차로 백성들을 교도(教導)해 그들을 슬기롭게 만들려 한다고 풀이했다.[38]

《한성순보》는 제11호(1884. 2. 7)에서는 "민주 각국의 헌법과 의회에 관한 역해"(訳解民主与各国章程及公議堂解)라는 긴 기사를 실었다. 이 기사는《중국공보》(中國公報)에서 번역한 것인데, 당시 조선으로서는 최초의 본격적 민주주의정치론이다. 그 내용이 획기적인 것은, 이 기사가 서양제국의 정치제도의 가장 중요한 요점이자 움직일 수 없는 기초가 주권이 국민에게 있고 모든 권력은 국민으로부터 나와 시행되는데 있으며, 그 근본원인은 모든 사람이 평등하기 때문이라고 밝힌 점이다. 지금 우리 눈으로 보면, 이런 이론은 주권재민설(主權在民說, popular sovereignty)의 소개이지만 당시로서는 군주제 폐지를 정당화할 수 있는 혁명적인 정치이념이 아닐 수 없다. 다만, 이 기사는 모든 사람이 평등하나 민중의 권한을 한 사람에게 모아 통치자가 되게 한 것이 국왕이 나온 기원이므로, 헌법을 만들어 국왕이나 그를 받드는 신하가 반역이나 가혹한 정치를 못하도록 했다고 풀이했다. 그래서 정부의 권한은 나누어야 하며 신문사를 많이 세워서 국정의 시비와 인물의 현명 여부를 품평케 해야 한다고 권력분립과 언론에 의한 권력견제를 역설했다.[39]

130여년이 지난 오늘 우리들의 눈으로 보아도 하나도 더 보탤 것도, 뺄 것도 없는 거의 완벽한 민주주의 이론이 1884년에, 즉 갑신정변이 나기 직전 절대군주통치 아래서, 그것도 정부가 내는 신문 지상에 소개할 수 있었다는 것은 무엇을 의미하는가. 상황을 여러 가지로 분석할 수 있겠으나 당시의 지식인들, 특히 개화파의 정치사상과 그들의 입지가 어느 정도 이었는지를 잘 설명해주는 증좌로 보아도 무리가 없을 것 같다.

《한성순보》는 제12호(1884. 2. 17)에서는 '미국지략'(美國誌略)이라는 긴 기사에서 미국의 대통령중심제를 자세히 설명하고 있다.[40] 이 신문은 제15호(1884. 3. 18)에서는 '법국지략'(法國誌略)이라는 기사에서 프랑스의 정당들이 이합집산을 거듭하는 사실을 설명하다가 "오늘날 유럽 각국의 소위 정당은 둘로 나뉘어 하나는 개진파(改進派)로 내정개혁에 전심하는 정당이요, 하나는 수구파로 구정(舊政)을 고수하는 당"이라고 진보 보수 양당제를 소개했다. 이어 이 기사는 "이 두 당은 모두 국시(國是)에 정한 바여서 나라를 좀먹는 간당(奸黨)이라고는 할 수 없다"고 했다.[41]

4. 부국강병 사상

새로운 국제질서와 만국공법

개화기에 소개된 서양의 문물 중 국제공법(國際公法)만큼 개화사상가와 애국지사들에게 큰 충격을 준 것도 없을 것이다. 중국에 사대(事大)하던 당시 조선왕국의 지식인들, 특히 이에 불만이 컸던 개화사상가들에게는 더욱 그랬다. 이들에게 서양의 국제질서는 주권국가들 간의 대등한 관계이며 그 관계를 안정적으로 유지하기 위해 국제법이 작동하고 있다는 사실은 하나의 경이가 아닐수 없었다. 서양의 문명국가들 사이에는 모든 국가는 국제법상 불가침의 평등한 주권을 가지고 있으므로 조선과 중국의 관계처럼 작은 나라 국왕이 큰 나라의 황제로부터 책봉을 받거나 조공을 바치는 따위의 불평등한 국제관계가 있을수 없었다. 노쇠한 청나라가 서양 제국주의 세력의 무력 앞에 무릎을 꾼 모습을본 조선의 실학파와 개화파에게는 서양의 국제법은 완전히 새로운 조선의 대외관계를 모색하는데 중요한 준거가 되었다. 이른바 '화이적(華夷的) 조중관계'는 마땅히 재검토되어야 할 명제였다.

최초로 조선에 들어온 서양의 국제공법 서적은 미국 외교관이자 법률가인 휘튼(Henry Wheaton)이 쓴 《만국공법》(萬國公法)이다.[42] 이 책은 미국 뿐 아니라 세계 각국에서 오래 동안 국제법의 표준 교과서로 사용되어 왔으며 이미 프랑스어 이탈리아어 스페인어로도 번역되었다. 이 책은 국제공법의 의의와 국가의 주권(邦國自治自主之權)을 밝히고, 국가의 자연권으로 자위권, 법률제정권, 평등권, 관할권을 설명한 다음 국가간 평시 교류 및 조약과 전시법(戰時法)을 설명했다. 청나라에서 출간 얼마 후인 1860년대 후반에 다른 서양소개 책자들과 함께 바로 조선으로 들어온 이 책은 조선의 지식인사회에서 널리 읽혔다. 일본에서는 조선에서 보다 더욱 반응이 커 중국어번역판의 영인본과 일본어 중역판이 나와 곧 베스트셀러가 되었다. 이것은 일본과 미국간의 수교조약이 불평등조약이라는 일본 국내여론과 무관하지 않았다. 《만국공법》은 개화파들에게는 교과서가 되었는데 유길준의 《서유견문》 제3편인 '방국(邦國)의 권리'는 이 책을 크게 참고해서 쓰인 것이다. 반면 위정척사파 등 당시의 보수세력에게는 이 책은 전통적인 중국과의 관계를 훼손하는 용인될 수 없는 것으로 간주되어 배척대상이 되었다. 강원도 유생 홍재학(洪在鶴)은 1881년 8월 상소를 올려 이 책을 '사서'(邪書)라고 규정하고 이를 금할 것을 주장했다. 이에 앞서 홍시중(洪時中)도 이 책을 종로거리에서 불태워 버리라는 상소를 올렸다.[43] 《만국공법》에 이어 《공법편람》(公法便覽)과 《공법회통》(公法會通)이라는 책도 1880년대 초에 조선에 들어와 큰 영향을 주었다.[44]

서양의 국제공법은 개화사상가들뿐 아니라 여러 다른 분야에도 많은 영향을 주었다. 1882년 5월에 체결된 조미수호조약 제12조에 '만국공법'(international law)이라는 용어가 등장했다. 이듬해인 1883년에는 한국 최초의 근대식 학교인 원산학사(元山學舍)에서 이 책이 교과서로 사용되었다. 이어 1886년에는 관립학교인 육영공원(育英公院)에서 만국공법을 가르쳤다. 《한성순보》에는 창간호(1883. 10. 31)에서 만국공법을 강조했다. 김윤식이 썼다는 창간호의 '순보서'(旬報序)에는 "…풍기(風氣)가 점차 열리고 지교(智巧)도 날로 발전하여 선박이 전 세계를 누비고 전선이 서양까지 연락된 데다가 공법(公法)을 제정하여 국

교를 수립하고…"라고 했다. '공법'이란 바로 만국공법을 가리킨다.《한성순보》
는 1882년 월남을 둘러싸고 청불전쟁이 일어나자 1884년 9월 19일자에서 "공
법에 대한 논설"과 "국가 간의 전쟁과 국외외교(局外外交)의 조례를 논함"이라
는 장문의 기사를 실어 조선이 제3국으로서 지켜야 할 바를 자세히 설명했다.
이것은《공법편람》권4의 제1~13절을 그대로 게재한 것이다.[45] 그 후《한성순
보》와 그 뒤를 이은《한성주보》는 기회 있을 때마다 만국공법을 소개했다.

그러나 조선의 지도자들은 곧 힘이 지배하는 현실 국제정치에서 만국공법
이 별로 소용이 없다는 사실을 깨닫게 된다.《한성순보》는 1884년 1월 30일자
(제10호)에서 중국의《호보》(滬報) 기사를 전재하고 서양 나라들이 만국공법을
"유리하면 따르고 그렇지 않으면 배신하며 겉으로는 비록 따르는 체하지만 속
으로는 위배한다"고 썼다.[46]《한성주보》도 1886년 5월 24일자(제17호)에서 "비
록 조약이 있다 하나 나에게 불리하다고 생각되면 강자는 이치를 왜곡하여 편
리한 대로 말하고…"라고 비판했다.[47]《독립신문》1898년 1월 20일자는 "세상
사람이 말하기를 만국공법이 대포 한 자루만 못한지라…나라의 관계되는 것은
병비(兵備)에 있을 뿐만 아니라 안과 밖의 형세를 민첩하게 살펴…갈지니 대개
싸우는 것은 나라 힘을 세운 뒤에 발동할 것이라"[48]고 쓰고 있다.

개화파의 산업진흥론

《한성순보》는 정치적인 자유민권사상과 입헌군주제 및 민주주의정체, 그리
고 만국공법 소개 뿐 아니라 국가가 부강하게 되기 위한 과학 기술 발전, 산업
의 진흥을 기회 있는 대로 주창했다. 실학사상과 개화파의 실사구시 정신을 그
대로 반영한 것이다.

이 신문은 제3호(1883. 11. 20)에서 "회사설"(會社說)이라는 장문의 기사를
통해 조선에서도 여러 사람이 자본을 모아 (주식)회사를 설립해 상공업을 발전
시키는 것이 부국강병의 방법이라고 주장했다. 이 기사에 따르면, 서양에서는
모두 회사를 설립해 상인들을 불러 상품을 유통시킴으로써 상업이 발전하고 있
으나 동방의 상인들은 지금까지 4,000년 동안 단독으로만 교역을 할 줄 알았
지, 함께 모여 회사를 경영할 줄 몰랐기 때문에 상업이 발달되지 못하고 산업

도 일어나지 않아 나라가 부강하게 되지 못했다는 것이다. 이 기사는 주식의 발행과 출자, 사장의 선출 방법 등에 관한 규칙도 소개했다. 조선에서 설립해야 할 회사는 철도회사 선박회사 제조업회사 토지개발회사 등 여러 종류이며, 회사가 국가에 유익한 것이라고 판단하면 정부가 설립을 장려해야 한다고 이 기사는 주장했다. 회사 설립을 장려하는 방법은 정부가 회사와 계약하거나 손실 때 보상하거나 이익을 보장하는 여러 가지가 있으며 정부에서 장려하면 회사가 많이 생긴다는 것이다. 이 신문은 이어 "이런 일들은 서양 나라들만이 할 수 있는 것이 아니다. 오늘날 동방의 임금과 재상들이 시대의 형세를 살피고 자세히 연구해서 계획을 세운 다음 행동하고, 시기가 온 다음 행동하며, 잘못 타산되는 행동에 흔들리지 않고 외국인들의 속임수에 빠지지 않는다면 우리도 배는 화륜선으로, 철도에 기차를, 전신으로 우편을, 전등을 가로등으로 할 수 있으며 부강하고 싶으면 부강할 수 있다"고 주장했다. [49]

《한성순보》 1884년 7월 3일자에 실린 김옥균의 "치도략론"(治道略論) 역시 국가의 부강을 위해 산업을 일으킬 것을 주장한다. 그는 이 글에서 "오늘날 (나라를 위한) 급선무는 인재등용, 재용(財用)절약과 사치억제, 해금(海禁)해제와 교린을 주장하나 나의 생각으로는 실사구시(實事求是) 하는 것이 제일이라고 생각한다"고 전제하고 당면 과제를 위생과 농상(農桑)과 도로라고 역설했다. 이에 따라 김옥균은 도로정비를 위해 치도국(治道局)의 설치 등 16개 구체안을 제시했다. [50] 그가 설치할 것을 주장한 치도국은 박영효가 귀국 직후인 1883년 1월 한성판윤에 취임하자 한성부에 신설되었다. 박영효는 한성부 안에 치도국과 함께 경순국(警巡局)을 신설, 근대식 치안제도를 마련코자 했다. 한성부 치도국은 김옥균이 마련한 치도규칙에 따라 도로정비 사업을 착수했다. 그러나 한성부의 도로사업은 기득권을 지키려는 유력인사들이 그들의 가옥철거계획에 반발함으로써 수구파들에게 박영효를 비방할 구실을 주었다. 또한 수구파는 박영효를 비롯한 개화파의 적극적인 개화정책에 불안을 느끼고 그를 모함함으로써 결국 박영효는 3개월 만에 한성판윤 자리에서 물러나 광주유수로 좌천되었다. 박영효는 자신이 모함을 받은데 대해 "(도로사업과 같은) 대경장시(大更張時)에는 비방과 원망이 있게 마련이므로 여기에 구애되어서는 안된다"고 항변했다.[51] 결국 그의 도로정비 사업은 물거품이 되고 이에 따라 김옥균의 치도규칙도 허공에 뜨고 말았다.

《한성순보》는 또한 "부국설"(富國說)이라는 기사를 실었다. 이것은 중국 《만국공보》(萬國公報)의 긴 기사를 전재한 것으로, 1884년 5월 25일자와 6월 4일자에 상·하로 나뉘어 게재되었다. 이 기사는 첫머리에서 "강하고서 부하지 않는 나라가 없고, 부하고서 강하지 않는 나라가 없으니, 나라를 강하게 하려면 반드시 먼저 부로부터 시작해야 한다"고 강조한 다음 서양 사람들이 통상(通商)을 제일로 여겨 상고(商賈)를 농공(農工)의 윗자리에 올려놓는 것을 배워야 한다고 역설했다. 이어서 자원의 개발과 천문 지리 과학 등 학문의 연구를 촉진하고 연탄의 개발, 철로의 개설, 전선의 가설을 서둘 것을 주장했다.[52] 19세기 말의 조선왕국 같은 농업국가에서 상업을 제조업 위에 올려놓은 것은 당시로서는 혁명적 발상이다.

개화파와 기독교 인맥

조선에 온 서양의 첫 개신교(改新敎) 선교사는 독일목사 칼 귀츨라프(Karl Gützlaff, 중국명 郭實獵)였다. 그는 1832년 7월 영국 동인도회사(東印度會社) 소속 '로드 암허스트'(Lord Amherst)호의 통역원으로 통상협정 체결을 위해 충남 보령시 오천면 고대도(古代島) 연안에 도착한 다음 약 1개월간 머물었다. 조선 측이 통상을 거부하자 귀츨라프는 조선인들에게 성경책을 주고 일행과 함께 돌아갔다.[53] 다음으로 조선에 입국한 서양 선교사는 1866년 평양 대동강을 거슬러 올라가다가 평안도 관찰사 박규수가 지휘하는 조선 관민의 화공(火攻)을 받고 불에 탄 미국 상선 '제너럴 셔먼'호에서 순교한 영국 스코틀랜드 출신의 토마스(Robert J. Thomas, 중국명 崔蘭軒) 목사였다. 토마스 목사는 이 때 배를 공격한 조선의 관민들에 의해 참수 당함으로써 첫 개신교 순교자가 되었다.[54]

그러나 개신교는 대원군 치하에서 가톨릭이 모진 박해를 받은 것과는 달리 고종 아래서 탄압을 받지 않고 무사하게 선교 사업을 벌였다. 고종이 친정을 펴면서 미국과 수교 후 조선에 입국한 미국의 개신교 선교사들은 큰 환영을 받았다. 1885년 4월부터 8월 사이에 조선에 처음으로 온 선교사는 미국 장로회의 언더우드(H. G. Underwood)와 감리교의 아펜젤러(H. G. Appenzeller), 그리고 스크랜튼(W. M. Scranton) 등이다. 이들의 입국에는 김옥균의 알선이 있었다고 한다. 온건개화파들과는 달리 급진개화파들은 서양의 부강함이 기독교와 깊은 관련이 있다고 믿었기 때문이다.[55] 이들 보다 앞서 중국에서 선교활동을 한 앨런(H. N. Allen)은 의사 자격으로 입국, 갑신정변 때 개화당의 습격을 받아 중상을 입은 민영익(閔泳翊)을 치료해 수구파로부터도 호감을 샀다. 민씨 정권은 앨런을 비롯한 미국인들을 초빙, 의료기관인 광혜원(廣惠院)과 신식교육기관인 육영공원(育英公院)을 만들었다.[56]

갑신정변으로 개화파가 몰락하고 정치적 소용돌이로 사회불안이 일자 미국 선교사들은 처음에 상당히 조심스럽게 행동했다. 이들은 선교활동에 앞서 교육사업에 힘을 써 별다른 문제없이 어려운 시기를 넘길 수 있었다. 미국선교사들은 초급 중급 고급교육에 이르기 까지 많은 명문학교를 세워 한국의 교육발전에 큰 공헌을 했다. 아펜젤라는 1885년에 배재학당을, 스크랜튼은 1886년에 이화학당을, 언더우드는 1887년 구세학당(救世學堂, 일명 언더우드학당, 또는 Miller School, 나중에 경신학교, 儆信學校로 개명, 연희전문의 전신)을 각각 세웠다.

조선의 젊은이들은 배재학당에서 처음으로 민주주의를 배웠고 연설하고 토론하고 박수치는 것도 알았다. 서양의 신학문은 물론이고 축구 야구 농구 탁구 등 서양의 운동도 배웠다. 뿐만 아니라 신문 제작법도 배우고 인쇄술까지 배웠다. 배재학당은 서양문화 전파의 요람이었다. 과거에 조선의 지도자들이 중국에 가서 듣고, 책에서 배운 서양의 문명과 개화를 그때부터는 젊은 세대가 배재학당에서 직접 서양인들로부터 배운 것이다. 배재학당에서 학생들을 지도한 서재필(徐載弼)과 배재학당을 다닌 이승만(李承晚)을 비롯한 영어를 할 줄 아는 많은 조선의 후기 개화파인사들 상당수가 배재학당 출신이었다는 사실은 미국 선교사들이야 말로 서양의 새 문물, 특히 자유주의와 민주주의라는 가치관을 이 땅에 들여온 주역의 하나였다는 점을 말해준다. 일제치하에서 가장 걸출한 독립운동가의 한 사람이었던 안창호(安昌浩)는 언더우드가 세운 구세학당의 학생이었다. 미국선교사들의 교육사업과 선교사업으로 기독교를 믿기 시작한 조선인 청장년들이 크게 늘어났다. 대표적인 인물이 이승만을 비롯해 최병헌(崔炳憲), 이상재(李商在) 안국선(安國善) 등이다.[57] 이들은 대체로 기독교 단체의 지도자가 되어 한국 보수세력의 맥을 이었다.

미국 선교사들은 교육 뿐 아니라 의료 출판 보건 사회사업 등 각 분야에서도 조선의 근대화에 크게 기여했다. 출판 분야에서는 성경을 한글로 번역, 간행하고 영한사전을 만들어 문화발전에 기여했다. 종래 중국 땅에서 서양선교사들이나 중국인들이 중국어로 쓰거나 번역해 조선에 들여와서 보던 서양 관련 다른 서적들을 미국 선교사들이 직접 한글로 쓰거나 변역해 출판함으로써 조선의 식자들에게 신선한 충격을 주었다. 수학 지리 생리학 천문학 생물학 역사 등 책들이 당시 각급 학교에서 교과서로 쓰였다.[58] 한국의 보수세력이 미국에 호의적인 이유는 개화파와 미국 선교사의 긴밀했던 관계에서도 찾아질 수 있다.

② 개화파의 근대화운동

개화파는 자신들이 살고 있는 시대보다 훨씬 앞선 시대에 살고 있으며, 그들이 원하는 것은 곧 그들 조국의 무궁한 번영이었다. 조선이 그것을 원하지 않았다 해서, 그리고 조선이 그들을 받아들이지 않았다 해서 그들에 대한 찬사가 줄어들 수 없는 것이다. 그들의 충의는 어느 누구보다도 순수한 것이었다.
− H. B. 헐버트(Hulbert)

1. 초기 개화정책

개국에 앞장선 개화파

개화파들은 일본이 1875년 강화도에서 운요호(雲揚號)사건을 일으켜 조선정부에 대해 수교를 요구하자 개국에 대해 호의적 입장을 취했다. 개화파의 정치적 현실주의인 것이다.

조선정부는 그 이듬해 2월 일본정부가 전권사절을 부산을 거쳐 인천에 파견해 옴에 따라 개화사상의 선구자인 역관 오경석을 문정관(問情官)으로 보내 이들과 접촉케 했다. 그는 일본 전권사절과 만나 그들의 요구조건을 들어 정부에 보고했다. 개화파의 비조인 박규수는 이 때 적극적 역할을 했다. 그는 운요호사건을 계기로 다시 쇄국을 주장하던 대원군 추종세력과 보수 유림의 반대를 물리치고 일본과의 수교를 주장했다. 청국의 실력자 이홍장(李鴻章)도 조선정부에 대해 일본과 개국하라고 권유한 터여서 고종도 위정척사파의 주장처럼 무조건 쇄국만을 고집할 수 없는 상황이었다. 고종은 일본의 전권사절이 제1차 회담에서 수교조약 초안을 제시하자 김병학(金炳學) 이유원(李裕元) 홍순목(洪淳穆) 박규수 이최응(李最應) 김병국(金炳國) 등 전 현직 대신들을 참석시킨 가운데 어전회의를 열었다. 판중추부사(判中樞府事)이었던 박규수는 이 자리에서 "일본사절이 수호를 위해 왔다고 하나, 많은 군대를 인솔하고 온 것을 보면 그 의도를 추측하기 어렵다. 용의(用意)하는 것도 상관이 없으나 (그들을) 공격하기는 어렵다"고 강경대응책에 반대했다. 그 후 수교교섭이 마무리 되자 다시 어전회의가 열려 조약안의 승인 가부를 묻는 국왕의 하문이 있었다. 영의정 이최응은 주관도 없이 찬성인지 반대인지 모를 요령부득의 발언을 하고, 우의정 김병국은 반대, 영돈령부사(領敦寧府事) 김병학과 영중추부사(領中樞府事) 이유원은 신중론, 나머지는 침묵을 지켰다. 오직 박규수와 당상역관(堂上譯官) 오경석만 소신을 가지고 찬성했다.[1]

박규수는 수교조약이 조인된 다음 해인 1877년 2월 70세를 일기로 별세하고, 오경석도 일본과의 교섭 때 과로로 1876년 4월 쓰러져 병석에 누웠다가 3년 후인 1879년에 49세의 나이에 세상을 떠났다. 개화사상의 선각자 3명 중 오직 유홍기 만이 건강하게 활동을 계속하면서 김옥균 등 개화파 청년들을 막후에서 도왔다. 양반이 아니면서 '백의정승'(白衣政丞)이라는 별명이 붙을 정도로 주변의 존경을 받던 그는 1884년 갑신정변 때 주동자의 한 사람으로 쿠데타에 가담했다가 행방불명이 되었다. 도피설과 현장에서 피살되었다는 설이 있으나 끝내 확인되지 않았다. 이때 그는 57세였다. 그의 부인은 체포되어 옥사했다.[2]

명치유신 모델의 부국강병 노선

일본과의 수교 이후 부산 원산 인천의 3개 항이 차례로 개방되고 정부에서는 외국말과 대외관계를 아는 관료들을 대거 필요로 하게 되자 개화파 청년들이 정부기관에 진출했다. 개화파는 1873년 대원군이 섭정에서 물러나고 고종이 국정전반을 친람하게 되면서 소수이지만 정부 요직에 등용되어 민씨 정권이 추진한 대외정책 수행에 참여하기 시작했다.

맨 먼저 김기수(金綺秀)를 정사(正使)로 하는 제1차 수신사 일행 76명이 수교직후인 1876년 3월 일본을 방문해 일본의 근대식 문물을 시찰했다. 김기수는 실학파의 거두인 추사 김정희의 후학이다. 1880년 5월에는 김홍집(金弘集)을 정사로 하는 제2차 수신사 일행 58명이 일본을 방문했다. 김홍집은 박규수의 문하생 중 한 사람이다. 1870년을 전후해 박규수의 사랑방에서 시국을 토론하던 20대의 젊은 개화파 청년들이 이때는 30대의 중년이 되어 조정에 출사한 것이다. 김홍집은 일본 체재 중 주일청국공사관의 참찬관(參贊官) 황준헌(黃遵憲)으로부터 그가 쓴 《사의 조선책략》(私擬 朝鮮策略)과 중국의 선각자 정관응(鄭觀應)이 쓴 《이언》(易言)을 얻어 귀국했다. 전자는 조선에 바람직한 대외정책을 논한 저서이고, 후자는 무역업에 종사한 경험을 가진 저자가 내치·외교문제와 국제법을 다룬 책이다. 《이언》은 나중에 국어로 번역되었다.[3)]

1881년 12월에는 개화파의 핵심인물인 김옥균이 고종의 밀명을 받고 일본을 방문해 황준헌을 만났다. 이듬해 임오군란이 일어나 일본공사관이 습격당한 사건이 일어나자 이에 대한 사죄사절단으로 3차수신사 일행이 박영효(朴泳孝)를 정사로, 김만식(金晚植)을 부사로, 서광범(徐光範)을 종사관으로 하여 1882년 8월 일본을 방문했다. 이 때 홍문관 교리 김옥균과 민씨 일파의 실력자 민영익(閔泳翊)은 별격으로 함께 동행했다. 박영효와 김옥균은 일본의 민중교육선각자인 후쿠자와를 만나 개화문명의 방법과 국정개혁에 관해 의견을 나누었다.[4)]

김옥균은 1881년 일본 방문 때 느낀 바를 기초로 해서 도로개설에 관한 건의를 정부에 냈다. 그 내용은 이미 Ⅰ-①(자유민권사상의 수용)에서 살펴 본 바와 같이 1884년 7월 3일자 《한성순보》에 '치도략론'(治道略論)이라는 글로 소개되었다. 이 글은 자신이 말미에서 밝힌 대로 원래 일본 체재 중이던 1882년 12월(음력 11월 15일)에 쓴 것이다. 김옥균은 일본에서 돌아오면서 아시아의 평화를 위해 조선과 일본의 협력방안을 적은 《기화근사》(箕和近事)[일설에는 《興亞策》]라는 책을 써서 고종에게 바쳤다. 이광린에 의하면 그 내용 중 일부가 나중에 《한성순보》(제15호, 1884. 2. 21)에 게재된 '논기화형세'(論箕和形勢)라는 기사로 소개되었다.[5)] 《한성순보》는 당초 발간 준비를 했던 박영효가 밀려나고 온건개화파인 김윤식(金允植)의 주도 아래 간행되었지만 여전히 명치유신을 모델로 한 부국강병사상을 지닌 박영효 김옥균 등 급진개화파의 노선을 반영했다.

시동 걸린 국정개혁

개화사상의 영향은 고종의 친정 체제 이후 민씨 정권이 추진한 국정개혁조치에 나타나기 시작했다. 민씨 정권은 먼저 대원군계의 수구파세력을 견제하기 위해 민씨 일족과 개화파인사들을 대거 등용, 정부기구를 개혁하고 대일 대청 외교 강화책을 모색했다.

민씨 정권은 1880년 12월 과거 대원군이 폐지했던 비변사(備邊司)에 상당하는 통리기무아문(統理機務衙門)을 신설했다. 이 기구는 일반행정 외교 군사문제를 통괄하는 강력한 권한을 가진 행정기구였다. 이 기구의 요직에는 민씨 일족과 개화파에 속한 김홍집 홍영식 등이 들어갔다. 통리기무아문은 1881년 부국강병책의 추진을 위해 영선사(領選使) 김윤식을 청국에 파견하는 한편 총 62명의 조사일본시찰단(朝士日本視察團), 혹칭 신사유람단(紳士遊覽團)을 일본에 파견했다. 박정양(朴定陽) 홍영식 어윤중(魚允中) 등 일본유람단은 4개월 동안 일본을 돌아보고 귀국했다. 이것은 민씨정권이 청일 두 나라와의 관계를 동시에 배려한 정책이었다. 이들이 청국과 일본에서 교섭을 벌인 결과 60여 명의 공장 학생들을 중국 천진(天津)에 보내 병기 제조법을 익히게 했다. 일본으로부터는 군사교관을 초치해 신식군사훈련을 실시, 양반자제들로 편성된 별기군(別技軍)을 양성키로 했다. 민씨 정권은 별기군 양성을 위해 군제를 개혁해 일본식 군사훈련을 받는 훈련생을 '사관생도'라 칭했다. 군사교관에는 일본공사관 무관 호리모토(堀本礼造) 중위를 임명했다. 이와 함께 1883년 5월에는 서재필 등 15명을 일본 도야마(戸山)의 육군학교에 유학시켰다.[6]

1882년 7월 임오군란이 일어나자 민씨 정권의 개혁정책에 브레이크가 걸렸다. 뒤에서 자세히 설명하는 바와 같이, 군란을 일으킨 구식군대 병사들의 옹립을 받아 정무에 복귀한 대원군은 통리기무아문을 폐지하고 그 기능을 삼군부(三軍府)로 이관했다. 그러나 1개월 후 대원군이 청군에 납치되어 청국으로 끌려감으로써 세상이 다시 바뀌자 민씨 정권은 삼군부를 폐지하고 개혁정책 추진기구로 기무처(機務處)를 설치했다. 기무처의 당상(堂上)에는 조영하(趙寧夏) 김병시(金炳始)와 더불어 개화파인 김홍집 김윤식 홍영식 여윤중 등 7명이 임명되었다. 기무처는 같은 해 11월 외교사무를 담당하는 통리아문과 내정을 담당하는 통리내무아문으로 분리되는 등 소용돌이를 겪었다. 민씨 정권은 1882년에는 개혁조치로서 정부기구의 구조조정을 맡는 임시기구인 감생청(減

省廳)과 근대적 세관인 해관(海關) 및 최초의 근대학교인 원산학사(元山學舍)을 설립하고, 1883년에는 최초의 영어학교인 동문학(同文學)과 도로정비를 위한 치도국(治道局), 그리고 농무목축 시험장을 설치하고 정부주도의 신문(한성순보)과 근대식 우편제도도 도입했다.[7] 모두가 개화정책의 일환으로 추진된 것이다.

수구파의 저항과 임오군란

개화파들의 국정참여와 영향력 확대는 수구파들의 강력한 반발을 불러왔다. 그 첫째가 황준헌의 《사의 조선책략》을 둘러싼 유림들의 반발이고, 둘째가 구식군대가 일으킨 임오군란이다. 임오군란은 청국의 조선 속방화와 민씨정권의 반동화를 초래함으로써 개화파의 쿠데타인 갑신정변의 원인이 되었다.

1880년 김홍집 제2차 수신사가 갖고 귀국한 《사의 조선책략》은 위정척사사상에 사로잡힌 수구세력의 큰 반발을 불러왔다. 이 책은 조선의 안전을 위해 친청(親淸) 결일(結日) 연미(聯美)를 함으로써 남진하는 러시아세력을 막아야 한다는 내용으로, 미국과의 외교관계 수립을 권유하는 내용이다. 이 책은 또한 조선이 서학을 받아들일 것도 권고했다. 영남유림을 비롯한 위정척사파들은 그해 3월 '영남만인소'(嶺南萬人疏)를 국왕에게 올려 미국과의 수교와 서학 허용을 맹렬히 반대했다. 유림들은 대외개방을 추진하는 김홍집을 귀양 보내라고 요구했다. 이것이 이른바 신사위정척사론(辛巳衛正斥邪論)이다. 유림 중 이항로의 제자인 홍재학(洪在鶴)은 《사의 조선책략》은 황준헌의 이름을 빌린 한국 관리의 저작이며 이를 받아들인 재상은 '야소(耶蘇)의 복심'이라는 등의 과격한 상소를 올렸다가 의금부에 투옥되어 끝내 능지처참의 형을 받았다. 위정척사론은 당시에도 여전히 상층계급의 압도적인 지지를 받고 있었기 때문에 이들 수구 사대세력을 제어하는 것은 결코 쉬운 일이 아니었다.[8]

그러나 민씨 정권은 이런 강력한 반대를 끝내 물리치고 1882년 5월 미국과의 수교조약을 체결했다. 미국과의 수교를 단행한 것은 고종과 민씨 정권이 그 무렵부터 착안한 이이제이(以夷制夷)와 대외균세정책(對外均勢政策)이라는 새로운 대외정책의 결과이기도 하다. 대외균세정책이란 요즘 식으로 표현하면 세력

균형정책이다. 대외균세정책은 그 후 우리나라 조야에서 기회 있을 때마다 제기된, 미국을 포함한 열강에 의한 한반도중립화 구상의 원형이 되었다. 미국의 초대 주한공사 푸트(Lucius H. Foote)가 이듬해 5월 서울에 부임해 오자 고종은 '기뻐서 춤을 출' 정도로 좋아했다. 개화파 인사들은 그 후 미국공사관과 밀접한 관계를 가지기 시작했다.[9] 민씨 정부는 대외정책의 전환과 함께 개화파가 주장한 서해방어를 위한 해방책(海防策)도 마련했다.

조미수호조약 체결 직후인 1882년 7월 일어난 임오군란은 구식군대 군졸과 왕십리 이태원 주민이 합세해 민씨 일파의 자택과 일본공사관을 습격한 사건이다. 직접적인 원인은 그들에게 지급되는 군량미가 10개월분이나 늦어진데 있지만 근본원인은 개화정책에 따른 신식군사훈련 등 병제개혁에 대한 불만이었다. 반란군은 영의정 이최응(李最應), 선혜청 당상 민겸호(閔謙鎬), 경기감사 김보현(金輔鉉) 등 민씨 정권 요인들과 일본군사교관 호리모토를 살해했다. 구식 군사들의 영도자로 추대된 대원군은 즉시 궁궐에 입성해 다시 정권을 잡았다. 민비는 난을 피해 경기도 장호원으로 피신했다. 그러나 군사반란은 민씨 정권의 구원요청을 받은 청국이 군대를 파견해 곧 진압했다. 청군은 대원군을 자기들 군영으로 유인해 납치한 다음 중국 하북성의 보정부(保定府)로 압송하고 거사 주동자 30명을 처형함으로써 임오군란은 막을 내렸다. 조선정부는 임오군란 때 일본 측이 입은 손해에 대한 배상문제를 타결하기 위해 그해 9월 일본과 제물포조약을 체결했다. 그 내용은 조선 측이 일본에 배상금 50만원을 지불하고 일본군의 일본공관 호위를 인정하는 한편 사죄사절을 일본에 파견한다는 것이었다. 조선정부는 이에 따라 제2차 수신사 박영효를 일본에 파견했다. 이 조약으로 일본공사관 수비대 150명이 들어와 그들의 공사관을 지키게 되었다. 청국 역시 원세개(袁世凱)가 병력 1,500명을 용산의 하도감(下都監)에 주둔시킴으로써 조선에는 일본과 청국 두 나라 군대가 동시에 주둔하게 되었다. 2년 후 갑신정변이 일어나자 이들 양국 군대가 충돌한다.[10]

정부는 미국과의 수교 직후인 1883년 7월, 미국의 초대 주한공사 푸트의 서울 부임에 화답하기 위해 민영익을 수반으로 하는 보빙대사 일행을 미국에 보냈다. 보빙사의 부사는 홍영식, 서기관은 서광범, 수행원은 유길준 등으로, 민영익을 빼고 모두 개화파들이다. 민영익과 유길준 등은 유럽을 견학하고 귀국했다. 정부 내에서의 개화파의 지위와 영향력은 이 시기에 최고에 달했다. 무엇보다도 김옥균 박영호 등 개화파 수뇌들이 고종의 깊은 신임을 받은 사실과 그들의 헌책에 따라 개화정책을 추진한 사실이 이를 말해 준다. 그러나 개화파 지도자들은 1883년 중엽부터 수구파에 밀리기 시작했다. 한성판윤 박영효는 그해 4월 광주유수로 좌천되었다가 6개월 후에는 그 자리마저 물러났다. 민비의 조카이면서 개화사상에 동조했던 민영익조차도 이듬해 5월, 보빙사로 미국을 다녀온 뒤에는 민씨 일파에 합류해 개화파를 등짐으로써 개화당의 위기의식을 더욱 깊게 했다.[11] 갑신정변 때 개화파의 제거대상 1호가 민태호(閔台鎬)와 민영익이 된 것은 이 때문이었다. 개화파는 드디어 1884년 12월 갑신정변을 일으켰다.

2. 개화당의 쿠데타

갑신정변에 관한 상반된 견해들

갑신정변은 개화당 일파가 민씨 정권의 핵심인사들을 살해하고 새 정권을 세웠다가 3일 만에 청군의 진압작전으로 실패한 쿠데타이다. 살해당한 민씨 정권 핵심인사는 수구파 거물 한규직(韓圭稷) 이조연(李祖淵) 조영하 등과 민씨 일족인 민태호 민영목(閔泳穆) 등이다. 민영익은 다행히 부상만 하고 생명은 건질 수 있었다. 개화당은 거사 직후 조각한 새 내각 이름으로 대원군 귀국, 조공허례 폐지, 문벌폐지 등 혁신적인 개혁정령을 발표했다. 그러나 수구파 정권의 요청에 따라 청군이 개입해 쿠데타가 실패로 돌아가자 모든 것은 물거품이 되고 말았다. 개화사상의 전파기관인 《한성순보》를 내던 박문국 건물도 습격을 당해 불타버리고 신문은 폐간되었다.[12] 청군의 군사행동은 임오군란에 이은 불과 2년만의 두 번째 내정개입이었다. 갑신정변 때는 청군이 출동하기 전에 일본군이 개화당을 지원하기 위해 왕궁호위를 맡았으므로 두 외국의 군대가 똑같이 한 번씩 조선의 내정에 개입한 한국에는 치욕스러운 기록을 남겼다.

명치유신식의 근대화와 자유민권사상의 구현을 꿈꾼 개화파들, 즉 오늘날 한국보수세력의 원조라 할 당시 조선의 진보세력은 1884년 갑신정변의 실패에서 일대 좌절을 맛보았다. 그들의 정치적 현실주의와 이에 입각한 변법론이 국제현실 앞에서 여지없이 좌초한 것이다. 1870년을 전후해서 개화사상의 선구자들이 세력을 형성 한지 10여 년, 민씨 정권에 의해 부분적으로나마 개화정책이 채택되어 시행되기 시작한지는 8년 정도 지난 시점이다. 갑신정변의 실패로 개화파가 추진하던 개화정책이 이렇게 짧은 시점에서 좌절을 본 것은 개화파뿐 아니라 나라 전체를 위해서도 불행이 아닐 수 없었다. 개화파 중 급진세력은 갑신정변 당시에는 이미 '개화당'으로 변해 있었다. 단순한 사상가들의 모임이 아닌, 행동하는 정치집단, 그것도 소수파 정치세력으로 조직되어 있었다. 무릇 무력봉기란 그 거사가 성공하면 혁명으로 승격되지만 실패하면 쿠데타로 격하되기 마련이다. 한국역사상 무력에 의한 정변이 성공할 경우 반정(反正)이 되고, 실패할 경우 난(亂)이 된 것은 이런 이치 때문이다.

갑신정변은 실패한 쿠데타이긴 하지만, 이 사건처럼 평가가 엇갈리는 한국 근대사의 쟁점도 없을 것이다. 갑신정변은 비록 '3일 천하'로 끝나기는 했으나 조선의 근대화에 크게 기여했다는 견해가 있다. 이런 주장을 편 사람은 일본의 한국합병을 긍정적 또는 불가피하게 본 일제하의 일본인 학자들과 이를 그대로 계승한 한국인 학자들이다.[13] 반대로 갑신정변은 순조로운 근대화를 방해하고 일본의 한국침략에 도움을 주었다는 견해가 있다. 이런 주장을 펴는 사람들은 일제의 한국병합을 비판적인 시각에서 보는 한국과 일본 학자들이다. 그 주류는 일본 역사학자들의 식민사관을 비판하는 한국 학자들이다.[14] 이런 학자들 중에는 갑신정변은 한반도를 집어삼키려는 일본과 공모 결탁해 친일정권을 세우려던 쿠데타였으며 그 주역인 김옥균은 개화파가 아니고 '일본의 앞잡이'라는 극단론도 있다.[15]

갑신정변의 배경에 있어서도 견해는 엇갈린다. 개화당의 자주적 결정에 의해 단행되었다는 견해[16]와 일본 측과의 공모에 의해 거행되었다는 견해[17]가 맞서고 있다. 흥미로운 것은, 1980년대 이후에 상황이 다시 반전되어 갑신정변과 김옥균을 재해석하려는 새로운 연구들이 나온 사실이다. 이들은 철저하게 갑신정변을 옹호한다. 물론 이에 대해 다시 비판론이 나온다. 갑신정변에 대한 평

가는 이런 연유로 인해 옹호→ 비판 → 옹호→ 비판의 순환론이 되고 있다.[18]

청국의 속방 강화 정책

갑신정변 직전의 국내정세는 개화파들로서는 더 이상 행동을 자제하기 힘들 정도로 질식할 상황이었다. 임오군란으로 한 때 붕괴된 민씨 정권은 청군의 도움을 얻어 권력을 되찾았으나 청국이 이를 기화로 종래에 없던 내정간섭을 하기 시작했다. 청국측은 대원군을 계속 보정부에 연금시켜 놓고 서울에 파견했던 3,000명의 병력을 철수시키지 않은 채 조선을 자국의 속국으로 만들려는 노골적인 속방화(屬邦化)정책을 썼다. 임오군란 때 조선에 파견된 광동함대 사령관 오장경(吳長慶)은 조선의 병권을 장악하고, 이홍장이 파견한 그의 막료 원세개는 조선군의 훈련을 담당했다. 조선군대는 편제가 개편되어 청군 교관 밑에서 훈련을 받게 되고 무기도 청군이 제공하는 것을 쓰게 되어 완전히 청군의 장악 아래 들어갔다. 이홍장은 또한 독일인 묄렌도르프(Paul Georg von Möllendorff)와 청국인 마건상(馬建常)을 각각 조선정부의 외교 및 통상 고문에 앉혀 조선의 외교와 무역에 간섭했다. 재정고문으로 온 진수당(陳樹棠)은 재정권을 잡았다. 비록 당시 조선은 청국과 조공(朝貢)관계를 계속하기는 했으나 청국측이 종주국이라 해서 이런 식으로 조선의 내정에 간섭하는 일은 일찍이 없던 사태였다. 더욱 모욕적인 처사는 임오군란 진압 직후인 1882년 8월 '조청상민수륙무역장정'(朝淸商民水陸貿易章程)이라는 해괴망측한 협정을 청나라가 조선 측에 강요해 체결한 사실이다. 조선과 청국 양국 사이의 국제협정임에도 불구하고 조선은 외국이 아닌 청국의 '속국'이므로 주권국가들 간에 행해지는 비준이 필요 없는 '장정'이라는 용어를 쓰고 그 전문에 조선이 '속방'(屬邦)이라고 명기했다. 이 장정에 따라 진수당이 초대 주한상무위원에 임명되었다.[19]

청국의 이런 부당한 행동은 단순한 조공관계의 재확인이 아니라, 기왕의 조공관계를 근대적 국제법상의 '종속관계'로 전환시키려는 것이었다.[20] 그러나 민씨 정권은 이 같은 청국의 횡포에 어쩔 도리가 없이 순종만 했다. 이런 상황에 대해 개화당 인사들이 분개한 것은 당연한 것이라 할 것이다. 청국은 이 때문에 자연히 개화파를 경계하게 되었으며 민씨 정권의 수구파들 역시 같은 태도를 취했다. 개화파들은 신변에 위협을 느끼고 자신들이 보복당할 위험 속에 놓여 있다고 미국공사관에 호소하면서 쿠데타 계획을 알려주기도 했다.[21]

개화파는 임오군란 이전부터 개화의 방법을 둘러싸고 내부적으로 노선의 차이를 드러냈지만 청국의 조선 속방화 정책과 민씨 정권 수구파의 친청정책은 기왕의 개화파 내부의 분열을 더욱 가중시켰다. 청국이 임오군란 이후 조선의 내정에 간섭하고 개화정책에 브레이크를 걸자 온건파는 청국과의 전통적 종속관계를 유지하면서 청국과의 협조를 통해 개화정책을 추진해야 한다고 주장했다. 그러나 급진파는 청국과의 단절론을 내세우고 근본적인 개혁을 도모하자고 강조했다. 이런 근본적 입장 차이로 두 파의 균열은 결정적이 되었다. 민씨 정권에 대해 온건한 입장을 취한 김윤식 어윤중 김홍집 박정양 등을 온건개화파, 강경한 입장을 취한 김옥균 박영효 서광범 홍영식 박영교 유길준 윤치호 등을 급진개화파라고 불렀다. 급진개화파는 친청·사대정부를 폭력으로 전복하려는 급진적 방법론을 택했다.[22]

급진개화파는 이 무렵에는 이미 '개화당'으로 불리고 있었다. 이들은 이전부터 비밀리에 조직을 진행시킨 것이다. 개화당 조직의 주동인물은 김옥균이다. 그는 1872년에 알성문과에 장원급제하고 24세 때인 1874년에는 홍문관교리에 임명되었다. 그러나 김옥균은 불과 10개월 후인 같은 해 12월에는 민씨일파의 압력으로 홍문관 부교리로 강등되었다. 그는 제1차 일본방문 직전인 1882년 9월에 비로소 승정원 우부승지로 올라갔다. 그는 관리로서 직급은 낮았지만 개화파의 세력화에 앞장서 있었다. 1881년부터 1882년 사이에는 개화당은 정부 내에서 확고한 기반을 쌓았다.[23] 김옥균은 양반 가문 출신의 관리 뿐 아니라 군인과 중인 서인 승려 까지 신분차이를 넘어 광범위하게 각계 인사를 포섭하고 심지어는 궁중의 궁녀도 자기편으로 끌어들였다. 개화당이 만들어지기 시작한 시기에 관해서는 견해가 대립되고 있다. 대체로 일본과의 수교직전인 1874년 경부터인 것으로 일부 역사가들은 보는가 하면[24] 다른 일부 학자들은 일본과의 수교이후인 1879년경으로 본다.[25] 어쨌든 한국 자유민주주의세력, 즉 보수세력의 원조라 할 개화당이 이 때 세력을 형성한 것은 한국 근대사에 중요한 의의를 갖는다.

개화당은 1879~1880년 2차례에 걸쳐 개화파 승려 이동인(李東仁)을 비밀리에 일본에 보내 서양의 만국공법을 알아보게 하고 일본 측의 개화정책 지원을 요청하면서 조선 신사유람단의 일본 시찰을 추진케 했다. 1881년 조선의 신사유람단이 일본을 방문하게 되자 일부 일본 신문은 이들을 '조선개화당원 50명'이라고 표현했다. 다른 일부 일본 신문은 신사유람단이 '개진-수구의 오월동주'라고 표현했다. 같은 해에 이동인이 수구파에 의해 암살되자 일부 일본신문은 '조선개화당을 위해 암살당한 이동인'이라고 표현했다. 김옥균이 일본을 방문할 무렵부터는 그의 존재가 일본 국내에서 더욱 널리 알려졌다. 김옥균이 일본을 제1차로 방문 중이던 1882년 4월 일본신문들은 그를 '조선개화당 수령'이라고 불렀다. 개화당은 또한 '독립당' '개진당(改進黨)' '진보당' '일본당' 등으로 불리기도 했으며 개화당의 적수였던 민씨 일파는 '사대당', '보수당', 또는 '청국당'으로 호칭되었다.[26]

개화·수구·진보·보수라는 용어

당시 개화당을 국내에서 진보당 또는 개진당으로 부르게 된 데는 이 같은 일본 언론보도의 영향이 컸다. 그 무렵 일본 조야의 지도자들은 그들에게 호의적인 김옥균 등 개화당을 '진보당' 내지 '개진당'으로 부르고 그들에게 고분고분하지 않은 고종과 민비를 '수구파'로 매도했다. 물론 이런 구분은 반드시 옳지 않다. 무엇보다도 국왕 부부는 개화정책에 적극적이었다. 이태진의 연구에 따르면, 그 동안 일본학계에서 통용된 '보수' '수구' '개진' '개화' 등의 용어는 우리가 I-□(자유민권사상의 수용)에서 살펴본 바 있는 독일 정치학자 블룬츨리의 정당 관계 저서의 일본어 번역판을 통해 들어온 개념이다. 그의 책은 일본에서 1877년에 출간되었는데, 정당의 성향을 격론당(Radikalismus), 개진당(Liberalismus), 보수당(Konservativismus), 전제당(Absolutismus)의 4 종류로 나누었다. 블룬츨리는 이들 가운데 개진당과 보수당이 유럽 정치의 중심이 되었다고 밝혔다.[27]

일본에서는 그 후 진동(進動, progress)의 방식에 따라 래디컬한 '급진 격론당', 리버럴한 '점진 관대당'으로 나누고, 질서를 준수하는 방식에서 컨서버티

브한 '보수당'과 우심한 얼트러만테인(ultramontane)의 '고집당'으로 분류해 왔다. 이들 중 급진당과 고집당은 여론의 지지를 받지 못하는 반면 점진당과 보수당은 그때그때 번갈아 가며 지지를 받기 때문에 어느 하나를 옳은 것이라고 할 수 없다고 했다. 보수주의는 일본에서 초기에 수구주의로 번역되기도 했다. 1878년 7월 28일자《동경일일신문》(東京日日新聞)은 사설에서 "우리나라 금일의 정론가로는 1인이라도 자신을 수구주의(conservatism)라고 하는 자를 조야에서 보지 못 한다"고 주장하고 "우리 사회를 위해 기뻐해야 할지, 장차 우려해야 할지 모르겠다"고 개탄했다. 이 신문은 모두가 변화를 추구하는 상황에서 자신을 수구라고 하면 하나같이 이를 미워해 자유의 적으로 치부하고 배척해 민권의 원수로 간주하는 세태라고 지적하고 '진정한 수구(보수)'는 결코 봉건당, 무권당(武權黨), 또는 압제당이 아니라고 보수주의를 옹호했다. 그러면서 이 사설은 나라의 안정을 위해서는 개진과 수구가 수레의 두 바퀴, 또는 새의 두 날개가 되어야 한다고 역설했다. 그러나 명치 초기의 정치상황은 "유신의 혁명은 개진주의로써 수구주의를 타파하는데서 나오고 그 세력은 본래 보수를 원할 겨를이 없었으며, 만약 이를 뒤돌아보면 개진의 예봉이 둔화하여 수구에 빠지기 때문에 보수의 옳음을 알아도 이를 파훼하지 않을 수 없는 기운에 빠졌다"고 이 신문은 별도의 사설(1879. 1. 22)에서 지적했다.[28]

개화당의 엉성한 거사 계획

개화당이 일으킨 갑신정변은 아무리 동정적인 눈으로 보더라도 실패를 예고한 엉성함 그 자체였다. 개화당의 일원인 윤치호의 부친이자 자신도 개화당에 호의적이던 형조판서 윤웅렬(尹雄烈)은 상황이 진행되고 있는 와중에서 자기 아들에게 여섯 가지 이유를 들어 개화당의 거사가 실패할 것이라고 예언했다. 그 이유는 국왕협박, 외세의존, 민심이반, 일본군열세, 민씨일파살해 부작용, 소수파인 개화당의 기반취약성 등이다.[29] 그의 진단은 모두가 일리 있는 지적이었다. 개회당의 쿠데타가 실패한 것은 당연한 귀결이었다.

1884년 12월 단행된 개화당의 쿠데타는 1년 반전인 1883년 여름부터 계획되었다. 개화당은 이를 위해 경기도 광주와 함경도 북청에서 각각 500명씩의 신식군대를 양성했다. 여기에 사관생도 14명, 충의계원(忠義契員) 40명 등을 합하면 개화당의 병력은 모두 1,050명에 이르며, 일본군대 150명도 빌리기로 했다.[30] 이 무렵 청국과 프랑스 사이에는 안남(安南)문제로 충돌이 일어나 1884년 9월 청불전쟁이 터졌다. 이 때문에 청국이 조선주재 병력 3,000명 중 1,500명을 빼내어 이곳으로 이동시키자 개화당은 거사를 위한 절호의 기회가 왔다고 판단하게 되었다. 갑신정변은 그달 4일 저녁 종로구 견지동의 우정국(郵政局) 개국 파티에서 수구파 및 민씨 측 요인암살로 시작되었다. 국왕은 경우궁(景祐宮)으로 이어(移御)하고 고종의 종형인 이재원(李載元)을 영의정으로 하는 개화파정권이 구성되었다.[31]

그러나 이틀 후인 6일 오후 3시 개화당정권의 개혁정책이 국왕의 조서(詔書) 형식으로 발표되는 바로 그 순간에 청군의 궁궐침입 작전이 개시되었다. 1,500명의 우세한 청군이 포격으로 공격해 오는 것을 쿠데타군은 막을 수가 없었다.[32] 청군의 승세가 명백해 지는 순간 일본군은 철수했다. 청군의 작전은 불과 3시간 만에 승리로 끝났다. 개화당 정권 출범 때 개화파의 대표격으로 우의정을 맡은 홍영식과 도승지를 맡은 박영교, 그리고 사관생도 7명은 끝까지 국왕을 호위하다가 청군에 피살되었다. 갑신정변 발발에서 청군의 군사작전에 이르기까지 입은 쌍방의 사망자는 조선인 140명, 중국인 10명, 일본인 38명으로 총 188명에 달한 것으로 집계되었다. 희생된 조선인 중에는 개화당 쪽이 100여명에 달한다는 분석도 있다.[33] 청군에 패한 김옥균 박영효 서광범 서재필 등 개화당 핵심들은 일본에 망명했다. 개화당은 완전히 궤멸하고 말았다.

갑신정변은 일본과의 공모 끝에 진행된 쿠데타였다. 그 공모가 개화당의 주도로 이루어졌느냐, 아니면 개화당이 주체성을 잃고 일본의 꼭두각시 노릇을 했는가에 대해서는 논쟁의 여지가 있다. 그렇기는 하나 거사의 진행과정을 보면 일본공사와 일본군 병력이 쿠데타의 주력군이라 할 정도로 깊이 간여한 것은 사실이다. 박은식은 그의 《한국통사》(韓國痛史)에서 "(갑신년 혁명당의 난은) 사람을 다락에 오르게 하고 사다리를 치어버린 것과 마찬가지"였다고 일본을 비판했다. 그에 의하면 일본 측은 진심으로 김옥균을 도우려 한 것이 아니고, 조선의 청년수재들이 청의 예속으로부터 벗어나고자 하는 것을 알고, 조선과 청의 악감정을 도발시켜 그 가운데서 일본측이 이익을 얻으려고 개화당을 이용했을 뿐이라고 썼다. 거사 당시 개화당 세력은 33세의 김옥균을 제외하고는 모두가 20대의 청년들이었다. 박은식은 또한 정변이 실패한 뒤 임금이 개화의 시책을 말하는 자를 증오하게 되었고 이 때문에 개명 진보할 수 있는 길은 점점 막히고 완고한 세력이 득세했다고 지적했다.[34] 갑신정변은 일본이 한반도에서 임오군란으로 줄어든 자기네 세력을 만회할 목적으로 조선에의 군대 출병의 구실을 얻고자 처음부터 실패를 예견한채 김옥균 일당을 이용한 일본 측의 사기극이라는 주장이 이 때문에 없어지지 않는 것이다.[35]

좌절된 개화당의 국정개혁

갑신정변 실패 이후 수구파 정권이 다시 등장하자 국내정치는 완전히 뒷걸음치고 대외관계에 있어서 청국의 간섭은 더욱 노골화했다. 갑신정변이 사흘 만에 끝남에 따라 개화당 정권이 채택한 개혁정책 역시 물거품이 되고 말았다.

그런데 비록 실패로 끝났지만 개화당 정권이 새로 도입한 정강정책은 종래에 미처 생각하지 못할 정도의 혁신적인 내용이었다. 개화당 정권의 각료들이 식사도 하지 못하고 밤을 새우면서 토의한 끝에 확정한 새 정강은 국왕의 전교(傳敎) 형식으로 발표되어 서울 시내 요소요소에 게시되었다. 후세에 전해지고 있는 그 내용은 김옥균의 《갑신일록》(甲申日錄)에 기록되어있는 14개 조항뿐이다. 일본의 일부 역사학자들은 김옥균의 저술이 일본으로 망명한 후 자신의 쿠데타를 합리화하고 일본인들에게 그 정당성을 설득하기 위해 쓰인 것이어서 신빙성이 없다는 주장도 폈다. 그러나 김옥균의 저술은 미세한 부분에는 착오가 있을 수 있지만 전체적으로는 틀림이 없다는 주장이 지배적이다. 개화당 정권이 마련한 정강에는 그들이 꿈꾸던 정치개혁이 들어있는 것이 사실이다. 이광린에 의하면 그 중요한 내용은 다음과 같다.[36]

첫째, 청나라에 대한 조공허례(朝貢虛禮) 의식의 폐지이다. 이것은 완전 자주독립의 선포나 다름이 없다. 개화당정부가 내 건 조공폐지선언은 비단 당시 청국의 속방화정책 뿐만 아니라 청국에 대한 종속관계를 근본적으로 폐지하자는 것이다. 김옥균은 당시 조선은 청국의 굴레에서 벗어나 독전자주지국(獨全自主

之國), 즉 완전독립국가를 수립해야 한다고 역설했었다. 개화당내각은 이와 함께 중국에 납치되어있는 대원군의 조기 송환을 추진한다는 것이었다.

둘째, 양반신분제도 및 문벌제도의 폐지다. 이것은 개화당이 추진하던 인민평등사상의 구현책이다. 모든 인재등용은 계급이나 문벌에 의해서가 아니라 능력에 의해 해야한다는 것이 개화당의 소신이었다.

셋째, 내각제도의 신설과 정부조직 개편이다. 그 골자는 대신과 참찬들이 의정부에서 매일 회의를 갖고 국왕에게 품해 정령을 결정 공표하고 정사를 집행해야 한다는 것이다. 이것은 바로 의정부의 기능을 강화함으로써 전제군주제를 개선하겠는 의도이다. 비록 민회(국회) 설립을 통한 입헌군주제도에는 못 미치지만 오늘날의 국무회의에 유사한 장치를 마련키로 한 것은 당시로서는 획기적인 제도개혁이 아닐 수 없다. 내각제도 도입과 함께 육조(六曹)이외의 정부부서와 내시부(內侍府)의 폐지도 결정해 정부기구의 구조조정을 꾀했다.

넷째, 재정관리의 통일과 경제개혁 단행이다. 모든 재정을 호조(戶曹)에서 통합 관리케 함으로써 난맥상을 보인 정부의 재정지출을 통제하자는 것이다. 이와 함께 중앙정부에 곡물을 바치는 각도의 환상(還上)제도의 폐지와 지세(地稅)제도의 개혁, 전근대적인 혜상공국(惠商工局)의 폐지등을 통한 상업 및 산업의 부흥을 꾀했다.

다섯째, 군사제도의 개혁이다. 지휘관의 성분과 훈련방식이 서로 다른 4영(營)을 1영으로 만들고 근위대를 설치하며 왕세자를 육군대장에 추대하자는 군사조직 개혁방안은 군사제도의 근대화를 의도한 것이다.

여섯째, 규장각의 혁파와 신교육제도를 중심으로 하는 근대문화정책의 수립이다. 개화당정권의 혁신정강은 양반귀족만을 위한 규장각을 폐지해 시대에 뒤떨어진 낡은 지식을 추방하고 일반 국민 중심의 새로운 교육에 의한 국가건설을 바라 본 것이다.

일곱째, 경찰제도와 형사정책의 근대적 개혁이다. 이것은 시대착오적인 경찰제도의 근대화와 재판제도와 교정행정의 개혁을 통해 치안유지와 인권을 보호하자는 근대적인 인권옹호사상의 실현을 위한 정책이다.

3. 잃어버린 10년

갑신정변 이후의 반동정치

갑신정변이 개화당의 패배로 끝난 12월 6일 저녁 고종은 청군 막사로 거처를 옮겼다. 국왕은 그날 밤을 청군 장수 오조유(吳兆有)의 군영에서 보내고, 그이튿날은 원세개의 군영으로 옮겨 3일간 체류했다. 1897년의 아관파천(俄館播遷) 이전에 이미 국왕이 국권이 미치지 않는 외국관할 지역에서 타국 정부의 보호를 받는 치욕스러운 기록을 세운 것이다. 고종은 청군 군영에서 거처하는 동안 친청 수구파정부를 탄생시켰다. 권력의 핵심은 영의정 심순택(沈舜澤) 등 친청 수구파와 민씨 일족으로 채워졌다. 개화당이 새 정권에 영의정으로 모신 이재원은 수구파 정권의 이조판서 자리에 임명되고, 온건개화파 가운데 김홍집은 좌의정 겸 외무독판에, 김윤식은 병조판서 겸 강화유수에, 김만식은 예조판서에 각각 기용되었다.[37]

갑신정변에서 그들 역사상 최초의 군사충돌을 일으킨 청일 양국은 이듬해인 1885년 3월 천진조약(天津條約)을 체결했다. 두 나라는 이 조약에서 조선에 주둔중인 군대를 모두 철수하고, 장차 조선에 변란이 일어나거나 중대사건이 발생해 청일 양국 또는 1국이 파병을 필요로 할 때는 먼저 상대국에 문서로써 통고하고 그 사건이 평정되면 즉시 철병하기로 합의했다. 또한 조선군의 훈련에는 청일 양국에서 다 같이 교관을 파견치 않고 제3국의 군인을 조선국에서 고용하도록 규정했다. 청일 양국이 이렇게 타협한 것은 청국 측에서는 월남문제를 둘러싸고 프랑스와의 전쟁에서 남양함대의 대부분이 파괴된 상황에서 일본과 대결하기를 꺼렸고, 일본 측으로서는 국내가 당파간의 다툼으로 시끄러웠을 뿐 아니라 청국과 무력으로 대결할 준비가 아직 되어있지 않았기 때문이다.[38]

사실상 일본은 갑신정변 이후에 임오군란 이후 때보다 더 소극적인 자세가 되었다. 일본은 오히려 러시아가 한반도에 진출할 기세를 보이자 청국의 적극적인 조선내정 간여를 환영하는 입장이 되었다. 영국 또한 러시아의 한반도 진출을 우려해 청국이 조선에 적극적인 발언권을 행사하기를 희망했다. 청일 양국의 타협에 의한 한반도에서의 불안한 평화상태는 이같은 국제적 배경아래서

1894년의 동학혁명 발발 때까지 지속되었다. 이 10년간을 조선의 지도자들이 제대로 활용했더라면 대내적으로나 대외적으로나 역사는 달라질 수 있었을지 모른다. 그러나 불행하게도 민씨 정권은 반동정치만 일삼아 이 기간을 완전한 '잃어버린 10년'으로 만들었다. 민씨 정권은 개화파와 대원군 세력에 대해 철저한 정치적 보복을 일삼았다. 일본에 망명한 개화당 요인들을 살해하려고 몇 차례 자객을 보냈다. 개화당의 영수인 김옥균은 일본의 냉대에 못이겨 청나라로 건너가 재기의 기회를 엿보다가 1894년 3월 상하이 동화양행(東和洋行)에서 수구파 정권이 보낸 자객 홍종우(洪鍾宇)에게 살해되어 서울 양화진에 효수되는 참변을 당했다.

갑신정변 이후 원세개의 횡포

청국은 갑신정변 이후 조선의 내정 간섭을 일층 강화했다. 청국의 북양대신 이홍장(李鴻章)은 1885년 주한상무위원 진수당을 원세개로 교체하면서 그의 직급을 파격적으로 높여 '주차조선총리교섭통상사의'(駐箚朝鮮總理交涉通商事宜)라는 직명을 부여했다. 그의 영어직함은 Director - General Resident in Korea of Diplomatic and Commercial Relations로 마치 조선총독과도 같은 인상을 풍겼다. 실제로 그는 '원총리(袁總理)' 또는 '원대인(袁大人)'으로 불리었다. 26세의 젊은 원세개는 종주국 황제의 특사를 자처해 조선에 와있는 다른 외국 공사와는 전혀 달리 행동했다. 그는 궁내에서 외국 사절에게는 금지된 가마를 탄 채 국왕이 있는 데까지 갔으며 국왕이 외국사신을 접견할 때 다른 나라 공사는 모두 일어서서 알현했으나 원세개만은 앉아있는 무례를 일삼았다. 그는 또 자기 공관에서 외국사절들을 초청하여 파티를 열 때는 주재국인 조선의 고관들을 맨 말석에 앉게 하고는 조선 측은 손님이 아니고 집안 식구이므로 그렇게 한다고 주장했다.[39]

원세개는 1894년 청일전쟁 직전까지 조선을 마음대로 주물렀다. 그는 1887년 고종이 미국과 유럽에 외교사절을 파견하자 조선정부에 압력을 넣어 사절들을 돌아오게 하고 북경에 사신을 보내 사죄하라고 요구했다. 원세개는 뒤에서 설명하는 바와 같이 1986년 8월 한러밀약설이 알려지자 본국으로부터 청군

500명을 파견 받아 국왕을 폐위하려는 음모도 꾸몄다. 원세개는 이 무렵 조선을 중국의 1개성으로 병합할 것을 건의하기도 했다.[40] 이 때문에 임오군란부터 청일전쟁까지 12년간은 조선왕국에 있어서 이른바 양절체제(兩截體制), 즉 중국과는 조공관계를 유지하면서 타국과는 국제법상 평등관계를 유지하는 이원적인 대외관계가 강요된 시기였다.[41] 청국의 이 같은 행동에 분노한 조선국의 외교고문 데니(O. N. Denny)는 천진으로 가서 이홍장을 면담하고 원세개를 소환하라고 요구했다.[42] 청국이 보냈던 그 역시 묄렌도르프처럼 이홍장의 기대와 달리 조선에 대한 청국의 태도와 원세개의 무례한 행동에 실망했다. 그는 나중에 《청한론》(淸韓論, The China and Corea)이라는 책을 발간해 조선이 청국의 속국이 아님을 역설함으로써 큰 파문을 일으켰다.[43]

러시아로의 접근

청일 양국 사이에서 갖은 수모를 당하던 조선은 러시아로 눈을 돌렸다. 이 때문에 1884년 5월 러시아가 조선과 국교를 수립한 직후부터 끊임없이 한러밀약설이 터져 나왔다. 제1차 한러밀약설은 그 해 8~9월과 12월 두 차례에 걸쳐 조선의 외교고문인 독일인 묄렌도르프가 서울과 일본 동경에서 러시아의 외교관과 접촉하고 보호를 요청했다는 것이 그 내용이었다. 이런 풍설이 퍼지자 조선정부는 국왕과 외아문에서는 모르는, 묄렌도르프의 장난이라고 일축해 겨우 사태가 수습되었다. 그러나 소련 붕괴 후 공개된 러시아의 외교문서에 의하면 당시의 풍설은 사실이었다. 이들 문서에 의하면 국왕은 러시아 측에 이를 확인했으며 묄렌도르프는 보호통치의 대가로 경북 영일만을 러시아가 사용하도록 제의했다. 그러나 러시아 정부는 관련국들의 반발을 우려해 이 제의를 받아들이지 않음으로써 조선의 러시아 접근시도는 무산되고 말았다.[44]

제2차 한러밀약사건은 1885년 봄 조선정부의 특사가 블라디보스토크를 비밀리에 방문해 현지 관리들과 접촉하고 러시아의 보호를 요청하는 국서를 전달했다는 사건이다. 이 소문 역시 헛소문으로 치부되었다. 청국의 세력이 막강한 당시에 그런 국서를 러시아 측에 전달한다는 것은 불가능한 것으로 인식되었다. 그런 국서 자체가 없었거나 현지 관리들이 왕명을 사칭한 것으로 인정되었다. 그러나 이 소문도 소련 붕괴 후 공개된 러시아의 외교문서로 사실이었음이 입증되었다. 러시아정부는 청 일 영 등과의 분쟁을 우려해 조선의 요구에 응하지 않았다. 비슷한 밀약설은 그 후에도 끊이지 않았다. 영국이 1885년 5월 거문도를 점령하자 상황파악 겸 교관파견문제를 타결짓기 위해 주일러시아공사관 서기관 슈페이어(A. N. Shpeier)가 서울에 나타나자 이 때 다시 밀약설이 터져 나왔다. 그러나 이때는 조선보호문제를 토의할 권한이 그에게 부여되어있지 않았다. 또한 묄렌도르프의 몰락이 눈에 임박한 무렵이었으며 조선의 친러세력 역시 크게 약화되어있었다. 이 밀약설은 사실이 아닌 것으로 드러났다.[45]

1886년 8월초에는 총리내무부사 심순택이 러시아의 보호를 요청하는 국서를 작성해 민영익이 이를 러시아 공사 베베르 (K. I. Waeber)에게 전했다는 소문이 나돌아 또다시 한러밀약설로 발전했다. 이 사건은 민영익이 원세개에게 발설해 문제가 확대되었다. 그러나 나중에 이 문서는 서울 주재 영국대리공사를 지낸 베이버(E.. C. Baber)의 위작으로 판명되었다. 위작의 동기를 둘러싸고 러시아의 위협을 과장하기 위해 조작했다는 설, 고종을 폐위시키기 위해 조작했다는 설, 이를 위조인 줄 알면서도 민영익이 원세개를 몰락시키기 위해 전달했다는 설 등 추측이 많다. 이 문제가 터지자 이홍장과 원세개는 한 때 고종의 폐위를 추진했다. 그러나 진상은 끝내 베일에 가려지고 말았다.[46] 몇 차례의 한러밀약설은 모두 흐지부지 되었지만 I−3(개화파와 수구파의 대립)에서 보는 바와 같이 결국 10여년 후인 1896년 2월 고종의 아관파천으로 발전했다.

제3세력으로서의 미국

조선정부는 러시아의 보호를 얻는데 실패하자 이번에는 미국에 접근했다. 고종과 그 측근들에게 첫째, 미국은 조선과 거리가 멀고 땅이 넓어 조선에 영토적인 야심이 없는 나라로 인식되었다. 둘째 미국은 문명한 나라이며 세계에서 모범적인 문화를 가진 선진국이다. 셋째 미국은 부유한 나라여서 조선으로부터 무엇인가를 빼앗아 가려하지 않을 것이라는 인식이 있었다. 넷째, 미국은 종교지상주의국가여서 도덕을 중시해 함부로 남의 나라를 공격하지 않을 것이라는 것을 모두가 알고 있다는 것이다. 이런 점에서는 고종이야 말로 한국역사상 친미적 통치자의 원조인 셈이다.

　정부는 1887년 8월 박정양(朴定陽)을 주미전권공사에, 심상학(沈相學)을 주유럽5개국 전권공사에 임명하여 현지에 부임토록 했다. 원세개는 이에 크게 반발해 조선정부가 이를 취소하지 않으면 자신은 청나라로 돌아가겠다고 협박했다. 정부는 하는 수 없이 이들의 출국을 일단 중지시킨 뒤 사신을 청국에 보내 청황제의 윤허를 요청했다. 이홍장은 처음에는 조선의 재외사신은 청국공사보다 그 지위가 낮아야 하므로 전권공사(全權公使)라는 직함을 부여하지 말고 판리공사(辦理公使)로 하는 조건으로 승인하고 원세개에게는 조선공사가 현지에 도착하면 청국공사가 그를 주재국 외무장관에게 소개하고 중요한 외교문제에 관해서는 조선공사가 우선 청국공사와 협의하도록 조선정부에 통고하라고 지시했다. 그러나 정부는 이에 굴하지 않고 청측과 재교섭을 벌여 청측으로부터 조건부 전권공사 파견을 승인 받았다. 이것이 유명한 이른바 '삼단(三端)과 삼조(三條)' 또는 '영약삼단'(另約三端)이라는 굴욕적인 조건이었다. 삼단이란 ① 조선공사가 처음에 임지에 도착하면 먼저 청국공사관에 가서 신고하고 청국공사가 상대국 외무부에 안내하며 ② 공식석상에서 조선공사는 청국공사의 뒤를 따라야 하고 ③ 상대국과 중요한 문제를 교섭할 때는 청국공사와 먼저 협의한다는 것이다. 삼조는 ① 조선공사는 청국공사와 협의할 때는 결재 받는 식의 정문(呈文)의 형식을 취해야 하고 ② 왕래에는 붉은 명함을 써야 하고 ③ 청국공사가 조선공사에게 공용으로 문서를 보낼 때는 붉은 글씨로 쓴다는 것이다.[47]

　박정양은 미국 측의 도움으로 미국 군함을 타고 1888년 1월 미국에 도착했다. 그러나 워싱턴에서 청국공사가 고종의 국서를 자기가 미국 대통령에게 전달하겠다고 주장하면서 주미 박정양의 독립적 활동을 저지하려 했다. 이에 박정양은 자신은 그런 지시를 받지 않았다고 버티고, 그와 함께 서기관으로 부임한 이상재(李商在)가 청국공사관원과 담판한 끝에 박정양이 단독으로 국서를 전달하는데 성공했다. 미국 측도 청국의 요구를 단호히 거부하고 "미국정부는 두 나라의 관계를 알 바가 아니며, 미국에 주재한 두 나라 사신은 국제관례에 따라 각자의 정부를 대표한 독립적 관리로 간주하다"고 선언했다. 청국은 나중에 박정양의 소환과 처벌을 계속 요구하면서 압력을 넣어 조선정부는 1년 만에 그를 귀국시켰다. 또한 주유럽공사는 부임조차 하지 못하고 홍콩에서 머물다가 귀국하고 말았다.[48] 결국 조선의 외교 다변화 노력은 허약한 국력 때문에 좌절 당하고 말았다. '잃어버린 10년' 동안 조선의 대외관계는 혼미만을 거듭했다.

한반도 중립화론의 등장

갑신정변 이후 '잃어버린 10년'(1885~1894) 동안 갑신쿠데타 실패로 새력이 궤멸한 개화파가 청나라의 조선 속방화 정책에 대항해 조선의 중립론을 제기한 것은 흥미로운 사실이다. 1885년에 쓴 유길준의 《중립론》은 중립을 항구중립과 전시중립의 2종으로 나누고, 유럽의 벨기에와 불가리아가 중립국가라고 소개 했다. 특히 불가리아에 관해서는, 만국공법은 자주국가만이 중립권을 가진다 고 규정하고 있으나 터키의 조공국인 불가리아가 중립국가가 될 수 있었던 것 은 열강이 러시아의 남진을 저지코자 이를 인정한 것이라고 설명했다. 벨기에 의 중립이 인정되는 것은 열강의 상호이익에 부합되기 때문이라고 했다. 그러 면서 유길준은 조선은 지역적으로는 벨기에와 같고 지위로는 불가리아와 같으 므로 중립국이 되는데 필요한 조건을 모두 갖추었다고 주장했다.

유길준은 조선의 중립화를 구체적으로 실현하기 위해서는 청나라의 역할이 중요하다고 주장했다. 그에 의하면 일본은 조선의 중립을 보장할 힘이 모자라 고, 미국은 고립주의 때문에 다른 나라 일에 개입하는 것을 꺼릴 뿐 아니라 지 리적으로 멀리 떨어져 있어 무슨 일이 있을 경우 말로는 도울지 모르지만 병력 을 동원하기가 어렵다는 것이다. 따라서 유일한 방법은 청국이 조선 측의 제의 를 받아들여 열강에 제안하는 방안이므로 청의 우호적인 협력이 필수적이라고 주장했다.[49]

김옥균은 망명지인 일본에서 1886년 7월 7일 청국의 이홍장에게 보낸 서한 에서 조선을 중립국이 되게 해 위험이 없는 지역으로 만들라고 촉구했다. 그는 자신을 암살하려는 자객 지운영(池運永)을 밀파한 것이 이홍장과 원세개 라고 보고 이를 규탄하는 공개편지를 보내는 가운데 이렇게 주장했다. 그는 만약 이 홍장이 진정한 평화를 원한다면 자기를 암살하려 할 것이 아니라 조선을 중립 국으로 만들어야 하며 그것이 청국에도 이익이 된다고 역설했다. 이 공개편지

는 그해 7월 15일자 일본 신문(東京日日新聞)에 발표되었다.[50)]

유길준과 김옥균이 조선의 중립화를 주장하기 이전부터 국제사회에서는 한반도중립화론이 제기되었다. 이를 처음 제기한 것은 1882년 임오군란 직후 청나라가 군대를 파견해 조선 조정을 장악했을 때였다. 당시 서울 주재 일본공사였던 이노우에 가오루(井上馨)가 이를 견제하기 위해 한반도중립화를 제의했다. 그의 안은 조선을 스위스나 벨기에식의 중립국으로 만들고 주변국들이 공동보장하자는 내용이었다. 갑신정변 직후인 1885년에는 청나라가 조선에 파견한 독일인 외교고문 묄렌도르프와 서울 주재 독일공사관의 부영사 부틀러(H. Budler, 卜德樂)가 이를 제의했다. 묄렌도르프는 조선이 독립을 유지하기 위해서는 벨기에 같은 영세중립국이 되어야 한다고 외무독판 김윤식에게 권고했다. 부틀러는 상사인 독일총영사 젬부쉬(Otto Zembsch, 曾額德)의 뜻에 따라 갑신정변 사후 수습 차 내한한 일본 전권 이노우에에게 조선의 중립을 제안했다. 당시 청국의 북양대신 이홍장은 이 제안에 약간의 관심이 있었으나 조선을 속방으로 보존하려는 청국 황실의 완고한 분위기 때문에 이를 거론할 수 없었다는 설이 있다.[51)] 한반도중립화론은 이때부터 기회가 있는 대로 수면 위로 부상했다.

③ 개화파 정권의 등장과 몰락

독립협회는 신사의 조직이며 그 정신도 본받을 만한 것으로서 그 실패는 우리 민족이 통탄해 마지않는 바이다. 그러나 독립협회의 지식의 기초도 역시 유치하고 조잡함을 면치 못 해 허명에 급하고, 성급하게 날뛰었으니 어찌 성공을 바라겠는가.

– 박은식

1. 개화당의 복귀와 국정개혁

동학혁명과 일방적인 일본군 파병

한국 근대사 가운데 청일전쟁 때의 국내 정치정세 만큼 잘 알려져 있지 않은 것도 없을 것이다. 청일전쟁은 동학농민군의 봉기를 계기로 청일 양국군이 조선에 출병했다가 양측의 충돌로 빚어진 것으로 대체로 인식되고 있다. 그러나 사실은 청일전쟁은 일본 측의 사전에 짜여진 완전한 전쟁도발계획에 따라 시작된 것이다. 일본군은 청일전쟁에서 승리해 비로소 조선에서 우월권을 차지한 것이 아니라, 애당초부터 조선정부의 파병요청도 없이 일방적으로 조선에 들이닥쳐 먼저 서울로 진입했다. 먼저 궁궐로 쳐들어온 일본군은 강제로 조선정부를 전복시키고 친일정권을 수립해 이 새 정권을 앞세워 청국과의 관계를 끊게 한 것이다. 일본군은 청군에 대해 선전포고도 없이 일방적인 선제공격을 감행, 우월한 군사력으로써 청군을 패퇴시켰다. 이것은 흡사 10여년 후의 을사보호조약의 강요 때와 비슷한 일본 제국주의의 행동패턴이다.

조선정부는 동학란을 진압하기 위해 청나라에 원군을 요청했다. 동학농민군 봉기가 1894년 2월 전라도 고부에서 일어나 차츰 다른 지역으로 확대되자 정부는 6월 2일 어전회의를 거쳐 청국에 원병을 청하기로 결정했다. 임오군란과 갑신정변 때의 전례를 따른 것이다. 정부는 이에 따라 그 이튿날 원세개의 동의를 얻어 6월 3일 정식으로 청국 정부에 군대 파견을 요청했다. 이홍장은 조선에 군대를 파견할 기회가 온 것을 기뻐하면서 바로 이 요청에 응하기로 결정했다. 청군은 10일부터 충청도 아산만에 상륙을 개시, 6월 25일까지 모두 2,800명이 조선에 진입했다.[1]

청국의 파병결정을 지켜본 일본정부도 3일 후인 6월 5일 파병을 결정하고 조선정부에 이 사실을 통고했다. 조선정부는 동학란은 이미 평정되었다는 이유를 내세워 일본의 출병을 강력히 반대했다. 그러나 일본군대는 이를 무시하고 제1진 429명을 청군 보다 하루 빠른 9일 인천에 상륙시키고 10일에는 서울에 입성시켰다. 청군보다 훨씬 기민한 동작이었다. 16일까지는 모두 8,429명의 일본군이 조선에 상륙하고 주력부대는 인천부근에 여단본부를 설치했다. 병력의 수나 화력에 있어서 청군과는 비교가 안 되는 대규모였다. 오토리(大鳥圭介) 일본공사는 26일 고종을 알현하고 조선이 일본의 권고를 받아들여 개혁을 할 것인가, 그리고 조선정부가 청국의 '보호속국'(保護屬國)이라는 4자를 인정하는가 여부를 29일까지 회답하라고 다그쳤다. 일본 측은 만약 조선정부가 청국의 보호속국이 아니라고 회답할 때는 조선 측이 일본의 도움을 받아 청군을 몰아낼 것을 요구하도록 하고, 반대로 조선이 청국의 속방이라는 것을 인정하면 1876년 일본과 수교할 때부터 조선 측이 17년간 일본을 기만해온 책임을 묻기로 했다. 이렇든 저렇든 전쟁의 구실을 찾으려 한 것이다. 조선 측은 이에 대해 30일 청국이 뭐라고 말하든 조선은 처음부터 독립국이며 청군이 조선에 출병해 있는 것은 조선 측의 의뢰에 의한 것이라고 답변했다.[2]

친일노선의 김홍집 내각 수립과 청일전쟁

일본 측은 막무가내가 되어 조선정부에 대해 내정개혁을 협의할 조선 측 개혁위원을 임명할 것을 요구했다. 일본군의 조선파병이 그들의 일방적 행동이었던 것처럼 당시의 조선의 국정개혁도 일본이 강요한 것이었다. 일본 측은 7월 3일에는 5개조의 조선내정개혁요강을 건넸다. 그 골자는 중앙정부 및 지방제도의 개혁, 재정의 정리, 법률의 정돈과 사법제도의 개혁, 국내반란의 진압, 교육제도의 확립 등이었다. 정부는 8일 하는 수 없이 개혁위원 3명을 임명, 이들은 10일부터 서울 남산 기슭의 노인정(老人亭)에서 일본공사와 회동했다. 이것이 유명한 노인정회담이다. 이날 일본 측은 앞서 제안한 5개조의 조선내정개혁요강을 더욱 구체화한 27개 항에 달하는 내정개혁방안 강목을 다시 수교했다. 일본 측은 이 개혁안 중 중요사항에 대해서는 3일내 의결, 10일내 집행이라는 식의 기한을 붙였다. 조선 측은 이보다 앞서 개혁문제를 다룰 기구로 교정청(校正廳)을 자체적으로 설치하고 전직 대신들로써 15명의 당상(위원)을 임명했기 때문에 개혁은 자체적으로 진행될 일이라고 맞섰다. 일본 측 제안에 대해서는 이것은 내정간섭이며 단시일 내의 개혁은 사실상 불가능하다고 퇴짜를 놓고 일본군의 철수를 요구함으로써 노인정회담은 결렬되고 말았다.[3]

일본 측은 조선이 내정개혁을 거부한 이상 일본정부가 단독으로 착수할 수밖에 없다고 통고하고 19일에는 서울과 부산간 전신 가설을 일방적으로 발표했다. 20일에는 조선국이 자주지방(自主之邦)인 이상 청군을 철수시킬 것과 조선이 청국과 체결한 3개 통상무역장정의 무효를 선언하라는 두 가지 요구사항을 수교하고 7월 22일 오후 12시까지 이에 대해 답하라고 윽박질렀다. 조선 측에서 아무 회답을 하지 않자 일본군은 23일 새벽 행동을 개시, 왕궁을 침입해 국왕과 왕비를 감금하고[4] 경회루에 군부대 본부를 설치한 채 운현궁에 은퇴해 있던 대원군을 왕궁으로 모시고 와서 영의정 김병시(金炳始)를 김홍집(金弘集)으로 바꾸는 개각을 단행케 했다. 일본 측은 또 국정개혁을 맡을 임시기구인 군국기무처(軍國機務處)도 설치케 했다. 그 총재에는 영의정 김홍집이 맡았다.[5]

일본 측은 25일 새 정권 명의로 청국과의 모든 조약의 폐기와 청군의 철수를 요구하고 청군이 철수에 응하지 않을 때는 일본군에 맡긴다고 선언할 것을 조선정부에 요구했다. 일본 함대는 그 날로 경기도 안산 부근의 풍도(豊島) 근해에서 청군을 가득 태운 선박을 격침했다. 드디어 청일전쟁이 발발했다. 충청도 아산과 경기도 성환에 주둔 중이던 청군은 나흘 만에 괴멸된 상태가 되었다. 8월 1일자로 양국은 뒤늦은 선전포고를 했다. 일본은 조선정부를 협박해 청국을 대상으로 하는 양국간의 공수동맹 협약을 체결했다. 청군은 9월 들어 평양전투와 황해해전에서 패배하고 요동반도와 산동반도도 빼앗겨 천진과 북경이 일본군의 위협아래 놓이게 되었다. 일본군은 같은 달부터 조선군과 합동으로 동학당 토벌에 들어가 동학군 잔여세력을 패퇴시키고 12월에는 전봉준을 체포함으로써 동학농민군의 봉기는 완전히 평정되었다. 청일양국은 이듬해인 1895년 4월 17일 일본 시모노세키(下關)에서 강화조약을 체결, 청국이 한반도에서 완전히 손을 떼게 되었다.[6]

일본이 추진한 내정개혁의 속셈

내정개혁은 일본 측 요구로 설치된 군국기무처에 의해 주도되었다. 군국기무처 위원에는 온건개화파이자 일본에 호의적인 김가진(金嘉鎭) 안경수(安駉壽) 유길준 등 17명이 임명되었다. 군국기무처에서 열린 회의 안건은 일본공사관 서기와 사전협의해서 결정된 다음 총재인 김홍집의 이름으로 상정되었다. 이들 의안은 오토리공사의 개혁방안을 기초로 해서 마련한 것이다. 7월 30일 208건에 달하는 개혁안이 군국기무처 회의에서 기초위원의 제안 설명만을 듣고 일괄 통과되었다.[7]

이런 사실들은 갑오경장을 비롯한 일련의 개혁조치가 일본 측의 강요에 의한 타율적 조치라는 점을 말해 준다. 일본정부의 주동이기 때문에 그 내용은 명치유신 모델이었다. 그렇기는 하지만 동학혁명이 정부가 갑오경장을 단행하는데 일정 부분 계기를 마련해 주고 후대의 의병봉기에 직접적 영향을 준 것도 사실이다. 다만 이때 개화파들이 일본을 등에 업고 민씨 일파와 제휴해 군국기무처에서 대원군세력을 누르고 발언권을 행사한 것은 사실이다. 물론 이것은 어디까지나 일본정부의 동의아래서, 또는 일본정부의 가이드라인의 범위 안에서 행해진 조치였다.

갑오경장의 배경은 당시 일본정부의 조선정책에서 잘 나타나고 있다. 일본정부는 1894년 8월 17일 각의에서 앞으로의 대조선정책의 기본으로 ① 조선국의 독립 ② 일본의 단독보호 ③ 청일양국의 공동보호 ④ 세계열강의 공동보호 하의 중립화의 네 가지 방안 가운데 ②를 택하기로 의결했다. 이 방침을 각의에서 통과시켜 그 실행을 주한공사 오토리에게 훈령한 당시의 외상 무쯔(陸奧宗光)

는 그의 회고록에서 이렇게 말했다. "나는 애당초 조선의 내정개혁이라는 것은 정치적 필요 이외에 하등의 의미가 없는 것으로 간주했으며, 따라서 추호라도 의협(義俠)의 정신으로 십자군을 일으킬 필요는 인정하지 않았다. 그러므로 조선의 내정개혁이라는 것은 제일로 무엇보다도 아국의 이익을 주안(主眼)으로 삼는 정도에 그치고, 감히 우리의 이익을 희생시킬 필요는 없다고 했다"라고 썼다.[8] 아주 솔직한 고백이다. 이 같은 야심을 지닌 일본정부가 이 때 조선에 강요한 내정개혁이란 결국 1차적으로 조선의 보호국화를 염두에 둔 조치에 불과했다. 10년 후의 을사보호조약의 골격은 이 때 마련된 것이다. 주한일본공사 오토리는 사흘 후인 8월 20일 조선정부를 협박해 조선의 내정개혁을 일본이 돕는다는 잠정합동조관(暫定合同條款)이라는 명칭의 협정을 체결했다.[9]

갑오개혁과 박영효의 복귀

갑오개혁은 세 차례에 걸쳐 단행되었다. 제1차 갑오개혁은 앞에서 본바와 같이 7월 말 오토리 공사의 강압으로 단행된 개혁조치이고, 제2차 때는 같은 해 10월 오토리 후임으로 부임해온 일본 내무대신 출신의 정계거물 이노우에(井上馨) 공사가 그해 11월 조선정부에 약간의 자율권을 주면서 역시 힘으로 밀어붙인 개혁조치이다.

첫 번째 개혁은 일본측의 강요로 마련된 것이기는 하지만 그 내용은 정치 경제 사회 각 분야에서 근대국가로 넘어가는 혁신적인 것이다. 군국기무처에서 가장 먼저 결정한 정부기구 개혁 내용은 의정부와 궁내부를 분리하고 왕실관련 부서를 통합해 국왕의 권한을 제한했다. 총리대신 아래 있던 6조(曹)를 폐지하고 8개 아문(衙門)을 두어 그 장(長)을 판서에서 대신으로 바꾸도록 했다. 또한 과거제도를 폐지해 새로운 관리등용제도를 도입하는 한편 양반 상민 차별 없이 등용의 기회를 주기로 하고 문반과 무반의 차별도 이때 철폐했다. 사회개혁으로 가장 대표적인 것은 개국기원(開國紀元)을 사용함으로써 청국과의 종속관계에서 탈피한 점이다. 일본 측은 국왕을 황제로 개칭하고 연호도 제정할 것과 국왕이 삭발하고 양복을 입도록 주장했다. 그러나 국왕과 측신들이 놀라 이를 거부하자 결국 국왕을 '대군주폐하'로 부르기로 결정했다. 양반 상민의 계급과 노비제도를 타파하고 인신매매를 금했다. 고문과 연좌제가 폐지되고 조혼이 금지되어 남자는 20세, 여자는 16세 이후에 결혼을 허가하도록 하고 과부의 재가를 자유에 맡기게 했다. 재정경제 개혁으로는 가장 중요한 것이 탁지부에서 모든 재정을 관장케 하고 전국에 징세서(세무서)와 관세사(세관)를 설치했으며 통화정책에 있어서는 은본위제를 채택했다.[10]

7월 30일 군국기무처에서 일괄 처리된 국정개혁안은 즉시 국왕의 재가를 받아 8월 22일부터 시행에 들어갔다. 새로운 관제는 이보다 빠른 8월 15일자로 시행되어 김홍집 총리대신 이하 정부의 칙임관들이 새로 임명되어 친일내각이 들어섰다. 그러나 이들 개혁안은 박영효까지도 반대에 나서 이를 폐기할 것을 요구했다. 이 계획에 반대여론이 일자 오토리는 사표를 제출하고 9월 본국으로 소환당했다.[11] 결국 1차 갑오개혁은 흐지부지되고 말았다. 이것이 1차 갑오경장의 시말이다.

제2차 갑오개혁은 문제점투성이인 1차 개혁에 대한 보완적인 성격이 짙다. 신임 일본공사 이노우에는 11월 들어 반일세력인 대원군을 몰아내고 국왕과 왕비의 국정 불개입을 고종에게 권고했다. 그는 어전회의에서 내정개혁강령 20조를 채택케 했다. 이 때 군국기무처 회의가 폐지되어 '중추원 회의'로 대체되었다. 국왕은 9월에는 박영효 서광범 서재필 등 갑신정변 관련자들에 대해 특사조치를 내리고, 12월에는 박영효와 서광범을 각각 내부대신과 법무대신에 입각시켜 '김홍집-박영효 친일 공동내각'을 만들었다. 박영효가 입각한데는 일본 측 요구와 대원군을 견제하려는 민비의 속셈도 작용했다. 박영효는 일본정부의 주선으로 측근 5명과 일본경찰관 2명의 호위 아래 이미 8월 서울에 돌아와 일본인거주지에 머물면서 특사조치만을 기다리고 있었다. 일본정부가 이들 개화세력을 조선정부 안에 심을 목적으로 취한 조치이다. 개화당은 갑신정변 이후 10년 만에 복권되어 권력을 잡았다. 이것이 김홍집 2차 내각이다.[12]

제3차 개혁조치는 그나마 비교적 자율적으로 실시되었다. 1895년 1월(음력으로는 여전히 갑오년) 국왕이 세자와 부친인 대원군, 그리고 종친 및 신료들을 거느리고 종묘에 나가 청국으로부터의 자주독립을 선서하는 서고문(誓告文)을 읽는 의식을 가졌다. 이 자리에서 헌법에 유사한 '홍범14조(洪範十四條)'

가 낭독되었다. 홍범14조는 이튿날 공식으로 반포되었다. 서고문과 홍범14조는 순한글체와 순한문체 및 국한문 혼용체의 세 가지로 발표되었는데 순한글체에서는 홍범 14조를 '열네 가지 큰 법'이라 표기했다. 정부의 문서가 순한글로 작성되기는 이때가 최초였다. 홍범14조는 자주독립, 왕실전범 제정, 왕비 등의 정사간여금지, 왕실사무와 국정사무의 분리, 의정부와 각 아문(衙門)의 직무권한 명시, 부세(賦稅) 법정주의, 재정의 탁지아문(度支衙門) 관장, 왕실의 경비절약, 예산제도 도입, 지방관리의 직권 한정, 청년의 외국파견, 징병제도 도입, 민·형법의 제정과 국민의 생명재산 보호, 인재등용 등 14개 항이다. 갑오개혁에서 단행된 일련의 새 조치를 총망라한 것이다. 국왕의 이 같은 움직임에는 개화당 출신인 내부대신 박영효와 법부대신 서광범 등의 역할이 있었다.[13]

을미개혁과 유생들의 반발

갑오경장에 이어 다음 해인 1895년 4월 을미개혁이 단행되었다. 이 개혁은 일본 고문관이 작성한 법령초안을 무조건 채택한 것이다. 가장 중요한 개혁은 의정부를 '내각'이라 개칭하고 각 아문을 '부'(部)로 바꾸는 한편 8개 아문(衙門)을 외부 내부 탁지부 법부 학부 농상공부 군부의 7부(部)로 개편한 것이다. 이것은 제1차 갑오경장 때의 정부기구개편안을 백지화하고 다시 짠 것이다. 재판소구성법도 제정해 2심제도를 채택했다. 지방행정기구 역시 종래의 8도(道)를 23부(府)로 개편했다가 다시 13개 도로 바꾸었으며, 종래 도에 소속되었던 부(府) 목(牧) 군(郡) 현(縣)을 통일해 군으로 했다. 지방관에게는 사법권과 군사권은 주어지지 않았다. 그 해 12월에는 다시 제2차 을미개혁을 단행했다. 이번 개혁은 더욱 급진적이었다. 일세일원(一世一元)의 연호를 이듬해부터 사용해 그 해부터 건양(建陽)이라 부르고, 태양력을 채용하며 종두를 실시하며 단발령을 내려 이를 강제하기로 했다. 단발령은 유생들의 강력한 반발을 샀다.[14]

많은 저항에 부딪친 을미개혁을 전후해 일어난 것이 대원군 손자 이준용(李埈鎔)사건이다. 일본에 저자세인 고종을 폐하고 그를 새 왕으로 옹립하려했다는 반역음모사건이다. 박영효는 이준용을 극형에 처하자고 주장한데 반해 김홍집은 이를 반대하는 등 대립을 보여 김홍집이 총리에서 물러났다. 박영효는 약

10일간 총리서리 자리를 맡기도 했는데, 1895년 5월 박정양 내각이 들어선 뒤에는 내부대신 자리를 계속 지켰다.[15]

2. 흔들리는 국권

민씨 정권의 친러정책과 민비시해사건

청일전쟁으로부터 10년간(1894~1904년)은 청나라를 재치고 한반도에서 우월한 입장이 된 일본이 러시아와 줄기차게 대결한 기간이다. 이 시기는 조선정부가 대외적으로 더욱 자주성을 잃어가면서 대내적으로는 국내 정치세력이 친일노선과 친러노선으로 갈라져 엎치락뒤치락한 기간이다. 이런 가운데 민간부문에서는 개화운동단체인 서재필의 독립협회와 그 기관지인 《독립신문》이 출현해 반일·반외세·자주적인 국권회복운동을 벌이기 시작했다.

일본은 청일전쟁에서 승리해 청국세력을 조선으로부터 축출하고 대만과 요동반도까지 손에 넣었다. 그러나 러시아 독일 프랑스 3국은 일본의 지나친 탐욕에 제동을 걸어 요동반도를 토해 내도록 했다. 이것이 청일전쟁 종결 직후 동북아지역의 최대사건인 1895년의 이른바 '삼국간섭(三國干涉)'이다.[16]

이 광경을 지켜본 조선의 지도자들은 일본의 힘에 한계가 있음을 알아차리고 일본의 내정간여에서 벗어나기 위해 다시 러시아로 기울어졌다. 민씨 정권은 1880년대 후반 몇 차례 대러시아 접근정책을 썼지만 당시는 러시아가 적극적인 한반도정책을 펴지 못했다. 그러나 1890년대 후반의 정세는 달라졌다고 조선 지도자들은 판단하고 다시 러시아에 접근했다. 이 과정에서 여러 세력들은 국가의 장래를 둘러싼 대외정책의 대립 못지않게 서로 권력을 잡으려고 물고 뜯는 세력다툼을 벌였다. 10년 만에 망명생활에서 돌아와 실권을 잡은 박영효는 김홍집 어윤중 유길준 등과 불화하고 대원군과도 사이가 멀어졌다. 이완용과 이윤용은 친러파로 기울어져 정계가 크게 분열되었다. 박영효는 이런 정치적 혼란의 와중에서 왕비를 시해하려 한다는 대역 혐의를 받고 귀국 1년도 못된 1895년 7월 다시 실각해 일본으로 망명했다.

일본의 신임 미우라(三浦梧樓) 공사는 조선정부가 친러정책으로 기울어지자 이를 일거에 막는 방법으로 민씨 정권의 핵심인 민비를 제거하려는 흉계를 꾸몄다. 이것이 세계역사상 유례없는 외국군대에 의한 왕비시해사건(을미사변)이다. 민비 시해는 일본공사관 밀실에서 공사관 간부들과 무관이 합석한 가운데 계획이 짜이고 그 실행은 일본군 수비대와 낭인들이 맡았다. 행동부대의 표면에 조선의 훈련대가 나서서 이들의 쿠데타인 양 가장하기로 했다. 이 계획에 일본 내각이 개입된 사실을 입증하는 문서가 2006년 봄 최문형 한양대 명예교수에 의해 발굴되었다.[17]

이런 음모도 모르는 민씨 정권은 마침내 1895년 10월 7일 훈련대 해산을 단행하기로 결정했다. 그 다음 날 새벽 일본군 병사들과 낭인들은 미우라의 지휘 아래 경복궁을 침입, 민비를 참살하는 만행을 저질렀다. 왕비가 살해된 직후인 그날 아침 8시경 공포에 질린 고종과 일본 측이 옹립한 대원군, 그리고 미우라 3자가 궐내에서 만나 친러세력을 몰아내는 개각을 단행했다. 김홍집 총리, 김윤식 외부, 박정양 내부 등은 유임되고, 친러·친미파로 지목된 학부대신 이완용과 농상공부대신 이범진, 경무사 이윤용(李允用) 등은 해임되었다. 후일 친일파가 된 이완용은 이때는 일본의 반대편에 서 있었다. 대원군 장남 이재면(李載冕)은 궁내부대신에 임명되고 친일적인 조희연(趙羲淵)은 군부대신에 임명되었으며, 법무대신 서광범이 학부대신 서리를 겸하게 되었다. 지방에 좌천되었던 유길준은 다시 내부협판에 임명되는 등 친일파 일색의 내각으로 개조되었다. 이 때 개조된 내각이 제3차 김홍집 내각이다. 고종은 이틀 후인 10월 10일 일본 공사관과 친일내각의 강요에 따라 죽은 민비가 친당(親黨)을 만들어 국왕의 총명을 흐리게 하고 정사를 그르치게 했기 때문에 그녀를 폐위해 빈(嬪)으로 강등한다는 기막힌 조칙(詔勅)을 내렸다. 이틀 후 김홍집 내각은 다시 개각을 단행, 정국운영에 비협력적인 내부대신 박정양과 탁지부대신 심상훈(沈相熏)을 해임하고 친일파들로 그 자리를 메워 내각의 친일색을 더욱 짙게 했다.[18]

아관파천과 친러파 정권 수립

국왕이 러시아공사관으로 망명 아닌, 망명을 한 것은 을미사변의 부산물이었다. 왕궁은 그에게 더 이상 안전한 곳이 못되었다. 고종은 왕궁 안에서 생명의 위협을 느껴 을미사변 4개월 뒤인 1896년 2월 11일 왕세자를 데리고 몰래 정동의 아관(俄館, 러시아공관)으로 빠져나가 세상을 놀라게 했다. 고종의 왕궁 탈출은 사전에 친러파와 러시아공사관측이 치밀하게 짠 계획에 따라 실행된 것이었다. 이범진(李範晉) 이완용 등 친러세력은 정동파(貞洞派)라고 불리던 관리출신이었다. 아관파천 하루 전에 러시아 측은 공사관 경비를 강화한다는 명목으로 인천에 정박 중이던 러시아함대로부터 포 1문과 탄약 및 식량을 구비한 120명의 수병을 서울로 입성시켰다.[19]

아관파천 이전에 일어난 사건이 이른바 춘생문사건(春生門事件)이다. 이 사건은 민비시해사건 직후인 1895년 11월 27일 고종의 측근인 이범진 이재순(李載純) 등이 친위쿠데타를 일으켜 고종을 미국공사관으로 탈출시키려다가 사전에 발각된 사건이다. 주모자들이 경복궁 춘생문으로 몰래 입궐했다 해서 춘생문사건이라 했다.[20] 민비시해사건 이후 폐위풍설과 함께 신변의 위험을 느끼고 있던 고종은 외국 선교사들을 자기 주변에 머물게 함으로써 신변보호를 받았다.[21]

아관파천은 춘생문사건 2개월여 후에 일어났다. 국외로 도피했던 이범진이 다시 이완용 이윤용 및 러시아 공사 베베르와 협의한 다음 궁녀 김씨와 고종이 총애하던 엄 상궁(후의 嚴妃)을 통해 고종에게 접근해 계획이 짜여졌다. 국왕은 궁녀의 가마를 타고 경복궁 영추문(迎秋門)을 몰래 빠져나와 러시아 공관에 무사히 도착했다. 그는 왕궁 탈출에 성공하자마자 김홍집 유길준 정병하(鄭秉夏) 조희연 장박(張博) 등 5대신을 역적으로 규정하고 포살(捕殺) 명령을 내렸다. 김홍집 정병하는 포박당해 끌려가던 도중 군중에게 타살되고, 어윤중(魚允中)은 서울을 탈출했으나 경기도 용인에서 난민에게 붙들려 피살당했다. 유길준 조희연 장박 우범선 등은 일본으로 망명하는데 성공했다. 이로써 제3차 김홍집 친일내각은 몰락하고 친일적인 개화세력도 사실상 전멸했다. 친러파는 이범진이 주동이 되어 친러내각을 구성했다. 박정양(朴定陽)을 총리서리 겸 내부대신으로 하고, 그 아래 이완용(외부, 학부, 농상부), 이윤용(李允用, 군부), 이범진(법부 경무사), 윤용구(尹用求, 탁지부), 이상재(李商在, 內閣總書)가 포진했다.[22]

새 정부는 갑오·을미개혁 때 단행된 제도개혁을 모두 무효화시키고 구제(舊制)로 되돌아갔다. 내각은 의정부로 환원되고, 지방행정기구는 한성부(漢城府)와 13도로 개편되었다.[23) 또한 친러파정부는 민비시해사건으로 촉발된 의병활동을 불문에 부치는 등 민심수습에 힘썼다.

3. 독립협회와 대한제국

서재필의 귀국과 독립협회 결성

한반도에서 일본과 러시아가 각축을 벌이는 동안 일어난 특기할 사건이 서재필의 애국계몽운동이다. 그의 독립협회 운동은 한국 민주주의 발전에 있어서 개화파가 남긴 가장 귀중한 유산 가운데 하나이다. 갑신정변 실패 후 미국으로 망명, 그곳에 정착한 서재필은 약 10년 후, 그보다 먼저 미국망명생활을 마치고 고국으로 돌아온 개화당 동지 서광범 등으로부터 귀국 종용을 받았다. 1895년 6월 박정양의 개화파 내각은 서재필이 미처 귀국하기도 전에 그를 외부협판 자리에 발령했다. 그러나 서재필은 처음에는 귀국을 망설이면서 이 자리를 거부했다. 그런데 그 해 7월 내부대신 박영효가 앞에서 설명한바와 같이 민비시해 음모관련 혐의로 관직에서 파면되고 체포령이 내리자 일본으로 다시 망명하는 사태가 일어났다. 이 같은 개화파의 몰락으로 서재필의 외무협판 임명도 자동적으로 취소되었다. 서재필은 취임도 못한 채 2개월 만에 면직된 셈이다.[24)

일본에 망명한 박영효는 1895년 10월 미국에 건너간 다음 서재필에게 귀국해 조국에 봉사하도록 권유했다. 서재필은 이때는 마음이 움직여 조선에 돌아가기로 결심하고 그 해 12월 인천을 통해 입국했다. 이때는 을미사변이 일어나 왕비가 시해된 직후였다. 국내정국도 극도의 혼미상태에 빠져 있었다. 박영효가 서재필의 귀국을 종용한 것은 개화당이 권력을 다시 장악해 자신도 다시 한국으로 롤백하려는 속셈도 있었다.[25) 서재필은 귀국 후 10여일이 지난 1896년 1월 8일 궁성의 신무문(神武門, 오늘의 청와대 앞)에서 거행된 관병식에 초대되어 국왕의 어전에 불려가 외국사신과의 통역을 맡았다. 그는 그 뒤 고종의 부름을 받고 궁궐에 들어가 미국생활을 이야기하는 기회도 가졌다. 서재필은 또한 강연회도 가졌으며, 중추원 고문 자리를 처음에는 사양하다가 결국 수락했다.

서재필은 그 후 본격적인 활동을 개시해 1896년 4월 7일 《독립신문》을 창간하고 같은 달 4월 11일에는 건양협회 회원들과 정동구락부 회원들, 그리고 온건 개화파세력을 모아 충군애족, 자주자유, 불편부당을 내건 독립협회를 설립했다. 그는 고문이 되고, 회장에는 안경수(安駉壽), 위원장에는 이완용, 위원에는 김가진 이상재 등이, 간사원에는 남궁억 오세창 등이 취임했다. 독립협회는 여론의 힘으로 근대독립국가를 건설하고 외세의 침입을 막으려는 순수 민간 운동단체였다. 독립협회는 신체, 재산, 언론, 출판, 집회, 결사의 자유를 주장하는 자유 민권 운동을 전개하고 민회 설립을 주장함으로써 사실상의 입헌군주국을 만들려고 노력했다. 또한 국민들의 자발적인 애국자강운동도 촉구했다. 이런 의미에서 독립협회는 한국의 비정부시민단체(NGO)의 효시라고 할 수 있다. 독립협회는 첫 사업으로 그 해 9월 과거 국왕이 몸소 나가 중국사신을 맞이하던 서울 서대문 밖의 영은문(迎恩門)을 헐고 그 자리에 독립문을 세웠다.[26] 서재필은 또한 《독립신문》을 통해 부국강병의 방안으로 교육개혁, 철도 기선 도로의 기반시설 건설, 농업 및 어업 개발, 상업 진흥, 외국의 관광을 위한 금강산 개방, 수출 진흥과 무역역조 개선을 주장했다.[27]

독립협회는 얼마 후 안경수에 이어 회장에 취임한 보수파 이완용이 전라관찰사로 내려 간 다음 윤치호(尹致昊) 부회장 대리체제가 되면서 급진파인 이승만 유영석(柳永錫) 신흥우(申興雨) 등 젊은이들이 조직을 장악해 그 성격이 급진화했다. 서재필은 배재학교에도 출강해 이승만을 비롯한 젊은 학생들을 지도했다. 독립협회의 젊은 회원들은 한일합병 후 미국 등지에 망명해 독립운동을 벌이다가 광복 후에는 한국보수세력의 중추가 된다.

대한제국 선포와 독립협회와의 갈등

고종은 러시아공사관으로 피신한지 1년이 조금 지난 1897년 2월 20일 독립협회 간부 등 내외 인사들의 주청에 따라 러시아공사관으로부터 가까운 위치에 있는 경운궁으로 환어했다. 고종은 급진개화파들과 갈등관계에 있던 김병시(金炳始) 정범조(鄭範朝) 등 온건개화파들을 등용, 국정개혁에 착수했다. 정부 안에 교전소(校典所) 사례소(司禮所)라 불리는 임시 기구를 설치해 개혁준비 작업을 맡게 했다. 이때의 개혁 슬로건은 구본신참(舊本新參), 즉 옛것을 근본으로 하되 서양제도를 도입한다는 온건개화이념과 민국(民國), 즉 중 서민인 소민(小民) 위주의 국가를 건설한다는 이념이었다.[28]

1897년의 광무개혁은 먼저 연호의 제정으로부터 시작되었다. 그 해 8월 16일 연호를 광무(光武)라 고쳐 부국강병의 기상을 과시하고 10월 12일에는 고종이 문무백관을 거느린 가운데 현재의 서울 소공동 조선호텔 경내에 위치한 원구단(圓丘壇, 또는 환구단, 圜丘壇) 에 올라가 황제 즉위식을 거행했다. 국호는 '대한제국'으로 고쳐지고 중외에 독립국가임을 선포했다. 정부가 이 조치를 취했을 때 관료들과 독립협회 등 민간단체의 건의가 크게 작용했다. 이어 을미사변 때 희생당한 왕비 민씨도 '황후'로 추존되고 11월 21일 국장을 거행했다.[29] 앞에서 설명한 바와 같이 고종의 황제 즉위문제는 당초 1894년 10월 1차 갑오개혁 당시 일본측이 조선에 대해 국왕을 황제로 즉위시킬 것을 요구했으나 조선 측이 이를 거부했던 사안이었다. 당시 조선정부는 그 대신 국왕을 '대군주폐하'로 호칭하기로 했었는데 3년 만에 입장을 바꾸어 황제 칭호를 쓰기로 한 것이다.

고종은 황제 즉위 이후에는 급진화한 독립협회에 차츰 부담을 느끼기 시작했다. 독립협회는 매주 토요일과 일요일에 토론회를 가지는 등 활동을 적극적으로 벌이다가 1898년 2월에는 종로네거리에서 회원과 일반 백성 수천 명이 참여한 가운데 만민공동회를 개최했다. 독립협회는 이 자리에서 한러은행 설립계획을 폭로하고 러시아의 재정고문과 군사고문을 해고해 재정 및 군사주권을 지킬 것을 정부에 요구했다. 이 때《독립신문》도 러시아의 절영도(絕影島) 조차 계획 추진과 한러은행 설립계획을 폭로했었다. 독립협회의 맹렬한 반대운동과 민종묵(閔種黙) 외부대신대리 탄핵운동으로 이 계획들은 성사되지 못했다.[30] 친러파로 지목된 이완용은 이 때 독립협회에서 제명되었다.[31]

독립협회 회원들은 또한 일본을 비롯한 열강이 조선 국왕의 동의만 얻으면 국가의 이권을 마음대로 빼앗아갈 수 있는 전제군주제도로는 조선이 주권을 지키기 어렵다는 판단 아래 입헌군주제도를 도입하는 운동을 벌였다. 서재필은 모든 국민에게 참정권을 주고 의회원(議會院, 국회)을 설립해 국정의 중요한 사항과 외국과의 모든 조약은 의회원의 동의와 비준을 얻어야 효력을 발생하도록 의회설립 상소를 올렸다. 그는 또 국민들이 참정권을 행사하고 지방 관헌들의 부패를 막기 위해 관찰사, 군수 등 지방 관리를 주민들의 투표로 선출할 것도 제안했다.

독립협회는 1898년 4월 의회 설립문제를 토론의 주제로 삼았다. 독립협회는 그해 10월에는 만민공동회를 열어 박정양 총리대신 이하 정부요인들을 참석시킴으로써 이날 모임을 한국최초의 관민(官民)공동회로 만들었다. 이 자리에서 6개항의 국정개혁방안을 만장일치로 채택되었다. 그 내용은 ① 외국인에게 아부하지 말 것, 관민이 합심해 전제황권을 공고하게 할 것, ② 광산 철도 무연탄 산림 및 차관 차병(借兵)과 외국과의 조약은 각부 대신과 중추원의장이 합동 날인한 것이 아니면 시행하지 말 것, ③ 재정은 탁지부에서 관장하고 예산결산은 인민에게 공표할 것, ④ 중대범죄자는 별도로 공판하되 피고인이 자복한 후에 시행할 것, ⑤ 칙임관은 황제의 임명에 앞서 정부에 자문해 과반수로 결정할 것, 중추원 장정(章程)을 제정할 것 등이다. 이 결의는 박정양이 고종황제에게 보고해 윤허를 받았다.

고종은 이와 함께 정부가 초안을 마련한 중추원 장정을 잘 만들어 시행하라는 등 5개항의 당면문제 처리에 관한 조칙도 함께 내렸다. 중추원을 상원처럼 개편하는 것이 장정의 내용이었다. 의회 설립 등 국정개혁 운동을 벌인 독립협회의 사기는 충천했다. 다음 달 박정양 총리는 독립협회에 공문을 보내 중추원 관제가 공포되었으므로 중추원 의관(議官)에 임명할 사람의 명단을 제출하라고 요청했다. 이것은 국정의 최고자문기관인 중추원에 독립협회 회원을 포함시킴으로써 국민여론을 시정에 반영케 하자는 의도에서였다. 중추원 의관은 11월 29일 정원 50명 중 독립협회와 황국협회 측에서 각각 17명과 32명을, 그리고 기타 단체에서 1명을 임명하는 방식으로 결정되었다.[32]

독립협회 해체 이은 이승만 등 체포

그러나 서재필의 적극적인 활동에 불안을 느낀 수구파는 고종을 설득해 1898년 10월 독립협회에 경고하는 칙서를 내리게 하고 보부상들로 구성된 황국협회라는 단체를 급조해 독립협회에 대항케 했다. 독립협회의 움직임을 황제의 권위약화로 본 수구파 참정(參政) 조병식(趙秉式)은 독립협회를 무고하는 본격적인 행동에 나섰다. 독립협회가 이미 공개적으로 공화제와 민주주의에는 반대한다[33]고 밝혔음에도 불구하고 조병식은 독립협회가 고종을 폐하고 박정양을 대통령, 윤치호를 부통령으로 하는 공화제를 꾀한다는 익명의 게시를 독립문에 붙였다. 고종황제는 독립협회 간부 검거령과 독립협회 등 민간단체를 해산한다는 조칙을 내렸다. 이에 대해《독립신문》《제국신문》《황성신문》등 민간지들이 일제히 비판에 나섰다. 그러나 고종은 독립협회 간부 이상재 등을 검거토록 하고 관민공동회에 참석했던 박정양 총리 등 대신 전원을 파면했다.[34]

독립협회 회원들은 격렬한 시위를 벌리고 그 부당성을 지적하는 소를 올렸다. 이에 대해 고종은 11월 8일 독립협회 복설을 허가하고 독립협회를 무고한 조병식에 대해서도 파면과 구금을 명령했다. 그러나 조병식은 외국인 집에 피신하고, 보부상 수천 명이 만민공동회를 습격하는 사건이 일어났다. 독립협회 회원들은 이에 항의하기 위해 황제가 거처하는 경운궁(덕수궁) 남문 앞에 엎드려 상소를 올렸으나 고종은 이를 듣지 않고 해산령을 내렸다. 독립협회는 계속 12월 6일 종로에서 만민공동회를 개최했다. 12월 23일 고등재판소 앞에서 열린 만민공동회는 군대가 동원되어 강제해산 당했다. 결국 독립협회는 끝내 해체되었다. 미국인 병원에 피신해 있던 이승만과 최정식(崔廷植)은 1899년 체포되었다. 이들은 나중에 탈출에 성공했으나 다시 붙잡혀 이승만은 종신징역(나중에 7년으로 감형)에, 최정식은 사형에 처해졌다.[35]

대한국국제 제정과 전제군주제 강화

대한제국 정부는 1899년 7월 황제가 군권을 장악하기 위해 원수부(元帥府)를 설치하고 프러시아식 군복인 대원수 복장을 착용키로 결정했다. 원수부 안에 육군헌병대를 두고, 황제를 호위하는 시위대도 대폭 강화해 과거처럼 외국 군대가 황궁을 포위하는 사태를 예방하려 했다. 이어 정부는 그 해 8월 9개조의 대한국국제(大韓國國制)라는 일종의 헌법을 선포했다. 국호를 대한으로 한 것은 삼한(三韓)을 아우른다는 취지에서였다. 이 국제는 황제가 무한한 군권을 가지는 '전제군주제'이며 이를 침해하거나 감손하는 행위는 반역행위라고 선언했다. 황제에게 군통수권 입법권 행정권 조약체결권 사신임면권 등 모든 권한을 부여했다. 대한국국제는 1899년 정부 안에 새로 설치된 특별 입법기구인 교정소(校正所)가 마련한 방안이다. 독립협회 등이 주장한 의회 설립과 국민참정권 인정, 그리고 사법권독립 규정은 황제의 권한을 침해할 우려가 있다 해서 일체 인정되지 않았다. 대한국국제는 독립협회가 강제해산된 뒤여서 민주주의의 발전이라는 관점에서 보면 반동이자 후퇴였다.[36]

정부는 이 무렵 국가, 어기(御旗, 태극기), 군기(軍旗), 훈장도 제정하고 연해주와 간도(間島)지방으로 이주한 교민들을 보호하기 위해 해삼위통상사무관과 북변도관리(北邊島管理)를 설치했다. 정부는 이밖에 조세제도와 전매사업 식산흥업(과학기술) 산업진흥 철도사업을 개선하고 만국우편연합과 만국박람회 국제적십자연맹에도 가입했다.[37] 1902년에는 황제 직속의 제국익문사(帝國益聞社)라는 정보기관이 설립되었다. 그 임무는 관민의 모든 동향을 감시하고 '자유 민권을 빙자해 전제정치를 비방하며 정부 득실을 평론하여 인심을 선동하는 자'를 탐지하는 정보수집 업무였다. 겉만 보면 근대국가로서의 모습을 갖춘 개혁조치들이지만 이미 나라는 급속히 기울어져 가고 있었다.

4. 자유주의 사상의 전파

《독립신문》의 '진보'와 '보수'관

서재필은 귀국 후 독립협회를 설립하기 조금 전인 1896년 4월 7일자로 한국최초의 민간지인 《독립신문》을 창간했다. 그는 귀국 직후 김홍집 내각의 내부대신 유길준으로부터 중추원 고문직을 제의받았을 때 그로부터 신문발간을 지원하겠다는 약속을 함께 받았다. 고종은 신문발간에 대해서는 이해가 깊었다. 친러정권의 민씨 일파도 마찬가지였다. 왕비시해 같은 중대사태가 일어났을 때 이를 국제사회에 널리 알리고 국론을 모을 길이 없었던 사실을 깨달았기 때문이다. 아관파천 이후 수립된 박정양내각은 단발령 등 김홍집 전 내각의 개혁정책을 모조리 파기했으나 신문발간 지원방침만은 번복하지 않고 지원금 5,000환을 차질 없이 서재필에게 지급했다.

일본은 서재필의 신문창간 계획을 탐탁치 않게 생각했다. 일본공사 코무라(小村壽太郎)는 이를 방해하기 위해 서재필에게 신문발행비용을 지원하려는 유길준을 정부에서 몰아내려 했다. 그러나 국왕의 아관파천으로 친러파 내각이 들어서면서 상황은 완전히 달라지고 말았다. 일본공사의 말이 먹혀들지 않게 된 것이다. 이 같은 상황은 1884년 갑신정변 때 《한성순보》가 친일신문으로 몰려 폐간된 2년 후 정부가 다시 《한성주보》를 낸 당시의 사정과 비슷했다. 그로부터 10년 후인 《독립신문》이 나올 때도 그 보다 1년 전에 나온 일본인들의 《한성신보》(漢城新報)가 일본 외무성으로부터 보조금을 받으면서 그들의 조선침략을 정당화하고 조선 왕실을 비방하는 보도를 서슴지 않는 상황이었다. 이 때문에 정부가 항의한 적도 있었다.[38]

1899년 12월 4일자까지 43개월 동안 발간된 《독립신문》은 영문판도 내면서 일관되게 조선의 독립을 주장하는 논조를 폈다. 《독립신문》은 창간 초기에 아관파천을 한 고종이 러시아공사관에서 지낼 때여서 정권이 친러파의 수중에 있었지만 논조의 엄정중립을 내세웠다. 그러나 《독립신문》은 실제로는 러시아와 일본의 조선 침략을 집중적으로 규탄하고 친러수구파 내각을 집중적으로 비판했다. 국왕이 경운궁으로 환궁하자 친러파와 친일파의 대립이 더욱 격화되어 정국은 혼미상태에 빠졌다. 《독립신문》은 러시아와 일본을 다 같이 비판했다. 1897년 9월에 부임한 러시아 공사 슈페이에르(Alexi de Speyer)는 서재필과 《독립신문》을 가리켜 "재이슨의 신문은 미국신문에 불과하다"고 비난했다. 일본 측도 《독립신문》이 일본의 《한성신보》에 대항하는 언론으로 간주하고 서재필의 추방을 은밀하게 공작하기 시작했다.[39]

결국 《독립신문》은 창간 2년도 못된 1897년 12월부터 정부의 탄압 조짐이 나타났다. 친러파 정부는 러시아의 압력에 굴해 12월 13일자로 서재필을 중추원 고문직에서 해임했다. 다음 해인 1898년 5월 그가 미국으로 귀환한 후 《독립신문》은 아펜젤러가 잠시 동안 사장을 맡고 윤치호가 주필이 된 다음 나중에는 엠벌리(H. Emberley)가 사장 겸 주필이 되어 운영하다가 1899년 12월 4일자로

신문의 판권과 사옥을 4,000원에 정부에 매도함으로써 완전히 폐간되었다.[40]

《독립신문》은 창간 이후 폐간 때까지 줄기차게 '문명개화'(文明開化)와 '개명진보'(開明進步)를 강조함으로써 '진보'의 입장을 자임했다. 《독립신문》 뿐 아니라 독립협회, 그리고 배재학당의 키워드도 '진보'였다. 그 예가 1896년 11월 21일 정부 관리 시민 학생 약 5~6천명이 참석한 가운데 거행된 독립문의 주춧돌을 놓는 기공식에서 배재학당 학생들이 '독립가'(獨立歌)와 '진보가'(進步歌)를 부른 사실이다.[41] 당시의 '진보가' 가사는 알려지지 않았으나 10년후인 1907년 11월 8일자 《대한매일신보》에 '진보가'의 가사가 소개되었다.[42]

《독립신문》은 줄기차게 '진보'를 주장했지만 그렇다고 '보수'를 무조건 비난하지는 않았다. 《독립신문》 영문판은 1896년 7월 23일자 미국 공화당의 정강을 논하는 사설에서 "애국심, 모국어에 대한 애착, 그리고 친척에 대한 사랑과 환경에 대한 적응 같은 보수적 경향은…인간의 가장 훌륭한 품성들"이라고 찬양했다. 이어 이 신문은 그 해 8월 20일자 조선정부의 인사정책을 비판하는 사설에서 "정직한 보수주의(honest conservatism) 같은 것도 존재하거니와 보수층에도 정부의 모든 관직을 채울 수 있는 큰 죄 없는 사람들이 충분히 있다"고 썼다.[43]

자유사상의 기수 《독립신문》

《독립신문》이 남긴 발자취, 특히 그 의제설정(agenda-setting) 기능은 특기할 만하다. 《독립신문》은 창간사에서 불편부당을 선언하고 독립자강과 인민의 권리 및 민주평등 사상을 역설하면서 조선 사람은 법에 대해 너무도 무관심하다고 지적했다. 미국에서 교육을 받고 미국식 민주주의에 큰 영향을 받은 서재필은 지면을 통해 기회 있을 때마다 자유민권사상과 입헌군주제도, 그리고 민회(국회) 설립운동을 폈다. 《독립신문》이 주도한 이 같은 담론은 1880년대에 《한성순보》가 서양의 선진 정치제도들을 호의적으로 소개한 것과는 차원이 다른, 적극적인 언론활동이었다. 《한성순보》가 주로 외국신문을 참고로 해서 개략적으로 소개한 서양의 자유주의 사상은 10년 후 서재필에 의해 한 층 자세하고 체계 있게 보급되었다. 서재필이 직접 미국에서 경험하고 견문한 지식을 기초로 해서 자유주의 사상을 주장한 점은 1880년대에 개화파의 지도자였던 박영효와 유길준이 일본에 건너가 후쿠자와(福澤諭吉) 등을 만나 서양의 자유주의 정치이념을 간접적으로 수용한 점과 좋은 대조를 이룬다.

서재필은 정력적으로 자유민권 사상을 역설함으로써 자유주의 사상을 한국에 전파하는데 선구자적 역할을 했다. 그는 천부인권사상과 만민평등사상을 전폭적으로 받아들여 "백성마다 얼마큼 하나님이 주신 권리가 있는데, 그 권리는 아무도 빼앗지 못하는 권리"라고 설파했다. 그는 또 "천한 사람이나 귀한 사람이나 하나님께서 받은 사람의 권리는 다 같은 까닭이라"고 강조했다. 그는 이에 따라 국가는 "사람마다 가진 자유권을 존중하여 발전시켜야 한다"고 역설했다.[44] 《독립신문》은 1897년 6월 다음과 같은 논설을 게재했다.

> 남의 나라 인민들은 국중에 법률이 소상하고 학문이 진보하여 사람마다 법률만 범하지 아니하고 자기 힘과 재주가 있으면 벌어먹고 세상에 자주독립한 백성이 되어 빈부귀천 간에 사람마다 자기신상에 자유권을 가지고 있으며…[45]

여기서 언급된 '자유권'은 국가권력으로부터의 개인의 자유를 의미하는 것으로서 오늘날 우리가 말하는 고전적 자유주의 사상 바로 그것이다. 그가 개념화한 자유권은 생명과 신체의 자유권, 재산의 자유권, 언론 출판 집회 결사의 자유권이다. 서재필은 "나라가 나라다우려면 법의 지배, 즉 법치주의가 되어야 한다"고 주장하고 이를 위해 우선 삼권분립과 국민주의의 사상이 관철되어야 한다고 강조했다. 《독립신문》은 '자유'에 관해서 "자유라 하는 것은 우리 마음에 있는 욕심대로 하는 것이 아니요, 욕심을 능히 이겨야 하고, 좋은 일이면 나의 마음대로 하고, 그른 일이면 하지 아니하는 것이 실상 자유의 본의"라고 규정[46]함으로써 남에게 해가 되지 않는 범위 안에서 자유를 보장해야 한다는 밀(John Stuart Mill)의 자유론을 연상시켰다. 서재필은 사회계약론적 관점에서 나라를 바라보았다. 그래서 《독립신문》은 정부란 백성이 만든 것이라고 다음과 같이 주장했다.

사나이고 여편네고 모두 합심하여 작정하기를 우리 혼자 정부가 없으면 살수 없는 고로 우리가 아무쪼록 정부를 보호하고…정부가 우리를 도와주고 우리를 위해 공평한 법률을 마련하고…[47)

한국 자유주의의 체계화와 발전에 있어서 서재필의 위치는 결코 과소평가되어서는 안 된다. 그가 독립협회 회원들에게 로크(John Locke), 루소(Jean J. Rousseau), 몽테스키외(Charles Montesquieu), 제퍼슨(Thomas Jefferson) 등의 사상을 적극 보급하는데 많은 노력을 기울인 사실[48)]은 그가 한국에서 자유주의 사상의 선구자이었음을 말해 준다. 그러나 《독립신문》은 결코 공화주의를 주장하지는 않았다. 독립협회가 그랬듯이 입헌군주제에 머물렀다. 예외적으로 《독립신문》은 윤치호(尹致昊)의 기고문 요지를 소개하면서 '민주공치국'(民主共治國, 즉 민주공화국)에서도 입법은 의회에서 행하고 집행은 행정부에서 일관되게 하고 있는데도 행정권이 강력한 군주제인 조선에서는 지방 수령과 암행어사가 두 길로 시행해 혼란을 일으키고 있다고 지적했을 뿐이다.[49)] 후기 개화운동기간 중 언론에 본격 소개되기 시작한 자유주의 사상은 대한제국 말기에 체계화되어 일제의 식민지 아래서 민주주의사상과 결합해 공화주의로 발전한다.

4 국권회복운동과 근대사상

세상의 모든 일은 힘의 산물이다. 힘이 적으면 일을 작게 이루고, 힘이 크면 크게 이루고, 만일 힘이 도무지 없으면 일은 하나도 이룰 수 없다. 그러므로 누구든지 자기의 목적을 달하려는 자는 먼저 그 힘을 찾을 것이다. 만일 힘을 떠나서 목적을 달하겠다는 것은 너무도 공상이다.

－ 안창호

1. 입헌군주제의 마지막 꿈

독립협회 이은 민간단체들

1880~1890년대의 개화운동은 1900년대에 들어와 대한제국의 붕괴 위험에 직면해 실력양성운동과 국권수호운동으로 발전했다. 나라가 위기에 처하자 종래의 수구파 개화파의 구별 없이 애국지사들은 각기 행동에 나섰다. 특히 러일전쟁에서 승리한 일본이 대한제국을 보호국으로 만든 1905년의 을사보호조약 체결 무렵부터 1910년의 완전 합병조약 체결에 이르는 약 5년 동안 펼쳐진 국권회복운동과 이를 뒷받침한 여러 사상은 한국의 공화주의와 민주주의발전에 밑거름이 되었다. 당시의 애국지사들 대부분은 사상으로나 인맥으로나 한국보수세력의 선조에 속하지만 당시로서는 진보세력에 속하는 정치적 현실주의자였다. 이 시기에 서양의 사회진화론이 지식인들 사이에 널리 보급되어 실력양성운동의 이론적 토대가 되었다. 사회진화론은 동시에 근대화를 추진하던 개화파들에게 우승열패와 자연도태 이론을 제공함으로써 한반도에서 승자인 일본 제국주의세력의 침략을 불가피한 기정사실로 받아들여 친일로 가게 하는 원인이 되기도 했다. 이 기간 동안에는 주권을 일본에 양도하려는 친일매국세력이

등장해 국내 정치세력이 민족진영 대 친일세력으로 나뉘게 된 데는 이런 사상적 배경도 작용했다.

1898년 12월 서재필의 독립협회가 해산된 다음 정체상태에 빠진 민간 중심의 정치운동이 1904년 7월의 민족진영의 보안회(保安會) 출범을 시발로 재개되었다. 정식 명칭이 보국안민회(保國安民會)인 이 단체는 전 중추원 의관 송수만(宋秀晩)과 심상진(沈相震) 원세성(元世性)이 주동이 되어 만든 회원 4~5천명의 단체이다. 회장에는 전 학부대신 신기선(申箕善)을 선출했다. 그는 반개화파였지만 일본에 대항하는 입장에서는 독립협회와 마찬가지였다. 보안회를 만든 이유는 일본인 나가모리(長森藤吉郎)라는 자가 일본의 농업이민을 한국에 보내기 위해 주한 일본공사 하야시(林權助)를 업고 황실의 어공원(御供院) 소관 황무지의 개척권을 얻으려 공작을 벌인데서 발단이 되었다. 일본 측의 음모가 알려지자 이에 반대하는 애국지사들은 배일통문(排日通文)을 전국에 배포해 항의하는 한편 황제에게 반대상소를 올리기도 하고 선언서를 발표해 일반국민들의 궐기를 촉구했다.[1]

이 무렵 《황성신문》《제국신문》《대한매일신보》 등 민간언론의 활동도 활발해져 국민들의 정치의식이 크게 발달한 때여서 국권상실의 위기를 맞아 결사(結社)를 통한 구국운동이 전국적으로 번졌다. 이들 민간지들은 일본의 황무지 개척권 요구의 부당성을 맹렬히 성토했다. 일부 인사들은 한국인의 자력으로 황무지를 개척하기 위해 농광회사(農鑛會社)를 설립하기도 했다. 보안회는 과거의 독립협회처럼 군중대회를 열고 반일시위를 조직했다. 반일시위는 지방에도 확산되어 전국적인 규모로 발전했다. 친일파 송병준은 같은 해 8월 보안회의 활동을 방해하기 위해 일진회의 전신인 유신회(維新會)를 조직했다. 친일파들은 집회 장소에서 총기를 휘두르고 당시 보안회 회장이던 송수만을 납치하는 등 난폭성을 드러냈다. 보안회 등의 시위로 일본 측의 기도는 실패로 돌아갔다. 일본 측은 그러나 반일 시위가 퍼지는 것을 막고자 대한제국 정부에 압력을 넣어 고종이 해산령을 내리게 했다.[2] 그러나 보안회 회원들은 계속 반일투쟁을 벌이다가 일본헌병들에 피체, 안주(安州)의 일본 병참사령부로 압송되어 모진 고문을 받고 석방되었다. 보안회는 정부에 의해 강제 해산된 후에는 협동회(協

同會)와 진명회(進明會), 공진회(共進會), 동아개진교육회(東亞改進教育會), 헌정연구회(憲政研究會), 그리고 대한구락부(大韓俱樂部)로 맥을 잇는다.[3]

헌법 제정 추진한 헌정연구회

이 기간에 활동한 민간단체 중 특히 주목해야 할 구국운동단체는 1905년 5월에 발족한 헌정연구회(憲政研究會)이다. 이준(李儁)을 비롯한 독립협회 회원들이 주동이 되어 만든 이 단체는 그 명칭도 현대적인 감각을 주지만 설립배경 역시 단순한 정치발전을 위해서만이 아니라 국권수호를 위해 입헌군주제도를 실현해야 한다는 시대적 배경을 가지고 있다. 즉 의회가 생기면 일부 매국세력이 황제를 움직여 국권을 파는 일은 의회의 동의과정에서 막을 수 있다고 생각한 것이다. 개화파들이 주장한 자유민권사상은 갑신정변의 실패로 용두사미가 되었으나 10년 후 서재필의 독립협회 활동으로 이어지고, 독립협회가 해산 된 7년 후에는 다시 헌정연구회 설립으로 이어진 것이다. 이들의 입헌주의 사상은 당시에는 실현되지는 못했으나 후대의 한국 민주주의 발전에 한 이정표가 되었다.

이준은 원래 1905년 초 법안연구회(法案研究會)를 조직해 회장에 취임한 다음 얼마 후에는 이를 확대, 나중에 한국변호사 제1호가 된 홍재기(洪在祺), 제2호가 된 이면우(李冕宇) 등 법률가 동지들과 함께 헌정연구회를 조직했다. 회장에 장기렴(張基濂), 부회장에 이준, 평의장에 윤효정(尹孝定), 사무장에 심의성(沈宜性), 평의원에 홍재기, 양한묵(梁漢黙) 등 독립협회 계열의 인사들이 취임했다. 헌정연구회는 설립취지서에서 천하의 대세는 입헌이라고 선언하고 군민이 합의한 입헌은 문명의 열매이며, 국가는 국민으로 성립되고 군주는 국민으로 성립한다고 밝혔다. 강령에서는 ① 흠정헌법의 테두리 안에서 황실의 권위를 높이고 ② 내각의 권한을 규정된 장정에 따라 시행케 하고 ③ 국민의 의무와 권리는 법률의 범위 안에서 자유롭게 보장한다고 했다.[4]

헌정연구회는 《헌정요의》(憲政要義)라는 책자를 만들어 일반에 보급하고 《황성신문》에 그 내용을 연재하기도 했다. 헌정연구회는 매월 통상회를 열어 헌법제정문제에 관한 토론회를 가졌다. 이 과정에서 통감부의 압력이 컸다.[5] 헌정연구회는 영국과 일본의 헌법을 '군주헌법'(입헌군주제)이라고 부르면서 이를 높이 찬양하는 반면 미국과 프랑스의 헌법을 '민주헌법'(공화제)이라 호칭하고 이를 '폭렬'(暴烈)하다고 경계한 점에서 용어사용이나 발상에 있어서 시대적인 한계가 있었다.[6] 그러나 현재도 입헌군주제도인 영국이 공화제도인 미국보다 더욱 민주주의가 발전된 국가로 평가되고 있는 점을 감안할 때, 입헌군주제가 반드시 공화제보다 덜 민주적인 것은 아니라는 것을 알 수 있다. 문제는 헌정연구회가 미국과 프랑스의 공화제를 이해하지 못한 것이 아니라 힘은 없지만 황제가 엄연히 존재하던 당시 상황에서 입헌군주제를 최선의 제도로 판단한 것은 충분히 이해가 된다. 이보다 14년 후 상하이임시정부 헌법이 공화제를 채택한 것은 진일보한 민주주의사상이라 할 것이다.

박은식에 의하면, 이 무렵 전권대사 자격으로 한국을 방문한 이등박문은 고종황제를 알현한 자리에서 "폐하께서는 여러 신하들의 말을 가벼이 들으셔 임금의 권한을 잃지 마십시오. 한국 황실이 원래부터 이등박문을 존중해 주셨으니 이등도 앞으로는 임금의 권한을 보호해 드리겠습니다. 의원(議院)을 만들자는 근신들의 요구는 임금의 권한을 축소시키려는 데서 나온 의도이지, 충성을 하려는 것이 아닙니다"라고 말해 결국 의회는 설립되지 않았다 한다. 일본에는 일찌감치 도입된 의회제도를 이등박문이 대한제국에서는 안된다고 한 저의는 다른데 있었다. 그는 얼마 후 을사보호조약을 제안, 소수의 친일파 내각을 협박해 이를 체결하는 과정에서 다른 국가기관으로부터는 어떤 저항도 받지 않았다. 그것은 그의 이 같은 속임수 덕분이다. 원래 헌정연구회가 의회설립을 주장한 배경에는 러일전쟁 후 일본의 대한정책에 의구심을 품고 입헌제도를 만들어 상하가 한 마음이 되어 망해가는 나라를 구해보자는 의도가 있었다는 것이 박은식의 해석이다.[7] 헌정회는 을사보호조약이 체결되자 헌법문제 보다는 국권수호 쪽으로 관심을 돌려 대한자강회로 명칭을 바꾸었다.

독립협회원 이준

우리의 관심을 끄는 특별한 인물은 헌정연구회의 주역인 이준(李儁)이다. 그는 나중에 고종황제가 파견한 헤이그밀사단의 일원으로 현지에 갔다가 그 곳에서 순국했지만, 원래 그는 검사출신이다. 그는 36세 때인 1895년 4월 새로 창설된 법관양성소에 입소해 그 해 11월 제1회 졸업생으로 나와 이듬해인 1896년에 한성재판소 검사시보에 임관되었다. 이준은 어떤 사유 때문인지 1개월 만에 면직된 다음 그 때부터 독립협회 평의장으로 활약했다. 그러나 얼마후 신변의 위협을 느낀 그는 전 김홍집내각의 대신이었던 장박(張博)과 함께 일본에 건너갔다가 2년 후인 1898년에 귀국했다. 그는 일본 체재 중 와세다(早稻田)대학의 전신인 동경전문학교에서 청강생으로 공부했다.[8]

이준은 귀국하자 독립협회에 복귀, 1906년에 평리원 검사 겸 특별검사에 임명될 때 까지 약 8년간 각종 애국계몽운동에 참여했다. 그는 러일전쟁에서 승기를 잡은 일본이 1904년 외부대신 이지용(李址鎔)을 조종해 제1차 한일의정서를 체결하려 했을 때 반대시위를 벌였다. 앞에서 설명한 보안회도 그가 주동자의 한 사람이 되어 만든 것이다. 회장 송수만이 투옥되자 그는 심상진을 회장으로 맞이하고 자신은 도총무(都總務)에 취임해 일본의 황무지 이권 획득을 저지하는 운동을 벌였다. 보안회가 칙령으로 해산되자 이를 대한협동회로 개명해 자신이 회장에 취임, 일본공사로부터 황무지 문건을 탈환하는 등 활동을 벌이다가 투옥되기도 했다. 이준은 이 해에 적십자회 회장에 취임했다. 그 해 12월에는 일본의 앞잡이인 일진회가 친일시위를 벌이자 이에 대항하기 위해 만민이 공진(共進)한다는 뜻에서 공진회(共進會)를 만들어 회장으로 활동하면서 탐관오리들을 규탄하던 중 다시 구금되어 6개월 간 유배되었다. 이준은 1905년 미국 대통령 루스벨트의 딸 앨리스가 방한하자 한미공수동맹을 제안했다. 이준은 이밖에 국민교육회, 신민회 그리고 함북흥학회 서북흥학회 오산학교 등 민족주의 경향의 조직의 발족에도 주도적 역할을 했다.[9]

이준은 1907년 특별검사로 재직 중 상사인 친일파 법부대신 이하영(李夏榮)과 형사국장 김낙헌(金洛憲)을 탐관오리로 고발했다가 재판에 회부되어 태형(笞刑)의 선고를 받기도 했다. 원래 친일파 이윤용(李允用)이 이끄는 평리원 재판부는 법부를 거쳐 태(笞) 100대를 선고할 것을 상주했으나 고종이 태 70대로 감3등했다. 이 과정에서 이하영은 항의사표를 냈다가 이완용의 만류로 주저앉기도 하고 일본통감에게 고종이 이준을 감싼다고 호소하는 추태를 보이기도 했다. 그는 태형 대신 재물로 속(贖)을 바친 다음 고종의 배려로 다시 평리원 검사로 되돌아갔으나 그를 미워하는 친일파들의 책동으로 끝내는 검사직에서 파면되었다. 그는 그 다음 달 고종의 특사로 뽑혀 밀서를 휴대하고 헤이그로 갔다. 입헌주의자인 이준은 이처럼 풍운아이기도 했다.[10]

사회진화론의 영향과 '정치적 현실주의'

나라가 풍전등화와 같은 운명에 처했던 1890년대부터 1900년대에 이르기 까지 한국의 지식인들에게 큰 영향을 준 서양의 사상이 진화론이다. 진화론은 영국의 생물학자 다윈(Charles Darwin)이 1859년에 발간한 《종(種)의 기원》(*The Origin of Species*)이라는 책에서 밝힌 이론이다. 그 골자는 동식물계에는 부단한 생존경쟁과 우승열패를 통해 자연도태를 거듭하면서 생명의 진화가 이루어진다는 것이다. 비슷한 시기에 스펜서(Herbert Spencer)와 헉슬리(Thomas Huxley)가 적자생존의 원리를 인간사회에 적용하여 자신들의 독자적인 사회진화론(Social Darwinism)을 발전시켰다. 사회학자이자 철학자이며 다윈의 라이벌이기도 한 스펜서는 경제학자 맬서스(Thomas Malthus)로부터 아이디어를 얻어 자신의 사회진화론을 완성했다. 그는 다윈보다 일찍 '진화'(evolution)라는 말을 쓰고 '적자생존'(survival of the fittest)이라는 합성어도 만들어냈다. 반면 '자연도태'(natural selection)라는 용어는 다윈이 먼저 사용했다. 헉슬리는 다윈의 진화론 발표 1년 후인 1860년에 이를 열렬히 지지했다. 사회진화론은 인간이 원숭이로부터 진화해 온 과정처럼 인간사회에서도 동식물사회에서와 같은 가혹한 생존경쟁이 벌어져 적자생존이 이루어지고 있다는 것이 그 골자이다.

이광린에 의하면, 한국에 진화론을 맨 먼저 도입한 사람은 유길준이다. 최초의 일본 유학생이었던 유길준은 1881~1882년 사이에 일본에 머물면서 그 나라의 대표적인 문명개화론자였던 후쿠자와의 지도를 받았다. 일본에서는 이때 이미 진화론 관련 서적들이 번역되어 널리 읽히고 있었다. 유길준은 일본에서 귀국한 직후에 쓴 "경쟁론"이라는 글에서 "국가가 경쟁하는 바가 없으면 무엇으로써 그 광위(光威)와 부강(富强)을 증진할 수 있으리요" 하고 개탄했다.[11]

유길준은 1883년 미국으로 유학 갔을 때 열렬한 진화론자였던 동물학자 모스(Edward S. Morse)에게 6개월간 사사했다. 모스는 그보다 앞서 1877년 일본에서 동경대학이 창설되자 초빙교수로 초청되어 진화론을 열심히 소개했다. 그의 강연내용은 1883년 《동물진화론》이라는 책으로 발간되었다. 미국에서 돌아와 《서유견문》(西遊見聞)을 저술한 유길준은 인류가 미개(未開)→반개(半開)→문명(文明)의 3단계로 발전한다는 그의 문명론을 피력했다.[12]

1890년대에 들어서면서 진화론은 중국의 지식인들에게도 강력한 영향을 발휘해 그 내용이 국내에 본격적으로 소개되었다. 청일전쟁에서 청국이 일본에 패하자 국제사회에서 우승열패가 민족의 힘에 의해 좌우된다는 사실을 인식한 청국의 지식인들은 새삼스럽게 진화론에 주목했다. 청말의 사상가였던 엄복(嚴復)은 헉슬리의 책(Evolution & Ethics and Other Essays, 진화와 윤리 및 기타 논문)을 《천연론》(天演論)이라는 제목의 책으로 번역, 1897년부터 신문에 연재한 다음 이듬해 단행본으로 출간했다. 그의 책도 한국에 들어왔지만 그 보다 더 큰 영향을 한국 지식인들에게 미친 것은 일본에 망명한 청국의 혁명적 사상가 양계초(梁啓超)의 저술이었다. 《황성신문》은 1899년 1월 13일자에서 양계초의 일본에서의 언론활동을 자세히 보도했다. 양계초는 '진보'야 말로 천지(天地)의 공례(公例)인데 중국이 진화를 하지 못한 것은 민지(民智)가 넓혀지지 못하고 민기(民氣)가 진작되지 못했기 때문이라고 했다. 따라서 그는 신민사상(新民思想)으로 중국을 되살려한다고 주장했다. 그의 저서들은 나오는 대로 한국에서 번역본으로 출판되거나 신문잡지에 번역 연재되었다. 그의 저술 중 청국의 수구세력이 개혁에 반대하여 황제를 유폐한 쿠데타사건을 기록한 《무술정변기》(戊戌政變記)는 대한제국 학부에서 번역본을 내어 학생들에게 읽혔다. 1908년에 번역 간행된 그의 대표적 저작물인 《음빙실문집》(飮氷室文集)은 《대한매일신보》의 논설에 자주 인용되기도 하고 일부 학교에서는 한문교과서로도 쓰였다.[13]

양계초의 영향을 받아, 을사보호조약 체결로부터 합병에 이르는 1905~1910년 사이에는 진화론에 관한 저술이 국내에서 쏟아져 나왔다. 이 무렵 신문 잡지 및 각종 회보는 진화론에 관한 기사와 논문으로 홍수를 이루다시피 했다. 이로 인해 '생존경쟁'이니 '우승열패'니 하는 말이 지식인들 사이에 유행어가 되었다. 당시 약육강식의 제국주의 실상을 목도한 한말 지식인들에게 진화론은 자강운동과 실력양성운동을 이론적으로 뒷받침하는 일종의 정치사상으로 받아들여졌다. 기독교를 믿는 서양국가에서 진화론이 배격당한 것과는 좋은 대조를 이루었다. 《대한매일신보》는 기회 있는 대로 양계초의 '신민사상'을 소개하면서 '신국민'(新國民)을 만들어 나라를 구하자고 주장했다. 안창호 양기탁 이동휘 등이 1907년, 뒤에서 설명하는 신민회라는 비밀결사를 조직하게 된데도 양계초의 신민사상이 영향을 끼쳤다. 사회진화론은 또한 신채호(申采浩)의 민족사관(民族史觀)을 형성하는데도 결정적인 영향을 미쳤다.[14] 사회진화론에 영향을 받은 박은식 신채호 안창호 등 당시 지도적 사상을 한국의 '정치적 현실주의'의 기원으로 보는 시각도 있다.[15]

2. 최초의 공화제 수용

대한자강회와 국채보상기성회

대한제국 말기의 구국계몽운동은 실천방법을 둘러싸고 두 개의 흐름으로 나뉘었다. 하나는 실력양성론이고 다른 하나는 독립선행론이다. 실력양성론을 내세운 파는 일본의 명치유신에 호감을 가진 급진 개화사상가들이고, 독립선행론자들은 혁신적인 유학자 출신의 지식인 그룹으로 위정척사상을 계승한 동도서기론의 온건개화파들이다. 전자의 대표적 단체가 대한자강회(大韓自强會)이며 후자의 대표적 단체가 신민회(新民會)이다.

대한자강회는 1906년 4월, 독립협회 간부였던 윤치호(尹致昊) 장지연 윤효정(尹孝定) 심의성(沈宜成) 임진수(林珍洙) 등의 발기로 조직되어 집행부로는 윤치호를 회장에, 장지연 등 10명을 평의원에, 최재학(崔在學) 정운복(鄭雲復) 등 10명을 간사원에 임명한 사실상의 헌정연구회의 후신이다. 이 단체는 전국 25개 도시에 지부도 두고 전국적인 규모의 사업을 추진했다. 대한자강회는 규칙 제2조에서 "교육의 확장과 산업의 발달을 연구 실시하는 것으로 자국의 부강을 도모하고 타일 독립의 기초를 만드는 것"이라고 그 목적을 밝히고 있다.

다시 말하면, 이 단체의 구체적인 목표는 국권회복의 기초가 되는 실력을 배양하기 위해 국민들에게 애국주의적 신지식을 교육하고 근대산업을 일으켜 국민의 자강을 이룩하는 것이다. 이런 목적 달성을 위해 대한자강회는 월보를 발행, 학교교육운동 사회교육운동 사상확대계몽운동을 홍보했다.

대한자강회의 핵심인물은 《황성신문》의 주필과 사장을 역임한 장지연이다. 그는 1905년 을사보호조약이 체결되자 "시일야방성대곡"(是日也放聲大哭)이라는 유명한 논설을 집필했다. 그는 실학파인 정약용(丁若鏞)의 학풍을 이어받았다. 장지연의 지도아래 대한자강회는 정약용의 저서들을 출판했다. 이 단체의 활동은 실력배양을 통한 국권회복운동이기 때문에 의병운동에 경의를 표하면서도 무력대결은 시기와 역량을 생각지 않은 무모한 행위라고 비판했다. 통감부는 일본인 오카키(大垣丈夫)를 대한자강회의 고문으로 취임시켜 이 단체의 반일적 성향을 희석시키려 하다가 비판의 대상이 되었다. 이 단체는 을사보호조약이 전문에서 "한국의 부강지실(富强之實)을 인(認)할 시(時)에 지(至)하기까지" 보호한다는 구절이 있는 것을 한국의 부강이 인정될 때 일본이 보호를 철회하겠다는 문구로 받아들여 "만약 한국이 부강하게 되면 일본은 스스로 물러나게 될 것"이라 주장했다. 이런 주장은 물론 난센스이다. 대한자강회의 실력배양론은 1920년대 상반기의 민족개량론의 선구적 사상이 되기도 했다.

1907년에는 국채보상기성회가 조직되어 대대적인 국채보상운동을 전개했다. 대구에서 처음 발기, 서울을 비롯한 전국 각지로 번져갔다. 이 운동에는 언론사들이 호응해 적극적인 캠페인을 벌였다. 《대한매일신보》《제국신문》《황성신문》《만세보》등 여러 언론기관이 의연금 모집에 적극 동참했다. 통감부는 이것을 항일운동으로 규정하여 탄압하기 시작했고, 《대한매일신보》의 양기탁 총무를 보상금 횡령이란 명목으로 구속하기도 했다.[16]

대한협회

대한자강회는 통감부의 탄압으로 1년 만에 해산되었다. 대한자강회가 고종 황제의 퇴위와 순종 황제 즉위에 반대하는 국민운동을 벌이자 이완용 내부대신 명의로 1907년 8월 해산 명령을 발한 것이다. 그해 7월에 공포한 보안법에 저촉된다는 이유에서였다. 이에 따라 그 해 11월 천도교의 오세창과 권동진(權東鎭)이 공동으로 노력해 대한자강회의 사업을 계승하는 대한협회(大韓協會)가 발족했다.[17]

대한협회의 탄생에는 대한자강회의 고문이던 오카키가 통감 이등박문의 내락을 얻어낸 덕도 작용했다. 대한협회는 회장에 남궁억을, 부회장에는 오세창을, 총무에는 윤효정(尹孝定)을 각각 선출했다. 평의원에는 장지연(張志淵) 권동진 유근(柳瑾) 정교(鄭喬) 이종일(李鍾一) 등 23명이, 그리고 찬의원(贊議員)에는 지석영(池錫永) 김중환(金重煥) 정봉시(鄭鳳時) 등 10여명이 뽑혔다. 전국적으로 37개에 달한 지회와 5,000명에 이르는 회원을 거느린 대한협회는 나라의 부강, 교육과 산업의 발달, 관인 폐습의 교정, 근면 저축의 실행, 권리 의무 책임 복종 등 국민의식의 고취를 위해《대한민보》를 발행하는 등 각종 활동을 전개함으로써 초기에는 국민들의 많은 지지를 받았다. 대한협회는 스스로 국권회복 임무를 담당한 '정당'을 자임했다. 대한협회의 중심인물들은 헌정연구회 당시부터 입헌정치에는 정당이 불가결하다고 생각했기 때문에 여론정치와 정당정치를 강조했다. 부회장인 오세창은 대한협회가 완전한 정당으로 여론을 대표할 책임이 있다고 주장했고, 총무인 윤효정은 정부당국자가 부정한 행동과 압제의 방법으로 국민에게 불리한 점이 있으면 그 부당성을 성명해 국리민복을 옹호하는 것이 정당, 곧 대한협회의 본분이라고 주장했다. 또한 회원인 김성희(金成喜)는 대한협회가 헌정연구회와 대한자강회의 경험 위에 새롭게 결성된 '정당'으로 장래 국회의 대표라고 규정했다. 유상현(尹商鉉)은 이 협회를 민권당 또는 민정당(民政黨)이라고 부르면서 국가에 대한 정당의 책임이 막강하다고 주장했다.[18]

그러나 대한협회는 1908년 남궁억이 회장직을 사임하고, 김가진(金嘉鎭)이 계승한 후에는 국민계몽운동에 전념하다가 일본인 오카키와 시가(志賀祐五郎)가 고문에 취임한 다음부터 친일노선을 걷는 등 협회의 성격이 크게 변질했다. 대한협회는 오카키와 이용구(李容九)의 술책으로 일진회와 제휴해 국민들의 지탄을 받았다. 대한협회는 국가의 당면 급선무가 의병토벌이라고 주장해 의병들이 대한협회의 지회를 공격하고 지회 총무를 살해하는 일도 벌어졌다. 그 후 일진회가 한일합방을 주장하자 대한협회는 일진회와 관계를 끊고 국민대회를 열어 일진회를 규탄하는 등 본래의 노선으로 되돌아갔다.[19] 대한협회는 발족 3년 만인 1910년 일본의 대한제국 합병으로 해체되었다.

자유주의 이론의 발전

을사보호조약 이후 국권회복운동 기간에 '자유'라는 말이 지도적 이념으로 등장했다. 자유만이 진보를 가져올 수 있다는 신념이 더욱 강해진 것이다. 《대한매일신보》는 1909년 6월 5일자 "자유의 신령이 활동하는 시대"라는 제목의 논설에서 거의 절규하는 어조로 자유를 갈구했다(현대문으로의 수정은 저자).

> 비단 같고 꽃 같은 20세기 무대 속에 자유의 신령이 엄연히 강령하여 그 위엄을 펴며 그 광채를 발하니 수천 년간의 전제의 요귀가 모두 그 머리를 숙여 항복하고 천하의 억만창생이 모두 그 공을 칭송하도다.
>
> 오늘날 같이 문명의 꽃이 찬란하고 부강의 실력이 굉장한 20세기 복락시대를 만들어 낸 자는 이 자유의 신령이라. 자유의 신령의 공이 실로 광대 하도다⋯오호라 자유의 신령이여, 언제나 한국을 돌아보겠는가. 오호라 자유의 신령이여, 어찌 한국을 구원치 아니하는가. 오호라 자유의 신령이여, 속히 한국으로 올지어다.
>
> 그러나 한인이 이 자유의 신령을 찬송하며 숭배하며 환영하여야 자유의 신령의 얼굴을 어서 볼 날이 있으리로다.[20]

대한제국 시절 신문에 '자유주의'라는 용어가 등장한 것은 1905년 이후였다. 《대한매일신보》는 러일전쟁에서 패전한 제정러시아가 1905년 2월 모스크바에서 연 귀족원 회의에서 자유주의자들이 국민대표자회를 조기에 소집할 것을 주장했다는 외국뉴스[21]를 실은 데 이어 1908년 12월에는 블라디보스토크에서 한일들의 《대동공보》(大同公報)라는 신문이 창간된 소식을 전하면서 이 신문이 독립사상과 자유주의를 권한다는 사실을 호의적으로 소개했다.[22] 이어 《대한매일신보》는 1910년 2월에는 자유주의에 관해 다음과 같이 자세한 언급을 했다(현대문으로의 수정은 저자).

또 이 세계는 자유주의를 힘쓰는 세계라. 자유주의는 구라파에서 시작한 바라. 제일차에 영국에서 이 주의로 큰 혁명이 일어났고 제이차로 법국에서 이 주의로 큰 혁명이 일어났으며 이 주의로 미국에서 독립전쟁이 있었고 이 주의로 덕국이 부강하였으며 이 주의로 벨기에가 자주가 되고 이 주의로 이탈리아가 통일이 되었으며 이 주의로 구라파 각국이 복락을 누리고 이 주의로 남아메리카 각국이 자주가 된지라. 당시 구라파 천지에서 독보하던 신성동맹도 물거품 같이 사라지고 자유 공기가 동시에 미만하야 자유주의를 배치하는 자는 망하고 자유주의를 복종하는 자는 보존하며 자유주의를 거스르는 자는 쇠잔하고 자유주의를 순히 하는 자는 강함이 이러하도다.[23]

그러나 《대한매일신보》도 10년 전의 《독립신문》처럼 결코 공화제를 주장하지는 않았다. 그것은 군주제도를 부인하는 것이기 때문이다.

공립협회와 신민회의 공화주의 노선

원래 민주주의와 자유주의는 그 유래가 다른 이념이다. 전자는 기원전 6세기 아테네에서 1인지배의 군주제(monarchy) 대신 다두제(polyarchy)인 민주정치(democracy)를 주장한 정치사상이고, 후자는 16~17세기부터 영국의 시민계급이 절대군주의 권한을 제한하려고 주장한 정치사상이다. 서양에서 두 개의 이념을 처음으로 결합시킨 정당은 1866년의 영국 자유당이며, 최초로 '자유민주주의'를 체계화한 대표적 사상가는 밀(John Stuart Mill, 1806~73)이었다.[24] 구한말의 개화운동가들은 자유주의 이념에 입각한 자유권을 제기했으나 이를 민주주의와 결합시키지는 못했다. 대한제국 말기에 자유민주주의사상을 맨 먼저 주장한 사람은 이승만이었다. 그는 1904년 옥중에서 집필한 《독립정신》이라는 저서에서 절대군주제와 입헌군주제도 및 민주주의제도를 자세하게 비교 소개하면서 입헌군주제에 대해서는 "오늘날 가장 합당한 것"이라고 평가하고 미국과 프랑스 식 민주주의제도에 대해 "세 가지 중에서 가장 좋은 정치라 할 것이다"라고 평가했다. 그러나 이승만은 정치제도의 성패는 그 나라 백성들의 수준에 달려있으므로 이를 높여 정치제도를 점진적으로 변화시켜야 하지만 무엇보다도 헌법만은 곧 제정해야 한다고 강력히 주장했다. 이 옥중수기는 1910년 로스앤젤레스에서 발간되었다.[25]

1905년 미국 샌프란시스코에서 안창호가 설립한 공립협회(共立協會)도 민주주의를 주장했다. 과거 독립협회나 헌정연구회가 충군애국(忠君愛國)의 입장에서 입헌군주제도를 바람직한 정치제도로 인식한 것과는 근본적으로 다른 공화주의 사상이다. 비록 나라는 이미 일본의 보호국으로 전락하고 황제 역시 아무 실권도 없던 때였지만 군주제를 폐지한다는 사상은 당시로서는 혁명적인 발상이었다. 공립협회는 전제정치로 인한 폐습 때문에 나라가 망했다고 결론을 내리고(공립신보 1907년 11월 29일자), 나라를 되찾는 일은 근본적으로 전체정치를 변혁하지 않으면 불가능하며 이를 위해 '주권재민론'을 명확히 해야 한다고 주장했다. 공립협회는 "나라라 하는 것은 강토와 그 안에 있는 백성을 합하여 부르는 명사니, 나라는 백성의 나라이오 임금과 정부의 나라가 아니라"고 강조했다(공립신보 1908년 2월 19일자). 이런 입장에서 공립협회는 국민의 권리를 찾기 위해 임금을 제거하고 새로운 국민적인 정부를 세우는 '국민혁명'도 가능하다고 주장하면서 이것이 바로 '국민의 의무'이며 이런 국민혁명을 통해 '국민주의'를 추구해야 한다고 강조했다(공립신문 1909년 8월 4일자).[26] 이 같은 공화제 주장은 시기적으로 보면 1919년 상해임시정부가 공화제를 헌법에 채택하기 10여년 전의 일이다.

안창호는 미국에서 공립협회를 설립한 2년 후인 1907년에 국내에서 신민회(新民會)라는 비밀결사를 조직했다. 그의 발기에 따라 양기탁(梁起鐸) 전덕기(全德基) 이동휘(李東輝) 이동영(李東寧) 이갑(李甲) 유동렬(柳東說) 7명이 창건위원이 되고, 이승훈(李昇薰) 이회영(李會榮) 이상재(李商在) 윤치호(尹致昊) 김구(金九) 신채호(申采浩) 등이 중심이 되어 설립했다. 회장에 해당하는 총감독에는 양기탁이 취임하고 총서기에는 이동녕이 선출되었다. 신민회는 표면적으로는 도자기 회사, 학교(평양의 大成學校, 정주의 五山學校), 서점(대구의 太極書館)을 설립 경영하는 등 사업을 하면서 실제로는 항일 무장투쟁을 위한 준비작업을 벌었다. 회원은 1910년에는 약 8백 명에 이르렀으므로 당시에 국권수호운동에 관심 있는 애국지사들을 거의 망라한 전국적인 지하조직이다.[27]

신민회는 장정(규약)에서 "본회의 목적은 한국의 부패한 사상과 관습을 혁신하여 국민을 새롭게 하며 이러한 국민으로 연합하여 새로운 자유문명국을 세운다"고 정했다. 자유문명국이란 바로 공화정을 의미하는 것이라고 해석된다. 공화제는 신민회 좌파의 주장일수는 있으나 안창호의 주장은 아니라는 이론도 있지만[28] 안창호가 "금일에는 2천만 국민이 다 황제요…제군이 다 주권자"라고 말한 점을 근거로 신민회가 공화주의를 지향했다는 이론이 유력하다.[29] 신민회는 새로운 국가를 만들기 위해서는 무엇보다도 국권을 회복할 수 있는 실력을 양성해야 하며, 실력을 양성하기 위해서는 국민을 새롭게 해야 한다고 밝혔다. 또한 신민(新民)은 반드시 스스로의 힘으로 달성하는 자신(自新)이어야 하며 이런 자신은 사회 국가 국민의 모든 부분에서 수행되어야 한다고 했다. 신민회는 105인사건으로 타격을 입고 해산하게 되자 두 파로 나누어진다. 이동휘를 대표로 하는 무력투쟁파와 안창호를 대표로 하는 실력양성파이다. 무력투쟁파는 블라디보스토크와 중국으로 망명하고 실력양성파는 미국으로 건너가 흥사단 활동을 벌인다. 국내에 남아있던 세력은 105인사건으로 모진 탄압을 받았음에도 불구하고 그 중 일부가 3·1운동의 주도세력이 된다.[30]

파괴주의와 진보·보수 논쟁

대한제국 말기에 치열한 진보 보수 논쟁이 일어났다. 당시 소수이기는 했지만 급진적 사회개량론을 주장하는 논의들이 일어나 부패하고 타락한 사회를 철저히 파괴해야 나라를 구할 수 있다는 이론이 공공연하게 제기되었다.《대한매일신보》는 1910년 7월 30일자 논설 "파괴시대"에서 타락한 나라의 정치는 철저히 파괴해 새롭게 고쳐야 하며 근세의 선진문명국가도 모두 파괴를 거쳤다고 다음과 같이 주장했다(현대문으로의 수정은 저자).

수구를 좋아하는 자로 하여금 눈이 뚱그렇고 입이 벙벙하게 하여 그 뿌리를 영영 제거하여 인민으로 하여금 뒤로 퇴보할 여지가 없게 한 후에 앞으로 진보하는 길로 인도하여 달리는 말에 채찍을 갈겨 신사상과 신정신을 발휘하고 4천년 구대한(舊大韓)으로 하여금 신대한(新大韓)이 되게 하는 것이 파괴시대라 하노라.[31]

당시의 '파괴론'은 양계초의 논문인 '파괴주의'에서 많은 영향을 받았다. 이 신문은 또 1910년 7월 26일자 "수구당을 경고함"이라는 논설에서는 수구당이 옛 법을 고집해 인민이 전진하는데 큰 방해가 되고 있다고 지적하고 "인민의 어리석은 것을 아무쪼록 경성(警醒)해 함께 문명한 지경으로 향할진대 복락을 함께 누리려니와 일신의 영욕만 생각하고 국가의 화복(禍福)을 돌아보지 아니할 진대 멸망을 함께 당하리니 깊이 생각할지어다. 수구당들이여"하고 강력히 비난했다.[32] 양재건(梁在謇)의 "논(論) 파괴주의론"(소년한반도 4호)과 강전(姜荃)의 "급진적 사회개량책을 내국지사(內國志士) 제공에 망(望)함"(대한흥학회보 13호)도 진보를 위한 파괴를 주장했다. 양재건은 비정(秕政)과 부법(腐法), 즉 세도 부리는 자, 법위반자, 매관매직자, 협잡배 등의 풍토를 파괴할 것을, 강전은 도덕 종교 실업 여자 혼인 노비 복색 수식 부분의 잘못을 파괴 개량할 것을 각각 제안했다.[33]

이에 대한 반론으로 보수주의가 제창되었다. 당시의 보수주의는 실력을 양성하면서 변화와 진보를 추구한다는 기본입장에서 급격한 변화를 위험시 했다. 《황성신문》은 1909년 11월 17일자에서 "보수주의로 진보함이 가량(佳良)한 방침"이라는 논설을 통해 개혁시대에는 부득불 파괴방법을 맹렬히 실행해야 부패한 국가와 부패한 사회를 개량하리라 하나 각국의 혁신사를 연구한 즉 실로 파괴주의는 완전히 이익이 없고, 보수주의로 진보함이 극히 좋은 방침이 되는 줄로 생각한다고 주장했다. 이 논설은 진보를 위해서는 구신파(求新派)가 그들보다 수도 많고 신용과 능력이 더 많은 수구파에게 충격을 주어 보수주의를 타파하려 하지 말고 그들을 이용할 방법을 취해 개량진보를 기도함이 완전한 방침이라고 다음과 같이 주장했다(현대문으로의 수정은 저자).

유럽 열강을 보면 영국은 보수주의가 최승(最勝)하여 2천년 역사상 규모를 지금까지 준수하는 기초로써 때에 따라 적절히 하여 진보발전을 여행함으로 그 나라의 문명사업과 발달정신이 가장 완전 공고하고, 동양의 일본도 그 유신의 실상을 관찰하면 표면적 개혁은 없지 않으나 또한 보수주의의 근거로 그 발달의 효력이 그렇게 완전한 바라, 프랑스 인민은 파괴행동이 심히 격렬한 결과로 지금까지 다

대한 손해를 입은 영향이 있도다.[34]

또한 개인논문으로 이승근(李承瑾)이 "파괴적 시대의 정신을 논함"이라는 글에서 프랑스혁명이나 터키의 청년당과 같은 급진적 혁명이나 과격한 방법 보다는 온건한 파괴가 바람직하다고 주장했으며(대한흥학회보 5호), 김영기(金永基)는 "교육의 신조(新潮)"라는 글에서 영국에는 엄연히 보수당이 존재하며 '촌수척진(寸守尺進)하는 주의'로 판도를 확장해 세계의 강국이 되었고 일본도 명치유신을 틈탄 사회주의와 자연주의의 유입에 탁견을 가진 인사들이 야마토혼(大和魂)을 계속 지켜 강국이 되었다고 주장했다(대한흥업보 3호).[35]

진보와 보수의 논쟁이 신채호의 《대한매일신보》와 장지연의 《황성신문》 사이에 벌어진 사실도 흥미를 끌거니와 시대상황과 구체적 쟁점들은 다르지만 오늘날 우리 사회에서 나타나는 현상과도 유사하다. 이 같은 논쟁에서 현재의 한국사회의 진보와 보수 논쟁의 원형을 보는 듯하다.

대한제국의 멸망과 근대사상의 계승

대한제국 멸망은 한국의 지도자들을 여러 갈래로 갈라놓았다. 합병조약이 체결되자 《매천야록》(梅泉野錄)의 저자 황현(黃玹)을 비롯한 많은 사람들이 자결했다. 순국자 수는 관원 20명, 유생 23명, 학생 1명, 백정 1명으로 집계되었다. 일제에 항거해 국내에서, 그리고 국외로 탈출해 용감하게 독립운동을 벌인 사람들과 일제의 한국병탄을 기정사실로 받아들이고 이에 협력하고 조선총독부로부터 작위와 은사금을 받거나, 일신의 영달을 위해 기회를 엿보는 기회주의적인 인물들도 있었다. 개화파 중에는 박영효와 김윤식이 작위를 받고 유길준은 이를 반납했다. 1907년 이준, 이위종과 함께 고종의 헤이그 특사로 파견되었던 이상설은 1910년 8월 일제가 보호국으로 간신히 숨만 붙어있던 대한제국을 끝내 강제병합해 버리자 그가 거주하고 있던 블라디보스토크에서 교포 8,624명의 서명을 받아 조선의 독립을 요구하는, 영어와 프랑스어로 된 '성명회(聲明會)선언서'를 발표했다.

이와 같은 변화를 계기로 이들 여러 갈래의 세력들에게는 새로운 사상과 이념이 형성되었다. 뒤에서 살펴보는 바와 같이 많은 애국지사들은 일제 치하에서 무력투쟁 또는 외교활동 또는 실력양성운동을 벌였으며, 이념적으로는 민족주의사상 또는 사회주의사상으로 무장했다.

조선조 말의 3대 사상운동의 공과도 대한제국의 멸망으로 분명해졌다. 위정 척사파들은 명분주의에 사로잡혀 체제의 보존에 치중한 나머지 시대의 흐름과 동떨어져 근대화에 소극적이었다. 혁명적 평등사상을 신봉한 동학도들은 인간 평등 민주주의 그리고 민족주의 이념의 발전에 기여했으나 국가의 주권과 독립 보전에 소홀했다. 개화파들은 근대국가를 건설하겠다는 정치적 이상과 선구자적 발상으로 근대화의 사상적 바탕을 마련했음에도 불구하고 정치적 현실주의에 경도된 나머지 외세에 대한 경계심이 이완되어 일부는 친일파로 전락했다.

이들 친일파 중 일부는 앞에서 살펴본 바와 같이 우승열패와 자연도태를 핵심으로 하는 사회진화론을 국제사회에서의 약육강식 논리로 받아들여 일본의 한국병합을 불가피한 기정사실로 받아들였다. 이와 같은 패배주의는 뒤에서 보는 바와 같이 일제하에서도 친일파의 논리로 다시 나타난다.

그러나 대부분의 애국지사들이 품고 있던 민족적 이상은 일제의 탄압 아래서도 면면히 계승되었다. 개화파는 그 일부가 친일세력으로 변절했음에도 불구하고 그 주류는 근대국가 건설과 시민혁명이라는 당초의 정치적 이상을 꺾지 않고 국내외에서 독립운동을 벌였다. 위정척사운동을 벌인 전통적이고 명분주의적인 유생들은 국권이 상실해 가는 과정에서 의병운동과 독립서명운동을 벌였으며, 그 일부는 연해주와 만주 등지로 망명해 무장독립투쟁 노선을 택한다. 동학도들 역시 그 일부가 친일매국행위를 했지만 위정척사세력 및 구 대한제국 군인들과 함께 의병운동을 벌이거나 해외로 나가 독립군을 조직하거나 나중에는 국내에서 3·1만세운동의 주역이 된다.

3. 사회주의 사상의 전래

무정부주의와 사회주의 관련 보도

한국에 최초로 서양의 사회주의사상과 좌파운동이 소개된 것은 1880년대 상반기였다. 《한성순보》(漢城旬報)는 제2호(1883년 11월 10일자)의 "러시아 신황제 대관식" 기사에서 알렉산더2세가 암살당한 것은 러시아 허무당(虛無黨)의 소행이라고 보도하면서 허무당에는 빈천한 건달들이 많고, 또 그들과 결탁된 관리와 군민(軍民)들도 적지 않다고 썼다. 이 기사는 청국 《상해신보》(上海新報)의 보도를 전재한 것으로, 허무당의 여세는 아직도 치열하다고 기록했다.[36] 이어 1884년 1월 18일자에서는 "러시아허무당"이라는 제하의 기사에서 러시아 허무당이 수도에서 무기를 은닉하고 있다가 발각된바 이들 무기를 제조한 사건과 관련해서 해군사관 137명과 포병사관 17명이 포박되었다고 보도했다.[37] 《한성순보》는 1884년 9월 29일자에서는 "러시아 당(黨)의 발호"라는 기사에서 러시아의 니히리스트(呢希利士)들의 암살계획으로 계속 황제가 위험에 처했있다고 보도했다.[38]

《한성순보》는 1883년 11월 20일자의 "프랑스 사회당 괴수(魁首) 유형(流刑)"이라는 기사에서 프랑스 사회당의 여당수 루이 메이스(路易美實, Louis Maise)가 내란미수죄로 국외추방의 형을 받았다고 보도하면서 이로 인해 당원들의 불만이 생겨 관리를 저격하겠다는 소문과 내란을 일으키겠다고 유언을 퍼뜨리고 있다고 썼다.[39] 이어 1884년 1월 18일자에서는 "유럽사회당"이라는 기사에서 다음과 같이 보도했다.

유럽의 사회당은 어느 나라에나 다 있는데, 독일 프랑스 두 나라가 가장 많다. 대체로 이 당은 귀천과 빈부를 평등하게 하는 것을 주의로 삼기 때문에 그 당에 끼어든 자는 유독 빈천한 무리들 뿐이고 부인(富人) 귀족 및 경세에 통달한 자는 전혀 없다. 그러나 이 당은 날로 더욱 당인을 더욱 소집하여 백성들에게 해독을 끼치고 있기 때문에 각국 정부가 아무리 온갖 방법으로 이들을 제거하려고 하여도 신통한 계책을 펴지 못하고 있다.[40]

《한성순보》보다 약 10년 후에 나온 《독립신문》은 1899년 10월 19일자에서 러시아의 사회주의자들이 노동자들을 선동하여 혁명을 일으키려 하며, 대학생의 소요도 심상치 않다고 보도했다. 그 이유로는 제조업의 확장과 농촌의 빈곤화에 있어, 이로 인해 농민들이 도시에서 사회주의자들의 선동을 듣고 농촌으로 돌아와 농민들의 불만을 크게 하기 때문이라고 했다.

> 아라사 나라는 본래 사회를 주의 하는 자가 뭉텅이는 없으나 …이 무리가 노력자를 선동하는 목적은 혁명(革命)을 바라는데 있고 몇 분간은 그 효험을 또한 능히 성취하니 요사이 대학 학생의 소요함도 그 실상은 또한 심상한 학도의 동료가 아니로다. 지금 정황으로 본즉 아라사 제조업의 확장은 혁명을 도와 일우는 원인이 되리니…대개 더 노력자의 무리가 도회지에 있어서 사회주의의 말을 듣고 돌아와 각기 촌려에 전함이 인민이 백가지로 불평함과 만단으로 흡족치 못함이 그 기틀을 구하여 파열코자 하기에 이를 진작 아라사의 장래는 새 생각과 옛 생각의 이기고 지는데 있으리니 이는 위즈데 씨가 이길까 므리뷔요 씨가 이길까 피차 한번 부딪치기에 점할 따름.[41]

이상의 《한성순보》와 《독립신문》의 기사는 허무주의당과 사회당에 대해 대체로 경계하는 입장에서 다루었다. 그러나 19세기 말로 들어서면서 한국의 신문논조에 점진적인 변화가 나타났다. 《대한매일신보》는 1904년 12월에 독일사회당이 군사비 증액을 반대했다는 기사를 쓰고[42] 1908년 10월에는 영국사회당이 의회에서 실업구제문제를 제기했다고 보도했다.[43] 《대한매일신보》는 1910년 6월에는 독일사회당이 선거법개정운동을 벌이고 황실예산 증액반대운동을 벌였다고 보도했다.[44]

사회주의 이론의 비판적 소개

일본에서는 이미 1870년대에 사회주의에 관한 초보적인 저술이 나오고 1890년대에는 상당히 자세한 이론서들이 나왔다. 20세기에 들어와서는 일본의 선구적인 사회주의자 고우토쿠(幸德秋水)가 1901년에 《20세기의 괴물 제국주의》라는 저서를 내놓았고 1903년에는 《평민신문》(平民新聞)이라는 사회주의신문을 발간했다. 1906년 일본사회당이 결성되어 정식 당원 200명에 전국적으로 2만5,000명 정도의 동조자가 생겼으나 이듬해 일본정부는 사회당을 불법화, 금지했다. 1907년 7월 21일 동경사회주의자유지회(東京社會主義者有志會)는 결의를 통해 "우리들은 조선인민의 자유, 독립, 자치의 권리를 존중하고 이에 대한 제국주의적 방책은 만국 평민계급 공통의 이익에 반하는 것으로 간주한다. 따라서 일본정부는 조선의 독립을 보장해야 한다는 언질에 충실할 것을 바란다"고 선언했다.[45] 고우토쿠는 1910년 무정부주의자의 천황암살계획에 관련되어 공범 23명과 함께 사형을 선고받았다.

이에 비하면 사회주의 이론이 한국에 전래된 시기는 상당히 지체되었다. 대한제국 말기인 1908년에 나온 주정균(朱定均) 박승희(朴承禧)의 공저인《최신경제학》에 사회주의를 비판적으로 소개할 정도였다. 그 요지는 다음과 같다(현대문으로의 수정은 저자).

제19세기 반 이후에 이르러 사회주의를 주장하는 자가 속출하였으니 그 주창하는 바를 보면, 개인의 사리(私利)는 사회공익과 반드시 부합 조화하는 것이 아니라. 개인으로 하여금 상호 경쟁케 할 때는 약자는 강자에게 압복(壓服)되어 빈자는 더욱 가난하게 되고 부자는 더욱 부자가 되어 현금 사회는 도저히 이런 피해를 구제하기 어려운즉 근본적으로 사회조직을 개량하여 토지 및 자본을 국가소유로 만들고 개인은 국가의 명령을 받들어 공동적 생산에 종사하며 그 산출물은 국가가 이를 개인에게 분배한다 했으니…사회주의자와 같이 국가의 권력으로써 비상한 제한을 가하여 평균을 기도코자 함은 불가능한 일이니 고로 재화의 분배는 재활의 교역과 같이 자유경쟁에 방임하고 혹시 간접의 방법을 취하여 중산자(中産者)의 증가을 최촉할지라. 사회주의는 금일 사회에 본재하는 제종 폐해를 특히 토지 자본 사유제도에 귀하여 이 제도를 폐지하고 사람은 원만한 행복을 얻을 바이니 인구의 과잉을 곤고(困苦)할 바 없다 하나 사회주의의 국가에 있어서는 혹 금일과 같이 동뇌(凍餒)에 빠진 적빈자(赤貧者)가 없게 되고자 하나 인구의 증식은 두절키 불능하며 또한 사회주의의 실행하기 어려움에 누차 설명한바와 같아…[46]

1907년경에 발간된 것으로 보이는 유지형(俞致衡)의《경제학》에는 마르크스(Karl Marx)와 로드베르투스(J. K. Rodbertus), 라살레(F. Lassalle) 등의 이름을 간단히 언급하고 있다. 또한 1907년에 나온 원응상(元應常)·신해영(申海永) 공저《경제학》과 1908년에 나온 대한제국 학부편《경제교과서》등에도 비슷한 내용이 들어있다. 1907년에 나온 안국선(安國善)의《정치원론》에는 사회당과 공산당에 관해 극히 단편적으로 설명하고 있다. 대체로 이들 저자들은 사회주의는 그 실행이 기대할 것이 못 된다고 누차 강조하고 있다.[47]

사회주의 금지한 대한제국 정부

대한제국 정부는 사회주의사상의 전파를 엄격히 금했다. 1909년 3월에는 학부에서 교과서 검정 기준의 하나로 '사회주의와 그 외에 사회의 평화를 해롭게 하는 듯한 기록의 유무'를 열거했다. 학부는 이 점에 관해 "상하의 사상이 요동하고 변천함이 심하여 극히 위험한 지경에 있은 즉" 청년학도로 하여금 '온당하고 건전하며 착실한' 방향으로 지도해야 한다고 강조했다.[48]

한국에 '사회당'이라는 이름을 가진 단체가 최초로 등장한 것은 한일합방 직전이다. 1910년 4월 민영린(閔泳璘) 이기동(李基東) 등이 발기해 '사회당'을 조직하고 취지서를 발표했다. 취지서에 의하면, 사회당은 "민족의 생활방침을 인도하고, 인민의 망동하는 폐단을 막고, 민족의 자치정신을 배양하자는 세 가지 강령을 세웠다"고 했다. 사회당은 하루 만에 경무국의 지시로 당명을 '진보당'으로 변경했다.[49]

취지문만으로는 문제된 사회당(진보당)의 성격을 정확히 판단하기 어려우나 대체로 실력배양론을 내건 온건한 정치운동단체로 보인다. 경무국이 당명에 개입한 것은 정부가 사회당이라는 명칭을 불온시한데서 나온 것으로 보인다. 그러나 이 단체는 그 후의 활동양상으로 보아 사회주의와는 관계가 없는, 이름만을 빌린 유사단체인 것 같다. 진보당은 5월 1일 총회를 열고 총재에 민영린, 부총재에 이기동을 선출하고 각부 대신을 찾아가 협조를 요청했다. 총재 민영린은 잡기를 했다는 혐의로 일본헌병대에 연행되어 조사를 받았는데 이로 인해 진보당의 위신이 추락했다 해서 6월 18일 총회에서 제명되었다. 진보당은 재정상태가 안 좋아 세간에서 의혹을 받았다. 부총재 이기동이 일본인으로부터 3,000환의 차관을 얻었다 해서 말썽이 되었다. 진보당은 7월 중순에 대한협회

및 정우회와 통합해 국민구락부가 된다는 소문이 있었으나 합병과 더불어 해산 된 것으로 보인다.[50]

진보당을 만들어 총재가 되었다가 제명된 민영린은 당대의 실력자 민태호(閔 台鎬)의 양아들이다. 민영린은 궁내부 협판 등 여러 벼슬자리를 거쳐 장례원경 (掌禮院卿)을 지내고 관직에 있을 때 두 번 일본에 다녀온 일이 있다.[51] 그는 이 기동과 함께 합병 무렵 《제국신문》을 인수하려다가 사장 정운복(鄭雲復)과 의 견이 안 맞아 실패한 일이 있는 인물이다.[52]

Ⅱ. 식민 치하의 좌우 대립

① 3·1운동과 상하이 임시정부의 공화제

바로 이웃 민족인 2,500만의 한국인은 너무도 심한 핍박을 받았기 때문에 1세기의 기간으로도 그 상처가 회복되기 어려울 것이다. 1930년대에 시대역행적인 이상주의로 인해 제 나라를 재앙 속에 빠뜨린 일본의 반동세력은 자신감을 얻은 최초의 승리를 거두기는 했지만 말이다.

– 힐러리 콘로이(Hilary Conroy)

1. 민족자결원칙

파리강화회의와 윌슨의 14개조 원칙

1918년 11월 제1차 세계대전의 종결을 앞두고 미국 대통령 윌슨(Woodrow Wilson)은 민족자결주의(民族自決主義)를 선언했다. 그의 선언은 당시 일본의 식민지였던 한국뿐 아니라 식민지 지배 아래 있던 아시아 아프리카의 약소 민족들에게 커다란 자극제가 되었다. 윌슨의 민족자결주의는 미국이 제1차 세계대전에 참전하기 전인 1916년 5월과 윌슨이 미국의 참전을 선포한 1917년 1월의 연설, 그리고 그가 14개조 강화 원칙을 제시한 1918년 1월 8일의 연설에서 계속적으로 표명되었다. 14개조 강화원칙이란 민족자결, 비밀 외교의 타파와 공해(公海) 상의 자유, 법에 의한 지배로 요약된다. 민족자결원칙에 따라 체코, 유고슬라비아, 폴란드 등 신생 독립국이 생기고 헝가리는 오스트리아로부터 분리토록 하는 것이었다. 또한 패전국인 독일, 오스트리아, 터키, 불가리아의 해외 식민지들이 국제연맹의 위임 통치 아래 놓이게 되었다.

그러나 당시 국내에 거주하는 한국인들은 일제의 언론 통제로 세계 정세에 어두워 이 같은 내용을 잘 알 수 없었다. 일제는 한국 합병과 동시에 한국인이 발간하던 모든 민간 신문을 폐간한 터여서 식민지 조선은 언론암흑기에 놓여 있었다. 조선에서 발행되는 유일한 신문인 총독부 기관지 《매일신보》와 《경성일보》는 한국 민족을 자극하지 않기 위해 윌슨의 연설을 짤막하게 보도하면서 '민족자결주의'라는 용어는 아예 활자화하지도 않았다.[1] 그러나 해외로부터 여러 경로로 윌슨의 민족자결원칙 발표 소식이 국내로 들어오기 시작하자 국내의 민족지도자들은 이에 주목해 마침내 독립의 호기가 왔다고 생각하기 시작했다.

윌슨의 민족자결주의 선언에 예민한 반응을 보인 것은 미국에서 활동하던 이승만, 안창호, 서재필 등과 중국 상하이의 신규식(申圭植), 여운형(呂運亨) 등 애국지사들, 그리고 일본 도쿄의 백관수(白寬洙), 김도연(金度演), 송계백(宋繼白) 등 유학생들이었다. 미국의 애국지사들은 1918년 12월 1일 재미 대한인국민회(Korean National Association) 전체간부회의를 열고 이듬해 1월 파리에서 열리는 강화회의에 이승만, 민찬호(閔瓚鎬), 정한경(鄭翰景) 3인을 대표로 보내기로 결의했다. 그러나 이들 대표단의 강화회의 참여는 한국의 병합이 제1차 세계대전과는 관련이 없다는 일본의 항의 때문에 미국 정부가 여권을 발급해주지 않아 좌절되고 말았다. 일본은 제1차 세계대전의 전승국이어서 한국 문제는 파리강화회의의 의제가 될 수 없다는 것이다.

신한청년당, 파리강화회의에 대표단 파견

중국 상하이에서 독립운동을 진두지휘한 지도자는 여운형이었다. 그는 1918년 신규식이 이끄는 동제사 산하 청년 조직으로 신한청년당(新韓靑年黨)을 결성했다. 이 단체는 여운형이 파리강화회의를 이끌 윌슨 미국 대통령과 각국 대표들에게 보낼 독립청원서를 개인 명의로 보낼 수 없어서 장덕수(張德秀), 김철(金澈), 선우혁(鮮于爀), 한진교(韓鎭敎), 조동호(趙東祜) 등 5명과 협의 끝에 40여 명의 한국인 청년을 규합해 급조한 조직이었다. 그해 11월 제1차 세계대전이 끝나자 윌슨은 이듬해 초 개최되는 파리강화회의에 중국이 대표단을 파견하도록 설득하기 위해 크레인(Charles R. Crane)을 특사로 파견했다. 중국 측은 상하이를 방문한 크레인을 위해 환영회를 베풀었는데 여운형은 여기에 참석한 다음 따로 그를 만났다. 여운형은 그에게 윌슨의 민족자결주의원칙을 한국인에게도 적용해 줄 것을 요구하기 위해 대표단을 파리에 파견할 것이므로 협조해 달라고 부탁했다. 크레인은 개인적으로 협조할 용의가 있다고 답변했다.[2]

여운형은 파리강화회의와 윌슨 대통령에게 제출할 독립청원서를 마련해 상하이에서 발행되는 《밀라드 리뷰》(*Millard Review*)의 주필이자 파리강화회의에 파견하는 중국대표단의 고문을 맡게 된 밀라드(Thomas Millard)와 협의했다. 밀라드는 파리평화회의에서 한국문제가 논의될 가능성이 희박하다고 부정적인 반응을 보였으나 여운형을 비롯한 한국의 독립운동가들은 한국대표단의 파리 파견을 단념하지 않고 1919년 2월 김규식(金奎植)을 파리강화회의에 대표로 파견했다. 뒤에서 설명하는 바와 같이 그 전해 10월 하와이에서 이승만과 만나고 한국을 거쳐 상하이로 돌아간 여운홍(呂運弘)은 이 대표단의 일원이 된다.

여운형을 비롯한 신한청년단 지도자들은 이 때 일본에 장덕수를, 국내에는 김철, 선우혁, 서병호를, 만주와 연해주에는 여운형을 각각 보내 김규식의 활동을 뒷받침하고 한민족의 결의를 전 세계에 과시하기 위해 일제히 독립 시위 운동을 벌이도록 독려했다. 김규식은 자신의 부인 김순애를 국내에서 독립운동을 벌일 애국부인회의 결성을 추진시키기 위해 한국에 보냈다.[3] 이들 특사들은 현지에서 지도자급 인사들과 접촉하고 대중 봉기를 독려했다. 이에 따라 일본 도쿄를 시발로 한반도 전역에 만세 투쟁이 벌어지고 이어서 미국 등 해외로 독립운동이 번지게 되었다.

일본 유학생의 2·8독립선언

일본 도쿄의 한국 유학생들은 평소부터 윌슨의 민족자결주의 소식을 듣고 있던 터에 영국인이 일본 고베(神戸)에서 발행하는 《저팬 에드버타이저》(*Japan Advertiser*) 지 1918년 12월 15일자와 18일자에 난 기사에 큰 자극을 받았다. 이들 기사는 19일부터 미국 뉴욕에서 열리는 약소민족동맹회 제2차 연차총회에 한국 대표들이 참가한다는 내용이었다. 도쿄 유학생들은 마침내 그해 12월

29일의 재일본조선유학생 향우회 망년회와 30일의 웅변대회에서 독립 문제를 토의한 끝에 생명을 바쳐 독립을 위한 실천 운동을 전개해야 한다고 의견 일치를 보았다.[4]

재일본 유학생들은 이듬해 1월에는 독립운동을 벌이기로 정식으로 결의하고 실행위원들을 선출했다. 이 무렵 상하이의 신한청년당으로부터 1차로 조소앙이, 2차로 장덕수가, 3차로 이광수(李光洙)가 일본에 파견되어 김규식의 파리 강화회의 파견 계획을 알리고 대표단의 활동을 뒷받침하기 위해 재일본유학생들이 궐기할 것을 촉구했다. 이광수는 도쿄 유학생들을 위해 독립선언서를 기초했다. 학생들은 조선독립청년단이라는 비밀결사를 설립하는 한편 독립운동 자금 모집과 선언서 인쇄용 활자 구입, 그리고 국내에서의 독립 시위를 요청하기 위해 와세다(早稻田)대학 재학생 송계백을 서울에 파견했다. 재일유학생들의 독립선언은 마침내 1919년 2월 8일 발표되었다. 선언문은 이날 도쿄 YMCA 회관에서 백관수가 낭독했다.[5]

2. 기미독립운동

이승만의 밀사와 중앙학교 숙직실

3·1운동은 식민지 조선의 종교계·교육계 학생 조직 등 각계 지도자들이 연합해서 일으킨 거족적 시위였다. 이들의 움직임에는 미국의 이승만과 앞에서 설명한 바와 같이 중국 상하이의 여운형이 국내에 각각 밀사를 보내 대중 봉기를 일으키도록 독려한 것이 큰 자극제가 되었다.

1912년 일제 경찰의 체포를 피해 미국으로 망명한 이승만은 그 이듬해부터 호놀룰루에서 한인기독학원을 설립해서 운영하고 있었다. 그의 도미 2년 후에 유럽에서 일어난 제1차 세계대전이 차츰 연합국의 승리 쪽으로 기울어지자 윌슨 미국 대통령은 1917년부터 본격적으로 민족자결주의를 제창하기 시작했다. 이에 민족 독립의 서광이 보이기 시작했다고 판단한 이승만은 자신이 직접 나서서 그의 프린스턴대학 은사인 윌슨의 도움을 받아 조국의 독립을 위해 활동을 벌이려고 마음먹고 있었다.

그러던 차 1918년 10월 여운형의 동생 여운홍과 미국인 의료선교사 알프레드 샤록스(Alfred M. Sharrocks) 박사가 하와이를 방문했다. 이승만은 이들을 통해 국내의 민족지도자들(송진우, 함태영, 양전백 등)에게 대중 봉기를 조직할 것을 당부했다.[6] 1913년에 미국으로 유학 와서 그해에 오하이오 주 우스터(Wooster)대학을 졸업한 여운홍은 형의 지시에 따라 막 입학한 프린스턴 대학원을 중퇴하고 파리에 가는 김규식에게 보낼 1백만 명의 독립청원서에 서명을 받기 위해 일본과 서울을 거쳐 상하이로 돌아갔다.[7] 샤록스 박사는 서울 제중원에서 일한 다음 평북 선천으로 내려가 예수교병원 원장으로 봉사하고 있었기 때문에 평북 선천의 신성중학 교사이던 양전백(梁甸伯)과 교분이 있었다.

고하(古下) 송진우(宋鎭禹)의 전기(傳記)에 따르면, 이승만이 그에게 보낸 밀사는 여운홍이었다. 송진우는 독립의 서광이 비치기 시작했다고 판단이 들기 시작한 그해 10월부터 중앙학교와 국내의 조직을 정비하고 국외와의 연락을 기도했으나 여의치 않아 초조한 나날을 보내고 있었다. 그가 마침 중앙학교 숙직실에 학생들을 불러놓았을 때 중앙학교 교주이자 평생 동지인 인촌 김성수가 보낸 심부름꾼이 와서 "심심하니 술이나 한잔 나누자"라는 메시지를 전했다. 송진우가 얼른 부근의 계동 김성수 거소를 찾았더니 뜻밖에도 여운홍이 와 있었다. 여운홍은 중앙학교 출신이었다. 송진우는 그를 보자 뛸 듯이 기뻐하면서 "눈이 빠지게 기다렸소. 그래 어떻게 되었소?"하고 물었다 한다. 송진우는 당시 해외에서 활동하던 독립운동가들의 움직임이 아주 궁금하던 차였다.[8] 이승만의 밀명 내용은 다음과 같다.

윌슨 미국 대통령이 구상한 민족자결론의 원칙이 정식으로 제출될 이번 강화회의를 이용하여 한 민족의 노예 생활을 만방에 호소하고 자주권을 회복시켜야 한다. 미국에 있는 동지들도 이 구국 운동을 추진시키고 있으니 국내에서도 이에 호응하기 바란다. 중국에 망명 중인 망명객들은 파리에서 열릴 강화회의에 한민족 대표로서 김규식을 파견하기로 결정하였으니 국내에서도 이 구국 운동에 호응하여 정신적으로나 물질적으로 협조해 달라.[9]

김성수와 송진우는 여운홍에게 "국내 일은 우리가 맡아서 할 테니, 정세가 달라지는 대로 다시 연락을 해 주길 바란다"라고 이승만의 밀명에 대한 회답을 했다.[10] 이때부터 3·1독립만세 거사일까지 당시 20대의 젊은 중앙학교 교주 김성수(28)와 교장 송진우(29), 교감 현상윤(玄相允, 26) 세 사람이 매일같이 중앙학교 숙직실에서 협의를 거듭했다. 이 숙직실을 나중에 중앙학교에서는 '3·1운동책원지'(策源地, 전략본부)라고 부르고 그 터에 기념표지석을 세웠다. 세 사람은 먼저 현상윤의 보성학교 은사이자 천도교 간부인 최린(崔麟)을 통해 천도교의 최고지도자인 교령(敎領) 손병희(孫秉熙)를 설득했다. 거사의 성공을 위해서는 교세 100만 명을 자랑하는 천도교 측과의 제휴가 필수적이었다. 다음으로 이들은 이승훈(李昇薰)을 구심점으로 기독교계를 참여시켰다. 만세 운동에 주도적 역할을 하기로 결정한 천도교 측은 한용운(韓龍雲)을 통해 불교계도 합류시켰다. 도쿄 유학생 대표 송계백이 국내에 들어와 대학 선배인 현상윤을 만나 국내의 거사를 촉구한 것은 1919년 1월이었다. 그가 비밀리에 갖고 들어온 도쿄 유학생들의 2·8독립선언서 초안은 현상윤, 송진우, 최남선, 최린과 손병희 등을 감동시켜 거사 계획을 촉진시켰다.[11]

천도교 측에서는 1918년 12월 최고지도자인 손병희의 자택에서 권동진(權東鎭), 오세창(吳世昌) 등과 윌슨의 민족자결주의를 자세하게 검토하는 모임을 가졌다. 이어 이듬해 1월 20일에는 독립운동을 대중화, 일원화, 비폭력의 3대 노선에 입각해서 추진한다는 방침을 결정했다. 이에 따라 손병희는 최린에게 대외 동지 교섭을, 오세창에게는 대내 조직과 실행 절차를 각각 지시했다.[12] 천도교에서는 이미 1916년에도 제1차 세계대전에서 오스트리아와 독일의 패전이 확실해지자 손병희를 중심으로 민족 독립의 기회를 포착하기 위해 만세 시위와 민중 봉기를 논의한 적이 있었다.[13]

상하이의 신한청년단원 선우혁이 밀사로 평양에 들어와 이승훈과 접촉한 것은 1919년 1~2월경이었다. 선우혁과 만난 이승훈은 평양에서 장로교 세력을 중심으로 독립선언운동을 벌이기로 한 다음 서울로 올라와 YMCA 간사인 박희도(朴熙道)와 문학자 최남선(崔南善)을 만나 장로교 측, 감리교 측과 제휴하기로 합의했다. 최남선은 독립선언서를 기초하게 된다. 중앙학교 팀들은 천도교 측과 협의 끝에 독립선언서에 서명할 민족 대표로 한규설(韓圭卨), 박영효(朴泳孝), 김윤식(金允植), 윤치호(尹致昊), 윤용구(尹用九) 등 구 대한제국의 각료들을 추대하고 심지어는 이완용(李完用)까지도 포섭하려 했다. 그러나 한규설 이외에는 참여를 거절했다. 결국 천도교 측이 주동이 되어 민족 대표를 종교계 대표들만으로 하기로 했다.[14]

만주에서는 여준, 조소앙, 김좌진 등이 결성한 대한독립의군부가 그해 3월 11일(음력 2월 10일) 대한독립선언서 4,000부를 석판으로 인쇄해 서북간도와 상하이, 일본 등 각국에 우편으로 발송했다. 종래 무오독립운동(1919년 양력 2월 1일, 음력 무오년 11월 13일)이라 해서 최초의 독립운동으로 잘못 전해진 이 사건은 최근 박성순 단국대 교수의 연구 결과 진상이 밝혀졌다.[15] 소련 연해주에서는 3월 17일 문창범 이동휘 등이 독립선언서를 발표하고 대한국민의회라는 임시정부를 구성했다.

미국에서는 이승만이 1918년 11월 25일 샌프란시스코에서 열린 대한인국민회 중앙총회 임시협의회의 결의에 따라 파리강화회의에 한인대표단을 이끌고 참석하기 위해 이듬해 1월 6일 미국 본토를 향해 하와이를 출발했다. 그러나 미국 정부는 일본이 제1차 세계대전의 패전국이 아니라는 이유로 한국문제의 토의는 없을 것이라면서 파리행 여행허가증을 내어주지 않아 당초의 계획을 포기할 수밖에 없었다. 이에 따라 이승만은 서재필과 협의해 그해 4월 14~16일 필라델피아에서 미국 동포들의 시위를 주도했다. 이 행사는 3·1운동 이후 외국에서 개최된 가장 큰 규모의 민족궐기대회였다. 이 행사는 대한인총대표회의(제1차 한인대회, The First Korean Congress) 개최 후 거행되었다.

해외의 독립운동 관련 소식들은 국내에서 활동하던 미국 선교사들을 통해 곧 국내로 전해졌다. 당시 한국에는 274명의 미국 선교사가 와 있었다.[16]

고종 독살설과 파리강화회의 제출 문건 조작설

3·1독립운동이 폭발한 데는 고종 황제가 일제에 독살되었다는 풍설이 크게 작용했다. 고종은 그 때까지 독립운동을 포기하라는 일제의 요구를 거부하고 헤이그 만국평화회의에 밀사를 파견했다가 강제로 퇴위당한 후 의친왕 이강과

더불어 독립운동을 후원하고 있었다. 고종은 1919년 1월 21일 덕수궁 함녕전에서 식혜를 들고 갑자기 숨을 거두었다. 많은 사람이 덕수궁 앞에 몰려들어 통곡했다. 천도교계의 지하신문인 《조선독립신문》은 고종 독살설을 대서특필해 들끓는 반일 감정에 기름을 부었다.

《조선독립신문》(제2호, 3월 3일자)의 기사는, 총독부가 이날 파리강화회의에 보낼 '신빙서'(조선이 병합을 자원했다는 내용)를 만들어 이완용 등의 확인 도장을 받고 고종에게 비준을 강박했으나 황제가 이를 거부하자 그날 밤 독살했다는 내용이었다. '국민대회'라는 지하 단체는 이 소문을 더욱 자세하게 쓴 '국민회보'라는 격문을 만들어 돌렸다. 그 내용은 총독부가 파리강화회의에 "한민족은 일본의 정치에 열복(悅服)하여 분립을 불원(不願)한다"라는 거짓 문서를 제출했다고 되어 있었다. 총독부가 세계의 이목을 속이기 위해 이 문서에 이완용은 귀족 대표, 김윤식은 유림 대표, 윤택영은 종척(宗戚) 대표, 조중응 등은 사회 대표라고 칭해 서명 날인하고, 이를 고종 황제께 비준(批准)의 압보(押寶)를 박청(迫請)했다가 실패했다고 했다. 황제가 거부하자 총독부 측은 윤덕영(尹德榮)과 한상학(韓相鶴)을 시켜 두 궁녀로 하여금 황제가 밤에 마시는 식혜에 독약을 넣게 해 시해하고 뒤이어 두 궁녀까지 남은 약을 먹여 참살함으로써 비밀이 새지 않게 했다는 것이었다.[17]

격문에 쓰인 고종 독살설과 합병 지지 문서의 파리강화회의 송부 음모설은 사람들에게 커다란 충격을 주었다. 이 소식에 접한 서울 시민들은 철시하고 가무를 삼갔으며, 덕수궁 앞에는 통곡하는 사람이 끊이지 않았다. 전국적으로 자결하는 사람도 속출하여 민심은 폭발하게 된 것이다.

민족대표 33인

학생들의 거사 계획은, 1919년 1월 초 경성의학전문 학생 한위건(韓偉健)이 YMCA 간사 박희도(朴熙道)에게 제의해 마련된 각 전문학교 학생 4명과 박희도와의 저녁 모임 자리에서 협의가 시작되었다. 이 자리에서 보성전문 학생 주익(朱翼)이 파리평화회의가 열리고 있으니 조선에서도 무엇인가 의사 표시가 있어야 하지 않느냐고 제의함에 따라 거사 계획은 이의 없이 채택되었다. 이들은 구체적으로 조직을 확대해 3월 1일 파고다공원에서 국내 지도층 인사들과 함께 시위를 벌이기로 합의하고 3월 5일에는 독자적으로 학생 중심의 거사를 하기로 결정했다.[18]

종교 지도자들 간의 민족 대표 선정 작업은 별도로 진행되었다. 천도교 측에서는 2월 하순 순조롭게 선정되었으나 기독교 측은 양파가 협의를 했다. 기독교 지도자 10명은 2월 26일 서울 정동교회 이필주 목사 사무실에 모여 선언문에 서명할 기독교 대표로 감리교 측에서 박희도, 박동완, 최성모, 오화영, 김창준, 신석구, 이필주를, 그리고 장로교 측에서 이승훈, 이갑성, 등을 민족 대표로 넣기로 합의했다. 나머지 기독교계 대표는 YMCA계통이었다. 천도교 측은 한용운을 통해 불교 측과의 제휴에도 성공했다. 독립선언서에 서명한 민족 대표 33명은 천도교 대표 15명, 기독교 대표 16명, 불교 대표 2명으로 구성되어 있다.[19]

천도교 대표	손병희(孫秉熙) 권동진(權東鎭) 오세창(吳世昌) 임예환(林禮煥)
	나인협(羅仁協) 홍기조(洪基兆) 박준승(朴準承) 양한묵(梁漢默)
	권병덕(權秉悳) 김완규(金完圭) 나용환(羅龍煥) 이종훈(李鍾勳)
	홍병기(洪秉箕) 이종일(李鍾一) 최린(崔麟)
기독교 대표	이승훈(李昇薰) 박희도(朴熙道) 이갑성(李甲成) 오화영(吳華英)
	최성모(崔聖模) 이필주(李弼柱) 김창준(金昌俊) 신석구(申錫九)
	박동완(朴東完) 신홍식(申洪植) 양전백(梁甸伯) 이명룡(李明龍)
	길선주(吉善宙) 유여대(劉如大) 김병조(金秉祚) 정춘수(鄭春洙)
불교 대표	한용운(韓龍雲) 백용성(白龍成)

독립선언서의 발표 방법은 우여곡절 끝에 결정되었다. 1월 하순 천도교 지도자들은 첫 번째 모임에서 손병희의 발의에 따라 일본 정부에 독립을 요구하는 건의서를 내기로 했다가 두 번째 모임에서는 독립청원서 제출과 선언서 발표를

동시에 하기로 합의했다. 2월 중순경 최린은 최남선의 주선으로 기독교 측 대표격인 함태영과 만났다. 함태영 역시 당초에는 청원서만 내자고 주장해 천도교와 기독교 측의 회동이 결렬될 뻔했으나 결국 함태영이 양보, 선언서 발표에 동의했다.

각 교파 간 협의에서 독립선언서의 작성을 강력하게 주장한 사람은 최린이었다. 그는 "청원서나 건의서는 민족자결의 의미가 없으므로 대내적으로 전 국민을 분기시키고 대외적으로 전 세계를 향해 독립해야 하는 이유와 독립을 위해 싸우겠다는 결의를 표명하는 중대한 선언이 되어야 한다"라고 주장했다. 최린은 다른 대표들과 협의를 진행시키면서 이미 2월 상순 선언서를 비롯한 독립운동에 필요한 서류의 초안을 최남선에게 기초하도록 부탁했다. 이것은 손병희의 지시에 의한 것이었다. 독립선언서의 뒤에 붙은 공약3장은 당초 선언문 전체의 기초를 자신이 하겠다고 주장한 한용운이 썼다는 설도 있다. 1,762자로 된 선언문은 민족대표 33인의 서명을 받아 천도교가 경영하는 보성사(普成社)라는 인쇄소에서 2만1,000매를 인쇄, 2월 28일부터 전국 각지에 배포했다.[20] 민족대표들은 2월 28일 밤에는 종로구 재동(齋洞) 손병희 집에서 최종 모임을 갖고 거사 계획을 확정했다.[21]

일제 고문에 순국한 민족 대표들

3월 1일 오후 2시경 인사동에 있는 태화관(泰和館)에는 민족대표 33인 중 길선주, 유여대, 김병조, 정춘수 등 기독교 대표 4명이 불참한 채 29명이 모였다. 김병조는 상하이로 건너가 불참했으며, 나머지 3명은 지방에서 늦게 도착했다. 서명자 이외에 함태영이 참석했다. 참석자들은 선언문의 낭독 없이 한용운의 간단한 취지 설명이 있은 뒤 그의 선창으로 독립 만세를 삼창한 다음 현장에 들이닥친 일본 경찰에 연행되었다. 이로써 당초 학생 대표들과의 약속대로 파고다공원에서는 이를 낭독하지 못했다.[22]

이날 오후 민족 대표들이 태화관에 모인 거의 같은 시간에 파고다공원에서는 약 4,000명의 학생 시민들이 모여들었다. 학생 대표들은 태화관에 찾아와 민족 대표들이 그 곳에 모인 것은 약속 위반이므로 파고다공원으로 가서 독립선언서를 낭독할 것을 강력히 요구했다. 그러나 민족 대표들은 이미 전원이 함께 체포당하기로 결의했다고 학생들을 무마했다. 결국 30분쯤 뒤 학생 대표가 파고다공원의 팔각정에 등단해 독립선언문을 낭독하자 참가자들은 일제히 조선 독립만세를 외쳤다. 참가자들은 선언서 낭독 후 파고다공원을 나와 고종의 인산을 보려 지방에서 올라온 사람들과 함께 수만 명이 대오를 지어 서울 시내의 거리를 행진하면서 독립을 외쳤다.[23] 3·1독립운동은 그 후 2단계로 지방의 대도시로도 번지고 3단계로 시골까지 확대되면서 6월까지 계속되었다. 조선총독부의 공식 기록으로도 집회 인원수가 106만여 명, 사망자는 7,509명, 구속자는 4만7천여 명에 이르는 한국 역사상 최대 규모이자 또한 가장 빛나는 시위의 기록을 남겼다.[24]

민족 대표 33명 이외에 독립선언 준비 과정에서 지도적인 역할을 한 송진우, 현상윤, 함태영, 최남선 등 17명도 속속 체포되었다. 이로써 3·1독립운동 주동자로 조사 대상이 된 사람은 모두 50명이었다. 그러나 실제로 법정에 선 사람은 33인 가운데 2명이 빠져 모두 48명이었다. 3·1운동의 민족 대표를 33명과 48명 두 가지로 셈하는 연유는 여기서 비롯되었다. 이들 48명의 명단과 사진을 《동아일보》(1920년 7월 12일자)가 이들의 재판 기사와 함께 1개 면 전부를 할애해서 실었기 때문이다. 민족대표 33인 중 사진이 빠진 2명은 기독교 대표이면서 태화관에 나타나지 않고 재빨리 상하이로 도피한 김병조와 천도교 대표로 일본 경찰의 악독한 고문으로 구속된 해 5월 옥사한 양한묵이다. 3·1운동의 최고 지도자였던 천도교 교령 손병희는 3년 형을 선고받고 옥중에서 얻은 병 때문에 가출옥한 다음 곧 별세했다.

이들 민족 대표들 중 일제의 끈질긴 탄압과 회유에 견디지 못하고 훼절한 사람도 있다. YMCA 간사였던 박희도, 감리교 목사 출신인 정춘수, 독립선언운동의 핵심 인물이었던 최린, 그리고 청사에 길이 빛나는 명문인 선언문을 기초한 최남선 등이다. 을사보호조약 체결 이래 민족 지도자들을 회유해 변절시키는 작전을 써온 일제 침략자들은 3·1운동 직후에는 물론이고 광복 때까지 이런 술수를 계속했다.

3·1운동의 주체가 된 민족 세력의 나머지 인사들은 8·15해방 이후까지 대체

로 우파 세력으로서 한국 보수 진영의 주류를 이루었다. 예컨대 민족대표 33인 중 한 사람인 오세창은 개화파의 비조인 오경석의 아들이자 그 자신도 개화파에 속했던 인물로 광복 후에는 우파 언론인으로서 보수 세력의 지도자 중 하나였다.

3·1운동은 해외의 무장 독립 투쟁을 유발하고 공화제를 국체로 하는 대한민국 임시정부의 수립을 가져왔다. 대외적으로는 일제 식민지 통치의 야만성을 전 세계에 폭로하고 제1차 세계대전 종결 직후 미국 윌슨 대통령이 주창한 민족자결주의를 계기로 일어난 중국·인도 등의 독립운동에도 자극을 주었다. 현대 중국의 기점이라 할 베이징의 5·4운동은 3·1운동 바로 2개월 후에 일어났다.

3. 독립운동의 후폭풍

독립 만세 운동을 방해한 친일파들

3·1운동이 일어나자 불안을 느낀 친일파들은 독립운동이 전국으로 확산되는 것을 막으려고 안간힘을 썼다. 그 대표적인 인물이 이완용이다. 그는 3·1 운동이 일어나 다른 지방으로 확산되자 3월 7일 조선인들이 독립 만세에 합류하지 말라는 이른바 '경고문'을 발표했다. 이완용은 4월 8일자 《매일신보》에 실린 2차 경고문에서 "조선 독립 선동은 허설(虛說)이요 망동"이라면서, 일제 당국이 이 운동을 '무지몰각한 망동'으로 보고 관대하게 회유하고 있지만, 그래도 자각하지 못하면 필경 강압책을 쓸 수밖에 없을 것이라고 협박했다. 이 경고문이 발표되자 그를 규탄하는 소리가 다시 높아졌는데, 그는 "천만 인 중 한 사람이라도 나의 말에 일리가 있다고 생각하는 사람이 있다면 이는 경고의 효과가 적지 않은 것"이라 강변했다.[25]

이완용은 조선총독부가 각 지방에 게시한 경고문을 사람들이 모두 찢어버리자 5월 30일 발표한 그의 세 번째 경고문에서 일본에의 '절대 복종'을 역설하면서 이렇게 강변했다. "3·1 운동은 제1차 세계대전의 여파로 민족자결주의의 영향을 받은 것이지만, 조선과 일본은 고대 이래로 동종동족(同宗同族) 동종동근(同種同根)이어서 민족자결주의는 조선에 부적당한 것이다, 또한 한일합방은 당시의 국내 사정과 국제 관계로 보아 역사적인 자연의 운명과 세계 대세에 순응하고 동양 평화를 확보하기 위해 조선 민족이 택할 수 있는 유일한 활로였다." 또한 그는, 3·1운동에 참여해 경거망동하는 사람은 조선 민족을 멸망시키고 동양 평화를 파괴하는 '우리의 적'이라고 주장했다. 이완용은 그 후 후작으로 승작했고(1921), 아들 항구(恒九)도 남작을 받았다.[26]

임종국에 의하면, 친일파인 남작 장석주(張錫周)는 만세 진압 건의서를 총독에게 냈으며, 함북의 군수로 있던 김서규(金瑞圭)는 만세 단속을 잘해 그 군에서는 단 한 건도 만세 사건이 일어나지 않아 나중에 도지사로 영전했다. 임시정부는 그를 제거 대상으로 결정하고 그의 목에 현상금을 걸었다.

이밖에 친일 귀족, 매판 자본가, 예속 지주, 친일 관료, 어용 종교인, 직업적 친일분자, 지식인 등이 독립운동을 방해한 예도 많았다. 친일파의 거물인 민원식(閔元植)은 총독부 기관지인 《매일신보》와 《경성일보》에 3·1운동은 "민족운동이라 부를 것이 못 된다"라는 글을 실었다. 그는 만세를 부르는 대신 실력을 양성해야 한다고 역설했다. 그는 3·1운동이 터지자 민심 수습의 제1선으로 뛰어들어 중추원 부찬의로서 친일 단체인 국민협회를 이끌면서 신일본주의 참정권 운동의 기수로 등장했다. 1920년대 최악질의 친일파로 임시정부의 암살 대상 1호가 된 선우순(鮮于筍)은 회원 3,000명의 친일 단체인 대동동지회를 이끌고 함경도 지역을 제외한 전국을 누비면서 만세 반대 운동을 전개했다. 일제의 고급 밀정인 배정자(裵貞子)는 만세 운동이 만주로 퍼져나가는 것을 미리 막고자 일진회 잔당으로써 보민회(保民會)를 조직해 최정규(崔晶奎)를 회장에 임명하고 산하에 무장 자위단을 두어 독립군 토벌은 물론 무고한 양민까지 학살했다. 한성은행 총무였던 한상용(韓相龍)은 친일 관료들과 함께 자제단(만세를 자제하자는 운동 단체)의 중심 인물이 되었다. 그는 1919년 4월 6일 대구를 시발로 조직된 자제단 단원에게 첩보 제공과 밀고의 의무까지 부과했다. 3·1운동을 계기로 반일파와 친일파가 선명하게 나누어짐으로써 기미독립만세사건은 우리 민족사에서 친일과 반일을 가르는 또 하나의 분수령이 되었다.[27]

김윤식의 독립 청원 사건

민족대표 33인에 유교 대표가 안 들어간 것은 그 경위야 어떻든 유림으로서는 부끄러운 일이 아닐 수 없었다. 국권 상실 이전부터 위정척사파로서, 의병 전쟁 지도자로서, 그리고 해외의 독립운동가로서 반일 운동을 이끌어왔던 유림의 후예들이 합병 후에 이렇게 된 데는 일제가 경학원(經學院)을 만들어 그들을 포섭한 데 따른 것이다. 당시 유림의 대표라 할 김윤식은 경학원 대제학으로, 자작 지위를 부여받았다.

3·1운동이 일어나 일제가 민족의 대살육 작전을 전개하자 김윤식을 비롯한 유림의 태도에도 변화가 생겼다. 김윤식은 독립 만세 사건이 일어난 그달 28일 독립청원서를 작성해 같은 자작이자 경학원 부제학인 이용직(李容植)과 연명으로 조선총독, 일본 내각 총리대신, 그리고 도쿄의 《아사히신문》(朝日新聞), 《지지신뽀》(時事新報), 《호찌신문》(報知新聞), 대판의 《마이니치신문》(每日新聞) 및 서울의 각 신문사에 발송했다. 배항섭에 의하면, 그는 독립청원서에서 "그대의 노예 김윤식, 이용직은 불행히 운이 아닌 때에 나왔고 또한 나이가 많으므로 처사에 불민해 합병 시에 일본의 작위를 받아 면목에 수치스럽게 되었노라. 그러나 오늘 죄 없는 자녀들이 물, 불에 휩싸인 것을 보고 침묵키 불능하여 그대의 노예들도 대한 독립을 위해 침실에서 만세를 외쳤노라"라고 선언했다.

김윤식은 합병조약에 찬성한 인물임에도 불구하고 워낙 거유(巨儒)여서 당시 조선 사회에서 상당한 존경받는 인물이었다. 이 때문에 독립 만세 사건 전인 2월 초 선언문 기초자인 최남선으로부터도 민족 대표로 참여할 것을 권유받았으나 이를 거부했다. 그는 또 청원서 제출 직전에 임시정부 수립을 계획하던 독립운동가들로부터 함께 행동할 것을 요청받았다. 이들 독립운동가들은 3·1운동 직후 추진한 임시정부의 요직에 김윤식을 추대하려 했다. 이 시기에 탄생한 5, 6개의 임시정부 중 조선민족임시정부와 대한민간정부에서는 김윤식을 각각 내무경과 외무부장관으로 추대했다. 앞에서 설명한 바와 같이 3월 초에 나온 '국민대회' 명의의 격문 가운데 일제가 파리강화회담에 제출하려는 독립불원증명서에 "귀족 대표 이완용, 종척(宗戚) 대표 윤택영, 사회 대표 조중응 송병준, 교육 대표 신흥우 등과 함께 김윤식이 유림 대표로 서명했다"라는 구절이 들어 있었다. 그는 재판 당시의 일기에서 "독립불원서에 내가 서명했음을 부인하기 위해 백 마디 말보다 청원서를 쓰려 한다"라고 밝혔다.[28]

김윤식은 독립 청원 사건으로 2개월 간 투옥된 다음 재판에서 고령(85세)이라는 이유로 징역 2년, 집행유예 3년의 형을 받고 풀려났다. 그는 대제학 자리에서 면직되고 작위 역시 박탈당했다. 김윤식은 그 후 자택에서 은거하다가 3년 후 쓸쓸히 세상을 떠났다.[29] 그가 죽은 다음 그의 사회장 문제로 조선 사회가 한바탕 떠들썩했는데, 이런 사건들은 신중하고 온건한 개화사상가이자 일세의 석학이었던 그에게는 참으로 유감스러운 삶의 마감이었다.

파리 장서 사건

3·1독립만세 사건 때 민족 대표에 들어가지 않은 유림 대표들이 1919년 3월 하순 파리평화회의에 장문의 '조선독립청구서'를 보낸 사건을 '파리장서사건'(巴里長書事件)이라 부른다. 만세 사건에 앞서 독립 시위 주동 세력은 1차로 유림 대표격인 김윤식을, 2차로 곽종석(郭鍾錫)을 찾아가 유림의 참여를 요구했으나 모두 거절당했다. 3·1운동이 터진 다음 서울에 올라왔다가 일제의 탄압 실상과 독립선언서에 유림 대표가 한 사람도 들어가 있지 않은 것을 보고 충격을 받은 김창숙(金昌淑)은 뒤늦게나마 독립청원서를 만들기로 한 것이다.

김창숙은 그의 주도 아래 유림 대표 137명이 서명하고 2,674자에 달하는 장문의 문서를 짚신으로 엮어 몰래 상하이로 밀반출했다. 문서에 서명한 유교계 지도자들 중에는 당초에 민족 대표에 들어가기를 거절한 영남의 유림 대표 곽종석과 호남의 유림 대표 김복한(金福漢) 등이 포함되었으므로 전국 유림의 대표자로서 대표성을 지녔다. 상하이의 독립운동가들은 이것을 영문과 프랑스어로 번역해 한자로 된 원본과 함께 3,000부씩 인쇄해 파리강화회의와 중국, 그리고 국내 각지에 우송했다.[30]

유림 대표들의 독립 청원 운동은 4월 초 경북 성주의 만세 시위 때 청원서에 서명한 성주 지방 유생들이 체포됨으로써 일본 경찰에 발각되었다. 그러나 이들이 경찰의 조사 과정에서 청원서에 관해서는 털어놓지 않고 버틴 덕분에 파리 장서 사건의 전모는 드러나지 않고 주동자 20명만 체포되었다. 나중에 상하이에서 각 고을 향교로 발송한 한자본 청원서가 드러남으로써 서명자 전원의 이름이 밝혀졌다. 이 사건으로 곽종석을 비롯한 수많은 유림이 체포되고 투옥되었다. 곽종석, 하용제(河龍齋), 김복한 등은 감옥에서 또는 석방 후 순사했고 그 밖의 사람들도 고문으로 죽거나 처형당했다. 김창숙은 상하이에서 귀국한 다음 체포되어 모진 고문을 받은 끝에 앉은뱅이가 되었다. 유교계는 3·1운동보다 7년 앞서 대한독립의군부를 조직, 대규모의 독립운동을 벌이려다가 발각되어 많은 핵심 인물을 잃은 바가 있다. 유림들이 3·1운동 민족 대표로 참여하지 못하고 따로 장서운동을 일으킨 데는 여러 가지 이유가 있었다. 첫째는 독립선언서에 왕조의 복고에 대한 언급이 전혀 없었기 때문에 이에 서명하는 것은 한국 유림의 전통에 어긋나는 일이라 생각해서이다. 둘째는 신학문을 배우며 머리를 깎고 양복을 입은 자들과 자리를 같이 하는 것이 수치라고 여겼기 때문이다.[31]

경위야 어떻게 되었든 전국의 유림들이 손을 잡고 일어난 파리장서사건은 그 규모에 있어서나 영향에 있어서나 만세 사건 못지않은 큰 사건이었다. 영남 대표 곽종석의 행동은 3·1운동 때 영남인들이 한 일이 아무것도 없었다는 비난과 수치를 덜어준 쾌거이자 위정척사파인 유림이 견지한 비타협주의의 표본을 보여준 사건이다.

4. 한국 민족주의의 기원

민족주의 강조한 독립선언서

3·1독립선언문에는 '민족'이라는 용어가 무려 12군데나 쓰여 있다. 그야 말로 '한민족(韓民族)의 민족 선언'이라 해도 좋을 만하다. 최남선이 쓴 보기 드문 명문인 이 선언문은 지나치게 비폭력을 내세워 온건 나약하다는 비판도 없지는 않으나 '민족'을 강조한 점에서 역사상 가장 특징 있는 문서이다. 예컨대 이 선언문에는 '민족의 항구여일(恒久如一)한 자유 발전', '민족 자존의 정권', '이민족 겸제(箝制)의 통고(痛苦)', '민족적 존영(尊榮)의 훼손', '민족적 양심', '민족적 독립', '아(我) 문화 민족', '민족 심리', '민족적 요구', '양(兩)민족', '민족의 정당한

의사' 등 11가지 표현이 나온 데다 '민족적 요구'라는 표현은 두 군데에 쓰였다.

그러면 '민족'이라는 개념은 도대체 언제 한국에 들어왔는가. 1896년 4월 7일부터 1899년 12월 4일까지 약 3년 반 동안 발간된 《독립신문》에는 '제국주의'와 '사회주의'라는 단어는 아주 드물게 나오지만 '민족' 또는 '민족주의'라는 말은 등장하지 않았다. 그 대신 《독립신문》은 '조선 인민' 또는 '조선 신민(臣民)'이라는 용어를 사용하면서 조선의 독립을 수호할 것을 주장함으로써 민족 의식과 민족주의를 고취했다. 창간 2개월 조금 지난 1896년 6월 20일자 《독립신문》 논설은 독립문 건설을 축하하면서 다음과 같이 말했다.

> 조선 인민들이 독립이라 하는 것을 모르는 까닭에 외국 사람들이 조선을 업신여겨도 분한 줄을 모르고 조선 대군주 폐하께서 청국 임군에게 해마다 사신을 보내서 책력을 타오시며 공문에 청국 연호를 쓰고 조선 인민은 청국에 속한 사람들로 알면서도 몇 백 년을 원수 갚을 생각은 아니하고 속국인 체 하고 있었으니 그 약한 마음을 생각하면 어찌 불쌍한 인생들이 아니리요. … 다행히 하나님이 조선을 불쌍히 여기시어 일본과 청국이 싸움이 된 까닭에 조선이 독립국이 되어 지금은 조선 대군주 폐하께서 세계 각국 제왕들과 동등이 되시고 그런 까닭에 조선 인민도 세계 각국 인민들과 동등이 되었는지라. 이 일을 비교하여 볼 진데 남의 종이 되었다가 종 문서를 물린 셈이니 이것을 생각하면 개국한 지 오백 년에 제일 되는 경사라 [32]

그런데 서재필은 그로부터 약 2년 후 미국 선교사들이 서울에서 내던 영문 잡지에 기고한 영어로 쓴 글에는 'nationalism'(민족주의)이라는 용어를 사용하고 있다. 서재필은 1898년 11월호 *Korean Repository*에서 다음과 같이 쓰고 있다.

> … 독립협회의 주목적은 최근까지 한국에서 전혀 생소한 여론(public opinion)을 만들어내는 것이었다. 독립협회는 참으로 유용한 지식 정보를 배포하는 중심 기관이다. 따라서 그것은 어떤 사람들이 생각하는 바와 같이 정치적 대회장이라

기보다는 하나의 교육기관(an educational institution)이다. 매주의 이 토론회는 회원들의 사고에 놀라운 영향을 미쳤다. 그들은 점차 단결 정신(the spirit of cohesion), 민족주의(nationalism), 견해의 자유(liberty of views), 교육의 중요성 등에 고취되게 되었다.[33]

이 글은 서재필이 한국에서 민족주의를 얼마나 열성적으로 고취하려고 노력했는가를 잘 말해주고 있다. 그는 이 글에서 민족주의라는 용어를 쓰면서도 그 개념을 정의하지는 않았지만 독립문 건립 등 행동으로써 민족주의를 실천했다. 그런 의미에서 서재필이야 말로 한국에 민족주의를 전파한 선구자라고 말할 수 있다.

실학파의 민족 의식

그러면 민족주의 또는 민족 의식은 그 이전에는 없었는가. 결코 그렇지 않다. 한국민족주의는 언제부터 형성되기 시작했느냐에 대해 신용하(愼鏞廈) 등 일부 학자들처럼 그 기원을 1850~60년대로 보는 견해와 천관우(千寬宇), 홍이섭(洪以燮), 차기벽(車基璧) 등 많은 학자처럼 1890년대로 보는 다수설, 그리고 조지훈(趙芝薰)처럼 3·1운동 때 비로소 형성되었다는 설이 있다.[34] 그러나 민족주의의 원류는 김한식(金漢植)이 적절하게 지적한 바와 같이 실학사상가들과 그 전통을 이어받은 1870~80년대의 초기 개화사상가들에 의해 형성되었다고 보는 것이 옳을 것이다. 예컨대 다산(茶山) 정약용(丁若鏞)은 민족의 개체성(個體性)을 주장하면서 "중국이라는 '중'(中)은 어디를 기준으로 하여 '중'이라 하며, '동국'이라는 '동'(東)은 어디를 기준으로 하여 '동'이라 하는지 모를 일이다. 대체로 해가 머리 위에 떴을 때를 오시(午時)라 하는 바, 이 오시로부터 해 뜬 시간과의 사이가 동일하다면 곧 내가 서 있는 여기가 동과 서의 중간이 되는 것이며, 북극 쪽 지구의 위도(緯度) 도수(度數)와 남극 쪽 지구의 위도 도수가 전체 도수의 절반이 된다면 곧 내가 서 있는 여기가 남과 북의 중간이 되는 것이다. 이와 같이 동과 서, 남과 북의 중간이라면 어느 곳을 막론하고 '중국'이라고 해서 안 될 것이 없는 것이다"라고 했다.[35] 이것은 정통 주자학파들의 정치적 이념인 중화사상(中華思想)의 부정이며 조선 민족의 개체성, 즉 민족 주체 의식이라고 해야 할 것이다.

개화사상의 선구자 박규수(朴珪壽)가 1870년대 초에 김옥균(金玉均)에게 지구의(地球儀)를 돌려 보이면서 "오늘에 중국이 어디 있느냐, 저리 돌리면 미국이 중국이 되며, 이리 돌리면 조선이 중국이 되어, 어느 나라든지 중으로 돌리면 중국이 되나니, 오늘에 어디 정한 중국이 있느냐"라고 웃으면서 설명하자 김옥균은 크게 깨닫고 무릎을 치고 일어났다. 김옥균은 나중에 조선이 "첫째로 해야 할 일은 (청국의) 기반(羈絆)을 철퇴하고 독전자주지방(獨全自主之邦)을 수립하는 길"이라고 강조했다. 신용하는 이 용어를 현대식으로 표현하면 '완전 자립 독립국가'라고 풀이했다.[36] 이 역시 중화사상과 사대사상의 부정이자 민족 의식의 표현이라고 해야 할 것이다. 1876년 일본과의 수호조약 제1조가 "조선국은 자주지방(自主之邦)이며 일본과 평등한 권리를 가진다"라고 규정한 것도 비록 그것이 일본이 조선을 청나라로부터 분리하기 위해 삽입한 정략적 조항이기는 하지만 조선의 민족 의식을 자극한 것은 사실이다.

신채호의 민족주의관

'민족주의'라는 용어는 1900년에 들어 자주 사용되면서 두 가지 의미로 쓰이기 시작했다. 첫째는 유럽의 민족 국가들의 패권 쟁취를 위한 상호 경쟁의 이념이며 둘째는 약소 국가 외국의 제국주의 세력을 막는 이념이다.

첫째 예가 신채호가 집필한 것으로 보이는 《대한매일신보》 1908년 8월 9일자 "홍수의 세계"라는 논설이다. 이 논설은 "대개 19세기 이후로 권리를 경쟁하는 범람한 사상이 시작되고 민족주의의 사나운 물결이 점점 창일하여 급한 물결은 뇌성이 서로 부딪치고 높은 조수는 천지를 번복하는데…"라고 설명한 다음 이 물결을 빨리 건너간 승자는 영국, 독일, 프랑스와 이탈리아로 이들은 '문명 행복'(文明幸福)을 누리는 반면 "썩은 키와 짧은 돛대로 깨진 배에 의거하다가 미친 물결을 만나고 바람을 만나서 중류(中流)에서 낭패한 자는 폴란드와 핀란드와 이집트 같은 나라로 비참한 겁운(劫運)에 빠졌도다"라고 평가했다. 이 논설은 이어 "또한 얼마 못되어 한 미친 물결이 아시아를 엄습함에 문을 잠그고 있던 좁은 안목으로 완고를 주장하던 동양인들도 바다를 바라보는 누대(樓臺) 앞으로 모이니 … 흉하고 사나운 바람이 몇 만 지방의 생물을 삼킬지 알기는 어렵거니와 …"라고 한탄하면서 다음과 같이 결론지었다(현대문으로의 수정은 저자).

> 슬프다. 오늘날 세계는 홍수 세계가 아닌가. 이 홍수는 문명국 인민의 활동하는 바이며 미개한 나라 인민의 빠져죽는 바이로다. 와서 볼지어다. 한국 동포여. 하늘빛이 어두웠는데 음침한 구름이 사면으로 모여 큰 바람이 불매 조수가 날마다 넓어지나니. 속히 노아의 배를 준비하고 … 한 배에 있는 자가 모두 분발하고 용맹으로 진보하여 괴로운 바다와 어려운 땅을 뛰어나오면 땅이 편하고 하늘이 이루는 그날이 있으려니와 그렇지 아니하면 어복(魚腹)의 귀신을 어찌 면하리요. 아는가, 모르는가, 한국 동포여. 오늘날은 이 홍수의 세계가 아닌가.[37]

둘째 예 역시 신채호가 쓴 것으로 보이는 《대한매일신보》 1909년 5월 28일자 논설 '제국주의와 민족주의'라는 논설이다. 이 논설은 다음과 같이 주장했다(현대문으로의 수정은 저자).

> 제국주의에 저항하는 방법은 무엇인가. 가로되 민족주의(타민족의 간섭을 받지 않는 주장)를 분발할 뿐이라. 이 민족주의는 실로 민족 보전을 하는 방법이라 … 오호라 민족을 보전코자 하는 자, 이 민족주의를 숭상치 아니하고 무엇을 하리오. 이런 고로 민족주의가 성하려 웅장한 빛을 나타내면 맹렬하고 포악한 제국주의라도 감히 침노치 못하나니 원래 제국주의는 민족주의 박약한 나라에만 침노하느니라. 금수 같고 꽃 같은 한반도가 오늘날에 이르러 캄캄하고 침침한 마귀굴 속에 떨어짐은 무슨 연고인가. 곧 한국 사람의 민족주의가 어둔 까닭이라. 바라노니 한국 동포들은 민족주의를 크게 분발하여 …[38]

《대한매일신보》가 이 논설에서 '민족주의'라는 말을 '타민족의 간섭을 받지 않는 주의'라고 풀이해서 괄호 안에 넣은 것을 보면 이 무렵까지도 여전히 민

족주의라는 단어는 생소한 용어였음을 알 수 있다. 《독립신문》이 나오던 1896
~99년 사이에만 해도 '제국주의'라는 말은 사용되었으나 '민족주의'라는 말은
별로 쓰이지 않았다. 그러던 것이 불과 10년 사이에 '민족주의'가 제국주의에
대항하는 이념으로 인식되기 시작했다. 이 무렵 한국민족주의의 이념적 이론적
토대가 마련되었다고 해야 할 것이다.

신채호는 누구에게 영향을 받아 이런 글을 썼을까. 그에게 영향을 준 이가 바
로 중국의 사상가이자 혁명가인 양계초(梁啓超)이다. 박찬승(朴贊勝)에 의하
면, 역사적으로 '국가'라는 말은 조선시대부터 사용되었으나 '국민'이란 말은 갑
오개혁 때부터 사용되었으며, '민족'이란 말은 그보다 늦은 1905년 이후부터
였다. 이 시기는 자강운동기 또는 계몽운동기라 불리던 시기였다. '민족'이라
는 용어는 양계초의 《음빙실문집》(飮氷室文集)에 실린 "민족론"에서 기원했다.
양계초는 《정치학 대가 백륜지리지 학설》(政治學大家伯倫知理之學說, 1903년
집필)[39]이라는 책에서 '민족'의 개념을 자세히 소개했다. '백륜지리'는 바로 Ⅰ
-①(자유민권사상의 수용)에서 설명한 《공법회통》의 저자인 블룬츨리이다. 양
계초는 그의 학설을 빌려, "왕왕 국민과 민족을 혼동하는 이가 있으나 이는 다
른 것"이라고 말하고, "하나의 민족이 하나의 국가를 이루는 경우도 있고, 다른
민족을 받아들여 동화시키면서 하나의 나라를 이루는 경우도 있고, 여러 민족
이 하나의 국가를 이루는 경우도 있다"라고 소개했다. 양계초는 민족을 지리,
혈통, 형질, 언어, 문자, 종교, 풍속, 경제 생활의 공통성에서 찾았다. 민족주의
에 관해서는 양계초는 "민족주의란 최근 4백 년 이래 점차 발생해 나날이 발전
해온 것으로서 근세 국가를 형성시킨 원동력이다"라고 말하고 "따라서 민족주
의란 세계에서 가장 광명정대하고 공평한 주의지만, 근대 민족 국가가 수립되
는 과정에서 등장한 긍정적인 의미의 민족주의는 각국이 서로 국력을 키워 상
호 경쟁을 하는 가운데 19세기 말에 이르러 '민족제국주의'로 일변했다"라고 설
명했다. 양계초는 민족주의를 사회진화론적 견지에서 우승열패와 자연 도태의
원리에 입각해 파악함으로써 생존 경쟁에서 이기는 민족만이 살아남는다고 보
았다.[40]

신채호는 1908년 《대한매일신보》에 연재한 "독사신론"(讀史新論)의 서론에

서 "국가의 역사는 민족 소장성쇠의 상태를 열서(閱敍)한 것"이라고 말하고, 민족을 버리면 역사가 없을 것이며 역사를 버리면 민족의 그 국가에 대한 관념이 크지 않을 것이라 함으로써 '민족'을 역사서술의 주체로 삼았다.[41]

박은식의 민족평등주의

1910년대에 들어서도 사회진화론에 입각한 민족주의론이 한국 식자들 간에 주류를 점했지만 일부 민족주의자들은 점차 사회진화론에서 벗어나 민족평등주의를 제기하기 시작했다. 이는 1911년에 박은식이 쓴 《몽배금태조》(夢拜金太祖)에서 나타난다. 박은식은 이 책에서 문명이 발전하고 사람의 지식이 늘어날수록 경쟁과 살벌이 극렬해져 국가 경쟁, 종교 경쟁, 정치 경쟁, 민족 경쟁이 행해진다고 지적한 다음 약육강식을 공례(公例)라 말하며 우승열패를 천연(天演)으로 인정해 나라를 멸하고 종족을 멸하는 부도불법(不道不法)을 정치가의 양책(良策)으로 삼아왔다고 비판했다. 그는 이처럼 사회진화론적 인식을 부도불법이라 하고 제국주의의 강권주의를 비판하고 평등주의를 강조함으로써 '세계 대동·인류공존론'의 이론에 도달했다.[42]

박은식의 민족평등주의는 이후에도 계속 발전되어 나갔다. 1917년 조소앙이 기초하고 신규식, 박은식, 김규식, 박용만(朴容萬), 신석우(申錫雨) 등 14명의 명의로 발표된 대동단결선언(大同團結宣言)은 "독립 평등의 성권(聖權)을 주장하야 동화(同化)의 마력과 자치의 열근(劣根)을 방제할 것"이라고 주장했다. 이 선언은 독립과 평등을 신성한 권리로 규정하고 일제의 동화정책과 조선인 일부의 자치론를 비판, 봉쇄하려 했다.[43] 박은식은 1920년에 발간한 《한국독립운동지혈서》에서 다음과 같이 '세계의 대동단결'과 '인류의 공존'을 주창했다.

아아, 과거의 문명은 인류의 경쟁에 이용되는 것이고, 인도와 평화를 위한 사업은 아니었다. 물질적 경쟁으로 하늘이 택한다는 적자생존의 이치가 오직 유일의 진리였던 것이다. 우승열패는 하늘의 법칙이며 약육강식은 공례가 되고 군국주의의 침략 정책은 생존의 목적이 되었다. 소위 '문명인'이란 족속이 온갖 지혜와 사고력을 다한 교묘한 기술이란 것은 살인의 이기로 남의 나라를 도둑질하는 음흉한 책략이었다. … 이러므로 세계가 대동단결하여 인류는 공존해야 한다는 의리가 점점 학자들의 이론 가운데에 나타나게 되었다. 그러나 아직은 실현시킬 기회를 만나지 못했다. … 이제 유럽의 여러 약소 민족과 국가들 중에 타국의 굴레에서 벗어나 차례차례 독립의 영광을 획득하는 나라가 생기는 것을 볼 수 있으니, 이것은 세계 개조의 진보인 것이다.[44]

3·1운동의 기본 이념도 박은식의 주장과 같은 민족평등주의(民族平等主義)라고 할 수 있다. 3·1독립선언서에는 민족자결주의라는 말은 단 한 마디도 없지만 '인류 평등(人類平等)의 대의'를 강조했다. 선언서는 조선인의 독립 선언이 "시(是)는 천의 명명(明命)이며 시대의 대세이며 전 인류 공존동생권(共存同生權)의 정당한 발동이라"라고 '공존동생권'을 강력히 주장했다. 박찬승이 지적한 바와 같이 3·1운동 전후의 한국민족주의의 가장 커다란 특징은 바로 이와 같은 '민족평등주의'와 '민족자결주의'에 있었다.[45]

5. 임정의 공화제 채택

국내외 임시정부와 공화제

3·1운동을 전후해 국내외에서는 여러 개의 임시정부 수립이 발표되었다. 먼저 연해주의 블라디보스토크에서 1914년 연해주 이민 50주년을 맞아 대한광복군정부가 이상설, 이동휘, 이동녕 등 권업회 회원들로 조직되었다. 그러나 대한광복군정부는 곧 러시아 정부에 의해 강제 해산당하고 대한국민의회가 1919년 3월 17일 독립선언서 발표를 통해 대한국민의회정부 수립을 선포했다. 대한국민의회는 원래 1917년에 결성된 전러한족회(全露韓族會) 중앙총회를 1919년 2월에 개칭한 것이다. 대한국민의회정부는 3월 21일에는 한국의 독립과 정부 승인의 요구, 그리고 이를 인정하지 않을 때의 일본과의 혈전을 포고할 것이라는 요지의 결의문과 함께 정부의 구성원 명단을 발표했다. 손병희를 대통령으로, 박영효를 부통령으로, 이승만을 국무총리로 선출했다. 연해주 임시정부의 특징은 그것이 의회중심제라는 점에 있다.[46]

상하이에서는 3·1운동 직후 국내외 각지의 독립운동가 29명[47]이 모여 한국 독립운동의 최고 기관을 설립할 것을 결의했다. 이들 모임이 이루어질 수 있었던 것은 신한청년단과 동제사가 1919년 3월 하순 현순(玄楯)을 총무로 하는 독립 임시사무소를 설치했기 때문이다. 드디어 4월 10일에는 이광수, 손정도(孫貞道) 두 사람의 제안으로 상하이의 프랑스 조계에서 대표들이 모여 임시의정원을 구성하고 의정원의장 겸 국무위원에 이동녕, 부의장에 손정도, 서기에 이광수와 백남칠(白南七)을 선출했다.[48]

의정원은 11일까지 속개된 회의에서 10개조의 대한민국임시헌장을 제정, 선포했다. 임시 헌장에 따라 11일 임시의정원은 대한민국 임시정부 요인들을 선출하고 관제도 제정, 선포함으로써 상하이 임정이 출범했다. 상하이 임정의 권력 구조는 의정원이 중심이 된 의원내각제로서 대통령을 두지 않고 국무총리로 하여금 행정부인 국무원을 맡게 했다. 국무원 요인으로는 국무총리 이승만, 내무총장 안창호(安昌浩), 외무총장 김규식(金奎植), 법무총장 이시영(李始榮), 재무총장 최재형(崔在亨), 군무총장 이동휘(李東輝), 교통총장 문창범(文昌範) 국무원비서장 조소앙(趙素昻) 등이었다. 이들 요인 가운데 이시영과 조소앙을 제외하고는 모두 상하이에 없었다. 이승만과 안창호는 미국에, 이동휘, 최재형, 문창범은 연해주와 간도에 있었고, 김규식은 파리에 가 있었다. 이 때문에 신익희(申翼熙)를 내무차장, 현순(玄楯)을 외무차장, 이춘숙(李春塾)을 재무차장, 선우혁(鮮于爀)을 교통차장, 조성환(曺成煥)을 군무차장, 남형우(南亨祐)를 법무차장으로 선출해 대신 업무를 보게 했다.[49]

4월 23일에는 서울에서 열린, 13도 대표가 참석한 국민대회에서 이승만을 집정관총재로 하고 이동휘를 국무총리총재로 하는 한성정부(漢城政府) 수립이 발표되었다. 한성정부는 3·1운동의 주도 세력이 전국 각도 대표라는 점에서 법통성이 강했다. 약법(約法)에서는 민주대의제의 임시정부를 헌장화하면서도 의회를 제도화하지 않는 대신 평정관(評定官)을 둔 것이 특색이었다.[50] 한성정부가 수립되기까지의 과정이 흥미롭다. 한성정부 수립 과정에서 그 무렵에 설립된 조선민족대동단(朝鮮民族大同團)도 참여하려 했다. 그러나 대한제국을 재건하자는 복벽(復辟)주의자들인 대동단의 핵심 세력은 공화제를 받아들이지 않았기 때문에 한성정부 수립에 참여하지 않았다.[51] 대동단은 그 후 본부를 중국 상하이로 옮긴 다음 그해 11월 고종 황제의 둘째 아들인 의친왕(義親王) 이강(李堈)을 조선에서 탈출시켜 상하이 임시정부에 합류시키려다가 이강이 중국의 안동(安東, 지금의 丹東)에서 일본 경찰에 발각되어 실패했다.[52]

임시정부 수립 발표만 나오고 실제로 실현되지 못한 경우는 4월 1일을 기해 기호(畿湖)지역에서 손병희를 대통령으로 하고 이승만을 국무총리로 하는 대한민간정부(大韓民間政府)와 4월 9일 서울에서 손병희를 정도령(正都領)으로 하고 이승만을 부도령(副都領)으로 하는 조선민국임시정부(朝鮮民國臨時政府), 그리고 4월 17일 평안도 철산·의주 지역에서 이동휘를 집정관으로 하고 이승만을 국방총리로 하는 신한민국정부(新韓民國政府)가 있다. 고려공화국과 간도(間島)임시정부도 수립 계획만 발표되고 실제로 탄생되지는 않았다.[53]

이들 임시정부는 모두 정부 형태로 공화제를 선택했다. 당시 천도교와 기독교 지도층 등 독립운동가들은 물론이고 일반 대중들 사이에서도 공화정이 대세로 자리 잡기 시작한 것이다. 1911년 중국에서 신해혁명이 일어나 공화제인 중화민국이 수립되자 조선에서도 공화제도가 시대의 흐름으로 인식되기 시작했다.

임시정부의 통합과 이승만 취임

단일 임시정부 수립 운동은 상하이 임시정부에 의해 추진되었다. 당초 연해주의 임시정부인 대한국민의회 측은 국민의회와 상하이의 의정원을 통합해 통합 임시정부를 연해주에 두자고 제안했다. 연해주 임정 측은 곧 입장을 바꾸어 원세훈(元世勳)을 특사로 상하이에 파견해 외무부와 교통부만 상하이에 두고 나머지 임시정부 본부는 지린(吉林)이나 시베리아에 둘 것을 제의했다. 이에 대하여 상하이의 대한민국 임시정부 의정원 측은 5월과 7월 두 차례의 회의 끝에 통합 임시정부의 위치는 상하이에 둘 것과 임시의정원 및 노령 국민의회를 합병, 의회를 조직할 것을 결의해 통합 문제를 매듭지었다. 이 방안은 형식 상으로는 상하이 임정이 서울 한성정부의 법통성을 인정해 이를 봉대(奉戴)하고 상하이와 연해주에 설립된 임정은 일체 해소하는 형식이었다.[54] 말하자면, 서울의 한성정부가 상하이로 옮겨오는 모양새였다. 이렇게 해서 1919년 9월 11

일 새 임시헌장(전문 및 8장 56조)을 제정, 한민족 유일의 대한민국 임시정부가 탄생했다. 이승만을 임시대통령으로 선출하고 내각을 개편했다.

통합된 상하이 임정은 국체를 민주공화국으로 하고 정부 형태는 대통령중심제와 내각책임제를 절충한 형태였다. 이 방식은 한성정부안을 그대로 따른 것이다. 비록 임시정부이지만 현재 한국이 채택하고 있는 국체와 정체가 이때부터 정착되기 시작했음을 의미한다. 출범 당시 임정 요인 명단은 다음과 같다.[55]

> 대통령　이승만(李承晩)　국무총리 이동휘(李東輝)　내무총장 이동녕(李東寧)
> 외무총장 박용만(朴容萬)　군무총장 노백린(盧伯麟)　재무총장 이시영(李始榮)
> 법무총장 신규식(申圭植)　학무총장 김규식(金奎植)　교통총장 문창범(文昌範)
> 노동국총판 안창호(安昌浩)

이들 중 많은 임정 요인은 독립협회와 만민공동위원회에서 자유 민권 운동을 벌인 사람들이다. 이동휘와 문창범은 사회주의 계열로, 상하이 임시정부는 좌파도 참여한 연립 정권의 성격을 지녔다.

임시정부는 활동의 중점을 민족 운동의 통할과 국제 외교에 두었다. 상하이 임정은 1919년 5월 파리강화회의에 파견되어 있는 신한청년당 대표 김규식을 외무총장 겸 대한민국 주 파리위원으로 임명하고 신임장을 발송했다. 신임장은 파리평화회의 의장과 각국 정부에도 발송되었다. 김규식은 파리에 대한민국 임시정부 파리위원부(La Mission Coréenne Paris), 즉 요즘식으로 말하자면 파리대표부를 설치하고 조선 독립을 지원받기 위한 외교 활동을 벌였다. 이렇게 함으로써 그는 한국의 임시정부가 수립되었다는 사실과 한국인들의 독립 의지를 전 세계에 알렸다. 상하이 임시정부는 또한 워싱턴 파리 베이징 등 일부 도시에 파견원을 두고 그 때 그 때 독립 청원과 그 나라 정부의 지원 요청 등 외교 교섭 활동을 벌였다. 상하이 임시정부의 활동 가운데 중요한 것은 선전 활동이었다. 임시정부는 기관지로 《독립신문》을 발간해 한민족의 정당한 요구를 널리 홍보하는 한편 이를 국내에 밀반입시킴으로써 식민 통치에 신음하는 민족에게 정보를 알리고 언젠가는 독립할 수 있다는 희망과 용기를 주었다. 상하이 임시

정부는 또한 본국 독립운동 조직과의 연락 및 독립운동 자금 비밀 조달을 위해 국내에 연통제(聯通制)와 교통국(交通局)을 두었다.[56]

3·1운동이 탄생시킨 상하이 임정은 개화파들이 생각하던 민주공화제의 이념을 구현함으로써 그 법통이 3·1운동→상하이통합임정→대한민국 정부로 이어졌다. 상하이 임정에는 많은 도쿄 유학생들이 참여했다. 이들 중 상당수는 1920년의 2·8독립선언 참여자이다. 그 명단은 다음과 같다.[57]

임정 참여 일본 유학생

신익희(申翼熙, 早稻田大 졸) 법무차장

이춘숙(李春塾, 中央大 졸) 군무차장

주요한(朱耀翰, 第一高等 재) 독립신문 기자

신석우(申錫雨, 早稻田大 졸) 친목회장

류경환(柳璟煥, 中央大 재) 청년단체 총무

나용균(羅容均, 早稻田大 졸) 전라도 대의원

윤창만(尹昌萬, 早稻田大 재) 청년단원

윤보선(尹潽善, 正則英語 재) 청년단원

이봉수(李鳳洙, 明治大 재) 청년단원

정근모(鄭根模, 正則英語 재) 청년단원

서성달(徐成達, 日本大 재) 청년단원

윤현진(尹顯振, 明治大 졸) 재무차장

송두환(孫斗煥, 明治大 재) 경무부장

안승모(安承模, 東京工高 재) 경기도 대의원

장덕수(張德秀, 早稻田大 졸) 상하이청년단원

홍진의(洪震義, 明治大 재) 전라도 대의원

이규결(李奎決, 明治大 졸) 청년단 출판부장

오의선(吳義善, 명치학원 재) 한국적십자사원

고의봉(高義鳳, 正則英語 재) 청년단원

황계환(黃桂煥, 正則英語 재) 청년단원

정남모(鄭南模, 日本大 재) 청년단원

주권 계승론과 공화주의

임정 수립 과정에서 독립운동가들이 왕정 복귀 주장을 물리치고 공화제를 채택하고 이를 이론화한 것은 주목할 만한 가치가 있다. 당초 1915년 3월 상하이에서 결성되고 본부를 베이징에 둔 신한혁명당은 왕정 복귀를 내세웠다. 신한혁명당은 이상설(李相卨), 신규식(申圭植), 박은식(朴殷植), 류동열(柳東烈), 성낙형(成樂馨) 등이 참여한 조직이다. 이들은 제1차 세계대전이 일어나자 독립운동의 호기가 왔다고 보고 고종을 수반으로 하는 망명정부를 세우기 위해 신한혁명당을 조직했다. 흥미 있는 것은 이들이 제1차 세계대전에서 독일이 승리할 것으로 생각하고 전쟁이 끝난 다음 승전국 독일이 그 예봉을 동쪽으로 돌려 영·미·러 3개국과 합세해 일본을 공격할 것이며 이에 중국도 연합하게 될 것이라고 예상한 점이다. 이럴 경우 독일 같은 제국의 황제가 이끄는 망명정부, 즉 대한제국의 고종 황제를 중국에 망명시켜 그를 수반으로 하는 망명정부를 세운 다음 한중의방조약(韓中誼邦條約)을 체결해 중국의 지원을 받으면서 독립전쟁을 벌이면 유리할 것이라고 판단했다. 신규식은 중국의 신해혁명에 직접 참여할 정도로 공화주의를 자신의 신념으로 삼고 있었지만 당시의 정세를 고려해 일시적으로 복벽주의를 따랐던 것으로 보인다. 그러나 신한혁명당의 계획은 국제 정세의 변화와 국내에 잠입한 성낙형 등의 검거로 불발되고 말았다.[58]

고종의 탈출과 망명정부 수립 계획이 실패하자 신규식 등은 동제사(同濟社)와 대동보국단을 중심으로 활동하면서 1917년 7월, 앞에서 설명한 대동단결선언을 주도했다. 대동단결선언은 국내외 독립운동가들이 대동단결해 유일무이한 민족의 대표 기구를 설립하자는 호소였다. 주목할 점은 이 선언 가운데 후일 임시정부 탄생의 기틀을 마련한 동시에 한국 민주주의의 기초가 된 공화주의의 이념을 명백히 하고 이를 이론화한 사실이다. 이 선언은 "융희 황제가 삼보(三寶, 영토 인민 주권)를 포기한 8월 29일(즉 1910년의 합병조약 발표일)은 즉 오인동지(吾人同志)가 삼보를 계승한 8월 29일이니, 그 사이에 순간도 멈춤이 없었음이라. 오인동지는 완전한 상속자니 저 제권소멸(帝權消滅)의 시(時)가 곧 민권 발생(民權發生)의 시(時)요, 구한(舊韓) 최종의 일일(一日)은 즉 신한(新韓) 최초의 일일(一日)"이라고 주장했다. 다시 말하면 경술년 융희 황제의 주권 포기는 즉 우리 국민 동지에 대한 묵시적 선위(禪位)니 우리 동지는 당연히 삼보를 계승해 통치할 특권이 있다는 의미이다. 고종 황제의 주권 포기는 외국에 대한 주권의 양여가 아니라 국민에 대한 주권 양여로 보아야 한다는 것이다. 그것은 주권의 양여는 한인 간에만 이루어질 수 있는 것이지 외국에 대해서는 이루어질 수 없는 불법적인 것이라고 보기 때문이었다.[59] 이는 고유주권론, 혹은 주권불멸론이라 할 수 있는 것이었다. 이것은 대한제국의 주권을 황제로부터 국민이 계승했다는 국민주권론의 이론화이다. 이상설, 신규식, 박은식 등이

1915년의 신한혁명당 등에서 주장하던 보황주의(保皇主義)는 이 선언으로 끝장이 났다.[60]

대동단결선언은 민족운동가들에게 제의한 7개항 중 제1항에서 "해외 각지에 현존한 단체의 대소은현(大小隱顯)을 막론하고 규합 통일하야 유일무이의 최고 기관을 조직할 것"을 제의하고, 제2항에서는 "중앙 총본부를 상당한 지점에 두어 일체 한족을 통치하며 각지 지부로 관할구역을 명정(明定)할 것"이라 해, 최고 행정부를 두고 그 산하에 지역별로 지부를 두자고 했다. 이는 임시정부 또는 임시의정원과 지역별 연락처의 설립을 구상한 것으로 볼 수 있다.[61]

② 사회주의 세력의 형성

1. 한국 좌익 정당의 기원

신규식의 조선사회당과 조소앙의 활약

한국의 좌파 정당 역사는 국외에서의 사회당 및 공산당 결성과 국내 공산당 조직의 2단계로 나뉜다. 첫 단계인 해외 사회당 및 공산당 출현 시기는 1917년경부터 1924년경까지 약 7년 간이고, 국내 공산당 조직 시기는 '서울공산단체'가 조직된 1919년부터 조선공산당이 완전 괴멸된 1928년까지 약 9년간이다.

한일합병 후 '사회당'이라는 이름이 등장한 것은 1917년 8월 중국 상하이에서 신규식(申圭植)이 만든 '조선사회당'이 처음이다. 그는 당초 1912년 7월 상하이에서 중국에 와 있는 애국지사들을 모아 동제사(同濟社)라는 독립운동 단체를 만들었다. 이 단체의 이사장에는 신규식이, 총재에는 박은식이, 중요 간부에는 신채호, 김규식, 조소앙(趙素昂, 본명 趙鏞殷), 홍명희(洪命熹), 신석우(申錫雨) 등이 선출되었다. 동제사는 1917년 9월 5일부터 12일까지 스웨덴의 스톡홀름에서 제2 인터내셔널의 부활을 위한 만국사회당대회가 열리기로 결정되자 이 회의에 한국 독립 지원 요청 전문을 '조선사회당' 명의로 발송했다. 말하자면 '조선사회당'은 동제사의 대외 명칭인 셈이었다. 그러나 이 회의가 여러 사정으로 연기됨에 따라 독립 지원 요청 전문도 국제 사회에 제대로 전달되지 못했다. 조선사회당 역시 그 후 신규식이 2년 후 상하이 임시정부의 법무총장에 취임하면서 흐지부지되고 말았다.[1]

그러나 동제사의 조소앙은 임정의 파리위원부에 의해 이관용(李灌鎔, 파리위원부 부위원장)과 함께 1919년 8월 스위스 루체른에서 열린 만국사회당대회에 파견되었다. 그는 이 회의에서 한국독립승인결의안을 제출해 이 결의안이 이듬해 네덜란드 로테르담에서 열린 대회 집행위원회에서 '한국 독립에 관한 결정서'로 채택되었다. 조소앙은 결의안을 내면서 상하이 임정이 볼셰비즘과 다르며 그동안 사회주의 이념과 본질적으로 일치하는 정책을 공표했다고 발언했다.[2] 조소앙은 그 후 독립운동 과정과 광복 후에도 줄곧 사회민주주의자의 입장을 견지했다.

3·1운동 이후의 정세 변화

대한제국 말기의 사회주의에 대한 적대적이던 신문 논조는 소련 혁명의 성공 이후, 특히 3·1운동 후 크게 변했다. 그 대표적인 예가 1919년 8월, 상하이 임시정부 기관지로 나온 《독립신문》의 사회주의에 대한 호의적인 논조이다. 《독립신문》 1919년 8월 21일자 창간호는 사설에서 독립운동 종사자에게 적당하다고 생각되는 신학술과 신사상을 소개하는 것을 자신들의 사명 가운데 하나라고 밝히면서 사회주의를 긍정적으로 소개했다. 《독립신문》 1920년 4월 30일자 '노농공화국 각 방면 관찰'이라는 기사에서 소비에트 체제를 '붉은 공포'라거나 '러시아의 특산물'이라거나 '굶주린 폭도'라고 보는 것은 오해일 뿐이라면서 소련 사회주의를 옹호했다.[3]

이 무렵의 국내 신문도 마찬가지였다. 한국 국내에서 발간되는 신문에서 사회주의가 가장 많이, 그리고 가장 화려하게 소개된 시기는 아마도 1920년대일 것이다. 원래 소련의 사회주의혁명이 일어난 1917년 11월 당시에는 총독부 기관지인 《경성일보》와 《매일신보》만이 있을 때여서 소련 혁명의 성공이 온 세계에 충격을 주었지만 이에 관련해 두 신문은 총독부 기관지 입장에서 단신 정도의 짤막한 기사를 쓰는 데 그쳤다. 이 같은 상황은 3·1운동 이후 1920년 봄에

《동아》《조선》 등 민간지들이 나오면서 변화를 맞이했다. 당시 식민지 조선의 민간지들은 소련 혁명에 긍정적인 태도를 취했다. 이무렵 조선의 많은 언론인은 소련 혁명의 근본 이념인 공산주의 사상에 동조했을 뿐 아니라 소련 공산주의자들이 내건 민족해방론에 매료되었다. 특히 일부 신문사에는 공산주의자와 그 동조자가 많아 이 신문을 '사회주의 신문'이라는 세평까지 나왔다.[4]

조선의 독립운동가들이 소련 혁명에 대해 호의를 가지게 된 데는 특별한 이유가 있었다. 그들은 엄청난 희생을 치른 3·1운동의 성과가 민족의 독립 쟁취에는 요원하다는 사실을 곧 깨닫게 되고 민족자결을 내걸었던 윌슨에 대해서도 점차 실망하기 시작했다. 그들은 그 동안 임시정부를 통해, 무장 투쟁을 통해, 그리고 외교적 교섭을 통해 미국을 비롯한 선진 민주주의국가들에 지원을 요청했으나 별다른 효과를 거두지 못했다. 이런 상황에서 혁명적인 신사상인 공산주의를 이념으로 하는 소련 혁명의 성공은 경이와 동경의 대상이 되지 않을 수 없었다. 일본의 가혹한 식민지 통치 아래서 여러 가지 사회적 모순을 목격한 조선의 지식인들이 사회주의, 특히 레닌이 내건 민족해방론에 관심을 갖게 된 것은 자연스러운 현상이다.

그 대표적인 예가 1919년 도쿄 유학생들이 발표한 2·8독립선언서와 박은식의 견해이다. 2·8독립선언서는 소련 혁명에 관해 "러시아는 이미 군국주의적 야심을 포기하고 정의와 자유와 박애를 기초로 한 신국가를 건설하려고 하는 중"이라고 긍정적으로 받아들였다.[5] 박은식은 1920년에 발간한 《한국독립운동지혈사》(韓國獨立運動之血史)에서 다음과 같이 러시아 혁명에 대해 벅찬 감격과 기대를 표시했다.

서두에 적기를 내걸고 전제정치를 타도하여 민중에게 자유와 평등을 가져오고 제 민족의 자유와 자결을 선포하였다. 과거에 극단적인 침략주의자가 극단적인 공화주의자로 바뀌었다. 이것은 세계 개조의 최초의 신호탄이 되었다.[6]

이 같은 시대적 여건 때문에 식민지 조선의 언론은 사회주의 사상과 사회주의 운동, 그리고 사회주의 계열의 독립운동에 대해 호의적이었다. 《동아일보》

는 1921년 6월 3일부터 8월 31일까지 무려 73회에 걸쳐 "니콜라이 레닌은 어떠한 사람인가"라는 표제 아래 그의 일생, 활동, 볼셰비키 혁명 등을 소개하는 기사를 연재했다. 원래 사회주의 사상은 자본주의 발전과 더불어 형성되는 것이 서구 사회의 예이지만 일본 제국주의의 식민지라는 특수한 조건 아래 놓인 식민지 조선에서는 이 과정을 생략하고 곧바로 계급 투쟁과 동시에 민족 해방 사상으로 수용되었다.

상하이파 및 이르쿠츠크파 고려공산당

해외에서 설립된 최초의 마르크스 레닌주의 정당은 소련 혁명 직후인 1918년 4월 28일 소련 연해주의 하바롭스크에 설립된 한인사회당(韓人社會黨)이다. 이동휘(李東輝, 위원장), 오바시리아(부위원장), 유동열(柳東說, 군사부장), 김립(金立, 선전부장) 등이 그 핵심 인물이다.[7] 이들은 이듬해인 1919년 9월 상하이로 옮겨가 여운형(呂運亨), 안병찬(安秉瓚) 등과 함께 임시정부에 합류함으로써 임정 내의 민족주의 세력과의 통일 전선을 폈다. 이동휘 자신은 한인사회당 당수 자격으로 임정의 국무총리에 취임했다. 이들은 코민테른(Comintern, 국제공산당, 제3인터내셔널) 임시 동아비서부의 제안에 따라 임정 발족 다음해인 1920년 5월 상하이에서 임정 내의 좌파들을 중심으로 한국공산당(일명 대한공산당)을 창당했다. 책임비서 이동휘를 비롯해 김립, 이한영(李翰榮, 李韓英), 김만겸(金萬謙), 안병찬, 여운형, 조동호(趙東祜) 등이 중심 인물이다. 신채호 김두봉(金枓奉) 등 저명한 민족주의 독립운동가들도 여기에 합류했다. 이것이 1921년 5월에 발족한 상하이파 고려공산당의 전신이었다. 한국 공산당은 그 다음 목표를 전한국의 통일된 공산당을 조직하는 데 두고, 자신의 위상을 잠정적인 중앙위원회로 자임했다.[8]

소련 혁명 이후 이동휘 일파 이외에 시베리아 각 지방의 한인들은 지역별로 소규모 공산당 조직을 만들기 시작했다. 1920년 말 현재 러시아의 극동과 시베리아 지방에는 16개 이상의 한인 공산당 조직이 생겨났다. 이들 조직의 당원과 후보 당원수를 모두 합치면 2,300명에 달했다. 이들 중 일부가 1920년 7월 시베리아 중앙부 근처의 도시 이르쿠츠크(Irkutzk)에 모여 '전로한인공산당'(全露

韓人共産黨) 제1차 대표자 회의를 열고 전로한인공산당 중앙총회(중앙위원회)를 발족시켰다. 이것이 이른바 이르쿠츠크파 고려공산당이다. 같은 시기에 이르쿠츠크에는 러시아공산당(소련공산당의 전신) 시베리아국의 동방민족부가 설립되었다. 당시 한인들은 이를 '동양국'이라고 불렀다. 이 부서의 업무는 극동 지역의 공산주의 운동을 지도하는 것이었다. 동방민족부 안에 한족부, 중국부, 몽골부 등이 있었다. 한족부와 전로한인공산당 중앙총회의 관계를 둘러싸고 약간의 논란이 있었으나 중앙총회 의원들이 러시아공산당의 한족부에 들어와 활동을 벌임에 따라 한인 조직인 중앙총회와 러시아인 조직인 동양국은 긴밀한 협력 관계를 지니게 되었다. 이들은 '극동 사업', 즉 한국에서의 공산 혁명을 위해 밀사를 서울에 파견해 한국의 통일 공산당 창당대회를 이르쿠츠크에서 개최하려는 계획을 추진했다.[9]

격화된 양 파의 알력

상하이의 한국 공산당과 이르쿠츠크의 고려공산당은 곧 주도권을 둘러싸고 갈등을 빚었다. 상하이의 한국 공산당과 밀접한 관계를 가진 러시아공산당 극동국 한인부가 1920년 12월 시베리아 맨 동쪽 지방에 위치한 자바이칼 주 주도인 치타(Chita)에 설립되면서 양 파 간의 대립이 표면화했다. 치타의 극동국 한인부는 이르쿠츠크의 전로한인공산당 중앙총회와 연해주의 한인공산 단체에 대해 중앙위원회를 해산하고 지방위원회로 개칭할 것을 권고했다. 이에 대해 이르쿠츠크 고려공산당 측은 크게 반발했다.[10]

이 같은 대립은 1921년 1월 이르쿠츠크에 코민테른 극동비서부가 설치됨으로써 사태가 반전되었다. 모스크바에 본부를 둔 코민테른 집행위원회 소위원회(나중에 상임간부회로 개칭)가 이르쿠츠크의 러시아공산당 시베리아국 동방민족부('동양국')를 코민테른 산하로 이관하고 새로 임명된 코민테른 극동비서부 대표에게 동방민족부의 개편을 위임한 것이다. 종래 혼선을 빚던 소련 내 한인 공산주의 단체의 관할 문제가 이 결정으로 최종적으로 매듭지어진 셈이다. 이르쿠츠크의 시베리아국 동방민족부는 그 다음 달 코민테른 극동비서부로 개편되고, 동방민족부의 지도를 받던 한인들의 중앙총회도 코민테른 극동비서부의 산하 기구가 되었다. 이르쿠츠크 고려공산당은 이 같은 변신으로 그 권한이 치타의 한인부와 상하이의 한국 공산당을 능가하게 되었다. 치타의 한인부는 해체되고 이에 저항한 일부 지도자들은 반혁명 혐의로 코민테른에 의해 제명되고 체포되었다.[11]

승자인 이르쿠츠크파가 추진했던 전한공산당(全韓共産黨) 창립대회는 1921년 5월 현지에서 코민테른의 지원 아래 개최되었다. 전로한인공산당 중앙총회의 단독 주도로 러시아 한국 중국 등지의 한인 공산주의 단체 대표 85명이 참석한 가운데 열린 전한공산당 창립대회는 김만겸, 김철훈(金哲勳), 김하석(金夏錫), 남만춘(南萬春), 서초(徐超), 안병찬(安秉瓚), 이성(李成), 장건상(張建相), 최고려(崔高麗), 한명세(韓明世) 등을 중앙위원으로 선출했다. 이들 중 서초는 한국 국내의 공산 단체 대표이고 김만겸과 안병찬은 상하이 한국 공산당 대표이며 장건상은 베이징의 공산 단체 대표였다. 창립대회는 폐회 직전, 상하이파 공산당의 간부들이 '진실한 공산주의자들이 아닌 반혁명분자'라고 비난하는 결의문을 채택했다.[12]

그러나 상하이파(재 상하이 한국 공산당)도 간단히 굴복하지 않았다. 이들의 핵심 세력인 구 한인사회당 출신 인사들은 1921년 5월 상하이에서 전한공산당 대표 회의를 소집해 고려공산당(高麗共産黨)을 설립했다. 한국 국내로부터는 비밀결사인 사회혁명당 대표 김철수(金鎔洙), 김종철(金鍾哲), 주종건(朱鍾建), 이봉수(李鳳洙), 엄주천(嚴柱天), 홍도(洪濤), 송무영(宋武英), 도용호(都容浩) 등 8명이 참가했다. 당의 중앙 집행 기구로는 중앙총감부(中央總監部)가 구성되었다. 중앙총감부 위원에는 이동휘(위원장), 김립(비서부장), 김철수, 최팔용, 이봉수, 장덕수, 홍도, 주종건, 김하구, 박진순, 한형권, 김규민, 이용 등이 선출되었다. 이때부터 고려공산당이라는 정식 명칭을 지닌 두 개의 좌익 정당이 상하이와 이르쿠츠크에서 동시에 활동을 벌이게 되었다. 상하이파 고려공산당은 동아시아 공산주의 운동을 관활할 동양총국을 설립하고 중국공산당과 일본 공산당을 조직하기로 했다. 동양총국은 무정부주의자인 베이징대학 교수 진독수(陳獨秀)에게 공산주의로 전환할 것을 권유해 그로 하여금 그해 7월 중국공산당을 만들게 했다. 또한 이증림(李增林)과 이춘숙(李春塾)을 일본에 보내

사카이(堺利彦), 야마카다(山川荒田) 등과 협의해 1921년 4월 일본공산당 준비위원회를 발족시켰다.[13]

실패한 양 파 통합 운동

소련공산당 본부의 코민테른 상임간부회는 1921년 10월 경 이르쿠츠크파와 상하이파의 분쟁을 해결하기 위해 한국위원회를 만들었다. 한국위원회는 그 해 6월 소련에서 이른바 '자유시 참변'[14]의 원인을 조사하는 임무도 부여받았다. 한국위원회는 1921년 11월 양 파의 통합을 지시하는 '조선문제 결정서'를 채택하고 양 파의 통합 당대회를 소집하기 위해 양쪽에서 4명씩 모두 8명으로 고려공산당 연합중앙위원회를 구성했다. 통합 당대회는 연합중앙위 주관으로 1922년 10월 시베리아 지방의 베르흐네우진스크(Verkhneudinsk, 현재의 Ulan-Ude)에서 양 파 및 국내 대표들이 참석한 가운데 열렸다. 그러나 대표 자격 문제부터 말썽이 생겨 통합작업은 끝내 실패로 끝났다.[15] 공산주의 혁명과 사회주의 국가 건설을 주된 목표로 하는 이르쿠츠크파와 민족 해방을 주된 목표로 삼은 상하이파의 노선 차이도 있었지만 그보다는 주도권 다툼이 더 큰 갈등 원인이었다. 상하이파는 국내에 침투해 지부를 조직하고 한국의 공산당 창당을 위한 조직 운동을 벌였다. 결국 양 파의 통합에 실패한 코민테른은 1922년 12월 두 개의 고려공산당을 모두 해체하고, 단일 조직으로 공산당 꼬르뷰로(고려국)을 블라디보스토크에 설립했다. 고려국에는 상하이파의 이동휘, 이르쿠츠크파의 한명서(韓明瑞), 국내파의 정재달(鄭在達) 3인이 들어갔다. 그러나 이들이 계속 상호 반목하자 코민테른은 1924년 3월 오르그뷰로(조직국)을 만들어 조선공산당 창건 준비에 들어갔다.[16]

2. 조선공산당 창건

국내의 초기 공산주의 단체

국내에서 맨 처음 생긴 공산주의 지하 조직은 1919년 10월 서울에서 20여 명이 모여 결성한 '서울공산단체'라는 비밀 결사였다. 이 단체의 정식 이름은 알려지지 않았다. 이름이 원래부터 없었을 수도 있고, 이름은 있었으나 비밀로 했을 수도 있다. 이 비밀 결사는 이듬해인 1920년 4월 조선노동공제회(朝鮮勞動共濟會)라는 합법적 노동운동 단체를 조직하는데 주동적인 역할을 했다. '서울공산단체'의 회원 수는 1921년 5월에 85명로 불어났다. 이들은 노동공제회의 해당 부서를 통해 조직 및 교육 활동을 벌였다. 노동자를 위한 야학과 초급학교를 세우고 분야별로 노동조합도 결성했다. 공산주의의 영향력을 확대하기 위해 《공제》라는 월간지도 발행하는 등 선전 활동을 벌였다. 이 단체는 1921년 5월 이르쿠츠크에서 열린 고려공산당 창립대회에 대표를 파견했다.[1]

'서울공산단체'에 이어 1920년 3월에는 서울에서 정재달(鄭在達)을 포함한 15명의 사회주의자들이 조선공산당(朝鮮共産黨)을 결성했다. 지금까지 밝혀진 국내 최초의 공산당이다. 이때의 조선공산당은 1925년 코민테른의 지부로 설립된 조선공산당과 이름은 같지만 실체는 전혀 별개의 조직이다. 정재달의 조선공산당 당원들은 8월 경 일본 경찰의 감시가 심해 조직을 일시적으로 해체하고 상호 연락을 유지하면서 개별적으로 활동키로 했다. 이듬해 5월 조선공산당은 조직을 재건하고 활동을 재개했다. 그 때는 당원 수가 47명이었다. 당원 중에는 정재달 이외에 신백우(申伯雨), 김사국(金思國), 원우관(元宇觀), 김한(金翰), 이영(李英), 윤덕병(尹德柄) 등이 있다. 조선공산당은 국외의 이르쿠츠크파 고려공산당이나 상하이파 고려공산당 그 어느 쪽에도 기울지 않아 '중립당'이라는 별칭으로 지칭되었다. 그러나 시간이 지남에 따라 이르쿠츠크파를 지지하는 김사국, 이영 중심의 '서울파'와 상하이파를 지지하는 신백우, 김한 중심의 '화요파'로 분열되었다.[18]

1920년 6월에는 서울에서 사회혁명당(社會革命黨)이라는 지하당이 설립되었다. 이 조직은 1911년 주시경(周時經)이 만든 '배달모음'이라는 혁명적 민족주의 단체의 회원 가운데 일본으로 유학 간 청년들이 1915년에 도쿄에서 만든 신아동맹단(新亞同盟團)의 후신이다. 신아동맹단은 한국 유학생 김철수 등이 중국 본토와 대만인 유학생들과 함께 만든 국제 반일 조직이었다. 그들은 "아세아에 있어서 일본 제국주의를 타도하고 새 아세아를 세우는데 전력을 다할 것"을 선언했다. 신아동맹단은 3·1운동의 열기가 채 식지 않은 1920년 6월 서울에서 5차대회를 열고 명칭을 사회혁명당으로 바꾸었다. 여기에 참여한 사람은 김일수(金一洙), 김종철(金鍾喆), 장덕수(張德秀) 등 도쿄 유학생 출신들이었다. 사회혁명당은 "계급 타파와 사유제도의 타파, 무산 계급 전제 정치와 전국 인구의 10분지 7이나 되는 무산자들과 함께 혁명 운동을 실행할 것"을 선언했다. 시회혁명당은 1921년 5월 상하이에서 열린 고려공산당(상하이파) 창립대회에 8명의 대표를 파견함으로써 상하이파 고려공산당의 국내 지부 성격을 갖게 되었다.[19]

공산주의 운동과 일본 유학생

국내의 공개적인 좌익 사상 운동은 1922년 1월 조선공산당의 합법적 외곽 단체이면서 무산자 해방을 슬로건으로 내건 무산자동지회(無産者同志會)의 결성 및 같은 해 2월 4일자 《조선일보》에 발표된 "전국 노동자 제군에게 고함"이라는 고학생동우회선언을 신호탄으로 해서 닻을 올렸다. 이 선언문은 "우리 동우회는 일본의 주요 사상 단체 및 노동 단체와 제휴하여 노동대학의 설립, 잡지 《동우》(同友)의 발행 등으로 노동운동을 전개할 것이며, 이제는 고학생 및 노동자의 구제 기관임을 버리고 계급 투쟁의 직접적 행동 기관임을 선언함"이라고 했다. 이 선언은 한국에서 행해진 최초의 공개적인 계급 투쟁 선언이라는 평가를 받고 있다.[20]

동우회의 선언 발표는 조선의 지식층과 학생층에 상당한 충격을 주었다. 당시 민족주의우파의 아성으로 자임하던 《동아일보》는 2월 18일자 "사회주의적 운동에 대하여 - 위선 참된 연구가 필요"라는 제목의 사설을 통해 조심스러운 입장을 표명했다. 이 사설은 첫째 조선의 노동자, 소작인, 소자본가의 실상이 참담하고, 둘째 사위(四圍)의 사정과 세계 사조의 대세로 보아 열국의 노동자들이 세를 얻어 세계 혁명을 기도할 것이 부인 못할 사실이어서 장차 조선에서 사회주의 운동이 일대 세력을 형성할 것을 확신한다고 지적하면서 다음과 같은 신중한 결론을 내렸다(현대문으로의 수정을 저자).

그러나 이에 대하여 조선인이 처할 방책이 어떠한지 우리는 아직 그 대세를 논하고 그 가부를 논하려 아니하거니와 다만 바라는 바는 이 주의에 찬성하는 자나 반대하는 자를 물론하고 그 주의의 진골수(眞骨髓)와 참 정신을 참으로 연구함이 위선 필요할까 하노라.[21]

무산자동지회는 그해 2월, 사회혁명당의 합법적 외곽 단체로 전 달에 설립된 신인동맹회(新人同盟會)를 흡수, 무산자동맹회(無産者同盟會)로 개편함으로써 국내 유일의 상설적 사회주의 운동 단체가 되었다. 두 단체의 결합으로 조선공산당도 사회혁명당을 통합, '통일조선공산당'으로 재출범하는 계기가 마련되었다. 통일조선공산당의 중심 인물은 신백우(申伯雨), 원우관(元友觀), 김한, 정재달(이상 조선공산당), 김사국, 이영(이상 사회혁명당) 등이다.[22]

국내의 공산주의 운동에는 일본 유학생들이 큰 몫을 했다. 첫째, 1923년에 조직된 김약수(金若水), 서정희(徐廷禧) 등의 북풍회(北風會, 토요회)를 들 수 있다. 김약수는 원래 일본의 무정부주의자들로부터 사상적인 감화를 받고 북성회(北星會)를 결성했다가 서울에 들어와서 1923년 11월 다시 북풍회를 결성했다. 둘째, 김낙준(金洛俊), 홍명희(洪命憙), 홍증식(洪增植) 등의 화요회(火曜會)이다. 화요회는 마르크스(Karl Marx)의 생일인 화요일을 택해 1924년 11월 29일 발족했다. 화요회는 마르크스주의의 행동 단체를 지향함으로써 나중에 조선공산당 창당에 적극 기여했다. 화요회는 원래 4개월 전인 그 해 7월 7일 서울 낙원동에서 이들이 조직한 '신사상연구회"(新思想研究會)의 후신이다. 상하이에서 활동하던 이르쿠츠크파 공산주의자인 박헌영(朴憲永), 임원근, 김단야(金丹冶)와 일본 유학생 출신의 조봉암(曹奉岩)은 이 연구회에 나중에 가입했다. 셋째, 이영(李英), 김사국(金思國) 등의 서울청년회를 들 수 있다. 서울청년회는 민족주의 세력과 한 때 손잡았으나 나중에 갈등 관계에 들어갔다. 이상 세 단체는 모두가 사회주의를 표방해 이념과 노선에 별다른 차이가 없고 인맥만이 다를 뿐이었다. 이들의 서로 다른 인맥들은 후일 한국의 공산주의 운동에 큰 분파 작용이 일어나게 하는 원인이 되었다.[23] 이들 단체들은 학술연구회 모양을 갖추었기 때문에 어느 시기까지는 합법적인 활동을 할 수 있었다.

조선공산당의 설립과 와해

코민테른이 조직하도록 지령한 조선공산당은 1925년 4월 김재봉(金在鳳)을 책임비서로 해 비밀리에 결성되었다. 조선공산당은 화요회계와 북풍회계가 주동이 되고 서울회계는 배제되었다. 화요회의 김낙준은 일본 유학생 시절부터 북풍회의 김약수와 가까웠다. 두 사람은 은밀히 왕래하면서 협의한 끝에 서울 을지로의 중국 음식점 아서원(雅敍園)에서 조선공산당 결성식을 극비리에 거행하는 데 성공했다. 약 20명이 채 안 되는 공산주의자들이 결성식에 참석했다. 바로 이 날 서울 종로구 훈정동에 있는 박헌영의 집에서는 조선공산당의 전위 조직인 고려조선청년회가 극비리에 결성되어 그가 초대 책임비서로 선출되었다. 당시 그는 동아일보 기자였다. 조선공산당은 조동호를, 고려공산청년회는 조봉암을 각각 대표로 뽑아 모스크바로 보냈다.[24]

조선공산당 당 규약은 '일본 제국주의의 완전 타도와 조선의 완전 독립' 및 '8시간 노동제 실시, 최저임금제 실시, 실업자 구제, 사회보장제 실시', '언론 출판 집회 결사의 자유, 식민지노예화 교육 박멸', '제국주의 침략 전쟁 반대와 반제국주의 혁명 전쟁 추진', '일본의 물화(物貨) 배척과 조선인 관리 전원 사퇴, 일본인 공장 노동자 총파업', '일본인 지주에의 소작료 납부 거부, 일본인 교원의 교육 반대, 일본인 상인과의 거래 단절' 등을 규정했다. 특기할 사실은 이들이 채택한 조선공산당선언에서 이들이 장차 민주공화국을 건설하되 국가의 최고 및 일체 권력은 국민으로부터 조직한 직접 비밀 보통 및 평등 선거로 성립된 입법부에 있다고 선언해 노농 소비에트 국가 건설과는 차이점을 둔 점이다.[25] 이것은 조선공산당의 기본 노선이 공산주의 혁명보다는 민족 해방에 중점이 있음을 의미한다. 고려공산청년회는 합법 단체인 조선청년총동맹에 가입하고 코민테른에 21명의 유학생을 파견하는 등 활발한 활동을 벌였다. 그러나 그해 11월 신의주에서 고려공산청년회 회원이 변호사를 구타한 사건이 계기가 되어 조선공산당의 실체가 경찰에 적발됨으로써 220명이 검거되고 101명이 기소되어 83명이 유죄 판결을 받았다. 이로써 조선공산당은 와해되었다. 조선공산당과 함께 고려공산청년회도 해체되었다. 이 때 적발된 사건을 제1차 조선공산당사건, 그리고 와해된 조직을 제1차 조선공산당이라 부른다.[26]

제2차 조선공산당은 그해 12월 강달영(姜達永)을 책임비서로 해서 비밀리에 조직되었다. 제1차 조선공산당이 와해 위기에 처하자 간부들이 그에게 당 재건 작업을 위임한 것이다. 고려공산청년회는 권오설(權五卨)을 책임비서로 재건되었다. 제2차 조선공산당은 제1차당의 후속 당이었으나 고려공산청년회 쪽에서 서울회계가 만든 고려공산청년동맹과 통일 전선을 이루려는 움직임이 나타났다. 또한 이들은 민족주의자와 협동 전선을 이루어 '국민당'을 창당하려는 노력도 기울였다. 이 문제는 주로 책임비서 강달영이 맡았다. '국민당' 창설 노력은 당시에는 실현되지 않았으나 나중에 투쟁 노선에 큰 영향을 주었다. 제2차 조선공산당은 1926년 6월 순종 황제 붕어를 계기로 일어난 6·10만세사건으로 탄로가 났다. 고려공산당청년동맹 책임비서 권오설이 격문을 만들어 배포하려다가 사전에 적발되어 당의 조직 전모가 발각되었다. 일제 경찰은 권오설, 강달영을 비롯한 100명의 당원을 검거, 82명에게 실형을 선고해 제2차당도 와해되었다.[27] 한 가지 흥미로운 사실은 제1·2차당은 언론인들이 주도해 만들었다고 해야 할 정도로 많은 언론인이 참여했다.[28]

ML(Marx-Lenin)당으로 불리기도 하는 제3차 조선공산당은 일제의 검거 작전에서 빠진 김철수(金錣洙)를 책임서기로 해 1926년 9월 조직되었다. 1·2차 조선공산당사건 때 화요회계의 중요 간부들이 검거되거나 해외에 도피했기 때문에 3차에서는 서울청년회 등 다른 계열의 운동가들이 참여한 통합당의 특징을 가지고 있다. 나중에 책임비서가 김철수로부터 안광천(安光泉)으로 바뀌자 안광천은 자신이 제2차당 시절부터 주장한 그의 지론인 민족 협동 전선 결성을 추진, 조선공산당은 민족주의좌파와 연합해 신간회(新幹會)를 결성했다. 고광수(高光洙)를 책임비서로 하는 제3차 고려공산청년회는 서울파인 고려공산청년동맹과 함께 코민테른의 승인을 받았다. 제3차당은 당원 400명을 가입시키고 지방 조직도 확보하는 등 비교적 활발한 활동을 보였다. 안광천에 이어 김준연(金俊淵)과 김세연(金世淵) 등 마르크스-레닌주의로 철저히 무장한 2세대 사회주의자들이 책임비서에 취임하면서부터 제3차당은 극좌 노선을 걸었다. 조선공산당의 노선이 공산 혁명을 지향하는 방향으로 변화되었음을 의미한다. 제3차당은 1년 반 이상 유지되었으나 1928년 3월 당 조직이 탄로되어 해체 운명을 맞았다. 김준연은 경찰에 검거될 당시 동아일보 편집국장 신분이었다. 모두 200여 명이 검거되고 조선공산당과 관련이 있던 조선노동총동맹, 신간회, 근우회 등 단체들도 타격을 입었다.[29]

제4차당은 1928년 3월 차금봉(車今奉)을 책임비서로 해 설립되었다. 4차당은 '조선민족해방운동에 관한 테제'를 채택해 혁명 노선을 분명히 하고 국내외의 조직도 정비했다. 4차당은 코민테른으로부터 활동 자금을 받아 활발한 활동을 벌였으나 1년도 채 못 되어 조직이 발각되어 170명이 검거되고 차금봉, 김재명 등은 일본 경찰에 의해 고문을 당해 죽었다. 4차당이 붕괴위기에 빠지자 모스크바의 코민테른은 그 해 12월 제6차 대회에서 '12월 테제'(정식 명칭 조선 문제에 대한 코민테른 집행위원회 결의)를 발표, 당의 해체와 새로운 재건을 지시했다. 이 테제는 "공산당 조직의 곤란성은 단지 객관적인 조건에서만 초래되는 것이 아니라 조선공산주의운동을 수년이나 괴롭히고 있는 내부의 알력과 파쟁에서도 초래되고 있다"라고 지적하고 지식인 위주의 당을 해체하고 노동자·농민 중심의 볼셰비키당을 재건하도록 지령했다. 실제로 1차에서 4차까지의 조선공산당은 지식인과 학생의 조직체로서 일반 대중의 지지 기반이 약했다. 다음의 Ⅱ-**4**(일제 하의 좌우합작 운동)에서 보는 바와 같이 12월 테제로 인해 신간회도 우여곡절 끝에 1931년 5월 해체되었다. 일제의 감시와 탄압이 격심해 조선공산당의 재건은 1945년 해방 때까지 실현되지 못했다.[30]

3 좌·우 세력 분열의 서막

비타협적인 평등주의자는 점진적인 사회 개량의 방법이 (자신들의) 이상에 미치지 못할 뿐 아니라 갖가지 형태의 낡고 전통적인 부정과 비리를 온존시키기 위해 사회를 기만한다고 주장함으로써 사회개량주의들에 비해 월등한 도덕적 우위를 갖는다.

– 라인홀트 니버(Reinhold Niebuhr)

1. '민족주의 세력'과 '사회주의 세력'

3·1운동 직후의 국내 민족주의 세력

3·1운동을 이끈 주도 세력은 Ⅱ-1(상하이 임시정부의 공화제)에서 설명한 바와 같이 천도교, 기독교, 불교 종단 및 개화 −구국계몽운동파, 그리고 위정척사− 의병 지도자 등 5대 세력의 연합체였다. 독립 요구 시위가 전국으로 확대되어 그 여진이 계속되고 있던 1919년 4월 전통적인 유교 세력도 파리장서사건을 결행, 극소수의 친일 매국 세력을 제외한 각계각층의 지도자들이 모두 거족적인 3·1운동에 참여한 셈이다. 독립 만세 사건 이후 그 주도 세력 중 일부는 러시아와 만주의 간도 지방 중국의 상하이 미국 등 해외로 탈출, 1910년의 합병을 전후해 미리 국외로 나갔던 애국 지사들과 합류해 임시정부와 독립운동 단체를 만들었다.[1]

국내의 민족 지도자들은 많은 수가 만세 사건에 연루되어 투옥되었다가 대체로 1920~22년 사이에 만기 출옥 또는 가출옥으로 석방된다. 자유의 몸이 된 그들은 일제의 새로운 식민 통치 방식, 즉 '문화정치'라는 달라진 상황 아래서 새로운 대응책을 모색하지 않으면 안 되었다. 그것이 1920년대 초 식민지 조선의 국내 지도자들이 당면한 과제였다.

일제의 문화정치라는 유화 국면에서 이루어진 주목할 점은 국내의 민족주의자들이 벌인 실력양성운동과 합법적 정치 운동의 시도였다. 실력양성운동은 구한말의 국권회복운동과 실력양성운동을 그대로 계승한 것이지만 3·1운동 이후 국내에서 선택할 수 있는 거의 유일한 투쟁 방식이었다. 1920년 8월 미국 상하 양원 대표단이 일본과 중국을 거쳐 조선에 오게 되었는데 그해 4월에 막 창간된 동아일보는 상하이 임시정부와 협력해서 이들에게 조선의 실정을 알리고 독립을 청원하는 운동을 벌였다. 동아일보는 장덕준(張德俊), 김동성(金東成) 두 특파원을 베이징에 보내 이들과 회견케 하고 그 내용을 대서특필한 다음 이들이 조선에 온 당일 국문과 영문으로 쓴 사설을 통해 조선의 독립을 지원해주도록 간접적으로 호소했다.[2] 상하이 임정에서는 여운형(呂運亨), 정인과(鄭仁果), 이희경(李喜儆) 등을 대표로 미국 의원단에게 보내 난징, 톈진, 베이징을 순방하는 이들을 따라 다니면서 조선 독립의 당위성을 홍보하고 지원을 요청하는 외교 활동을 벌이게 했다. 그러나 미국 의원단은 "정의, 인도로 향상 발전하라", "교육에 힘쓰고 산업을 일으켜서 잘 살라"라는 정도의 말만 해 우리 민족 지도자들을 크게 실망시켰다.[3]

윌슨의 민족자결주의가 조선 문제 해결에 도움이 안 되었듯이 1920년 11월에 열린 국제연맹 총회도 조선 문제에 대해 냉담했다. 그러나 이듬해인 1921년 11월 워싱턴에서 제1차 세계대전 이후의 세계 평화 문제를 논의하기 위해 미·영·일·중 등 9개국 회의가 열리게 되자 국내 지도자들은 이 회의에 다시 기대를 걸었다. 동아일보는 민족적 여망과 기대에 부응해 이 회의를 전후 14회나 사설로 다루면서 조선 문제에 대한 국제 사회의 관심을 촉구했다. 그러나 이 회의 역시 각국의 해군 주력 함정의 보유를 제한하는 군비 제한 문제와 중국의 주권과 독립 존중 및 중국에 있어서의 열국의 기회 균등에 합의했을 뿐 조선 문제에 대해서는 일언반구의 언급도 하지 않았다. 국제 사회의 이 같은 움직임에 실망한 국내 민족주의자들은 자연 실력 양성 외에는 방법이 없다고 생각하게 되었고, 반면에 사회주의자들의 관심은 레닌의 민족해방론으로 기울어지게 되었다.[4]

국내 민족 세력이 추진한 실력양성론은 물산장려운동과 민립대학 설립 운동으로 구체화되었다. 물산장려운동은 처음에 조만식(曺晩植)이 시작해서 이승훈(李昇薰)을 비롯, 유성준(俞星濬), 설태희(薛泰熙), 이종린(李鍾麟), 박승빈(朴勝彬), 김필수(金弼秀) 등이 주도했으며 많은 사회 경제 단체와 언론도 적극 지원했다. 1923년 2월에 이 운동이 절정을 이룬 가운데 조선물산장려회가 조직되고 그 표어 중에는 "조선 사람 조선 것"이라는 내용도 있었다. 총독부는 이를 반일 운동으로 간주해 탄압했다. 민립대학 설립 운동은 한규설(韓圭卨), 이상재(李商在), 윤치소(尹致昭) 등이 주동이 되어 1920년 6월 재단법인 조선교육회설립발기회를 가짐으로써 표면화했다. 이 역시 조선에서의 대학 교육을 달갑게 생각지 않은 총독부의 방해 책동으로 성과를 거두지 못했다. 일제는 이 운동을 무마하려고 1924년 경성(京城)제국대학을 설립했다.[5] 결국 두 운동은 기대만큼의 실효를 거두지 못하고 흐지부지 실패하고 말았다. 국내의 민족 세력은 뒤에서 살펴보는 바와 같이 합법적인 정치 결사를 통한 새로운 민족 운동을 모색하게 된다.

문화민족주의 운동

일제의 '문화정치' 아래서 나타난 가장 큰 가시적인 변화는 동아·조선 등 민간 신문과 잡지의 발행이었다. 일제는 1910년 합병과 동시에 황성신문, 제국신문, 대한매일신보 등 한민족이 내던 모든 신문을 일제히 폐간함으로써 3·1운동 때까지 9년 동안 '언론 암흑 시대'가 계속되었다. 이런 언론 암흑기가 끝나고 조선인의 신문 잡지가 나오게 되자 국내의 공론이 이를 통해 이루어짐으로써 마치 금지되었던 조선인의 정치 활동이 재개된 듯했다. 식민지 치하에서 조선인 자신의 신문이 발간된다는 사실은 아무리 일제의 문화 통치가 조선인을 문화적으로 세뇌해 말살하려는 고도의 기만 술책에서 비롯되었다 할지라도 일단 과거의 무지막지한 무단 통치 시대에 비하면 하늘과 땅의 차이라 할 것이다.

김성수(金性洙)가 발기인이 된 동아일보는 총독부의 외풍을 차단하기 위해 초대 사장에 개화파의 거두이자 철종의 부마로 합병 때 일제로부터 자작 작위를 받은 박영효를 앉혔다. 그리고 편집감독에는 대한매일신보를 이끈 반일 언론인이자 독립운동가인 양기탁과 유근을 모셨다. 1920년 4월 1일자로 발간된 동아일보는 창간사에서 ① 조선 민중의 표현 기관임을 자임하노라 ② 민주주의를 지지하노라 ③ 문화주의를 제창하노라는 3대 주지(主旨)를 밝혔다. 창간사는 이어 "2천만 조선 민중은 … 장차 혼신용력(渾身勇力)을 분발하여 멀고 큰 도정(道程)을 건행(健行)코자 하니 그 이름이 무엇이뇨, 자유의 발달이로다"라고 밝힌 다음 '자유 정치'와 '문화 창조'와 '민족 연맹'의 신세계가 전개하려는 것이 아닌가 하고 희망을 표시했다. 이 사설은 또한 민주주의에 관해서 "국내 정치에 처하여는 자유주의(自由主義)요 …"하고 정의했다.[6] 민주주의에 자유주의를 결합시킨 것은 의미심장한 것이라고 해야 할 것이다. 한국의 '자유민주주의' 이념의 발전을 시도한 것이라 할 것이다. 조선일보는 처음에는 총독부에 협조적인 대정실업회(大正實業會)에서 창간했으나 편집진에 젊은 민족주의자가 많아 창간 당시부터 반일 논조로 인해 동아일보 못지않게 탄압을 받았다. 조선일보는 1924년에 민족 진영에 경영권이 넘어감으로써 완전한 민족지로 탈바꿈했다.[7] 일제 치하에서는 조선 민족의 정치적 결사는 물론 시민단체가 거의 없던 상황이어서 두 신문사의 역할은 아주 컸다. 1920년대 펼쳐진 민족주의우파의 물산장려운동, 민립대학운동, 연정회(硏政會) 설립, 그리고 민족주의좌파와 사회주의 세력의 연합체인 신간회(新幹會) 운동 등 국내의 민족 운동은 모두 두 신문을 거점으로 또는 매개로 전개되었다.[8]

동아일보와 조선일보는 일제의 언론 탄압이 극심해지기 전인 1920년대에 민족주의 논조를 용감하게 펴다가 걸핏하면 발매 금지와 압수를 당했다. 총독부는 동아일보에 대해 1920년의 창간 이후 1930년 말 강제 폐간 직전까지 393건, 조선일보에 대해 414건, 시대일보, 중외일보, 중앙일보, 조선중앙일보에 대해서는 257건의 발매 금지 및 압수 처분을 내렸다. 총독부는 또한 동아일보에 대해서는 무기 정간 4회에 걸쳐 통산 569일 간 발행을 정지시켰으며 조선일보에 대해서는 4회, 240일 간 발행을 정지시켰다.[9] 이 신문들이 민족 의식을 고양하는 문화 사업을 조직적으로 추진한 사실은 주목할 만하다. 바로 문화적 민족주의 운동이다. 구한말의 국권 회복 운동과 자강 운동의 계승이다. 그 대표적인 것은 개국 시조 단군 관련 사업, 백두산 참관단 조직, 조선의 노래 공모 사업, 이충무공 유적 보존 운동, 브 나로드(v Narod) 운동, 한글 배우기 운동, 한글

철자법 보급 운동 등이다. 총독부는 1935년에 들면서 이들 문화 사업을 강제로 중지시켰다.[10]

좌익 세력의 영향력 확대

1920년대 초로 접어들면서 식민지 조선의 신문들이 소련과 공산주의에 대해 호의적으로 보도하는 분위기가 일기 시작하자 여러 갈래의 좌익 단체가 조직되어 영향력을 점진적으로 확대해 나갔다. 이 같은 경향은 레닌이 내건 민족 해방 노선이 조선의 일부 지식인들을 사로잡는 동시에 당시 식민지 조선의 노동자 농민의 비참한 생활상과 이로 인해 야기되는 사회 불안과도 맞물려 차츰 심화되었다. 이런 현상은 민족주의우파 세력에게 우려와 경계의 대상이 되었다.

국내에서 사회주의 단체와 조선공산당이 설립된 경위는 앞 장에서 본 바와 같지만, 3·1운동 이듬해인 1920년 2월 최초의 좌익 노동 단체인 조선노동공제회(朝鮮勞動共濟會)가 박중화(朴重華), 신백우(申佰雨) 등에 의해 조직되었다. 이 단체는 1922년 10월 신사회 건설을 다짐하는 본격적인 노동운동 단체인 조선노동연맹(朝鮮勞動聯盟)과 합류하고, 1924년 4월에는 다시 농민 단체를 포함한 167개 단체를 망라해 조선노농총동맹(朝鮮勞農總同盟)을 발족시켰다. 가맹원이 공칭 5만 명에 달했던 조선노농총동맹은 노동 계급의 해방, 완전한 신사회 건설, 자본가 계급과의 철저한 투쟁 등을 강령으로 내걸었다. 1927년 9월에는 노동자와 농민은 성격이 다르다는 이유로 이 단체가 조선노동자총연맹과 조선농민총연맹으로 다시 분리되었다.[11]

사회주의 신사조의 수용과 더불어 계급 의식이 싹튼 노동자 농민들은 이때부터 조직적 투쟁을 벌이기 시작했다. 1921년 9월 한국 최초의 대규모 동맹 파업이라 할 부산 부두 노동자의 대파업이 노동자 5,000명이 참가한 가운데 단행되었다. 이어 4년 동안 이와 비슷한 대규모 파업이 전국 여러 군데서 연이어 발생해 시국을 불안케 했다.[12]

1920년대에 들어 청년운동도 활발해졌다. 1920년 6월 오상근(吳祥近), 장도빈(張道斌), 상덕수(張德秀), 김명식(金明植) 등 전국 600여 개 청년 단체 대표가 참여한 조선청년연합회(朝鮮靑年聯合會)가 결성되었다. 그러나 김사국(金思

國)을 중심으로 한 신흥 국내파 사회주의 세력이 이 단체에 침투해 들어와 장덕수, 오상근, 김명식 등 상하이파 고려공산당 국내부 인사들을 제명하고 주도권을 잡으려 해 내분이 일어났다. 이들은 주도권 장악이 실패하자 1922년 4월 이 단체로부터 자진 탈퇴하고 이듬해 3월 서울청년회를 비롯한 94개 단체를 참여시켜 조선청년당대회를 열었다. 이들은 끝내 그해 6월 들어 장덕수, 김명식, 오상근, 최팔용(崔八鏞), 이봉수(李鳳洙) 등 상하이파 고려공산당 국내부 인물들을 서울청년회에서 제명하는 데 성공했다. 신흥 국내 사회주의 세력은 1924년 4월 좌익 청년 단체 연합체인 조선청년총동맹(朝鮮靑年總同盟)을 창설했다. 이 단체는 '사회주의적 해방 투쟁'을 노선으로 삼았다. 이로 인해 조선의 청년운동은 좌·우파, 즉 조선청년연합회와 조선청년총동맹으로 양분되었다.[13]

국내 좌·우 세력의 첫 대결

1922년 1월 김윤식(金允植)의 사회장(社會葬) 문제는 한국의 우익과 좌익, 즉 당시의 표현대로 민족주의 세력과 사회주의 세력으로 불리던 두 진영이 국내에서 최초로 대결을 보인 사건이다. 민족주의 세력은 후발 세력인 사회주의자들이 '진보'를 주장함에 따라 이들이 개화기에 차지했던 진보적 위상을 잃고 '보수 세력'이 되었다. 그러나 당시에는 아직 보수─진보 세력이라고 불리지 않고 주로 민족주의 세력과 사회주의 세력으로 호칭되었다.

김윤식의 사회장 문제는 그 해 1월 21일 그가 별세하자 민족주의 세력이 그의 장례식을 사회장으로 성대하게 치르기 위해 '김윤식 사회장 장의위원회'를 구성하면서 불거졌다. 장의위원회에는 상하이파 고려공산당 국내부도 참여했다. 이에 대해 당시 국내에서 막 세력을 떨치기 시작한 반상하이파 공산주의자들은 '김윤식 사회장 반대회'를 구성해 맞섰다. 이들은 강연회 개최, 전단 살포, 언론 회견을 통해 맹렬한 반대 운동을 폈다. 결국 김윤식 사회장은 취소되고 이 싸움은 민족주의 세력의 패배로 끝이 났다.[14]

김윤식의 사회장 계획이 취소된 그날 반상하이파 공산주의 세력의 지도자 김한(金翰)은 조선일보에 기고한 글에서 "(김윤식 사회장 반대는) 귀족 사회를 파괴하고 자본가 계급 타파와 사회개량가의 매장을 위한 투쟁이었다"라고 주장했다. '자본가 계급의 타파'란 김윤식 사회장 장의위원회에 참가한 기독교 세력과 동아일보 세력에 대한 투쟁을 뜻하고 '사회개량주의자의 매장'이란 문화 운동 세력과의 연합을 추진 중인 상하이파 고려공산당 국내부 간부들에 대한 반대 투쟁을 의미했다.[15] 이 사건을 계기로 국내의 민족주의 세력과 사회주의 세력의 대립은 본격화했다. 1922년 연말부터 식민지 조선 사회에서는 "조선 민중이 취할 길이 사회주의에 있는가, 아니면 민족주의에 있는가"라는 문제를 둘러싸고 논쟁이 그칠 줄을 몰랐다. 이때부터 대체로 우익은 '민족주의 세력'으로, 좌익은 '사회주의 세력'으로 불리기 시작했다. 이런 경향은 1940년대 후반의 해방 정국에 이르기까지 계속되었다. 김일성도 해방 이후에 우익 세력을 '민족주의 세력'이라고 불렀다.[16]

김윤식 사회장 문제는 민족주의 세력의 패배일 뿐 아니라 이들과 협력한 상하이파 고려공산당 국내부 세력의 패배이기도 했다. 상하이파 공산당 국내부의 영향력은 1921년까지만 해도 국내 좌익 세력 중에서는 가장 컸다. 그들은 조선청년회연합회 서울청년회 조선노동공제조합회 등 유력한 단체에 뿌리를 내리고 있었다. 그러나 이들은 반상하이파 공산주의자들이 김윤식 사회장 반대 투쟁을 계기로 6개월 동안 집요하게 공격을 계속하자 차츰 영향력을 잃어갔다. 반상하이파 세력은 상하이파 고려공산당 국내부가 레닌이 보낸 지원 자금을 혁명 사업을 위해 쓰지 않고 사적으로 유용했을 뿐 아니라 혁명적 투쟁을 포기하고 문화 운동을 벌임으로써 '사기 행각'을 벌였다고 공격하면서 이들을 '사기공산당'(詐欺共産黨)이라고 매도했다.[17]

1920년대에 들어서면서 좌익 단체들의 움직임이 두드러지자, 뒤에서 설명하는 바와 같이 1925년 9월 민족주의좌파 모임인 조선사정연구회(朝鮮事情研究會)가 결성되어 다음과 같은 결론을 내렸다.

극단의 공산주의를 주장하고 외국의 제도 문물 학설과 같은 것을 그대로 성취하여 조선에 통용 실시 코자 하는 등 과격한 주장을 하는 이가 있다. 그러나 조선에는 조선의 역사가 있고 독특한 민족성이 있으니 이러한 조선 민족을 자멸케 함이 될 것이므로 그 가부를 연구하고 장소(長所)를 취해 민족 정신 보호에 노력하지

않으면 안된다.[18]

프로문학의 등장과 찬반 논쟁

이념 분화는 출판과 문학 분야에서도 시작되었다. 1920~22년 무렵 국내에서 발간된《개벽》《공제》《아성》《신생활》등 월간지에는 소련 혁명 뿐 아니라 러시아의 크로포트킨(Peter Kropotkin) 등 무정부주의자에 관한 글도 빈번하게 소개되는 등 사회주의, 무정부주의 등 각종 좌파 사상을 다룬 기사들이 홍수를 이루었다. 일제 경찰이 이를 단속하기 시작하자 일부 잡지에서 필화 사건이 일어났다. 1922년《신생활》11월호 '러시아 혁명 기념호'가 문제가 되어 사장 박희도(朴熙道)와 집필자 김명식(金明植), 신일용(辛日鎔), 유진희(俞鎭熙) 등 모두 4명이 구속 기소되어 징역 2년 반 내지 1년을 선고받았다.《신생활》관계자에 대한 재판은 당시에 조선 최초의 '사회주의 재판'이라고 불렸다.[19]

계급문학도 이 무렵에 대두하기 시작했다. 1922년에 심훈(沈熏), 김영팔(金永八), 송영(宋影) 등이 염군사(焰群社)라는 모임을 만들고 이듬해에는 박영희(朴英熙), 김형원(金炯元), 이익상(李益相), 김기진(金基鎭) 등이 자기네 성명 첫 자를 따서 만든 단체('PASKYULA')를 조직했다. 김기진은《개벽》1923년 11월호에 실린 '지배 계급 교화와 피지배 계급 교화'라는 글에서 계급문학의 필요성을 역설하고, 이듬해 2월호에 실린 "금일의 문학, 명일의 문학"이라는 평론에서는 무산자 문학을 주창했다. 두 모임은 뚜렷한 활동을 하지 못하고 있다가 1925년 8월 조선프롤레타리아예술동맹으로 통합되었다. 이 단체의 에스페란토어 약칭이 'KAPF'(또는 한글로 '카프')였다. 카프에는 두 단체의 회원들 이외에 이상화(李相和), 조명희(趙明熙), 이기영(李箕永), 박팔양(朴八陽) 등이 회원으로 신규 가입했다. 1931년에는 도쿄에서 귀국한 안막(安漠), 김남천(金南天), 임화(林和), 권환(權煥) 등 소장파가 합류해 주도권을 장악했다. 박영희는《개벽》1925년 12월호에 실린 "신경향파 문학과 그 문단적 지위"라는 글에서 도피·비애·애상적 인도주의 문학에서 '무산적(無産的) 조선'을 해방하는 새로운 문학을 하자고 주장했다. 이들 이외에도 무산 계급 문학을 주장하면서 좌파 문학 운동에 앞장선 이는 윤기정(尹基鼎), 임화 등이다. 특히 카프의 서기장 임화는 문

학 운동을 볼셰비키화해야 한다고 주장했다.[20]

이 같은 계급문학론에 대해 동아일보는 1926년 1월 1일부터 사흘 동안 김억(金憶)과 이광수의 비판 논문을 실었다. 김억은 어떤 존재든지 독립성을 잃으면 의미가 없다고 지적했으며("예술의 독립적 가치"), 이광수는 혁명적인 문학을 배격할 것을 주장했다("중용과 철저"). 중국에 망명 중인 신채호는 《동아일보》 1925년 1월 2일자에 실은 "낭객(浪客)의 신년 만필"에서 계급문학의 대상이 우리 민족의 유산계급이 아닌, 일본 제국주의임을 명확히 해야 한다고 주장했다. 이 밖에도 김화산(金華山), 김동환(金東煥), 양주동(梁柱東) 등이 나서서 계급문학을 비판해 양 파 사이의 논쟁은 1931년 2월 카프 회원들이 일제 경찰에 구속되고 1935년 5월 카프가 해산될 때까지 계속되었다.[21]

2. 민족주의 세력의 분열

민족주의 좌 · 우파의 탄생

1920년대 초에 들어 민족주의 세력이 우파와 좌파로 분리된다. 전자는 민족주의 세력 온건파 또는 타협파(자치파)라 불리기도 하고, 후자는 민족주의 세력 급진파 또는 비타협파(완전독립파)라 불리기도 한다. 양 파의 분리는 온건파의 자치론에서 비롯되었다. 민족주의우파의 주동 세력은 도쿄 유학생 출신의 김성수(金性洙), 송진우(宋鎭禹), 최린(崔麟) 등으로 그들은 현실적이며 타협적인 민족 운동 노선을 추구했다. 이들은 일제가 무단정치에서 문화정치로 식민정책을 수정한 것은 그들의 보다 교활한 기만책이라는 것을 간파했지만 조선민족의 입장에서는 이 기회를 적극 활용해 우선 정치적 결사체를 만들자는 데 의견을 같이 했다. 메이지유신 후의 일본 근대화를 조선의 발전 모델로 생각한 이들은 처음에는 실력양성론의 입장에서 물산장려운동과 민립대학 설립 운동을 통해 이를 실현하려 했으나 두 운동이 실패로 돌아가자 새로운 시도가 필요하다고 판단했다.

1923년 12월 하순 동아일보사의 김성수와 송진우, 최원순(崔元淳), 조선일보사의 신석우(申錫雨), 안재홍, 천도교의 최린, 이종린(李鍾麟), 기독교의 이승훈(李昇薰), 법조계의 박승빈(朴勝彬), 그리고 평양의 조만식(曺晩植), 대구의 서상일(徐相日) 등 16~17인은 서울 계동 김성수 집에 모여 범민족 운동을 위한 조직체를 만들기로 의견을 모았다. 이듬해 1월 초순 정식으로 발족한다는 목표였다. 단체의 명칭은 연정회(硏政會)로 하기로 의견을 모았다. 일부 학자들은 연정회가 사회주의 세력의 대두를 우려한 총독부가 배후 조정해 최린이 주동이 되어 결성한 것으로 보고 있다.[22] 그러나 김성수의 전기에서는 이를 부인하고 있다. 이 모임은 김성수와 송진우가 앞장서서 최린의 찬동을 얻어 조직되었다는 것이다. 이들은 당시 급속히 확산되는 사회주의 세력의 움직임이 자칫 잘못하면 민족 진영을 압도·흡수할 지도 모른다는 의구심을 가졌다. 이들은 김성수가 내놓은 2만 원을 비롯한 10만 원을 경비로 해 전국 각지의 각계 대표적 인사들을 망라한 조직체의 구성에 나섰다. 이들의 모임은 3·1운동 이후 은인자중하던 국내 독립운동가들의 사실상 첫 움직임이었다.[23]

연정회 설립이 합의된 지 얼마 후인 1924년 1월 《동아일보》에 당시 기자로 있던 이광수가 쓴 사설이 나왔다. 이 사설은 연정회 설립 움직임을 표면화하고 그 필요성을 역설하기 위해 쓰인 것이다. 그해 1월 2일자부터 5회에 걸쳐 연재된 "민족적 경륜"(民族的 經綸)이라는 제하의 이 사설은 민족의 단결을 위해 정치적 결사, 산업적 결사, 교육적 결사의 3대 결사를 해야 한다고 주장했다. 사설은 이어 우리 민족의 중대 위기에 직면하여 민족적 백년대계를 수립할 필요성이 있다고 역설한 다음 "우리는 조선 내에서 '허하는 범위 내'에서 일대 '정치적 결사'를 조직하여야 한다는 것이 우리의 주장"이라고 했다.[24]

연정회와 이광수의 논설

이 사설은 국내외로부터 격렬한 항의를 받았다. 국내의 보수 온건파 등 일부의 환영이 없었던 것은 아니었지만 완전 독립을 주장하는 민족 진영은 물론이고 도쿄 유학생 그리고 사회주의 세력은 맹렬하게 성토했다. 동아일보 불매 운동도 시작되었다. 예상 밖의 엄청난 반발에 동아일보는 사설로 이를 정정했으나 비난은 수그러들지 않았다. 조선노농총동맹의 임시 대회는 '반동 세력 및 방해자에 대한 건'이란 결의안을 통과시켜 각파유지연맹이라는 박춘금(朴春琴)

등의 친일 단체와 함께 동아일보를 규탄했다.

이 사설에 대한 비난이 거세지자 《동아일보》는 1월 29일자에 사설을 통해 "만일 오인(吾人)의 제창하는 정치적 결사와 운동이라는 논지를 일인(一人)이라도 다른 의미로 오해한다면 그 책(責)이 수사(修辭)의 졸(拙)에 있을지언정 결코 논문의 문지(文旨)가 아닌 것을 자(玆)에 일언(一言)한다"고 해명했다. 이어서 "그 표현이 불비하여 오해를 일으켰다면 진사(陳謝)도 주저치 않겠다"라고 밝힘으로써 사실상 사과의 뜻을 표명했다.[25] 이광수는 동아일보사를 자진 퇴사 형식으로 사직했다.[26]

이 사설을 계기로 연정회는 자치 운동을 추진하기 위해 결성되는 단체라는 비난에 부딪치게 되었다. 이광수는 사설을 쓰기에 앞서 천도교계의 월간인 《개벽》 1922년 5월호에 실은 "민족개조론"에서 우리의 민족성이 방종, 사치, 낭비, 사행심, 표면적, 형식적, 부화뇌동, 모방성, 무기력, 비겁, 회색, 이기적, 진지하지 않고, 우둔하고, 성실치 않다는 주장을 펴고 이를 고쳐야 독립할 수 있다고 역설했다.[27] 이것은 물론 일본 제국주의의 가혹한 식민 정책을 염두에 두고 하는 말이지 일부 논자처럼 민족성에 문제가 있으니까 독립을 안 해도 좋다는 의미는 아닐 것이다. 그러나 이광수의 진의가 어디에 있든 그의 민족개조론은 일제의 식민지 통치를 정당화하는 주장으로 매도당했다.

이광수의 사설은 연정회 설립 계획을 침몰시키고 말았다. 여론이 나빠지자 뒤에서 설명하는 바와 같이 조선일보의 신석우와 안재홍 등이 연정회 창립에 부정적으로 돌아섰다. 이광수의 사설은 자치 문제를 둘러싸고 이견을 보였던 국내의 민족주의 세력을 결정적으로 분열시키는 계기가 되었다. 1924년 1월 중순 경 이광수의 사설 파동이 있은 다음 김성수, 최린, 이승훈, 서상일(徐相日), 송진우, 신석우, 조만식(曺晩植) 등 10명은 그 전 해에 논의하던 연정회 발족 계획을 보류하지 않을 수 없었다.

정세 오판인가, 좌익의 모략인가

연정회의 설립 운동은 당시나 그 후일에나 일제의 식민 통치를 기정 사실로 한 친일적 주장으로 매도되는 것이 대세였다. 이에 대해 연정회 추진 세력은 반대 여론 자체는 민족 정기에서 비롯된 것이라 하더라도 그 배후에는 민족 진영을 교란, 약화시키려는 —특히 민족 진영을 이끌고 있는 동아일보를 공격하기 위한— 사회주의자들의 책동이 있었다고 보았다. 사회주의자들의 책동에 이상주의적이고 격정적인 일본 유학생 층과 급진적인 민족주의자들이 깊은 사려 없이 동조했다는 것이다.[28] 그렇다면 어떤 주장이 맞는가.

연정회의 추진에는 당사자들의 말에 의하면 세 가지 배경이 있었다. 즉 ① 3·1운동 이래의 민족의 열망을 어떤 형태로든 계승 발전시켜야 하고, ② 영국 식민지 인도의 '합법적' 민족 운동에서 깊은 시사를 받았으며, ③ 당시 베이징에서 합법적 민족 운동을 구상하고 있던 안창호(安昌浩)의 시사를 받았다는 것이다.[29] 3·1운동은 우리 민족의 독립 의지와 일제 식민 통치의 잔학성을 전 세계에 알린 성과가 있음에도 불구하고 그 많은 희생에 비하면 당장 독립의 희망을 주지는 못했다. 오히려 일제가 문화정치라는 한층 교묘한 수법으로 식민지 통치에 임하는 결과를 가져왔다. 이런 새로운 국면을 맞아 무엇인가 민족 전체의 차원에서 대책을 세워야 한다. 그래서 인도의 국민회의 같은 '민족의 조직'을 이들은 생각해냈다는 것이다.

인도는 1857년 무갈(Mughal)제국이 영국에 멸망하자 반란 등 폭력적인 '스와라즈'(Swaraj)운동, 즉 독립운동이 일어났다. 1885년에 이르러 국민회의가 설립되고 비폭력저항론이 대두해 독립운동은 폭력과 비폭력 노선의 이중 구조를 가지게 되었다. 비폭력 노선이 등장한 것은, 당초 국민회의가 영국의 전직 각료가 만든 친영 단체였기 때문이다. 그러나 1906년에 이르러 국민회의는 반영 독립운동의 기치를 내걸고 "이제 우리는 시혜를 바라지 않는다"라고 선언하면서 자치, 국산 애용, 국민 교육의 세 가지를 운동의 방향으로 정했다. 이어 1919년에 국민회의는 간디(Mohandas Gandhi)의 지도 아래 비폭력 불복종의 대중 운동을 행동 강령으로 채택하고 대대적인 민중 운동을 일으켰다. 이 방안은 합법적인 인도 국민회의의 지도 아래 모든 인도인의 관직 사퇴, 각급 학교로부터의 인도인 어린이들의 사퇴, 영국 군대 복무 거부, 영국 통화의 배척 등 효과적인 투쟁을 가능케 하는 것이었다. 인도 국민회의는 1929년에 들어서는 대영제국 아래서의 자치령(自治領) 지위를 거부하고 완전 독립을 투쟁 목표로 채택했다.

　김성수의 전기에 따르면, 그가 구상한 정치적 결사란 바로 인도 국민회의의 비타협 불복종 운동과 같은 것을 염두에 둔 것이었다 한다. 정치적 활동을 떠난 민족 운동은 일시적인 것일 수밖에 없고 총독 치하에서 정치적 결사를 하려면 합법적인 것일 수밖에 없다는 것이다. 김성수는 이보다 앞서 1923년 10월 해외 지사들과의 연계를 갖기 위해 동아일보의 촉탁기자였던 이광수를 베이징에 보내 안창호를 만나게 했다. 이광수는 상하이에서 안창호의 흥사단 회원으로 긴밀한 관계였다. 안창호는 국내에 민중 조직과 그 지도체가 있어야 한다는 소신을 이광수를 통해 전해왔다.[30]

애매한 표현으로 의혹 불러

　문제의 사설을 자세히 읽어보면 이광수의 애매한 표현이 그 개인의 정치적 행보와 그가 쓴 '민족개조론'에 대한 불신과 겹쳐 반발을 산 원인이 되었음을 알 수 있다. 사설 그 어디에도 '자치'를 주장하거나 시사한 대목은 없다. 문제된 '허하는 범위 내에서' 운운하는 표현은 '자치'를 완곡하게 표현한 것이 아니라 합법적 정치 단체, 즉 연정회 추진파가 말하는 인도의 국민회의 같은 합법적 결사를 의미하는 것이라 했다. 김성수의 전기에 따르면, 연정회 추진 세력이 구상한 '조선 내에서 허하는 범위'란 인도의 스와라즈 운동과 마찬가지로 완전 독립을 목적으로 삼는 '합법적 정치 운동'을 제창한 것이라 했다[31]. 사설 중 문제된 구절은 다음과 같다.

　　조선 민족은 지금 정치적 생활이 없다. 아마 2천만에 달하는 민족으로 전혀 정치적 생활을 결한 자는 현재 세계 어느 구석을 찾아도 없을 것이요, 또 유사 이래의 모든 사기(史記)에도 없는 일이다. 실로 기괴한 일이라 할 것이다.
　　그러면 왜 조선 민족에게는 정치적 생활이 없나. 그 대답은 가장 단순하다. 일본이 한국을 병합한 이래로 조선인에게는 모든 정치적 활동을 금지한 것이 제1인(第一因)이요, 병합 이래 조선인은 일본의 통치권을 승인하는 조건 밑에서 하는 모든 정치 활동, 즉 참정권, 자치권의 운동 같은 것은 물론이요 일본 정부를 대수

(對手)로 하는 독립운동조차 원치 아니하는 강렬한 절개 의식이 있었던 것이 제2인(第二因)이다.

이 두 가지 원인으로 지금까지에 하여 온 정치적 운동은 전혀 일본을 적국시하는 운동뿐이다. 그러므로 이런 종류의 정치 운동은 해외에서나 할 수 있는 일이요, 만일 국내에서 한다면 비밀 결사일 수밖에 없었다.

그러나 우리는 무슨 방법으로나 조선 내에서 전 민족적인 정치 운동을 하도록 신생면(新生面)을 타개할 필요가 있다. 우리는 조선 내에서 허(許)하는 범위 내에서 일대 정치적 결사를 조직하여야 한다는 것이 우리의 주장이다. 그러면 그 이유는 어디에 있는가. 우리는 두 가지를 들려고 한다.

① 우리 당면의 민족적 권리와 이익을 옹호하기 위하야 ② 조선인을 정치적으로 훈련하고 단결하야 민족의 정치적 중심 세력을 작하야써 장래 구원한 정치 운동의 기초를 성(成)하기 위하야. 그러면 그 정치적 결사의 최고 또는 최후의 목적이 무엇인가. 다만 이렇게 대답할 수 있다. 그 정치적 결사가 생장(生長)하기를 기다려, 그 결사 자신으로 하여금 모든 문제를 스스로 결정케 할 것이라고.[32]

이 사설은 '참정권', '자치권', '독립운동' 등 민족 장래에 관련되는 단어를 쓰면서도 이들 문제에 대해 직접적으로는 견해를 삼가고 오직 용의주도하게 "그 정치적 결사가 생장하기를 기다려, 그 결사로 하여금 모든 문제를 스스로 결정케 할 것"이라고 말했다. 자치론이 민족주의좌파와 사회주의 세력의 비판을 받고 있는 상황을 충분히 감안한 조심스러운 표현이다. 따라서 문제의 사설이 미리 나가지 않았더라면 연정회 결성 문제는 상황이 달라졌을지 모른다. 만약 연정회가 일단 결성되어 자치 주장을 한다면 그 때 가서 자치 주장에 대한 반대론이 제기되겠지만 당초부터 연정회를 결성조차 못하는 사태까지 가지는 않았을 가능성이 많다.

당시에도 그랬지만 현재도 많은 역사가가 연정회 추진 인사들이 자치를 추진한 데 대해 강력히 비판하고 있다. 자치를 주장한 많은 인사가 훗날 친일파로 돌았기 때문에 자치론은 더욱 설득력을 잃은 것이 사실이다. 아무리 연정회 측이 그들의 자치론은 완전 독립을 전제로 한 단계적인 투쟁 방법이라고 해명해 보았자 이미 이념 분열과 상호 불신이 심해진 상황에서 설득력을 갖기가 어려운 법이다.

다만, 연정회가 일제 하에서 합법적 단체를 지향한 사실 자체만을 가지고 이를 일제의 조종아래서 움직인 증거라고 말하는 것은 올바른 해석이 아니다. 연정회 추진 세력의 자치론은 민족자치론이나 친일파의 지방자치는 행정적 자치라는 점에 차이가 있다. 광복 후 공개된 1934년의 일제 경찰 교육 자료[33]는 1920년대의 민족주의 운동을 '비타협적 민족 운동', '타협적 민족 운동', '내·선인(內·鮮人) 합동의 정치 운동' 3개 형태를 나누고 '비타협적 민족 운동'의 예로 민립대학 설립 운동, 물산장려운동, 연정회, 조선사정연구회, 태평양문제연구회, 신간회, 근우회 운동 등을 들고 있다.[34] 그리고 신간회(新幹會) 역시 일본 총독부의 허가를 받고 설립된 합법적 단체라는 사실을 감안할 때 연정회가 합법 단체를 지향했다는 점 하나로 비판할 일은 아니다.

민족주의좌파의 반발

비타협적인 완전 독립을 주장하는 민족주의좌파는 일제의 민족 말살을 노린 식민 정책에 단호히 대항해 조선 민족을 지키고 독립을 쟁취할 것을 주장하는 세력이다. 자치론을 반대하는 신석우, 안재홍, 백관수 등 조선일보 인사들과 천도교 구파 계열이 그 중심 인물들이다.

이들은 점차로 사회주의 세력과 손을 잡고 1931년에 신간회가 해산될 때까지 연합 전선을 시도했다. 이들은 연정회 추진 인사들의 자치론뿐 아니라 3·1운동 직후부터 민원식(閔元植) 등 친일 관료 출신들이 내세운 조선의 지방자치론과 참정권 운동에 대해서도 대책을 세울 필요를 느꼈다.

비타협적인 노선은 해외의 많은 독립 투사가 좌·우익에 관계없이 압도적으로 지지하는 노선이었다. 이광수의 논문 내용이 해외에도 알려지자 만주에서 독립 투쟁을 벌이고 있던 조선의열단은 신채호(申采浩)가 1923년 1월에 쓴 "조선혁명선언"을 국내에 뿌리면서 이광수를 규탄했다.

내정 독립이나 참정권이나 자치를 운동하는 자 누구냐?

너희는 '동아 평화' '한국 독립 보전' 등을 담보한 맹약이 먹도 마르지 아니 하야 삼천리 강토를 집어먹던 역사를 잊었느냐? '조선 인민 생명 재산 자유 보호' '조선 인민 행복 증진' 등을 신명(申明)한 선언이 땅에 떨어지지 아니하야 2천만의 생명이 지옥에 빠지던 실제를 못 보았느냐? 삼일운동 이후에 강도 일본이 또 우리의 독립운동을 완화시키려고 송병준, 민원식 등 한 두 매국노를 시키어 이 따위 광론을 부름이니 이에 부화하는 자! 맹인이 아니면 어찌 간적(奸賊)이 아니냐. … 우리는 우리의 생존의 적인 강도 일본과 타협하려는 자(내정 독립 자치 참정권론자)나 강도 정치 하에서 기생하는 주의를 가진 자(문화운동자)나 다 우리의 적임을 선언하노라. …[35]

이런 분위기 속에서 민족주의좌파 세력은 우선 1925년 9월 3·1운동 주도 세력과 지난날의 개화파 세력인 민족주의 비타협파를 중심으로 조선사정연구회(朝鮮事情研究會)를 설립했다. 이들은 좌우의 대립이 더 심해지면 일제의 분할통치 술책에 말려들 것을 우려해 이 모임에 좌익 인사도 포용했다. 조선사정연구회는 "오늘날 조선의 사회 사정을 과학적으로 조사 연구해 널리 사회에 소개하며, 때로는 그 필요한 재료를 수요자에게 제공코자 한다"라는 목적을 가졌다. 이런 목적 아래서 이 단체는 법제·재정·금융·교육·상업·교통·공업·농업 등 여러 분야에 대한 학술 연구를 진행하고 조사보고회 등을 통해 그 성과를 발표했다. 참여 인물은 조선일보에서 안재홍(安在鴻)·백관수(白寬洙)·김준연(金俊淵), 동아일보에서 국기열·한위건(韓偉健·최원순(崔元淳), 시대일보에서 홍명희(洪命憙), 《개벽》지에서 김기전(金起全), 연희전문에서 이춘호, 백남운(白南雲)·유억겸(俞億兼)·이관용·이순탁·조병옥(趙炳玉)·조정환(曺正煥), 보성전문에서 선우 전(鮮于全)·홍성하(洪性夏), 경성법학전문에서 이긍종(李肯鍾), 고등보통학교에서 박승철(朴勝喆)·백남훈(白南薰)·최두선(崔斗善) 등이었다.[36] 이들 중 홍명희는 《임꺽정》으로 유명한 당대 최고의 좌익 작가였고 김준연은 ML당 멤버였으며 백남운은 저명한 마르크스파 경제학자였다.

조선사정연구회가 발족된 2개월 후인 1925년 11월 말 총독부의 일본어판 기관지인 경성일보(京城日報) 사장인 소에지마(副島道正)가 쓴 글이 식민지 조선 사회에 미묘한 파문을 일으켰다. 그는 일제 조선총독의 자문역이나 다름없는 인물이기에 그의 의견은 곧 총독부의 견해로 받아들여질 수 있었다. 그는 자기 신문에 "총독 정치의 근본의"라는 제하의 글에서 "그 동안 수면 아래 잠겨 있던 자치 운동이 다시 수면 위로 떠오르기 시작했다. 동아일보의 송진우, 천도교 신파의 최린은 여러 번 회합을 갖고 자치 운동을 전개하는 것에 관해 협의했다"라고 지적하면서 조선 자치 문제를 검토할 것을 주장했다. 1926년에는 사이토(齊藤實) 일본 총독이 김성수와 송진우를 만나 "조선의 정치를 하는데 백정(白丁)이 한다면 서로 배척하지 않으면 안된다"라고 하면서 사회주의를 막기 위해 자치를 허용할 뜻을 시사했다. 이를 계기로 연정회 부활 움직임이 일어났다. 연정회 부활 움직임은 최린, 송진우, 김성수, 최남선, 이종린 등이 주동이 되고, 박희도, 김준연, 조병옥, 최원순, 한위건, 심우섭(沈友燮), 이광수, 변영로, 홍명희 등도 참여했다.[37]

최린은 1926년 9월 미국으로 건너가 안창호, 이승만, 장덕수 등과 만나고 아일랜드에 들러 영국 주권 아래서 실시되고 있는 자치 실태를 보고 돌아왔다. 김성수 측 기록에 의하면, 그를 비롯한 민족주의우파 진영은 10월 13일 명월관에서 연정회 준비위원회를 개최하기로 계획을 세웠다. 그러나 조선민흥회(朝鮮民興會) 측이 이를 반대해 유회되었다.[38] 임종국에 의하면, 연정회의 부활 움직임과 그 뒤에 총독이 있다는 사실을 안 안재홍과 김준연이 조선민흥회 측에 이 사실을 알렸다 한다. 이로 인해 민족주의 급진파(좌파)들이 이 움직임에서 손을 뗌으로써 연정회 부활 움직임은 끝내 좌절되었다는 것이다.[39]

3. 임정 초기의 좌우 대립

이동휘의 공산혁명론

상하이 임정 내의 좌우 대립은 국내보다 빨리 나타났다. 국내에서는 공산주의 세력의 등장을 우파 세력들이 관망하는 상황이었으나 임정은 설립 초부터 민족주의 세력과 공산 계열이 머리를 맞대고 같이 활동했기 때문에 좌우 대립이 일찌감치 나타난 것이다. 원래 여러 개의 임정을 상하이 임정으로 통합하는 과정에서 이동휘를 국무총리에 추대한 것은 좌우를 초월한 통일 전선 전략의 일환이었다. 임정 내각의 구성원 9명 가운데 국무총리 이동휘, 비서장 김립, 군무차장 이춘숙(李春塾) 등 5명이 공산주의자였다.[40]

민족주의 세력과 공산주의 세력은 곧 임정의 운영과 독립 투쟁 노선을 둘러싸고 의견 차이를 보였다. 안창호 등 임정 우파가 이승만, 김규식 및 서재필을 1920년 11일 제네바에서 열리는 국제연맹에 파견할 대표로 뽑았으나 이동휘 등 임정 좌파는 국제연맹과 결별하고 코민테른에 합류할 것을 주장했다.[41] 국무총리 이동휘는 공산 혁명을 부르짖고, 대통령 이승만은 민주주의를 주장해, 국무회의 석상에서도 대립과 충돌이 표면화했다.[42] 이동희는 1919년 11월 상하이로 옮겨온 한인사회당 세력을 배경으로 공산 세력의 확대를 꾀하면서 자파 세력을 임정 안에 심으려 했다. 이동휘는 김구에게도 공산주의에 동조할 것을 요구했다. 김구는 《백범일지》에서 다음과 같이 회고하고 있다.

하루는 이동휘가 내게 공원에 산보가기를 청하기로 따라갔더니, 그는 조용한 말로 자기를 도와달라 하기로 나는 좀 불쾌하여서 내가 경무국장으로 국무총리를 호위하는데 내 직책에 무슨 불찰이 있느냐고 물었다. 이 씨는 손을 흔들며, "그런 것이 아니라, 대저 혁명이라는 것은 피를 흘리는 사업인데, 지금 우리가 하고 있는 독립 운동은 민주주의 혁명에 불과하니 이대로 독립을 하더라도 다시 공산주의 혁명을 하여야 하겠은 즉, 두 번 피를 흘림이 우리 민족의 대불행이 아닌가, 그러니 적은 이(아우님이라는 뜻이니 이동휘가 수하 동지에게 즐겨 쓰는 말이다)도 나와 같이 공산 혁명을 하는 것이 어떤가" 하고 내 의향을 묻는 것이었다. 이에 대하여 나는 이씨에게, "우리가 공산 혁명을 하는 데는 제3국제공산당의 지휘와 명령을 안 받고도 할 수 있습니까?"하고 반문하였다. 이씨는 고개를 흔들며, "안되지요" 한다. 나는 강경한 어조로, "우리 독립운동은 우리 대한민국 독자의 운동이요, 어느 제3자의 지도나 명령에 지배되는 것은 남에게 의존하는 것이니 우리 임시정부 헌장에 위반되오. 총리가 이런 말씀을 하심은 대불가(大不可)니 나는 선생의 지도를 받을 수 없고, 또 선생께 자중하시기를 권고하오" 하였더니 이동휘는 불만한 낯으로 돌아섰다.[43]

상하이 임정은 설립 초에 레닌의 약소 민족 해방이라는 말에 끌리고 이동휘 등 좌파 세력의 강력한 요구로 소련 정부의 지원을 받기 위해 1919년 12월 한형권(韓馨權)을 전권대사로 모스크바에 파견했다. 당초에는 러시아에 보낼 대표에 여운형, 안공근, 한형권 세 사람을 임명했으나 여비가 확보되자 이동휘는 그의 심복인 한형권 한 사람만을 몰래 떠나보내고, 그가 시베리아를 지났을 때쯤 이 사실을 발표했다. 한형권은 소련 정부와 대일한로공수동맹(對日韓露攻守同盟)을 체결했다. 6개항으로 된 이 협정은 ① 소련의 공산주의 운동과 임정의 독립운동을 서로 원조하며 공동 행동을 취한다, ② 소련은 한국 독립운동을 지원한다, ③ 소련은 시베리아에서 한국독립군 훈련과 집결을 허가하고 그 보급을 담당한다, ④ 한국독립군은 소련군 사령부의 지휘를 받는다는 것이다. 이 협약은 사실상 임정의 친소 노선을 의미하는 것이다. 한형권은 소련 정부가 임정에 지원키로 약속한 금화 200만 루블 중 40만 루블을 갖고 1920년 9월 상하이로 귀환했다.[44]

이동휘는 이 돈을 임시정부에 내놓지 않고 1921년 5월 상하이에서 발족한 고려공산당의 창당 자금으로 유용했다. 그의 이런 처사는 민족주의자들뿐 아니라 같은 공산주의자들로부터도 분노를 샀다. 그는 1921년 1월 임정 국무회의에서 행정을 담당할 국무위원회를 신설해 내각책임제로 운영하자는 안을 제의했다. 그러나 대통령책임제 신봉자인 이승만과 안창호가 거부하고 현행 제도를 유지하는 결의를 통과시키자 이동휘는 1월 24일 국무회의를 성토하고 임정을 떠나 버렸다. 그의 사퇴로 임정의 좌우 통일 전선은 이동휘계가 임정에 참여한 지 1년 9개월 만에 깨졌다.[45]

임정의 분열과 창조파 · 개조파의 대립

임정은 출범 당시부터 국제 사회에서 한국의 독립을 인정받기 위해 파리강화회의에 김규식을 대표로 파견하고 이승만과 안창호로 하여금 대미 외교를 담당케 했다. 그러나 별다른 성과가 없자 내부에서 독립 운동 노선을 재검토해야 한다는 목소리가 높아갔다. 외교적 교섭보다는 무장 투쟁을 해야 한다는 목소리가 거세지는 상황에서 이동휘가 임정에서 사퇴하자 이동휘 계 한형권의 주동으로 국민대표회의 소집을 요구하는 움직임이 일어났다. 국민대표회의 소집요구 서는 1921년 2월 원세훈(元世勳)과 박은식 등의 명의로 제출되었다. 두 사람은 독립운동의 교착 상태를 타개하기 위해 임정의 존폐 문제를 근본적으로 재검토 해야 한다고 공개적으로 선언했다. 이들은 그 해 4월 20일에는 베이징에서 군 사통일주비회(軍事統一籌備會)를 결성하고 군사 활동의 통일과 최고기관의 창 설, 그리고 국민대표회의 개최를 결의했다. 그 후속으로 5월 19일 국민대표회 의 기성회가 300명 이상의 지지로 결성되었다.[46]

국민대표회의는 드디어 1923년 1월 3일 상하이에서 61개 단체 대표 113명이 참석한 가운데 개최되었다. 북간도에서 활동하던 무장 투쟁 지도자 김동삼(金 東三)이 회장에, 블라디보스토크 대한국민의회파인 윤해(尹海)와 임정을 탈퇴 한 안창호가 부회장에 선출되어 회의는 무려 92차례나 열렸다. 군사 재정 외교 분야의 거의 모든 문제가 토의되었지만 핵심 문제는 임정의 존폐 문제였다. 그 러나 의견 통일은 쉽사리 이루어지지 않았다.[47]

회의는 이르쿠츠크파와 상하이파, 그리고 민족주의 세력 3파간의 싸움이었 다. 양대 공산주의 세력은 다수 세력을 확보하기 위해 민족주의 세력을 포섭하 는 경쟁을 벌였다. 안창호, 여운형 및 이르쿠츠크파 고려공산당의 이른바 개조 파(改造派)는 임정의 존속과 개혁을 주장했고, 원세훈, 장건상(張建相), 신채호 및 김두봉(金枓奉) 등 상하이파 고려공산당의 창조파(創造派)는 상하이 임정을 해체할 것을 주장해 회의는 교착 상태에 빠졌다.

결국 창조파는 그 해 6월 국호를 '한'(韓, 일설에는 '조선공화국')으로 하는 새 임시정부를 수립해 무장 독립 투쟁의 최고기관으로 할 것과 김규식을 새 정부 수반으로 하기로 일방적으로 결의했다. 이에 분개한 개조파는 창조파가 하나의 민족에 두 개의 국가를 형성하려 한다고 격렬하게 비난했다. 드디어 임정 고수 파이자 내무총장이던 김구는 내무부령 1호와 임정 포고 3호를 내고 새 임정 설 립 주장을 격렬히 규탄하면서 국민대표회의의 해산 명령을 내렸다. 창조파의 새 임시정부는 2개월 후 블라디보스토크로 이동했다. 그러나 한국 민족의 연합 전선 결성 실패와 또 다른 임시정부의 수립은 소련의 의도와 배치될 뿐 아니라 소련 정부가 일본과 관계 개선을 꾀하고 있었기 때문에 새 임시정부는 소련 당국으로부터 추방 명령을 받고 말았다. 이로써 새 임정은 흐지부지 끝나버렸다.

상하이 임정이 이처럼 혼란에 빠지자 임시의정원은 1925년 3월 이승만 대통령에 대한 탄핵안을 통과시키고 박은식을 후임 대통령으로 선출했다.[48]

④ 일제 하의 좌·우 합작 운동

공산당은 어떤 조건 아래서도 조직적·관념적 자립성을 지키고 이를 필히, 그리고 항상 보존하지 않으면 안 된다. … 우리는 신간회를 프롤레타리아의 요소로 형성해야 한다. 그래서 (신간회) 간부는 한편으로 레닌의 정신으로 무장시켜야 한다.

— 코민테른(Komintern) 결정서(1928년)

1. 국내의 합작 운동

민족주의좌파의 이니시어티브

민족주의좌파와 좌익 세력의 협력 움직임은 여러 가지 국내외 요인에 의해 시작되었다. 민족주의좌파 진영에서는 Ⅱ-③(좌·우 세력 분열의 서막)에서 살펴본 1925년 경성일보 사장의 글을 계기로 다시 거론된 자치 운동을 분쇄하기 위해 좌익 진영과의 연합 전선의 필요성을 느꼈다. 1925년 12월 재건된 제2차 조선공산당은 민족 해방 투쟁에 진력하기로 하고 민족주의 세력과 제휴하기로 노선을 전환했다.[1] 좌우익이 합작 운동에 나선 것은 중국의 국공 합작이 준 영향도 있었다. 중국에서는 국민당과 중국공산당이 1924년에 제1차 합작에 성공, 공동으로 항일 전쟁에 나서고 있었다.

민족주의좌파의 조선사정연구회 측과 조선공산당 측은 1926년 3월 천도교 간부 권동진의 집에서 회합했다. 민족 세력 측에서 유억겸(兪億兼)·안재홍·박동원(朴東元)·이종린·신석우·오상준(吳尙俊)·권동진이, 조선공산당 측에서 책임비서 강달영(姜達永)이 각각 참석했다. 이들은 양측의 연락 기관으로 국민당(國民黨)을 창립하되 장소는 안전한 만주에 두고 지부를 한국에 두기로 합의했다.

그러나 천도교 간부이자 자치론자인 최린이 이에 반대, 타협적 민족주의를 주장함으로써 국민당 조직은 무산되었다.[2] 국민당 설립 문제는 얼마 안 있어 순종의 붕어와 6·10만세사건으로 일제의 제2차 조선공산당사건이 터져 흐지부지되고 말았다. 또한 자치 문제도 잠잠해졌다.[3]

6·10만세운동을 계기로 2차 조선공산당이 와해되자 민족 협동 전선 형성 과업은 1926년 9월 결성된 3차 조선공산당으로 넘어갔다. 좌익 세력은 우선 그들 자신의 역량을 결집시키기 위해 북풍회, 화요회, 무산자동맹 등을 망라한 협의체를 결성했다. 이 협의체는 1926년 4월 정우회(正友會)를 발족시켰다. 정우회는 사회주의 세력과 민족주의 비타협파들과의 일시적인 공동 전선을 제안하는 선언을 발표했다. 이 무렵 서울청년회의 사상 단체인 전진회(前進會)는 조선사회단체중앙협의회를 발기했다. 1926년 7월에는 조선민흥회(朝鮮民興會)가 결성되었다. 서울청년회계의 사회주의자들이 조선물산장려회계의 민족주의자들과 제휴한 것으로 신간회와 유사한 민족 협동 전선이었다. 조선민흥회는 그 후 1927년 2월 11일 신간회 발기인들과 만나 신간회에 무조건 가입하기로 합의했다. 이들 좌익계의 단체들은 신간회 설립에 주도적 역할을 했다.[4]

신간회의 설립

신간회의 창립에는 홍명희(洪命憙)의 역할이 컸다. 신간회의 설립 준비에 참여한 백관수 측 기록에 의하면, 민족주의좌파계의 조선사정연구회 회원인 홍명희는 연정회 측이 일제와 협력해서 조선의 자치를 획책하고 있으며 총독부 관리들도 어느 정도 그 타당성을 인정하고 있다는 이야기를 최남선을 통해 들었다고 소문을 퍼뜨렸다. 만약 이것이 사실이라면 조선의 독립은 사실상 불가능해질 수도 있다고 판단한 홍명희는 사태가 급박하다고 생각하고 안재홍을 방문하고 신석우를 초치해 대책을 협의했다.[5] 당시 조선일보의 사주였던 신석우는 동아일보 측의 김성수, 송진우, 최린 등의 온건 노선에 비판이 높아지자 이들과 손을 끊고 사회주의 계열인 화요회, 북풍회 및 서울청년회와 제휴하는 한편 천도교 안에서 자치론에 반대하던 구파 권동진, 이종린 등과 손을 잡은 것이다.[6]

홍명희, 안재홍, 신석우가 협의 끝에 얻은 결론은 자치론을 저지하기 위해 '진순한 민족당'을 출현시키자는 것이다. 홍명희는 이 결론을 가지고 권동진, 박내홍(朴來泓), 박동완(朴東完), 한용운(韓龍雲), 최익환(崔益煥) 등을 만나 찬동을 얻어내고 멀리 중국 베이징에 있는 신채호도 발기인으로 들어오게 했다.[7] 신간회 창립 준비 작업은 1927년 1월 초순 시작되어 급속도로 진행되었다. 원래 명칭은 '신한회'(新韓會)였으나 신석우가 총독부에 등록을 교섭하려하자 '한'(韓)자는 안 된다고 하여 그 대신 '간'(幹)자로 바꾸었다. 옛날에는 두 글자가 같은 뜻으로 쓰였을 뿐 아니라 '고목신간'(古木新幹)이라는 말도 있다는 홍명희의 말에 따라 이름을 바꾼 것이다. 발기인대회가 그달 19일 개최되어 '신간회 강령'을 채택했다.

발기인 34명의 명단은 다음과 같다.[8]

조선일보사	신석우(申錫雨) 안재홍(安在鴻) 백관수(白寬洙) 한기악(韓基岳)
	이승복(李昇馥) 장지영(張志暎) 이관용(李灌鎔) 김준연(金俊淵)
동아일보사	한위건(韓偉健) 최원순(崔元淳)
시대일보사─중외일보사	
	홍명희(洪命憙) 홍성희(洪性憙) 최선익(崔善益) 이정섭(李晶燮)
천도교	권동진(權東鎭) 박내홍(朴來泓) 이종린(李鍾麟)
기독교	이상재(李商在) 이승훈(李昇薰) 박동완(朴東完) 이갑성(李甲成)
불교	한용운(韓龍雲)
유림	김명동(金明東) 정재룡(鄭在龍)
학계	이순탁(李順鐸)
재계	장길상(張吉相)
지역대표	신채호(申采浩, 재중독립운동단체) 조만식(曺晩植, 평남)
	문일평(文一平, 평북) 유억겸(兪億兼, 서울) 이정(李淨, 서울)
	김탁(金鐸, 황해) 정태석(鄭泰奭, 상주)
미상	이종목(李鍾穆)

창립총회는 그 해 2월 15일 서울 중앙기독교청년회관(YMCA회관)에서 열려 회장에 이상재, 부회장에 홍명희가 선출되었다. 그러나 홍명희가 부회장을 고사해 나중에 전형위원회에서 권동진을 부회장으로 선출했다. 회장 아래 35명의 간사를 두기로 하고, 간사에 안재홍, 신석우, 백관수, 김준연 등이 들어갔다. 간사들 중 안재홍은 총무를 맡아 신간회 살림을 꾸렸다. 조선공산당은 신간회 조직에 대한 방침으로서 중앙 간부의 진출은 억제하고 지방의 지회 조직을 장악한다는 것이었다.[9]

신간회의 활동과 업적

신간회는 강령에서 "첫째, 우리는 정치적·경제적 각성을 촉진함. 둘째, 우리는 단결을 공고히 함. 셋째, 우리는 기회주의를 일체 부인함"이라고 선언했다. 이 강령은 신석우, 안재홍, 백관수, 홍명희 등이 기초한 것으로 기회주의를 부인한다고 선언한 데서 자치론을 배격하고 비타협적 태도를 고수하겠다는 의지를 읽을 수 있다.[10]

신간회는 일제와의 비타협주의를 기본 입장으로 하고 있는 만큼 자치론을 분쇄하는 것이 가장 큰 사명이었다. 일제의 잔혹한 압제 아래서 창립 이후 1931년 5월 16일 해체될 때까지 4년 3개월 간 한민족의 좌·우 합작에 의한 민족 협동 전선의 주체로서 많은 운동을 전개했다. 광주학생운동, 독립운동, 원산총파업 지원, 함남수력발전소 매립 지구 토지보상운동, 유림(儒林) 견제, 조선인 본위의 교육 요구, 관리 및 경찰의 부정과 불의에 대한 조사와 경고 등 사업을 벌였다. 신간회는 또 언론·출판·집회·결사의 자유의 존중을 일제에 주장했다.[11]

신간회는 해산 때까지 짧은 기간 안에 4만 명에 달하는 회원을 확보하고 지방 조직으로 모두 143개의 지회를 설치했다. 노동자 농민의 참여를 위한 문호를 개방해 조직이 커졌다. 민족세력 우파도 평양지회를 결성해 그 조직을 장악하고 송진우는 개인적으로 1928년 경성지회에 가입했다. 일제는 당초에는 신간회가 온건한 계몽적 노선을 걸어갈 단체로 보고 또한 사회주의 단체보다는 좌우 합작 기구가 오히려 감시하기에 편리하다는 이유로 허가했으나 예상 밖으로 규모가 커지자 이에 당황해 탄압에 나섰다. 신간회의 제1회 정기대회는 조직 확대를 두려워 한 일제 당국의 금지 조치로 열리지 못했다. 정기대회는 그 후에도 계속 개최가 허가되지 않았다.

신간회는 1929년 11월 3일 일제 하의 최대 학생 운동이었던 광주학생운동이 일어나자 허헌(許憲), 김병로(金炳魯), 황상규(黃尙奎) 등 조사단을 광주에 파견했다. 조사단은 광주고등보통학교사건 보고회를 열고 민족 민중적 운동으로 확산시키고자 했다. 보고회가 좌절되자 신간회는 그해 12월 서울 안국동 네거리에서 민중대회를 개최할 계획을 세웠다. 그러나 이 역시 대회 개최 직전에 신간회원들이 체포되어 무산되었다. 체포된 사람은 조병옥(趙炳玉, 서울지회장) 등 91명에 달했다. 체포된 조병옥, 허헌, 홍명희, 김무삼(金武森), 이관용(李灌鎔), 이원혁(李源赫) 등에게는 징역 3년 내외의 형이 선고되었다.[12]

신간회 해체

신간회는 아이러니하게도 이에 참여한 좌익계의 요구에 의해 해체되었다. 그 이유는 좌익계가 지방 조직을 장악했으나 민족주의좌파 세력이 지키고 있는 중앙 조직은 마음대로 되지 않았기 때문이다. 이로 인해 노선 투쟁이 생긴 것이다. 좌익들은 당초의 태도와는 달리 민족주의자들을 부르주아 반동이라고 비난하면서 오직 프롤레타리아 혁명으로만 민족 해방이 성취될 수 있다고 주장했다.

조선공산당이 이렇게 태도를 바꾼 결정적인 원인은 1924년 소련에서 레닌이 죽고 스탈린이 계승한 뒤 권력을 강화하자 조선의 공산주의자들도 변화한 데 있었다. 제3차 조선공산당(1926~28년)의 후기 지도부부터는 교조적인 스탈린주의자들이 주도권을 잡으면서 민족 해방보다는 계급 혁명을 중시하는 극좌 노선으로 돌아섰다. 1928년 11월에 개최된 코민테른 제6차 대회에서 조선공산주의자의 임무는 소부르주아민족개량주의의 가면을 벗겨야 한다고 결의한 데 이어 그해 12월 코민테른 동양부는 조선위원회를 개최해 '12월 테제'를 채택하고 타협적인 민족개량주의와 민족 혁명 운동을 분리해 민족주의 혁명 운동을 성취하기를 요구했다. 이어 1930년 9월에 열린 적색노동조합인터내셔널(프로핀테른, Profintern) 총회는 이른바 '9월 테제'를 채택, 신간회를 민족개량주의 단체

로 규정했다.[13]

신간회는 1929년 직제를 개정하여 종래의 간사제를 중앙집권제인 집행위원회제로 바꾸었다. 여기서 공산주의자들이 다수의 임원을 장악해 민족 세력의 영향력이 위축되었다. 그러나 1930년 민중대회사건으로 신간회 집행부가 대거 검거되자 허헌 집행부 체제가 붕괴되고 지도부는 공백 상태에 빠졌다. 신간회 중앙집행위원회는 그 해 11월 회의에서 위원장에 김병로를 선출하는 등 민족 진영이 대거 진출했다. 이렇게 되자 좌익계는 1930년부터 대공황으로 노동 쟁의와 소작 쟁의가 격화되는 상황에서 김병로 체제가 노동자 농민의 요구를 반영하지 못한다고 주장하면서 신간회의 '해소'를 주장하고 나섰다.

결국 좌익계는 1931년 5월 16일 대회에서 신간회 해소를 주장하는 소장파 사회주의자들로 임원진을 교체하고 해체결의안을 제출했다. 이날 대회는 창립대회 이후 마지막의 정식 대회였다. 일제는 이 대회가 해소대회라는 정보를 입수하고 이를 허가한 것이다. 회의 결과는 민족주의자들의 반대에도 불구하고 신간회 '해소'안이 43표 대 3표로 가결되었다. 좌익계는 신간회의 조직을 장차 새로운 노동자 농민의 공동 투쟁 기관으로 개편한다는 명분 아래 '해체'가 아닌 '해소'라는 용어를 고집했다. 그러나 이날 마지막 총회에서 해소만 결의되고 그 이후의 일을 토의할 더 이상의 회의가 금지됨으로써 신간회는 결과적으로 완전히 해체되고 말았다. 신간회의 동반 단체로 1927년 4월 설립되었던 좌우익 합작의 여성 단체인 근우회(槿友會)도 사회주의 계열의 '해소' 주장으로 1931년 5월 해체되었다.[14]

이로써 민족주의좌파들이 열망하던 반일 단일 전선의 꿈은 끝내 깨지고 말았다. 신간회 해소와 비합법적 투쟁만을 지지, 강조하던 코민테른은 얼마 안 가서 그들의 조치가 '전술적 오류'였음을 깨달았다. 코민테른은 조선공산주의 청년들이 신간회 안에서 공작을 제대로 하지 못한 데 책임이 있다고 뒤집어씌웠다. 코민테른은 국제공산청년동맹 명의로 1932년 1월 보내온 서한에서 "신간회 및 청년총동맹의 해소는 조선공산주의 제 단체들로 하여금 발을 붙일 기반을 파괴함으로써 중대한 정치적 오류를 범했다"라고 자인하면서 "그 결과 신간회와 청년총동맹의 해소는 의심할 여지없이 일본 제국주의와 그 민족개량주의적

주구배들에게 이익을 주었다"라고 비판했다.[15)]

신간회 운동은 그 때나 지금이나 '진보적' 지식인들이 높이 평가하는 좌우합작 운동이었지만 현실의 정치 투쟁, 특히 혁명을 기본 노선으로 하는 볼셰비키 공산주의 운동자들과의 협력, 즉 민족주의좌파들의 정치적 이상주의가 정치적 현실 앞에서 좌절된 유토피아에 불과했다는 사실을 보여주었다.

2. 국외의 합작 운동

한국독립유일당 운동

국내에서 일어난 좌·우익의 협동 움직임과 비슷한 시기에 중국에서도 같은 연합 전선 운동이 벌어졌다. 상하이 임정이 1920년대 후반에 이르러 민족주의와 사회주의 세력 간에 더욱 심각한 대립을 보이자 이를 해결하기 위해 시도된 것이 1926~28년 사이에 베이징, 상하이, 난징, 우한(武漢), 광둥(廣東) 지역에서 결성된 대독립당(大獨立黨) 베이징촉성회(北京促成會) 또는 한국독립유일당(韓國獨立唯一黨) 촉성회 조직이다. 좌우합작 운동은 상하이 임시정부의 적극적 지원 아래 이루어졌다. 임정은 헌법인 임시 약헌의 개정을 통해 "광복운동자가 대단결한 정당을 완성할 때는 (임정의) 최고 권력은 그 당에 있는 것으로 한다"라고 규정했다. 5개 도시에서 촉성회가 조직되자 1927년 11월 상하이에서 이들 촉성회의 연합체가 결성되었다. 연합회는 유일독립당을 만들기 위해 만주, 러시아, 미주, 기타 지역에 대표를 파견하거나 공한을 발송해 각지의 촉성회 조직준비회를 조직한다는 강령을 채택했다. 이에 따라 1928년 1월 만주의 지린(吉林)성에 대표를 파견해 만주에서도 유일독립당을 결성할 것을 종용했다.[16)]

그러나 연합회는 더 이상의 활동을 벌이기 전에 난관에 봉착했다. 결정적인 이유는 1928년 코민테른의 12월 테제였다. 이로 인해 상하이의 공산주의자들은 1929년 11월 민족주의자들과의 합작 작업을 중단하고 한국유일당 상하이 촉성회에서 탈퇴하고 말았다. 결국 사회주의 세력은 임정에서 떨어져 나가고, 남은 민족 세력은 안창호, 이동녕을 중심으로 상하이 한국독립당을 만들게 된

다.[17)

만주 지역에서는 1928년 18개 독립운동 단체의 대표 39명이 모여 유일당 촉성 문제를 토의했다. 그러나 역시 합의를 보지 못하고 이들 단체들은 인맥에 따라 전민족유일당조직촉성회와 전민족유일당조직협의회의 두 단체로 나뉘어 통합되었다. 그 후 촉성회 측은 민족유일당재만책진회(民族唯一黨在滿策進會), 일명 혁신의회(革新議會)를, 협의회 측은 정의(正義), 신민(新民), 참의(參議) 3부를 합한 국민부(國民府)를 각각 만들어 양립했다.[18)

1930년대에 접어들어 혁신의회 측은 김좌진(金佐鎭) 중심의 한족총연합회를 구성하고 그가 암살된 이후는 홍진(洪震), 이청천(李靑天) 등을 중심으로 하는 한국독립당을 조직했다. 그 군사 조직인 한국독립당군은 북동만주를 중심으로 활약하다가 1933년에 중국 내륙으로 이동했다. 반면 국민부 측은 현정경(玄正卿), 현익철(玄益哲)을 중심으로 조선혁명당과 조선혁명군을 조직해 남만주 일대에서 활약했다. 1930년대 전반기에는 조선혁명군 총사령관 양서봉(梁瑞奉)이 이끄는 1만여 명의 독립군이 중국군과 연합해 일만(日滿)연합군과 정규전을 벌였다. 양서봉 사망 이후에는 고이허(高而虛)가 조선혁명군정부를 조직해 중국의 반만항일군(反滿抗日軍)과 함께 한중항일동맹회를 조직, 1936년경까지 활약했다.[19)

좌우 협동의 한국독립당

1930년대 후반기에 들어 중국에서 새로운 좌우 연합 전선 움직임이 일어났다. 한국독립당의 김두봉, 조선혁명당의 최동오(崔東旿), 한국혁명당의 신익희, 의열단의 박건웅(朴建雄), 한국광복동지회의 김규식 등 5개 단체 대표들이 1932년 상하이에 모여 한국대일전선통일동맹을 발족시켰다. 1935년 7월 이 단체는 한층 더 강력한 연합 전선을 구축하기 위해 종래의 혁명단체 제휴 방식에서 한 걸음 더 나아가 단일 조직인 조선민족혁명당을 발족시켰다.[20)

그러나 임정 고수파인 김구 등이 여기에 참여하기를 거부하고 조소앙의 한독당계와 이청천의 조선혁명당계가 이탈하자 조선민족혁명당은 1937년 12월 좌파만의 조선민족전선동맹으로 개편되었다. 1938년 10월 김성숙(金星淑)의 조선민족해방자동맹과 최창익(崔昌益)의 조선청년전위동맹, 그리고 유자명(柳子明)의 조선혁명가연맹은 좌파 군사 조직으로 조선의용대를 창설했다. 이에 반해 조선민족혁명당에 가입하지 않은 이동녕, 김구 등 임정 고수파는 1935년 11월 조소앙의 삼균주의(三均主義)를 강령으로 하는 한국국민당을 조직했다. 한국국민당은 1937년 8월 조소앙의 한국독립당과 이청천의 조선혁명당과 연합해 '한국광복운동연합회'를 발족시켰다. 이렇게 되자 중국의 독립운동 단체는 우파인 한국광복운동단체연합회와 좌파인 조선민족전선동맹으로 양분되었다.[21] 이 두 단체는 1939년 7월 김구와 김원봉이 중심이 되어 통합을 위해 전국연합진선협회(全國聯合陣線協會)를 발족시키는 데 성공하고, 이어 1941년에는 좌우합작인 한국독립당을 발족시켰다. 이것은 임정의 명실상부한 좌우합작 운동의 성공이었다. 이에 따라 조선의용대가 임정 광복군 제1지대로 개편되었으며, 조선민족전선동맹 측의 김규식은 충칭(重慶) 임시정부의 부주석에 취임하고 김원봉, 장건상, 유림, 김성숙은 국무위원이 되었다.[22] 좌파 계열이 대한민국 임시정부를 '혁명의 최고 통일 기구'로 인정한 것이다.

조선독립동맹과 임정의 통일 전선

중국에서 활동하던 공산계의 김두봉(金杜奉)이 주석이 되고 박효삼(朴孝三), 이춘암(李春岩) 등이 참여한 또 다른 좌파 단체인 조선독립동맹이 1942년 8월에 조직되었다. 당초 300명으로 출발한 조선독립동맹은 중국 국내에 지부를 설치하고, 만주에 이상조(李相朝)를 파견, 북만지구특별위원회를 결성했다. 또한 국내에는 이극(李克)을 밀파, 이영(李英), 여운형(呂運亨) 등과 접촉케 해 조선공산당 재건 문제와 만주에서의 무장 활동 가능성을 조사했다. 조선독립동맹의 국내 공작은 여운형의 건국동맹과 연결되었다. 이들은 또한 1945년 8월 중국 옌안(延安)에서 전조선민족대회를 열기로 했으나 일본의 항복으로 이루어지지 못했다. 이 때 충칭 임정은 국무위원 장건상을 옌안에 파견, 조선독립동맹과 통일 전선을 형성하기로 합의했다. 이에 따라 김두봉이 조선독립동맹을 대표해 충칭 임정을 방문키로 했으나 이 역시 일본의 항복으로 실현을 보지 못했다.[23]

조선독립연맹은 1941년 옌안에서 '동방 각 민족 반파쇼 대표대회'를 개최하는 등 국제적인 통일 전선 조직 운동도 폈다. 대회의 명예 주석단에는 임정 주석 김구도 포함되었다. 이 무렵 개최된 조선독립연맹의 진서북분맹(晋西北分盟) 창립대회에는 쑨원(孫文), 마오쩌둥(毛澤東), 그리고 김구의 초상화를 걸고 회의를 진행했다. 조선독립연맹의 군사 조직인 조선의용군은 중국공산당 팔로군(八路軍)과 협동 작전으로 대일전에 참여했다. 이들은 일본 항복 후 랴오둥(遼東)반도의 중심지인 선양(瀋陽)에 집결, 4개 지대로 편성해 국공 내전에 참여한 다음 중공 정권 수립 후에는 그 상당수가 마오쩌둥의 명령으로 북한으로 귀국, 인민군에 편입되어 김일성의 남침에 동원되었다.[24]

조국광복회

만주에서 활동하던 공산 계열의 반일 무장 단체들은 코민테른 7차 대회의 결정에 따라 1936년 5월 동강회의(東崗會議)를 열고 만주 지역의 통일 전선 형성을 위해 재만한인조국광복회(在滿韓人祖國光復會)를 결성했다. 광복회는 오성륜(吳成崙, 全光), 이상준(李相俊, 李東光), 엄수명(嚴洙明) 3명의 발기로 "전 민족의 계급·성별·지위·당파·연령·종교 등의 차별을 불문하고 백의동포는 반드시 일치 단결, 궐기하여 구적(仇敵)인 왜놈들과 싸워 조국을 광복시킬 것"이라는 선언문을 발표했다. 조국광복회는 만주 장백현(長白縣) 일원과 국내의 함경북도 북부 일원 및 흥남, 함흥, 원산 등지에 조직망을 구축했다. 조국광복회는 민족 통일 전선을 실현하기 위해 장백산 일원과 국내의 갑산, 삼수, 풍산 등 3군의 천도교 종리원을 관할하던 천주교 도정(道正) 박인진(朴寅鎭)을 회원으로 가입시켰다. 이에 따라 풍산군 일대의 천도교도들이 동북항일연군(東北抗日聯軍)에 입대했다. 조국광복회는 천도교 중앙의 최린(崔麟)과 접촉을 시도했으나 실현을 보지 못했다.[25]

북한의 김일성은 나중에 조국광복회를 반일 통일 전선의 기원이라고 주장했다. 그것은 광복회가 그 자신이 지휘한 동북항일연군 1로군(路軍) 제6사(師)가 중심이 되어 조직된 탓도 있다. 동북항일연군의 유래는 만주사변 시기로 거슬러 올라간다. 일제가 만주사변을 일으키자 중국공산당은 1931년 3월 만주에 유격대를 창설하고 유격구를 설정할 것을 지시했다. 이에 따라 조선인 대원이 다수인 각종 유격대가 이 지역에서 발족했다. 이들 유격대들은 1933년 통합되어 동북인민혁명군이 되고, 1936년에는 다시 동북항일연군으로 확대 개편되었다. 동북항일연군은 1군(軍)에서 11군까지로 편성되었다. 그 후 1·2군이 합쳐져 1로군이 되고, 중국인 양정우(楊靖宇)가 총사령을 맡았다. 김일성은 그 산하의 6사(師)를 지휘했다. 백두산 일대를 작전구로 한 김일성의 6사 병력은 1937년 6월 4일 국내로 잠입해 함남 갑산군 보천보(普天堡)의 경찰관 주재소를 공격했는데 그의 활동이 바로 그 이튿날 《동아일보》의 호외로 대서특필되어 국내에 알려졌다.[26] 그러나 최근에도 보천보 전투는 북한의 지배자 김일성, 즉 김성주가 수행한 작전이 아니라는 주장이 계속 제기되고 있다.[27]

　　동북항일연군은 일본군의 공세가 강화되어 양정우가 전사하고 만주 지방에서 더 이상 조직적인 군사 작전이 어렵게 되자 1940년 10월 소련 땅으로 넘어가 중국인 주보중(周保中)을 여장(旅長)으로 하는 동북항일연군 교도려(敎導旅)로 편성되었다. 소련 거주 조선인과 소련 소수민족 출신의 소련 군인들도 포함된 병력 1,000명 정도(1944년 현재)의 이 부대는 국제홍군(國際紅軍) 제88특별여단으로도 불렸다. 최용건(崔庸健, 崔石泉)이 부참모장인 교도려는 4개의 교도영(敎導營)으로 편성되었다. 김일성, 허형식(許亨植), 강신채(姜信泰, 姜健) 등이 그 영장이었다. 1945년 8월 소련의 선전 포고에 따라 소련군이 대일 전쟁에 참전하자 제88여단의 조선인병사들은 만주와 한반도로 진격했다. 그러나 김일성이 인솔하던 조선인 부대는 대일 전쟁에 참여하지 못하고,[28] 그는 뒤에서 설명하는 바와 같이 9월 19일 소련 군함을 타고 원산으로 귀국하게 된다.

⑤ 폭압 통치 하의 좌·우 세력

나는 2,222번 / 죄인의 옷을 걸치고 / 가슴에 패를 차 고/ 이름 높은 서대문형무소 / 제3동 62호실 / 북편 독방에 홀로 앉아 / "네가 광섭이냐"고 / 혼자 말로 물어보았다. / 3년 하고도 8개월 / 1,300여 일 / 그 어느 하루도 빠짐없이 손꼽으면서 / 똥통과 세수 대야와 걸레 / 젓가락과 양재기로 더불어 / 취기 나는 어두운 방 / 널빤지 위에서 살아왔다.

– 김광섭

1. 신간회 이후의 국내 민족 운동

궁지에 몰린 국내 민족 세력

일제는 1930년대에 들어서면서 1920년대에 내걸었던 '문화정치'의 가면을 벗어버리고 노골적인 조선 민족 탄압 정책을 쓰기 시작했다. 그들은 1931년 9월 만주사변을 일으킨 다음 식민지 조선을 병참 기지로 만들고 이를 효율화하기 위해 사회 전체를 파쇼 체제화 했다. 특히 1937년 중일전쟁을 도발한 다음부터는 조선에 전시 체제를 강요하는 가혹한 폭압정치를 폈다.

1931년 5월 신간회 해체 이후 민족주의좌파의 반일 운동은 일제의 탄압을 받아 자연히 위축되었다. 좌익 세력과 손을 잡았던 민족 세력 좌파의 투쟁 노선도 혼선을 일으켰다. 이들이 내건 비타협 노선은 명분상으로는 아름다웠지만 국외가 아닌, 국내에서 일제의 총칼 앞에서 무력하기 짝이 없었다. 민족 세력 좌파와 공동 전선을 조직했다가 떨어져 나간 공산 계열은 일제의 탄압을 피해 지하로 들어가 활동을 계속했다. 비슷한 노선을 취하던 농민운동 단체 노동운동 단체 및 청년운동 단체들도 대체로 지하 세력화 했다.

민족주의좌파 가운데 일부 세력은 다시 신간회 같은 민족단일당 형성을 모색했다. 이들은 신간회 해체 때 이를 반대한 안재홍, 이종린 등 이른바 '비해소파'들이다. 이들은 1932년 1월 수양동우회의 이광수, 조만식 등과 함께 '민족단체통제협의회'(民族團體統制協議會)라는 이름의 협동 조직을 만들기 위해 각 방면 인사들에게 협조를 요청했다. 이번에는 좌익 세력과의 합작이 아니라 같은 우익 세력과의 제휴 모색이었다. 변형된 민족 합작 운동의 재추진인 셈이다. 수양동우회는 뒤에서 설명하는 바와 같이 안창호의 지도 노선에 따라 조선 민족의 지(智), 덕(德), 체(體)의 삼육수양(三育修養)을 표방하는 민족개조운동 단체였다. 그러나 좌익 계열의 방해와 일제의 탄압에 부딪혀 이들의 협의회 설립 운동은 곧 암초에 부딪쳤다. 안재홍은 이 무렵 조선일보를 발판으로 생활개선운동, 문자보급운동 같은 문화운동을 벌였다. 그는 민족주의 세력의 정치 운동은 사실상 불가능하다고 판단하고 차선책으로 문화 운동을 벌인 것이다.[1] 이 사실은 문화 운동이나 실력 양성 운동이 일부에서 비판하듯이 민족주의우파만이 벌인 것이 아니라는 점을 말해 준다.

실패로 돌아간 민족 유일 단체 조직 시도

민족단체통제협의회 결성이 무산되자 조만식, 김동원(金東元) 등은 다시 '민족유일통제단체'(民族唯一統制團體)의 조직을 시도했다. 그런데 이번에는 그 규약 등이 너무 온건하게 만들어졌다 해서 조만식 등이 탈퇴해 친목단체화하고 말았다. 결국 민족 합작 운동을 위한 두 번째 시도 역시 좌초하지 않을 수 없었다. 이런 상황에서 때마침 광주학생사건 당시 서울에서 민중대회를 개최하려다 투옥된 신간회의 허헌, 홍명희 등이 1933년에 출옥하자 민족세력좌파들은 세 번째로 민족 통일 단체를 조직하는 방안을 검토했다. 그러나 이때는 이미 만주사변으로 일제가 전시 체제를 방불케 하는 엄격한 통제 정책을 쓸 때여서 그들의 노력은 성사되지 못했다.[2] 결국 제2의 신간회 같은 전국적 정치 단체의 결성은 무산되고 말았다.

이에 비해 일면 타협, 일면 투쟁이라는 현실 노선을 걷던 민족주의우파 세력은 대부분 신간회에 참여하지 않은 채 좌우합작 운동을 주시하고 있다가 신간회가 1931년 5월 그들의 전망대로 깨어지자 실력 양성 운동을 더욱 본격적으로 벌였다. 실력 양성 운동은 뒤에서 설명하는 바와 같이 1937년 일제가 물산장려운동을 금지하기까지 계속되었다. 민족주의우파의 아성인 동아일보는 1932년 4월 사상과 문화와 제도와 생활 양식의 일대 전환을 의미하는 '문화 혁신'을 사설에서 주장했다.[3] 신간회가 해체된 2년 후인 1933년 조만식 등의 물산장려운동파와 기독교 세력을 배경으로 한 윤치호, 박희도 등 신우회(信友會) 인사들은 민족주의우파의 연정회 측과 긴밀한 제휴 관계를 가졌다. 신우회는 평북 정주에서 기독교·천주교 관계자들이 중심이 되어 강경엽(姜京燁)을 위원장으로 해서 만든 단체이다. 신우회는 얼마 못가 외부 압력과 내부의 의견 불일치로 제 구실을 하지 못하고 유야무야되고 말았다.[4] 결국 일제가 물산장려운동까지 금지해 버리자 민족주의우파 세력의 입지는 좁아지고, 그 동안 미련을 갖고 있던 전국적 정치 단체로서의 연정회 설립도 무산된 채 그 세력 일부가 친일파의 길로 들어서는 지리멸렬 상태가 되지 않을 수 없었다.

물산장려운동마저 강제 해산

일제는 1930년에 들어 민족주의단체를 해산하는 정책으로 돌아섰다. 그 대표적인 사건이 물산장려회 해산과 수양동우회사건 및 흥업구락부사건이다. 이로 인해 합법적인 민족 운동은 불가능하게 되어 민족운동가들이 지하로 들어가거나 운동을 중지하거나 혹은 친일로 돌아서거나 할 수밖에 없었다.

물산장려운동은 1922년 서울에서는 이종린이 회장으로, 평양에서는 조만식이 회장이 되어 진행되던 중 서울에서는 1937년 2월, 평양에서는 4월에 총독부에 의해 각각 강제 해산 당했다.[5] 이 무렵의 물산장려운동을 좋지 않게 보는 일부 논자들도 있다. 이들 일부 학자들은 자치 운동과 마찬가지로 문화적 민족주의와 물산장려운동 민립대학 운동 등 실력 양성 운동을 일제에 협력적인 민족주의우파의 운동이라고 비판하고 있다. 또한 좌파에서는 당시에도 물산장려운동이 몇몇 예속적인 자본가의 이익을 보존해 주기 위한 술책이라고 비난했다.

그러나 물산장려운동의 원래 취지를 부정적으로만 볼 수는 없다. 최근 들어서는 실력 양성 운동을 이렇게 비판하는 것은 "계급적 사회주의적 인식에 따른" 편협한 인식이라는 반론이 제기되고 있다.[6] 물산장려운동은 단순한 조선인들의 상품 판매를 돕자는 운동이 아니라 합병 후 조선에 들어온 일본 기업과 상인에 의해 민족 자본이 고갈 상태에 빠질 우려가 생기자 이를 막자는 애국 운동이다. 일제의 경제 수탈을 막는 방법 중 하나가 민족 자본을 적극적으로 육성함으로써 민족의 경제 기반이 파탄 나는 것을 예방하자는 '경제적 민족주의 운동'이었다. '경제적 독립'을 강조한 1919년의 도쿄 유학생 2·8독립선언서는 민족주의 세력에게 큰 영향을 주었다. 물산장려운동 주도자의 한 사람인 백관수는 2·8독립선언서의 서명자이기도 하다.[7] 이 선언서는 다음과 같이 밝히고 있다.

> 그뿐더러 원래 인구 과잉한 조선에 무제한으로 이민을 장려하고 보조하여 토착한 오족(吾族)은 해외에 유란(流難)함을 불면하며 국가의 제 기관은 물론이요 사설의 제 기관에 까지 다수의 일본인을 사용하여 일변 조선인으로 하여금 직업을 실(失)케 하며 일변 조선인의 부(富)를 일본으로 유출케 하고 상공업에도 일본인에게는 특수한 편익을 여하여 오족으로 하여금 산업적 발흥의 기회를 실(失)케 하도다. 여차히 하(何) 방면으로 관(觀)하여도 오족과 일본인과의 이해는 상호 배치하며 그 해(害)를 수(受)하는 자는 오족이니 오족은 생존의 권리를 위하여 독립을 주장하노라.[8]

물산장려운동은 우파 청년 조직인 조선청년연합회에서 적극 동참, 지방 순회 강연을 비롯한 계몽 활동과 표어 모집 등 활발한 움직임을 보였다. 조선청년연합회는 1922년 12월 물산장려 표어를 현상 모집해서 "조선 사람 조선 것으로" 등 7종을 당선작으로 냈다.[9] 물산장려운동은 단순한 경제 운동이 아닌 반일 운동의 요소를 띠고 있었다.

2. 민족 세력 말살과 변절 강요

일부 '민족 대표'의 친일 전향

1930년대 후반기는 국내 민족주의 세력에 있어서 심한 고난의 시기였다. 많은 민족지도자가 친일파로 변절했다. 변절자는 민족주의자뿐만 아니라 사회주의자들도 있었지만, 특히 그 중에서도 일제에 대해 타협적인 현실 노선을 펴던 민족주의우파세력들 가운데 유명한 변절자가 있었다. 이들 때문에 민족주의우파가 편 자치론과 실력양성론 자체가 친일적인 노선으로 매도되는 데 도움이 되었다.

일본총독부는 1930년대에 들어서면서 새로운 친일파를 양성하고 각종 친일단체[10]를 조직케 하는 한편 저명한 민족 진영 인사들을 그들의 앞잡이로 만들기에 혈안이 되었다. 대표적인 예만 들면, 3·1운동을 조직한 천도교의 최린, 기독교 측의 33인의 민족 대표 중 한 사람인 박희도, 독립선언서를 기초한 최남선 등 민족주의우파 지도급 인사들이 맨 먼저 친일로 돌아섰다.

이들 중에서도 최린의 배신만큼 충격적인 예도 없을 것이다. 최린은 일제의 회유에 못 이겨 1930년대에 일제에 투항한 민족 진영 우파 최초의 거물이었다. 정치적 현실주의가 원칙을 저버리면 한낱 기회주의로 타락한 예를 보여준 것이다. 그 점이 한국 보수 세력 일부의 과오이자 비극이다. 최린은 3·1독립선언서에 서명한 민족대표 33인 중 한 사람으로 3년형을 선고받고 1921년 12월 가출옥해 자치 운동에 앞장섰다. 그의 가출옥 배경에는 사이토 총독의 정치 참모인 아베(阿部充家, 경성일보사장 역임)의 공작이 있었다. 그가 가출옥한 직후인 1921년 12월 29일 아베는 사이토에게 보낸 편지에 "오늘날의 형세로 보아 민원식(閔元植), 선우순(鮮于筍) 따위의 운동으로는 도저히 일대 세력을 이룩하기는 어렵고, 간접 사격으로 … 일을 꾸미자면 … 여기에는 이번에 가출옥한 위인들 중 최린이 안성맞춤의 친구입니다"라고 썼다.[11]

최린은 1937년에는 총독부 기관지 매일신보의 사장에 취임해 그 해 7월 7일 중일전쟁이 발발하자 일제의 전쟁 수행에 적극 협조하는 전쟁 보도를 앞장서서 독려했다. 이 무렵부터 그는 II-6(일제 최후 발악과 국내 지도층)에서 자세히 설명하는 바와 같이 총독부의 전시 최고 심의 기구인 조선총독부시국대책조사위원회와 후방 지원 기구인 국민정신총동원조선연맹, 시국대책조사위원회와 국민총력조선동맹 등 일제의 각종 전쟁 수행 단체에 연이어 참여하면서 전쟁 지원에 협조했다.[12] 최린은 반민특위 재판에서 "기미년 당시 내가 일제에 정면으로 반기를 들었다 해서 그들은 그 후 나를 주목하고 위협하고 또 유혹해 끝내 민족을 배반하는 행동을 하고 말았다. 오직 죄스럽고 부끄러울 뿐이다"라며 뒤늦은 후회의 눈물을 흘렸다. 그는 친일한 동기를 '늙은 노모에게 불효를 할 수 없어 망명도, 자살도 하지 못하고 일본 군문(軍門)에 항복했다'라고 털어놓았다. 그는 법정에서 비교적 솔직한 참회로 재판부와 방청객들로부터 동정을 샀다. 그는 "민족 앞에 죄지은 나를 광화문 네거리에서 사지를 찢어 죽여라"라고 사죄해 법정 안을 온통 울음바다로 만들기도 했다. 6·25전쟁 와중에 납북되었다.[13]

최남선은 1928년 조선총독부가 한민족의 역사를 왜곡하기 위해 설립한 조선사편수회의 편수위원으로 들어감으로써 변절의 길을 밟았다. 이광수는 1938년 사상 전향을 하고 이듬해 중국에 파견된 일본군의 위문을 위한 '북지(北支) 황군위문작가단' 결성식에 사회를 맡게 되면서 본격적으로 친일 행동을 시작했다. 33인 중 최연소자였던 박희도는 신간회 회원이었으나 신간회 해체 이후인 1934년에 시중회에 가입한 이래 1939년 1월 일본어로 된 친일 월간지 《동양지광》(東洋之光)을 창간하면서부터 본격적으로 친일 행동을 폈다.[14]

동우회 탄압과 강제 전향

물산장려운동이 중지된 1937년에 조선소년단도 강제 해산되었다. 이 조직은 민족운동가 조철호(趙喆鎬)가 1922년 10월에 결성한 애국 단체로 전국에 58개 지부를 두고 있었다. 1937년 7월 서울 파고다공원에서 열린 시국강연회의 장내 정리를 하러 나온 단원의 제복 넥타이의 그림이 강제 해산의 빌미가 되었다. 넥타이에 태극기 마크가 그려 있고 그 아래 한글로 '준비'라는 말이 들어 있었으며 그 주위에는 다시 무궁화가 그려 있었다. 조선소년단은 결국 그 해 9월 자진 해산 형식으로 해체되었다. 비슷한 시기에 안창호가 세운 대성학교(大成學校)의 학우회도 해산되었다.[15]

동우회(同友會)는 수양동우회(修養同友會)와 동우구락부(同友俱樂部)가 합친 단체이다. 수양동우회는 1914년 미국 로스앤젤리스에서 안창호가 조직한 흥사단(興士團)의 조선 지부이다. 상하이에 있는 동안 안창호의 동지였던 이광수가 흥사단 조선 지부의 조직을 의뢰받고 1922년 2월 수양동우회를 설립했다. 수양동우회는 서울에 본부를 두고 평양에 지부를, 그리고 평북 선천(宣川)과 황해 안악(安岳)에 지회를 각각 설치해 회원이 300명에 달했다. 이와 때를 같이해 평양에서는 김동원(金東元) 등 흥사단계 인사들이 인격 수양을 표방한 합법 단체인 동우구락부를 만들었다. 1929년 1월 두 단체가 통합해 발족된 동우회는 규약 중 '조선 신문화 운동'을 '신조선건설운동'이라고 개정했으며 출범 당시 회원은 목사·변호사·의사·저술가·교사 등 지도급 인사 82명이었다.[16]

일제는 동우회를 감시하던 끝에 1937년 4월 종로서 형사가 이사장 주요한(朱耀翰)을 찾아가 해산을 종용했다. 주요한은 해산을 하려면 이사회를 열어서 협의해야 한다고 하자 형사는 회의는 일본어로 해야 한다고 요구했다. 동우회 측이 이에 불응하자 일제는 일본어 사용 반대를 구실로 삼아 동우회 간부를 모조리 연행했다. 연행된 사람은 주요한을 비롯해 이광수, 김윤경(金允經), 조병옥, 이윤재(李允宰), 박남환(朴覽煥), 신윤국(申允局) 등 11명이었다. 전국 회원 명단을 압수해 추가 검거에 나선 일제 경찰은 평양에서 안창호, 김동원, 장리욱(張利郁), 김성업(金性業), 김병연(金炳淵), 최능진(崔能珍) 등 25명을 구속했다. 이들 중 42명이 다음해 악명 높은 치안유지법 위반 혐의로 송치되었으나 1심에서는 무죄가 선고되었다. 2심에서는 이광수 징역 5년, 주요한 4년, 김동원 3년, 조병옥 2년 6개월 등 중형이 선고되었다. 그 후 1941년 11월에는 경성고법 상고심에서 증거불충분으로 전원에게 무죄가 선고되었다.

일제 경찰은 회원들을 혹독하게 고문하면서 이 단체가 독립운동단체라는 자백서를 강요했다. 전국에서 검거된 150명 중 최윤호(崔允浩), 이기윤(李基潤) 등은 고문으로 옥사하고 김성업은 불구가 되었다. 안창호는 서울로 압송되어 모진 고문을 받고 신음하다가 1938년 3월 병보석으로 풀려났으나 곧 세상을 떠났다. 동우회사건은 결국 4년 5개월 만에 일단락되었지만 그 결과는 동우회의 해체와 얼마 남지 않았던 독립운동가들이 일제에 전향하는 가슴 아픈 사태로 발전했다.[17]

일제는 동우회원 가운데 전향자에게는 기소유예 조치로 포섭했다. 갈홍기(葛弘基)를 비롯한 기소유예자 16명은 1938년 6월 전향자 단체인 대동민우회(大東民友會)에 가입했다. 기소유예자 중 정영도(鄭永道)는 그가 10여 년 간 미국에 머물고 있을 때 알던 미국인 친구와 그 밖에 주지사, 시장, 상하 양원의원, 교회, 대학, 도서관, 언론사 등 요로에 일본이 수행하고 있는 '성전'(聖戰)을 홍보하는 총 4,700통의 영문 편지를 비용 460원을 자비로 부담해 발송했다. 이것은 물론 일제의 간악한 강요에 의한 것이다. 또한 보석 중이던 이광수를 비롯한 28명은 메이지 천황의 생일인 1938년 11월 명치절(明治節)에 사상 전향 회의를 갖고 일본 도쿄의 천황 궁성을 향해 요배하고 일본 국가를 불렀다. 이들은 이어 일본군의 전몰 장병 및 전상 백의 용사(戰傷白衣勇士)의 위령과 치료를 비는 기원을 하고 조선신궁에서 가서 참배했다. 그리고 사상전향서를 작성해 재판장에게 제출했다. 이들은 또 동우회를 탈퇴하면서 되찾은 입회금 300원과 그날 출석자가 거둔 2,880원을 국방 헌금으로 바칠 것을 결의했다.[18] 이광수의 친일 부역 행위는 이때부터 본격적으로 시작되었다.

청구구락부 및 흥업구락부 사건과 친일 전향

일경은 동우회 회원들의 전향 공작 성공에 힘을 얻어 1937년 비슷한 민족 단체인 청구구락부(青丘俱樂部)를 급습. 윤치호, 장덕수, 유억겸(俞億兼), 구자옥(具滋玉), 신흥우(申興雨) 등을 검거하고 이들로 하여금 구락부를 해체하겠다는 서약서를 쓰게 하고 풀어주었다. 같은 계열의 흥업구락부(興業俱樂部)가 강제 해산된 것은 1938년 2월이었다. 이 단체는 1924년 미국에서 열린 북감리교회 총회에 참석한 신흥우가 이승만을 만나서 그의 지시를 받아 국내에서 조직했다. 그 해 11월 서울 YMCA안에 설립한 이 단체에는 이상재, 구자옥, 유억겸, 이갑성 등이 참여했다. 명칭은 실업인들의 친목 단체처럼 평범하게 '흥업구락부'로 하고 합법 단체로 허가를 받았다. 그러나 실제로는 기회가 오면 내외가 호응해서 조국 광복을 달성하기 위한 국내 조직으로 바꾼다는 것이었다. 이승만계의 이 단체와 안창호계의 동우회는 라이벌이기도 했다. 일제 경찰은 연희전문학교의 좌익 교수들이 중심이 되어 만든 경제연구회사건을 수사하다가 우연히 이승만과의 연락 문서를 발견해 흥업구락부의 실체를 파악하게 되어 회원 일제 검거에 나섰다. 회원 중에는 이미 일제에 협력하던 사람도 있어 회원 일동은 별 저항 없이 전향성명서를 발표하고 흥업구락부를 해산했다.[19]

흥업구락부 회원들은 구락부의 기금 2,400원을 국방 헌금으로 내고 회원 일동이 매월 정기적으로 만나 '애국간담회'를 열기로 했다. 그리고 10월 5일에는 배재중학교에 모여 일본 국가를 부르고 일본 도쿄의 천황이 사는 궁성을 향해 동방요배를 행한 다음 '황국신민(皇國臣民)의 서사(誓詞)'를 제창했다. 이들은 이어 일본군의 무운을 비는 기도를 올리고 남산의 조선신궁을 참배했다. 신흥우는 기독교청년회 연합회를 일본 기독교청년동맹에 가입시키고 세계기독교 청년동맹과 세계기독교학생연맹으로부터 탈퇴할 것을 표명했다.[20]

3. 좌익 세력의 시련

조선공산당의 재건 계획

제4차 조선공산당은 Ⅱ-2(사회주의 세력의 형성)에서 설명한 바와 같이 1928년 코민테른의 '12월 테제'에 따라 해체되고 지식인 중심에서 노동자 중심의 당 재건 노력에 착수했다. 그러나 해방될 때까지 성사를 보지 못했다. 그 이유는 여러 가지였지만 가장 큰 원인은 역시 일제의 가혹한 탄압이다. 작은 꼬투리만 있어도 마구잡이로 연행해 가는 일본 경찰 앞에서 견딜 장사는 많지 않다. 1930년대에 들어 식민지 조선의 많은 공산주의자는 일제의 회유를 받아 사상 전향을 하고 조직마저 해체했다. 이런 가운데서도 일부 공산주의 그룹은 끝내 지조를 굽히지 않고 지하에서 버텼다.

우선 주목해야 할 집단은 화요회계 출신이자 모스크바의 국제레닌학교 출신인 김단야(金丹冶)와 모스크바 동방노력자공산대학을 졸업한 김정하(金鼎夏), 권오직(權五稷) 등의 활동이다. 이들은 코민테른의 당 재건 지시를 받고 1929년에 귀국, 그 해 11월 '조선공산당 재조직 준비위원회'를 결성하고 전국적인 조직 활동에 들어갔다. 그러나 이들은 이듬해 3·1운동 11주년을 기념하는 격문을 만들었다가 이것이 단서가 되어 관련자들이 일제 경찰에 모두 체포되고 말았다.[21]

조선공산당 재건 운동을 벌인 또 다른 그룹은 권영태(權榮台), 정태식(鄭泰植) 등이다. 권영태는 1920년대부터 국내에서 공산주의 활동을 하다가 1931년

4월 러시아에 들어가 모스크바 동방노동자공산대학 속성학과에 입학해 다음해 졸업하고 귀국한 다음 1933년부터 학생 독서회 와 메이데이 활동 지도, 그리고 노동조합 선동 사업을 벌였다. 그는 1934년에는 경성제국대학 법문학부 3년생인 정태식을 알게 되어 함께 공산주의 그룹을 결성키로 하고 설립 총회를 추진했다. 정태식은 동료 학생들을 포섭해 경성제대 안에 독서 서클을 만들고 경성법전 안에는 반제서클 문화서클 적색교수서클을 조직한 다음 지하 출판 활동을 통해 공산주의 전파에 나섰다. 정태식은 또한 몇몇 기업체와 공장의 여직공을 포섭해 공산주의 사상을 보급했다. 그는 이 과정에서 당시 조선공산당 재건 운동을 하던 이재유(李載裕)와 권영태를 알게 되었다.[22]

이재유의 조선공산당 재건 운동은 한국 공산주의 역사상 특기할 만하다. 첫째 그가 이끈 조선공산당 재건 운동 과정에서 검거된 사람이 무려 500여 명에 달했다. 둘째, 그가 독일 유학파이자 공산주의자인 경성제대의 일본인 교수 미야케(三宅鹿之助)와 손을 잡고 조선에서의 공산주의 운동을 협의했다는 사실이 특이하다. 이재유는 일본 도쿄에서 일본대학 전문부를 중퇴하고 공산주의 운동을 벌이다가 1928년 제4차 조선공산당사건에 연루되어 3년 6개월간 복역했다. 1932년 12월 출옥한 그는 계속 조선공산당 조직 재건 사업을 벌이다가 경찰에 체포된 다음 3개월 만에 탈출, 경성제대의 미야케 교수 집에 은신해 도움을 받았다. 미야케가 공산주의 그룹 설립 총회 계획이 탄로나 1934년 5월 권영태, 정태식과 함께 일경에 체포되자 이재유는 다시 도피해 지하로 숨어들었다. 이재유는 지하에서도 과거 옥중에서 알게 된 김삼룡(金三龍), 이현상(李鉉相) 등과 함께 계속 적색 노조와 학생 조직을 만드는 데 힘썼다. 경성제대 출신의 공산주의자 이강국(李康國)도 이 때 미야케의 지시로 공작을 한 사람이다. 이재유는 1936년 10월에는 동덕여고 교사인 이관술(李觀述) 등과 함께 '조선공산당 재건경성준비그룹'을 만들어 기관지를 내는 등 활동을 하다가 그 해 12월 검거되었다. 이재유의 검거로 조선공산당 재건 사업은 막을 내렸으나 그는 옥중에서도 공산주의자 서클을 조직하고 조선어 사용 금지 반대 투쟁 등을 벌였다. 그는 1944년 9월로 7년형이 만기 출소 시기를 맞았다. 그러나 전향을 거부해 계속 구금되어 있다가 10월 26일 41세를 일기로 옥사했다.[23]

박헌영 그룹의 집념

이재유처럼 최후까지 당 재건 노력을 하다가 가혹한 탄압을 받은 일제 하 마지막 국내 공산주의 세력이 박헌영(朴憲永)을 지도자로 한 '경성콤그룹'(京城 Communist Group)이다. 박헌영은 1925년 제1차 조선공산당 검거 선풍 때 그 전위 조직인 고려공산청년회 책임비서로 있다가 옥고를 치른 다음 1928년 제4차 조선공산당이 해체되자 러시아로 탈출했다. 그는 1929년부터 1931년까지 모스크바의 국제레닌대학에서 수학했다. 박헌영은 모스크바 체제 기간 중인 1929년 2월에 소련공산당에 입당하고 이듬해에는 코민테른 산하 조선문제3인위원회 위원이 되었다. 그는 1932년에 중국 상하이로 가 조봉암(曺奉岩), 김단야(金丹冶) 등과 함께 조선공산당재건운동을 벌였다.[24] 그러나 박헌영은 곧 상하이 주재 일본 총영사관에 체포되어 본국으로 압송된 다음 7년이라는 오랜 기간을 감옥에서 보내지 않으면 안 되었다.

1939년에 석방된 그는 초지를 굽히지 않고 이관술이 조직한 경성콤그룹에 합류했다. 이 때 그를 지도자로 받든 동지들은 이재유계의 이관술·이순금(李順今)·김삼룡·정태식·이현상, 상하이계의 이인동(李仁同)·서중석(徐重錫), 화요계의 권오직·장순명(張順明) 등이다. 이밖에 명륜학교 교수이자 이현상의 동지인 김태섭(金台燮)과 경성제대 학생으로 미야케사건 관련자인 김재갑(金載甲)의 동생 김재병(金載丙)도 참여했다. 경성콤그룹은 1940년 12월 김삼룡 등 일부 간부들이 체포되고, 1941년 6월과 12월 두 차례에 걸쳐 박헌영을 제외한 구성원 전원이 검거되어 붕괴되었다. 일제 경찰에 체포된 이들은 김삼룡을 제외하고는 전원 불기소 기소유예·집행유예 등 조치로 풀려났다. 그러나 이들은 한 명의 예외도 없이 전향하지 않고 끝까지 지조를 지킨 것으로 유명하다. 기적적으로 도주에 성공한 박헌영은 피신처를 계속 바꾸다가 마지막에는 전남 광주의 벽돌 공장 직공으로 일하면서 해방을 기다렸다. 이들의 비전향은 박헌영 세력이 해방 후 장안파(長安派)를 물리치고 조선공산당의 헤게모니를 장악할 수 있는 기반이 되었다.[25]

여운형의 조선건국동맹

여운형(呂運亨)은 1944년 8월 서울에서 조선건국동맹(朝鮮建國同盟)이라는 비밀 단체를 조직했다. 그는 일제의 탄압에도 불구하고 일본이 망하는 순간까지 비밀 조직을 만들어 일본에 맞서려 했다.

1929년에 상하이에서 왜경에 잡혀 본국으로 압송된 그는 3년형을 복역하던 중 형기가 끝나기 직전 가석방되어 1933년 2월부터 약 3년 간 조선중앙일보 사장으로 일했다. 여운형은 조선중앙일보가 1938년 9월 문을 닫게 되자 동지들과 함께 다시 지하 운동에 투신했다. 그는 이 과정에서 일제가 곧 태평양전쟁에서 패배할 것이라고 예언했다가 1942년 12월 이 사실이 탄로나 약 반 년 간 형무소에 수감되었다. 여운형의 비서를 지낸 이기형에 의하면 여운형은 형무소로부터 석방된 후 세계대전의 귀추를 정확히 내다보고 해방을 맞을 준비에 바빴다. 그는 흩어진 동지를 규합하고 규합한 동지와는 침식을 잊고 숙의하다가 마침내 반일 통일 전선 결성에 의견 일치를 보았다. 여운형은 1944년 8월 초 경기도 여주군 와부면 마현리, 즉 현재의 팔당저수지로부터 3km 정도의 상류 지역인 속칭 '마재'에서 조동호(趙東祜), 현우현(玄又玄) 등 동지 7, 8명과 함께 천렵을 가장해 회동하고 건국동맹 결성을 최종적으로 합의했다 한다. 그로부터 얼마가 지난 8월 10일 서울 종로 경운정 삼광한의원의 현우현 집에서 여운형, 조동호, 현우현, 김진우(金振宇), 이석구(李錫玖) 등이 모여 비밀 결사인 '조선건국동맹'을 정식으로 창건했다. 이날 그들은 '불명'(不名, 이름을 부르지 않는다), 불거(不居, 거처를 말하지 않는다), 불문(不文, 문서를 남기지 않는다)의 3불맹세를 철칙으로 결의했다.[26]

여운형을 위원장으로 하는 건국동맹의 중앙 조직은 국내 동지의 규합을 담당하는 내무부에 조동호·현우현을, 국외담당인 외무부에 이기석·이석구·황운(黃雲)을, 자금 조달과 관리를 담당하는 재무부에 김진우·이수목(李秀穆)을 각각 배치했다. 그 밖에 이만규(李萬珪), 김세용(金世鎔), 이여성(李如星), 박승환(朴承煥), 이상백(李相佰) 등 좌·우익 인사들도 건국동맹에 참여했다. 건국동맹은 또한 전국 10개도의 책임자를 임명, 지방 조직을 갖추고 그해 10월 8일 결성된 농민동맹 등 직업별 조직에도 착수했다. 이들 하부 조직의 임무는 징용·징병 기피 등의 알선이었다.

건국동맹은 후방 교란과 노농군(勞農軍) 편성을 계획하고 공산주의자협의회와의 연계 아래 군사위원회를 조직했다 한다. 군사위원회의 목적은 국내의 무장 봉기와 철도 파괴 및 일본군 조병창 습격 등이다. 만주군관학교 출신의 박승환(朴承煥)을 만주에 파견, 만주국 내의 조선인 군인을 포섭해 실행할 국내 진공 작전 계획도 마련했다는 것이다. 중국 옌안에는 김태준과 박진홍(朴鎭弘)을 비밀리에 보내 김무정(金武亭)을 만나게 했으며 소설가 김사량(金史良)을 통일 전선 구축을 위해 옌안에 보냈다고 한다. 건국동맹과 옌안의 조선독립동맹은 1945년의 국치기념일인 8월 29일 옌안에서 전조선민족대회를 공동 개최하기로 합의하고 충칭의 임정도 최근우를 옌안에 파견키로 했다. 그러나 이 대회 개최 계획은 일본의 조기 항복으로 불발에 그쳤다.[27]

4. 좌파의 전향 강요

사상 전향을 정책으로

일제가 1925년에 제정한 치안유지법을 식민지 조선에서도 시행하기 시작한 것은 민족주의자뿐 아니라 공산주의 사상범을 함께 처벌하기 위해서였다. 일제는 민족주의 세력보다 공산주의 세력을 더 위험시했다. 그 이유는 민족주의 세력은 민족 독립만을 주장하지만 좌익 세력은 '민족 해방'에다가 '국체(國體)의 변경', 즉 식민지 조선의 해방 뿐 아니라 일본 내지(內地)까지 공산 사회로 만들려는 혁명을 시도하는 세력이었기 때문이다.

일제는 1928년의 이른바 3·15사건을 계기로 치안유지법을 개정해 공산주의자들을 한층 엄격하게 처벌할 수 있도록 했다. 3·15사건이란 그 해 2월 일본의 총선거에서 일본 공산당이 선거 운동을 통해 의회에 진출하게 되자 일본 정부가 국체에 대한 위협이라는 구실로 3월 15일 새벽 공산당 관계자 수백 명을 검거하고 의회를 해산한 사건을 말한다. 그해 6월에 개정된 치안유지법은 국체의 변경 시도와 사유재산제도의 부인을 범죄로 규정하고 이를 꾀하는 단체의 지도자와 조직 관련자의 처벌을 금고형에서 사형으로 강화하는 한편 처벌 범위도 확대했다. 조선총독부 경무국은 개정치안유지법의 실시와 함께 사상범에 대한 무제한의 수사가 가능하게 되었다. 그 결과 1930년과 1932년에 총독부 경찰은 4,000명을 넘는 사상범 검거를 기록했다.[28]

일제는 1931년을 기점으로 공산주의 사상범에 대한 회유와 당근을 이용하는 사상 선도(思想善導)를 통한 '전향'이라는 새 방침을 도입했다. 1933년 6월 일본 공산당의 거두 사노(佐野學)와 나베야마(鍋山貞親)가 교도소 안에서 사상 전향 성명을 발표한 사건이 일어나 일본은 물론 조선의 공산주의자들에게도 큰 충격을 주었다. 이 사건을 계기로 조선에서 전향자가 속출했다.[29]

민족주의좌파와 연합 전선을 폈던 조선의 일부 공산주의자들은 1931년 5월 신간회가 해체된 다음부터 국내에서 대두된 자치론, 참정론 또는 대동아주의의 영향으로 심리적 동요를 느꼈다. 한국 공산주의자들의 변절 선풍이 불기 시작한 것이다. ML당(마르크스·레닌주의당, 제3차 조선공산당)의 책임비서였던 김준연은 7년간 옥고를 치르고 1934년에 출옥한 이후 전향했고, 제1차 조선공산당 때부터 참여하고 고려공산청년회 대표로 모스크바에 파견되었던 조봉암(曺奉岩)도 전향을 했다. 광동군관학교 출신의 공산주의자 이량(李亮)은 사상 전향을 하고 일본군 북지(北支)군에 참전했으며 적군 장교였던 김동한(金東漢)은 전향해 친일 단체인 간도협조회 회장에 취임했다. 이밖에 조선공산당 간부였던 이승엽(李承燁), 정태식(鄭泰植), 임화(林和), 최용달(崔容達) 등도 전향했다. 공산주의자 차재정(車載貞), 주련(朱鍊), 안준(安浚)도 전향했다. 차재정, 주련 2명은 친일 단체인 대동민우회 이사로 취임하고, 안준은 이사장에 취임했다. 차재정은 대동민우회 주최의 시국강연회에도 나섰다. 프로문학의 이론적 기수였던 박영희(朴英熙)와 조선공산당 일본총국 책임자였던 김한경(金漢卿)도 전향해 시국대응전선사상보국연맹을 조직하는 데 앞장섰다. 또한 광주 지방에서 좌익 운동을 하던 강영석(姜永錫)과 일본프로문학연맹 조선위원회 간사였던 좌익 시인 김용제(金龍濟), 그리고 모스크바까지 갔다 온 좌익여류 문인 고명자(高明子)도 전향해 거물 친일파인 박희도가 일본어로 발간한 친일 문학지《동양지광》(東洋之光)을 내는 회사에 입사했다.[30] 1939년 10월 현재 전체 조선의 요시찰 요주의 인물 7,600명 가운데 약 44%인 3,076명이 전향했다.[31]

변절 좌파의 전향 이유

사상 전향자 중에는 중일전쟁 발발 이후에 공산주의 사상을 버린 사람이 많았다. 일본의 공산주의자처럼 조선의 많은 공산주의자도 전쟁 초기에 중국 대륙을 석권한 일본군의 승리를 보고 '대일본제국'에 대한 인식을 바꾸었다. 특히 조선의 공산주의자들은 이런 상황에서 조선의 공산 혁명은 말할 것도 없고 민족 해방조차도 불가능할 것으로 판단해 전향하는 경우가 많았다.

전남 영암에서 공산주의자협의회를 조직했다 해서 체포되어 전향한 어떤 여성은 그의 전향서에서 "만주국의 건설과 일본의 소신 있는 국제연맹 탈퇴, 요즘 일본 국민의 국체(國體)로부터 오는 충용(忠勇)해진 국민 정신을 경험하는 오늘날 사물을 보는 관점이 완전히 바뀌었다"라고 전향 이유를 밝혔다. 함남 영흥 적색농민조합 조직에 관련된 어떤 남성은 "현재의 국내정세로는 도저히 혁명을 일으키는 것이 가능하지 않고, 동시에 조선 독립은 절대 불가능한 것"이라고 전향 동기를 진술했다. 전남 목포상업고교 재학 중 학생운동을 하다가 체포된 어떤 학생은 "오늘날 일본은 세계에 앞장서서 자립 외교를 펼치고 있다"라고 주장하면서 조선에서의 혁명 가능성을 부인하는 전향 이유를 설명했다.[32]

일본 총독부는 이들 전향자들을 '행동적 방향 전환'과 '이론적 방향 전환', 그리고 '종교적 방향 전환'의 3종으로 분류했다. 이른바 행동적 방향 전환파들은 전향 이유로 대부분 시국에 대한 인식을 언급하고 그것을 자신의 가정 사정과 연계시켰다. 이론적 방향 전환파는 사회주의가 주장하는 사유재산 부정과 계급투쟁론 그리고 사회주의가 말하는 "능력에 따라 노동하고, 필요에 따라 배분한다"라는 이론 자체를 비판하고 인간의 본성이라는 측면에서 마르크스주의가 원천적으로 모순된 이론에 불과하다고 주장했다. 이들은 또한 조선사회주의의 주·객관적 결함에 따르는 분열 대립과 코민테른의 오류를 지적하고 이 때문에 조선공산당의 재건은 불가능하다고 말했다. 종교적 방향 전환은 신앙상의 이유로 사상 전향을 한 사람들인데, 가정 사정과 연계된 경우가 많았다. 그러나 그 숫자는 많지 않았다.[33]

이 무렵 공산주의의 조국인 소련에서는 스탈린이 권좌에 올라 피비린내 나는 독재 권력을 휘두르던 때였다. 흥미 있는 사실은 이 같은 무자비한 소련의 공산당 일당 독재가 조선의 공산주의자들과 이에 동정적인 좌파 지식인들에게 어떤 영향을 주었느냐는 점이다. 당시 프랑스에서는 좌파 소설가 앙드레 지드(André Gide)가 소련 실정을 보고 귀국해 사상 전향을 선언함으로써 소련공산당과 프랑스 국내의 좌익 지식인들로부터 거센 항의와 비난을 받는 사태가 벌어졌다. 그는 소련공산당이 저지르고 있는 인간성의 무시, 비판 정신의 결여, 획일주의 등을 통렬하게 비판했다. 세계적으로 일대 파란을 일으킨 그의 소련 기행문은 일본에서 번역 출간되어 식민지 조선에서도 읽혔다. 당시 좌파 사상에 경도되었던 보성전문 법과교수 유진오(俞鎭午)는 교묘한 문장으로 지드를 옹호하면서 동시에 소련의 공산 체제도 감싸는 장문의 글을 《조선일보》에 3회에 걸쳐 게재했다. "지드의 소련 기행기 – 그 물의에 관한 삼상 수제(感想數題)"라는 제목의 이 글에서 유진오는 지드에 대해 "배덕이나 변절을 한 것으로는 볼 수 없다. 그는 처음에 코뮤니스트로 불리어졌으나 코뮤니스트가 아니었고, 오늘 와서 파시스트로 불려지고 있으나 의연히 코뮤니스트임에 틀림이 없는 것이다"라고 묘한 표현을 쓴 다음 "소련의 질서는 완성된 것이 아니고 완성되면서 있는 질서"라고 말했다.[34] 이 말은 이념과 현실의 괴리가 있을 수 있고, 시행착오도 있을 수 있다는 간접적인 소련 체제 옹호론이다. 유진오의 글이 말해주는 것은 1930년대 식민지 조선에서는 그 만큼 사회주의 사상이 강력했다는 사실일 것이다.

전향 좌파의 자치론

많은 좌익 전향자가 전향 후 사회주의 투쟁의 대안으로 조선의 자치를 주장한 것은 주목할 만하다. 앞에 살펴본 인사들은 잃어버린 공산 혁명과 민족 해방의 이상 대신 자치 운동에서 그 대안을 찾았다. 한 사람은 "우리 민족이 나아가야 할 길은 … 무엇보다도 합법적인 자치 운동에 있다. 그것은 조선 민족의 활발한 운동과 아마도 민족(大和民族, 일본 민족)의 정치관 진보, 건전한 만주국 건설 문제, 그리고 일본의 국제적 제 관계 등과의 대응 관계는 필연적으로 야마도 민족으로서 조선 민족의 합법적 요구인 동권동의무동번식(同權同義務同

繁殖)에 궁극적 목표를 정하고 있는 자치권을 조선에 부여하도록 하여 더욱 야마도 민족과의 사이에서 일본 국가로서 합체 강화(合體强化)가 진행되어 실질적으로 완벽을 고하게 되는데 있다"라고 말했다. 다른 어떤 사람은 "그러므로 우리의 운동은 합법적 지반을 토대로 한 건전한 자치 운동이 되지 않으면 안된다. 건전한 자치 운동이야 말로 현실 조건이 명하는 합법적 운동"이라고 주장했다.[35]

일본 총독부는 이들이 주장하는 자치론과 민족주의우파 세력이 주장하는 자치론은 다르다고 판단했다. 민족주의우파의 주장은 "자치를 요구해서 더욱 내정 독립으로 나아가 궁극적으로는 민족의 독립을 목적으로 하는 것"이라고 본데 반해 이들 공산주의 세력의 자치론은 일본 통치 하의 단순한 자치 요구로 해석하고 이를 환영했다. 그러나 반드시 그런 것만은 아니다. 어떤 전향 공산주의자는 "나는 일선융화를 유일한 모토로 하는 조선 통치책에는 어느 때고 감심(感心)하지 않는다. 4,000년의 역사를 배경으로 한 2,000만 민족을 완전히 융화시킨다는 것은 오히려 기적에 가까운 정책이다. 일선융화를 제창하지만 조선인의 요구 −조선 통치에 조선인의 발언권 허용−를 들어주지 않는 정치는 성공하지 않는다고 생각한다"라고 말했다. 이런 표현은 사실상 일본의 조선 정책인 내선일체를 거부하는 것이다.[36] 그의 다음 글은 주목할 만하다.

국가의 형성 단위가 민족도 부족도 종족 민족도 아니고, 그 단위가 영토와 국민이라는 엄연한 사실을 발견한 것이다. … 민족이라는 관념은 세계 사상으로부터 점점 희박해지는 것은 아닌가. 그것은 국가 형성의 단위가 국민과 영토에 있기 때문에 나는 오히려 조선인이라는 입장에서 논술하려고 한다. 조선인의 뇌리로부터 조선인이라는 관념을 제거한다는 것은 불가능하다. 그러나 이것은 국가를 형성하는 데 있어서 조선인이라든가, 몽골인이라든가 … 하는 명칭을 붙이는 것은 그 국가 형식의 총체 안에 내재해 있는 우리의 국가로서의 합체(合體)에 중대한 것이 되지 않는 것일 수 있다. 민족과 민족 사이에 국가로 완전히 합체한 것은 미합중국·영국·독일 등등 세계 도처에서 이미 정례를 본다. 비현실적인 조선 독립을 그저 조선인의 의무로 부과하기 때문에 독립운동에 나아가지 않으면 안 된다는 것은 조선인을 위해서 취할 태도가 아니다. 우리 조선인은 이전의 국명에 개의치 말아야 한다. 우리 조선인의 사회적 발전을 저해하는 장해가 되기 때문이다.[37]

이 주장은 국가의 특성을 들어, 형식상의 독립이나 국가의 이름을 얻기보다 실질적인 생활향상을 위해 조선인의 자치를 찾아야 한다는 주장이다.

비전향자에 대한 가혹한 탄압

군국주의 일본정부는 1936년 5월 '사상범들'의 동향을 관찰해 재범을 막으려는 목적으로 사상범보호관찰법을 제정·공포했다. 총독부는 그 해 12월 이 법을 조선에서도 실시하기 위해 제령(制令) 16호로 조선사상범보호관찰령을 공포했다. 이에 따라 치안유지법 위반 혐의자 중 기소유예자, 집행유예자, 가출옥자, 만기출옥자들은 총독부의 감시를 받아야 했다. 기소유예자, 집행유예자, 가출옥자 중에는 전향자가 많았다. 일제는 '시국대응전선사상보국연맹'이라는 어용 반공 단체를 만들어 이들을 여기에 강제 가입시켰다. 일제는 이어 1938년에는 공산주의 사상 및 운동 박멸, 간첩 신고 등 민간의 방공망을 갖출 목적으로 조선방공협회(朝鮮防共協會)라는 관제 반공 단체를 발족시켰다. 사상보국연맹은 1939년 10월에는 대회를 갖고 코민테른을 비난하는 결의문을 발표했으며 이밖에 기관지 발행, 신사 참배, 황군 위문, 국방 헌금 등 일제의 전쟁 수행에 협력하는 사업을 벌였다. 이 연맹은 1940년 현재 7개 지부, 72개 분회에 33,000여 명의 사상 전향자를 가입시켰다. 이어 일제는 사상범 보호 사업을 강화하기 위해 1941년 1월에는 이 연맹의 명칭을 '야마토주쿠'(大和塾)으로 바꾸고 사상범으로 지목된 사람은 무조건 여기에 가입토록 했다. 1941년 현재 가입 단체는 27개, 회원 수는 9,825명에 달했다.[38]

그 대신 일제는 조선사상범보호관찰령에 따라 치안유지법 위반자 가운데 비전향수는 가혹하게 다루었다. 이들은 '사상범'으로 분류되면 전향하지 않는 한 형기가 끝나도 석방되지 못하고 보호관찰소에서 감금되어 전향을 강요받았다. 경성(서울), 함흥, 천진, 평양, 신의주, 대구, 광주의 7개 지역에 보호관찰소를 설치하고 이들과 함께 민족주의 계열 독립운동가와 무정부주의자들을 여기에 구금했다. 1936년을 고비로 검거자 수가 점차 줄어들었다. 1939년 일제가 탄압을 강화한 이후에는 그 수가 격감했다. 이것은 중일전쟁을 계기로 일제의 공산주의 탄압이 극심해졌음을 의미한다. 총독부는 1942년 8월에 들어서는 조선사상범예방구금령을 제정하고 모든 사상범을 그들의 편의에 따라 언제든지 체포 구금할 수 있게 했다.[39]

제2부
건국과 전쟁 시기

1. 1945년 9월 9일 미군들이 경례하는 가운데 성조기가 조선총독부 청사(나중의 중앙청) 광장에 게양되는 모습과 1945년 8월 평양 대동강 대동교의 소련군 환영 현수막과 소련기.

2. 1945년 9월 4일 결성된 임정 및 연합군 환영준비위원회 위원장 권동진, 부위원장 김성수 허헌.

3. 1945년 9월 7일 좌익세력의 건준과 인공 결성에 대항하는 민족진영의 모체 역할을 선언한 '임정 및 연합군 환영 국민대회' 지도자들- 왼쪽부터 권동진 고문, 오세창 고문, 송진우 위원장, 서상일 부위원장.

1. 1945년 9월 16일 서울 경운동 천도교기념관에서 열린 한국민주당 창당대회에서 선출된 간부들-윗줄 왼쪽부터 수석총무 송진우, 총무 김도연 서상일 허정, 둘째줄 왼쪽부터 총무 백관수 백남훈 김동원 조병옥, 셋째줄 왼쪽부터 총무 원세훈, 외무위원장 장덕수, 당무위원장 이인, 감찰위원장 김병로.

2. 1945년 10월 20일 태극기와 미중소영 4개국기가 나란히 걸린 중앙청에서 열린 연합군 환영대회에서 권동진 환영준비위원회 위원장이 연설하고 있다.

1. 1945년 12월 말부터 격화된 이승만과 김구가 주동이 된 우익세력의 신탁통치반대운동과 1946년 1월 초 소련 지시로 갑자기 태도를 바꾸어 신탁통치 찬성운동을 벌이는 좌익세력.

2. 1946년 3월 20일 서울 덕수궁 석조전에서 열린 미소공동위원회 1차회담 양측 대표. 하지 주한미군사령관(중장)과 슈티코프 소련군 연해주관구 군사평의회 위원(대장).

1. 소련은 북한주둔 소련군사령부를 통해 김일성에게 북한의 사실상 단독정권을 의미하는 북조선임시인민위원회를 수립토록 지시했다. 그 결과 1946년 2월 22일에 이것이 수립되었다. 이때는 미소공위의 1차회담도 시작하기 전이었으며 1946년 6월의 이승만 정읍발언 보다 4개월이나 앞선 시기이다.

2. 이승만의 1946년 6월 3일의 정읍발언(서울신문 1946.6.3.자) 요지는 북한에는 이미 사실상의 단독정권이 들어섰음으로 남한에도 임시정부나 아니면 위원회의 조직을 세워야 한다는 것이었다. 이승만은 원래부터 신탁통치를 반대했을 뿐 아니라 미소공위의 장래도 부정적으로 보았다. 그의 정읍발언은 제1차 미소공위가 결렬된 직후에 나왔다.

3. 1947년 11월 14일 유엔총회는 미국의 제의로 한반도의 총선 실시를 결의했다.

4. 1948년 1월 유엔한국임시위원단장인 K. P. S. 메논 대사(사진 앞줄 왼쪽)를 맞은 김구(사진 앞줄 가운데)가 회동하는 모습. 김구는 메논에게 미소 양군 철수 후 UN 감시 하 남북 지도자들 간의 합의에 의한 전국총선거를 포함한 6개항의 의견서를 전달했다.

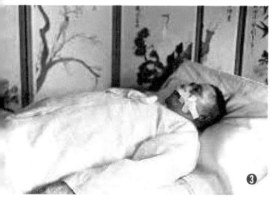

1. 1948년 7월 24일 대한민국 초대 대통령에 취임해 취임사를 하는 이승만.

2. 1948년 8월 15일 열린 대한민국 정부 수립 국민축하식에 참가하는 시민들이 플래카드를 들고 중앙청 쪽으로 행진하고 있는 모습.

3. 1948년 8월 대한민국이 건국된 지 10개월 만에 김구가 애석하게도 피살되어 커다란 국가적 불행을 초래했다. 그는 대한민국 건국 후에도 계속 이를 인정하지 않고 정부해체와 남북한총선을 주장하던 끝에 1949년 6월 26일 서울 경교장에서 서북청년단체 계열의 포병대위 안두희의 흉탄에 맞아 별세했다.

1. 농지개혁은 이승만의 큰 업적 중 하나이다. 그는 지주계급 해체를 통해 산업화와 민주주의의 토대를 마련했다. 이승만은 1948년 건국 직후부터 농지개혁을 위한 입법을 서둘러 1949년 6월 25일 농지개혁법을 공포했으나 6·25전쟁으로 예정보다 10년 늦게 농지개혁이 완료되었다. 사진은 1959년 충북 청주 지역 농민들이 초가집 마을 앞길에 도열하고 있는 모습.

2. 이승만은 1949년에 모든 어린이가 6년제 초등교육을 무상으로 받도록 하는 초등학교 의무교육제도를 시행했다. 덕택에 건국당시인 1948년에 80%에 달했던 문맹률이 11년후인 1959년에는 22.1%로 줄었다. 사진은 1954년 5월 대구시 달서구 내당동의 내당국민학교가 교실부족으로 야외에서 노천수업을 실시하는 모습. 이 학교는 비가 올 때는 인근 동사무소를 빌어 수업을 실시했다

1. 1949년 6월 29일 주한미군의 마지막 부대가 인천항을 떠남으로써 한국으로부터의 철군이 완료되어 495명의 군사고문단만이 잔류했다.

2. 1950년 1월 21일 애치슨 미국무장관은 "미국의 태평양방어선은 얼류산열도로부터 일본을 거쳐 유구열도에서 필리핀으로 이어진다"면서 한국을 제외하는 연설을 했다.

3. 북한군이 1950년 6월 25일 남침을 개시해 28일 탱크부대가 서울 시가를 달리는 모습.

1. 이승만이 6·25전쟁 발발 직후 부인 프란체스카 여사와 함께 전선을 시찰하는 모습. 사진 국가기록원

2. 1952년 5월 25일 피난수도 부산에서 일어난 정치파동 발생 이틀 뒤인 26일 계엄사령부가 부산시청에 자리 잡은 임시국회의사당에 등원하는 국회의원들이 타고 있는 국회 통근버스를 통째로 견인해갔다. 사진 경향신문DB

1. 부산정치파동 당시의 이승만 대통령과 두 명의 부통령들-윗줄 이승만(사진 가운데)과 환담하는 이는 2대 부통령으로 정치파동 때 항의하는 의미에서 사임한 김성수(왼쪽)이고 그뒤를 이어 3대 부통령으로 당선된 이가 함태영(오른쪽)이다.

2. 대통령직선제와 양원제 및 내각책임제를 절충해서 장택상이 마련한 발췌개헌안이 1952년 7월 4일 피난수도 부산의 임시 국회의사당에서 통과되어 부산정치파동이 마무리되는 순간. 그해 8월 5일 새헌법에 따라 대통령을 국민들이 직선제로 뽑는 제2대 대통령 및 제1대 부통령 선거가 실시되어 이승만이 재집권에 성공했다.

1. 1953년 4월 26일 휴전반대 시위 모습

2. 1953년 7월 29일 이승만이 지켜보는 가운데 변영태 외무장관과 덜레스 미국무장관이 한미상호방위조약에 서명하고 있다.

3. 1954년 11월 27일 제3대 국회에서 이승만의 3선을 가능케 하는 이른바 사사오입 개헌안이 통과되는 순간 야당의원들이 단상으로 올라가 항의하고 있다.

1. 자유당의 사사오입개헌안 통과 다음날인 1954년 11월 30일 결성된 호헌동지회 지도자들-우로부터 박순천(무소속) 조병옥(민주국민당), 장면(자유민주파), 신익희(민주국민당). 이들은 이듬해인 1955년 9월 19일 민주당을 창당하게 되는데 민주국민당의 윤보선, 유진산, 자유당에서 반기를 들고 이탈한 오위영과 김영삼, 무소속의 곽상훈, 조선민주당의 한근조 등도 여기에 합류했다.

2. 1956년 5월에 실시된 제3대 대통령 및 제4대 부통령 선거 벽보. 당시의 벽보는 후보자측이 제작했기 때문에 내용에 오류가 있다. 중앙선거관리위원회의 공식기록에 의하면 벽보에 2번으로 쓰인 이승만 후보의 기호는 3번이 맞고, 자유당의 부통령후보 이기붕의 기호는 1번이 아니고 2번이 맞다. http://info.nec.go.kr.

1. 1959년 7월 14일 서울 홍릉에서 열린 우리나라 최초의 연구용 원자로 '트리가 마크-Ⅱ(TRIGA MARK-Ⅱ)' 기공식에서 이승만 대통령이 첫 삽을 뜨고 있다. 왼쪽이 범산 김법린 초대 원자력원장.

2. 1960년 3월 15일 실시된 제4대 대통령 및 제5대 부통령 선거 벽보. 그 전회 대통령 부통령 선거 때처럼 후보자의 기호에 착오가 있다. 자유당의 이승만은 기호가 2번이 아니라 1번이다. 민주당의 조병옥은 투표일 1개월 전에 병사해서 후보자 명단에서 말소되었다. 자유당의 부통령후보 이기붕과 민주당 부통령후보의 기호는 벽보에 표시된대로 각각 1번과 4번이다. http://info.nec.go.kr/electioninfo/electionInfo_report.xhtml.

1. 1960년 4월 19일 서울 동대문 부근 종로에서 제4대 대통령 및 제5대 부통령 선거(세칭 3·15부정선거)에 항의시위를 벌이는 시민들.

2. 이승만은 하와이로 사실상 망명의 길에 오른 지 약 5년 후인 1965년 7월 19일 호놀룰루의 우나라니 요양원에서 90세를 일기로 서거했다. 나흘 뒤인 7월 23일 그의 유해는 미 공군수송기 편으로 김포공항에 운구되어 27일 서울 종로 이화장에서 가족장으로 장례가 치러졌다. 그의 유해는 7월 27일 서울 정동교회에서 영결식을 올린 뒤 수십만 명의 시민들이 거리로 나와 그를 애도하는 가운데 서울 동작동 국립묘지에 안장되었다. 사진은 서울시청 광장에서 남대문으로 향하는 영구차를 보기 위해 운집한 시민들.

1. 1960년 10월 1일 서울운동장에서 거행된 제2공화국 출범 경축식 모습. 사진 왼쪽이 윤보선 대통령 부부, 오른쪽이 장면 총리 부부이다.

2. 제2공화국이 출범하자 법질서 경시 풍조가 만연했다. 사진은 4·19부상학생들이 발포명령자들을 혁명입법으로 엄벌하라면서 국회의사당 민의원 본회의장 단상을 점거한 모습.

3. 1961년 5월 3일 서울대의 민통련이 판문점에서 남북학생회담을 하자고 북한에 공식 제안했다. 정부는 '순진한 학생들이 공산당의 흉계에 넘어가게 방치할 수 없다'는 이유로 이를 허락하지 않았다. 그러자 민족자주통일중앙협의회는 13일 서울운동장에서 남북학생회담 환영 및 통일촉진궐기대회를 가졌는데 4만여 명의 인파가 집결했다. 사진은 남북학생회담을 촉구하는 현수막이 길거리에 내걸린 모습.

Ⅲ. 건국 시기의 좌우 대결

1 해방 정국의 좌우 갈등

그날이 오면 그날이 오면 / 삼각산이 일어나 더덩실 춤을 추고 / 한강 물이 뒤집혀 용솟음칠 그날이 / 이 목숨 끊기기 전에 와 주기만 하면 / 나는 밤하늘에 나는 까마귀와 같이 / 종로의 인경을 머리로 들이받아 울리오리다 / 두개골이 깨어져 산산조각이 나도 / 기뻐서 죽사오매 오히려 무슨 한이 남으오리까

― 심훈

1. 기선을 잡은 좌익 세력

총독부의 치안 유지 권한 인수 교섭

좌우익 대결이 격심했던 해방 정국은 일본이 항복하기 직전에 조선총독부 측과 민족지도자들의 비밀 회합으로 그 막이 올랐다. 총독부 당국자는 항복 닷새 전인 1945년 8월 10일 민족주의우파 지도자 송진우(宋鎭禹)에게 사람을 보내 일부 행정권을 이양하는 조건으로 치안 유지 책임을 맡아 줄 것을 요청했다. 그달 6일 일본 히로시마(廣島)에 미국의 원자폭탄이 투하된 데 이어 8일에는 소련이 대일 선전 포고와 동시에 만주에 대한 군사 행동을 개시했다. 9일에는 다시 나가사키(長崎)에 미국의 원자탄이 떨어져 일본의 패배는 시간 문제가 되었다. 총독부 수뇌부는 소련군이 한반도에 진격해오거나 일본이 항복을 발표하는 경우 무정부 상태가 되어 71만 2,000여 명에 달하는 조선 거주 일본인들에 대해 유혈 보복이 일어날 것을 두려워해 이 같은 요구를 한 것이다.[1]

그러나 송진우는 이를 거절했다. 그 이유는 패주하는 일본 측으로부터, 그것도 현지 총독부의 요구에 따라 그가 개인적으로 치안 유지 권한을 인수하는 것은 바람직하지 않다고 판단했기 때문이다. 총독부 측은 이에 단념하지 않고 10

일부터 14일까지 모두 4차례에 걸쳐 연속적으로 사람을 보냈다.[2] 14일 마지막
으로 그를 만난 경기도지사 이쿠다(生田淸三郎)는 처음으로 송진우에게 일본의
항복 방침을 알려주면서 총독부의 권한 4분의 3, 즉 헌병·경찰·사법·통신·방송·
신문에 관한 권한을 넘겨주겠다고 제안했다. 송진우는 이에 대해 "내가 중국의
왕조명(汪兆銘)이나 프랑스의 페탱이 되고자 했다면 벌써 되었을 것이다. 내가
만일 그대들의 청을 받아들여 왕조명이나 페탱이 되어버린다면 그대들이 일본
으로 떠나버린 뒤 나는 조선 민족에게 발언권이 없게 된다"라고 말하면서 이를
거절했다 한다. 왕조명은 중일전쟁 당시 일본의 괴뢰 난징(南京) 정권을 세운 중
국 지도자이며 페탱(Henri P. Pétain)은 제2차 세계대전 때 나치에 협력해 비시
(Vichy)에 괴뢰정부를 세운 프랑스 장군이다. 옆자리에 배석한 경기도 경찰부장
오카(岡久雄)는 금시 오기가 차서 얼굴이 붉으락푸르락 하더니 "마지막으로 한
번 협력을 해달라는데 거절하는 법이 어디 있단 말이요?"라고 덤빌 듯이 대들면
서 지금 당장 곧 총독과 정무총감을 만나러 가자고 요구했다. 물론 송진우의 태
도는 바뀌지 않았다.[3] 그는 충칭의 임시정부가 귀국하기 전에 일본 총독부를 상
대로 자신이 개인 자격으로 총독부와 거래를 하거나 그들의 심부름을 하는 것은
왕조명이나 페탱의 전철을 밟는 것이라고 판단했다. 송진우가 14일에도 단호하
게 거부하자 총독부의 엔도(遠藤柳作) 정무총감은 이날 저녁, 사람을 좌파 세력
의 지도자 여운형(呂運亨)에게 보내 15일 아침 8시 자기 관저에서 만날 것을 제
의했다.[4]

여운형의 건준 결성과 좌익의 정국 주도

총독부 정무총감 엔도는 15일 아침 관저에서 여운형을 만났다. 그는 울음을
참지 못한 채 여운형에게 이날 정오 일본 천황이 항복 방송을 한다는 사실을 알
려준 다음 행정권을 인수하라고 그에게 요청했다. 엔도는 소련군이 17일 오후에
는 서울에 진주할 가능성이 있다고 말하면서 미·소 양군이 한강을 남북으로 분
할 점령할 것으로 전망한다고 밝혔다. 엔도는 이어 서울에 소련군이 들어오기
전에 정치범을 석방할 것이므로 여운형에게 치안 유지에 협력해달라고 간곡하
게 요청했다. 여운형은 즉석에서 그의 제의를 조건부로 수락했다. 그의 조건은

① 정치범 경제범의 즉시 석방 ② 경성의 식량 3개월 분 확보 ③ 치안 유지와 건설 사업의 보장 ④ 조선 학생의 훈련과 청년대 조직을 간섭하지 말 것 ⑤ 조선 노동자들의 건국 사업 참여를 보장할 것 등 5개 항이었다.[5]

여운형은 15일 저녁 안재홍(安在鴻)을 찾아가 협의를 가진 다음 이날 밤 좌우 합작 성격의 조선건국준비위원회를 결성했다. 여운형은 부위원장에 안재홍을 앉히고 중앙위원회도 조직해 바로 활동에 들어갔다. 안재홍은 공산주의자는 건준에서 제외할 것을 제의했으나 "해방된 마당에 그들을 뺄 수 있느냐"라는 여운형의 주장으로 그들을 포함시키기로 했다.[6] 부위원장 안재홍은 해방 다음 날인 16일 경성중앙방송을 통해 "해내외의 3천만 동포에게 고함"이란 특별성명을 발표하고 치안 유지와 일본인과의 불필요한 충돌을 피하도록 호소했다. 건준의 신문(新聞)위원인 최익한(崔益翰), 이여성(李如星), 양재하(梁在厦), 김광수(金光洙) 등은 이날 총독부 기관지인 매일신보사를 접수, 새로 《해방일보》를 발간하려 했다. 그러나 일본 현병이 출동해 이를 제지함으로써 이 계획은 좌절되고 《매일신보》가 계속 발행되었다.[7]

여운형은 16일 아침 9시 이강국(李康國), 최용달(崔容達) 등을 대동하고 나가 사키(長崎祐三) 경성보호감찰소장 및 백윤화(白允和) 검사와 함께 독립문의 서대문형무소로 가서 정치범과 경제범의 석방에 입회했다. 그는 형무소 강당에서 석방되는 이들을 향해 민족 해방의 날이 왔다고 알렸다. 여운형 일행은 마포형무소로 가서 사상범의 석방에도 입회했다. 이 때 석방된 정치범·경제범·사상범은 수천 명에 달했다. 그는 이날 정오 서울 휘문중학교 교정에서 수천 시민을 앞에 놓고 건준의 결성 경위를 설명하면서 "백두산 정기를 타고 난 우리 민족의 힘을 세계 신문화 건설에 바치자"라고 역설했다.[8] 여운형은 17일 자신이 그 전해 8월에 조직한 비밀 결사인 건국동맹의 조직을 주축으로 건준 중앙부서의 책임자를 임명했다. 건준의 중앙 간부 명단은 다음과 같다.[9]

위원장　여운형(呂運亨),　부위원장　안재홍(安在鴻)
총무부장 최근우(崔謹愚),　재무부장 이규갑(李奎甲),　선전부장 조동호(趙東祜)
조직부장 정백(鄭栢),　　무경(武警)부장 권태석(權泰錫)

이들 간부 중 정백, 조동호, 권태석은 같은 시기에 탄생한 장안파(長安派) 공산당의 핵심 세력으로 이들이 조직과 선전을 장악한 것이다. 건준은 지방 조직에도 착수, 8월 31일까지 북쪽의 회령, 경성에서부터 남쪽의 제주도에 이르기까지 145개소의 지부를 결성했다.

건준은 그 강령에서 ① 완전한 독립 국가의 건설을 기함, ② 전체 민족의 정치적·사회적 기본 요구를 실현할 수 있는 민주주의 정권의 수립을 기함, ③ 일시적 과도기에 있어서 국내 질서를 자주적으로 유지하여 대중 생활의 확보를 기함 등을 밝혔다.[10] 건준은 즉시 활동을 개시, 치안 유지 업무를 위해 청년과 학생 2,000여 명으로 조직된 중앙건국치안대를 두고, 중앙의 요원 100여 명이 지방에 내려가 전국 각지에 162개소의 지방 치안대를 설립했다. 건준은 또한 식량대책위원회를 설치해 종전 후의 식량 확보에 주력했다. 여운형은 지방 조직의 확대와 더불어 중앙 부서도 개편해 식량부, 문화부, 치안부, 교통부, 건설부, 기획부, 후생부, 조사부, 서기부 등을 증설, 정부 형태를 취했다. 중앙위원회에는 김병로(金炳魯), 이인(李仁), 허헌(許憲), 김준연(金俊淵), 이용설(李容卨), 김약수(金若水), 이동화(李東華), 박헌영(朴憲永), 이강국(李康國), 최용달(崔容達) 등 좌·우익 인사들을 위촉했다.[11]

조선공산당의 재건

해방 직후 남한에 맨 먼저 탄생한 정당은 조선공산당이었다. 해방 당일인 8월 15일 밤부터 16일 새벽에 걸쳐 서울 종로2가 장안(長安)빌딩에서 일단의 공산주의자들이 모여 '재경혁명자대회'를 열고 조선공산당을 결성하기로 결의했다. 이 모임은 서울청년회계의 이영, 정백 등과 경성제대그룹의 최용달 등이 주축이 되어 소집되고 화요계의 이승엽·조동호, 상하이파 고려공산당계의 서중석 등이 참석했다. 참석자들은 장안빌딩에 조선공산당 경성지구위원회 간판을 내걸었다. 이들을 '장안파 공산당' 또는 '15일당'이라고 부른다. 이때는 아직 북한에도 정당 조직이 안 된 시기여서 장안파 공산당은 해방 정국에서 남북한을 통틀어 최초로 탄생한 정당인 셈이다. 그 핵심 세력은 나중에 건준에 들어가 건준을 공산당 주도로 만드는 데 성공했다. 18일에는 장안파 공산당의 청년 조직인 '조선공산주의청년동맹'이 결성되고 23일에는 학병 출신 좌익계 청년 조직인 '조선학병동맹' 이 만들어져 그 조직이 지방으로 확대되었다.[12]

장안파 공산당은 해방의 열기 속에서 급조되었기 때문에 구체적인 당의 강령 이나 규약 또는 하부 조직이 없이 중앙당만 있는 조직상 취약점을 지녔다. 장안 빌딩에는 원래 장안사진관이라는 사진관이 들어 있었는데 서둘러 그곳을 정당 본부로 꾸미다가 보니 미처 사진 촬영 시설도 치우지 못한 상태에서 방 한 모퉁 이에 의자와 책상 몇 개만 갖다 놓고 회의를 진행했다. 이런 조직적 미비 때문에 장안파 공산당은 박헌영이 나중에 해방 전에 생긴 경성콤그룹을 주축으로 '재건 파 조선공산당'을 설립하자 여기에 흡수되었다.[13]

장안파 공산당 창당 나흘 후에 나온 것이 박헌영의 8월 20일자 '8월 테제'였 다. 박헌영은 이어 9월 11일 조선공산당 재건준비위원회(재건파)를 결성했다. 재건파는 곧 장안파를 흡수해 '조선공산당'을 창설했다. 이들은 나중에 여운형의 조선인민당 및 백남운의 남조선신민당과 합당, 남조선노동당을 발족시켰다. 박 헌영의 조선공산당은 조선의 완전 독립과 토지 문제의 혁명적 해결을 내걸었다. 토지 문제 해결을 위해서 일제와 민족 반역자 및 대지주의 토지를 몰수해 농민 에게 무상으로 분배하는 방안을 정책으로 내세웠다. 또한 중요 산업의 국유화와 국가 주도의 계획 경제를 경제 정책의 근간으로 삼는다고 발표했다. 조선공산당 은 노동자 농민이 중심이 되고, 모든 진보 세력이 참여하는 민족 통일 전선을 기 반으로 한 인민 정부의 수립이 당면 목표라고 주장했다. 박헌영이 여운형을 제 치고 인민공화국을 선포한 것도 이 때문이다.[14]

2. 인민공화국 선포

서울역으로 소련군 환영나간 여운형

여운형은 8월 17일 낮 서울 종로구 덕성여자상업 교정에서 5,000여 군중을 모아 놓고 연설을 하고 있던 도중 누군가가 "소련군과 김일성 장군이 곧 서울역 에 도착한다"라고 외치는 말을 듣고 곧장 군중과 함께 서울역으로 달려갔다. 서 울역 앞에서 소련군과 김일성 환영대회를 갖기 위해서였다. 소련군이 서울역에

도착한다는 말을 여운형이 사실로 믿은 것은 엔도 정무총감이 이틀 전인 15일 아침 그에게 미소 양군이 한강을 경계로 한반도를 분할 점령한다고 말했기 때문이다. 여운형은 엔도를 면담하고 집으로 돌아와 이 소식을 가족과 동지들에게 알려주었다.[15] 당시 서울주재소련영사 폴리안스키(Alexander Polianski)가 의도적으로 이런 정보를 유포한 혐의를 받았다. 건준의 다른 간부들도 소련군의 서울 입성을 믿고 있었다. 장안파 공산당 출신인 건준 조직부장 정백은 우익 세력이 건준에 협력을 하지 않자 송진우의 측근인 김준연에게 "곧 소련군이 서울에 입성할 것이니, 우리는 지금 내각을 조직하려는데 그래도 당신은 후회하지 않겠는가?"라고 경고조로 말했다 한다. 그러나 여운형의 기대와는 달리 소련군은 이날 오지 않았다. 건준의 시가행진은 한 토막의 촌극으로 끝났다. 건준의 시가행진은 허탕이 되고 말았지만 서울 시민들에게 건준의 발족을 알리는 홍보 효과는 있었다. 건준 회원들은 전단을 뿌리면서 "소련군이 서울역에 입성한다니 환영하러 가자"라고 외쳤다.[16] 건준 측은 18일과 19일에도 계속 서울역에 나갔으나 소련군은 끝내 오지 않았다.[17]

그런데 건준의 치안 유지 활동은 예상대로 순조롭지 않았다. 그날 오후 3시 안재홍의 경성방송 연설이 의외의 부작용을 몰고 왔다. 건준 부위원장 자격으로 방송을 한 안재홍은 건준이 총독부로부터 행정권을 인수받았다고 공표하면서 경위대(警衛隊)의 설치와 정규 군대의 편성, 식량 확보와 통화, 물가의 안정, 정치범 석방 및 친일파 처리 문제에 대한 건준의 방침을 광범위하게 밝혔다. 그는 또 건준의 정권 인수 계획도 분명히 하는 등 성급한 발표를 함으로써 여론을 자극했다. 안재홍의 연설에 고무된 시위대 일부는 난동을 부리기 시작했다. 이들은 서울 남대문파출소를 파괴하고 뒤이어 성북경찰서를 강제 점령하는가 하면 총독부를 접수한다면서 몰려가기도 했다. 지방에서는 이미 15일 밤에 평양 신사(神社)가 방화로 소각된 것을 비롯해 전국의 136개 신사가 시위대의 방화로 불탔다. 사태가 이렇게 흘러가자 당황한 총독부는 치안 확보를 명분으로 경찰과 군인을 동원, 시내에 배치하고 건준의 움직임도 감시하기 시작했다. 총독부는 16일 송진우에게 다시 경기도지사 이쿠다(生田)를 보내 치안 유지에 협력할 것을 요청했다. 이때도 송진우는 그의 요청을 거절했지만, 한번 일기 시작한 유혈

사태와 파괴 행위는 지방으로 번져 공산주의자들이 주동이 된 난동이 점점 확대되었다.[18]

사태가 이렇게 발전하자 총독부 측의 태도가 표변했다. 건준의 치안 유지 활동이 기대에 미치지 못한 데다 우익 진영이 건준에 대해 철저하게 비협조적인 태도를 견지해 여운형의 권위와 신뢰가 흔들리기 시작한 것이다. 조선군관구사령부는 사전에 총독부 측으로부터 행정권 이양 문제에 관한 협의가 없었을 뿐 아니라 안재홍의 방송 연설을 듣고 격분해 아베 총독에게 강력히 항의했다. 16일 조선군관구사령부는 "관내 일반 민중에게 고함"이라는 포고문을 발표하고 치안 교란 행위에 군이 단호하게 조치할 것이라고 경고했다. 18일에는 조선군관구 보도부장이 방송을 통해 "조선군은 엄연히 건재하고 있다"라고 협박했다. 일제는 당시 18만 명의 병력을 조선에서 보유하고 있었다. 결국 아베 총독은 사흘만인 18일자로 행정권 이양을 취소한다고 발표하고 말았다.[19]

조선공산당의 건준 장악

일본군은 치안의 주도권을 회복하고 20일 오후 5시를 기해 모든 정치단체와 치안유지대가 간판을 내리고 해산할 것을 명령했다. 건준도 간판을 내릴 지경이 되었으나 여운형 측과 총독부의 교섭 끝에 겨우 간판만은 남겨놓기로 했다[20]. 이날을 기해 조선군관구가 행동에 나선 데는 이유가 있었다. 도쿄의 일본 정부가 이날 마닐라의 맥아더(Douglas MacArthur) 태평양방면연합군총사령관으로부터 '일반명령 1호'를 통보받았기 때문이다. 일본 정부는 한반도에서 38도선을 기준으로 일본군의 무장 해제 구역이 미국과 소련 간에 구분된다는 사실을 조선총독부에 연락해 준 것이다.[21] 남한 지역에 미군이 진주한다는 사실을 알게 된 총독부는 건준과의 관계를 재고하게 되었다. 맥아더의 '일반명령 1호'는 9월 2일 일본 도쿄만에 정박한 미 해군 군함 미주리(Missouri) 호에서 거행된 항복 문서 조인식과 동시에 발표되었다. 그 내용은 38선 이남 지역에 대해서는 미군이 일본군의 무장 해제를 담당한다는 것과 미군의 남한 진주 때까지 일본군이 질서 유지를 맡는다는 것이 골자이다. 같은 날 서울 상공에는 미 육군 24군단장 하지(John Reed Hodge) 중장 명의로 된, 남한 인민에게 질서 유지를 당부하는 전단이 미 공군기로 살포되었다.[22] 미군 당국의 이 같은 조치는 서울에 소련군이 올 줄 알았던 여운형과 건준, 특히 건준을 움직이던 공산 세력을 곤경에 몰아 넣었다. 건준의 위상은 크게 흔들렸다.[23]

　건준이 입은 타격은 여기서 끝나지 않았다. 내부의 문제도 터져 나왔다. 건준은 그 사이에 공산계가 운영의 주도권을 장악함으로써 좌우합작의 당초 취지가 퇴색하고 말았다. 이 때문에 온건 우익세력인 부위원장 안재홍은 8월 31일 건준을 탈퇴했다. 그는 당초 여운형의 설득 때문에 마지못해 건준에서 좌익들과 협력했으나 개인적으로는 공산주의를 싫어했다. 일제 치하에 민족주의좌파로 신간회 조직을 주동한 안재홍의 정치 노선은 '독점적 자본주의'와 공산주의를 다 같이 배격하는 '신민족주의'와 '신민주주의'였다. 안재홍은 그 후 조선국민당을 조직했다. 건준은 안재홍의 탈퇴로 그 구성이 더욱 좌익 일변도가 되었지만 출범 당시부터 우익인 민족 세력의 협력을 받지 못한 반쪽짜리 좌우합작이었다. 여운형은 15일 총독부 정무총감 엔도와 만난 즉일로 이여성을 우파 지도자 송진우에게 보내 협력을 요청했다. 그는 해방 이틀 뒤인 17일에는 직접 송진우를 찾아가 합작 요청을 했다. 그러나 송진우는 이를 단호히 거절했다. 송진우는 여운형의 움직임을 위험시했다. 그는 여운형에게 "일본이 항복을 했다고는 하나 군사력과 경찰권을 그대로 갖고 있는데, 우리가 이것을 물리칠 힘이 없는 한 총독부를 상대로 행정권을 이양 받는다는 것은 결국 그들의 심부름을 하는 것 밖에는 되지 않으니, 몽양은 가볍게 움직이지 말라"라고 충고했다. 송진우는 또한 건준이 공산 계열과 합작하는 것에 대해 우려하면서 "내가 보기에 몽양은 공산주의자가 아니요. 그러나 자칫하면 그들에게 휘감기어 공산주의자도 못되면서 공산주의자 노릇을 하게 될 위험성이 없지 않소. 내 말을 들으시오"라고 말했다 한다. 이에 대해 여운형은 "내가 무엇이 되던 두고 보시오"하고 맞받았다는 것이다.[24] 여운형은 송진우와의 면담 이후에도 사람을 중간에 넣고 계속 교섭을 벌였다. 그러나 송진우가 끝까지 좌우합작을 거부하자 여운형은 "그럼 좋소, 나 혼자 나가겠소. 공산혁명으로 일로매진 하겠소"하고 송진우의 측근인 김준연에게 선언했다는 것이다.[25]

좌익의 기정사실화 전략

건준의 주동 세력들은 조선공산당의 책동으로 돌연 9월 6일 전국인민대표자회의를 소집해 '조선인민공화국(인공)'의 수립을 선포했다. 이날 서울 종로구 경기여고 강당에서 1,000여 명이 참석한 가운데 열린 전국인민대표자회의는 국호를 '조선인민공화국'이라 칭하고 중앙정부로 서울에 중앙인민위원회를 설치하며, 지방에는 지방인민위원회를 둔다는 조선인민공화국임시조직법안을 통과시켰다. 인공은 여운형보다는 박헌영의 주도로 만들어졌다. 여운형은 처음에는 해외의 독립 지사들이 아직 귀국하지 않았고 북측(김일성)과도 합의 없이 인공을 수립해서는 안 된다고 반대했으나 결국에는 박헌영 측의 다수결을 추종했다. 인공 수립을 의결한 이날 전국인민대표자회의에 참석한 '인민대표들'은 국민들이 투표로 선출한 대의원이 아니다. 건준 구성원들, 조선공산당 당원들 및 박헌영과 김삼룡(金三龍)이 동원한 노조원들로 회의 참석자 3분의 2가 공산세열이있다. 또한 이날의 전국인민대표자회의에는 여운형이 전날 테러를 당해 참석하지 못하고 박헌영에 의해 회의가 주도되었다.[26]

인공의 정강은 건준의 그것과 비슷했으나 "일본 제국주의와 봉건적 잔재 세력을 일소"한다는 내용이 추가되었다. 이날 회의는 중앙인민위원회를 구성할 중앙인민위원 55명과 후보위원 20명, 고문 12명을 선출했다. 중앙인민위원에는 미국에 있는 이승만과 중국에 있는 김구, 김규식, 신익희 등 충칭임시정부계와 무정(武亭) 등 옌안 독립동맹계, 아직 소련에 있는 김일성(金日成)을 비롯한 소련의 공산계, 그리고 이승엽 등 국내 공산 계열, 이만규(李萬珪) 등 건준계, 조만식·김성수·김병로 등 국내 우익 계열과 안재홍 등 국내 온건 우파를 총망라했다. 그러나 실제로는 중앙인민위원 중 72%가 공산주의자였다.[27] 11일에는 좌·우익을 망라한 각료 명단을 발표했다. 그 명단은 다음과 같다.[28]

주석	이승만(李承晩)	부주석	여운형(呂運亨)	국무총리	허 헌(許憲)
내정부장	김 구(金九)	외교부장	김규식(金奎植)	군사부장	김원봉(金元鳳)
재정부장	조만식(曺晩植)	보안부장	최용달(崔容達)	사법부장	김병로(金炳魯)
문교부장	김성수(金性洙)	선전부장	이관술(李觀述)	경제부장	하필원(河弼遠)

농림부장 강기덕(康基德) 보건부장 이만규(李萬珪) 체신부장 신익희(申翼熙)

노동부장 이주상(李胄相) 서기장 이강국(李康國) 법제국장 최익한(崔益翰)

기획국장 정 백(鄭 栢)

  각료들 역시 중앙인민위원처럼 좌·우익을 망라한 것처럼 보이지만 실제로는 공산당이 주도하도록 짜인 것이다. 선출된 인공 수뇌 중 이승만, 김구, 김규식, 김원봉, 조만식, 김병로, 김성수 등 7명과 김일성은 본인의 승낙도 없이 입각자로 발표되었을 뿐 아니라 그 중 이승만, 김구, 김원봉, 그리고 김일성은 아직 귀국조차 하지 않은 상태였다. 이승만을 주석으로 모신 것은 그의 명성을 이용하고 인공이 초당파적 정부라는 것을 과시하기 위해서였고, 실제로는 권력은 좌익들이 쥐려 했다. 여운형을 부주석으로 하고 임정 주석이던 김구를 격하해 내정부장에 임명한 것은 임정을 노골적으로 견제하려는 속셈이었다. 박헌영 주도로 인공을 급조한 것은 임박한 미군 진주에 앞서 자신들이 중심이 된 과도정부의 수립을 기정사실화하려는 목적에서였다. 인공 발족으로 건준은 이튿날인 9월 7일 발전적 해체를 선언했다. 건준의 완전한 해체는 10월 7일에 이루어졌다.[29]

  박헌영 중심의 공산세력에 의해 급조된 인공은 나중에 남한의 우익세력과 미군정 당국은 물론 북한의 김일성으로부터도 부정적인 반응을 받았다. 여운형과 박헌영의 인공 선포에 격분한 국내의 우파세력은 인공을 '벽상정부'(壁上政府)에 불과하다고 주장했다. 인공 수립을 알리는 대자보를 시내 요소요소의 건물 벽에다 붙였다 해서 인공을 그렇게 불렀다. 송진우 등 우익 세력은 건준 결성 때와 마찬가지로 인공에도 협력하지 않았다.

  인공은 뒤에서 보는 바와 같이 소련 측으로부터도 부정적인 반응을 받았다. 평양의 소련점령군사령부의 선전 책임자이자 정치공작위원회 소속이었던 메클레르(Grigory Mekler) 중령은 인공이 미군정의 사주에 의해 만들어졌다고 판단했다.[30] 소련 붕괴 이후 공개된 소련 외교 문서에 의하면, 당시 서울에 주재했던 소련 총영사 폴리안스키는 본국정부에 보낸 보고서에서 "인공은 조선 혁명의 토대가 북조선에 있다는 사실을 간과했다"라고 비판했다. 10월 13일 평양에서 소련 점령군의 감독 아래 열린 조선공산당 북조선 5도 열성자대회는 북한에 조공 북조선분국을 창설하기로 결의하면서 그 결정서에서 인공을 부정하는 조항을 넣었다. 김일성은 11월 15일 조공 북조선분국 제2차 확대집행위원회에서 인공은 몇몇 사람이 골방에 모여 만든 것이라고 비판하면서 "우리는 누구도 이것을 정부라고 인정할 수 없다"라고 선언했다.[31]

결국 인공은 국내의 우익 진영뿐 아니라 미소 양국과 북한의 조선공산당 북조선분국도 인정하지 않는 외톨이 신세가 되고 말았다. 아이러니컬하게도 박헌영이 1955년 김일성에 의해 간첩죄를 뒤집어쓰고 처형되었을 때 그가 이승만을 인공 주석으로 추대한 것이 죄목의 하나가 되었다.[32]

좌익 세력의 압도적 우위와 '진보적 민주주의'

해방의 날 8월 15일부터 미군이 진주한 9월 8일까지의 24일 간은 한국 현대사에 있어서 중요한 시기였다. 무엇보다도 공산주의자들이 활발하게 움직인 점이다. 마르크스의 공산주의가 그의 조국인 독일이나 그가 그 사상 체계를 완성한 영국이 아닌, 후진 농업국 러시아에서 공산 혁명으로 열매를 맺은 것은 러시아가 공산혁명에 알맞은 토양을 지녔기 때문이다. 마찬가지로 해방 조선 역시 공산주의가 활개칠 아주 적당한 토양을 간직하고 있었다.

머리에 먹물이 조금이라도 들어간 지식인이면 공산주의에 심취하는 것이 해방 전후 조선의 일반적인 풍토였다. 식민지 조선의 좌파 지식인들은 일제 시기와 해방 공간에서 공산주의가 내건 평등 이념과 휴머니즘의 이상에 열광했다. 그들은 일제의 식민 지배와 경제적 착취에 분노한 나머지 사회주의 혁명을 그 대안으로 생각하고 있었다. 일부 진보적인 학자들이 "해방 초기의 이데올로기적 지형(地形)은 전반적으로 친좌파적 경향성을 지니고 있었으며 이러한 경향은 인텔리겐치아 층과 기층 대중에게서 더욱 뚜렷이 나타났다"라고 주장한 것[33]이 전혀 일방적인 견해만도 아니다. 해방 공간에서 남한의 공산주의자들조차도 공산주의 자체의 내재적 모순은 물론이고 스탈린 치하의 소련의 무시무시한 독재에 대해서도 무지했다. 오늘날 우리가 소련을 비롯한 동구권에서 70년 간의 사회주의 실험이 실패로 돌아가고 중국에서 지금까지 20여 년 간 '사회주의적 시장 경제'가 발전되고 있는 현실을 지켜본다면 한반도의 남반부에서만이라도 자유민주주의와 시장경제체제가 정착되어가고 있는 것은 하나의 축복으로 인정해야 할 것이다. 그러나 이 점은 오늘 시점에서 사람들이 하는 이야기이고 당시에는 그렇지 않았다.

해방 직후에는 언론도 좌익 쪽이 압도적으로 우세했다. 해방과 함께 제일 먼저 서울에서 나온 신문은 그해 9월 8일 인공의 기관지를 자처하면서 발간된 《조선인민보》였다. 앞에서 설명한 바와 같이 건준이 내려던 《해방일보》가 제대로 나왔더라면 해방 후 최초의 신문이 될 뻔 했지만 일본 헌병들의 제지로 무산되었다. 《조선인민보》의 뒤를 이어 쏟아져 나온 좌익 계열의 신문들은 한결같이 '진보적 민주주의'를 내세웠다. 이것은 바로 북한의 김일성이 주장한 민주주의 이론이었다.[34]

1945년 9월 김일성이 파견한 비밀 특사는 여운형에게 "해방된 조선이 나아갈 길은 진보적 민주주의입니다"라고 말하면서 투쟁 노선을 지령했다.[35] 이것은 당시 남한의 좌익 세력이 북한의 지령을 받은 하나의 예에 불과하다. 12월 중순에는 서울 시내에 홍명희를 위원장으로 하고 여운형과 허헌, 최원택, 백남운을 부위원장으로 하는 '김일성·무정 장군 환영준비위원회'가 결성되고, 이들이 파견한 서병곤(서울신문 기자) 등 2명이 평양을 다녀와서 이듬해 1월 10일자 《서울신문》에 김일성을 칭송하는 회견 기사를 실었다. 이 기사는 인공 부주석이던 여운형의 지시로 인공 기관지인 《조선인민보》에도 그대로 게재되었다.[36] 이에 비해 우익 신문들은 한발 늦게 발간되기 시작했다. 일제 말에 폐간되었던 《조선일보》는 11월 23일에, 《동아일보》는 12월 1일에야 복간되었다. 우익지들은 '진정한 민주주의'를 내세워 좌익 신문에 대항했다.[37] 당시에는 아직 '자유민주주의'라는 용어는 쓰이지 않았다.

이런 상황이었기 때문에 만약 미군이 남한 땅에 진주해 와서 인민공화국을 부인하고 좌익세력을 실력으로 견제하지 않았더라면, 우익세력의 인공 타도 운동에도 불구하고 남한의 인공 체제가 그대로 굳혀져 끝내 인민 정권이 섰을 가능성을 부인하기 어렵다. 다만 그 인공이 여운형의 주도냐, 박헌영의 주도냐, 그리고 북한의 김일성의 세력과의 관계는 어떻게 되었을까는 하는 등의 문제는 또 다른 문제이다. 일부 국내 '진보파' 학자는 "인공의 수립과 더불어 각 지방에서

대중의 광범한 참여 속에서 진척된 지방인민위원회의 조직 과정은 자주적 민족 국가 건설과 사회 변혁에 대한 민중의 높은 열망을 단적으로 보여주는 것으로 좌익 세력이 강력한 대중적 기반을 지니고 운동을 전개할 수 있는 토대를 제공해 주었다"라고 분석했다.[38] 미국의 좌파 학자 커밍스(Bruce Cumings)는 한 걸음 더 나아가 "외국의 간섭이 없었더라면, 인공과 그 산하 조직들이 불과 수개월 사이에 반도 전역에 걸쳐서 승리를 거두었을 것이다"라고 단정했다.[39]

3. 우파 세력의 반격

국민대회준비회 결성

여운형의 건준 결성에 대해 송진우를 중심으로 한 우익세력은 곧 반격을 가하기 시작했다. 우파 민족 진영은 먼저 9월 4일 송진우 지도 아래 이인(李仁), 조병옥(趙炳玉) 등이 중심이 되어 대한민국 임시정부 및 연합군 환영준비위원회를 조직하고 위원장에 권동진(權東鎭), 부위원장에 김성수(金性洙)와 허헌(許憲)을 위촉했다.[40]

우익세력은 다음 단계로 본격적인 좌익 견제책을 마련했다. 즉, 건준에 대항할 범국민적인 조직체로서 '국민대회'를 구성하는 일이었다. 송진우는 국민대회준비회 발기인에 민족 진영뿐 아니라 진보진영의 인물도 총망라하기로 했다. 우선 3·1운동의 민족 대표인 권동진과 오세창을 준비위원회 고문으로 추대하고, 평양의 조만식, 대구의 서상일, 유림 대표 김창숙 등을 발기인으로 추대했다. 해외에서 귀국하지 않은 이승만, 김구, 이시영, 김규식 등 지도자들에 대해서는 이들이 귀국하는 대로 참여하도록 교섭을 벌이기로 했다. 좌익 측의 인공(조선인민공화국) 수립 선포 하루 후인 9월 7일 동아일보사 3층 강당에서 열린 국민대회준비회는 먼저 충칭 임시정부의 법통을 지지한다는 요지의 강령을 채택, 간접적으로 건준과 인공을 부인했다. 이날 회의는 또한 당장 필요한 첫 단계 사업을 벌이기로 결정하고 그 결정 과정에서 건준이 공산당과 그 동조자들의 모체라고 규정하면서 국민대회는 민족진영(우익)의 모체 역할을 할 것이라고 선언했다. 강령과 첫 단계 사업 내역은 다음과 같다.[41]

강령

1) 연합군에 감사를 드린다.

2) 국민대회를 열어 해내·해외의 민족 총역량을 집결한다.

3) 충칭 임시정부의 법통(3·1운동의 법통)을 지지한다.

4) 보수 진보 두 갈래의 정당을 만들어 민주주의 방식에 의한 정당 정치를 실현한다.

첫 단계 사업 내역

1) 건준(인공)이 공산당과 그 동조자들의 모체 역할을 하고 있는 데 대해 국민대회 준비회는 민족 진영의 모체 역할을 한다.

2) 해외에서 환국하는 지사와 동포에게 편의를 제공한다.

3) 연합군정(聯合軍政)에 대해 국민을 대변한다.

4) 민심 안정과 치안 유지에 협력한다.

이날 선출된 임원은 다음과 같다.[42]

위원장 송진우(宋鎭禹) **부위원장** 서상일(徐相日)

고 문 권동진(權東鎭) 오세창(吳世昌)

총 무 김준연(金俊淵) **외교** 장택상(張澤相) **조사** 윤치영(尹致暎)

조 직 송필만(宋必滿)

정 보 설의식(薛義植) **경호** 한남수(韓南洙)

위 원 김동원(金東元) 안동원(安東源) 최윤동(崔允東) 이정래(李晶來)
　　　　이순탁(李順鐸) 고재욱(高在旭) 강병순(姜柄順) 김지환(金智煥)

실행책임자 서상일 김준연 장택상 윤치영 김창숙 최윤동 백상규(白象奎)

국민대회준비회가 강령에서 '보수' '진보' 두 갈래의 정당이 나와서 민주주의 방식으로 정당 정치를 실현해야 한다는 대목은 주목거리이다. 당시의 한국 우익 세력 지도자들이 처음으로 정치단체를 만들면서 서구의 의회 정치를 이상적인 모델로 생각한 것을 엿볼 수 있다. 송진우의 국민대회준비회 결성 움직임은 사전에 좌익 측에 알려져 그들로 하여금 미군이 진주해 오기 전에 인민공화국을 급조하게 하는 계기를 마련했다. 국민대회준비회는 추진 세력 중 우익 진영 인사들이 서둘러 한국민주당을 창당하는 통에 더 이상 활동을 진척시키지 못했다. 그러나 준비회는 장차 해외에서 독립 지사들이 환국한 다음에 완전 독립을 성취하기 위한 총협의체로 재편성해 활용하기 위해 해체되지 않고 존치되고 있었다.[43]

한국민주당 창당

9월 8일 미군이 인천으로 상륙해 서울에 들어온 다음 하지 주한 미군 사령관은 남한에 당분간 군정을 실시한다는 맥아더 장군 명의의 포고 제1호를 선포했다.[44] 그가 미군정만이 유일한 정부임을 밝히면서 정당 사회 단체의 각파 대표자들의 면담을 요구하자 삽시간에 수많은 정당사 단체가 탄생했다. 당시 민족주의 세력은 대체로 4개 그룹으로 나뉘어 있었다. ① '원남동내각'(苑南洞內閣)이라고 불린 신간회 우파 중심의 기호파(畿湖派)인 백관수(白寬洙), 김병로, 홍성하(洪性夏) 등과 ② 주로 미국 유학생 출신으로서 이승만을 따르는 해외파인 장덕수(張德秀), 김도연(金度演), 허정(許政), 조병옥(趙炳玉), 윤보선(尹潽善), 이영준(李榮俊), 윤치영(尹致暎) 등과 ③ 과거의 북풍회와 화요회계였던 좌파 그룹의 원세훈(元世勳), 김약수(金若洙), 박찬희(朴瓚熙) 등과 ④ 황해도그룹인 백남훈(白南薰), 함상훈(咸尙勳) 등이다. 이런 형세 속에서 맨 먼저 8월 18일 원세훈이 발기한 고려민주당이 출범하고, 28일에는 김병로, 백관수 등이 발기한 조선민족당이, 9월 7일에는 백남훈, 윤보선 등이 발기한 한국국민당이 순차적으로 창당되었다.[45]

이들 우익 및 중도 좌파 세력은 송진우계가 중심이 되어 여운형의 건준 측에 대해 경성유지자대회를 열어 건준을 개편하자는 안을 제시했다. 여운형은 이를 일단 수락했으나 나중에 몇 차례에 걸친 교섭에도 불구하고 계속 좌익에게 유리한 조직개편안만을 제시해 타협이 이루어지지 않았다. 건준 측과의 대화가 결렬되자 여러 갈래의 우익 세력을 통합한 민족주의 진영의 단일 정당을 만들자는 움직임이 일어났다. 이 운동을 주도한 사람은 김병로(金炳魯)였다. 그 단일체로 한국민주당이 탄생하게 되었다. 9월 8일 열린 한민당 발기인대회는 600여 명의 명의로 인공 타도와 임정 지지를 선언하는 결의문을 채택했다. 이어 9월 16일 서울 종로구 경운동 천도교기념관에서 한민당 창당대회가 열렸다. 김병로가 임시 의장이 되어 진행한 창당대회에서 채택된 선언문은 임정 봉대를 재확인하고 전제와 구속 없는 대중 본위의 민주주의 제도에 기초한 완벽무결한 자주 독립 국가 수립과 '전 국민의 자유로운 발전 보장' 등을 선언함으로써 자유민주주의적 노선을 분명히 했다. 이날 채택된 정강 정책은 다음과 같다.[46]

(1) 민주주의 국가의 건설
(2) 토지 제도의 개혁, 특히 경자유전(耕者有田)의 원칙을 기초로 한 토지 소유 제도의 합리적 편성
(3) 국민 경제 생활의 균등화
(4) 특수한 국가적 요청이 없는 한도 내의 자유주의경제정책의 채택
(5) 언론·집회·결사·종교의 자유 보장
(6) 중소기업의 육성
(7) 의무교육 제도의 확립

선출된 중앙당 간부는 다음과 같다.[47]

고문	권동진 오세창 김창숙
수석총무	송진우
총무	김도연(경기) 서상일(경북) 허정(경남) 백관수(전북) 백남훈(황해) 김동원(평안) 조병욱(충청) 원세훈(함경) 감찰위원장 김병로
분과위원장	외무 장덕수 당무 이인(李仁) 문교 김용무(金用茂) 노동 홍성하 조직 김약수 선전 함상훈 재무 박용희(朴容熹) 후생 이 운 정보 박찬희 조사 유진희 연락 최윤동 청년 박명환 지방 조헌영 훈련 서상권
기타간부	윤치영 이활 구자옥 최순주 윤흥섭 박용하 이상은 문장옥 윤보선 이영준 송필만

미군정의 인공 부인과 한민당과의 밀월

미군정청은 10월 들어 본격적인 좌익 세력 견제 정책을 썼다. 군정청은 한민당을 군정의 파트너로 삼기로 방침을 정하고 10월 5일, 11명으로 구성된 고문회의(Advisory Council)를 설치했다. 하지 장군의 한국인 행정고문으로 임명된 이들 11명은 송진우와 김성수를 비롯한 권동진(權東鎭), 전용순(全用淳), 김동원(金東元), 김용무(金用茂), 강병순(姜炳順), 이용설(李容卨), 윤기익(尹基益), 여운형, 조만식 등이다. 권동진이 고문회의위원장, 김성수가 부위원장, 조병옥이 본부장으로 각각 지명되었다. 한민당계가 압도적인 가운데 유일한 좌익계 고문이 된 여운형은 곧 사퇴했으며 북한에 거주하는 조만식은 회의에 불참했다. 군정청과 한민당의 이 같은 친밀한 관계는 9월 8일의 미군 진주 직후에 있었던 하지 중장과 송진우의 비밀 접촉 결과 이루어진 것이다. 좌익에 동정적인 브루스 커밍스는 이런 상황 전개에 대해 "한민당에 대한 미국의 꼴사나운 편애는 한국인들 뿐 아니라 점령 당국의 미국인들 및 워싱턴의 일부의 항의를 자아내게 했다"라고 썼다.[48]

미군정이 우익 측에 기울어지자 하지 장군의 정치고문인 버취(Leonard Bertsch) 중위를 채널로 삼아 의사소통을 하고 있던 인공 측과 군정청의 관계에 금이 가기 시작했다. 좌익 측은 군정청이 인공을 승인하라고 요구하는 동시에 한민당과 군정을 동시에 비난하는 전단을 뿌리기 시작했다. 당시 한국의 신문계를 지배하다시피 한 좌익 신문은 거의 모두가 인공을 지지했다(앞에서 본 바와 같이 이때는 아직 동아일보와 조선일보는 복간조차 되지 않았다). 군정장관(Military Governor)에 임명된 아놀드(Archibald V. Arnold) 소장은 드디어 10월 10일 강경하고 모욕적인 인공 부인과 언론의 친 인공적인 보도 태도를 비난하는 성명을 발표해 사실상 군정과 인공과의 관계 단절을 선언했다.

북위 38도선 이남의 한국에는 오직 하나의 정부가 있을 뿐이다. 이 정부는 맥아더 대장의 포고와 하지 중장의 정령과 군정장관의 행정령에 의하여 정당하게 수립된 것이다. … 자칭 조선인민공화국이라든가 자칭 조선인민공화국 내각은 권위와 실재가 전연 없는 것이다. 만일 이러한 고위직을 참칭하는 자들이 흥행적 가치조차 의심할 만한 괴뢰극을 하는 배우라면 그들은 즉시 그 극을 폐막하야 마땅할 것이다. … 만일 이러한 괴뢰극의 막후에 그 연극을 조종하는 사기한이 있어 어리석게도 미군정의 정당한 행정 사무의 일부분일지라도 잠행할 수 있다고 생각한다면 그들은 마땅히 맹렬히 각성하여 현실을 파악하여야 할 것이다.[49]

이 성명으로 인공은 치명적인 타격을 입었다. 여운형과 박헌영은 여러 차례 군정 당국에 협상을 제의했으나 그 때마다 거절당했다. 인공 측이 맹렬한 반미 반군정 운동으로 대항하자 미군정청은 엿새 후인 10월 16일 하지 사령관 이름으로 인공을 부인하는 성명을 다시 냈다. 군정청은 17일 한민당 대표 송진우의 추천을 받아 조병옥(趙炳玉)을 군정청 경무부장에 임명했다. 여운형은 미군정의 강경한 인공 부인 정책으로 자신의 활동 무대를 상실하게 될 우려가 생기자 11월 12일 조선인민당을 창당했다. 그러나 인공을 중심으로 하는 박헌영 중심의 좌익 세력의 투쟁은 계속되어 이에 분개한 하지가 12월 12일 아예 인공을 불법화하고 말았다. 군정청은 이듬해 1월 16일에는 장택상(張澤相)을 수도경찰청장에 임명했다. 군정 당국은 계속 한민당계 인사들을 군정청 요직에 등용했다. 점차로 한민당은 미군정의 '여당'이 되어 나중에 대한민국 건국에 주동 역할을 하게 된다. 군정청에 등용된 한민당계 인사들은 다음과 같다.[50]

조병옥(趙炳玉, 경무부장), 장택상(張澤相, 수도경찰청장), 김용무(金用茂 대법원장), 이인(李仁, 검찰총장), 김찬영(金瓚泳, 대법원검사장), 최병석(崔秉錫, 사법부 형정국장), 구자관(具滋寬, 사법부 수사국), 윤보선(尹潽善, 농림부장), 유억겸(俞億兼, 문교부장), 이동제(李東濟, 한국상품공사 이사), 박종만(朴鍾萬, 체신부 총무국장), 임병현(林炳現, 중앙방송국 편성부장), 이훈구(李勳求, 농림부장), 백낙준(白樂濬, 경성대 총장대리 겸 법문학부장), 이순탁(李順鐸, 기획처 통계국), 이운(李雲, 서울시 행정처장), 정일형(鄭一亨, 인사처장), 김준연(金俊淵, 중앙노동조정위원), 김도연(金度演, 중앙노동조정위원), 홍성하(洪性夏, 중앙노동조정위원), 구자옥(具滋玉, 경기도지사), 김홍식(金洪植, 경기도 광공국장), 김명선(金鳴善, 경기도 보건국장), 이경희(李慶熙, 대구시장), 서민호(徐珉濠, 광주시장)

② 반탁운동과 좌·우 세력

민족 해방의 환희, 그렇게도 그리던 기쁨, 이 기쁨을 기다리고 참고 견딘 어두운 고통, 이 고통스러운 싸움 속에서 그리던 희망, 이 기쁨과 희망을 현실로 실현하려는 설렘 … 이 벅찬 설렘이 하나하나 실현되고 알차게 영글어갔다면 이에 비길 행복이 어디 있으랴만. 세계사의 흐름은 그렇게 쉽사리 우리 민족의 앞길을 밝혀주지는 않았다.

― 장준하

1. 미군정의 임정 활용 정책

이승만의 환국

미군정청은 한민당 만으로는 제어가 되지 않는 좌익 세력을 견제하기 위해 이승만과 김구를 환국시키기로 했다. 군정청은 임정의 영도자인 이들 두 사람과 김규식을 합한 세 사람 중 1명을 책임자로 하는 운영위원회(Governing Commission)를 군정청 안에 만들어 행정 기능을 부여하려는 계획을 세웠다. 이 계획은 그 때까지 미국 정부가 그 법통성을 승인하지 않던 임정의 최고 지도자들의 권위를 인정하고 남한의 행정을 미군정 감독 아래서 이들에게 위임하자는 것이다. 운영위원회는 한국인 직원들로 교체 중인 군정청 행정 조직과 점진적으로 합쳐서 과도정부처럼 기능을 하다가 장차 정식 정부를 수립할 때는 국가원수도 이 위원회가 선출한다는 것이 하지 장군의 복안이었다. 군정청은 소련에 대해 소련 점령 지역인 북한으로부터도 이 위원회에 참여하도록 협조 요청을 하되 만약 불응하면 남한 지역 내에서만 이를 추진한다는 방안을 세웠다. 이 방안은 소련이 동의하지 않은 경우에는 사실상의 남한 단독 정부 수립방안이 되는 것이다.[1]

이 계획에 따라 이승만은 10월 16일에 미국으로부터 환국했다. 그는 도쿄에서 나흘간 머물면서 맥아더(Douglas MacArthur) 장군 및 하지 장군과 요담한 다음 맥아더의 전용기로 한국에 돌아와 군정청의 배려 아래 조선호텔에서 한동안 머물렀다. 이승만의 환국은 그의 명성과 상징성 때문에 좌익세력의 독주에 밀리던 국내 우익세력을 크게 고무했다. 이승만의 환국을 추진한 한민당은 특히 그를 환영했다. 좌익세력 역시 이승만의 명성을 무시하지 못했다. 인공은 "위대한 지도자에게 충성의 감사와 만강의 환영을 바친다"라는 환영 담화를 발표했다. 이런 분위기 속에서 환국한 이승만이어서 그는 귀국과 동시에 '무조건 단결'을 부르짖으면서 우익의 송진우가 추대한 한민당 영수(領袖) 자리와 좌익이 추대한 인공의 주석 자리를 모두 거부했다. 그는 환국 초만 하더라도 한민당과 인공의 합작 가능성을 저울질했기 때문에 어느 쪽에도 가담하지 않았다. 이승만은 좌익 세력에게는 "나는 공산당에 대해 호감을 가지고 있는 사람이다. 그 주의에 대해서도 찬성하므로 우리나라의 경제대책을 세울 때 공산주의를 채용할 점이 많이 있다"라고 방송했다. 그는 이렇게 해서 여운형과 박헌영과 접촉했다. 그의 희망에 따라 23일 한민당, 국민당, 건국동맹, 조선공산당 등 좌·우익을 망라한 50여 정당 및 시민단체 대표 200여 명이 참석한 가운데 '독립촉성중앙협의회'(독촉)의 결성을 결의했다.[2]

그러나 이승만에 대한 좌익의 구애 작전은 오래 가지 않았다. 독촉 결성을 협의하기 위한 대표자 회의에서 이승만 측이 기초한 분단 반대, 신탁통치 반대, 조선에 대한 피점령국대우 반대 등을 골자로 한 '4대 연합국에 보내는 선언문'을 채택하는 문제를 둘러싸고 대립이 노정되었다. 박헌영은 친일파 제거에 의한 민족 통일 원칙의 포함을 주장하면서 그렇지 않으면 조선공산당은 독촉에서 탈퇴할 것이라고 선언해 좌·우익 간에 균열이 표면화하기 시작했다. 끝내 '선 통일, 후 친일파 제거'를 주장하는 우익과 '선 친일파 제거, 후 통일'을 주장하는 좌익 간의 대립으로 좌익 측은 12월 5일 조선공산당과 독촉의 결별을 선언했다. 좌익의 이탈로 독촉은 우익 세력의 집결체가 되고 본래의 좌우합작 시도는 실패로 돌아갔다.[3] 좌익 측은 인공 산 하에 전국적으로 지방인민위원회를 만들어 독촉과 대결하면서 이때부터 사사건건 이승만을 비난하기 시작했다. 이를 계기로 이승만은 한민당과 긴밀하게 협력하게 되었다. 한민당은 자신들이 추진한 국민대회준비회를 이승만 중심으로 개편하는 데 동의했다. 이 합의는 송진우의 암살로 이룩되지 못했으나 후일 이승만 중심의 독립촉성국민회의 설립으로 이어졌다.[4]

김구의 환국

11월 23일에는 김구를 비롯한 충칭 임시정부 인사들이 환국했다. 김구 주석을 비롯한 이시영(李始榮), 김상덕(金尙德), 유동열(柳東悅), 엄항섭(嚴恒燮) 등 임정 요인과 시종무관 유진동(柳振東), 김구의 자부 안미생(安美生) 등 15명이 제1진으로 먼저 돌아왔다. 김규식(金奎植) 부주석과 조소앙, 김원봉(金元鳳) 등 제2진은 12월 2일 환국했다.[5] 김구의 환국을 맞아 12월 1일 서울운동장에서 이승만, 김구 등 임정 요인들이 참석한 가운데 서울 시민 명의의 대대적인 대한민국임시정부 환국 봉영식이 개최된 데 이어 19일에는 같은 장소에서 김규식과 러치 군정장관도 참석한 가운데 대한민국임시정부 개선 환영대회가 열렸다.[6]

미군정은 김구를 좌익 견제에 이용하려 하면서도 그를 비롯한 임정 요인들을 '개인 자격'으로 고국에 돌아오게 했다. 미군정이 임정 요인들을 이렇게 대한 것은 미 국무성이 충칭 임정은 많은 독립운동 단체 중 하나에 지나지 않는다는 이유로 그 대표성을 인정하지 않으려 했기 때문이다. 미 국무성은 또한 한반도에서의 소련과의 협력 관계를 고려해 임정을 특별 대우하지 않는다는 것을 표시하기 위해 그 요인들을 개인 자격으로 환국하도록 미군정에 지시한 것이다.[7] 또 다른 설은 김구가 귀국 직전인 10월 국민당 정부의 장제스(蔣介石)로부터 임정 활동비조로 중국 돈 5,000만 위엔과 미화 20만 달러를 받았는데[8] 이 사실이 미국 정보 기관에 탐지되어 미국이 임정을 경계했다는 주장이 있다. 당시만 해도 장제스가 국공 내전에 패해 대만으로 쫓겨 가리라고는 미국도 예상하지 못했다. 이 때문에 중국의 한국에 대한 영향력 부식을 미국 정부는 우려한 것이다.

미 군정청의 임정 불인정에도 불구하고 임정 측은 12월 3일 김구의 처소인 경교장에서 이승만이 참석한 가운데 환국 후 첫 '국무회의'를 여는 등 '과도정부'로서 기능을 수행했다.[9] 임정은 충칭에 있을 당시인 1945년 9월 3일, 1941년에 공표한 건국강령(建國綱領)에 입각해 마련한 당면 과제를 발표했다. 그것은 임정

이 환국하여 과도정부를 세우고 과도정부가 정식 정부를 건립한다는 내용이다. 이 때문에 12월 19일 서울운동장에서 임정 환영대회가 열린 자리에서 김구는 "임정은 결코 어떤 일 계급. 어떤 일 파의 정부가 아니라, 전 민족 각 계급 각 당파의 공동한 이해에 입각한 민족 단결의 정부였습니다. 친일파 민족반역도를 제외한 우리 동포는 단결해야 합니다. 오직 단결이 있은 후에야 우리 독립 주권을 창조할 수 있고, 소위 38도선을 물리쳐 없앨 수 있고 친일파 민족반도를 숙청할 수 있습니다"라고 역설했다. 김구는 환영대회가 끝나고 민족 세력의 총집결체로서 특별정치위원회 구성의 준비에 들어갔다.[10]

삼분된 정치 판도

임정 그룹의 환국으로 당시 서울의 정치 판도는 임정세력 및 그와 대등한 입장에서 정권으로 자처한 인공, 그리고 임정 이상의 권위를 주장하는 이승만의 독촉 3개 그룹으로 삼분되었다. 송진우를 비롯한 한민당 세력은 '한민족의 유일한 정부인 임정'의 법통성을 인정해 계속 '임정봉대론'(臨政奉戴論)을 주장하는 입장이어서 임정 요인들의 환국은 좌익 세력을 제어할 수 있는 좋은 계기가 되었다.

임정 요인들의 환국을 계기로 정당 통합 운동이 재개되었다. 원래 정당 통합 운동은 10월 5일 최초로 건국동맹, 한민당, 국민당, 공산당, 및 인공 대표들이 모였다가 실패한 이래 12일에는 건국동맹, 공산당, 한민당, 국민당 등 4개 정당이, 그리고 14일에는 한민당을 제외한 54개 정당 사회단체가 모였으나 또다시 실패했다. 임정 환국 후 임정 주도로 12월 4일과 5일 국민당 한민당 등 39개 정당 사회단체가 정당 통합을 위한 협의체를 개최하고 전형위원까지 선정했으나 결국 주도권 다툼과 조선공산당의 방해로 실패했다. 김구는 이승만의 독촉에 참여하지 않고 이승만 및 한민당과 거리를 두면서 독자적인 특별정치위원회를 추진했다.[11]

인공 측 역시 임정 측에 접근해 김구와 김규식에게 인공 중앙위원 취임을 요청했다. 그러나 김구를 비롯한 임정 요인들은 이승만과 마찬가지로 이를 거절했다. 조선공산당은 이승만과 김구가 다같이 인공 중앙위원 취임을 거절하자 임정 측에 대해 친일파, 민족반역자, 국수주의자를 제외하고 좌우에서 각각 절반씩 참여하는 합작 원칙을 제시했다. 임정 측은 이에 대해 인공 측이 임정의 법통성을 인정할 것과 임정의 부서와 담당자를 그대로 승인하고 따로 2~3개의 부서를 늘려 좌익 측이 들어오라고 주장했다. 임정은 환국 직후 "국내에 과도 정권이 성립되기 전에는 국내의 일체 질서와 대외의 일체 관계를 본 정부가 책임지고 유지할 것"이라고 선포한 만큼 임정의 법통성을 스스로 허무는 일을 할 수가 없었다. 결국 인공과 임정의 협상은 타협점을 찾지 못하고 결렬되고 말았다.[12] 그런 가운데 친일파 숙청을 주장하는 김구 계열과 한민당의 대립이 차츰 깊어지자 자연 이승만과 한민당의 결속이 이루어졌다. 이로 인해 김구가 충칭에서부터 계획한 과도정부 수립을 위한 특별정치위원회의 구성 역시 난관에 부딪치지 않을 수 없었다.

2. 충격적인 오보

신탁통치 보도가 던진 파문

모스크바에서 열린 미·영·소 3개국 외상회의가 한반도의 신탁통치에 합의하자 국내 정치 세력 간에 격렬한 대립이 일어났다. 1945년 12월 16일부터 27일까지 제2차 세계대전 전후 처리 문제를 논의하기 위해 모스크바에서 열린 3상 회의는 마지막 날 한반도의 신탁통치원칙을 최종 결정했다. 좌·우익을 막론하고 모든 정파는 신탁통치 결정에 즉각 반발하고 나섰다. 당시 중간파에 속했던 국민당 당수 안재홍(安在鴻)조차도 신탁통치가 한반도를 적화시키려는 음모라고 맹렬히 비난했다.[13]

당시 국내 신문들은 신탁통치 반대 여론을 대서특필함으로써 민족 감정을 크게 자극했다. 일제로부터 해방되어 하루라도 빨리 독립되기를 애타게 고대하던 한민족으로서는 신탁통치는 민족적 자존심을 짓밟는 강대국의 횡포로 인식될 수밖에 없었다. 사태를 더욱 복잡하게 만든 것은 조선공산당을 비롯한 좌익 세력이 처음에는 민족세력과 보조를 맞추어 반탁 주장을 벌이다가 이듬해 1월 4일을 기해 하루아침에 신탁통치 찬성 쪽으로 돌아선 것이다. 이 때문에 좌우 갈등이 한층 증폭되었다. 정치 세력 간의 갈등과 대립은 좌우익 간만이 아니라 같은 우익 진영 내부에서도 일어났다. 한민당의 대표인 송진우가 임정 측과 격론을 벌인 끝에 과격분자의 총탄에 피살당하는, 해방 후 최초의 정치적 암살 사건이 일어났다. 뿐만 아니라 많은 좌·우익 정당이 신탁통치 문제로 인해 미 군정청과 심각하고도 복잡한 갈등을 빚었다.

신탁통치에 맨 먼저 반대하고 나선 사람은 이승만이었다. 그는 이미 모스크바 3상회의에서 이 문제를 토의하기 이전인 12월 17일 방송 연설을 통해 소련이 한국과 한국인들을 노예로 만들고자 한다고 신탁통치를 비난했다. 그는 "한국의 공산주의자들은 소련을 모국이라고 부르면서 한반도를 소련의 일부로 만들려고 하고 있다"라고 비난하고 "만약 우리가 이 문제를 우리 스스로의 노력으로 당장 해결하지 않으면 우리나라는 둘로 쪼개져 내전을 피할 수 없게 될 것이다"라고 말했다. 이승만의 내전 발생 예언은 6·25 발발로써 정확히 들어맞은 셈이다. 그는 막상 신탁통치 문제가 외신을 타고 들어온 27일에는 "미 국무성 내의 일부 '공산주의자 같은 사람들'이 소련과 신탁통치를 합의했다"라고 강력히 비난했다.[14] 김구는 뒤에서 자세히 설명하는 바와 같이 즉각 임정 명의로 반탁 성명을 발표함과 동시에 이 성명을 미·영·중·소 4개국에 보내기로 결의하고 비상국민회의 준비위원회를 발족시켰다. 한민당은 이날 반탁 결의를 한 다음 송진우 수석 총무의 담화로 신탁통치를 반대하는 입장을 표명했다.[15]

신탁통치 문제로 인해 정국이 복잡하게 전개된 데는 부정확한 언론 보도의 탓도 컸다. 당시만 해도 해방 직후의 혼란기여서 외국 뉴스는 전적으로 외국 통신과 이를 번역해서 각 신문 방송사에 제공하는 국내 통신사에 의존할 수밖에 없었다. 신탁통치 문제를 협의한 모스크바3상회의 기사는 12월 27일 국내 신문에 1면 머리기사로 대서특필되었다. 《동아일보》는 "소련은 신탁통치 주장―소련의 구실은 38선 분할 점령, 미국은 즉시 독립 주장"이라는 제목이 붙은 《합동통신》의 〈워싱턴 발 합동 지급보〉 기사를 실었다. 《조선일보》 역시 "조선의 자주 독립은 어데로 ― 독립 신탁론 대립?―미국은 즉시 독립을 주장"이라는 제목 아래 같은 《합동통신》 기사를 실었다.[16] 이 기사는 신탁통치 결정설로 빚어진 국민들의 실망에다가 소련이 신탁통치를 주장했다는 데 대한 분노가 겹쳐 이중의 파장

을 일으켰다. 그러나 이 기사는 자세히 읽어보면 모스크바3상회의 합의 내용이
아니고, 워싱턴 관측통이 미리 전망한 '추측 기사'에 불과했다. 그렇지만 언론을
잘 모르는 정치인들이나 일반 독자들은 이런 내용을 정확하게 알기가 쉽지 않
다. 지금도 독자들은 신문 기사의 제목만으로 그 내용을 판단하기가 일쑤이다.

부정확한 추측 기사

이 기사는 사실과 달랐다. 실상은 한국 신문의 보도와 달리, 모스크바에서 미
국은 한반도에 임시정부를 수립하지 말고 4대국이 직접 신탁통치를 실시하자고
제안했다. 반면 소련은 임시정부 수립과 이를 위해 한국의 정당 사회단체의 참
여를 보장해야 하며 4대국의 신탁통치는 한국의 독립과 발전을 도와주기 위해
임시정부를 도우는 선에 머물러야 하고 신탁통치 기간도 협력과 지원의 형태로
5년을 초과해서는 안 된다고 주장했다. 다시 말하면 신탁통치를 주장한 쪽은 미
국이지, 소련이 아니었다. 미 국무성은 당초 4대국에 의한 신탁통치 방식 −즉
소련의 발언권이 4분의 1의 처지에 놓일 수밖에 없는 다국(多國) 방식의 신탁통
치−로써 한반도에 공산 정권이 들어서는 것을 막으려 했다. 소련은 이와 반대
로 당장 한반도에 정부를 세우게 되면 자신들에게 '우호적인' (공산) 정권이 들
어설 가능성이 크다고 본 것이다. 결국 미소 양국은 상호 절충 끝에 한국을 독립
국가로 재건하며, 민주주의 원칙 아래 발전시키기 위해 먼저 임시정부를 수립한
다는 데 합의했다. 미소 양국은 임시정부의 설치를 협의하기 위해 미소공동위원
회를 설립 운영하고 신탁통치는 미소공위가 4대국 정부의 승인을 받아 임시정
부와 협의, 5년 간 실시한다는 데도 합의했다.[17]

모스크바3상회의의 결정 내용이 제대로 전해진 것은 29일이었다. 《동아일보》
《조선일보》두 신문은 이날 자에서 다 같이 〈모스크바 발 AP합동〉과 〈워싱턴
발 UP조선통신〉 기사로 3상회의 합의 내용을 보도했다. 그러나 이때 역시 이상
하게도 임시정부 수립에 관해서는 언급이 없었다. 왜《합동통신》이 계속 엉터리
기사를 내보냈는지를 판단할 자료는 없다. 이에 비해 두 신문이 전재한 좌익계
인《조선통신》기사는 미소공위가 각 정당 사회단체 대표들과 협의해 먼저 임시
정부를 구성한다는 대목을 제대로 보도했다.[18]

만약 모스크바3상회의 내용이 처음부터 보다 정확히, 그리고 보다 충분히 전해졌더라면 당시의 정치 정세가 달라졌을 것인가. 장기적으로는 크게 달라지지 않았을지라도 단기적으로는 달라졌을지 모른다. 단기적으로 보면, 모스크바회의에 관해 사태를 좀 더 정확히 파악할 필요가 있으며 미군정 측과의 정면 대립에는 신중할 필요가 있다고 주장한 송진우가 암살당하는 사태만은 안 일어났을지 모른다. 송진우는 김구의 임정 측과 반탁운동을 협의하다가 극우 세력에 의해 '찬탁'으로 인식되어 반탁 열기가 한창 고조되던 12월 30일 새벽 자택에서 암살되었다. 송진우의 희생은 친일파라는 비난을 받던 한민당의 큰 손실이었을 뿐 아니라 장덕수, 여운형, 김구 암살로 이어진 정치 테러의 서막이었다.

3. 반탁운동의 파문

김구와 군정의 관계 악화

모스크바3상회의의 신탁통치 결정은 필연적으로 김구와 미 군정청의 관계를 악화시키는 중대한 결과를 가져 왔다. 앞에서 살펴본 바와 같이, 군정 당국은 김구를 군정청 운영위원회의 책임자의 한 사람으로 생각하고 1945년 11월에 임정 요인들을 귀국시켰다. 김구는 미군 헌병의 보호를 받았으며, 하지 장군은 그의 경호원들이 무기를 가질 수 있도록 특별히 허용하는 등 그를 예우했다.[19] 그러나 불과 1개월여 만인 12월 말 모스크바에서 신탁통치 결정이 내려지자 김구는 선두에 서서 격렬한 반대 시위를 주도하면서 군정청의 권위에 정면 도전했다.

김구의 반탁운동은 결코 새삼스러운 것이 아니었다. 이미 3년 전인 1942년에 한반도의 국제공동관리설이 나돌았을 때부터 충칭 임시정부는 이를 강력하게 반대했다.[20] 김구는 12월 28일 오후 임정 '국무회의'를 소집해 신탁통치 반대 결의를 한 다음 4개국 원수에 보내는 반탁결의문을 채택한 데 이어 이날 저녁에는 각 정당 대표와 종교·언론 관계자들을 소집해 비상대책회의를 열고 반탁운동을 '새로운 독립운동'으로서 전개한다고 선언했다. 그는 29일에는 신탁통치반대 국민총동원위원회를 결성했다. 총동원위원회는 이튿날 중앙위원 76명을 선출했다. 위원장에는 권동진, 부위원장에는 안재홍이 뽑혔다. 이것은 그가 귀국 직후부터 추진하던 특별정치위원회 결성 계획이 결실을 맺은 것이기도 했다. 30일에는 9개항의 행동강령을 발표했다.[21]

이어 31일에는 국민총동원위원회가 주최하고 김구가 선두에 선 반탁시민대회가 서울운동장에서 개최되어 시위대가 서울 거리를 누볐다. 임정은 같은 날 내무부장 신익희 명의로 포고령과 같은 '국자'(國字) 제1호를 공포하고 전국의 행정과 경찰 기구를 접수한다고 선포했다. 이 포고령의 제 1항은 "현재 전국 행정청 소속의 경찰 기구 및 한국인 직원은 전부 본 임시정부 지휘 하에 예속케 함"이라고 밝혔다. 이것은 임정이 군정으로부터 정부 기능을 접수하겠다는 것이었다. 임정은 또 '국자' 제2호를 공포해 "국민은 우리 정부 지도 하에 제반 사업을 부흥하기를 요망한다"라고 주권 행사를 선언함으로써 미군정에 정면으로 맞섰다.[22] 임정은 이와 함께 "3천만 전 국민이 절대 지지하는 임정을 우리의 정부로 세계에 선포하며 정식 승인을 요구한다"라는 것과 신탁통치를 받을 수 없다는 것, 그리고 미소 양군의 즉시 철수를 요구한다는 것 등을 밝혔다. 김구의 반탁운동에 호응해 미 군정청 한국인 직원 3,000여 명 중 900여 명을 제외한 나머지 직원들이 업무를 중단했다. 서울 시내에서는 이날부터 3일 간 철시를 단행하고 전국적으로 총파업 사태가 일어났다.[23]

하지 장군의 김구 추방 지시

미군정을 놀라게 한 것은 임정이 정부 기능을 수행하려고 기도한 사실이다. 군정청은 김구의 행동을 쿠데타로 단정하고 관련자들을 인천에 있는 전 일본군 포로수용소에 감금했다가 중국으로 추방하도록 군정청 경무부장 조병옥에게 지시했다. 조병옥의 주선으로 새해 1월 1일 반도호텔에서 김구·하지 회담이 열려 가까스로 사태는 수습되었다. 임정이 주도한 시위는 미군정에 대해서가 아니라, 신탁통치에 반대하기 위한 것이었음을 임정 측이 공식적으로 발표하는 선에서 양해가 이루어졌다. 미국 측 기록으로는 이날 회담 분위기가 상당히 험악했던 것 같다. 커밍스에 의하면, 하지는 이 자리에서 김구에게 "다시 나를 거역하면 죽이겠다"라고 협박했으며, 김구는 하지의 사무실 양탄자 위에서 "당장 자살하겠다"라고 항거했다는 것이다.[24] 임정 측은 양자의 면담 후 엄항섭(嚴恒燮) 선전부장을 통해 국민에게 파업을 중지하고 일터로 복귀할 것과 특히 군정청 직원들은 조속히 정상적인 업무를 수행하라고 당부했다. 임정 성명은 또한 앞으로도 국민 모두는 계속 평화적인 수단으로 신탁통치에 반대할 것을 호소했다.[25] 이로써 임정 주도의 격렬한 반탁운동은 일단 그 기세가 꺾이고 김구는 평화적 반탁운동에 전념하게 되었다. 거리의 반탁 시위가 가라앉게 된 원인 중 하나는 미국 번즈(James F. Byrnes) 국무장관이 이때 성명을 내어 "신탁통치는 필요할 수도 필요치 않을 수도 있는 절차에 지나지 않는다"라고 말하면서 한국의 임시 민주 정부와 함께 일할 미소공동위원회가 신탁통치의 폐지 가능성을 발견할 지도 모른다고 밝힌 데도 있다.[26]

김구의 행동은 좌익들도 당황하게 했다. 당시까지 반탁운동에 동참하던 좌익들은 임정이 주권 행사를 선언하고 나오자 인공의 위상이 왜소화된 사실을 깨닫지 않을 수 없었다. 인공 중앙위원회는 1월 1일 임정에 대해 두 개의 '정부'를 해체하고 미소공위 개최 이전에 통합할 것을 제의하면서 이튿날 10시까지 회답하라고 요구했다. 김구는 이를 "서식상의 이유로 접수하기 곤란하다"라고 거부했다.[27] 그러자 조선공산당은 2일 평양의 찬탁 지령에 따라 신탁통치 지지 성명을 발표한 다음 3일 서울시 인민위원회 주최로 찬탁대회와 가두시위를 갖고 반탁운동에 앞장선 김구를 공격하고 나섰다.[28]

찬탁으로 돌아선 좌익

김구는 1월 4일 좌익 세력을 향해 비상정치회의를 소집해 임시정부를 확대 개편해 여기에 좌파를 참여시켜 과도정부를 만들어 정식 정부를 수립하자는 '전선통일안'(戰線統一案)을 제의했다. 김구는 이를 위해 김원봉, 김성숙, 조소앙, 조완구, 장건상을 대외교섭위원으로 지명했다.[29] 그러나 좌익은 이 제안을 거부했다. 당시 좌익은 돌연 찬탁으로 노선 변경을 했기 때문에 국민들의 불신 여론이 높아갔다. 박헌영의 기자회견 역시 큰 파문을 일으켰다. 그는 1월 5일 외신 기자들과 회견하는 자리에서 한국에서의 소련의 장기간의 신탁통치가 있을 것이라는 사실과 더불어 한국을 소연방에 가입시킬 것이라고 말했다고 《뉴욕타임스》가 보도한 것이다. 한민당은 즉시 "박헌영을 타도하라"라는 전단을 뿌렸다.[30]

1월 7일에는 한민당(대표 元世勳·金炳魯), 국민당(安在鴻·白泓均·李昇馥), 조선인민당(李如星·金世鎔), 공산당(李舟河·洪南杓)의 4당이 연석회의를 열고 4당 공동코뮤니케를 발표했다. 이 성명은 3상회의 결정의 정신은 지지하지만 신탁통치에 대해서는 "장래 수립될 정부로 하여금 자주 독립의 정신에 기해 (이 문제를) 해결하게 한다"라는 입장을 밝혔다. 그러나 한민당은 반탁에 관한 명확한 표현이 없다 하여 승인을 반대했다. 당내 일부에서는 교섭 대표인 김병로와 원세훈을 견책하자는 주장도 나왔다. 국민당 역시 비슷한 이유로 이를 반대했다. 결국 두 당의 불승인으로 공동코뮤니케는 실효가 되었다. 이런 혼란의 와중에 신한민족당(李甲成·金麗植)이 4당 회의에 참여해 1월 9일 5당 회의를 열었다. 그러나 5당 회의를 비상정치회의의 예비회담으로 하려는 우익 측과 4당 회의의 연장으로 하려는 좌익 측이 이견을 보여 회의는 결렬되고 말았다.[31]

반탁 투쟁을 주도한 김구는 2월 1일에는 범국민직 과도정부 수립을 위해 저명한 민족지도자 8명(이승만, 김구, 김규식, 권동진, 오세창, 김창숙, 조만식, 홍명희)을 포함한 정당 사회단체, 해외 교민 단체 대표들로 '비상국민회의'를 개최했다. 이날 회의는 과도정부 수립 및 기타 긴급한 조치를 집행하기 위해 최고정무회의를 설치할 것을 가결했다. 최고정무회의는 의장 이승만, 부의장 김구, 김규식을 비롯한 28명으로 구성되었다. 당초 비상국민회의는 좌우익 진영을 합한 단체로 출발하려 했으나, 반탁에서 찬탁으로 돌연 태도를 바꾼 좌익 진영이 참가를 거부함으로써 우익 진영만의 조직체가 되었다. 김구는 이승만과 제휴, 반탁운동을 벌이기 위해 2월 8일 자신이 중심인 반탁국민총동원중앙위원회와 이승만계의 독립촉성중앙협의회를 합쳐 '대한독립촉성국민회'(大韓獨立促成國民會)를 탄생시켰다.[32] 반탁운동은 이처럼 새해 들어서도 좀처럼 수그러들지 않았다. 좌익 진영은 뒤에서 설명하는 바와 같이 '민주주의 민족전선'이라는 대항 조직을 만들어 우익의 반탁운동과 맞섰다.

4. 미군정의 좌우합작 노력

민주의원 대 민주주의 민족전선

미 군정청은 비상국민회의가 최고정무위원회를 만들자 그 구성원들을 전원 영입해 군정의 자문기구인 국민대표민주의원(정식 명칭 남조선대한국민대표민주의원, Representative Democratic Council of South Korea)을 설립했다. 민주의원은 실제로는 군정청이 김구를 지도자로 영입해 만들려고 국무성과 협의를 진행 중이던 운영위원회 설립 계획을 백지화하고 그 대신 만든 기구이다. 국무성은 소련의 반발을 우려해 운영위원회 설립 계획을 반대하던 참이었는데 김구와 미 군정청의 관계에 금이 가자 이 안은 자동 폐기된 것이다. 국민대표민주의원에는 조선공산당을 제외한 주요 정당의 대표가 모두 망라되어 있어 모스크바3상회의가 결정한 임시정부 수립 문제를 미소공동위원회 측과 협의하는 데 적당한 기구였다. 이 때문에 미 군정청은 미소공동위가 열리기 전에 민주의원을 발족시키려고 2월 14일 서둘러 첫 회의를 개최했다.[33]

민주의원은 모두 28명이었는데 그 중 우익 세력(한민당 독촉 임정 및 안재홍 계)이 24명이고 온건 좌파가 4명이었다. 이들 4명의 온건 좌파에는 여운형만 포함되고 나머지 인공 지도자들과 조선공산당은 완전 배제되었다. 그러나 민주의원 취임을 승낙한 사람은 이들 좌파 4명 중 미국 브라운대학교 출신인 백상규뿐이고 나머지 3명은 거부했다. 민주의원은 이날 의장에 이승만을, 부의장에 김구와 김규식을 선출했다. 그 명단은 다음과 같다.[34]

의장　이승만　　**부의장**　김구　김규식

의원　〈한민당 계〉　원세훈　김도연　김준연　백관수　백남훈

〈임정 계〉　　조소앙　조완구(趙琬九)　김붕준(金朋濬)

〈국민당 계〉　안재홍(安在鴻)　박용의(朴容義)　이의식(李義植)

〈신한민족당계〉권동진(權東鎭)　김여식(金麗植)　오세찬(吳世昌)

〈인민당 계〉　최익환(崔益煥)　여운형　황진남(黃鎭南)　백상규(白象奎)

〈기타〉　　　장면(張勉, 천주교)　김창숙(金昌淑, 유교)

김법린(金法麟, 불교) 함태영(咸台永, 개신교) 정인보(鄭寅普, 학계) 김선(金善, 여) 황현숙(黃賢淑, 여)

의장에 선출된 이승만은 "이제부터 민주의원은 비상국민회의의 최고정치협의회를 구성할 것"이라고 선언했다. 민주의원은 2월의 다른 회의에서 "민주의원의 임무는 민주적 임시정부를 수립하고 … 외국과 협상을 하는 것"이라고 밝힌 결의안을 통과시켰다. 민주의원은 2월 25일에는 과도정권 수립을 목표를 그 조직을 개편해, 의장에 이승만을, 부의장에 김규식을 선출하고 과도정권을 맡을 총리에 김구를, 행정부서장에 해당하는 15개 부장과 4개 국장을 임명했다.[35] 민주의원은 이밖에 3월 1일을 공휴일로 정하고 차량 통행을 좌측 통행에서 우측 통행으로 변경하는 결의를 한 것 이외는 별로 효율적이 못했다.[36] 커밍스는 민주의원의 비효율성이 드러나 하시 장군은 또 한번 망신을 당했다고 평했다. 개인적으로 김규식 등 중도파에 경도되어 하지의 우익 편향 정책에 비판적이었던 하지의 정치고문 버취는 "민주의원은 대표적이지도 못하고, 민주적이지도 못하며, 협의도 못했다"라고 혹평했다.[37]

좌익 측은 군정청의 이 같은 우익 경도에 대항하기 위해 연합전선을 폈다. 민주의원 개회식 하루 뒤인 2월 15일부터 16일까지 서울 종로 YMCA에서 민주주의민족전선(민전) 창립총회를 가졌다. 이 연합체에는 박헌영의 조선공산당과 장안파 공산당계의 최익한, 정백, 그리고 여운형의 건준과 인민당에 참여했던 온건 좌파 인사들이 참여했다. 김원봉(金元鳳), 한빈(韓斌)을 비롯한 임정 좌파와 옌안에서 귀국한 좌익 세력들 및 백남운, 그리고 좌익계 노동운동단체인 전평과 농민운동 단체인 전농도 합류했다. 이 밖에 임정의 우경화에 반발해 탈퇴한 임정 출신 김성숙(金星淑), 성주식(成周寔), 장건상 등과 국내의 중간파인 이극로(李克魯), 천도교의 오지영(吳知泳) 등도 참여했다. 민전의 창립총회에는 박헌영, 허헌, 이강국, 한빈, 김원봉, 홍남표(洪南杓), 여운형 등이 참석했다. 이렇게 민전의 조직이 확대됨에 따라 민전은 인공의 후계자가 되었으며 이로 인해 남한의 정계 판도는 우익의 민주의원과 좌익의 민전으로 양분되었다. 민전 측은 북한에서 소련이 북조선임시인민위원회에 행정권을 위임한 것처럼 남한에서도 미

군정청이 같은 행동을 한다면 통일이 앞당겨 질 것이라고 주장했다. 북한에서는 다음의 Ⅲ-④(단정 수립에 나선 우익 세력)에서 설명하는 바와 같이 이미 2월 9일 김일성을 위원장으로 하는 북조선임시인민위원회가 설립되었다. 민전은 4월 말에 열린 제2차 인민위원회 대표자회의에서 행정권을 인민위원회에 넘기라고 군정청에 다시 요구했다.[38]

이승만 김구의 배제 방침과 이승만의 정읍발언

미소공동위원회는 첫 회의를 3월 20일부터 서울 덕수궁에서 열었으나 아무런 실질적 합의를 보지 못했다. 모스크바 결정에 따른 임시정부 수립 문제를 협의할 정당과 사회단체의 선정 문제를 둘러싸고 양국의 이해가 일치하지 않았다. 소련의 주장으로 모스크바 결정, 즉 신탁통치 결정에 반대한 정당과 사회단체는 협의 대상에서 제외해야 한다는 데는 양측이 합의했으나 어느 정당과 단체를 참여시킬 것인가라는 구체적인 협의 대상 선정 문제에서는 상호 대립을 보였다. 김구의 한독당은 반탁의 입장이므로 미소공동위에 참여하지 않겠다고 발표했다. 이에 반해 한민당은 신탁통치에는 반대하지만 임시정부 수립 문제의 협의에는 참여하겠다고 참가 의사를 밝혔다. 미국은 임시정부 수립 문제 토의에 앞서 38도선의 철폐와 남북한의 경제 통합 문제를 협의하자고 제의했다. 그러나 소련 측은 38도선 문제는 앞으로 수립될 임시정부가 다룰 문제이고 경제 통합 문제는 모스크바 결정 사항이 아니므로 미소공동위원회에서 취급할 문제가 아니라고 거부했다. 결국 양측 합의에 이르지 못하고 미소공위는 5월 6일 무기 휴회를 선언했다.[39]

이 사이에 나온 것이 미 군정청이 마련한 남한 내의 좌우합작 계획이었다. 이 계획은 군정청의 건의와 국무성의 승인에 의해 결정되었다. 그 내용은 여운형과 김규식 등 온건파를 중심으로 좌우가 합작하되 이 계획에 조선공산당과 이승만-김구의 임정계는 제외한다는 것이었다. 조공에 대해서 군정 당국이 이런 태도를 취한 것은 극좌파인 그들과는 온건한 타협의 정치가 되지 않는다고 판단했기 때문이다. 이승만과 김구를 권력의 중심에서 배제키로 한 것은 이들이 반탁운동을 통해 군정청의 권위에 정면 도전했기 때문이다. 김구는 앞에서 설명한 대로 미 군정청의 관점에서는 '쿠데타' 행위를 했고, 이승만은 지나치게 반소 반공적이라는 것이었다. 이승만은 앞에서 설명한 대로 2월 8일 결성한 반탁운동통합 기구인 대한독립촉성국민회의를 배경으로 전국적인 반탁 집회를 개최했다. 그는 6월 3일에는 전북 정읍에서 남한 단독 정부의 수립을 주장하는 연설을 했다. 이승만은 이 연설에서 "한반도의 적화를 막기 위해 남쪽만이라도 임시 정부나 위원회 같은 것을 조직해 38선 이북에서 소련이 철퇴하도록 세계공론에 호소해야 한다"라고 역설했다. 그의 연설은 5월 12일 서울에서 벌어진 반공 데모 직후에 행해진 것이다. 이날 여러 대의 트럭에 분승한 반공 시위대원들은 정동에 있는 소련 영사관 문 앞으로 가서 소련을 비난하는 데모를 벌인 다음 좌익계의 조선인민보, 중앙일보, 자유신문 등 언론사 사무실을 습격했다.[40]

6월초 국무성은 군정청에 보낸 '대한(對韓)정책교서'라는 비망록에서 우익 세력이 지배하는 민주의원을 폐지하고 그 대신 선거를 통해 새로운 입법 자문 기구를 만들라고 훈령하면서 원로 망명객들(이승만과 김구)이 "미국의 목표를 돕기는커녕 방해했다"라고 비난하고 그들을 제거할 것을 지시했다.[41] 그러나 하지는 이보다 훨씬 이전부터 그런 정책을 추진하고 있었다. 그는 5월 19일 그의 정치고문 버취에게 좌우합작 추진을 지시했다. 버취는 여운형을 포섭하려고 많은 애를 썼다. 그는 우파 세력에 우위를 주는 대신 우파와 좌파 간의 절대적인 균형을 주장했다. 하지 장군은 1946년 6월 23일 군정청에서 파견 근무를 마치고 본국으로 돌아간 국방성의 굿펠로우(M. Preston Goodfellow) 대령에게 보낸 편지 속에서 이승만을 이렇게 매도했다.

그 늙은이가 많은 불행한 성명을 내놓았다. … 그는 당장 분단 정부를 수립하고 소련을 몰아내기를 원했다. … 나는 그 늙은 망나니를 빗나가지 않게 하느라고 그와 요란스러운 회합을 두어 번 가졌다. 그것은 성경에 나오는 하나님과 천사가 밤새도록 벌인 씨름을 연상시켰다.[42]

미 국무성이 이승만과 김구의 임정계를 배제하려는 또 다른 이유는 앞에서 살펴본 대로 임정이 중국 국민당의 장제스와 밀접한 관계를 가진 것으로 의심했기 때문이다. 국무성은 장제스가 김구를 지지한다고 지적하면서 미 군정청이 이들을 대체할 '진보적 지도자'를 찾아내든지 "김구 집단으로 하여금 진보적 강령을 채택하고 실천에 옮기도록 강요하든지 하라"라고 군정청에 지시했다. 이 같은 국무성의 지시와 더불어 하지 장군 자신도 김구와 이승만의 고집에 손을 든 탓으로 군정청이 이들을 제거하기로 한 것이다.[43)]

좌우합작위원회의 구성과 해체

김규식과 여운형은 6월 14일 우익 측의 한민당 총무 원세훈, 좌익 측의 민전 의장단 허헌 등과 함께 좌우합작4자회담을 가졌다. 미군정은 6월 30일 좌우합작 계획을 공식으로 승인하고 지원에 나섰다. 우여곡절 끝에 7월 22일 좌우합작위원회(左右合作委員會, Coalition Committee, CC)가 첫 회의를 열었다. 우익 대표로는 김규식·원세훈·최동오(崔東旿)·안재홍 및 김붕준(金朋濬)이, 좌익 대표로는 여운형·허헌·김원봉·이강국 및 정노식(鄭魯湜)이 각각 참석했다. 좌우합작위원회는 매주 화요일과 금요일 회의를 열어 남한의 좌파와 우파를 단결시킬 합동강령을 마련키로 결정했다. 의장은 회의 때마다 좌·우파가 교대로 맡기로 했다. 조선공산당의 박헌영은 조건부로 이 위원회를 지지하겠다고 공표했다. 민전 측이 25일 공식으로 밝힌 합작 조건은 ① 북한의 제 정당과의 단결을 위한 노력 및 모스크바 결정의 절대적 지지 ② 무상 몰수 무상 분배에 의한 토지 개혁과 노동법 제정 및 기타 민주적 개혁 ③ 친일파 민족반역자 및 파시스트의 정계에서의 제거와 정치적 테러 행위의 중지 ④ 남한에서의 행정권의 인민위원회로의 이양 ⑤ 민주의원 해체 및 과도입법의원 설립 중단 등이다. 합작위원회의 좌익 측 대표인 여운형과 김원봉은 박헌영 세력이 마련한 이 제안을 내심으로는 반대했으나 조공 측과의 충돌을 우려해 침묵을 지키는 대신 이 문제를 토의할 29일의 합작위원회 회의에는 참석치 않았다. 이날 합작위에서 우익 대표들은 조공의 제안을 거부하고, 이에 대한 대안으로 신탁통치 조항을 제외한 모스크바 결정의 지지와 한국 전역에 걸친 민주적 자유의 확립 등을 골자로 하는 8개항을 역제의했다. 8개항 안에는 토지 및 기타 개혁과 부일 협력자 및 민족반역자 처리문제는 앞으로 구성될 과도입법위원에 맡기자는 것이다. 좌익 대표들은 우익의 역제

의에 냉담했다.[44]

8월 한 달 동안 좌익 대표들의 불참으로 합작위 회의가 열리지 못하게 되자 미군정 측은 합작위의 좌파 대표들을 돕는 방법으로 강경 좌익 세력인 김세용(金世鎔)과 이강국에 대해 체포령을 내렸다. 여운형은 8월 중순 인민당과 민전의 직책을 사임했다. 좌익 진영이 강온파로 분열되자 군정청은 박헌영 본인에 대해 체포영장을 발부, 그는 이때부터 지하로 숨게 되고 합작위가 다시 열릴 수 있었다. 합작위 좌익 대표 중 허헌과 이강국은 장건상과 장권(張權)으로 교체되었다. 여운형은 9월 22일 군정청이 박헌영에 대한 체포영장을 철회하고 3개 좌익계 신문을 복간시켜 주면 조선공산당도 합작 노력을 지지할 것이라고 발표했다. 그러나 이 제의를 하지 장군은 거부했다.[45]

합작위는 좌·우파 간의 지루한 협상 끝에 10월 7일 쌍방의 제안을 절충한 7개 항의 강령을 발표했다. 그 1항은 모스크바협정에서 창설하기로 한 임시정부를 남북에서 좌우합작으로 설립하고 3항은 토지 문제를 지주에 대한 조건부 보상과 소작인에 대한 무상 분배를 통해 해결할 것을 촉구한다는 내용이었다. 이 제안은 우익 세력인 이승만과 한민당 측, 그리고 좌익 세력인 박헌영 측 모두로부터 거부당했다. 좌우합작위에 참여가 거부된 이승만은 이보다 앞서 8월 29일 한민당과 공동으로 기존의 독립촉성국민회를 기반으로 '민족통일총본부'(民族統一總本部)라는 새 기구를 만들어 군정청의 좌우합작 추진에 맞섰다. 한민당이 지배하던 민주의원측도 좌우합작위원회가 '회색분자'와 '기회주의자'들의 모임이라면서 좌우합작에 반대했다. 좌우합작위원회는 이 무렵에 일어난 대구의 10·1 폭동사건의 와중에서 출범 3개월 만에 해체되고 말았다.[46] 미 군정청의 노력은 또 다시 수포로 돌아갔다.

③ 분단 전야의 좌·우 세력

하지 장군은 이승만이 장래의 한국통일임시정부를 위해 긴요하거나 필요한 인물이라고는 반드시 느끼지 않고 있지만 그가 민주 세력들 사이에 전국적으로 알려진 몇 안 되는 지도자인 한, 그의 협조가 없어서는 안 될 것이다.

— 윌리엄 랭던(William R. Langdon, 미 군정청 고문관)

1. 반공 세력의 형성

과도입법의원 설치와 우익의 승리

미 군정청은 좌우합작의 추진과 동시에 김규식, 여운형 등 중간파가 중심이 되는 남조선과도입법의원(South Korean Interim Legislative Assembly, SKILA)을 구성하기 위한 선거를 실시하는 내용의 법령 118호를 1946년 8월 4일 공포했다. 입법의원은 그 결의를 군정청 장관이 거부할 수 있는 입법 자문기구에 불과하지만 점진적으로 군정청 인적 구성원의 '한국화', 즉 가능한 한 많은 한국인을 군정청 간부로 등용하려는 계획의 일환으로 설립된 것이다.[1]

트루먼 대통령은 이보다 앞선 7월 16일 그의 전후배상문제 특사 폴리(E. K. Pauley)에게 서한을 보내고 미국의 중요한 대한국정책 목표를 밝혔다. 그는 이 서한에서 한국에 민주정부를 세우려는 노력을 강화할 것이며 미국식 민주주의의 틀 속에서 한국인을 교육해야 할 것이라고 밝힌 다음 한국인들은 민주적 선거에 의해 구성되는 입법의원 등에 참여함으로써 남한의 행정에 폭넓은 역할을 할 것이라고 언명했다. 폴리는 그해 5월 한국에 파견되어 현지 사정을 시찰하고 귀국한 다음 6월 22일자로 한반도가 아시아에서 미국이 성공하느냐 실패하느냐

가 달린 '이념의 전쟁터'가 되고 있다는 보고서를 제출했었다.[2]

　남조선과도입법의원의 정원은 모두 90명이나 그 반수는 군정청에서 지명하는 관선의원이었다. 이처럼 반수나 되도록 한 것은 선거 결과 여하에 따라 군정청이 개입해 입법의원의 정당별 판도를 조절할 수 있도록 하기 위해서였다. 1946년 10월 21일부터 31일 사이에 실시된 입법의원선거는 비록 미군정 아래 실시되었고 또한 간접선거 방식이기는 했지만 한국 역사상 최초로 이루어진 선거였다. 이승만과 김구는 이 선거를 보이콧했다. 선거는 대구를 비롯한 영남 지방에서는 10·1폭동사건의 여진이 계속 일고 있는 가운데 실시되었다. 개표결과 민선의원 정원 45명 중 이승만계의 독촉과 한민당 등 우익이 3분의 2가 넘는 31석을 차지하는 완전한 승리로 나타났다. 서울의 경우 출마한 후보 10명 중 유일한 좌파였던 여운형은 낙선하고 김성수, 김도연, 장덕수 등 한민당 소속 후보들이 모조리 당선되었다. 제주에서는 좌익 후보 2명이 다 당선되었으나 이들은 서울로 올라온 다음 '실종'되고 말았다. 미군정은 선거부정이 있었다는 김규식의 주장을 받아들여 서울에서 한민당의 김성수·장덕수·김도연, 그리고 강원도에서 독촉 소속의 서상준(徐相俊)·조진구(趙軫九)·전영직(田永稷)의 당선을 무효화했다.[3] 군정청은 선거 결과를 '보완'하기 위해 임명직 입법의원에 좌우합작위 인사들을 대거 지명했다.[4] 이승만과 김구는 여기서도 제외되었다. 미 군정청의 김구 배제 방침은 그를 크게 실망시켰다. 김구는 이로 인해 계속 미 군정청에 반발하는 태도를 취했다.[5] 미 군정청에 의해 관선의원으로 지명된 사회노동당 소속 여운형, 장건상 등 7명은 의원직을 수락하지 않았다. 결국 과도입법의원의 의석분포는 여전히 우익이 3분의 2에 가까운 다수를 점함으로써 우익 세력의 완전한 승리로 귀결되었다. 최대의 승리자는 이승만이었다. 그는 이제 단순히 명망 있는 독립운동가로서 뿐 아니라 입법의원 안에 거점을 마련한 강력한 정치 세력의 보스로 부상했다. 좌우합작을 추진하려던 군정청 입장에서는 입법의원 선거 역시 민주의원의 재판(再版)이 됨으로써 형편없는 '정책적 실패'가 되고 말았다. 미 군정청이 불과 1년 사이에 연속적으로 추진한 고문회의, 민주의원, 좌우합작위원회, 그리고 이번 입법의원 선거가 모두 미 국무성의 생각, 특히 이승만과 김구 등 한국의 보수 우파를 배제하려던 국무성 진보파들의 의도대로 되지 않은

것이었다.[6]

입법의원은 예정보다 1개월이 늦은 12월 12일 개원했으나 강원도와 서울에서 재선거를 실시토록 한 하지의 결정에 반발한 한민당이 바로 전날 등원 거부를 결의하는 사태가 일어났다. 결국 회의 정족수를 조절해 간신히 개원식을 가진 입법의원은 김규식을 의장에, 최동오(崔東旿)와 윤기섭(尹琦燮)을 각각 부의장에 선출하고 업무를 개시했다.[7] 입법의원은 민선과 관선 의원들 간에 갈등이 일어나 마침내 유엔 한국위원단에 보내는 '가능 지역의 총선 실시를 요청하는 긴급 결의안'의 처리를 둘러싸고 절정에 달했다. 다수의 우파 민선의원이 제안한 이 결의안이 통과되자 김규식 의장과 최동오 부의장을 비롯한 14명의 의원이 의원직을 사임하고 19명의 의원이 제명되었다. 이로써 입법의원의 제적의원은 불과 47명이 되어 사실상 그 기능이 마비되고 결국 1948년 5월 나머지 간선의원들이 공동 사퇴함으로써 폐원되고 말았다.[8]

남조선 과도정부 출범과 그 인맥들

미 군정청은 과도입법의원 설치와 함께 행정권도 한국인들에게 이양하기 위해 과도정부 설립을 추진했다. 제2대 군정장관 러치(Archer Lerch) 소장은 과도입법의원 선거를 1개월 앞둔 1946년 9월 11일 특별 담화를 통해 군정청의 부장 자리를 모두 한국인에게 이양하고 미국인은 고문으로 남아 거부권만 행사할 것이라고 밝혔다. 미 군정청은 1947년 2월 군정청 민정장관(民政長官, Civil Administrator)에 안재홍을 임명하고 그 전 해에 임명된 군정청 각부서의 한국인 부처장을 통괄케 했다. 안재홍을 임명한 것은 그가 중도적인 우익 세력이었기 때문이다. 이것은 좌우의 온건 세력들로 과도입법의원을 구성하려는 군정청의 일관된 방침에 따른 것이다. 미 군정청은 1947년 6월 3일에는 안재홍을 수반으로 하는 남조선과도정부(南朝鮮過渡政府, South Korean Interim Government, SKIG)를 공식 출범시켰다. 이 기구는 미 군정청을 대체하는 것이 아니라 군정장관의 하부 기관으로 설치된 것이었다.[9] 민정장관 안재홍이 건의하고, 군정장관 러치가 인준해 1947년 5월 17일자로 공포되고, 같은 날짜로 시행된 남조선 과도정부 법령 제141호는 '북위 38도 이남의 조선을 통치하는 입법, 행정, 사법 부문 등 재조선 미군정청 조선인 기관을 '조선과도정부'라 호칭한다고 규정했다. 과도정부의 설치에 앞서 종래 군정청의 13국 6처가 13부 6처로 바뀌고 인사위원회와 중앙경제위원회를 신설했다.

미 군정청은 제2차 미소공위가 결렬되자 미국에 거주하던 서재필(徐載弼)을 한미최고의정관(議政官)으로 맞이해 군정의 한국인화에 박차를 가했다. 이것은 장차 단독 정부 수립에 대비하기 위한 것이었다.[10] 과도정부는 1948년 8월 대한민국 정부가 수립될 때까지 활동했다. 미 군정청은 이에 앞서 1945년 10월 15일 군정청 대법원 부장에 김용무(金用茂)를 임명하는 등 법원 조직을 정비했다. 미 군정 아래서 한국인에 의한 입법 행정 사법의 삼권분립체제를 모두 갖춘 셈이다. 민정장관 안재홍은 정부 수립 후 경기도 평택에서 무소속으로 제2대 국회의원에 당선되었다가 1950년 9월 21일 납북되어 1965년 3월 1일 별세한 것으로 전해진다. 조병옥 경무부장, 징택상 수도경찰총장, 김병로 사법부장 등 다른 많은 과도정부 간부도 거의 전원이 건국에 참여, 신생 대한민국 정부의 요직을 차지했다. 과도정부의 13부 6처의 장은 다음과 같다(꺽쇠 안은 차장)[11]

문교 유억겸(俞億兼)〈오천석 吳天錫〉　사법 김병로(金炳魯)〈한근조 韓根祖〉
경무 조병옥(趙炳玉)〈한종근 韓鍾根〉　농무 이훈출(李勳出)〈김 훈 金 勳〉
상무 오정수(吳禎洙)〈나기호 羅基昊〉　재무 윤고병(尹皐炳)
운수 민희식(閔熙植)〈활희찬 黃熙贊〉　채신 길원봉(吉元鳳)
보건후생 이용설(李容卨)〈주병환 朱炳煥〉　공보 이철원(李哲源)〈최봉윤 崔鳳潤〉
국방(나중에 통위) 유동열(柳東悅)　토목 최경렬(崔景烈)
노동 이대위(李大偉)〈박택 朴澤〉　〈이상 13개 부〉
식량행정 지용은(池鎔殷)〈조상만 趙尙滿〉　물가행정 최태욱(崔泰旭)〈권갑중 權甲重〉
관재 임병혁(林炳赫) 외무 문장욱(文章郁)　서무 이종학(李種學)〈김철주 金澈柱〉
〈이상 6개 처〉

국방경비대 창설과 한국 군부 인맥 형성

미 군정청은 1945년 11월 13일 군정법령 제28호로 국방사령부(Defense Headquarters)를 설립하고 육상 병력 2만5,000명, 해안경비대 5,000명 규모의 경찰 예비대 성격의 부대 창설 작업에 착수했다. 이와 동시에 미 군정청은 당시 남한에서 활동하던 수많은 좌·우익 사설 군사 조직들을 해체하고 그 중 일부 인원을 신설되는 경비대로 흡수했다. 국방사령부(부장 Lawrence Schick 준장)는 '알파'(Alpha)와 '뱀부'(Bamboo) 계획'이라 명명된 남한의 방위 계획에 따라 부대원을 양성하기 위해 우선 12월 5일 서울 서대문구 냉천동의 감리교 신학교 안에 군사영어학교(Military Language School, 교장 Rease 소령, 부교장격 한국 보좌관 원용덕(元容德) 전 만주군 중좌)를 설치하고 만주·중국 등지에서 귀국한 구 일본군·만주군·중국군의 준사관급 이상의 군인 출신들을 선발해 영어 교육을 실시했다.[12]

그러나 당시에 친일파라는 비난을 받던 일본군 대좌급 이상의 원로들은 자숙하는 의미에서 지원하지 않았으며 광복군 출신들은 건군을 하는 마당에 친일파와는 같이 행동할 수 없다 해서 입교하지 않았다. 신탁통치를 둘러싼 찬반 논쟁은 군사영어학교에도 파급되어 반탁파가 찬탁파 생도들을 축출했다. 미군정은 이듬해 1월 15일 군사영어학교 졸업생 중 110명을 장교로 임관하고 이들을 기간으로 남조선국방경비대 제1연대를 경기도 양주군 노해면 공덕리(현재의 태릉 육군사관학교 자리)에 창설했다. 일본 육사 56기 출신의 이형근(李亨根)은 이때 대위에 임명되고 군번은 1번을, 일본 육사 49기 출신의 선배인 채병덕(蔡秉德)도 대위로 임명되고 군번은 2번을 부여받았다.[13]

미 군정청 국방사령부는 2월 1일에는 서울에 약 1개 대대 병력으로 제1연대를 지휘할 남조선국방경비대총사령부(총사령관 John T. Marshall 중령)를 설치하고 모병을 통해 그해 11월 까지 전국 각 도에 9개 연대를 창설했다. 이로써 국방경비대의 전국적 편성이 갖추어졌다. 남조선국방경비대총사령부는 4월 30일자로 군사영어학교를 폐교하고 5월 1일 국방경비사관학교를 태릉에 설립, 제1기 사관후보생 88명을 입교시켰다.[14] 만주군 중위 출신인 박정희는 경비사관학교 제2기생으로 입교했다. 군사영어학교와 경비사관학교 출신들은 그 후 건군의 간성이 되어 대한민국의 군부 세력을 이루고, 이들 중 상당수는 3공의 주역이 되어 한국의 강고한 반공 보수 세력의 핵심부가 되었다. 일제시대의 군 경력자 출신 성분은 일본군, 만주군, 중국군 출신 등 다양했다. 대표적인 인물은 채병덕, 장도영, 최창언, 최경록, 정일권, 장석륜(張錫倫), 양국진(楊國鎭), 이치업(李致業), 강문봉, 송요찬(宋堯讚), 오덕준(吳德俊), 박진경(朴珍景), 김재규, 김홍준, 김백일, 김석범, 김동하, 백선엽, 박정희, 박임항, 박기용, 양국진, 이종찬, 이주일, 이한림, 윤태일, 최용덕, 김정렬, 이영무, 장덕창, 박범집(朴範集), 이근석(李根晳), 김영환(金英煥) 등이다.[15]

반공 학생 조직과 우익 인맥들

한국의 반공 세력 가운데 일부는 해방 직후의 우익 학생 단체 출신들이다. 해방 후 조직된 최초의 학생 단체는 1945년 8월 16일 치안 유지와 구호 활동을 목적으로 조직된 경성대학의 서임수(徐壬壽) 중심의 조선학도대(朝鮮學徒隊)였다. 그러나 이 단체는 좌익 세력의 침투로 차츰 좌경화함으로써 우익 계열은 이탈했다.[16] 최초의 우익 학생 조직은 그해 9월 1일 결성된 조선유학생동맹이다. 일본 유학생이던 이홍섭(李洪燮), 박용만(朴容萬), 김호영(金豪英)이 그 핵심 인물이었다.[17] 그 해 12월에는 해방 직후 조직된 좌익계의 조선학병동맹에서 이탈한 우익계열 학병 출신들이 조선학병단(朝鮮學兵團)을 결성했다. 안동준(安東濬), 김수환(金壽煥), 박동진(朴東鎭), 구태회(具泰會), 이원경(李源京) 등 나중에 민간에 남은 인사들과 최영희(崔榮喜), 장도영(張都暎), 강영훈(姜英勳) 등 군에 들어간 인사들이 그 대표적인 구성원들이었다.[18]

1946년 1월 7일에는 서울운동장(현재의 동대문운동장)에서 16개 전문학교와 15개 남녀 중학생 등 총 1만여 명이 참가한 대규모 반탁학생궐기대회가 열렸다. 대회 직후 참가자들은 시가행진을 벌였으며 각 학교 학생회 간부들은 별도로 서울 정동 교회에 모여 반탁전국학생총동맹(반탁학련)을 결성했다. 이날 반탁학련 창설 모임의 의장단은 보성전문의 이철승(李哲承), 경성대학의 채문식(蔡汶植), 그리고 유학생동맹의 박용만이었으며 집행부 선거에서 이철승이 위원장에 선출됨으로써 반탁 학생 운동의 리더가 되었다. 부위원장에는 연희전문의 이동원(李東元)과 세브란스의전의 김덕순(金悳舜)이 선출되었다.[19] 반탁학련은 건국 때까지 활동하면서 좌익 학생 조직과 치열한 투쟁을 전개하다가 정부 수립 후인 1949년 11월, 정부가 주도한 학도호국단의 발족을 계기로 해체되었는데 그 핵심 세력은 반탁동지회라는 단체를 만들고 반공 투쟁을 계속했다.

반탁학련 이외의 여러 우익 학생 단체 중 대표적인 것은 서울대의 좌익 학생 조직에 맞서 발족한 서울대 건설학생회를 모체로 1947년 2월에 결성된 전국 건설학생총연맹이 있다. 엄규진(嚴奎震), 박용만, 김동흥(金東興), 박준규(朴浚圭), 장하구(張河龜), 박갑득(朴甲得), 신국주(申國柱), 임원택(林元澤), 윤천주(尹天柱), 계훈제(桂勳梯), 양호민(梁好民), 엄기형(嚴基衡), 함영훈(咸永君), 김용성(金龍星), 김재순(金在淳), 장예준(張禮準), 홍성철(洪性澈), 고재청(高在淸) 등이 참여했다. 계훈제, 장익삼(張翼三) 등의 이북학생총연맹과 최중하(崔重夏, 崔書勉), 김철(金哲) 등의 대한학생총연맹도 반공 운동에 앞장선 우익 학생 단체이다.[20]

2. 좌·우익 세력의 분열

미소공동위에 실망한 이승만과 김구

미소공동위원회가 지지부진하고 북한에서 소련군 당국과 김일성의 움직임이 심상치 않게 돌아가자 남한의 우익 세력들은 그 대비책을 모색하기 시작했다. 이승만은 앞에서 설명한 바와 같이 1946년 6월 3일의 정읍발언에서 남한 단독 정부 수립의 필요성을 역설한 데 이어 같은 달 29일 발족한 '민족통일총본부'의 전국 조직을 기반으로 자율정부운동을 펴기 시작했다.[21] 자율정부운동이란 모스크바3상회의의 신탁통치 결정을 취소하고 즉시 독립 과도정부를 수립하자는 운동이다. 이승만은 단독 정부 수립을 실현하기 위해 그 해 12월 직접 미국을 방문, 각계 지도자들을 상대로 설득 활동을 개시했다. 국무성도 이 무렵부터는 점차로 남한단독정부수립계획을 시사하기 시작했다. 미국을 다녀 온 이승만은 1947년 7월 10일 '한국민족대표자회의'를 열어 한민족이 자율적으로 임시정부를 수립할 것을 촉구했다. 그는 8월 26일에는 총선거대책위원회(위원장 신익희)를

구성해 단독 정부 수립 운동에 박차를 가했다.[22]

이승만의 단독정부 수립 계획 발표는 김구와의 결별을 불러옴으로써 건국 전야에 보수 세력의 분열을 일으켰다. 이승만의 정읍발언에 대해 조선공산당, 조선인민당 등 좌익 세력은 물론이고 한민당, 그리고 한성일보 사장인 안재홍을 제외한 우익 세력조차도 거의 모두 반대 의사를 표명했다. 김구의 한독당은 이튿날인 6월 4일 성명을 내고 "요즘 항간에는 단독 정부 수립설을 유포하고 있으나 우리 당으로서는 찬성할 수 없다. 38선의 장벽이 연장되는 한 경제상 파멸과 민족이 격리되어 역사적 큰 비극을 자아내고 있음은 민족 통일에도 큰 방해라 아니할 수 없다"라고 밝혔다.[23]

또한 김구가 장악하고 있던 비상국민회의도 며칠 후 성명을 내고, 단독정부 수립을 위해 비상국민회의가 전국 대회를 소집하여 한다는 《조선인민보》의 보도에 대해 "전국대회를 개최하려 한 사실은 전혀 없다. 우리의 정부는 민족적 지역적 통일정부라야 함은 조선 민족의 공통된 이념이니 우리는 단연히 단독 정부 수립에 반대한다"라고 밝혔다.[24]

그렇다고 해서 이승만과 김구의 사이가 정읍발언 직후 바로 파탄이 난 것은 아니었다. 이승만은 이 같은 비판에 대해 그의 정읍발언의 근본 취지는 미소공위 재개만을 기약 없이 기다릴 것이 아니라 우선 남조선에서만이라도 정부나 위원회 같은 것을 만들어 그것을 기반으로 해서 자율적으로 통일 정부 수립을 추진하자는 것이라고 해명했다. 이승만은 6월 11일 자율정부 수립을 위한 '민족총사령부'를 출범시키는 독촉국민회 전국대표회의에서 연설을 통해 김구와의 단합을 과시했다. 그는 "항간에서는 김구와 이승만 사이에 갈등이 있다는 등 쓸데 없는 말이 떠돌고 있다는 소리를 들었는데 그런 말은 절대 없으니 걱정 말고 당신들만 한 덩어리가 되면 독립은 꼭 된다"라고 강조하면서 우익 세력의 단결을 강조했다. 김구 역시 연설을 통해 "독립을 하려면 먼저 우리 민족이 뭉쳐야 합니다. 어떻게 하느냐 하면 이 박사를 중심하여 뭉칩시다. … 이 박사와 김 박사(김규식, 저자 주)와 나 세 사람은 단결해 있습니다. 삼각산이 무너지면 무너졌지 우리 세 사람의 단결은 무너지지 않을 것이니 여러분은 안심하고 우리 세 사람과 같이 단결하여 가지고 3천만이 한 덩어리가 되어 독립을 찾아서 우리도

남과 같이 한번 잘 살아봅시다"라면서 이승만 지지를 표명했다.[25]

이승만과 김구의 균열

그러나 얼마 가지 못해 이승만과 김구 사이에는 자율정부 수립문제에 대해 분명한 입장 차이를 나타나기 시작했다. 민족이상주의자인 김구가 남조선만의 자율정부 수립에 회의를 품기 시작한 가운데 현실주의자인 이승만은 그의 자율정부 수립 계획에 박차를 가했다. 그는 앞에서 설명한 바와 같이 독립촉성국민회를 자신의 인맥이 중심이 된 '민족통일총본부'(민통)로 개편했다. 이렇게 되자 김구의 한독당은 당원의 민통 참여는 개인 자격으로만 허가한다고 선언함으로써 소극적 입장을 취해 이것이 우익세력의 두 영수인 이승만과 김구 간 균열의 시발이 되었다. 두 지도자는 결국, 뒤에서 설명하는 바와 같이, 유엔총회에서 유엔 감시 하의 남북한 총선거 실시를 결의한 이후인 1947년 12월 이승만계의 '한민족대표대회'와 김구계의 '국민의회'의 최종 통합 교섭이 실패하는 것을 계기로 제각기 다른 길로 가게 된다. 이승만은 남한 단독 선거의 길을, 김구는 남북협상의 길을 각각 걸음으로써 우익 진영, 나아가서 그 후에 수립된 대한민국의 불행을 가져온 원인이 되었다.

김구는 1947년 2월, 반탁운동을 위해 만들었던 비상국민회의를 강화하기 위해 이를 '국민의회'라 개칭하고 주석에 이승만, 부주석에 자신을 선출했다. 김구는 3월 1일에는 전국국민대표자회의를 열어 다시 임정 봉대(奉戴)를 결의했다. 새로 발족한 '국민의회'는 3일 긴급대책회의를 열어 집행부에 해당하는 임시정부 국무원의 진용을 보강하기 위해 임정 주석에 이승만, 부주석에 김구를 추대하고 국무위원에 조소앙, 유림, 조완구(趙琬九), 이시영, 조성환(曹成煥), 황학수(黃學秀), 조경한(趙擎韓), 이청천(李靑天), 김승학(金承學) 등 임정계 9명과 김창숙(金昌淑), 박열(朴烈), 김성수, 조만식(曺晩植) 등 일반 인사 4명을 선출했다. 김구는 이보다 앞서 1월 24일 한독당 중심으로 별도의 반탁독립투쟁위원회를 다시 결성했다. 위원장에 김구, 부위원장에 김성수, 조소앙, 조성환, 고문에 이승만을 선출했다.[26]

김구가 새삼스럽게 반탁독립투쟁위원회를 만든 것은 그해 1월 11일 하지가 미소공동위원회 제2차 회의를 추진 중인 소련군 사령부와의 왕복 문서를 공개한 데 대한 조직적인 반발이었다. 이것은 또한 그 전 해 연말 이승만이 미국을 방문한 데 대한 대응이기도 했다. 김구는 이승만의 방미로 단정 수립이 촉진될 가능성이 있다고 판단했다. 또한 김구를 배제한 채 좌우합작에 나선 미군정이 민주의원을 폐지하고 12월 남조선과도입법의원을 개원했기 때문에 이런 미군정의 임정 견제 움직임에도 대처할 필요가 생긴 것이다. 그러나 이승만은 김구가 온 힘을 기울여 추진한 '국민의회'의 주석 취임을 거부함으로써 김구를 궁지로 몰아넣었다. 이승만은 '선 총선, 후 임정 법통 승인'이라는 입장을 고수하면서 건국 준비에 박차를 가했다. 미군정 역시 김구의 임정봉대 계획을 불법화하고 관련 단체의 해산령을 내렸다.[27]

김규식의 중도 우파와 여운형의 중도 좌파는 좌우합작 운동을 계속 벌였으나 합작 운동은 여운형이 1947년 7월 19일 암살되고 9월 들어 한국문제가 끝내 유엔으로 이관되자 실패로 끝나고 말았다.[28] 이상과 같은 여러 갈래의 우파들의 움직임으로 국내는 정치적인 혼미 상태를 맞고 있었다.

박헌영의 남로당 결성과 좌익 세력 분열

박헌영의 조선공산당과 여운형의 조선인민당 및 백남운의 남조선신민당은 1946년 여름 단일 정당으로 합당키로 했다. 남조선노동당(남로당)의 탄생이다. 그해 2월에 결성되었던 민전(민주주의민족전선)이 남로당 창당으로 발전한 셈이다. 3당 합당은 소련과 북한의 지령에 의한 것이다. 소련군 당국은 남한에서 정판사(精版社)위폐사건으로 위축된 조선공산당의 당세 확장을 위한 남한 3대 좌익 정당의 통합을 김일성을 통해 박헌영에게 지시했다. 박헌영은 1946년 7월 비밀리에 평양과 모스크바를 방문하고 서울에 돌아온 다음 8월부터 여운형과 3당 통합 교섭을 개시했다. 조선인민당과 남조선신민당에는 공산주의자들이 대거 침투해 있어서 조공과의 합당은 상층부의 반발에도 불구하고 비교적 쉽게 이루어졌다.[29] 여운형은 박헌영 중심의 합당에 반대해 정계 은퇴 선언을 했다. 소련군 당국과 김일성은 여운형과 백남운 및 조공 내 반대파를 합당 반대 세력으로 규정하고 이들이 미군정과 연결되었다고 비난하면서 이들을 북한으로 불러

들여 엄청난 압력을 가해 결국 3당 합당을 관철시켰다.[30]

남한에 앞서 북한에서는 그해 8월 30일 북조선공산당과 조선신민당이 합당, '북조선노동당'을 창립했다. 스탈린이 명예위원장에 추대되고 위원장에는 김두봉, 부위원장에는 김일성이 선출되었다. 김두봉이 위원장에 선출된 것은 그의 조선신민당 당원들의 사기를 고려한 때문이며, 실권은 여전히 김일성의 손에 있었다. 이날 북조선노동당은 창립대회에서 남한 좌익 3당의 합동에 관한 결정서를 발표했다.[31] 북조선노동당의 탄생 역시 소련의 지시에 의한 것이다. 소련은 제2차 세계대전 이후 위성국이 된 북한과 동구 각국에서 좌익 정당의 통합을 단행했다. 그 중에서 북한과 동독(사회민주당과 공산당이 사회주의통일당으로)은 1946년에 맨 먼저 이를 단행했으며, 대부분의 다른 나라는 1948년에 실현을 보았다. 이들 국가 중 집권 공산당이 다른 당을 흡수해 '노동당'으로 재출범한 나라는 5개였다.[32]

남로당은 제2차 미소공위가 결렬 위기에 빠지자 1947년 7월 27일 '미소공위 경축 민주임정수립촉진 인민대회'를 열어 회담의 성공을 촉구했다.[33]

여운형의 사로당과 근민당 창당

먼저 여운형의 조선인민당을 살펴볼 필요가 있다. 조선인민당은 박헌영이 주동해서 만든 인공이 미군정에 의해 불법화되자 여운형이 1945년 11월, 일제 때 자신이 만든 건국동맹 세력을 중심으로 고려국민동맹, 인민동지회, 일오회 등 군소 정당을 흡수해 창당한 정당이다. 흥미 있는 사실은 미 군정청이 여운형에게 조선인민당을 만들도록 종용한 점이다. 원래 미 군정청은 여운형이 박헌영에게 떠밀려 결성한 조선인민공화국을 인정하지 않고 이를 정당으로 바꾸라고 여운형에게 종용하던 참에 박헌영이 미군정에 노골적으로 대항하자 그를 견제하기 위해 여운형에게 온건한 좌파 정당을 만들 것을 희망한 것이다. 조선인민당은 창당 선언에서 노동자·농민·소시민·자본가·지주까지도 포함한 '전 인민을 대표하는 대중 정당'이라고 주장하면서 좌·우익 사이의 중간당임을 표방했다.[34] 여운형은 일찍이 상하이파 고려공산당에 가담했으나 이 당은 이르쿠츠크파 고려공산당과 비교할 때 '민족 해방'을 당면 목표로 삼은 민족주의적 공산당이었다.

여운형 자신이 좌익 3당의 합당 때 종국적으로 남로당에 참여하지 않은 점 역시 그가 극좌파 공산주의자가 아니라는 사실을 말해 준다. 다만 조선인민당 안에 상당수의 공산주의 세력이 있었던 것은 사실이다.

여운형은 박헌영이 북한의 지령을 받고 남조선노동당을 만들려 하자 이에 반대하는 조선인민당과 남조선신민당 조선공산당 내의 온건 좌파 세력을 규합해서 사회노동당 창설준비위원회를 구성했다. 남로당 출범 약 1개월 앞선 1946년 10월 15일의 일이다. 조선공산당과의 합당을 반대해 여운형과 함께 조선인민당에 잔류하면서 사회노동당 창당에 참여한 조선인민당 간부들은 장건상, 이만규, 이여성, 이임수, 조한용 등이다. 사회노동당의 창당준비위원장은 여운형(인민당)이, 부위원장은 백남운(신민당)과 강진(조공)이 맡았다. 사회노동당은 근로인민의 이익과 자유 보장, 조선민주공화국 수립, 토지의 무상 몰수·무상 분배를 당의 강령으로 내걸었다.[35] 남로당에 비하면 분명히 온건 노선이지만 그렇다고 해서 남로당과 근본적으로 차이가 있다고 보기는 어렵다. 이 때문에 사회노동당을 서구식 사회민주주의 정당이라고 단정하는 것은 속단이다. 다만 사회노동당은 남로당이 강령으로 내세운 국호 '조선민주주의인민공화국'에서 '인민'을 뺀 '조선민주공화국'을 내건 점에서 사회민주주의적 요소가 강하다고 볼 수 있다.

그러나 사회노동당은 북한노동당의 강한 질책과 남로당의 와해 공작으로 창당준비위원장인 여운형과 부위원장인 백남운이 사퇴 성명을 발표하게 된다. 사회노동당은 결국 이듬해 2월에 열린 첫 전당대회에서 '발전적 해체'를 결의해 당원 대부분이 남로당에 합류했다.[36] 제대로 창당 절차도 못 밟고 해체된 것이다. 사회노동당이 해체된 다음 여운영 등 지도부는 근로인민당의 결성을 발표하고 5월 들어 창당 전당대회를 개최했다. 사회노동당 준비 때처럼 위원장에 여운형, 부위원장에 백남운과 강진을 다시 선출했다. 하지만 7월 19일 여운형이 암살당하자 근로인민당의 장래는 불투명해지게 되었다.[37] 미군정 당국은 그 해 8월 시작된 2차에 걸친 좌익 세력 검거 조치에 나서 당의 핵심 세력인 장건상, 백남운, 이여성, 정백, 조한용, 허헌 등 1,000여 명을 연행하고 그 중 500여 명을 포고령 위반으로 구속함으로써 근로인민당은 사실상 와해되고 말았다.[38]

3. 폭동과 테러와 암살

조선공산당의 폭력 노선

이 무렵 정치적·사회적 혼란을 더욱 부추긴 것은 박헌영이 이끄는 조선공산당의 비합법 투쟁이다. 박헌영은 미 군정청이 점차 좌익을 단속하기 시작하자 파업과 폭력 전술로써 맞서기로 한 것이다. 미 군정청은 1946년 5월 15일 정판사위조지폐사건을 적발, 이관술·권오직·박낙종 등 조선공산당 거물급을 체포하고 전국의 좌익 본부를 수색함으로써 박헌영 세력에 대한 대대적인 수사에 나섰다. 박헌영은 이에 맞서 정판사사건 직후인 7월 26일을 기해 그 때까지의 타협적 자세에서 공세적이고 비판적인 입장으로 전환했다. 이것이 이른바 조선공산당의 '신전술'(新戰術)이다. 조선공산당은 다음과 같은 결정을 내렸다.

> 지금까지 우리가(는) 미군정에 협력하여 왔으며 미군정을 비판함에 있어서는 미군정을 직접 치지 않고 … 간접적으로 비판하였으나 앞으로는 우리가 이런 태도를 버리고 미군정을 노골적으로 치자. … 지금까지 미군정과 그 비호 하의 반동들의 테러에 대하여 그저 맞고만 있었으나 지금부터는 맞고만 있을 것이 아니라 정당방위의 역공세로 나가자. 테러는 테러로써, 피는 피로써 갚자.[39]

조선공산당이 밝힌 '정당방위의 역공세'는 파업과 테러로 나타났다. 조공 산하 조직인 전평(全評, 노동조합전국평의회) 상무위원회는 당의 신전술에 관한 지시를 받고 노동운동이 준비 없이 분산적으로 조직된 탓에 '거둘 수 있는 성과를 거두지 못하고 있는 부족점'을 자아비판했다. 전평은 이 자리에서 보다 '조직적이며 집단적인 대중적 파업 투쟁'을 벌이기로 결정하고 파업을 10월에 단행하기로 했다.[40] 10월은 추수기여서 노동자들이 파업을 하는 경우 농민들도 호응해 함께 추수 투쟁을 벌일 수 있다고 판단했기 때문이다. 전평의 움직임을 눈치 챈 미 군정청은 8월 들어 전평 본부를 수색해 서류를 압수했다.

때마침 8월 20일 미 군정청 운수부는 적자 타개와 노동자 관리의 합리화라는 이유로 운수부종업원 25%의 감원했고 월급제를 일급제로 바꾸기로 했다. 이를 좋은 기회로 판단한 조선공산당 지도부는 당초 10월로 예정된 전평의 총파업을 9월로 앞당기기로 결정했다. 전평 지도부는 긴급 회의를 소집하고 당의 방침에 따라 파업을 9월에 단행하기로 결정했다. 미 군정청은 9월 들어 박헌영, 이강국, 이주하 3인에 대해 체포영장을 발부하는 동시에 《조선인민보》, 《중앙신문》, 《현대일보》 등 좌익계 신문들을 정간시켰다. 좌익에 대한 대대적인 탄압이 시작된 것이다. 조선공산당 간부 이주하는 이때 체포되고 조공 인천지부의 조봉암(曺奉岩)은 전향을 다짐했다. 박헌영 등 조공 수뇌부는 지하로 잠입해 비합법적 투쟁을 벌이다가 북한으로 넘어갔다. [41)]

피비린내 나는 10·1폭동과 그 영향

전평의 총파업은 9월 24일 철도 노조의 파업을 시발로 전신·전화·전기·운수·섬유·금속·화학·출판·신문 등 40여 개의 노조 단체, 노동자 25만1,000여 명이 가담해 해방 후 최대 규모가 되었다. 시위자들의 요구 사항 중에는 구속된 공산주의자 석방과 행정권의 인민위원회 이양을 요구하는 내용도 들어가 있다. 주한미군 사령관 하지 장군은 9월 26일 방송을 통해 "파업은 조선 주둔 미군을 괴롭히고 불신케 하기 위해 선동자들이 조장한 것"이라고 비난했다. 총파업사태로 대구 시내의 식량 등 생필품 공급에 차질이 생기자 조공 대구시당과 전평 경북평의회는 10월 1일 부녀자와 어린이 등 200~300여 명의 시민을 동원해 식량 배급을 요구하는 시위를 조직했다. 무장 경찰관 수십 명이 현장에 급파되어 해산을 설득했으나 오히려 경찰관이 폭행을 당하는 사태로 발전했다. 이로 인해 경찰이 발포, 시위자 1명이 사망하자 조공은 이튿날 1,000여 명의 시민을 현장에 동원함으로써 폭동 사태로 이끌었다. 시위대원들은 전날 죽은 시위자의 시신을 메고 대구 시가지를 행진했다.

이렇게 해서 9월 총파업은 피비린내 나는 10월폭동으로 발전했다. 시위자들은 대구경찰서 등 경찰관서를 습격해 무기를 탈취해 경찰서장·지서장 등 경찰관들과 군수·면장 등 지방 관리 및 그 가족들을 무차별 학살하기 시작했다. 대구 시내에서만 경찰관 38명이 폭도에게 사살되거나 돌에 맞아죽었다. 폭동사태는 경북 일대로 확대되고 12월까지는 전남·북 및 경기·강원 등 남한 전역 73개 시군에 파급되었다. 미군정은 대구 일원에 계엄을 선포하고 수습에 나섰으나 이 사태로 사망자 1,000여 명(이 중 피살된 경찰관 200명), 행방불명자 3,600명, 부상자 2만 6,000여 명, 피체자 3만여 명에 이르는 막심한 피해가 일어났다.[42]

9월 총파업과 10·1폭동을 커밍스는 동학혁명 이래 가장 중요한 농민 항쟁이라고 주장하고 있다. 그는 박헌영의 조선공산당이 배후에 있었다는 미군 정보 당국의 말을 인용하면서도 이에 대한 판단은 유보한 채 10·1폭동을 '추수 봉기'니 '가을봉기'니 하고 미화하고 있다. 그리고 커밍스는 미군정 당국이 총파업이 진행되던 9월 24일, 북한 요로로부터 지령이 왔다고 발표한 사실을 언급하면서도 그러한 주장에는 어떠한 증거도 없다고 논평했다. 그는 또한 9월에 평양을 방문한 여운형이 남한의 파업은 박헌영의 공작이며 김일성은 파업을 지지하지 않았다고 미군정 당국에 폭로했다는 설이 있으나 이 역시 신빙할 만한 것이 못된다고 주장했다. 커밍스는 결론적으로 10·1폭동을 "미국인들이 찾으려고 애썼지만 찾을 수 없었던 공산당 지도 하의 조직적 혁명이 아닌, 비체계적이고 경험에 의존한, 자연발생적인 농민 전쟁의 모자이크적 집합체였다"라고 엉터리 주장을 했다.[43]

북한과 소련의 지원

그러나 소련 붕괴 후 공개된 소련 정부의 비밀 문서들은 커밍스의 주장이 진실과 거리가 먼 거짓이었음을 보여 준다. 이 문서들은 9월 총파업과 10·1폭동이 조공의 조직적인 주도와 북한의 김일성과 소련군 당국의 지원에 의해 진행된 사실을 증언하고 있다. 조공이 작성해 소련군당국에 제출한 1946년 11월의 "남조선 정세보고"에 의하면, "(남조선 인민들의) 투쟁은 우리 당(조공)의 권위에 긍정적으로 반영되었고, 투쟁은 조직적인 측면에서도 당을 강화했다"라는 것이다. 흥미 있는 사실은 이 보고서에서 "(주민들은) 경상북도에서 폭동에 가담한 사람들이 행한 과도한 살인 행위는 바람직한 현상이 아니라고 말하고 있다"라고 지적한 점이다.[44]

당시 소련군 연해주군관구 군사평의회 위원으로 평양의 소련군 민정사령부를 지휘했고 미소공동위원회 소련 측 대표였으며 나중에 초대 평양주재 소련 대사가 된 시티코프(T. F. Shtikov) 대장의 일기는 충격적이다. 이에 의하면, 9월 28일 평양의 소련군 민정사령관 로마넨코(Andrei A. Romanenko) 소장은 서울 주재 소련 영사 샤브신(A. I. Shabshin), 김일성 및 여운형 등과의 연석회의에서 임금 인상, 체포된 공산주의자들의 석방, 좌익 신문의 복간, 조공 지도자들에 대한 미 군정청의 체포령 철회 등 요구 조건이 받아들여질 때까지 파업을 계속하라고 지시했다는 것이다. 다만, 소련군 사령부는 인민위원회에로의 행정권 이양 문제를 파업의 요구 조건으로 삼지 말고 미군 당국과 협상할 것을 제의하는 성명을 발표하라고 지시함으로써 9월 파업 투쟁이 미군정 타도 수준에 가지 않도록 배려했다. 로마넨코는 이 자리에서 파업 지원금 200만 엔을 이들에게 주었다.[45]

　시티코프는 파업사태가 폭동으로 진전되던 10월 21일의 일기에서 김일성의 보고 내용을 기록했다. 그 내용은 조공 중앙위원 조두원의 보고이다. 조두원은 김일성에게 남한에서 빨치산 부대가 '반동진영'을 상대로 전투를 벌이고 있다고 보고하고, 앞으로 이 전투를 본격적으로 벌여야 할지는 문의하는 것이었다. 북한으로 도피해온 박헌영 역시 시티코프에게 산으로 들어간 빨치산 부대원들에게 식량과 탄약이 부족하다고 보고하고 앞으로의 투쟁 방침에 대해 교시를 내려 줄 것을 요청했다.[46] 시티코프는 자신이 어떤 조치를 취했는지에 대해서는 언급하지 않았다. 그 대신 그는 일기에서 로마넨코가 12월 6일과 7일 두 차례에 걸쳐 박헌영에게 혁명자금으로 각각 39만 엔과 122만 루블을 지급했다고 썼다.[47] 1947년 1월 4일자에는 김일성이 남한으로부터 빨치산 부대원이 북한으로 탈출해 와서 일자리를 요구하고 있다고 시티코프에게 보고했다. 그러나 시티코프는 이들을 "무장 해제시켜 조사하고 잠시 동안 붙잡아두었다가 남한으로 귀환시키든지 억류하라"라고 지시함으로써 북한이 무장 투쟁의 배후 기지가 되는 것을 회피하려 했다.[48]

좌우 대립과 정치 테러

　좌우익의 대립이 격화된 1947년 남한에서는 또 다시 두 사람의 정치 지도자가 정치 테러의 희생이 되었다. 이해 7월 19일 근로인민당 대표인 여운형이 암살된 데 이어 12월 2일에는 한민당의 실질적 제2인자인 장덕수가 괴한의 총에 희생되었다. 1945년 12월의 송진우 암살사건에 이은 세 번째 중요 지도자 암살 사건이다. 그 다음의 정치 테러 희생자는 Ⅵ-①(건국 과정의 도전들)에서 살펴 보는 바와 같이 1949년 6월 26일에 암살된 김구이다. 이 같은 정치 폭력사태는 이승만의 자유당 시대와 박정희의 제3공화국 시대, 그리고 신군부의 권력 장악 기간 동안 저질러진 야만적인 정치 테러와 정치인 고문의 나쁜 선례가 되었다.

송진우 암살범은 극우파 무직 청년인 한현우(韓賢宇) 등 5명이었다. 새벽에 자택에서 취침중인 그를 저격 살해한 범인들은 자신들이 '민족을 배신한' 송진 우, 여운형, 박헌영을 차례로 죽이기로 모의했다고 경찰에서 진술했다. 대낮에 서울 혜화동 로터리에서 승용차에 타고 가던 여운형을 총으로 쏘아 죽인 암살범 은 '건국단'이라는 극우 단체 회원인 한지근(韓智根)이라는 19세 소년이었다. 그 역시 건국단이 '민족반역자' 김일성과 여운형, 박헌영, 허헌을 조선 독립의 방해 자로 규정해 처단키로 했다고 주장했다. 한지근은 송진우 암살범인 한현우의 집 근처에서 체포되어 한지근이 한현우의 집에서 기거했다는 설도 나왔다. 장덕수 는 초저녁에 자택에서 내방객과 환담하는 도중 암살당하는 비운을 맞았다. 암살 범은 서울 종로서 경사이자 '대한혁명단' 단원인 박광옥(朴光玉) 등 3명이었다. 이들 역시 장덕수, 박헌영, 김원봉 등을 정계를 혼란시키는 '민족반역자'로 규정 하고 좌익인 박헌영과 김원봉은 경찰에서 합법적으로 제거할 것이므로 자신들 은 우익을 처단하기로 결의했다고 주장했다.[49]

그런데 여운형과 장덕수, 그리고 김구 암살범들이 모두 임정 정치공작대 중 앙본부 산하의 테러 조직인 백의사(白衣社) 회원들이라는 설이 미 육군 정보국 비밀 문건에서 제기되었다. '실리문서'로 알려진 이 비밀 문서는 1948년 12월까 지 남한 주둔 미군 CIC 파견대에서 근무한 조지 E 실리(George E. Cilley) 소령 이 1949년 6월 백범 암살 직후 본국에서 작성해 미국 육군 정보국에 제출한 보 고서이다.[50]

좌·우익 사이에서 빚어진 피비린내 나는 갈등과 투쟁은 그 후에 일어난 한국 좌·우익 간의 야만적인 동족상잔의 역사를 예고하는 것이었다. 10·1폭동사건은 제주 4·3사태와 여순 군사반란사건, 그리고 지리산 공비토벌사건으로 이어지고, 또한 북한 공산주의자들의 무모한 6·25전쟁 도발로 치달았다. 이들 연속적인 유혈 사건들은 일제 치하에서 나란히 독립운동을 벌였고 또한 한 때나마 국내외에서 협력 관계에 있던 좌·우 세력 간에 씻기 어려운 증오와 불신감을 초래했다. 이념 차이로 유혈 사태를 겪은 우리 민족은 치열한 내전을 겪은 소련과 중국 및 베트남에 못지않은 첨예한 이데올로기의 대결장이 되어가고 있었다. 1946년은 그런 의미에서 우리 민족에게 '야만의 시대'를 연 중요한 해이다.

④ 한반도의 분단

이제 우리는 무기 휴회한 (미소) 공위가 재개될 기색도 보이지 않으며 통일정부를 고대하나 여의케 되지 않으니 우리는 남방만이라도 임시정부 혹은 위원회 같은 것을 조직하여 38 이북에서 소련이 철퇴하도록 세계 공론에 호소하여야 될 것이니 여러분도 결심하여야 될 것이다. –

이승만(1946년 6월 3일 정읍에서)

1. 분단으로의 행진

소련의 발 빠른 북한 정권 수립 지령

북한에서는 이미 미소공동위원회가 열리기 이전부터 소련 점령군 당국에 의해 임시인민위원회가 수립되고 토지 개혁, 산업 시설의 국유화, 지방 정권 기관 조직 등 단독 공산 정권 수립을 위한 작업이 착착 진행되었다. 소련 붕괴 이후 공개되기 시작한 소련 정부의 비밀 문서는 소련이 미국에 앞서 한반도의 분단을 구상하고 실천에 옮긴 사실을 보여주고 있다.

소련 외무성은 소련의 대일 선전 포고 얼마 전인 1945년 6월 29일 마련한 대한정책보고서에서 한반도가 소련을 공격하는 전초 기지로 전환되는 것을 저지하기 위해서는 소련에 우호적인 독립 정부가 한반도에 세워져야 한다고 건의했다. 이에 따라 북한에 진주한 소련군사령부 정치부는 8·15 해방 한 달이 채 안된 시점인 9월 14일 "독립 조선의 인민 정부 수립 요강"을 마련했다. 6개항에 달하는 이 요강은 제2차 세계대전 종결 이후 소련 정부의 대북한 정책을 종합적으로 정리한 최초의 보고서이다. 그 골자는 북한에 '노동자와 농민 대표들의 소비에트', 즉 노농 정권을 수립해야 한다는 것이었다. 이것은 소련이 북한에 친소

정권을 세우려는 정책방향을 드러낸 것이다.[1]

　하지만 스탈린은 그로부터 6일 후인 9월 20일 대북한 정책을 담은 비밀 지령 전보를 소련군 사령부에 하달했다. 스탈린은 이 전문에서 ① 북한에 소비에트 정권을 세우거나 소비에트 제도를 도입하지 말 것, ② '반일적인 민주 정당 및 단체들의 광범위한 동맹에 기초한 부르주아 민주주의 정권'을 수립할 것, ③ 북한 각지에 반일적인 각 정당 단체가 형성되는 것을 방해하지 말고 그 활동을 지원할 것, ④ 북한의 민간 행정에 대한 지도는 연해주 군관구 군사평의회에서 수행할 것 등을 지시했다.[2] 그가 말한 부르주아 민주 정권이란 사회주의 정권 전 단계의 인민정권, 즉 당시 북한에서 인기가 높았던 민족주의자 조만식 등을 포함한 과도적 연립 정권을 뜻한다. 1945년 11월 조만식이 조선민주당을 창립한 것도 소련군정 당국의 요구에 의한 것이었다.[3] 스탈린의 지령에서 중요한 것은 그가 남한의 미군 측과의 협력 문제니 한반도의 통일 문제를 언급함이 없이 북한만을 단위로 한 독자 정권, 즉 단독정권을 수립하라고 지시한 점이다. 이 지령은 그 무렵 미국의 반소적 태도에 분노한 스탈린이 종래의 대미 협조 노선을 바꾼 중요한 증거이다. 그의 이 지시는 한반도 분단의 출발점으로 해석되고 있다.[4]

　스탈린의 이 지령을 수행하기 위해 북한의 소련군사령부에 정치 공작 전담 고급 장교들로 위원회가 조직되었다. 이 위원회는 먼저 서울에 있는 박헌영의 조선공산당 본부를 평양으로 이전하거나 평양에 독자적인 조선공산당을 발족시켜 한반도 전체의 공산주의 운동을 지휘 통제하도록 결정했다. 그러나 박헌영의 강력한 반발에 부딪혀 타협책으로서 10월 13일 평안남도 지방의 조선공산당 당원인 김용범(金鎔範)을 책임비서로 하는 '조선공산당 북조선분국'을 평양에 설치키로 했다. 그는 해방 전 소련에서 공작을 위해 북한에 밀파되어 활동하다가 일제 경찰에 체포되어 수감되어 있다가 해방과 더불어 출옥했다.

　김일성은 2개월 후인 12월 17일 조선공산당 북조선분국 제3차 중앙위원회 확대회의에서 정식으로 책임비서 자리를 맡았다. 김일성은 이 자리에서 사실상의 북한단독정권을 수립하겠다는 결의를 표명했다. 그는 이날 연설을 통해 북한에 '민주기지'를 창설할 것을 선언했다.[5] 민주기지란 남한의 공산화를 위한 북한의 전초기지를 의미하는 것이다. 이것은 소련군과 김일성이 북한에 남한에서보다 일찍이 단독 공산정권을 수립하려 했다는 것을 말해준다. 조선공산당 북조선분국은 이듬해 4월 이후에는 '북조선공산당'으로 개칭되었다.[6]

이보다 앞선 1945년 9월 말에는 평양의 소련군 사령부에 로마넨코 소장을 책임자로 하는 민정사령부(民政司令部)가 설치되었다. 민정사령부는 직접 나서서 10월 8일부터 11일까지 조만식을 위원장으로 하는 북조선5도인민위원회 연합회의를 개최했다. 여기서는 농산물 확충과 식량 공출 문제 등 당면한 인민 생활에 관련되는 분야별 문제가 토의되고 종래 다양하던 지방조직들을 그 지방의 인민위원회로 통합하기로 결정했다. 이 회의 개최로 명백해진 소련의 의도는 북한을 독자적인 행정단위로 분리해 중앙집권적인 관리 기구, 즉 중앙 정권 기관을 창설하기로 한 사실이다. 10월 13일 평양의 소련군 사령관 치스챠코프(Ivan M. Chistiakov) 대장은 모스크바에 보낸 보고서에서 북한에 임시인민위원회를 창설할 것을 건의했다. 모스크바 정부는 10월 17일 소련군정 사령부에 내린 지령에서 11월 초에 평양에 북조선임시정자치위원회를 창설할 것을 지시했다.[7] 이 지령은 4개월 후 북조선임시인민위원회의 창설로 집행되었다. 11월 19일에는 소련군정의 감독을 받는 북한 최초의 중앙 행정 관리 기관인 북조선5도행정국이 설립되었다. 그 안에 산업·농림·보건·교통·교육·사법·보안·재정·체신 등 10개 국이 설치되었다. 위원장에 지명된 조만식은 이 기구가 그의 통일정부 수립 노선과 어긋난다는 이유로 취임을 거부했다. 이 기구는 북한의 중앙 행정 기관이라는 점에서 일종의 '태아(胎兒)적 정권' 또는 '북한 정권의 원형'(North Korean proto-government)으로서 북한의 단독 정권 수립을 향한 제1보라 할 것이다.[8]

소련의 북한 단독 정부 수립 계획은 모스크바3상회의가 개최 중이었고 한반도 신탁통치에 관한 미·영·소 3개국 외상 합의가 있기 바로 이틀 전인 12월 25일 소련군 총정치부장 쉬킨(I. V. Shikin) 대장이 몰로토프(Viacheslav M. Molotov) 외상에게 제출한 보고서에도 잘 나타나고 있다. 쉬킨은 스탈린이 지시한 북한의 인민민주주의적 변혁이 매우 완만하게 진행 중이라고 보고한 다음 "북한에서 소련의 정치·경제적 지위를 강화하기 위해서는 북한에 중앙집권적인 정권기관을 수립해서 이 정권을 북한의 민주적인 정치 활동가들에게 넘겨주는 것이 필요하다"라고 건의했다. 그는 이어 "소련에 우호적이며 조선에서 소련의 정치적 지위를 강화시켜줄 새로운 민주적 간부들의 선발과 양성에 큰 주의를 기울어야 한다"라고 전제하면서 "조선에서 소련의 이익을 보장해줄 민주적 민족 간부들을 준비하는 데 4~5개월이 걸린다"라고 보고했다. 그의 보고서 안에는 통일 정부의 수립이나 신탁통치의 실시 문제 또는 통일적인 중앙 행정의 실시 문제에 관해서는 일언반구의 언급도 없었다.[9]

소련의 북한 지도자 낙점 시기

소련이 김일성을 북한의 지도자로 지명한 시기에 관해 여러 가지 설이 있다. 최근까지 밝혀진 사실로 볼 때 1946년 초 소련이 북한의 지도자로 삼으려던 조만식이 신탁통치를 반대하고 소련군정에 협조를 거부하다가 끝내 제거된 직후라는 이론이 가장 타당한 것으로 보인다. 딩초 소련군 당국은 조만시을 대통령 같은 상징적인 자리에 앉히고 김일성은 당분간 군사책임자로 삼으려 했다. 그러나 조만식이 협조하지 않자 김일성을 최고지도자로 발탁한 것 같다. 김일성은 그 때 33세의 젊고 정력적인 성격의 소유자인 데다가 만주에서 활동한 빨치산 출신이다. 소련군 88정찰여단에서 근무한 소련군 대위라는 그의 경력은 소련군 당국의 신뢰를 받게 하는데 결정적이었다.[10] 당시 남북을 통틀어 좌익 지도자는 김일성 이외에 박헌영, 여운형, 허헌, 김용범 등 국내파와 김책, 최용건 등 빨치산 출신 해외파가 있었다. 그러나 소련군정은 서울 주재 소련 영사 샤브신(A. I. Shabshin)이 추천한 박헌영에 대해서는 근본적으로 불신감을 가졌다. 박헌영이 '미군정이 사주한 인공'에 가담했으며 종파 활동에 참여하고 스탈린이 미워하는 코민테른에 관계했다는 것이 그 이유였다.[11] 김일성을 북한의 최고 지도자로 발탁한 것은 소련군정 수뇌부 3인의 협의 결과였다. 즉 북한 주둔 소련군 사령관 치스차코프 대장, 정치사령관 레베데프(N. G. Lebedev) 소장, 및 연해주 군관구 정치사령관 시티코프 대장 3인이 김일성을 발탁해 스탈린에게 건의했으며 스탈린은 아무 반대 없이 이를 받아들였다고 레베데프가 1992년 4월 일본 산케이신문(産經新聞) 모스크바 특파원에게 증언했다. 그가 1991년에 중앙일보 취재팀에게 말한 바에 의하면, 김일성은 그 해 7월 박헌영과 함께 모스크바에 소환

되어 스탈린으로부터 최종적으로 낙점을 받았다.[12]

　김일성이 제2차 세계대전 직후 소련에서 북한으로 귀국한 배경은 당초에는 소련군정의 편의를 위해서였다. 소련군정은 북한 점령 초기에 조만식을 포함한 국내 민족주의 세력이 만만치 않다는 사실을 깨닫고 1945년 8월말부터 북한의 정치 세력 판도를 바꾸기 위해 중앙아시아와 극동 지역에 거주하는 한국계 소련인들을 대거 북한으로 데리고 왔다. 김일성도 그 중 한 사람이었다. 이 때 귀국한 나머지 한국계 소련인들도 단순한 통역이 아니라 소련군을 도와 북한 통치에 적극 참여시키려 한 것이다.[13] 김일성은 1945년 9월 19일 소련 해군 운반선을 타고 다른 부대원들과 함께 원산항으로 귀국했다. 소련군 사령부는 그를 10월 14일 평양공설운동장에서 열린 '소련군 환영 평양시민대회'에 참석시켜 그를 조만식과 함께 처음으로 대중 앞에 서게 했다. 이 자리에서 김일성은 '감사하는 조선 인민을 대표해' 환영 연설을 했다. 소련군 사령부는 이 무렵부터 김일성을 장래의 친소 정권을 이끌 지도자 중 한 사람으로 보고 조만식과의 협력을 이끌어내기 위해 그와의 식사 자리를 마련하기도 했다. 소련군 사령부는 또한 김일성의 존재를 대중 앞에 부상시키려고 치밀한 정치 공작을 진행했다. 평양의 소련군 사령부 선전 책임자이자 정치공작위원회의 한 사람이었던 메클레르 중령은 당시 김일성을 대중성 있는 정치 지도자로 만들기 위해 북한 곳곳을 방문토록 했으며 그가 가는 곳 마다 대규모 환영 집회를 개최했다.[14]

　그러나 김일성은 그해 12월 소련군의 지시로 북조선공산당 책임비서 자리를 김용범으로부터 인수받았을 때만 해도 아직 최고 지도자로 지목되지는 않았다.[15] 소련은 그 무렵 동구 여러 나라에서 ① 공산당과 부르주아 정당의 연합 ② 공산 세력의 주도권 장악에 의한 가짜 연합화 ③ 공산당의 공식적인 권력 독점이라는 3단계의 공산화 계획을 추진하고 있었다. 한반도에서도 마찬가지였다. 스탈린은 한반도의 소비에트화에 앞서 우선 현지의 '진보적' 민족주의자들을 망라한 인민민주주의 정권을 세우려 한 것이다. 이 때문에 소련군 당국은 조만식을 북한정권의 상징적인 존재로 내세우려고 집요한 노력을 했다. 조만식의 비서였던 오영진(吳泳鎭)의 회고에 의하면 모스크바3상회의에서 신탁통치 결정이 나오자 김일성과 최용건은 번갈아가면서 수차례 그를 만나 반탁운동을 하지 않도록 설득했다. 로마넨코 정치사령관도 7차례나 그를 불러 회유했다. 그러나 끝내 그는 반탁 입장을 굽히지 않았다. 결국 소련군정은 1946년 1월 5일 밤 그를 평양 시내 고려호텔에 연금했다. 소련군은 그를 연금한 다음에도 여전히 미련을 가지고 있었다.[16] 결국 조만식의 완강한 반탁 입장이 김일성을 예정보다 빨리 최고 권좌에 오르게 한 것이다.

김일성의 권력 장악 과정

소련군 당국은 1946년 2월 9일 평양에서 북조선 각 정당 사회단체, 각 행정부 및 각 도·시·군 인민위원회 대표 확대회의(본회의)를 열어 북조선임시인민위원회의 결성을 결의케 했다. 소련군정은 위원장에 김일성을, 부위원장에는 김두봉을 선출하도록 했다. 이로써 소련군정은 북한 단독 정권 수립을 위한 제2단계 작업을 끝낸 셈이다. 이날 김일성은 보고를 통해 북조선임시인민위원회가 과도적 기구임을 주장하면서 이 기구의 설립 목적은 북한의 행정상 인민 생활상 절실히 요구되는 제 문제를 해결하고 모스크바3상회의의 결정을 실천에 옮기며 민족통일전선의 기초 위에서 장차 수립될 민주주의적 조선임시정부건립을 촉성하기 위한 것이라고 밝혔다.[17]

임시인민위원회는 23일 일제 잔재 청산, 국내 반동 세력과의 투쟁, 주요 산업시설의 국유화, 무상 몰수·무상 분배에 의한 토지 개혁 등 20개 정강을 발표 했다. 당시 임시인민위원회의 모든 결정은 소련군 민정사령부가 배후에서 통제했다. 북조선임시인민위원회는 3월 5일 토지 개혁에 관한 법률 등 중요한 조치를 발표함으로써 지주와 친일파를 추방, 정권적 기반을 마련했다.[18] 소련의 북조선임시인민위원회의 설치 계획은 이승만의 남조선 단독 정부 수립을 주장하는 정읍발언(6월 3일)이 나오기 약 8개월 전, 그리고 실제 설치는 4개월 전의 일이다. 이것은 소련이 앞장서서 한반도의 분단을 획책했다는 증거이다.

김일성은 1946년 7월 모스크바에서 북한의 지도자로 낙점 받은 다음부터는 본격적인 정권 수립에 착수했다. 그는 그해 11월부터 각급 지방인민회의 대의원을 뽑는 흑백 투표 방식의 선거를 실시해 1947년 2월에는 한국의 국회에 해당하는 정식 '북조선인민회의'를 구성했다. 북조선인민회의는 2월 22일 행정부에 해당하는 북조선인민위원회를 조직하고 위원장에 김일성을 선출함으로써 사실상의 정부 수립을 완료했다.[19] 김일성의 권력 장악은 이로써 사실상 완료된 셈이다. 북조선인민회의의 선거와 인민위원회 구성은 남한에서 1948년 5·10선거를 통해 국회를 구성하고 그 국회에서 헌법을 제정하여 간접선거로 대통령을 뽑은 때보다 1년 3개월이나 앞섰다.

김일성은 또한 소련군의 지원 아래 군사조직도 일찌감치 장악했다. 소련군 사령부는 1945년 10월 명령서를 통해 북한 안의 모든 민간인 무장 단체를 해산하고 각도 인민위원회 산하에 '보안대'를 조직케 한 다음 5도행정국에도 보안국을 설립해 최용건을 국장에 임명했다. 1945~46년에는 나중에 조선인민군 수뇌들을 교육할 평양학원과 보안간부학교를 설립하고 1946년 11월에는 '경비대'라는 명칭으로 위장된 정규군을 편성했다. 소련군 장교들은 이 경비대를 '김일성 군대' 또는 '조선인민위원회 군대'라고 불렀다. 이어 1947년 5월에는 인민군 집단군총사령부를 만든 다음 1948년 2월에는 북조선인민위원회 밑에 인민무력부의 전신인 민족보위국을 설치하고 조선인민군을 정식으로 창설했다.[20]

미국의 단독 정부 수립 결정

미국 정부가 정확히 언제부터 남한 단독 정부 수립 방침을 결정했는지는 분명하지 않다. 커밍스에 의하면 1945년 11월부터 서울의 미군 사령부가 앞장서서 본국의 국방성을 설득해 국무성의 반대를 누르고 단독 정부의 수립을 추진했다는 것이다. 하지 중장은 남한을 공산당 세력이 장악하는 것을 방지하기 위해 앞에서 설명한 바와 같이 이승만과 김구를 환국시켜 군정청 안에 운영위원회를 만들고 이들을 명목상 지도자로 옹립할 것을 검토했다. 하지는 이때부터 단독정부를 구상했다는 것이 커밍스의 견해이다. 하지의 건의에 동조한 미 육군성 차관보 맥클로이(John J. McCloy)는 11월 13일 국무성에 보낸 서한에서 남한 단독 정부 수립을 주장했다.[21] 국무성에서 파견되어 온 하지 중장의 고문관 랭던(William Langdon)[22] 역시 20일 국무성에 보낸 보고서에서 미국 정부가 신탁통치방안을 폐기하고 남한에 정부를 세울 것을 주장했다. 랭던은 군정청에 설치될 운영위원회로 하여금 신생 국가의 원수도 선출케 하고, 선출된 국가 원수는 외

국과 국교를 수립하고 한국을 유엔에 가입시키도록 하자는 계획을 보고했다.[23]

미 육군성은 12월 4일 회의에서 랭던의 건의를 토의했다. 랭던의 건의는 임정을 활용해 한국에 독립을 부여하는 동시에 미국이 '후견'하자는 내용이었다. 육군성은 그의 건의에 따라 대한 정책의 기본 방향으로 "한국의 독립을 추진함에 있어서 미국의 주된 관심은 한국이 참된 민주주의 국가로서 미국에 우호적이며 주변 3개국에 지나치게 의존하지 않도록 하려는 데 있다"라고 결정했다. 국무성은 당시만 해도 신탁통치 합의 폐기와 단독 정권 수립에 반대했으나 주한 미군 사령부가 이 계획을 강행해 이승만과 김구의 환국을 실현시켰다는 것이다. 앞에서 설명한 바와 같이 운영위원회 구상은 12월 신탁통치 문제를 둘러싼 김구의 '쿠데타'로 폐기되고 말았다. 그러나 이때의 단독 정부 수립 계획은 그 후 1946년 2월의 민주의원, 1947년의 남조선 과도정부, 1948년 5월의 총선 실시로 현실화되었다는 것이 커밍스의 분석이다.[24]

미군정의 이 같은 신탁통치방안 폐기와 단독 정부 수립 방침 구상, 그리고 소련 측의 미국보다도 앞선 단독 정부 수립 방침의 결정과 실행은 나중의 미소공동위의 실패를 예고하는 것이다. 1946년의 제1차 미소공동위에 이어 1947년의 제2차 미소공동위도 희망이 안 보였다. 2차 공동위의 결렬이 기정사실화 되자 미군정은 모스크바3상회의 합의에 의한 한국 문제 해결 시도가 실패했다는 최종 결론을 내리고 그 대안으로 남한만의 단독 정부 수립 방안을 본국 정부에 건의했다. 미군정 당국은 본국에서 서울에 파견되어 온 웨드마이어(Albert C. Wedemeyer) 사절단 등과의 협의를 거쳐 남한의 정치 불안과 경제난, 그리고 주한 미군 철수에 대비한 남한 군대(국방경비대)의 육성과 경제 원조를 핵심으로 하는 새로운 대한 정책을 마련했다.[25] 워싱턴의 미국 정부는 뒤에서 설명하는 바와 같이 결국 이 안을 채택했다. 한반도의 분단은 한 마디로 약소 민족인 한국인들의 통일 국가 건설보다는 동서 냉전을 맞아 자국의 전략적 이해를 우선시킴으로써 남북을 각각 자국의 세력권으로 두려했던 미·소 두 강대국의 이해 관계가 결정적 원인이다.

2. 유엔의 한국 문제 결의

미소공동위 결렬

미소공동위원회는 1947년 5월 21일부터 10월 18일까지 서울과 평양을 왕래하면서 2차 회의를 가졌다. 1차 회의 때와 마찬가지로 통일 임시 정부 수립 문제를 협의할 정당 사회단체의 선정 문제가 최대 난항이었다. 참가 신청을 낸 정당과 사회단체는 남한에서 425개, 북한에서 36개에 달했다. 그 당원과 회원 수를 모두 합치면 한반도 전체 인구의 두 배가 넘는 7천만 명이라는 거품 숫자였다. 소련 측은 1차 회의 때처럼 신탁통치를 반대하는 정당과 사회단체, 즉 우익계는 협의 대상에서 제외할 것과 회원 1만 명 이하의 단체도 배제할 것을 주장했다. 그 이유는 이미 앞에서 설명한 바와 같이 모스크바의 소련 정부가 한반도에서 우익 정권이 수립되는 것을 저지하려 했기 때문이다. 소련 측은 남한의 425개 단체를 118개로 줄일 것을 요구했다. 소련이 미국 측의 반대를 예상하면서도 그런 주장을 한 배경은 소련의 발언권이 줄어드는 한반도 전체의 신탁통치 방식 자체를 원하지 않았기 때문이라는 분석이 유력하다.[26] 이에 대해 미국 측은 신탁통치 반대는 '표현의 자유'에 속하는 문제이므로 이를 이유로 반탁 정당들을 협의 대상에서 배제하는 것은 부당하다고 맞서 합의점 도출은 볼 수가 없었다.[27]

미소공동위가 지지부진하게 된 정치적 배경은 두 가지로 설명될 수 있다. 첫째는 1946년 들어서부터 미·소 간의 냉전(冷戰)의 서곡이 울려 퍼지기 시작한 데 있다. 제2차 세계대전에서 연합국이 되어 독일과 일본 등 추축국을 상대로 함께 싸운 미·소 두 나라는 전쟁이 끝나자 곧 자본주의와 공산주의라는 이데올로기의 차이로 인해 갈등 관계에 들어갔다. 그 해 3월 5일 영국의 전 총리 처칠(Winston Churchill)은 소련에 의해 발트 해의 스체친(Szczecin, 폴란드의 북서 항구)에서 아드리아 해의 트리에스테(Trieste, 이탈리아 아드리아 해의 북쪽 항구)까지 유럽 대륙을 가로질러 '철의 장막'이 드리워졌다고 냉전의 시작을 선언했다. 그리스와 터키에서 공산 게릴라들이 정부 전복 활동을 벌이자 1947년 3월 12일 미국의 트루먼 대통령은 소수의 무장 집단이 외부의 지원을 받아 민주 정부를 전복하려 할 경우 미국은 그에 맞서 싸우는 자유민들을 지원할 것이라는

'트루먼독트린'(Truman Doctrine)을 공표했다.

둘째는 한반도의 지정학적 중요성에 따른 미·소 양국의 세계 전략상의 고려이다. 두 나라 모두 자국에 우호적인 국가가 한반도에 들어서기를 바랐다. 미국이 미·소·영·중 4대국에 의한 신탁통치 방식을 택한 것은 신탁통치에 관련된 의사결정 방식을 미국에 유리한 3(미·영·중) 대 1(소)의 비율로 만들어 소련을 견제함으로써 한반도의 공산화를 방지하려는 것이었다. 그러나 막상 남한의 우익 세력이 신탁통치를 결사반대하는 상황에 부딪치자 미국의 대한 정책은 혼란에 빠졌다. 당초 신탁통치는 대소 협력을 중시한 '국제(협력)주의자' 루스벨트(Franklin Roosevelt) 대통령의 방침이어서 국무성 내의 진보파들에 의해 모스크바 합의까지는 보았다. 그러나 루스벨트의 후계자인 트루먼 대통령은 내셔널리스트이자 대소 강경론자였다. 그는 전임자의 정책 노선을 달가워하지 않았다. 서울 현지의 하지 중장을 비롯한 미 군징칭 수뇌들 역시 대부분 신탁통치를 강력하게 반대했다. 브루스 커밍스에 의하면, 하지는 모스크바3상회의 이전부터 한국 우익들의 반탁 주장에 동조해 한국인들이 단결해 독립을 할 수 있도록 노력한다면 자신은 즉시 독립을 승인할 것이라고 송진우에게 말했다는 것이다.[28] 따라서 미국은 소련이 주장하는 방식의 임시정부 수립에는 결코 동의할 수 없었던 것이다. 소련 역시 스탈린의 방침에 따라 10여 개의 자본주의 국가들에게 '포위'되어 있는 자국의 안전 보장을 위해 접경 지역에 우호적인 국가가 들어서게 하는 것을 대외 정책의 기본 방침으로 삼았기 때문에 쉽사리 미국 측에 양보할 수 없었다. 미국과의 얄타협정에 의해 동유럽을 위성국가화 함으로써 자신의 세력권으로 만드는 데 성공한 소련은 전략적으로 중요한 극동의 한반도에도 위성국가를 수립하는 것을 한반도 정책의 기본으로 삼았다. 미소공위 첫 회의에서 시티코프 (Terrentii Shtikov) 소련 대표는 "소련은 조선이 진정으로 민주적이고 독립된 국가로서 소련과 우호적이 되어 앞으로 소련을 공격하는 기지가 되어서는 안 된다는 데 깊은 관심을 갖고 있다"라고 밝혔다.[29]

한국 문제의 유엔 이관

미소공위 2차 회의가 7월 10일로 사실상 결렬되자 미국 측은 공동위원회를 진전시키기 위해 미·영·중·소 4개국 회의를 개최할 것과 보통선거에 의한 남북한 각각의 입법 기관 설치를 제의했다. 그리고 남북의 입법 기관 대표들로 통일 임시 정부를 구성해 미·소 양군의 철수 문제와 완전한 독립 국가 수립 문제를 4개국과 협의케 하자고 제안했다. 이것은 말하자면 미국 트루먼 행정부에 의한 한국 문제의 '탈(脫)미소공위' 방안이었다. 소련 측은 미국의 제의에 대해 미소공동위원회에서 다루는 임시정부 수립 문제를 4개국회의로 가져가는 것은 모스크바 합의 위반이라고 주장하고 남북한에 별개의 임시입법기구를 설치하는 것은 남북 분단을 조장하는 것이라고 이를 반대했다. 미국의 이 같은 방침은 즉각 소련에 의해 거부당했지만 2개월 후 한국문제의 유엔이관 정책으로 발전했다. 미국은 한반도 문제를 9월 17일 당시 미국이 좌지우지할 수 있었던 유엔총회에 상정했다.[30]

미소공위 실패 이후 유엔으로 무대를 옮긴 한국 문제는 미국 주도 아래 일사천리로 처리되었다. 미국이 1947년 9월 17일 한국 독립 결의안을 유엔에 제출하자 유엔총회는 23일 한국 문제를 의제로 상정했다. 미국 국무장관은 총회 연설을 통해 모스크바3상회의의 결정을 실천하는 방안을 소련과 합의해 과거 2년간 조선을 독립시키려 노력했으나 진전을 보지 못했다고 전제하고 신탁통치를 거치지 않고 조선을 독립시키는 수단이 강구되어야 한다고 말했다. 이에 대해 소련 대표는 ① 모스크바협정만이 한국 문제 해결의 유일한 방안이며, ② 패전국 일본의 식민지였던 한국에 관한 처리 문제는 연합국이 맡아서 처리할 사항이지 유엔이 개입할 문제가 아니며, ③ 만약 모스크바협정의 이행이 불가능하다면 미·소 양군이 동시 철수하자고 제의했다. 당시 유엔은 사실상 미국의 지배 아래 있었기 때문에 미국은 소련의 반대를 물리치고 결의안을 유엔정치위원회를 거쳐 11월 14일 총회에서 통과시켰다. 결의안은 9개국으로 구성되는 유엔한국임시위원단(UNTCOK)을 설립하고 그 감시 하에 1948년 3월 말까지 남북한에서 인구 비례에 따른 자유 선거를 실시, 국회 및 정부를 수립하고 미·소 양군은 철수한다는 내용이다. 9개국은 호주, 캐나다, 중국, 엘살바도르, 프랑스, 인도, 필리핀, 시리아, 우크라이나 등이었으나 우크라이나는 위원단에 참여하는 것을 거부했다.[31]

남한 단독 선거 결정

8개국으로 구성된 유엔한국임시위원단은 1948년 1월 8일 한국에 입국했다. 위원단은 남한 정치지도자들과 만나 협의했으나 북한인민위원장 김일성은 1월 9일 이들의 38도선 이북의 입국을 거부했다. 소련도 22일 유엔총회에서 위원단의 입국 불허를 성명했다. 위원단의 임시의장 메논(Kumara P. S. Menon)은 2월 20일 유엔소총회(Interim Committee)에서 연설을 통해 남북에 별개의 정부가 탄생한다면 유엔총회가 결의한 (한반도의) 중앙정부가 되지 못할 것이지만, 위원단 대다수는 남한에서 제한된 선거를 행하기 전 또는 후에 남북의 지도자들 사이에 회담 등의 방법으로 한반도 통일을 위한 운동을 벌인다면 '입국 가능한 지역 만에서의 총선거', 즉 남한만의 단독 선거를 동정적으로 고려해야 할 것으로 생각한다고 보고했다.[32]

유엔소총회는 미국이 제출한 '입국 가능한 지역만의 선거' 실시 권한을 유엔한국임시위원단에 부여하는 결의안을 26일 찬성 31, 반대 2, 기권 11표로 통과시켰다. 소련권이 표결에 불참했음에도 불구하고 기권표가 많이 나온 것은 남한만의 단독 선거 실시 방안을 둘러싸고 유엔회원국 간에 이견이 그만큼 컸다는 것을 의미한다. 임시위원단에서도 의견이 분분해 3월 12일 표결에서 캐나다와 호주가 반대하고 프랑스와 시리아가 기권한 가운데 중화민국, 엘살바도르, 인도, 필리핀 등 4개국의 찬성으로 유엔소총회의 결의를 실시하기로 결정했다. 위원회는 이에 따라 5월 첫 주 이내에 총선을 실시할 것을 요망하고 하지 장군은 10일을 선거일로 결정했다.

3. 평양에서의 남북협상

김구와 김규식의 공동 제의

유엔한국임시위원단의 5·10총선 실시 결정은 국내 각 정파 간의 대립과 갈등을 격화시켰다. 유엔한국임시위원단의 입국을 계기로 표면화한 국내의 갈등은 좌·우익 간에는 물론이고 우익 진영 내부에서도 일어났다. 이승만은 유엔한국임시위원단이 입국하기 전에 조기 총선거를 실시해 임시 정부를 설립하고 이 임시

정부가 위원단과 교섭해야한다고 주장했다. 한민당도 조기 단정 수립이 불가피하다고 보고 5·10선거를 적극적으로 추진했다. 반면 김구와 김규식을 주축으로 하는 세력들은 단독 정부 및 총선 반대를 위해 남북협상으로 기울어졌다. 두 김씨는 1947년 12월 말 이승만계의 한민족대표대회와 김구계의 국민의회의 통합 교섭이 결렬된 다음 남한 단독 선거를 저지하고자 남북협상을 추진하기 시작했다.[33]

김구는 이에 앞서 이승만과 한민당이 본격적으로 단정 수립 노선을 추구하자 이들과 결별하고 11월 18일 각정당협의회를 개최하고 유엔결의를 비판한 다음 자주적인 통일 정부의 수립방안을 발표했다. 김규식은 여운형 암살 후 민중동맹, 신진당, 사회민주당 등 14개 정당과 51개 사회단체의 중도파 세력을 하나로 묶어 12월 20일 서울 종로구 천도교 강당에서 '민족자주연맹'을 결성해 통일 정부 수립 운동에 나섰다.[34] 김규식은 민주자주연맹 창립선언문에서 조선에는 독점자본주의 사회도 무산계급 사회도 아닌 '조선적 민주주의 사회'를 건설해야 한다고 주장했다.[35] 민족자주동맹은 1948년 2월 김규식의 숙소인 삼청장에서 위원장 김규식의 주재로 홍명희, 원세훈 등 정치위원 5명과 안재홍, 여운홍, 최동오, 유석현, 이상백 등 상무위원 17명이 참석한 가운데 연석회의를 열고 남북협상을 요청하는 서한을 북측에 보내기로 결정했다. 서한은 한독당의 김구와 김규식 공동 명의로 보내기로 한독당 측과 합의하고, 신기언(申基彦)과 엄항섭(嚴恒燮)이 김일성과 김두봉에게 보내는 편지를 각각 기초해 6일 서울의 소련군대표부를 통해 발송했다.[36] 동시에 유엔한국임시위원단에도 남북협상 계획을 통고했다.

김구는 10일 "3천만 동포에게 읍고(泣告)함"이라는 감동적인 성명을 발표했다.[37] 유엔한국임시위원단의 인도 대표 메논과 중국 대표 리우위완(劉馭萬)은 두 김씨의 남북협상 제의에 큰 관심을 표시했다. 메논이 나중에 유엔소총회에 보고한 바에 의하면 김구와 김규식은 자신들이 북측에 제안한 남북 요인 회담이 실현되지 않거나 회담이 성공하지 못할 경우에는 남한만의 단독 선거에 반대하지 않겠다는 의사를 유엔한국임시위원단에 밝힌 바 있다는 것이다.[38]

김일성은 3월 25일에야 두 김씨가 보낸 서한에 대해서는 아무런 언급도 없이 김일성, 김두봉 등 9개 정당·사회단체 대표들의 공동 명의로 발표된 북한 민주주의민족통일전선 제26차 중앙위원회 결정을 《평양방송》과 서한을 통해 알려왔다. 그 내용은 4월 14일부터 평양에서 남한의 모든 민주주의 정당·단체와의 연석회의를 개최하자는 것이었다. 김구와 김규식은 북한의 진의를 탐색하기 위해 안경근(安敬根)과 권태양(權泰陽)을 평양에 파견했다. 두 사람은 김일성과 김두봉을 직접 면담했다. 김일성은 그들에게 "우리가 통일을 위해 만나 이야기하는데 아무런 조건이 있을 수 없다. 두 선생님께서는 무조건 오셔서 우리와 모든 문제를 상의하면 된다"라는 회답을 받아왔다. 이 보고를 받고 김구는 북행을 결심했으나 김규식은 태도를 금방 결정하지 못했다. 평양회의는 19일로 연기되었다. 김구는 단독으로 평양으로 떠났고 김규식은 민족자주연맹 긴급 간부 회의를 소집해 자신의 북행을 위한 전제조건으로 5개항을 김일성에게 제시하겠다고 밝혔다. 그 조건은 ① 어떤 형태의 독재 정치도 이를 배격할 것 ② 사유재산제도를 승인하는 국가를 건립할 것 ③ 전국적 총선거를 통해 통일중앙정부를 수립할 것 ④ 어떠한 외국의 군사 기지도 허용하지 말 것 ⑤ 미·소 양군의 철퇴는 상호 간에 조건·방법·기일을 협정하여 공표할 것 등이다. 권태양과 배성룡(裵成龍)이 특사로 다시 평양을 방문하자 김일성은 이를 수락한다고 그들에게 약속했다. 김규식은 비로소 민족자주연맹 대표단 16명과 함께 22일 북행길에 올랐다.[39] 김구 일행의 북행은 남한 사회에 큰 소용돌이를 몰고 왔다. 미군정 당국을 비롯해 이승만과 한민당계, 그리고 우익 청년 학생 기독교 단체와 이북 출신 인사들이 김구의 북한행을 강력히 반대하는 성명을 내고 시위도 벌였다. 반면 문화인 108명을 비롯한 중도계 인사들은 두 김씨 일행을 지지하는 성명을 내 여론이 양분되었다.[40]

김일성에 이용당한 남북협상

4월 평양에서 열린 남북협상은 ① 남북 조선 제정당사회단체대표자연석회의(4월 19~26일) ② 남북 조선 제정당사회단체지도자협의회(27~30일) ③ 김구, 김규식, 김두봉, 김일성의 4김 회담(5월 3일) 순으로 진행되었다. 대표자연석회의는 김구 일행이 평양에 도착하자 이미 시작되어 있었다. 이 회의는 미·소 양군의 즉시 철수 요청과 "단정 수립을 반대하는 전체 동포에 보내는 격문"을 채택했다. 김구 일행이 발언다운 발언도 하지 못한 가운데 이 같은 결의가 채택되었다. 김규식은 아예 회의에 참석하지 않았다. 지도자협의회 역시 외국 군대의 즉시 철수, 외국군 철수 후의 내전 발생 부인, 전 조선정치회의 구성 및 그 주도하의 총선 실시와 정부수립, 남한 단정 수립 반대의 4개항에 합의했다. 지도자협의회에는 남쪽 대표 11명과 북쪽의 김일성, 김두봉, 최용건, 주영하(朱寧河) 등 4명이 참석했다. 이 역시 북측 결정이 기정사실로 된 회의였다. 4김 회담에서는 ① 남한에 대한 북한의 전력 공급 계속 ② 연백(延白)수리조합 개방 ③ 조만식의 월남 허용이 제안되었으나 김일성은 앞의 두 가지만 약속했다.

　그러나 김구와 김규식이 서울로 돌아와 이를 발표한 뒤에 김일성은 약속들을 이행하지 않았다. 한 가지 주목할 사실은 남북협상이 진행 중이던 4월 말 북조선인민회의 특별회의가 조선민주주의인민공화국 헌법 초안을 축조 심의한 점이다. 평양에 간 남측 대표단이 북측과의 협상을 마치고 북조선인민회의 청사 견학을 갔다가 때마침 그 곳에서 헌법 초안 축조 심의를 하고 있는 광경을 목도하고 크게 실망했다.[41] 북한 측은 남한에 대해서는 단독 정권이 안된다고 비난하면서도 자신들은 뒤에서 상세히 설명하는 바와 같이 남한보다 훨씬 먼저 헌법 초안을 만들고 있었던 것이다.

　지도자회의에서 합의된 미·소 양군의 철수 문제를 교섭하기 위해 북측에서는 김두봉을 소련군사령부에, 남측에서는 암살당한 여운형의 동생 여운홍(呂運弘)을 미군에 각각 보냈다. 소련군사령관 코로트코프(Gennady Korotkov)는 "미국 군대가 동시에 철수한다면 소련 군대는 즉시 철수할 준비가 되어 있다"라고 답변했고, 하지 미군 사령관은 "유엔 결의안에는 전 조선에 걸쳐 총선거를 실시한 다음 조선 국민 정부가 수립되면 가급적 빨리 양군이 철수하도록 규정되어 있다"라고 해 정부 수립 후 철군할 뜻을 밝혔다고도 한다.[42] 일설에는 하지 장군이 여운홍이 수교한 문서를 보지도 않고 "갓뎀"하고 내팽개쳤다 한다.[43]

　양 김씨는 서울에 돌아온 다음 평양에서의 남북 협상 경위와 합의 사항을 설명하는 공동성명을 발표했다. 이 성명에서 두 사람은 단정 수립을 위한 5·10선거 참여를 거부할 것이라고 밝혔다. 얼마 후 북측은 제2차 남북협상을 황해도 해주(海州)에서 개최할 것을 제의하면서 북측에서도 단독 정부를 수립할 뜻을 밝히고 김구, 김규식의 호응을 요청했다. 양 김씨는 북측이 남측의 단정 수립을 핑계로 단독 정부를 수립하겠다는 것 역시 민족 분열 행위라 하여 제2차 남북협상 제의를 거부했다. 그러나 북측은 예정대로 6월 29일 평양에서 일방적으로 제2차 남북정당사회단체 지도자협의회를 개최하고 남한의 국회를 비법적(非法的) 조직체라고 규정한 다음 조선민주주의인민공화국 중앙 정부를 수립할 것을 결정했다. 이를 지켜본 두 김씨는 7월 19일 "그들은 (자신들이) 일방적으로 결정한 헌법에 의해 인민공화국을 선포하고 국기(國旗)까지 바꾸었다. 물론 시기와 지역과 수단 방법에 있어서 차이가 있을지언정 반 조각 국토 위에 국가를 세우려는 의도는 일반인 것이다. 그로부터 남한 북한은 호상 경쟁적으로 국토를 분열하여 민족 상잔의 길로 나아갈 것이다"라는 비난 성명을 공동으로 발표했다. 이로써 김구, 김규식 두 사림의 김일성과의 관계도 끝장이 나고 말았다. 결국 이상주의적이고 현실을 무시한 두 민족주의자들은 남북의 집권 세력 모두와 대립되는 관계에 놓이게 되었다. 북측은 정권 수립을 위해 실시할 선거에 정통성을 인정받을 목적으로 8월 21일 해주에서 '남조선인민대표자회의'를 개최하고 최고인민회의에 나갈 남한 대의원 360명을 선출했다고 발표했다. 대의원에 선출된 사람은 남로당·조선인민공화당·신진당·사민당·민주한독당·근민당·전평·민주독립당의 당원과 회원들이라고 했다.[44]

소련이 지도한 사기극의 전말

김일성에게 완전히 이용당한 김구와 김규식은 평양의 남북한연석회의가 소련의 지시에 의해 개최된 사실을 새카맣게 몰랐을 것이다. 소련 붕괴 후 밝혀진 "한국 관련 문제들에 대한 소련공산당 정치국 결정"이라는 문서에 의하면, 평양의 남북협상은 소련군 사령부가 건의해 1948년 4월 12일 소련공산당 정치국에서 승인된 것이다. 소련공산당 정치국은 이날 '김일성 동지'에게 남북한연석회의 개최를 권고하기로 의결하고 그 회의의 의제와 통과시켜야 할 결의안 초안의 내용도 아울러 결정했다. 그것은 남북한연석회의가 ① 조선 인민의 참여 없이 채택된 유엔총회 결의와 한국문제임시위원회의 '불법적인' 결의를 규탄하고 유엔

임시위원단의 한국으로부터의 즉각적인 철수를 요구할 것 ② 남북한에서 동시 철군하자는 소련의 제안을 환영하고 한반도로부터의 즉각적인 외국 군대 철수를 요구할 것 ③ 외국 군대의 철수 후 남북한 동시 선거를 주장할 것 등 3개항이다. 이 같은 소련의 조치는 북한 단독 정권의 수립을 공식적으로 선포하는 마지막 단계를 앞두고 취해진 능란한 거짓 선전 공세였다.[45]

소련의 이 같은 사기극은 일단 김구와 김규식의 평양 방문 실현으로 대단한 성과를 거두었다. 김일성은 이들에게 북한은 결코 단독정권을 먼저 수립하지 않을 것이라고 약속함으로써 김일성이 조국의 통일을 위해 확고한 신념을 가진 사람처럼 행동했다. 이렇게 함으로써 김일성은 남한의 이승만과 미국이 분단의 원흉이라는 인식을 세계와 한민족에 심어주는 데 성공했다. 소련공산당 정치국은 한 걸음 더 나아가 북한의 김일성 정권이 단독 정권이 아닌, 전체 한반도의 정통적 정부라는 점을 선전하기 위해 4월 22일 평양의 소련군 당국과 김일성에게 '남북한의 선거'를 실시하도록 지시했다. 소련공산당정치국은 이날의 지시에서 "만약 남한에서 단독 선거가 실시되어 남한 단독 정권이 수립된다면 시티코프 동지는 김일성 동지에게 다음과 같은 결의를 하기 위해 북한의 최고인민회의를 소집하도록 권고하라"라고 지시했다. 결의안 내용은 ① 한반도의 통일 때까지는 최고인민회의 4월 회의에서 채택되는 헌법이 북한에서만 효력을 가지며 ② 헌법에 따라 최고인민회의 대의원 선거는 전체 한반도에서 실시한다는 것이다. 정치국의 이 같은 건의는 4월 24일 스탈린과 몰로토프 그리고 시티코프에 의해 최종 결정되었다. 모스크바의 이 같은 결정은 남한 측 대의원을 '지하 선거'를 통해 선출해 비밀리에 황해도 해주에 모이게 하는 방식으로 집행되었다.[46]

남북협상 이후의 국내 갈등

두 김씨의 북행 성과에 대한 평가는 당시에도 긍정론과 부정론으로 갈렸다. 긍정론은 두 김씨가 단정 반대와 평화 통일의 가능성을 열어놓았다는 것이며 부정론은 그들이 평화통일이 아니라 북측에 이용만 당했다는 것이다. 소련의 외교문서가 공개되어 모든 진실이 밝혀진 오늘의 시점에 보면 두 김씨의 애국심은 마땅히 평가되어야겠지만 소련과 북한 공산세력에 대한 안이한 인식 때문에 두 사람은 김일성에게 완전히 이용당하고 말았다고 해야 할 것이다. 김구, 김규식 두 사람은 남북협상이 실패한 다음에도 제헌국회를 구성하는 5·10총선을 보이 콧했다. 김구의 한독당을 비롯한 여러 정당의 참여 거부로 총선은 반쪽 선거가 되고 말았다. '대한민국'을 수립하기 위한 첫 총선은 이렇게 모양이 망가졌다. 앞 장에서 설명한 바와 같이 김구는 유엔한국임시위원회 임시 의장 메논에게 그의 남북협상 노력이 실패한다면 5·10선거에 반대하지 않겠다고 말했다. 그런데도 그는 총선을 거부했다. 그렇다면 김구는 그의 남북협상이 실패하지 않을 것으로 믿었는가. 만약 믿었다면 그는 오판한 것이다.

우익진영이 이렇게 분열된 가운데 남로당은 1948년 2월 2·7폭동사건을 시발로 비합법적인 단선·단정 반대운동을 치열하게 전개했다. 남로당이 발표한 2·7 구국선언은 유엔한국임시위원회 활동과 단정 수립 반대, 정권의 인민위원회 이양, 지주의 토지 몰수와 무상 분배, 미·소 양군 동시 철퇴와 통일 민주주의 정부의 수립 등을 주장하면서 '국제 제국주의 앞잡이 이승만, 김성수 등 친일 반동파의 타도'를 주장했다.[47] 남로당의 폭력적인 단선 반대 투쟁은 5·10총선을 방해하기 위한 그해의 제주 4·3사건과 그해 10월의 여수순천군사반란사건으로 격화되었다.

이미 우리가 살펴본 바와 같이 남한 단독 정부 수립의 한국 측 설계자는 이승만이다. 그는 당시부터 '단정의 주모자', '분단의 주범'으로 매도되어왔다. 이승만에 대한 남로당과 북한 김일성의 악선전은 집요했다. 이승만을 비난한 측은 공산주의자들뿐 아니다. 지금도 많은 좌파 학자는 그를 비난하고 있다. 그는 권력욕의 화신인가, 아니면 국제 정치의 현실을 제대로 본 혜안(慧眼)의 지도자인가. 우리는 성급한 결론을 내리기 전에 그 후의 사태 발전을 살펴볼 필요가 있다.

4. 분단 국가의 탄생

대한민국의 건국과 우익 진영

1948년 5월 10일 실시된 국회의원총선거는 한국 역사상 최초의 보통·비밀·직접·평등 선거에 의해 치러졌다. 이승만계와 이청천계, 이범석계, 그리고 한민당만 참여하고 김구의 한독당과 김규식의 중간 세력이 불참한 가운데 많은 후보가 무소속으로 출마했다. 김규식이 출마해 당선된 다음 대통령에 선출될 것을 바란 미 군정청은 이승만의 무투표 당선을 막기 위해 그의 선거구에 최능진(崔能鎭, 미 군정청 경무부 수사국 부국장)을 출마케 했다. 그러나 김규식의 출마 거부로 대안이 없어지자 최능진은 사퇴했다.[48] 전국적으로 선거 분위기는 대체로 평온했으나 제주에서는 4·3사태가 일어나 일부 지역에서 투표가 실시되지 못했다. 남한의 총선거를 감시한 유엔한국임시위원단은 선거가 '전반적으로 자유로운 분위기' 속에서 치러졌다는 보고서를 제출했다.[49]

총선 결과 당선자 가운데는 이승만(무소속, 서울 제2선거구), 윤치영(무, 서울 1), 이윤영(조민당, 서울 2), 장면(무, 서울 3) 등이 들어 있다.[50] 정당별로는 정원 200명[나머지 100명은 북한 지역에 할당] 중 무소속이 가장 많은 85석을 차지하고 여당격인 이승만의 독촉(대한독립촉성국민회의) 55석, 한민당 29석의 분포를 나타냈다. 그밖에 청년·사회단체 당선자로는 이청천 계열의 대동청년단 12석, 이범석 계열의 조선민족청년당 6석, 이승만 계열의 대한노동총연맹 1석, 역시 이승만 계열의 대한독립농민총연맹이 2석, 기타가 10석을 냈다.[51]

국회는 5월 31일 개원식에 이어 그날로 초대 의장에 이승만, 부의장에 신익희와 김동원을 선출하고 다음 날 헌법 제정에 착수했다. 그 결과 국회는 7월 12일 헌법안을 통과시키고 17일자로 국회의장 이승만이 서명·공포함으로써 대한민국 헌법은 그날로 효력을 발생했다. 이와 함께 국회는 국회법과 정부조직법도 같은 절차로 제정·공포해 제헌국회로서의 임무를 완수했다.[52]

대한민국 헌법은 독일 바이마르헌법을 모델로 한, 당시 시점에서 가장 민주적인 헌법전(憲法典)이었다. 헌법은 전문에서 "우리들 대한민국은 기미 3·1운동으로 대한민국을 건립하여 세계에 선포한 위대한 독립 정신을 계승하여 이제 민주독립국가를 재건함에 있어서 … 민주주의 제제도(諸制度)를 수립하여"라고 선언했다. 그 내용은 자유권의 보장, 권력 분립, 단원제 국회, 이원집정부식 대통령 중심제, 시장경제를 기본으로 한 혼합경제체제를 대한민국의 기본 체제로 삼는다는 것이었다. 헌법 전문은 "정치·경제·사회·문화의 모든 영역에 있어서 각인의 기회를 균등히 하고 능력을 최고도로 발휘케 하여 각인의 책임과 의무를 완수케 한다"라고 규정함으로써 건국 이념이 '자유민주주의'에 있음을 명백히 했다.

당초 국회의 헌법기초위원회에 제출된 유진오(俞鎭午)의 헌법 초안은 의원내각제를 골자로 작성되었으나 이승만의 강력한 희망에 따라 기초위의 심의 과정에서 갑자기 대통령중심제로 전환된 것이어서 의원내각제적 요소가 많이 가미되었다. 뒤에서 설명하는 바와 같이 제헌 헌법에 규정된 국무총리의 국회 인준 조항은 그 후 운영 과정에서 정쟁의 원인이 되었다. 그렇기는 하나 제헌헌법으로 성문화된 민주공화제는 일찍이 조선조 말 개화사상가들이 이상(理想)으로 생각했고, 일제 식민지 시대에는 상하이 임시정부의 헌법에 채택된 다음 35년 간의 식민지 기간을 거쳐 비로소 꽃을 피우게 된 것이다. 비록 반쪽의 나라에서, 그리고 민족 진영 내부에서 조차 김구, 김규식 등이 참여를 거부한 반쪽짜리 선거에 의해 수립된 단독 정권이기는 했지만, 자유민주주의와 시장경제를 기본 체제로 하는 대한민국의 출범은 한민족의 역사상 중요한 의의를 지니고 있다.

혁신적 경제 조항 담은 헌법

이 헌법은 혼합경제체제에 가까울 정도의 혁신적인 경제 조항을 담았다. 신생 대한민국은 기본적으로 자유민주주의와 시장경제체제를 택하면서도 유연한 수정자본주의적 요소를 과감하게 도입했다. 이 사실은 대한민국을 탄생시킨 한국의 보수 우익 세력이 결코 완고한 수구 세력 집단이 아니었다는 것을 말하는 것이다. 헌법은 균형 있는 국민 경제를 경제 질서의 기본으로 하고 그 한계 내에서의 경제상 자유를 보장하며 지하자원의 국유화, 농지의 농민 분배, 공공기업의 국유화 등을 규정했다.[53] 경제 조항이 이처럼 탄력성 있게 된 것은 공산주의의 도전과 사회민주주의적인 사상 등에서 영향을 받은 때문이다. 그 중에서도 충칭 임시정부가 1941년 광복 후의 민족 국가 건설을 염두에 두고 제정 공포한 '대한민국 건국강령'이 제헌국회의 헌법 제정에 상당한 영향을 미친 것으로 보인다. 이 건국강령에는 조소앙(趙素昻)의 삼균주의(三均主義)를 장차 수립될 대한민국의 국시(國是)로 삼도록 규정하고 있다. 삼균주의는 '정치·경제·교육의 균등'이란 기치 아래 좌익을 비롯한 수많은 정파를 임정의 산하로 끌어들인 민족주의적 정치 사상이다. 삼균주의의 '경제 균등' 사상은 영국 페이비언협회(Fabian

Society) 와 영국 노동당의 사회민주주의 및 삼민주의(三民主義)를 주창한 중국 쑨원의 '민생사상'에서 영향을 받은 것이다.[54]

국회는 헌법 규정에 따라 7월 20일 대통령에 이승만, 부통령에 이시영(李始榮, 임정 재무총장)을 선출했다. 이승만이 거의 만장일치로 당선된 데는 무소속과 한민당의 지지가 절대적이었다.[55] 이승만은 24일 취임 즉시 조각에 착수, 이범석(李範奭)을 국무총리에 임명하는 등 대부분 항일운동가 출신 인사들로 내각을 짰다. 국회의장에는 신익희(申翼熙), 부의장에는 김약수(金若水)가 선출되었으며 대법원장에는 김병로(金炳魯)가 임명되었다. 초대 각료 명단은 다음과 같다.[56]

국무총리 이범석(李範奭, 족청)	**외무장관** 장택상(張澤相, 무소속)
내무장관 윤치영(尹致暎, 독촉국민회)	**법무장관** 이 인(李 仁, 무소속)
국방장관 이범석(겸임)	**재무장관** 김도연(金度演, 한민당)
상공장관 임영신(任永信, 여자국민당)	**문교장관** 안호상(安浩相, 무소속)
농림장관 조봉암(曹奉岩, 무소속)	**사회장관** 전진한(錢鎭漢, 독촉국민회)
체신장관 윤석구(尹錫龜, 무소속)	**교통장관** 민희식(閔熙植, 무소속)
무임소장관 이윤영(李允榮, 무소속)	**무임소장관** 이청천(李靑天, 대동청년당)
총무처장 김병연(金炳淵, 무소속)	**공보처장** 김동성(金東成, 무소속)
기획처장 이순탁(李順鐸, 무소속)	**법제처장** 유진오(俞鎭午, 무소속)

건국 당시 정부에 참여한 임정 요인들은 이승만, 이시영, 신익희, 이범석, 지청천, 허정, 임병직, 윤보선, 나용균 등으로 대한민국은 법통에서 있어서나 인맥에 있어서나 명실 공히 임정을 계승한 민주공화국이었다. 광복군의 간부들도 대부분 국군 지휘관으로 임명되었는데 그 대표적인 인물이 이준식, 채원개, 유해준, 안춘생, 박영준, 김국주, 박시창, 박기성, 장호강 등이다.[57]

각료 임명을 마치고 8월 15일에는 대한민국 정부의 수립이 공식적으로 내외에 선포되었다. 이날의 정부 수립 선포 행사는 오전 11시 중앙청 광장에서 연합군 최고사령관 맥아더 원수 부부와 주한 미군 사령관 하지 중장 등 미군정 요인,

유엔한국임시위원단 대표 루나(Ruffino Luna) 등 외국 귀빈들이 초청된 가운데 거행되었다. 이승만은 이날 대한민국 정부가 임시정부의 정통성과 정체를 계승한 정부라고 내외에 선언했다. 4개월 후인 12월 12일 파리에서 개최된 제3차 유엔총회는 유엔한국임시위원단의 총선 감시 결과 보고서를 기초로 해서 찬성 41표, 반대 6표, 기권 1표로 대한민국이 위원단이 접근할 수 있었던 지역에서 자유로운 분위기 속에 치러진 총선거를 통해 수립된 '한국에 있어서의 유일한 그러한 정부'(The only such government in Korea)임을 승인했다.[58]

소련의 북한 정권 마무리 작업과 헌법 제정 경위

남한에서 정부가 수립되기를 기다린 소련과 김일성은 예정대로 평양에 북한 정권을 수립했다. 북한 정권의 수립을 위한 마무리 작업을 소련이 어떻게 진행했는가를 먼저 살펴볼 필요가 있다.

평양의 북조선인민회의는 1947년 11월 제3차 회의에서 헌법 제정 작업을 개시한다는 공식 결의안을 통과시키고 김두봉을 위원장으로 하는 임시헌법기초위원회를 구성했다. 실제로 북한 헌법의 초안 제정 작업은 이보다 빠른 그해 가을에 시작되었다. 그 결과 1948년 2월 초, 인민민주주의 혁명을 규정한 1936년의 소련 헌법을 모델로 한 북한 '임시 헌법'의 초안이 마련되었다. 이 헌법 초안은 소련의 승인을 받기 위해 모스크바로 보내졌다. 란코프가 소련 붕괴 후 공개된 비밀 문서를 토대로 해서 밝혀낸 바에 의하면, 소련공산당 정치국은 2월 3일 이 초안을 공개 토론에 붙여야 한다는 이유로 북한에서의 헌법 제정 작업의 진행을 연기시켰다. 동시에 소련공산당 중앙위원회의 헌법전문가들이 이 헌법 초안의 정밀한 검토 작업에 착수했다. 그 결과 헌법 초안에 대해 전체적으로 부정적인 평가가 내려졌다. 즉, "헌법 초안의 주된 결점은 북한의 현존 사회·경제적 관계와 인민민주주의의 발전 수준을 충분히 반영하지 않았을 뿐 아니라 부분적으로는 '잘못' 반영했으며 대부분의 조문은 서투르게 배열되어 있다"라는 것이었다. 이 결론에 따라 소련공산당 중앙위원회 국제국은 몇 가지 수정안을 마련한 다음 최종적인 판단은 정치국과 '스탈린 동지'가 내려야 한다고 덧붙였다. 그런데 스탈린은 헌법전문가들의 비판을 모두 수용하지는 않았다. 그와 시티코프와의 면담이 있은 후인 4월 24일 정치국은 김일성이 보내온 북한의 헌법 초안 중 3개 조문의 수정을 전제로 이를 승인했다. 주권을 규정한 제2조와 신앙의 자유를 규정한 제14조는 모스크바에서 완전히 수정하고, 토지 관련 제6조의 문안은 더 길게 늘인다는 것이었다. 시티코프 일기에서 밝혀진 바에 의하면, 제2조는 스탈린이 직접 손질을 해 '임시 헌법'이라는 표현 가운데 '임시'라는 말을 삭제했다.[59]

같은 날 스탈린은 시티코프와 소련공산당 이념 담당 비서 즈다노프(Zhdanov), 그리고 외상 몰로토프를 참석시킨 가운데 한반도 문제 회의를 직접 주재했다. 여기서 헌법 초안 승인 문제 이외에 한반도의 군사 문제와 북한 정권 수립에 대한 최종 승인 문제가 논의되었다. 스탈린의 유명한 습관대로 자정부터 이튿날 아침 8시까지 계속된 이 회의에서 중대한 결정들이 내려졌다. 스탈린은 북한에서 선거를 실시해, 평양에 수도를 두면서도 전체 한반도의 정통성 있는 정권임을 주장하는 북한 정부를 수립하는 안을 최종적으로 승인했다.[60]

스탈린의 승인을 받은 북한헌법 초안은 4월 24일의 소련공산당 정치국의 지시에 따라 28일 평양의 북조선인민회의 특별회의에서 공식적으로 채택되었다. 이때는 앞에서 자세히 설명한 바와 같이 평양에서 김구와 김규식이 참석한 가운데 남북협상(4월 19일~5월 3일)이 개최되고 있던 도중이었다. 스탈린과 김일성은 겉으로는 단일 정부 수립을 내세워 남북협상을 벌이는 척하면서 뒤로는 북한 단독 정부 수립 준비를 이처럼 은밀하게 진행시킨 것이다. 그 해 7월에는 다시 모스크바로부터 평양에 떨어진 지시에 따라 북조선인민회의 5차 회의가 북한 헌법은 통일 때까지 북한 지역에서만 효력이 있다는 결의를 했다.[61]

조선민주주의인민공화국 수립

김일성은 남한의 단독정부가 들어서자 10일 후인 1948년 8월 25일 인민들의 투표로 남한의 국회에 해당하는 최고인민회의를 구성할 북한 측 대의원 212명을 뽑는 선거를 실시했다. 투표는 북한노동당이 이미 지명한 후보들에 대해 가부만 표시하는 흑백 투표 방식이어서 요식행위에 불과했다. 남한 측 대의원 360명은 이보다 앞선 21일 황해도 해주에서 '선출'되었다. 이들 남한 측 대의원들은 제2차 남북제정당사회단체 지도자협의회(6월 29일~7월 5일)의 결정에 따라 각각 남녘의 자기 주소지에서 비밀리에 실시된 '지하선거'로 '선출'된 1,080명의 대표들이 해주에 집결해 개최한 남조선인민대표자대회에서 뽑혔다고 북측은 발표했다.[62]

이들 남북 대의원들은 9월 초 평양에서 최고인민회의를 구성했다. 최고인민회의는 9월 8일, 스탈린이 승인하고 북조선인민회의 특별회의가 통과시킨 '조선민주주의인민공화국 헌법'을 만장일치로 정식 채택한 다음 "이 헌법을 전 조선 지역에 실시한다"라고 선언했다.

북한 정권의 구성 작업은 8일 헌법이 최종적으로 채택된 직후에 착수되었다. 이날 홍명희의 제의에 따라 최고인민회의 상임위원회가 조직되고 최고인민회의 의장에 허헌을, 최고인민회의 상임위원장에는 김두봉을 각각 선출했다. 9일에는 김일성이 내각수상에 선출된 데 이어 조선민주주의인민공화국의 수립이 선포되었다. 북측은 이날 조선민주주의인민공화국 정부만이 전체 조선 인민을 대표하는 한반도의 유일 합법 정부라고 선포했다.[63] 북한 정권의 수립으로 한반도에는 두 개의 국가, 두 개의 정부가 들어서서 남북분단이 고착되었다. 란코프의 연구에 의하면, 북한의 국호는 소련군의 레베데프가 작명했을 것으로 추측된다는 것이다. 레베데프는 북한 측이 마련한 국호인 '조선인민공화국'이라는 원안을 퇴짜 놓은 다음 '조선민주주의인민공화국'으로 하도록 했다는 것이다.[64]

김일성은 내각 부수상에는 박헌영(외무상 겸임), 홍명희 및 김책(산업상 겸임)을 임명했다. 내각에는 북한 민주당 소속의 최용건, 인민공화당의 김원봉, 청우당의 김정주, 그리고 남한에서 월북한 남로당의 박헌영·이승엽·허성택·박문규·이병남, 근로인민당 대표인 백남운, 민주독립당의 홍명희 등도 고루고루 입각해 스탈린이 지시한 대로 각파가 망라된 '인민민주주의 정권'의 모양을 갖추었다. 주목할 사실은 북한 정권의 요인들 중 박헌영을 비롯한 9명이 나중에 김일성과의 권력 투쟁에서 처형된 점이다. 초대 각료 명단은 다음과 같다.[65]

국가계획위원장	정준택(북로당)	민족보위상	최용건(민주당)
국가검열상	김원봉(인민공화당)	내무상	박일우(북로당)
외무상(겸임)	박헌영(남로당)	산업상(겸임)	김책(북로당)

농림상	박문규(남로당)	상업상	장시우(북로당)
교통상	주영하(북로당)	재정상	최창익(북로당)
교육상	백남운(전 근로인민당)	체신상	김정주(청우당)
사법상	이승엽(남로당)	문화선전상	허정숙(북로당)
노동상	허성택(남로당)	보건상	이병남(남로당)
도시경영상	이용(신한민족당)	무임소상	이극로(어학회장)
최고재판소장	김익선(북로당)	최고검찰소장	장해우(북로당)

　북한 정권 수립 이듬해인 1949년 6월에는 남북의 노동당이 합당해 조선노동당이 창건되어　북한은 명실 공히 일당독재 아래 놓이게 되었다. 사회주의 경제 체제를 채택한 김일성 정권은 소련의 지원 아래 2개년 경제 계획을 마련, 중공업 위주의 경제 개발에 박차를 가했다. 1949년 3월 김일성과 박헌영은 소련을 방문, 조소경제문화협정을 체결하고 두 나라 간의 경제 협력을 약속받았다. 이 협정에 따라 소련은 차관 형식으로 경제 지원과 군수 물자를 북한에 제공하고 북한은 그 대가로 청진·원산항 등을 수십 년 간 소련이 사용케 했다. 1949년 10월 중국의 국공 내전이 공산당의 승리로 돌아간 다음부터는 소련을 중심으로 중국과 북한의 3국 공산주의동맹이 만들어졌다. 이때부터 중·소 분쟁이 일어난 1950년대 초까지 북한과 중국 지도자들은 모스크바를 정기적으로 방문해 공동의 동북아 전략을 협의했다. 중국은 8로군에 편입되었던 조선의용군을 대륙 평정 후 북한으로 돌려보내 6·25전쟁을 수행한 중요한 병력이 되게 했다.[66]

5. 분단의 책임

1980년대를 휩쓴 커밍스의 현대사 해석
　해방 3년사, 즉 해방을 맞은 1945년 8월부터 한반도에 두 개의 국가가 수립된 1948년 9월까지의 한국 현대사가 중요한 것은 이 시기가 그 동안 한민족의 생존 조건을 결정지은 운명적인 3년이기 때문이다. 그 운명의 3년 동안 한반도에서 일어난 사건 중 가장 뼈아픈 일은 남북분단이다. 지금까지 우리는 남북이 분단된 경위와 그 과정에서 한국의 좌우익 세력, 그리고 중간파 지도자들이 어떤 대응을 해 왔는가를 자세하게 살펴보았다. 이제 남은 문제는 남북 분단의 책임이 도대체 누구에게 있는가라는 점이다. 이 문제에 관해서는 사실관계가 워낙 복잡할 뿐 아니라 정치적·이념적 입장과 이해관계에 따라 보는 관점도 달라지기 때문에 지금까지 국내외에서 많은 논쟁이 계속되어왔다. 뿐만 아니라 남북 분단의 원인을 정확하게 밝혀 주는 사료(史料) 역시 한정되어 있었기 때문에 이 문제는 논자에 따라 결론이 저마다 달랐다.

그러나 이제는 사정이 많이 달라졌다. 1990년에 소연방이 붕괴되자 소련의 비밀 자료들이 속속 공개됨에 따라 종래 베일에 쌓여있던 많은 사실이 백일하에 드러나기 시작했다. 새로 나온 자료들을 기초로 국내외의 전문가들이 경쟁적으로 연구를 진행한 결과 이제는 많은 의문점들도 풀리기 시작하면서 여러 쟁점도 정리되어가고 있다. 특히 최근 들어 국내의 연구가 활발하게 된 이유는 비단 소련의 비밀 자료를 이용할 수 있게 된 연구 환경의 호전뿐 아니라 국내 연구진의 연구 역량이 그만큼 향상된 데도 원인이 있다.

한국 현대사는 1970년대까지의 전통주의 시기에서 1980년대의 수정주의 시기를 거쳐 1990년대부터는 상당히 균형 잡힌 연구가 성과를 올리는 시기로 접어들었다. 전통적 학설이 지배하던 시기에는 분단의 원인을 주로 미국의 한반도에 대한 무지와 준비 부족, 그리고 미·소 냉전과 소련 측의 비협조 등에서 찾았다. 스칼라피노(Robert A. Scalapino), 이정식(李庭植), 조순승(趙淳昇), 서대숙(徐大肅)[67] 등 미국인 및 재미 학자들과 대부분 국내 학자의 연구 경향이 여기에 속한다. 이 같은 견해는 미국의 분단 책임을 상당히 경감시켜주는 것이었다. 이에 비해 수정주의 학설은 분단 원인을 미군정 책임자를 비롯한 국수주의 경향이 강한 트루먼 행정부의 관리들과 이승만 및 한국민주당 등 남한 우익 세력의 '분단 지향적인' 정치 노선에서 찾았다. 그 대표적인 인물이 1981년에 《한국전쟁의 기원》(The Origins of Korean War) 제1권을 발간한 브루스 커밍스[68]이다. 그의 저서는 반미·친북 바람이 거세게 불던 1980년대의 좌파들에게 거의 성경과 같은 절대적 존재였다. 기존의 역사 해석을 뒤집어엎는 그의 대담한 접근법과 유려한 문장, 그리고 풍부한 자료 인용, 특히 미 군정청과 국무부 비밀 자료 등의 종횡무진한 섭렵은 반미 좌경 친북 풍조가 일기 시작한 1980년대의 한국 지식인 사회와 운동권을 매료시켰다. 한반도의 분단 책임을 미군정과 한국 우익세력에게 돌린 그의 이론은 공산주의에 경도되어 대한민국의 정통성을 부인하고 혁명을 통해 남한에 민중 정권을 세우려는 친북 세력들을 크게 고무했다. 커밍스의 이론에 대한 국내외 학자들의 비판이 없었던 것은 아니지만 워낙 '커밍스바람'이 세찬 탓에 목소리가 작게 들릴 수밖에 없었다.

그러나 1990년대에 들어오면서부터 커밍스 류의 수정주의 이론은 소련권의 붕괴를 계기로 비판의 도마 위에 올라갔다. 이 같은 비판은 좌파적 학자들이 주름잡던 역사학계보다는 정치학계에서 주로 일어났다. 아마도 그 대표적인 예가 1993년에 나온 서울대학교 한국정치연구소가 펴낸《한국의 현대정치 1945~1948년》일 것이다. 여기에 실린 논문 8편 중 1편을 제외하고는 거의 모두가 커밍스의 신좌파적 시각과 편향된 역사 해석을 비판했다. 어떤 논문은 '필자(커밍스)의 주장하고자 하는 바에 반하는 증거를 외면하거나 하나의 문건에서 전체 문맥과 상반되는 부분을 자의적으로 취하는 등의 일'의 부당함을 지적하면서 커밍스가 그의 책에서 북한에서의 소련군 당국의 군정 실시 문제에 관해 어떻게 역사 자료를 왜곡, 인용했는가를 보여주기 위해 그의 책 내용과 원자료를 나란히 적시하기까지 했다.[69] 1990년대 이후의 상황 전개는 수정주의자들에게는 일종의 재앙이었다. 공산권 붕괴 후 소련의 비밀 문서들이 공개되고 소련군정 사령부에서 김일성을 교육시킨 장교들이 당시의 회고담을 상세하게 털어놓음으로써 그들의 수정주의 이론은 다시 수정하지 않을 수 없게 된 것이다. 이제는 한국 학자들이 직접 소련에 가서 외무성·국방성·구 코민테른 본부와 소련군정 등의 비밀 문서를 직접 뒤질 수 있는 상황이 되면서 해방 3년사, 그리고 한국전쟁의 책임 문제 역시 훨씬 균형 잡힌 이해가 가능해졌다.

소련이 앞장선 한반도 분단

소련의 비밀 문서를 토대로 진행된 전문가들의 연구 결과는 앞에서 살펴본 것처럼 소련 점령군 당국이 미국에 앞서 북한 진주 1개월도 채 안 된 1945년 9월부터 북한의 단독 정권 수립, 즉 한반도의 분단을 의도적으로 추진한 사실과 김일성이 그들의 지시로 따라 움직였음을 보여 준다. 전현수에 의하면 소련 정부는 한반도에서 자신의 발언권이 4분의 1에 불과한 4개국 신탁통치보다는 한반도의 북반부에서 그들이 이익을 보장해 줄 수 있는 북한 단독 정권을 수립하는 데 정책의 우선순위를 두었다. 소련은 이를 위해 북한을 독자적인 정치·경제적 '단위'로 분리해 중앙집권적 정권을 수립하고자 했다.[70] 이미 이 책에서 그의 저서가 여러 차례 인용된 네덜란드 학자 리(Erik van Ree)는 스탈린의 대북한 정책을 과거의 '1국 사회주의' 전략에 비유해 '1지역 사회주의(Socialism in One Zone)' 전략이라고 불렀다. 스탈린은 당초부터 한반도의 통일에는 흥미가 없었고, 북한에 대해서만 관심을 가졌다는 것이 그의 결론이다. 다만, 스탈린은 남한에서 좌익 세력의 집권을 통한 소련의 영향력을 증대시키는 '대리모델'(proxy model)을 선택함으로써 우파 정권이 들어서는 것을 저지하려 했으며 이 때문에 이승만, 김구, 김성수 등 우익 세력에 지독한 적대감을 가졌다는 것이다.[71]

커밍스는 소련군정 초기에 실시된 북한의 '민주적' 개혁 조치들이 전적으로 북한 지도자 스스로의 의사에 의해 행해진 것처럼 주장하고 있으나[72] 실제로는 소련군정이 그것을 대부분 지시한 것으로 밝혀졌다. 전현수의 연구에 의하면, 1945년 10월 17일 평양의 소련군 사령부에 하달하기 위해 작성되어 거의 그대로 확정된 모스크바의 소련 정부 지령 초안은 북조선 임시인민위원회의 창설과 그 아래 행정10국의 설치를 지시한 다음 "행정10국의 사업은 북한 주둔 소련군 사령부의 직접적이고 상시적인 통제 아래 둔다"라고 밝히고 있다.[73]

소련이 남북한의 분단을 예방할 통합적 행정 관리와 남북 교류를 저지한 점은 결코 경시되어서는 안 될 중요한 사실이다. 소련 점령군 사령부는 한반도에 진주한 직후 남북한 간의 교통과 통신을 단절시켰다. 8월 24일과 26일 사이에 서울과 원산을 잇는 경원선과 서울과 신의주를 잇는 경의선, 그리고 경기도 개풍군 토성과 황해도 해주를 잇는 토해선이 모두 38선에서 차단되고, 9월 6일에는 남북 간의 전화와 통신이 두절되었다. 9월 8일에야 한반도에 진주해온 미군이 이에 항의하자 소련 측은 통신만은 일시 재개통했으나 그것도 곧 다시 단절하고 말았다. 이로 인해 처음에는 단순한 군사점령 분계선이던 38선이 사실상의 정치 분단선이 되기 시작한 것이다. 소련군의 이 같은 행동에 당황한 하지 미군 사령관은 9월 하순부터 미·소 양군의 분할 점령으로 초래된 한반도의 행정과 경제의 분단 상태를 해소하고 남북의 정치·경제·사회적 통합성을 유지할 통일적인 행정을 펴기 위해 소련군정 측에 대해 협의를 요구했다. 그는 "상이한 정책이 실시되는 2개의 점령 지역으로 한국이 분할되어 있다는 사실은 한국을 하나의 국가로 통일시키는 데 극복하기 어려운 장애 요인이 되고 있다. … 상이한 이데올로기를 고려할 때 국토 양단이 지속되면 치명적인 사태가 초래될 것이다. 두 지역은 전면적인 상호 교류 없이는 어느 쪽도 결코 자립할 수 없다"라고 강조했다. 하지는 치스챠코프 소련 점령군 사령관에게 보낸 서한에서 상호 연락 체계의 확립과 점령 정책의 조정, 교통 운수 교역 등의 남북 교류와 통일적인 화폐 신용 제도의 수립 등에 관해 협상을 갖자고 제의했다. 그러나 치스챠코프는 자신이 그러한 교섭을 벌일 권한을 모스크바로부터 부여받지 않았다고 거부했다.[74]

이에 따라 워싱턴의 미국 정부는 정부 차원에서의 해결을 모색하기 위해 11월 초 모스크바 주재 대사 해리만(W. Averell Harriman)으로 하여금 소련 정부와 접촉토록 했다. 그러나 소련 정부 역시 11월 하순에야 이 문제를 관계 부서에서 검토 중이라는 무성의한 답변만 했다. 미국은 12월 17일부터 열린 모스크바3상회의에서 '한국에 대한 통일적인 행정'이라는 제안을 소련 측에 제의했다. 이 제안은 미·소 양군의 분할 점령으로 중단된 남북 간의 물자 유통과 교통 운수의 재개, 전국적인 재정 정책의 수립 등 긴급한 과제를 해결하기 위해 통일적 행정을 실시하자는 것이었다. 그러나 소련 측은 이에 냉담한 태도를 보여 3상회의 합의문에는 미국 측이 최우선적인 과제로 제기한 통일적 행정 문제가 겨우 "긴급한 여러 문제의 조정을 위해 필요에 따라 미·소 양군 사령부 회의를 소집한다"라고만 표현되었다.[75] 남북 간의 통일적 행정 실시 문제는 1946년 들어 미소공동위원회에서 미·소 양군 사령부가 대립하는 통에 협의조차 못한 채 38도선은 점차 정치적인 분단선으로 고정되고 말았다.

미국의 분단 책임

소련이 한반도의 분단에 앞장섰다고 해서 미국의 책임이 면제될 수는 없다.

미국은 제2차 세계대전 때 태평양 지역에서 대일 작전이 교착 상태에 빠지고 만주 지방에 주둔한 일본의 관동군을 과대평가한 결과 소련의 참전을 거듭 요구함으로써 소련군을 한반도에 끌어들이는 결과를 빚었다. 미국은 소련이 8월 8일 일본에 대해 선전 포고와 동시에 만주에 대한 군사 행동을 개시해 곧 한반도의 전역을 점령할 것 같은 기세를 보이자 부랴부랴 38선을 일본군 항복접수 경계선으로 획정하기로 소련 측과 합의했다. 그 결과 남북한에 미·소 양군이 진주했다.

문제는 그 후의 대한 정책에 있다. 루스벨트 대통령이 전쟁 기간 중에 30~40년 간의 한국신탁통치 방침을 세웠을 때 그는 한국 민족이 필리핀인보다 정치적으로 미숙하다는 전제에서 소련이나 중국의 한반도 지배를 막기 위해 그런 생각을 했다. 만약 그가 신탁통치 방침을 연합국에 밝히지 않았더라면 그의 후계자인 트루먼 행정부는 모스크바3상회의에서 결정한 것 같은 모양의 신탁통치 합의를 하지 않았을지도 모른다. 사실 모스크바에서 합의된 4대국 신탁통치는 말이 신탁통치이지 순수한 의미의 4개국의 공동 통치가 아니다. 먼저 한국인의 임시 정부를 수립해 놓고 이를 미·소 양국군이 후견하고 4개국이 승인하는 복잡한 방식의 '절반의 신탁통치 방식'이었다. 미국 정부가 내심으로 바란 4개국 신탁통치 방식은 소련의 '4분의 1 발언권'이라는 대소 견제책을 위한 것이었는데 막상 모스크바3상회의에서 통일 임시 정부를 먼저 수립하기로 합의함으로써 '신탁통치'가 미소 양국의 '후견제'로 변질되어 그 본래의 취지가 퇴색되었다.

통일임시정부는 미소공위가 여러 정당과 사회단체와 협의해 수립토록 했다. 그러나 미·소 간의 냉전 시작으로 미·소 어느 한 나라가 한반도를 포기하려는 용의가 없는 한 그런 합의는 당초부터 실현 불가능한 것이었다. 설령 미·소 합의에 의해 한반도에 들어설 새로운 통일 국가를 중립 국가로 만들기로 합의했다 하더라도 당시 국내에 우세한 조직력을 가졌던 좌익 세력의 공작으로 신생 통일 정부가 내부적으로 적화되는 것을 막기가 어려웠을 것이다. 미국은 결코 이 같은 사태를 바라지 않았기 때문에 결국 미국의 대한 정책은 38도선을 경계로 미·소 양국군이 분할 점령하는 순간부터 분단으로밖에 나아갈 수 없는 엉성한 것이었다.

미군정이 임정의 법통을 인정하지 않고 김구의 행동을 쿠데타로 규정해 그와 이승만을 거세하고 좌우합작을 시도했다가 실패하는 등 우왕좌왕한 것도 큰 실책이었다. 미국은 임정을 승인하지 않고 해방 정국에서도 홀대했지만 한민당을 비롯한 국내 우익 세력은 모두 임정이 돌아오기만을 기다렸다. 하지 장군은 처음에는 임정을 인정하지 않고 김구 등 임정 요인들을 개인 자격으로 환국하도록 했다. 그러나 남한에서 좌익계가 우위를 차지하자 미군정은 이들을 견제하기 위해 이승만·김구 등 과거의 임정 수뇌들을 불러들였다. 만약 이들의 반탁운동을 적절하게 가라앉히고 당초의 계획대로 이승만·김구 등 임정 수뇌부를 군정의 운영위원회 책임자로 만들어 과도정부 기능을 수행케 했더라면 아마도 한국의 현대사는 달라졌을지 모른다.

미군정의 또 다른 책임은 일제 잔재를 청산하지 않은 점이다. 미군정은 당초 조선총독부 기능을 당분간 그대로 살려 일본 관리들을 군정 휘하에 둔 채 남한을 관리하려다가 여론이 나빠지자 이를 급히 수정했다. 그러나 미 군정청은 일본 총독부 관리를 지낸 한국인들의 경우, 특히 경찰의 경우는 1946년 현재 군정청 경찰의 경위 이상 간부 82%나 되는 일제 경찰 출신을 그대로 고용해 물의를 빚었다.[76] 이 같은 실책이 친일파 처리를 어렵게 하는 데 한몫을 함으로써 대한민국의 정통성 훼손을 초래했다.

단정 수립과 이승만 및 한민당

얼마 전까지 이승만과 한민당은 단독정부 수립과 분단의 책임을 그대로 뒤집어썼다. 남한 단독정권 수립을 주장한 1946년 6월의 이승만 정읍발언은 남북 분단의 신호탄으로 간주되었다. 사실 그는 누구보다도 앞장서서 단정 수립을 위해 매진했다. 왜 그랬을까. 그는 개인적인 정권욕 때문에 민족의 통일이라는 대의를 짓밟았는가.

이승만은 해방 이후 소련과 김일성의 움직임으로 보아 남북분단은 불가피하다고 보았다. 이승만의 정읍발언이 나온 시점에는 이미 그는 남북의 분단을 기정사실이 된 것으로 판단했다. 이승만은 제2차 세계대전 기간 루스벨트가 얄타회담(1945년 2월)에서 한국을 소련 세력권 안에 두기로 합의했다는 밀약설이 나오자 그 진상을 미국 정부에 문의했다. 이 때 한반도의 신탁통치 풍설도 나돌았다. 그는 1945년 5월 15일 트루먼 대통령에게 카이로선언에 배치되는 얄타비밀협정을 비판하는 편지를 냈다. 미 국무성은 그러한 비밀 협정의 존재를 부인하는 답신을 그에게 보냈다. 나중에 밝혀졌지만 얄타회담에서는 루스벨트가 한국의 신탁통치 구상을 스탈린과 토의한 것은 사실이다.[77] 이승만은 국무성의 부인 답신을 받고도 미·소·영·중 4국 정상의 포츠담회담이 열릴 무렵인 7월 21일에 다시 트루먼에게 편지를 보내 미·영·소 수뇌들이 장래 한반도 전체의 정치적·행정적 주권과 영토에 영향을 미치는 어떠한 비밀 합의나 양해도 없었다는 사실을 표명하는 공동 선언을 해달라고 요구했다.[78]

38선 분할설은 포츠담회담 때부터 유포되었다.[79] 한반도의 분단 위험성을 감지한 이승만은 다시 미국 정부를 향해 한국에서의 공산주의자들과 민족주의자들 간의 내전 발발 가능성을 제기하기 위해서는 충칭에 있는 임정을 미국 등 강대국들이 인정해야 한다고 주장하고 만약 국무성이 이 문제를 방치한다면 한국의 공산주의자들은 그들 자신의 임정을 만들 것이라고 경고했다.[80] 이승만의 우려는 그대로 적중했다. 앞에서 설명한 것처럼 한반도의 분단은 소련과 김일성에 의해 먼저 추진되었다. 그렇기 때문에 소련군은 초기의 미군정처럼 38선이 정치적 분계선이 되어간다고 당황할 필요가 없었다. 박헌영은 미군이 남한에 진주하기 직전 '인공'을 급조해 인민 정권 수립을 기정사실화하려 했다. '인공'은 이승만이 말한 대로 '공산주의자들의 임정'이었다. 그러나 소련과 김일성조차도 그런 박헌영을 불신하고 견제했다. '인공'은 한반도 전체를 관할 지역으로 했기 때문에 소련의 북한 점령 정책에 도전한 것으로 간주했다. 소련군정은 인공의 주석·부주석 이하 각료에 '친미 주구 이승만', '친일 주구 여운형', '악명 높은 우익 민족주의자이자 테러리스트인 김구', '친일 주구 조만식' 등이 등용된 것은 '친미적인 조각'이며 그것은 박헌영의 과오라고 보았다. 소련군정이 1945년 10월에 서울의 조선공산당과 별도로 평양에 조공 북조선분국을 설치한 것도 북한을 단위로 한 군정 실시의 의지였다고 보아야 할 것이다.[81]

그런 이승만이기에 처음부터 남북협상에 대해 기대를 걸지 않았다. 다만 그는 김구, 김규식의 남북협상을 방해하지는 않았다. 김규식은 1948년 4월 평양으로 출발 직전 이승만을 찾아가 남북협상에 대해서는 절대로 좋다느니, 나쁘다느니 하는 말을 더 이상 하지 말아 달라고 부탁하면서 "형님이 좋다고 하면 좋다는 대로, 나쁘다고 하면 나쁘다는 대로 부작용이 생기니 제발 아무 말도 하지 말아주시오"라고 말했다. 이승만은 4월 초까지 남북연석회의를 비판하는 기자회견을 했으나 김규식에게 그러마라고 약속을 하고 그 날 이후부터 김구와 김규식이 평양에서 돌아오기 전까지는 아무 말도 하지 않았다.[82] 이런 에피소드를 보면 이승만은 남북협상이 실패할 것을 예상했지만 사전에 이를 공개적으로 비난할 정도로 옹졸하지는 않은 것 같다.

단정 수립과 김구 · 김규식 · 조소앙 · 안재홍

김구는 극우파로 분류될 정도의 반공적인 우익 지도자이지만 김일성과 직접 담판을 벌여 통일 정부를 세우려고 노력한 열렬한 민족주의자였다. 그는 이승만과 한민당과 함께 신탁통치 반대에는 보조를 같이 했으나 양측의 단정 수립 노선에는 완강하게 반대했다. 그의 혁혁한 독립 투쟁 공로 및 즉각적인 독립과 통일 정부를 향한 그의 열정과 고집은 높이 평가되는 것이 마땅하다. 그가 아니었으면 그 어려운 충칭 임시정부를 끌고 가는 것이 불가능했을지 모른다. 그는 반공주의자이면서 환국 직후부터 김일성 측과 협상을 마다하지 않는 열린 자세를 보여 후세의 귀감이 된다.

김구가 임정의 정통성을 승인하도록 미군정에 요청한 것도 당연한 요구이다. 이승만도 같은 의견이었고 국내의 한민당도 같은 의견이었다. 많은 일반 국민도 당연히 그렇게 생각했다. 미국이 임정을 인정하고 군정 하의 과도정부로 만들었을 경우 과연 김구가 효과적으로 통일 문제를 해결할 수 있었을 것인가라는 의문은 없지 않지만, 임정을 당초부터 인정하지 않은 미국 정부의 방침에는 문제가 있었다. 당시 남한에서는 공산주의자들을 제외하고는 임정의 법통성을 인정하는 사람들이 대부분이었다.

당초에 미 국무성과 군정 당국이 임정을 인정하지 않은 것은 임정과 중국 장제스 정부의 밀착 관계를 의심했기 때문이다. 하지만 인공 세력을 견제하기 위해 군정청이 1945년 11월 그를 귀국시킨 이후, 특히 반탁운동에서 그가 보여준 행태와 그 결과로 빚어진 미군정과의 마찰은 상당 부분 그에게도 책임이 있다. 김구에 대한 미군정의 실망은 그의 추종자에 의한 송진우 암살과 미군정에 정면으로 맞서는 그의 '쿠데타' 행위가 원인이었다. 모스크바3상회의를 잘못 보도해 독자를 오도한 당시 신문에도 큰 책임이 있지만 김구가 송진우의 지적대로 이를 좀 더 차분하게 검토해 신중한 정치적 행보를 보였더라면 사태가 달라졌을지 모른다. 최소한 김구를 지지하는 과격분자들이 신탁통치 문제의 상세한 전말을 알아볼 필요가 있다고 주장하는 송진우를 '찬탁'으로 몰아 암살하지는 않았을 것이다. 앞에서 살펴본 바와 같이 모스크바회담에 관한 1945년 12월 27일자 국내의 언론 보도는 형편없는 오보였다. 만약 김구가 모스크바 결정의 핵심이 우선 임시 정부를 수립하고 거기서 신탁통치 실시 방법을 다루도록 한 내용을 제대로 인식했더라면 송진우 암살, 그리고는 자신의 암살과 같은 비극은 안 일어났을지도 모른다.

김구의 평양행은 그 동기의 숭고함에도 불구하고 현실성이 결여된 것은 부인하기 어렵다. 그는 북한으로 출발하기 전 '차마 공개할 수 없는' 무례하고 오만불손한 편지를 북측으로부터 받았다. 김규식 측근의 회고에 의하면 김일성과 김두봉이 공동 서명한 이 편지는 '당신들이' 3상회의 결정을 반대했기 때문에 단독정부가 수립되어 국토가 분단될 지경에 이르렀다는 요지의 말로 두 민족 지도자를 훈계했다는 것이다.[83] 김구는 그런 무례를 무릅쓰고 북행길에 올랐지만 결국 북측에 이용만 당했다.

김규식은 남북연석회의에 대해 김구보다 훨씬 신중한 태도를 보였다. 그의 측근이 나중에 회고한 바에 의하면 김규식은 평양으로 향발하기 전 "남북연석회의의 성공을 확신하지 못해 북행을 망설였지만 처음부터 안 된다고 하여 시도도 하지 않고 단념해선 안 된다고 생각하여"[84] 북측에 대해 앞에서 설명한 바와 같은 5개항의 조건을 붙여 뒤늦게 평양으로 출발했다. 그는 남북 대화에 실패하고 서울로 돌아온 다음에도 단선 반대와 남북 총선거를 주장하면서 5·10총선에 불참했다. 미군정은 그가 신생 대한민국의 대통령에 당선되도록 하기 위해 선거에 나갈 것을 강력히 권고하는 한편 이승만이 무투표 당선되는 것을 막으려고 공작을 벌였다. 미군정은 이승만이 출마한 서울 동대문 갑구에 군정청 수사국 부국장인 최능진(崔能鎭)을 뒤늦게 출마토록 했다. 그러나 후보 등록 마감 직전 선관위 사무실 앞에서 최능진의 후보 등록 서류를 괴한들이 탈취함으로써 마감 시간 안에 등록이 불가능해지는 사태가 발생했다. 군정청은 즉각 그의 신변 보호 조치를 취하는 동시에 해당 선거관리위원회에 등록 마감 시한을 연장해 주라고 지시해 그의 등록을 가능케 했다. 미군정의 이 같은 조치에도 불구하고 김규식은 끝내 단정 수립에 반대하는 신념을 굽히지 않고 총선 불출마를 선언하고 말았다. 대안이 없어진 미군정 측은 이승만의 출마를 방관할 수밖에 없게 되고 최능진도 스스로 사퇴하지 않을 수 없었다. 김규식은 이 사건을 계기로 미군정과의 관계도 소원하게 되었다.[85] 김규식의 이상주의도 높이 살만 하지만, 그 역시 북한 정세에 어두워 남북연석회의를 성공시키지 못함으로써 결과적으로는 북한 정권의 출범에 도움을 주는 반면 대한민국 건국에는 협조하지 않은 인물이 되었다.

이 점에서 조소앙의 입장은 대조적이다. 그는 남북협상이 최선이기는 하지만 그것이 뜻과 같이 되지 않았으므로 분단 정부일망정, 그리고 자신의 정강과 다를망정 대한민국 국회에 참여해 통일과 삼균주의의 실현을 보고자 정치 투쟁을 전개할 것이라고 선언했다. 조소앙은 평양에서의 남북협상이 실패하고 1948년 5월 6일 남한으로 되돌아오면서 "민족진영의 재편성 내지 대동단결의 필요성과 가능한 지역에서의 선거로 우리의 정부를 수립해 민족 진영의 기반을 공고히 하여야겠다고 가슴깊이 느꼈다"라고 했다.[86] 그는 이미 앞에서 설명한 바와 같이 김구와 헤어져 사회당을 창당하고 1950년의 제2대 총선에 참여해 건국 세력으로 합류했다. 이승만과 한민당 지도자들, 그리고 김구는 오늘날 우리가 말하는 한국보수세력의 원조들이다. 다만 이승만과 한민당 지도자들이 정치적 현실주의자인 데 반해 김구, 김규식은 이상주의자였다는 사실이 차이점이다. 정치적 현실주의란 그의 목표를 구체적인 현실 속에서 달성하려고 노력하되 최선의 결과가 불가능할 경우에는 차선을 선택하는 것을 말한다. 이승만과 한민당 지도자들은 통일정부의 수립이라는 최선의 결과가 불가능하다고 판단하고 그들이 차선의 선택이라고 생각한 단독 정부 수립을 감행해 대한민국의 기초를 쌓았다. 이에 비해 김구와 김규식은 현실을 도외시할 정도로 이상주의적이어서 민족주의의 순교자가 되었다고 할 것이다. 만약 그가 우리가 앞에서 살펴본 소련의 대북한 정책을 당시에 제대로 파악했다면 과연 그렇게 행동했을까. 저자는 그렇지 않았으리라고 추측한다, 이 점은 참으로 애석한 일이다. 김규식은 6·25때 피란을 못하고 납북되어 1950년 12월 70세를 일기로 별세했다. 삼균주의를 창안한 당대 최고의 지적 수준을 가진 조소앙은 한국 최초의 서구식 사회민주주의자이자 정치적 현실주의자였다. 그러나 애석하게도 6·25 때 북한으로 납북되어 그들에게 이용당하다가 1958년 9월 71세를 일기로 세상을 떠남으로써 민족 분단의 희생자가 되었다.

이념 대립이 없어도 분단되었을까?

우리는 흔히 한반도의 분단이 외세 때문이라고 한다. 미국은 세계 지배와 아시아 대륙 진출을 위한 교두보로서 한반도를 확보하기 위해 남한 단독 정권을 수립했고, 소련은 한반도가 적대 세력의 전초 기지가 안 되게 할 뿐 아니라 블라디보스토크로부터 태평양에 진출하는 데 필요한 안전한 부동항을 확보하기 위해 북한에 김일성 단독 정권을 세웠다고 한다. 이런 주장은 물론 타당성이 있는 이론이다.

그러나 과연 그 때문만으로 한반도가 분단되었을까. 우리는 그 의문을 풀어야 할 것이다. 미·소 두 강대국이 자국의 안보상 이유로 한반도를 분단한다는 것은 20세기 초, 최소한 제1차 대전 이전까지의 제국주의시대에는 가능했을지 모른다. 러일전쟁이 그 좋은 예이다. 그러나 전 세계적으로 민족주의가 맹위를 떨친 제2차 세계대전 이후에는 설사 미·소 양국이 그런 분단 음모를 꾸몄다 하더라도 당사자인 한민족 자신이 거부한다면 그것은 쉽게 이루어지지 않았을지 모른다.

그렇다면 무엇이 한반도의 주된 분단 원인인가. 우리는 당시 미·소 양국과 한반도의 정치 세력 간에 존재하던 상호 타협이 불가능한 적대적인 이데올로기, 즉 한마디로 인류 역사상 유례없는 동서냉전의 실상을 잊어서는 안 된다. 1945 ~48년은 자본주의와 공산주의 진영 간의 이념 대립이 전 세계적인 규모로 확대되었을 뿐 아니라 그 대립 양상이 가장 첨예한 시기였다. 이 시기는 역사적으로 공산주의의 전성기이기도 하다. 당시 소련공산당 지도자들은 그들의 체제와 이념에 강한 자신감을 갖고 있었으며 자본주의에 대한 사회주의의 최종적인 승리를 확신하고 있었다. 이 무렵은 소련이 국력에 있어서도 전성기였다고 할 수 있다. 당시에는 한반도에서 같은 민족끼리 좌우의 사상대립 역시 마찬가지로 치열했다. 소련의 지원 아래 순조롭게 권력을 장악한 북한의 김일성 세력은 처음부터 타협을 모르는 스탈린주의자들이었고, 박헌영을 비롯한 남한의 공산주의자들 역시 해방 공간에서 우익 세력과의 투쟁에서 자신들의 최종적인 승리를 믿고 있었다. 따라서 좌우간 타협은 불가능했다. 그런 의미에서 한반도 분단의 궁극적 원인은 좌우 이념대립과 동서 냉전이라는 것이 저자의 판단이다.

Ⅳ. 자유민주주의의 파행

1 건국 과정의 도전들

국가 이익이 무엇인가를 파악하는 인간의 마음과 이들 국가 이익을 어떻게 가장 잘 지킬 것인가를 결정하는 인간의 판단력과 이 결정을 어떻게 관철시킬 것인가 하는 인간의 의지, 그리고 위대한 행동을 하는 데 따르는 고뇌와 희열을 맛보는 인간의 영혼을 대신할 어떤 대체물도 (이 세상에는) 존재하지 않는다.

– 한스 모겐소(Hans Morgenthau)

1. 이승만정권의 시련

김구, 김규식의 '단독 정부 불승인' 운동

5·10총선으로 출범한 이승만 정부는 시작부터 몇 갈래의 중대한 도전에 직면했다. 그 도전이 준 일련의 위기 상황은 건국 다음 해인 1949년에 절정에 달했다가 1950년의 6·25전쟁이라는 민족적 대재앙으로 폭발했다. 이승만 정부가 직면한 국내적 도전은 우선 남북협상파인 김구, 김규식의 비협력이다. 양 김씨는 김일성과의 남북협상이 실패했음에도 불구하고 총선을 보이콧했을 뿐 아니라 총선 이후에도 건국 사업에 참여하지 않고 단독 정부의 해체를 주장했다. 대한민국의 정통성을 인정하지 않은 것이다.

김구와 김규식은 앞에서 설명한 바와 같이 총선이 끝나고 대한민국 헌법이 제정·공포된 다음인 1948년 7월 21일 다시 통일독립촉성회를 구성하고 단독 정부 반대 운동을 계속했다. 김구의 한독당과 김규식의 민족자주연맹이 중심이 된 이 기구는 단정을 반대하는 통일독립운동자의 총역량 결집과 민족 문제의 자주적 해결을 기치로 해 사실상의 반 대한민국 운동을 벌였다.[1] 통일독립촉성회는 8월 1일 파리에서 열리는 유엔총회에 대표단을 파견해 남한 단독 정부의 승인 거부와 두 분단 국가의 해체 및 남북 총선거에 의한 통일 정부 수립 등을 요구하는 연설을 하려는 계획까지 세웠다.[2] 그러나 동서 냉전의 전쟁터이자 강대국 간 이해 다툼의 장터가 된 유엔 무대에서 대한민국의 승인 거부와 해체 주장을 하게 되면 나라 망신을 시킬 수는 있어도 이미 유엔 감시 아래 치러진 총선으로 수립된 대한민국의 해체 결의는 현실성이 없는 것이다. 수석 대표로 선출된 김규식이 이 일을 수락하지 않아 계획은 유산되었다.

양 김씨의 반 단정·반 이승만 운동은 1949년 6월 26일의 김구 암살로 발전함으로써 또 하나의 민족적 불행을 가져왔다. 포병 대위 안두희(安斗熙)라는 광적인 극우파 테러리스트에게 희생당한 김구의 죽음은 그 자체가 건국 초기의 정치적 재앙이었을 뿐 아니라 범인의 배후 세력을 둘러싸고 전개된 논란 과정에서 이승만정권이 사건의 배후로 회자되면서 정권의 도덕성은 물론 대한민국의 정통성에도 흠집을 냈다. 김구가 암살된 그 해 6월은 다른 문제들과 겹쳐 이승만정권으로서는 최대의 시련과 위기의 시기였다. 그렇기는 하지만 한독당 계열의 반 단정 운동은 김구의 암살을 계기로 수그러들기 시작했다. 역사적 가정이지만, 만약 당시에 김구가 북한의 김일성이 일찌감치 소련군 사령부의 지시로 단독 정부를 수립하려 했다는 사실을 알았더라면 그는 어떻게 행동했을까. 그는 이를 저지하기 위해서라도 북행을 강행했을까. 김일성을 상대로 한 남북협상에서도 외골수로 행동한 김구는 민족 통일이라는 숭고한 목표를 위해 매진한 존경할 만한 지도자이기는 했지만 결과적으로 그들에게 이용만 당했다. 여하간 김구의 암살은 참으로 애석한 일이다.

김구와 함께 단독 선거 반대 투쟁을 벌인 김규식과 조소앙은 남북 총선거와 통일 정부 수립을 외치기는 했으나 김구보다는 훨씬 온건했다. 김규식은 측근의 회고에 의하면 이미 평양으로 향발하기 전에 "남북연석회의 성공 가능성을 확신하지 못하고 북행을 망설였지만 처음부터 안 된다고 하여 시도도 하지 않고 단념하면 안 된다고 생각하여"[3] 북측에 대해 5개항의 조건을 붙여 뒤늦게 평양으로 출발했다는 것이다. 결론적으로, 해방 정국에서 신탁통치 문제를 둘러싸고 김구가 미 군정청과 그런 식의 극단적인 대립을 하지 않고, 이승만, 김구, 김규식 3자도 그처럼 분열하지 않았더라면 한국 보수 세력의 그 후 발자취는 물론이고 대한민국의 진로도 달라졌을지 모른다.

남로당의 국가 전복 기도와 폭력 전술

이승만정권이 직면한 또 다른 도전은 국내 극좌 세력의 반 정부 투쟁이었다. 극좌 세력화한 남로당은 공식적으로는 1946년 11월 창당되었으나 실질적으로는 그해 9월 창당 작업 과정에서 미 군정청이 박헌영 등 조공 간부들에게 체포영장을 발부하자 그때부터 지도부가 발이 묶인 상태였다. 박헌영은 북한으로 탈출하고 다른 간부들은 지하로 들어갔다. 남로당은 1948년 5월 총선 직후부터 '총선 무효'와 '단정 반대' '미군 철수' '인공 만세' 등 구호를 외치면서 격렬한 정부 전복 투쟁을 벌였다. 남로당은 10월 5일 새벽을 기해 서울·개성·인천·대구·광주 등 전국 도시의 공공 건물에 일제히 인공기를 내거는 이른바 '인공기 계양 투쟁'을 벌였다. 이와 함께 평양 정권이 전체 한반도를 대표하는 정부라는 전단을 뿌렸다. 서울에서는 독립문과 중앙청 건물에 인공기가 걸리는 사건도 일어났다.[4]

5·10선거를 방해하기 위해 일어난 1948년의 제주 4·3사건은 정부 수립 후에도 진정되지 않았다. 다수의 무장 세력이 가족과 함께 한라산으로 들어가 항전을 계속함으로써 단기일 안에 진압되지 않았다. 군경이 무장 세력을 토벌하는 과정에서 수많은 무고한 양민을 살상했다. 이 사건의 희생자는 2만5,000명 내지 3만 명으로 추산되었으나 김대중정권 때 설립된 제주4·3사건특위에 신고된 숫자는 사망자 1만379명(76%), 행방불명자 3,053명(23%), 후유장애자 139명(1%)이다.[5]

2개월 후인 그해 10월 20일에는 4·3사건 토벌 작전에 참가하기 위해 제주로 출동하려던 여수 순천지구의 14연대에서 반란이 일어났다. 이어 11월 2일부터 이듬해 1월 30일 사이에는 대구 지방에서도 제6연대의 3차에 걸친 반란 사건이 일어났다. 당시 국군 내부에는 국방경비대 시절부터 공산 프락치가 침투해 이들이 남노당의 지령을 받고 반국가 반란을 꾸몄다. 여순반란사건에 가담한 군인 700명은 민간인 동조자 1,300명과 함께 산악지대로 도주해 유격부대를 구성, 지리산을 중심으로 한 경남 및 전남 일대를 '유격구'로 만들어 인민위원회를 설립했다. 북한의 지원을 받은 이들 공산 게릴라들은 지리산 지구 이외에도 오대산과 태백산을 중심으로 하는 오대산유격전구, 전남·영광·함평·장흥 등지를 중심으로 하는 호남유격전구, 태백산과 소백산 일대를 중심으로 하는 경북 북부 지역의 태백산유격전구, 경북 남부의 경북 영천·경산과 경남의 양산·울산·동래 일대를 중심으로 하는 영남유격전구를 만들어 게릴라전으로 정부를 위협했다.[6] 이런 상황 아래서 1949년 5월에는 몇 차례의 군인 집단 월북 사건이 발생해 국 내치안은 어지럽기 짝이 없었다.[7]

북한 정권의 파괴 공작

이승만 정부가 직면한 또 다른 도전은 북한 정권의 통일 공세와 국가 전복 공 작이다. 김일성 정부는 정권 출범 다음 해인 1949년 6월 25일 조국통일민주주 의전선(조통전)을 결성했다. 이 기구는 북민전(정식 명칭 북조선민주주의민족전 선, 46년 7월 결성)과 남민전(남조선민주주의민족전선, 46년 2월 결성)이 합친 것이라고 발표했다. 그 시기는 북조선노동당과 남조선노동당을 합쳐 조선노동 당을 창설한 직후였다. 조통전은 평화적 통일을 위해 조선 인민 자신에 의한 남 북한 동시 선거 실시를 주장하는 '평화통일선언서'를 유엔사무총장에게 보내는 등 외교 공세를 벌였다. 조통전은 이 성명에서 미군 철퇴와 조국 통일을 위한 투 쟁에 전 인민을 총궐기시켜야 한다고 호소했다.[8]

김일성 정권은 이와 동시에 특수 부대를 남쪽에 보내 남한의 공산 게릴라를 지원하기 시작함으로써 공공연하게 대한민국의 붕괴 작전을 폈다. 그 공세는 1949년 절정에 달했다. 북한 정권은 오대산지구에 인민유격대 제1병단을, 지리 산지구에 제2병단을, 태백산지구에 제3병단을 각각 편성하고 전투 요원도 11차 례에 걸쳐 남파했다. '이호제부대'로 불린 제1병단은 강동정치학원 학생 약 300 명으로 편성된 5개 중대로 구성되었고, 김달삼(金達三)이 사령관, 남도부(南道 富, 河準洙)를 부사령관으로 한 제2병단은 병력이 360명이었으며, 이현상(李鉉 相)을 사령관으로 한 제3병단은 4개 연대로 구성되었다.[9] 강동정치학원은 1947 년 9월 평양 근처인 평남 강동군에 소련의 지원 아래 김일성이 세운, 남한에 파 견할 특수공작대원들을 훈련하는 특별 훈련소였다. 초대 교장은 소련 국적의 박 병률(朴秉律)이었다. 이 사실은 소련군 사령부가 남한 게릴라를 간접 지원했다 는 이야기가 된다. 강동정치학원은 처음에는 대부분이 조선노동당원인 학생들에게 군사 훈련과 함께 정치 교육도 실시했으나 남한에서의 공산 빨치산 활동이 절정에 달한 1948년에는 학교의 주된 임무가 미래의 게릴라 지휘관을 양성하는 교육으로 바뀌었다.[10]

주한 미군 철수

이승만 정부에 있어서 또 다른 중요한 문제는 주한 미군의 철수였다. 미국은 한반도가 전략적 가치가 없다는 판단 아래 주한 미군을 철수하기로 한 것이다. 미국 합참본부는 1947년 5월 미군의 한국 주둔 및 기지의 유지는 미국으로서는 바람직하지 않다는 이유로 한국에 주둔한 2개 사단의 철수를 건의한 것이다. 주한 미군 병력의 철수는 한반도의 외국군 철수를 결정한 1948년 12월 12일의 유엔 결의에 따라 즉시 시작되어 이듬해 6월 30일 완료되었다. 그 결과 7월 1일자로 500명의 주한미군사고문단(KMAG)이 설치되었다. 미국은 연간 1,000만 달러의 군사 원조를 약속하고 1950년 1월에는 한미상호방위원조협정을 체결했다. 이로써 한국은 미국의 주저항선이 아닌 전초 기지가 되었다. 전초 기지란 군사상으로 주저항선 앞에 설치되며, 적이 공격해왔을 때 현지 병력으로 막다가 역부족하면 털어버리고 주저항선으로 철수하는 전방 기지이다.

미 국무장관 애치슨(Dean Acheson)은 1950년 1월 12일 미국의 태평양 지역 방위선은 얼루션 열도(Aleutian Islands)에서 일본과 오키나와 열도(琉球列島)를 거쳐 필리핀으로 연결되는 선이라고 발표했다. 그는 방위선 외곽의 국가(한국과 대만)의 안보에 대해서는 군사적 공격이 있을 경우 1차적인 책임은 공격을 받은 국민이 이에 대항하고 그리고 나서 유엔헌장을 준수하는 전 세계 문명국의 개입에 의존해야 할 것이라고 밝혔다. 그런가 하면 그 해 6월 극동지역 순방 중 한국을 방문한 미 국무성 고문 덜레스(John F. Dulles)는 19일 국회 개원식에 참석해 축사를 통해 미국은 한국을 영토 보존이나 정치적 독립에 대해 폭력을 사용하지 못하도록 요구하는 유엔의 일원으로 간주하고 있다면서 미국 국민은 한국 국민을 확고부동한 방대한 도의적·물질적 힘과 결의를 행사하는 자유세계의 대등한 동반자로 환영하는 바이라고 밝혔다. 그는 이어 "이러한 조건들은 침략적인 전쟁을 하는 전제주의는 어느 것이건 형언할 수 없는 재화(災禍)를 입는다는 것을 확실히 하는 것"이라고 강조하면서 "한국은 고립해 있는 것이 아니라"고 언명했다. 애치슨과 덜레스의 상반된 발언들은 미국의 대한방위공약에 대해 혼선을 빚는 것이었다.[11] 이런 가운데 북한은 후술하는 바와 같이 소련과 중국의 지원을 얻어 비밀리에 남침 준비를 하고 있었다.

이승만 정부는 이 같은 위기 상황을 맞아 1948년 11월 한민당과 협의를 거쳐 국가보안법을 제정했다. 일부 진보·좌파 역사가들은 이러한 조치를 이승만의 '국가억압체제 강화'라고 지금도 비난하고 있지만 당시 정부로서는 국가와 정부를 수호하기 위해 불가피한 일이었을 것이다.[12] 뒤에서 살필 친일 반민족행위자 처벌 문제가 흐지부지 된 원인의 하나도 이 같은 국내 상황과 밀접한 관계가 있다. 이승만의 입장에서 보자면, 남북의 공산 세력이 신생 대한민국의 전복을 기도하고 있는 상황에서 친일파 문제는 제2차적 문제이며 공산당에 대한 수사 경험이 풍부한 일제 고등계 출신을 활용하는 것이 불가피한 것으로 판단되었을 것이다.

2. 이승만과 한민당과 좌익 세력

한민당 멀리한 이승만과 민국당 탄생

이승만은 한민당이 중심이 된 범보수 진영의 추대를 받아 대통령에 당선되었으나 취임 직후부터 한민당을 소외시키는 정책을 썼다. 이로 인해 자당 중심의 조각을 기대했던 한민당이 반발해 양자 사이에 균열이 생기기 시작했다.

이승만과 한민당의 대립 징후는 이승만이 초대 대통령에 취임한 직후 국회에 낸 국무총리 이윤영(李允榮)에 대한 인준안을 국회가 압도적인 다수표로 부결시켰을 때 나타났다. 1948년 7월 24일 대통령에 취임한 이승만은 27일 직접 국회에 나와 연설을 통해 국무총리 후보로 목사 출신의 이윤영을 지명했다. 그러나 표결 결과 재석 193명에 찬성 59표, 반대 132표, 기권 2표의 압도적인 표차로 부결되었다. 이승만은 한민당에서 강력히 추천한 김성수를 제치고 북한 출신인 이윤영을 국무총리에 지명함으로써 한민당의 반발을 샀다. 많은 무소속, 특히 소장파 의원들이 표결 때 한민당에 동조한 것은 이승만에게 큰 타격

이었다.[13]

이승만은 이윤영이 부결되자 7월 31일 광복군 참모장을 지낸 이범석을 총리 후보로 지명했다. 이범석은 국회의 인준안 표결에서 재석 197명 중 찬성 110표, 반대 84표, 무효 3표로 무난히 통과되었다.[14] 2차 총리 지명 때도 허정, 백남훈, 김준연, 서상일 등 한민당 간부들은 계속 이승만에게 김성수를 추천했다. 그러나 이승만은 이를 거부하고 김성수에게 재무장관 자리를 권했다가 거절당했다. 이승만은 김성수를 추천하는 허정에게 "생각해 봐요. 대통령을 나무 위에 올려놓고 흔들 때 대통령이 자기 일을 할 수 있다고 생각하나? 지금은 난시(亂時)야. 평상시가 아니란 말이야"라고 한민당 견제 방침을 노골적으로 밝혔다. 김성수가 재무장관 임명을 고사함으로써 이승만의 첫 조각 때 한민당에서는 법무장관 이인(李仁)과 재무장관 김도연(金度演) 두 사람만이 입각했다.[15]

이승만과 한민당의 균열은 1948년 8월 건국 직후부터 1950년 6월 북한군이 남침하기 직전까지 신생 대한민국의 정치를 어지럽게 했다. 그 1년 10월 간의 한국 정치사는 이들 두 우익 보수 세력 간의 대립과 갈등의 역사라 해도 과언이 아니다. 한민당은 1949년 2월 10일 신익희가 주도하는 대한국민당 및 지청천이 주도하는 대동청년단의 세력과 합당해 민주국민당(민국당)을 탄생시켰다. 새로 탄생한 민국당은 제헌국회 개원 당시 한민당 의석 29석의 두 배가 넘는 70석을 보유한 원내 제1당이 됨으로써 강력한 야당으로 발돋움했다. 의석 배가로 원내 중심 세력이 된 보수 우익의 민국당은 바로 이승만과 본격적인 투쟁 채비를 차렸다.[16]

제헌국회의 좌·우익 대립

제헌국회는 개원 직후부터 미군 철수를 주장하는 소장파들과 이를 반대하는 보수 우익의 한민당과 국민계의 대립으로 파란이 일어났다. 일부 소장파 의원들은 1948년 10월경부터 미군 철수와 평화 통일의 당위성을 주장하면서 반민족행위자처벌법 및 농지개혁법 제정 운동을 앞장서 벌임으로써 이승만과 한민당의 보수 노선에 도전했다.[17] 소장파 의원 중에는 좌익 또는 좌경적인 국회의원들 상당수가 포함되어있었다. 맨 먼저 무소속의 박종남(朴鍾南) 의원 등 소장파

46명은 제헌국회 개원 직후인 1948년 10월 주한 외국군철퇴결의안을 긴급 동의 형식으로 제출했다. 이들은 본회의에서 이 결의안을 바로 표결하자고 기습적으로 요구함으로써 발언 신청을 하기 위해 10여 명의 의원이 한꺼번에 단상으로 뛰어오르는 등 혼란이 일어나 국회 사상 최초로 경위권이 발동되었다.

미군 철수를 반대하는 보수파 의원들은 결의안의 재론과 표결 보류를 주장해 표결 보류안이 통과되었다. 공보처는 이 무렵 연일 성명을 내 이들 국회의원들의 배후에서 공산당이 발호하고 있다고 비난했다. 약 1개월 후인 11월 보수파들이 소장파의 미군 철수 공세에 맞서기 위해 나섰다. 민국당의 김준연·최윤동(崔允東) 의원 등 99명은 대한민국의 방위 태세가 정돈될 때까지 미군 주둔의 필요성을 인정하는 결의안을 국회에 제출했다. 이 결의안은 소장파들이 퇴장한 가운데 찬성 88표, 반대 3표로 통과되었다.[18] 그러나 이듬해 2월 무소속의 김병회(金秉會) 의원 외 71명은 다시 외군철퇴안을 국회에 제출했다. 표결 결과 재석 133명 중 보류 찬성 68, 반대 65표로 외국군철퇴결의안이 부결되었으나 3월 들어 다시 소장파의 지도자격인 국회부의장 김약수(金若水) 등 65명이 유엔한국임시위원단에 외군 철퇴에 관한 진정서를 제출했다.[19]

1949년 3월 소장파는 기습적으로 내각불신임안을 국회에 제기했다. 소장파의 대표격인 노일환(盧鎰煥)은 긴급 동의로 불신임안을 제출하면서 국정 감사 실시 결과 지난 1년 간 정부의 예산 집행에 무계획성이 드러났으므로 정부의 무능과 시국 혼란의 책임을 물어야 한다고 주장했다. 그는 주한 미군의 철수도 주장했다. 건국 후 최초로 제기된 이 불신임안은 표결 결과 재석 114명 중 찬성이 불과 14표만이 나와(반대 67표, 기타 33표) 부결되었다. 소장파들은 내각불신임을 노렸다기보다는 미군 철수라는 정치 공세를 벌이는 데 목적이 있었다.[20] 그들은 그만큼 집요했다.

국회프락치사건과 보수 진영

이들 소장파는 3개월 후인 그해 6월 다시 이범석 국무총리 이하 전 국무위원 인책결의안을 국회에 제출했다. 이번에는 각 지방에서 이승만계 청년 단체들이 경찰의 묵인 아래 불법 기부금을 공공연하게 징수하고 있다는 이유에서였다. 이 결의안은 재석 144명에 찬성 82표, 반대 61표로 통과되었다. '인책' 결의안은 불신임안과는 달리 법에 없는 것이어서 이승만은 "국회의 결의는 권고에 불과하기 때문에 아무 영향도 없다"라고 받아들이기를 거부했다.[21]

국회프락치사건은 이런 와중에 발생했다. 국회 휴회 중인 1949년 5월부터 8월까지 몇 차례에 걸쳐 모두 13명의 무소속 소장파 의원들이 구속되었다. 구속된 의원 중에는 국회부의장 김약수와 내각불신임안 제안자인 노일환 등이 포함되었다. 이들은 미군 철수 등 남로당의 7개 원칙을 실천하라는 비밀 지령을 받고 국회에서 미군 철수 주장을 했다는 혐의를 받았다. 사건이 조작되었다는 주장이 당시 강력하게 대두되었지만 1심 재판에서 이들은 대부분 징역 12년 내지 3년을 선고 받았다. 그러나 공소 제기 직후 6·25전쟁이 일어나자 그중 상당수가 수감 중이던 서울형무소에서 인민군에 의해 풀려나 월북했다.[22]

제헌국회 당시 좌익들의 공세에 대항하는 두 가지 조치가 나왔다. 첫째는 이승만 정부가 1948년 10월 18일 남로당, 근로인민당 등 16개 정당과 117개 사회단체 등 민족주의 민주전선(민전)에 가입한 모든 좌익 단체들을 불법화한 조치이다. 미군정 당시인 1946년 2월에 결성된 민전은 대한민국이 수립되자 국가 전복을 위한 최후의 저항을 시도했었다. 두 번째 조치는 국회에서의 우익 진영의 연합 전선을 형성하려는 움직임이었다. 1949년 6월 이승만계의 국민회가 민족진영강화대책위원회라는 임시 기구를 만들었다. 이승만은 이 기구를 적극 옹호하면서 "국민 총력 조직이 공산당의 도발을 분쇄해야 한다"라고 격려했다. 그러나 각파 간의 이견으로 7월 30일이 되어서야 첫 모임을 가진 우익 정당 및 단체대표들은 기구의 명칭을 민족진영강화준비위원회로 한다는 데만 합의하고 기구의 주도권을 둘러싸고 이견을 보여 더 이상 실질적인 진전은 보지 못했다.[23] 한국의 보수 세력은 이때도 단결하지 못하고 곧 6·25를 맞게 된다.

3. 전쟁 발발도 모른 정치인들

개헌안으로 맞선 이승만과 민국당

민국당은 다른 야당 세력과 손을 잡고 권력 구조를 순수한 내각책임제로 바꾸는 개헌안을 1950년 1월 제출했다. 민국당의 서상일(徐相日)·나용균(羅容均), 일민구락부의 조병한(趙炳漢)·이병관(李炳寬), 신정회의 김수선(金壽善), 무소속의 박해정(朴海楨), 노농당의 김장렬(金長烈) 등 각파 대표 10여 명이 공동으로 제안한 이 개헌안의 속셈은 이승만을 집권자의 자리에서 당장 끌어내리려는 것이었다. 민국당은 내각책임제가 한국에는 더 알맞은 정부 형태이고 대통령제는 독재의 위험이 있다고 주장했다. 그러나 한민당이 제헌국회에서 적극 나서서 헌법을 제정한 지 불과 1년 반 만에 다시 헌법을 고치자고 나온 것은 명분이 약할 수밖에 없었다. 이 때문에 민국당 안에서도 이를 반대하는 의견이 많아 당내 혼선이 빚어졌다. 조헌영(趙憲泳)·김교현(金敎鉉)·김준연(金俊淵)·홍성하(洪性夏)·정도영(鄭道榮)·김상덕(金尙德)·신방현(申邦鉉) 의원 등은 개헌안에 반대해 서명을 거부했다.[24]

내각제 반대론자인 이승만은 야당의 개헌안이 제출되기 전부터 내각제가 "국운을 기울게 하는 것"이라고 반대 의사를 밝혔다. 그는 공보처를 통해 담화를 내고 "개헌은 우리 민족이 원치 않는 것으로 오늘의 형편에서는 허용될 수 없다"라고 비판했다. 이승만은 개헌안이 국회에 나온 뒤에는 "나는 대통령의 자리를 물러나는 한이 있더라도 국가 확립 때까지 일부의 개헌 공작을 저지할 각오"라고 반대 의사를 표명했다.[25] 이승만의 입장을 지지해서 개헌안에 반대한 원내 정당은 대한국민당이었다. 대한국민당은 친 이승만계의 신정회와 일민구락부, 노동당 등을 통합해 원내 71석을 확보한 제1당이었다. 친 이승만계 정당들의 내각제 개헌 반대 입장 표명에 이어 정부의 장관들도 국무회의에서 개헌 반대 결의를 한 다음 전 공무원과 경찰관에게 개헌 반대 방침을 시달했다. 특히 신성모 국방장관은 개헌안을 격렬하게 비난하면서 5,6월에 북한군이 남하하려는 기색을 보이고 있는 시기에 민심의 동요와 혼란을 보이는 것은 유감스러운 일이라고 주장했다. 친 이승만 민간단체에서는 개헌 반대 운동을 위한 국민총궐기대회까지 개최했다. 2월 들어 대한청년단과 대한노총 산하 단체들은 서울운동장에서 집회를 갖고 개헌안에 반대하는 결의문을 채택했다.[26]

내각제개헌안은 3월 9일 국회 본회의에서 토론에 붙여져 욕설이 오가고 난투극까지 벌인 끝에 13일 표결을 실시했다. 표결 결과 건국 후 최초의 헌법 개정안인 민국당의 내각제개헌안은 찬성 79표, 반대 33표, 기권 66표로 폐기되었다. 일단 이승만이 승리했다.[27] 건국 후 불과 1년 반 만에 시도된 민국당에 의한 이 승만의 탈권 작전은 야당의 패배로 끝났지만, 이런 정치 행태는 권력 게임을 위해 무한의 싸움을 벌이는 나쁜 선례를 우리 헌정사에 남겼다. 이승만이 취임 1년 반 동안 그 특유의 권위주의적 행태를 나타내 야당의 반발을 산 것은 충분히 이해할 수 있으나 그렇다고 해서 임기 도중인 대통령을 개헌을 통해 무력화시키려는 민국당의 시도는 정당화되기 어렵다.

제2대 국회의원 총선

제헌국회의원의 2년 임기가 끝남에 따라 1950년 5월 30일 제2대 국회의원 선거가 실시되었다. 선거가 실시되기 전까지 여야 간에 치안과 물가 불안 및 대선 시기와의 불일치 등을 이유로 2년 간의 선거연기론이 제기되었다. 이승만도 태도를 결정하지 못하고 여러 차례 입장을 바꾸었지만 반대 명분이 약해 예정대로 실시하게 되었다.

5·30총선은 제헌국회 선거를 보이콧했던 남북협상파가 참여해 선거 쟁점과 경쟁률도 훨씬 치열해졌다. 이승만은 몸소 전국의 주요 도시를 돌면서 "내각책임제를 주장한 사람들에게 투표하지 말라"라고 역설했다. 그는 투표일 1개월 전에 한민당 출신의 김효석(金孝錫) 내무장관을 백성욱(白性郁)으로 교체하고 민국당계로 지목된 다수의 경찰서장들을 바꾸게 했다. 교체된 지방 경찰 간부의 수는 야당 측이 200명 정도에 이른다고 주장했을 정도로 다수였다. 당시는 경찰이 선거를 관리한다 해도 과언이 아닐 정도로 그 영향력이 컸으므로 경찰의 선거 개입 문제가 선거 쟁점이 되었다.[28]

선거 결과는 무소속의 대승이라는 의외의 결과로 나타났다. 210개 선거구에 출마한 후보 205명 중 이승만을 지지하는 여당계 당선자는 57명으로 부진했으며 야당계도 불과 27명으로 더욱 나빴다. 이에 비해 무소속은 126명으로 압도적이었다.[29] 민국당 후보의 당선율은 불과 10%였는데, 제헌의원으로 재선에 성공한 사람은 한민당계가 아닌 신익희와 지청천 정도였다. 한민당계의 백남훈, 서상일, 김도연, 백관수, 김준연, 조병옥, 김동원(金東元), 조한백(趙漢柏), 나용균 등 당 중진 및 중견들은 모조리 낙선했다. 민국당의 참패 원인은 이 당이 친일적이며 지주와 부유층 중심의 보수 정당이라는 반대 세력의 비난 공격에다가 내각제개헌안 제안으로 인한 여론 악화에 있었다. 민국당이 권력 게임에 나서 개헌안을 냈다가 여론의 역풍을 맞은 것은 자업자득이었다. 압도적으로 많은 무소속 당선자 가운데는 조소앙, 안재홍, 원세훈, 윤기섭 등 남북협상파와 중간파 거물급이 들어 있었다.[30]

달라진 국회의 세력 판도

제2대 국회는 이승만계나 민국당 어느 쪽도 마음대로 할 수 없는 의석 분포가 되어 국회의장 선거에서부터 그 영향이 나타났다. 국회의장 선거 결과 1차 투표에서 당선자가 나오지 못하고 2차 투표에서 야당 진영인 민 민국당의 신익희(申翼熙)가 당선되었다. 1차 투표에서 신익희는 96표, 무소속의 조소앙은 48표, 이승만이 민 무소속의 오하영(吳夏榮)은 46표였다. 2차 투표에 들어가서야 신익희 109표, 조소앙 57표, 오하영 42표를 얻었다. 신익희가 당선된 데는 무소속이 동조했기 때문이다.[31]

무소속이 과반수인 제2대 국회는 대통령이 제출한 의안을 번번이 부결했다. 반면에 국회가 통과시킨 법안을 대통령이 거부권 행사를 하는 사례가 차츰 늘어나면서 대통령과 국회 간, 그리고 여당과 야당 간에 팽팽한 대립이 생기기 시작했다. 당초 이승만의 강한 희망에 따라 급작스럽게 도입된 대통령제는 내각책임제적 요소 때문에 장점보다는 단점이 더 많이 노정되어 점차로 개발도상국의 특징인 신대통령제로 변하기 시작했다.

그러나 제2대 국회 개원 초에는 각 정파들이 원만한 의회 정치를 모색하는 움직임을 보이기도 했다. 이승만은 6월 24일 저녁 경무대에서 신익희의 국회의장 재선을 축하한다는 명목 아래 민국당의 최고 지도부인 김성수, 신익희, 백남훈, 조병옥과 마주 앉아 정국 운영에 관한 간담을 가졌다. 이 날 모임은 험난한 국회와 정국의 앞날을 걱정하면서 서로가 협조를 다짐하는 덕담을 나누는 수준의 만남이었다.[32] 그런데 이날 저녁은 바로 북한군이 전면 남침을 개시하기 불과 몇 시간 전이었다. 김일성은 이미 오래 전부터 구체적인 남침 계획을 세워놓고 이

시각쯤에는 이미 병력의 이동 배치를 완료하고 있었다.

그러나 불행히도 이승만 대통령을 비롯한 신생 대한민국의 각 정파 지도자들은 이 사실도 모른 채 국회 운영 토의에 여념이 없었다. 정치 지도자들의 권력 게임은 6·25 발발로 일단 중단되었다. 여야 간의 싸움은 반 년 정도의 '강제 휴가'에 들어갔다가 1951년 1·4후퇴 후 피란수도 부산에서 다시 그 지긋지긋한 모습을 재연했다.

2 전쟁 속의 정쟁

(김일성이 말하기를) 스탈린 동지는 이승만의 군대가 북부를 공격하는 경우에는 남부로 역공해도 좋다고 말했으나, 이승만은 오늘까지 공격해 오지 않고 있으며 남부 인민의 해방과 국토 통일이 지연되고 있다. 다시 스탈린 동지를 방문해 남조선 해방을 위한 인민군의 공격 행동에 관한 지시와 허가를 얻을 필요가 있다고 생각한다. … 스탈린 동지의 지시는 나에게 법이기 때문이라고 했다.

– 테렌티 F. 시티코프(Terenti F. Shtykov), 평양 주재 소련 대사
– 1950년 1월 17일 김일성과의 회담 결과를 보고하는 비밀 전문

1. 망국의 위기와 지도자들

6·25남침으로 허를 찔린 대한민국

북한군의 기습 남침을 이승만에게 보고하기 위해 국방장관 신성모(申性模)가 경복궁 내 경회루에서 낚시를 하고 있는 그에게 달려간 것은 1950년 6월 25일 오전 10시경이었다. 인민군이 38선에서 남침 작전을 개시한지 무려 6시간이 지난 다음이었다. 보고가 이처럼 늦어진 것은 그날이 일요일이어서 신성모가 휴가 중이었기 때문이다. 신성모는 이승만에게, 북한군이 남침을 개시해 오전 9시에 개성이 함락되고 춘천 근교로 탱크를 앞세우고 밀려들고 있으나 크게 걱정할 것은 없다고 보고했다. 안심한 이승만은 "탱크를 막을 길이 없을 텐데 … 그 놈들 장난치다가 그만 두겠지"하고 낚싯대를 거두어 경무대로 향했다.[1]

이날 오후 2시가 되어서야 뒤늦게 열린 임시국무회의에서도 육군참모총장 채병덕(蔡秉德)은 후방 사단을 전선에 투입해 반격 작전을 개시하면 북한군은 곧 퇴각시킬 수 있다고 보고했다. 신성모와 채병덕은 이튿날인 26일 오전 11시 중앙청에서 열린 '비상국회'에서도 비슷한 말을 했다. 신성모는 "5일 이내에 평양을 점령할 수 있다"라고 보고했고 채병덕은 "적을 의정부 밖으로 격퇴했으며 3

개 사단이 후방에서 올라오면 3일 이내에 평양을 점령해 보겠다"라고 보고해 의원들로부터 우레와 같은 박수를 받았다. 그러나 잠시 후 참모부장 김백일(金白一) 대령으로부터 의정부가 위급하다는 보고를 받은 채병덕은 대경실색했다. 이날 서울 상공에는 이미 북한 전투기가 출현해 순회 비행을 하고 있던 긴박한 상황이었다.[2]

정부 수뇌들이 이렇게 우왕좌왕하고 있는 동안 북한군은 벌써 동두천과 의정부를 돌파해 서울로 진격하고 있었다. 27일 밤에는 미아리에 도착하고 28일 오후에는 서울을 완전히 장악했다. 북한군이 이처럼 신속하게 남진을 할 수 있었던 것은 정부가 아무런 대비도 해 놓지 않았기 때문이다. 북한은 1948년 12월 모스크바에서 열린 소련·중국·북한 3국의 군 수뇌 회담에서 이루어진 합의에 따라 군사력을 18개월 이내에 획기적으로 증강할 목적으로 탱크 300대, 항공기 200대, 각종 포 약 1,500문 등 소련제 무기를 제공받아 남한과는 비교가 안 되는 수준의 준비를 완료했다. 란코프는 북한 군부가 이미 1947년에 남침 계획을 입안했다고 주장한다.[3] 김일성은 Ⅲ-**4**(단정 수립에 나선 우익 세력)에서 설명한 바와 같이 그해 5월 자신의 군대인 인민군 집단군총사령부를 발족시켰다.

김일성은 1949년 3월 모스크바를 방문해 스탈린에게 남침 계획을 승인받으려 했다. 그러나 스탈린은 남한군이 북침했을 경우에만 반격할 수 있다고 부정적인 태도를 취했다. 그 후 김일성이 평양 주재 소련 대사 시티코프와 끈질긴 교섭을 벌인 끝에 1950년 3월 30일부터 4월 25일까지 다시 모스크바를 방문했을 때는 스탈린은 태도를 바꾸었다. 스탈린은 중국의 마오쩌둥이 협력하는 것을 조건으로 김일성의 남침 계획을 승인했다. 중국 대륙에서의 마오쩌둥의 승리로 정세 변화가 온 것이다. 이러한 사실은 1994년 6월 러시아를 방문한 김영삼 대통령에게 옐친(Boris Yeltsin) 러시아 대통령이 건네 준 소련의 한국전쟁 관계 비밀 문서에서 밝혀졌다. 김일성은 박헌영을 대동하고 6·25 남침 약 40일 전인 그 해 5월 15일 중국으로 마오쩌둥을 방문, 중국 측의 지원 동의도 받아냈다.[4]

이런 상황 아래서 이승만 정부는 북한군의 남침 가능성을 염려하면서도 아무 대비도 하지 못했다. 고작 한 일이라고는 북한군의 위협을 강조하던 육군참모총장 신태영(申泰英)을 실전 경험이 없고 무능한 채병덕으로 바꾼 것밖에는 없다.

북한군의 남침 가능성에 무관심했던 채병덕은 공교롭게도 6월 10일 전방의 유능한 지휘관을 후방으로 돌리는 사단장 인사이동을 단행해 38선의 방어력을 약화시켰다. 그는 5월 1일부터 전군에 내려진 비상경계령을 6월 23일을 기해 해제해 버렸다. 하필이면 24일 저녁에는 새로 건립된 서울 용산의 육군장교구락부 개관 기념 파티가 열렸다. 군 수뇌들은 밤늦도록 술을 마시고 일요일 아침까지 늦잠을 자는 한심한 사태가 벌어졌다.[5] 24일 오전 육본 정보국은 북한군이 이튿날쯤 남침할 가능성이 있다고 보고했으나 채병덕은 귀를 기울이지 않았다. 25일에도 그는 사태를 명확하게 파악하지 못하고 북한군의 작전이 전면 공격이라는 사실도 오전 10시경에야 겨우 알았다. 그는 그날 오후의 임시 국무회의에서 북한의 침공 목적이 경찰에 체포되어 있는 남로당의 이주하(李舟河)와 김삼룡(金三龍)의 석방을 요구하기 위한 것이라고 엉터리로 보고했다.

북진통일론과 국회의 태만

이승만은 6·25전쟁 발발 전까지 북진 통일을 공개적으로 주장했다. 그는 1949년 여름 내내 기회 있을 때마다 북진 통일을 강조했다. 신성모는 이 무렵 국회에서 발언하면서 한 술을 더 떴다. "만약 북한군이 쳐들어온다면 우리의 국군은 그들을 물리치고 점심은 평양에서, 저녁은 신의주에서 먹을 수 있다"라고 호언장담했다. 이승만이 북진 통일을 외친 것은 대한민국의 정통성과 통일의 당위성을 재확인하고 국민들의 사기를 높이려는 데 목적이 있었지만 만약 그가 북한군의 군비 증강과 남침 가능성을 제대로 파악했더라면 그런 말을 그처럼 쉽사리 하지 않았을 것이다. 그의 북진 통일 발언은 일반 국민들에게는 한반도의 군사 정세에 대한 그릇된 인식을 심었고 대북 경계심을 해이케 했다.

미국 정부는 이승만의 발언 때문에 장차 있을 지도 모르는 한국군의 북침 가능성을 우려해 추가 군사 원조와 공격용 무기의 제공에 소극적이었다. 미국은 한국에 남기고 간 유일한 미군병력인 미 군사고문단으로 하여금 한국군을 장악·통제하도록 했다. 1949년 6월 주한 미군을 완전 철수시킨 미국 정부는 1950년 1월 체결한 한미상호방위원조협정에서 1,097만 달러를 한국에 제공하기로 합의했다. 그러나 이 돈은 전쟁이 발발한 그날까지 한국 측에 전달되지 않았다.

정부뿐 아니라 야당이 지배하던 국회 역시 마찬가지였다. 여야를 막론하고 군사력 향상을 위한 예산을 통과시키는 데는 무관심했다. 육군본부 작전국은 북한군이 탱크를 앞세우고 남침할 것에 대비해 38도선 일대에 대전차용 참호 설비를 비롯한 국군 방어력 강화를 위한 긴급건의서를 그해 5월 국회에 제출했으나 5·30총선을 앞두고 국회의원들이 선거 운동에 바빠 회의조차 열지 않았다.

이승만 정부가 범한 또 다른 치명적 과오는 전쟁 발발 후 정부가 비밀리에 서울을 탈출하면서 한강 인도교를 폭파해 대부분의 서울 시민이 한강을 건너 피란 길에 오르지 못하게 한 사실이다. 28일 새벽 2시 반경 한강교가 폭파되자 다리 위를 달리던 수십 대의 차량이 강으로 추락해 수백 명의 시민이 사망했다. 서울 시민들은 그들 자신의 눈으로 서울에 진입한 북한군의 모습을 보기 전까지 정부의 거짓말 발표만 믿고 서울이 안전한 줄만 알았다.

대통령 이승만은 이보다 앞서 27일 새벽 3시 반 신성모와 측근들의 강력한 건의에 따라 비상금 5만 원만 갖고 서울을 떠났다. 서울역을 떠난 이승만은 임시로 편성한 3등칸 특별열차로 단숨에 대구에 도착했으나 그의 고집으로 다시 대전으로 돌아갔다. 당시 국무총리서리를 겸하고 있던 신성모도 이날 오후 2시경 수원으로 떠남으로써 정부를 사실상 철수시켰으나 서울을 사수한다고 27일 다시 서울로 되돌아가는 혼선을 빚었다. 이승만은 대전의 충남도지사 관사에서 공보처장 이철원(李哲源)의 건의를 받아들여 마치 서울에서 방송하는 것처럼 "정부는 중앙청에서 집무 중"이라는 내용의 녹음을 해서 방송하게 했다.[6] 이 말을 믿고 피란을 떠나지 못해 인공 치하에 남은 대부분의 서울 시민은 굶주림과 공포에 말할 수 없는 고통을 당했다. 많은 서울 시민은 북한 내무서에 끌려가 조사를 받고 인민 재판에 회부되었으며 의용군에 나가기도 하고 나중에는 북한으로 끌려갔다. 전쟁 발발일로부터 9월 28일 서울 수복 때까지 3개월 동안 남한 지역에서 납북당한 민간인 수는 8만2,959명이며 학살된 수는 12만1,799명이다. 전쟁 기간 중 북한에 납치된 사람 수는 강릉대 김명호 교수의 연구 결과 모두 9만6,013명으로 밝혀졌는데 그 중 약 4분의 1인 2만2,348명이 서울에서 납북되었다.[7] 납북자 중에는 김규식, 안재홍, 조소앙 등 정치 지도자들과 소설가 이광수, 고려대 총장 현상윤(玄相允), 역사학자 정인보(鄭寅普)·손진태(孫晉泰) 등이 포

함되어 있다. 피란을 못 간 국회의원 중 사망 및 피살자는 8명, 피랍자는 27명에 달했다.[8]

피란 수도에서 재연된 정치 싸움

정부는 남침하는 북한군에 밀려 대전, 대구, 부산으로 계속 이동했다. 개전 이틀 후인 6월 27일 정부는 첫 임시 수도 대전에서 일부 국무위원만 참석한 가운데 서울 탈출 후 최초의 각료 간담회를 가졌다. 국회의장 신익희도 이 자리에 동석했다. 신익희와 외무장관 장택상 등은 신성모 국방장관을 교체하고 이범석을 다시 국방장관 자리에 앉혀야 한다고 주장했다. 이승만 역시 신성모에 실망해 이범석으로 바꿀 생각이었으나 미국 대사 무초가 이범석 기용을 반대해 신성모를 유임시켰다.[9] 정부가 약 보름 동안 대전에 머무는 동안 임시 국회도 소집했으나 국회의장과 부의장단 이외에 7명밖에 모이지 않아 유회되었다. 정부와 국회의 기능은 사실상 마비되었다.

그 사이 이승만은 대전에만 머물러 있지 않았다. 그는 7월 1일 수행원 몇 사람만 거느리고 목포를 거쳐 해군 소해정을 타고 3일 부산에 도착했다. 이승만은 경남지사 관저에서 잠시 머문 다음 다시 열차편으로 북상해 대전으로 돌아왔다. 그러나 곧 금강 방어선이 위협받으면서 정부는 7월 16일 다시 대구로 임시 수도를 옮겼다. 대구 시내 한 극장에서 국회가 소집되자 재적의원 3분의 2가 출석해 정부 측으로부터 전황을 보고받는 등 국회의 기능을 수행할 수 있었다. 그러나 낙동강 방어선이 위험해지자 정부는 그 이튿날 다시 임시 수도를 부산으로 옮겨 9월 1일 부산 문화극장에서 국회를 개원했다. 얼마 후 맥아더 장군의 인천상륙작전으로 유엔군이 9월 28일 서울을 수복하고 38선을 넘어 압록강까지 진격함에 따라 정부는 10월 27일 서울로 환도했다. 그러나 11월 15일 중공군의 참전으로 정부는 1951년 1월 4일 다시 서울을 떠나 부산으로 남하했다. 그 때부터 임시 수도 부산은 휴전 성립 두 달 후인 1953년 9월에 정부가 서울로 환도할 때까지 약 2년 반 동안 여야가 겨루는 중앙 정치 무대가 된다.

건국 후 한국전쟁 발발 때까지 1년 10개월 동안 일어난 사건들이 이승만과 한민당(민국당) 간의 지루한 정치 싸움의 예고편이었다면, 피란 수도 부산에서 2

년 반 동안 벌어진 정치 드라마는 그 본편이 되는 셈이다. 영국의 《더 타임스》지가 한국 정세를 논평하는 사설에서 "한국의 폐허 속에서 건전한 민주주의가 발전하기를 기대하느니 차라리 쓰레기통에서 장미꽃이 피기를 기대하는 것이 낫겠다"라고 비꼰 것도 이 시기의 일이다.[10]

부산에서의 정치 싸움은 1952년 8월 말로 임기가 끝나는 이승만 대통령의 재선 문제로 빚어졌다. 이승만은 2대 국회가 민국당 등 야당 세력과 무소속 의원들의 지배 아래 들어감에 따라 1948년 7월 초대 대통령에 당선될 때처럼 국회의 간접선거 방식으로는 재선될 수가 없는 상황이었다. 이에 대처하기 위해 국민의 직접선거 방식으로의 개헌을 추진한 이승만지지 세력과 이를 저지하고 순수한 내각책임제로의 개헌을 추진한 민국당 등 야당 세력 사이에 정면 충돌이 일어났다.

2. 다시 나온 개헌안

방위군사건과 거창학살사건의 여파

이승만계가 직선제개헌안을 성공적으로 추진하기 위해서는 그를 지지해 주는 정당이 필요했다. 단독 정부 수립 때 그와 협력한 한민당이 야당으로 돌아선 마당에 그를 확고하게 지지하는 정당 없이는 직선제개헌안의 통과는 기대할 수 없었다. 이승만은 이때부터 직선제개헌과 신당 창당이라는 두 마리의 토끼를 한꺼번에 쫓게 되었다.

이승만은 1951년 2월 처음으로 직선제 개헌의 필요성을 역설했다. 그는 이날 기자회견에서 직선제와 상하 양원제를 내용으로 하는 개헌에 관해 "이 사업까지 완수하면 내가 일생에 하고자 하던 일은 다 하는 셈이 될 것"이라고 밝혔다. 마치 개헌이 필생의 염원인 듯한 감상적인 말투였다. 이승만은 5월에 들어서는 더욱 강한 어조로 개헌을 역설했다. 그는 이 때, 자신이 다음 대통령선거에 입후보하지 않을 것이며 다른 인물이 나오는 것이 좋겠다고 마음에도 없는 말을 하면서 "신행 대한민국의 안정을 위해서는 미국과 같은 정부 형태를 가져야 할 것"이라고 주장했다.[11]

세상을 놀라게 한 국민방위군부정사건과 거창양민학살사건이 이 무렵에 폭로되어 엄청난 파장을 몰고 왔다. 국민방위군부정사건이란, 1950년 12월에 공포된 국민방위군설치법에 따라 군 당국이 피란 과정에서 만 17세 이상 40세 미만의 제2국민병을 예비 병력으로 모병했는데 이들에게 지급할 식량과 의류 예산을 군의 고위 장교들이 착복한 사건이다. 밥을 못 먹고 입을 옷을 입지 못한 방위군 병사 수천 명은 남하하는 도중 영양실조와 추위에 못 견뎌 사망했다. 길가에 쓰러져 죽은 이들의 시체에 가마니를 덮어둔 비참한 모습을 본 국민들은 너무도 큰 충격을 받았다. 1951년 3월부터 이 문제가 국회로 비화해 진상조사위원회가 구성되었다. 진상조사위원회는 5월 국회 본회의에서 김윤근(金潤根) 사령관 등 간부들이 50억 원을 횡령해 그 중 일부는 여당계인 신정동지회 소속 의원들에게 정치 자금으로 헌납했다고 보고했다. 이시영 부통령은 5월 10일 국회의장에게 돌연 사표를 제출하고 "시위(尸位)에 앉아 국록만 축낼 수 없다"라고 밝히면서 이 사건의 철저한 조사를 요구했다. 결국 김윤근 이하 간부들이 처형당함으로써 사태는 일단락되었다.[12]

거창양민학살사건이란, 1950년 12월 전투 지역인 경남 거창군 신원면에서 경찰지서가 공비의 습격을 받아 경찰관 30여 명이 전사하자 군부대가 출동해 일어난 사건이다. 현장에 파견된 군인들은 공비 소탕 작전을 벌이는 과정에서 1951년 2월 그 지역 주민 604명을 공비와 내통한다는 이유로 집단 사살했다. 군인들은 증거를 없애기 위해 주민들의 시체에 휘발유를 뿌려 불에 태운 다음 산을 폭파시켜 시신들을 묻었다. 이 사건 역시 1년 이상 국회를 떠들썩하게 하고 정부와 국회의 극단적인 대립을 불러왔다. 이로 인해 이승만은 국회에서 간선방식으로 대통령에 재선되기는 완전히 불가능하다는 것을 알게 되었다. 이 때문에 거창사건은 이승만으로 하여금 직선제개헌안을 마련케 한 또 하나의 계기가 되었다. 이승만은 이 사건에 책임을 지워 국방장관 신성모를 사퇴시키고 민국당계의 내무장관 조병옥과 법무장관 김준연에게도 사임을 요구했다. 국회는 사건의 진상 조사에 착수했으나 그 해 5월 육군헌병감 김종원(金宗元) 대령이 어처구니없는 사건을 저질렀다. 김종원은 국군 병사들을 공비로 가장시켜 국회 조사단이 가는 길 부근 산에 미리 매복시켰다가 국회 조사단이 그곳으로 오자 사격

을 가하도록 함으로써 조사 활동을 방해했다.[13]

부결된 개헌안

이승만의 지지 세력들이 신당 창당에 착수한 시기는 이 무렵이었다. 먼저 원내의 공화구락부와 신정동지회의 통합 논의가 국회 개원 초부터 시작되었다. 협상은 5월 말 두 단체의 공화민정회(共和民政會)의 설립 합의로 결실을 맺었다. 이승만은 8·15경축사에서 노동자와 농민의 정당의 필요성을 공개적으로 주장했다. 이에 따라 그의 친위 조직을 이끌던 이활(李活, 국민회), 채규항(蔡奎恒, 농민회), 배은희(裵恩希, 국민회) 등은 직접 이승만의 지시로 통일노농당 창당 작업을 벌였다. 이들은 유산자의 이미지를 주는 민국당과의 차별화를 노려 신당이 "이승만 대통령을 지지하는 노동자 농민 대중과 정치인으로 조직되었다"라고 스스로를 규정하고 "(신당을) 반대하는 부류는 신흥 자본가의 이익만을 옹호하는 특권 계급의 정권 야욕에서 나오는 행동으로 그 과오는 공산당과 동일하다"라고 비난했다.[14]

10월 16일 국무회의는 이승만이 바라던 개헌안의 요강을 확정했다. 그 골자는 양원제와 대통령직선제였다. 이승만이 진짜로 노린 것은 직선제이고 양원제는 양념에 지나지 않았다. 국무회의는 11월 27일 개헌안을 의결해 국회에 제출하는 동시에 30일에는 공고 절차까지 마쳤다. 개헌안은 말이 정부안이지 실제로는 이승만의 직계들이 만든 것이어서 국무총리서리 허정은 개헌안에 반대하고 나섰다. 그 대신 허정은 이승만에게 "개헌으로 평지풍파를 일으키기 보다는 국회 간선 방식으로 원만하게 재선될 수 있도록 국회의원들의 등을 좀 두들겨 주시라"라고 건의했다. 이런 분위기 때문에 정부 내의 어느 누구도 직선제 개헌안을 통과시키려는 적극적인 노력을 기울이지 않았다. 그 결과 다음해인 1952년 1월 18일 국회 본회의에서 표결에 붙여진 개헌안은 부결되고 말았다. 표결 결과는 재석 163명 중 찬성이 불과 19표이고, 반대는 143표, 기권은 1표로, 반대가 압도적이었다. 무소속이 거의 모두 반대표를 던진 것이다. 이승만의 권위는 형편없이 추락했다. 이로써 1948년 7월 제헌국회가 헌법을 제정한 이래 겨우 2년 반 동안 2건의 개헌안이 제출되어 모두 부결되는 기록을 남겼다.[15]

두 개의 자유당

이 무렵 같은 이름을 가진 두 개의 정당이 동시에 태동하고 있었다. 하나는 '원내 자유당'이고, 다른 하나는 '원외 자유당'이었다. 원내와 원외라는 수식어가 붙은 것은 국회의원들이 간여하고 있느냐의 여부에 따른 것이다. 원내 자유당은 주로 국회의원들로 구성된 데 반해 원외 자유당에는 국회의원이 양우정(梁又正) 밖에 없었다. 두 개의 자유당은 태동과 동시에 합당을 위해 두 차례 교섭을 가졌다. 그러나 양측의 합당 교섭은 1951년 12월 2일 부산 송도에서 열린 제3차 회합에서 신당의 노선과 주도권을 둘러싼 다툼으로 인해 완전히 결렬되었다. 원외 자유당은 이승만 지지를 분명히 했지만 원내 자유당은 직선제에 관한 당내의 의견이 일치되지 않아 두 당 사이의 간극을 메우기 어려웠다.[16)]

이에 따라 먼저 독자적인 정당 창당을 선언한 쪽은 원내 자유당 측이었다. 원내 자유당 측은 12월 18일 자유당이라는 이름으로 창당 발기를 선언했다. 이를 본 원외 자유당도 가만히 있지 않았다. 이로 인해 5일 후인 12월 23일에는 두어 시간의 간격을 두고 두 개의 자유당이 연이어 탄생하는 희극이 벌어졌다. 이날 오전 11시 반 국회의사당이 들어 있는 경남도청 회의실에서 360명의 대의원으로 발족한 원내 자유당은 당 대표를 비워둔 채 부의장에 이갑성(李甲成), 김동성(金東成) 두 사람을 선출하고 '의회 중심 정치의 확립과 책임 정치의 구현'을 정책으로 천명했다. 정부 형태는 대통령직선제가 아닌 내각책임제였다. 그보다 2시간 반 뒤인 오후 2시에는 부산 시내 동아극장에서 400여 명의 대의원이 참석한 가운데 열린 원외 자유당 전당대회는 당수에 이승만, 부당수에 이범석을 추대했다. 정부 형태는 이승만이 원하는 대통령중심제로 하고, 대통령 선출 방식은 직선제로 하는 정강을 채택했다. 이승만은 이 대회에 치사를 보내 "나의 반백 년 꿈이 성취되었다"라고 흡족해 했다.[17)]

이승만은 자신이 제안한 직선제개헌안이 민국당과 원내 자유당의 반대로 부결이 확실해진 1952년 1월 원내 자유당을 분명한 어조로 비난했다. 그는 "국회의원들이 따로 자유당을 설립한다 하여 원내·원외로 각각 따로 두 갈래로 나가는 추태를 보이게 된다 하니 심히 불행한 일이다"라고 말했다. 막상 개헌안이 부결되자 이승만은 "개헌안은 전 민족의 뜻에 의해 제안되었다"라고 말하고 "앞으로 반드시 그렇게 될 것"이라고 역설했다. 이것은 이승만이 다시 개헌안을 제안할 것이라는 시사였다.[18]

이런 분위기 속에서 개헌안 부결에 동조한 야당 의원들에 대한 소환 운동과 어용 단체의 국회 비방전이 벌어졌다. 부산 시내에는 "민주 국가에서 민의를 거부한 국회의원은 반역죄로 다스려야한다", "민의를 배반한 의원을 소환하라" 등의 벽보가 나붙었다. 관제 민의(官製民意)의 발동이었다. 원내 자유당의 많은 의원이 소환 대상에 들어갔다. 이승만은 어용 단체들의 국회의원소환운동을 지지하면서 "민국의 주인 되는 유권자들은 각자 권리를 사용해서 조리 있게 처단(처리)하는 것이 정당할 것"이라고 말했다. 이에 대해 국회는 2월 29일 본회의에서 "대통령의 언명은 일관해서 어떤 종류의 운동을 옹호 조장하는 느낌을 가지게 하는 것이며 국회의 직능을 부정하는 것으로서 독재 정치의 방향으로 기울어질 위험이 많고 … 헌법을 부정하는 것이라고 간주할 수 있다"라는 호헌결의안을 재석 165명 중 찬성 110표의 압도적인 다수로 통과시켰다. 이승만을 향해 처음으로 '독재정치'라는 용어가 등장하기 시작한 것이다.[19]

3. 부산정치파동

두 개의 개헌안

민국당과 원내 자유당 일부 의원들은 무소속의 곽상훈(郭尙勳) 의원을 대표 제안자로 한 내각책임제개헌안을 4월 17일 국회에 제출함으로써 이승만과 정면으로 맞섰다. 서명 의원 수는 원내 자유당 93명 중 반수가 넘는 48명과 민국당 39명 전원 등 국회 재적 의원의 3분의 2를 넘는 123명이었다. 야당의 개헌안이 나오자 정부는 공보처장의 담화를 통해 내각제개헌안이 삼권분립의 헌법 정신 아래 마련된 상호 견제의 '신중한 정치 제도'를 파괴하는 것이라는 이유로 반대 입장을 밝혔다. 원외자유당과 국민회 등 친여 정당 대표들은 내각제개헌반대투쟁위원회를 구성했다. 연이어 이승만계 청년단체 회원들, 그리고 이 무렵 치러진 지방의회 선거에서 막 당선된 여당계 지방의원들의 야당 성토대회가 연일 개최되었다.[20]

때마침 이승만 공격의 선두에 선 무소속의 서민호(徐珉濠) 의원이 지방 시찰 도중 4월 24일 전남 순천의 한 음식점에서 우발적인 총격 사고를 일으켜 현역 육군 대위를 권총으로 쏘아 죽인 사건이 발생했다. 서민호 본인은 정당방위를 주장했으나 경찰이 그를 구속해 군법회의에 회부했다. 그가 국회의 석방 결의로 풀려나오자 그와 국회를 비난하는 규탄대회가 하루가 멀다 하고 벌어졌다. 이 사건이 친여 단체에게는 야당 성토를 위한 더 없이 좋은 호재가 되었다. "살인 의원 옹호하는 국회 물러가라" 등의 구호를 외치며 '백골단' '땃벌떼'라는 괴상한 이름의 단체 회원들이 플래카드를 들고 거리를 휩쓸고 다녔다.[21]

이런 살벌한 분위기가 계속되는 가운데 정부 측도 5월 14일 국무회의에서 대통령직선제 및 양원제를 골자로 하는 개헌안을 확정하고 이를 공고했다. 양원제로 설립될 참의원의 3분의 1은 국무회의 의결에 따라 대통령이 임명하도록 했다. 정부가 당초에 제출한 직선제개헌안이 국회에서 부결된 지 겨우 4개월 만에 이를 다시 낸 것이다. 야당의 경우에는 내각책임제개헌안이 국회에서 부결된 지 2년 1개월 만에 같은 개헌안을 다시 낸 셈이다. 두 개의 개헌안의 제출로 이승만과 야당 사이에 결전의 시기가 다가왔다.[22]

두 개의 상반된 개헌안이 제안되자 원내자유당은 양 파로 분열되기 시작했다. 대통령중심제 지지로 돌아선 원내자유당의 김정실(金正實) 등 일부 당내 세력은 삼우장(三友莊)이라는 음식점에 모여 원외자유당과의 합동을 추진했다. 이들을 '합동파' 또는 '삼우장파'라고 부른다. 이에 반해 원내자유당의 홍익표(洪翼杓) 등 일부 세력은 내각책임제개헌안 지지 입장을 고수하면서 원외 자유당과의 합동에 반대하고 원내자유당으로 잔류하기를 희망했다. 이들은 '잔류파'로 불린다. 두 파간에 타협의 여지가 없어지자 합동파 52명은 5월 19일 잔류파와 결별하고 자유당이라는 원내 교섭단체를 국회에 등록했다.[23] 이승만은 조금씩 지지표를 확보해 갔다. 그러나 이 정도로는 당시의 원내 의석 분포로 보아 야당이 낸 내각책임제개헌안을 막을 수 있는 자신이 없을 뿐 아니라 정부가 제출한 대통령제개헌안을 통과시키기에는 턱 없이 부족한 상황이었다.

비상계엄 선포

이승만은 1952년 5월 26일 새벽 0시를 기해 호남 및 영남 일원에 비상계엄을 선포했다. 이유는 4~5월에 실시한 지방선거 때 자유 분위기 조성을 위해 계엄을 해제한 지역 중 치안이 확보되지 못한 일부 지방에 대해 '군사상 본래의 필요'에 따라 이를 다시 선포한 것이라 했다. 육군참모총장 이종찬(李鍾贊)을 계엄사령관으로 하면서 임시 수도 부산이 있는 영남 지구에 대해서는 따로 원용덕을 계엄사령관에 임명했다. 원용덕의 설명에 의하면 '군사상 필요'란, 전년 12월 이후 그해 3월까지 이 지역에 약 8,000명에 달하는 무장 공비와 잔적(殘敵)이 유격 준동하고 있어 주력은 포착했으나 아직도 약 3,000명이 남아 있고 5월 20일에는 유격대 50명이 경남 양산을 습격해 이에 대처하려는 목적이라는 것이었다.[24]

그러나 이날의 비상계엄은 군사적 목적과는 관계없는 정치적인 것이었다. 그때까지 군 당국의 토벌 작전으로 공비의 주력 부대는 괴멸 당했고 약 2,000여 명이 전남·북 지방의 산속 오지에 남아있을 뿐이다. 이들 때문에 비상계엄을 펼 이유는 없었다. 계엄의 진정한 목적은 나중에 밝혀진 바와 같이 비상사태 하에서 반 이승만 세력을 일망타진해 야당의 내각제개헌안 국회 통과를 저지시키려는 것이었다.[25] 비상계엄 선포는 바로 악명 높은 부산정치파동의 개막을 알리는 것이었다.

정부는 비상계엄 선포와 때를 같이 해 야당 의원을 대거 연행해갔다. 계엄 발효 시각이 지난 26일 새벽 4시경 이승만 반대 진영의 선봉인 무소속의 정헌주(鄭憲柱)와 이석기(李錫基), 민국당의 양병일(梁炳日), 민우회의 장홍염(張洪琰) 등 4명이 차례로 특무대에 연행되었다. 국회의 석방 결의로 풀려났던 서민호도 신변 안전을 이유로 다시 구금되었다. 국회 주변에서는 내각제개헌안에 서명한 야당 의원 60명을 추가로 구속할 것이라는 소문이 나돌았다. 이날 오전에는 부산의 임시 국회 구내에서 희한한 사건이 발생했다. 오전 10시경 국회의원 등 47명이 탄 통근버스가 임시 국회의사당인 경남도청 제1청사(武德殿) 앞에 이르자 갑자기 헌병 10여 명이 차 앞을 가로막고 섰다. 이들은 불심 검문을 한다면서 승객들에게 모두 버스에서 내리라고 요구했다. 헌병들은 승객 중에 국제공산당사건으로 지명 수배를 받고 있는 국회의원이 타고 있다고 말했다. 운전사와 국회의원이 아닌 승객들은 내렸으나 국회의원들은 하차를 거부했다. 의원들과 헌병들 사이에 옥신각신 말싸움이 벌어졌다. 두 시간 쯤 시간이 지나자 견인차 한 대가 도착해 버스를 뒤에서 끌고 갔다. 견인당한 버스는 영남 지구 계엄사령부가 있는 제70헌병대로 끌려갔다. 버스에 탄 채 끌려간 민국당의 임흥순(任興淳)·서범석(徐範錫), 원내 자유당의 김의준(金意俊)·이용설(李容卨) 등 4명의 의원은 특무대로 연행되고 나머지는 그 이튿날 오후에 귀가했다. 이밖에 무소속의 곽상훈(郭尙勳)과 권중돈(權仲敦)도 별도로 연행되었다. 내무부는 나중에 이들이 장면을 대통령에 당선시키기 위해 이승만, 이범석, 장택상 등을 암살하려 음모하고 국제공산당 자금을 지원받아 원내 자유당 의원 52명, 민우회 의원 27명을 포섭한 혐의를 받고 있다고 발표했다. 국회의장 신익희는 이튿날 아침 임시 경무대로 이승만을 찾아가 연행 의원들의 즉각 석방을 요구했다. 그러나 이승만은 알아서 처리하겠다고 말하면서 즉시 석방에 응하지 않았다. 국회는 28일 비상계엄 해제를 요구하는 결의안을, 30일에는 구속 의원 석방 결의안을 압도적 다수로 채택했다. 그러나 이승만은 국회의 결의도 무시했다.[26]

　부통령 김성수(金性洙)는 29일 이승만에 대한 항의 표시로 국회에 사표를 제출했다. 김성수는 그 전해 5월, 스스로 물러난 초대 부통령 이시영의 뒤를 이어 국회에서 부통령에 선출되었다. 그런데 그는 이승만의 변칙적인 인사(人事) 방식을 둘러싸고 취임 한 달도 안 된 그해 6월 국무회의에서 이승만과 언쟁을 벌인 끝에 집무실에 나오지 않고 있던 참이었다. 이승만은 그 때 거창양민학살사건의 책임을 지고 금방 해임된 전 국방장관 신성모를 주일 대사로 임명하자고 했기 때문이었다. 김성수는 사임서에서 5·26계엄선포사태의 모든 책임을 이승만에게 돌리고 "그(이승만)가 재선되면 장차 국회는 그의 추종자 일색으로 구성될 것이며, 그 후 3선, 4선도 가능하게 하도록 헌법을 자유자재로 고칠 수 있을 것이다. 이와 같이 해서 종신 대통령이나 세습 대통령이 출현하지 않으리라고 누가 보장할 수 있겠는가"라고 말했다. 김성수는 이어 "그(이승만)는 돌연 비상계엄의 조건이 하등 구비되어 있지 않은 임시 수도 부산에 불법적인 비상계엄을 선포하고 소위 국제공산당과 관련이 있다는 허무맹랑한 누명을 날조하여 계엄

하에서도 체포할 수 없는 50여 명의 국회의원을 체포·감금하는 폭거를 감행하였다. 이것은 곧 국헌을 전복하고 주권을 찬탈하는 반란적 쿠데타가 아니고 무엇인가"라고 비난했다. 김성수는 이 때 이승만의 앞날을 정확히 예언한 셈이다. 이승만의 격분을 산 김성수는 신변의 위협을 느껴 부산 앞 바다에 정박 중인 미군 병원선에 한 때 피신했다.[27]

당초 경찰은 국가보안법 위반 혐의로 구속된 사람은 국회의원 10명, 일반인 14명이라고 발표했다. 그러나 나중에 이들 중 국회의원 7명과 일반인 7명만이 군법회의에 기소되어 재판을 받다가 뒤에서 설명하는 이른바 발췌개헌안이 국회에서 통과되어 비상계엄이 해제된 7월 29일에야 검찰의 공소 취소로 석방되었다.[28]

미국의 압력을 물리친 이승만

이승만의 명분 없는 계엄선포와 야당 탄압이 못마땅했던 미국 대사관은 그에게 계엄의 즉각 해제를 요구했다. 주한 미국 대사대리 라이트너(E. Allan Lightner, Jr.)는 본국 정부의 훈령도 받지 않고 이승만의 계엄 선포 당일인 26일 즉각 이승만을 찾아가 "(지금은) 자유와 민주주의 원칙을 지키기 위해 전쟁을 치르는 상황"이라고 말하면서 계엄의 즉시 해제를 요구했다. 그의 요청에 따라 언커크(UNCURK, 유엔한국통일부흥위원단)도 미국 대사관과 보조를 같이해 그날 즉시 원용덕으로부터 계엄 선포의 경위 설명을 들은 다음 회의를 가진 끝에 28일 아침 이승만을 방문해 사태 수습을 요청하고 성명을 통해 비상계엄의 즉시 해제와 국회의원의 안전 보장을 공개적으로 촉구했다. 그러나 이승만은 라이트너와 언커크의 요구를 거절했을 뿐 아니라 정부 대변인은 담화를 통해 "한국에 와 있는 유엔 기관이 한국의 내정에 간섭하는 것은 월권이며 앞으로도 이와 같은 행동을 계속하면 국외로 추방하는 조치도 불가피할 것"이라고 강경하게 맞섰다.[29]

이승만이 이들의 압력에 꿈쩍도 하지 않자 미국 대사대리 라이트너는 본국 정부에 훈령을 요청하고 강력한 조치를 취할 것을 건의했다. 워싱턴 당국은 그의 건의를 받아들이는 대신 도쿄의 유엔군 사령관 클라크(Mark Clark)와 주한 8군사령관 밴 플리트(James A. Van Fleet)에게 이승만을 만나 계엄 해제와 구속자 석방을 설득하라고 지시했다. 밴 플리트는 27일 이승만을 만나 "전쟁 기간 중에 유엔군이나 유엔 기구, 그리고 미국에 사전 통고나 협의 없이 계엄을 선포한 것은 한국을 지원하고 있는 우방을 실망시키는 것"이라고 지적하면서 계엄의 즉시 해제를 요구했다. 그러나 이승만은 처음에는 "장군이 바란다면 해제해도 좋다"라고 말한 다음 곧 육군참모총장 이종찬이 자기를 반대하는 모의에 가담했다는 소문이 들리기 때문에 경질해야겠다고 밝혔다. 이승만은 계엄 선포 때 이종찬에게 부산 지구에 병력을 파견하라고 지시했으나 이종찬은 "군의 정치 개입은 크게 잘못된 것"이라는 이유로 명령을 듣지 않았었다. 이종찬은 한 걸음 더 나아가서 군의 정치적 중립을 강조한 '육군본부훈령 217호'를 전군에 시달한 다음 이승만에게 사표를 제출하는 꼿꼿한 자세를 보였다. 그러나 그의 사표는 아직 수리되지 않은 상태였다. 밴 플리트는 이종찬 이야기를 듣고 이승만에게 "(현 정세는) 군이 동원될 만한 정세는 아니며, 이 지역에 추가 병력을 투입하는 데 의문이 있다"라고 이종찬을 지지하는 말을 했다. 이승만도 더 이상 이종찬 이야기를 끄집어내지 않음으로써 두 사람 사이에는 이종찬을 유임시키는 대신 계엄을 사실상 묵인하는 일종의 타협이 이루어졌다.[30] 결국 밴 플리트의 계엄 해제 압력은 실패로 끝난 셈이다.

4. 독재의 길

미국 대사대리의 이승만 체포 건의

라이트너는 28일 다시 본국 정부에 강력한 압력을 행사할 것을 건의했다. 그는 24시간 이내에 이승만이 듣지 않으면 유엔군이 필요한 조치를 취해야 한다는 것이었다. 이 사태를 보고 받은 트루먼 대통령은 일종의 타협책을 국무성에 지시했다. 즉 국무성은 한국 사태의 해결을 위해 이승만뿐 아니라 그의 반대파에게도 합리적 타협점을 모색하도록 설득할 것과 그런 타협을 위해 계엄을 해제하는 것이 선결 문제라는 점을 이승만에게 통고할 것을 국무성에 지시한 것이다.[31]

라이트터는 이에 따라 30일 미국 정부의 항의 각서를 이승만에게 전했다. 이승만은 라이트너에게 계엄령을 곧 해제할 것이라고 답했다. 라이트너는 다급하게 "곧이란 언제를 말씀하십니까, 혹시 이틀이나 2주간입니까?"하고 물었다. 이승만은 "그건 2분도 될 수 있고, 2개월이 될 수도 있을 거요"라고 내뱉은 다음 "당신은 내가 이 나라의 민주주의를 위해 일하고 있으니 그냥 내버려두라고 보고하면 돼요"하고 일갈했다. 이에 화가 난 라이트너는 "오늘 이승만은 미국 정부를 정면으로 모욕했다"라고 보고하면서 유엔군의 개입을 다시 워싱턴에 건의했다. 유엔군의 개입이란 유엔군이 부산 지역에 직접 계엄을 선포해 이승만을 체포하고 과도 정권을 세운다는 계획이었다. 그러나 그런 방안은 전쟁을 치르고 있는 마당에 간단한 일이 아니었다. 새 대통령이 선출된 다음 이승만이 계속 대통령 행세를 할 가능성은 없을까? 이런 의문으로 미국 정부는 고민에 빠졌다. 결국 국무성은 국방성의 견해를 묻고 국방성은 현지 지휘관들의 의견을 듣기로 결정했다. 클라크는 합참의장에게 31일 장문의 보고를 보내 무력 개입보다는 설득을 통한 해결을 건의했다. 그는 "전쟁을 치르면서 동시에 후방의 내란에 가까운 상황에 병력을 돌릴 만큼 군사적 능력의 여유가 없다"라고 주장했다.[32]

　미국 정부는 6월 2일자로 된 트루먼의 강력한 항의 친서를 3일 주한미국대사관을 통해 이승만에게 전했다. 트루먼은 최근의 한국 사태로 심각한 충격을 받았다면서 이 위기를 극복할 합리적 해결책을 강구하기 바란다는 것이다. 이승만은 이 친서를 갖고 온 라이트너에게 "트루먼이 잘못된 정보를 얻고 있지 않나 걱정스럽다"라고 힐난한 다음 국회 안의 패거리 우두머리는 공산주의자들의 돈을 받고 있다고 주장하면서 국회를 해산하겠다고 말했다. 이승만은 며칠 뒤 트루먼에게 답장을 보내 대통령직선제를 거듭 주장하면서 우방들이 한국 문제에 깊은 관심을 표명하고 있는 데 보답하기 위해 한국은 보다 민주적이고 더욱 민중을 대변하는 정부를 운영할 수 있게 될 것이라고 다짐했다. 이승만은 여전히 자신의 입장을 고수하고 있었지만 미국 정부는 트루먼의 친서를 계기로 한국 사태를 정치적 방법으로 해결한다는 미국 정부의 방침을 최종 확정했다. 6월 4일 미국 국무성과 합참본부 연석회의는 휴가차 미국에 머물고 있던 무초 대사도 참석한 가운데 한국에서 군사 정권의 등장보다는 문민 정권이 바람직하다는 데 합의하면서 군사 개입 방법은 채택치 않기로 최종 결론을 내렸다. 이에 따라 애치슨 국무장관은 주한미국대사관에 훈령을 보내 이승만과 국회 어느 한 쪽을 굴복시키려 하지 말고 양쪽이 함께 수용할 수 있는 절충안을 찾도록 도와야 할 것이라고 지시했다. 그는 또한 장택상이 마련한 발췌개헌안이 가장 바람직한 최선의 선택일 것이라고 언급했다. 라비트(Robert Lovett) 국방장관도 같은 날 클라크 장군에게 보낸 지침에서 정치적 해결을 도우라고 명령했다.[33] 이 같은 최종 방침은 한국의 안정적인 정권을 바라고 있는 미국 정부로서는 이승만을 대신할 인물이 없는 데서 비롯된 고육지책이었다. 그러나 서울의 미국대사관으로서는 이승만과의 싸움에서 완패한 것인 동시에 이승만으로서는 완승한 것을 의미했다.

미국 정부의 여야 타협 종용 작전

'민의를 배반한 국회'의 해산을 주장하는 어용 단체들의 시위가 날마다 국회 앞에서 계속되고 있고 이승만 역시 국회 해산을 공언하는 가운데 미국 정부마저 정치적 해결을 권유하게 되자 민국당 등 야당 세력에게는 선택의 여지가 별로 없게 되었다. 장택상이 마련한 발췌개헌안을 받아들이는 수밖에 다른 도리가 없었다. 야당 일각에서는 유엔군이 부산에 계엄을 선포하고 군정, 즉 일종의 신탁통치를 실시하기보다는 차라리 동족인 이승만 치하가 낫지 않겠느냐는 소리마저 나왔다.

미국 측과 언커크 측은 한국 야당 인사들에게 이승만과 타협하도록 집중적으로 설득하면서 유사시 유엔군의 군정설, 즉 신탁통치설을 적당히 유포시킨 것으로 알려졌다. 장택상은 그의 자서전에서 "발췌개헌안을 제출해 가까스로 난국을 수습하게 되었는데 그 이면에는 공개할 수 없는 국제적인 모종의 계책이 있었다"라고 회고했다.[34] 장택상 기념사업회가 낸 그의 전기에 의하면 언커크의 중요 멤버 한 사람이 하루는 장택상과 신익희, 조봉암 세 사람이 같이 있는 자리에서 "전쟁을 하고 있는 나라가 내란과 분규로 영일이 없이 이렇게 소동만을 일삼고 있으니, 우리 16개국 참전국 대표로서는 이대로 방치할 수는 없소. 이 상태로 더 이상 나간다면 신탁통치안은 우리가 제기할 테니 곧 결말을 내주시오"라고 말했다 한다. 이 말을 들은 세 사람은 넋을 잃고 한참 동안 아무 말 못하다가 먼저 조봉암이 입을 열고 "신탁통치보다야 나쁘나 좋으나 이승만 치하가 낫지 않겠소?"라고 말하면서 장택상을 향해 "당신이야말로 무슨 대책을 세워야지"라고 그의 행동을 촉구했다 한다. 이것이 곧 장택상으로 하여금 발췌개헌안을 마련하게 한 계기였다고 한다.[35] 언커크 사무총장인 프랑스인 마퇴유 (George Matheiu)가 허정(許政)을 찾아와 "대통령의 뜻도 이루게 하고, 국회의 체면도 세워주는 수습의 길이 있어야겠는데"라고 하면서 발췌개헌안을 제시했다는 것이다.[36] 당시 허정은 총리서리를 그만둔 다음 집에서 두문불출하고 있었다. 자유당 소속의 이재학(李在鶴)도 클라크 사령관이 더 이상 파동이 계속되면 전쟁 수행에 지장이 있으니 가만히 있지 않겠다고 말해, 또다시 신탁통치안이 나오지 않나 우려했다고 회고했다.[37]

그러나 미국 정부가 추진한 절충 방안이 순조롭게 진행된 것은 아니다. 6월 한 달이 나 지나가도 이승만과 야당 세력 간의 타협은 이루어지지 않았다. 그 동안 이승만과 국회, 그리고 미국 측은 서로 밀고 당기는 시소게임을 계속 진행했다. 미국을 비롯한 영국·프랑스 정부, 그리고 유엔사무총장 리(Trigve Lie)까지 나서서 이승만에게 계엄령 해제와 구속자 석방을 요구했다.[38] 이승만의 어용 조직들은 국회 해산을 요구하면서 조속한 직선제개헌안의 통과를 강요했다. 6월 11일 부산 동아극장에서는 시·읍·면의원 1,500명이 전국지방의회대표대회를 열어 민의에 반하는 국회의 즉각 해산과 국회의원총선거를 결의하고 국회의사당 앞으로 몰려가 국회의장 면담을 요청하면서 데모를 계속했다. 미국의 내정 간섭을 비난하는 벽보가 여전히 부산 거리에 나붙어 미국 측은 이런 행동이 이승만을 둘러싸고 있는 강경파, 즉 이범석, 원용덕, 임영신, 윤치영 등의 책임으로 판단하고 이승만과 이들의 분리를 추진하게 된다. 이런 가운데 민국당은 20일 부산 국제구락부에서 '호헌 구국'을 다짐하고 이승만을 규탄하는 집회를 가졌다. 그리고 선언문을 낭독했다. 그러나 개회 선언 10분도 채 못 되어 백골단을 자처하는 청년들이 회의장에 난입해 난동을 벌이는 사건이 발생, 경찰은 난동자 몇 명과 함께 주최 측 인사 20명을 구속했다.[39]

발췌개헌안 통과

미국 정부는 부산정치파동이 끝나지 않고 계속되자 드디어 6월 25일 국무성과 합참 간부회의에서 강경 개입책으로 선회했다. 무초 대사의 강력한 건의로 마련된 새로운 개입 정책의 내용은 몇 가지 경우에 유엔군의 개입을 허용한다는 것이다. 그런 경우들이란 이승만이 결정적인 정치적 행동, 즉 국회 해산이나 다수의 국회의원을 체포할 경우, 이승만에게 갑작스럽게 육체적·정신적 장애가 일어나는 경우, 이범석 등 강경파가 권력을 장악하는 경우, 그리고 한국군이 개입하는 경우, 또는 폭동 사태가 일어나는 경우를 말한다. 국무성과 합참 간부회의는 이 같은 새로운 지침 초안을 마련한 다음 클라크와 무초의 의견을 듣기로 했다. 이에 대해 클라크는 7월 5일 답신을 보내 이승만을 제거하는 경우 그를 부산을 떠나게 해 격리 수용하고 이승만과 함께 독재를 한 정치인 5~10명을 체포하며 만약 장택상이 이 안에 반대하면 유엔사령부 하의 임시정부를 수립한다는 등의 의견을 냈다. 그러나 클라크가 답신을 보낸 7월 5일은 발췌개헌안이 통과된 다음 날이었다. 워싱턴정부의 이 새로운 지침 초안은 부산정치파동이 수습되어 더 이상 불필요한 것이 되고 말았다.[40]

장택상의 발췌개헌안이란 삼우장파가 정부의 직선제개헌안과 민국당 등의 내각책임제개헌안을 절충·취합해서 만든 것이다. 이 작업은 장택상이 이끈 원내단체인 신라회(新羅會)가 주동했다. 발췌개헌안의 골자는 양원제의 채택과 대통령 부통령의 직선 및 국무총리와 국무위원의 국회에 대한 연대책임제, 국회의 국무위원과 대사 공사의 임명 승인제이다. 발췌개헌안은 7월 4일 경찰이 부산임시 의사당을 포위한 가운데 국회 본회의에서 기립 표결 방식으로 재적 185명중 출석 166명, 찬성 163, 기권 3표로 가결되었다.[41] 이승만은 이로써 40여 일에 걸친 지루한 부산정치파동에서 마지막 승리를 거두었다.

그러나 그것이 전부는 아니었다. 대한민국의 초대 대통령이자 상하이 임정의 초대 대통령이기도 한 이승만 개인을 위해서도 부산정치파동은 일대 오점이었다. 그는 청년 시절 배재학당 학생으로서, 그리고 한국 최초의 NGO(비정부기구)라 할 독립협회의 급진파 활동가로서 일찍이 개화사상과 민주주의 이념을 몸소 실천한 선구자였다. 이승만은 일제 치하에서는 초대 대한민국 임시정부 대통령으로서, 그리고 임정의 주미위원부 위원장으로서 만 70세까지 독립운동을 폈다. 이런 화려한 경력 덕분에 해방 정국에서 공산주의자들조차도 그를 '조선인민공화국' 주석으로 모실 정도의 온 민족의 추앙을 받았다. 그는 건국 과정에서는 미군정의 갖은 압력에도 굴하지 않고 그의 신념인 반탁과 반공 노선을 고집스럽게 견지함으로써 마침내 그의 정치적 이상이었던 대한민국을 수립하고 초대 대통령이 되었다. 그러나 그는 일단 권좌에 오르자 계엄을 펴고 국회의사당을 포위한 상태에서 무리하게 개헌을 관철함으로써 그의 정치적 생애에 오점을 찍었다. 설사 그의 대통령책임제에 대한 신념, 특히 전시 하에서의 강력한 지도력이 필수적이라는 그의 판단에 일리가 있었다고 하더라도 국회의사당 포위 같은 폭력적 방법 이외의 다른 정치적 해결 방안은 없었는지 아쉬움이 남는다.

③ 장기 집권의 시작과 끝

사람이 어떻게 살아야 하느냐는 문제는 사람이 어떻게 살지 않으면 안 되느냐는 문제와 엄청나게 다른 문제로서 일반적으로 해야 할 일을 하지 않고 어떻게 해야 하느냐에 매달려 있으면 그의 권력은 훼손당하게 될 것이다. … 권력을 유지하고자 하는 통치자는 이것이 필요하게 되었을 때 부도덕하게 행동할 준비가 되어 있어야 한다.

― 니콜로 마키아벨리(Niccolo Machiavelli)

1. 통합 자유당 출범

첫 부정 선거가 된 2대 대선

이승만은 새 헌법에 따라 1952년 8월 5일 실시된 제2대 대통령선거에서 국민들의 직접선거에 의해 제2대 대통령에 당선되었다. 이 선거에는 그 이외에 조봉암, 이시영, 신흥우 등 3명이 모두 무소속 후보로 나와 4명이 경쟁을 벌렸다. 이승만은 총 유효 투표의 74.6%에 달하는 압도적인 표를 얻어 당선되었다.[1]

그런데 같은 날 실시된 제3대 부통령 선거에서는 이상한 일이 벌어졌다. 당초 이승만의 자유당은 그해 7월 19일 대전에서 열린 후보 지명 임시 전당대회에서 대통령 후보에 이승만을, 부통령 후보에는 이범석을 지명했다. 이승만은 만장일치로 지명되었으나 부통령 후보 지명은 그렇지 못했다. 중앙과 지방 대의원들 간의 의견 대립이 드러나자 당내가 원내 주도권을 장악하고 있는 족청계(族靑系, 민족청년당계)와 소수파인 반족청계로 양분되어 나중에는 폭력 사태까지 벌어졌다. 이 싸움은 표결 끝에 족청계의 승리로 귀결되어 이범석이 부통령 후보로 지명되었다. 그러나 문제는 여기서 끝나지 않았다. 족청계의 움직임을 경계하던 이승만은 이범석의 부통령 후보 지명에 대해 아무 말도 않고 있다가 투표일을 이틀 앞두고 돌연 무소속의 함태영(咸台永)을 부통령 후보로 지지한다고 선언했다. 당의 공식 부통령 후보가 이승만의 말 한 마디로 하루아침에 교체된 것이다. 이런 일은 지금 상식으로는 도저히 있을 수 없는 일이지만 당시의 자유당 상황으로서는 당 총재이자 현직 대통령인 이승만의 절대적 권위에 밀려 아무도 이의를 달지 못했다.[2]

사태가 이렇게 되자 국무총리 장택상과 내무장관 김태선(金泰善)은 이범석 대신 함태영을 선거에서 밀어주도록 경찰에 지시했다. 민도가 낮았던 당시로서는 경찰의 선거 개입은 함태영의 당선과 이범석의 낙선을 점치게 했다. 탄압을 받은 이범석은 낙선했지만 상당히 선전을 한 셈이다. 이범석은 불과 2개월 전의 부산정치파동 때까지만 해도 자기 휘하에 있었던 경찰이 상황이 바뀌자 자신의 선거를 방해하고 운동원들을 체포한 데 대해 몹시 격분하면서 정부를 맹렬히 비난했다. 그의 휘하에 있던 자유당 중앙당부는 경찰이 이범석의 선거 운동을 방해하고 함태영의 당선을 위해 선거에 개입했다고 국무총리, 내무장관, 치안국장 3인을 선거법 위반 혐의로 검찰에 고발했다. 족청계도 끝까지 이범석에게 표를 몰아주는 운동을 벌였다.[3]

개표 결과 함태영과 이범석의 득표 차이는 불과 110만여 표로 경찰의 탄압을 받은 이범석이 최후까지 선전을 한 셈이다.[4] 제2대 대통령선거와 제3대 부통령 선거는 건국 후 첫 부정선거였다. 관권과 경찰이 선거에 개입하고 여당인 자유당은 선거 자금을 조달하기 위해 선거 반 년 전에 중석불사건(重石弗事件)이라는 외화 부정 사건을 저질렀다. 이 같은 부정선거 사례는 한국의 선거 역사상 나쁜 선례를 남겼다.[5] 경찰의 선거 개입은 나중에 보는 바와 같이 3·15부정선거에서 완성판으로 나타나 이승만정권의 몰락을 초래했다.

자유당의 통합

이범석은 분노가 식자 태도를 바꾸었다. 권력의 세계에서는 그렇다고 해서 별수가 없었던 모양이다. 이범석은 대선 투표일 3일 후 기자회견을 열고 선거 결과에 승복할 것이며 장택상 등에 대한 고발도 취하하고 이승만에게 충성할 것이라고 밝혔다. 족청계는 부통령 자리는 잃었지만 자유당 내의 당권을 장악하기로 전술을 바꾼 것이다.

그러나 이승만의 대응은 족청계의 기대와는 정반대였다. 족청계의 세력이 자유당 내에서 커지는 것을 용인할 수 없었던 이승만은 대선 한 달 후인 9월 12일 족청계 간부들을 '해당분자'로 규정하면서 숙청할 것이라고 선언했다. 자유당은 26일 부산에서 제3차 전당대회를 열고 이승만을 당수로 추대했다. 이승만은 이 자리에서 "정권욕에 의해 분열 상쟁하지 말고 정부 반대분자를 제외한 모든 우국지사들은 자유당을 진정한 정당으로 육성하라"라고 거듭 족청 제거를 지시했다. 하루아침에 족청계는 '정권욕의 소유자'로 전락하고 비족청계는 '우국지사들'로 격상된 꼴이 되었다. 이 같은 당내 혼선, 특히 족청계의 반발로 자유당의 당 쇄신을 위한 조직 개편 노력은 진전되지 못했다.

자유당의 당내 사정이 혼란한 분위기에서 이승만은 1952년 9월 30일, 사임한 장택상 국무총리의 후임에 이윤영을 지명해 인준안을 국회에 제출했다. 인준안은 10월 17일 국회 본회의에서 표결 결과 재석 166명 중 찬성 35, 반대 128, 기권 3이라는 압도적인 표차로 부결되었다. 자신의 원내 기반이 약하다는 사실을 깨달은 이승만은 11월 자유당과 국민회 조직의 통합을 당부하는 담화를 발표했다. 이승만의 뜻에 따라 그달 17일 원외 자유당과 원내 자유당 합동파가 통합한 새로운 교섭단체인 '자유당(원외)'을 국회에 등록했다. 이승만은 이윤영 국무총리 인준 부결 사태의 수습책으로 부산정치파동 때 발췌개헌안의 통과에 공이 큰 원내 자유당 합동파의 이갑성을 국무총리로 다시 지명하고 인준안을 제출했다. 그러나 이 역시 11월 20일의 표결에서 재석 173명 중 찬성 76, 반대 94, 무효 3표로 부결되고 말았다. 사태가 이렇게 된 것은 이승만의 원내 기반이 여전히 취약한 데다가 부산정치파동 때와는 달리 국회의원들이 자유롭게 투표권을 행사할 수 있었기 때문이다.[6]

이승만계의 원내 교섭단체인 자유당(원외)이 세를 늘인 것은 1953년에 들어서부터였다. 그 전해 12월 20일 정기 국회가 개최된 당시까지만 해도 소속 의원이 70명 정도였으며 그 후 몇 사람이 개별적으로 들어왔을 뿐이었다. 그러나 1953년 2월에 이르러 장택상의 신라회 소속의원 18명이 합류하고 무소속 의원들이 들어오기 시작해 국회 판도는 자유당(원외) 94명, 민국당 29명, 원내 자유당 20명, 무소속 15명으로 바뀌었다. 자유당이 득세하게 되자 여기에 가입하지 않으면 다음 선거 때 재선되지 못할지 모른다는 불안감이 생긴 농촌 출신 의원들이 경쟁적으로 자유당에 합류했다. 4월 초에는 드디어 자유당(원외) 소속 의원은 105명으로 불어난 반면 원내 자유당과 무소속구락부는 탈퇴 의원들 때문에 교섭단체 자격을 잃었다. 자유당은 이때부터 원내 안정 세력을 확보해 4월 14일 단일 교섭단체로 등록함으로써 1951년 12월 두 개의 자유당(원외 및 원내)이 동시에 생겨난 지 1년 5개월 만에 하나의 교섭단체로 통합되었다. 자유당의 통합으로 국회의 판도는 자유당과 민국당의 양당 체제가 되었다.[7] 정당으로서의 자유당이 하나가 된 것은 제4차 전당대회가 끝난 뒤인 5월 30일자였다.[8]

족청계 추방과 이기붕의 등장

족성세의 저항은 자유당의 통합 이후에도 계속되었다. 아니 오히려 자유당이 통합되어 원내다수당으로서 확고한 집권당의 지위에 오르자 족청계의 저항은 더욱 치열해졌다. 족청계는 상황을 반전시켜 이범석을 연로한 이승만 자유당 당수의 후계자로 만들려고 했다.

자유당의 양대 파벌인 족청계와 비족청계의 대립이 절정에 달한 것은 1953년 5월 10일 대전에서 열린 제4차 전당대회에서였다. 대의원 다수를 점했던 족청계는 긴급 동의 형식으로 비족청계 인사들의 제명처분결의안을 통과시켰다. 당내의 '불순분자'와 '반당분자들'을 숙청한다는 명분을 내세웠다. 이것은 대회 이틀 전 그들의 라이벌인 반족청계의 국민회, 전국농민조합총연맹, 노총, 대한청년당 등 4개 자유당 기간 단체 대표들이 중앙청에서 기자회견을 갖고 족청 측이 자유당을 자파 중심으로 개편하려 한다고 비난한 데 대한 보복책이기도 했다. 족청계 대의원들은 전당대회에서 당수 이승만이 당은 분규보다는 단합과 장기 발전에 힘써야 한다는 간곡한 치사를 하는 것을 듣고도 이를 무시하고 결의안 통과를 강행했다. 이에 대해 비족청계는 5월 15일 대회의 결의가 일방적이고 독단적인 결정이라고 비난하는 성명서를 소속 각 단체 공동 명의로 발표, 대결로 나갔다. 자유당의 당권 싸움은 족청계 대 이들 반족청계 사회단체들 간의 대립으로 발전했다.[9]

족청계는 법적 대응으로 징계위원회를 열고 이들 사회단체협의회 소속 노총 및 대한청년단 간부 6명을 반당분자로 규정해 제명하기로 결정하고 이승만에게 재가를 올렸다. 그러나 이승만은 승인을 거부하고 되려 족청계의 제거를 결심하게 된다. 이승만은 9월 들어 ① 자유당의 당수 부당수 제도를 폐지해 총재제로 하며 ② 중앙상무집행위원회 중앙감찰위원회 등을 폐지하고 단순한 소수 집행부제를 설치하고 ③ 당의 중앙 집행 기구를 중앙위원회로 한다는 것을 골자로 한 선언을 발표했다. 이로 인해 부당수 이범석은 평당원으로 격하되면서 족청계의 숙청 작업이 시작되었다. 이승만은 정부로부터 이탈한 민심을 수습한다는 명분 아래 9월 10일 일부 개각을 단행, 족청계의 진헌식(陳憲植) 내무장관과 신중목(申重穆) 농림장관을 해임했다. 그는 12일 드디어 족청계를 제거하고 자유당을 정화 재건하라는 요지의 자유당 정화특별담화를 정식 발표했다. 이승만으로부터 당 재건의 전권을 부여받은 총무부장 이기붕, 정무부장 이갑성, 훈련부장 이진수(李鎭洙), 조사부장 진승국(秦承國), 재정부장 배민수(裵敏洙), 조직부장 박종만(朴鍾萬), 감찰부장 이범령(李範寧), 청년부장 문봉제(文鳳濟), 선정부장 황성수(黃聖秀) 등은 당의 중앙 조직에서 말단의 리·동 조직에 이르기까지의 족청계 당직자들을 모조리 색출해서 몰아냈다. 1953년 11월에 열린 임시 전당대회에서는 이기붕(李起鵬)이 중앙위원회 의장으로 선출되어 자유당의 지도 체제가 이승만-이범석 체제에서 이승만-이기붕 체제로 바뀌었다.[10] 정치 지도자로서 자질이 약한 이기붕의 등장은 7년 후의 비극, 즉 4·19혁명을 예고하는 것이었다. 족청계 숙청 작업은 1954년 3월의 5차 전당대회까지 대체로 마무리되었다.[11]

2. 사사오입 개헌

막가는 권력의 속성

권력이라는 것은 한번 탈선하면 그 타력으로 갈 데까지 가게 마련이다. 그것이 권력의 속성이다. 통합 자유당을 출범시켜 원내 과반 의석을 확보한 이승만은 이범석을 제거하고 이기붕을 최측근으로 등용함으로써 상대적으로 안정적인 국정 운영을 할 수 있게 되었다. 그렇게 되자 다수의 힘에 안주하기 시작한 이승만 지지 세력들은 그의 종신 집권을 가능케 하는 3선 개헌 공작을 생각하게 된다.

3선개헌 공작의 징후는 통합 자유당 출범 직후부터 나타났다. 1953년 8월 15일 새벽 서울거리에는 개헌추진국민대회 및 행동대, 대한청년단 여청 등의 단체 명의로 "개헌에 대한 국민의 주장"이라는 여러 종류의 인쇄된 벽보가 나붙었다. 부산정치파동 때 극성을 부린 관제 민의가 1년여 만에 다시 발동된 것이다. 그날은 정치 파동 때와 비슷한 정치 쇼도 벌어졌다. 이날 오전 10시부터 중앙청 광장에서 거행된 광복 5주년 및 이승만 대통령 재취임 기념식장에 한 청년이 갑자기 나타나 긴급 동의라는 것을 제안했다. 식장은 마치 국민대회같이 변하고 일부 참석자들의 주도로 이승만에게 보내는 11개 항목의 메시지를 채택하는 기괴한 일이 일어났다. 메시지의 중요 내용은 대통령 3선 제한 철폐, 정부에 국회 해산권 부여, 참의원 선거의 조속 실시, 국민투표제의 도입, 국회의원 소환제 도입 등이다.[12]

자유당의 개헌 공작은 부산정치파동 때보다 훨씬 치밀한 사전 준비 작업을 거쳤다. ① 당 조직 개편이다. 이기붕 체제 하의 자유당은 앞에서 살펴본 바와 같이 이범석 당시의 중앙상무집행위원회 제도를 폐지하고 중앙당 부장제를 채택했다. 각부의 부장을 당 총재인 이승만이 직접 임명함으로써 업무 효율이 올라가고 중앙당 간부가 충성심을 발휘하도록 조직 정비를 단행했다. ② 소속 의원들이 당의 방침에 복종하도록 하는 제도적 장치의 마련이었다. 이를 위해 자유당은 한국 정당 사상 최초의 후보공천제도를 도입, 1954년 5월 20일 실시된 제3대 민의원 총선에서부터 적용했다. 자유당은 공천 후보 선정에 앞서 공천 희망자가 국민투표제와 3권분립주의에 입각한 국무총리제 폐지, 현 대통령의 3선 허용을 골자로 하는 개헌안을 지지해야 한다는 등의 조건을 제시하고 이를 수락한다는 각서를 받은 뒤에야 공천을 주었다. 야당인 민국당도 이때 후보 공천 제도를 도입했다. 민국당은 자기 당 출신끼리의 입후보 난립을 사전에 방지하고 자유당의 공천 후보에 효과적으로 대항하는 야당 연합 전선 결성을 용이하게 하기 위해 후보공천제를 도입했다.[13]

제3대 민의원 총선은 전체 210개 선거구 중 휴전협정에 따라 비무장지대 이북에 편입된 7개 구를 제외한 전국의 모든 선거구에서 실시되었다. 선거 결과는 원내 과반수를 훨씬 넘는 114석을 확보한 자유당의 압도적 승리였다. 의석수만 보면 이승만 집권 이후 최대의 원내 의석이었다. 무소속이 대폭 줄어든 것은 정당 후보공천제 도입 때문이다. 그렇기는 하나 자유당의 새 의석은 개헌선에는 여전히 22석이나 모자랐다. 타당 소속 의원을 어떻게 끌어들이느냐가 자유당의 최대 과제로 떠올랐다.[14]

자유당은 선거 압승의 여세를 몰아 6월 9일의 민의원 개원식까지 개헌선인 136명을 확보하기 위해 당의 공천 없이 당선된 구 자유당 소속 15명과 무소속 의원들을 적극 영입하는 공작을 벌였다. 그 결과 자유당은 개원 후인 6월 15일로 136명의 소속 의원을 확보하는 데 성공했다. 자유당은 그해 9월 6일 대통령 중심제 채택, 국무총리제 폐지, 국민투표제 신설, 초대 대통령의 중임 제한 철폐 등을 골자로 하는 개헌안을 국회에 제출했다. 1956년 5월에 실시되는 제3대 대통령선거를 약 1년 8개월 앞둔 시점이었다. 여당의 개헌 작업이 개시되자 민국당은 이에 대항하기 위해 그달 20일 개헌 반대 성명을 발표하고 개헌 저지 운동에 나섰다.[15]

기상천외의 정치 산수

개헌안은 마침내 1954년 11월 18일 국회에 상정되어 10일간의 찬반 토론 끝에 27일 표결에 들어갔다. 무기명 비밀 투표 결과 찬성표가 개헌에 필요한 재적 3분의 2에 단 1표가 모자라 부결되었다. 자유당은 소속 의원들의 표 단속을 위해 표결 직전에 의원 1인당 보증수표 50만 환씩을 돌렸다는 설까지 나왔으나 일부가 당명에 반기를 든 것이다. 사회를 맡은 부의장 최순주(崔淳周)는 개헌안의 부결을 선포하고 회의를 산회했다.[16]

사건은 그 후에 일어났다. 사색이 된 자유당 간부들은 즉시 간부 회의를 소집해 대책을 논의했다. 별 신통한 대책이 나오지 않았다. 그런데 이날 오후 이상한 일이 벌어졌다. 여당계인 《국도신문》(사장 金將星)이 "개헌안은 가결되었다"라는 호외를 발행한 것이다. 나중에 밝혀진 경위는 아주 충격적이었다. 자유당 강경파인 장경근(張暻根)이 그날 오후 수학자 최윤식(崔允植) 서울대 교수를 대동하고 경무대로 들어가 이승만에게 사사오입의 묘안을 건의했다. 이들이 다녀간 다음 국회의장 이기붕과 부의장 최순주가 경무대로 들어가 개헌안 표결 결과를 보고하자 이승만은 찬성표가 135표가 나왔으면 사사오입의 원리에 따라 가결된 것이니 알아서 하라고 지시했다. 《국도신문》 호외는 이 두 사람이 지시해서 나온 것이었다.[17]

다음날인 28일은 일요일이었으나 자유당은 이날 오후 긴급 의원총회를 소집했다. 의원총회는 개헌안의 부결 선포는 계산상 착오에 의한 것이며 찬성 135표로 개헌안은 가결된 것이므로 29일 국회 본회의에서 의사록을 정정하기로 결의했다. 이에 앞서 이날 오전에는 서대문의 국회의장 공관(현재의 4·19기념도서관)에서 이기붕과 최순주, 임철호(任哲鎬), 이익흥(李益興), 그리고 문교장관 이선근(李瑄根)과 수학자 최윤식 등이 모여 협의를 한 끝에 이승만의 지시대로 사사오입 관철 방침을 확인했다. 사사오입 주장은 개헌 정족수인 재적 의원 203명의 3분의 2는 135.33명이상이므로 사사오입 원리에 의해 1명이 안 되는 0.33명을 제하면 정족수는 135명이 된다는 이론이었다. 원내총무 이재학(李在鶴)은 의원총회 후 개헌안은 가결되었다는 내용의 특별 담화를 발표했다. 정부 역시 담화를 통해 같은 견해를 밝혔다.[18]

예정대로 월요일인 29일 국회 본회의에서 최 부의장은 이틀 전의 개헌안 부결 선언이 계산 착오였다고 말하고 자유당에서 제안한 번복가결동의안을 표결에 붙여 만장일치로 가결했다. 동의안을 표결에 붙이는 순간 국회 본회의장은 아수라장으로 변했다. 야당 의원들이 고래고래 고함을 지르면서 개헌안 부결 번복의 무효를 외쳤다. 민국당의 이철승(李哲承)은 의장석으로 뛰어 올라가 최 부의장의 멱살을 잡아 아래로 끌어내리려 했다. 그 순간 야당 측 국회 부의장인 곽상훈은 최순주의 사회봉을 빼앗아 "개헌안이 부결된 것을 국민 앞에 선포한다"라고 외치면서 사회봉을 쾅쾅 두들겼다. 이렇게 되자 국회의장 이기붕은 사회봉을 다시 잡고 회의록 정정에 대한 의원들의 동의를 구했다. 이 순간 야당 의원들은 모두 퇴장하고, 자유당 의원과 무소속의 강세형(姜世馨)만 본회의장에 남은 가운데 만장일치로 회의록정정동의안을 가결했다.[19] 3대 민의원의 희한한 정치

산수 놀음은 이로써 끝이 났다. 그러나 그 후유증은 대단히 심각했다.

민주당 탄생

자유당 수뇌부의 무리한 개헌안 처리 방식이 여론을 들끓게 한 것은 말할 것도 없지만 당내에서도 일부 소장파의 강력한 반발을 샀다. 국회의 개헌안 변칙 통과 3일 후인 12월 4일 자유당 소속의 김두한(金斗漢)의 탈당에 이어 6일에는 손권배(孫權培), 10일에는 김재곤(金載坤), 민관식(閔寬植), 현석호(玄錫虎), 김영삼(金泳三) 등 9명이 연이어 탈당해 도합 14명이 당을 이탈했다.[20] 이들의 탈당은 사사오입개헌안의 통과가 불법이라는 것을 여당 스스로가 고백하는 것으로서 이승만과 자유당에게는 적지 않은 정치적 타격이었다.

1954년 11월 29일 개헌안이 번복 가결되려 하자 총퇴장한 민국당과 무소속 의원 60명은 즉각 국회의사당 2층의 곽상훈 부의장실에 모여 대책을 논의했다. 이 자리에서 범야 연합 전선을 구축해 대여 투쟁을 강화하기 위해 민의원위헌대책위원회를 결성하는 동시에 자유당을 규탄하는 성명서를 발표했다. 선출된 대책위원회 7인의 위원들은 바로 장택상 의원의 집으로 옮겨가 논의를 계속한 끝에 원내 통일 교섭단체의 구성과 신당 결성에 합의했다. 두 가지 방안은 이튿날 야당 연합 의원총회에 보고되어, 원내 교섭단체의 명칭을 '호헌동지회'로 하고 신당을 만들기 위해 호헌동지회를 모체로 해서 신당발기준비위원회를 결성할 것을 결의했다. 이에 따라 구성된 9인의 신당발기준비위원회가 중심이 되어 사사오입개헌안 통과 이튿날인 30일 호헌동지회를 결성, 국회에 등록했다. 호헌동지회는 12월 3일 신당촉진위원회를 구성한 다음 곧바로 야당 연합 신당 결성 준비 작업에 들어가 1955년 1월 6일 150인 정도의 신당준비위원회를 결성키로 결정했다.[21] 이 단계에서는 앞에서 설명한 김영삼 등 자유당 탈당파도 호헌동지회에 가입해 전체 소속 의원이 60여 명으로 늘어났다.

그러나 신당 창당 작업은 당초 예상보다 지연되었다. 신익희, 조병옥, 곽상훈 등을 중심으로 한 민국당 내의 자유민주파(보수파)와 조봉암, 장택상, 신도성(愼道晟), 서상일 등을 중심으로 한 민주대동파(혁신파)가 신당의 정치 노선 문제, 특히 조봉암의 신당 참여 문제를 둘러싸고 이견을 보였기 때문이다. 민국당 측은 당내 보수파가 주동이 되어 신당 창당은 야당 연합이 아니므로 통일된 이념을 가져야 한다고 주장하면서 조봉암이 배제되지 않으면 신당 창당을 재고할 수밖에 없다고 종전의 범야 민주 대동 신당 창당 입장에서 후퇴했다. 조봉암의 참여를 거부한 민국당 보수파의 대표적인 인물은 유진산(柳珍山), 정성태(鄭成太), 조영규(曺泳珪), 이철승, 조병옥, 김준연 등이었다. 가톨릭계와 흥사단계, 그리고 서북 반공 인사들이 중심이 된 자유민주파의 장면(張勉)계 역시 조봉암이 참여하면 신당 운동에서 손을 떼겠다고 공언하기에 이르렀다. 이렇게 되자 조봉암과 서상일 등 민주대동파는 자유민주파와의 제휴를 단념했다. 민국당의 선정부장이었던 신도성을 비롯한 김수선(金壽善)·송방용(宋邦鏞) 의원 등은 민주대동파에 가담하기 위해 자유민주파에서 이탈하고, 장택상도 자유민주파에서 추진하는 신당 운동에서 탈퇴해 범야 단일 정당의 결성이 부분적으로 실패하고 말았다.[22]

　결국 8개월 간의 진통 끝에 민국당의 자유민주파(보수계)가 주축이 되고, 흥사단과 자유당 탈당파 대한부녀회와 무소속 일부 의원들이 합류해 '민주당'이라는 신당을 만들게 되었다. 신당은 1955년 9월 19일 오전 서울 시공관에서 발기인 대회를 열고 오후에는 창당대회를 열어 정식 발족을 보았다. 민주당은 창당 선언문에서 "반공, 반 독재와 책임 정치의 구현으로 자유경제체제의 균형 분배 정책을 실시함으로써 국리 민복을 기할 것"이라고 선언했다. 구체적인 정강 정책으로는 내각책임제 구현, 관권에 의한 선거 간섭 배제, 근로 대중의 복리 향상 등을 채택했다.[23] 민주당 참여가 배제된 조봉암 등 혁신계는 그 후 진보당(조봉암)과 민주혁신당(서상일)을 만들게 되어 건국 후 최초로 보수·혁신 두 세력의 병립 구도를 보였다.

3. 장기 집권의 종말

종신 집권 길 들어선 이승만

　제3대 대통령 및 제4대 부통령 선거는 1956년 5월 15일 실시되었다. 선거 분위기는 초반부터 관권 개입으로 인해 불법, 부정, 그리고 폭력이 난무했다. 그해 1월 24일 주미 대사 양유찬(梁裕燦)은 합동통신과의 회견에서 "한국의 유권자들이 이승만을 낙선시킨다면 미국은 대한원조를 중단할 것"이라고 과잉 충성 발언을 해 선거를 앞두고 큰 물의가 일어났다. 이승만은 당초 그 해 3월 5일 열린 자유당 전당대회에서 그와 이기붕을 각각 대통령과 부통령 후보로 지명하자 불출마 선언을 했었다. 그로서는 사사오입개헌으로 3선에 나가는 것이 찜찜했던 것이다. 이기붕은 이승만이 불출마 선언을 번복하도록 각계 각층의 국민의 뜻을 대통령에게 전달하라고 유관 기관에 지시했다. 관제 데모가 경무대 앞을 비롯해 전국에서 일어났다. 이승만은 3월 23일에야 '민의'에 따라 불출마를 번복했다.[24]

자유당의 이승만과 민주당의 신익희, 진보당의 조봉암 등 3인의 대통령 후보와 자유당의 이기붕, 민주당의 장면 등 8명의 부통령 후보가 출마한 이해의 정·부통령 선거는 초반전부터 분위기가 고조되었다. 민주당의 신익희 후보가 선거전 중반에 유세를 벌인 한강 백사장에는 30만 명의 청중이 운집해 그의 치솟는 인기를 반영했다. "못 살겠다, 갈아보자"라는 선거 구호를 내건 민주당에 민심이 크게 쏠려 자유당의 불법 선거 운동에 불구하고 일부에서는 정권 교체 가능성을 점치기도 했다. 그러나 투표일을 열흘 앞두고 신익희가 호남 지방 유세를 위해 기차로 이동하던 중 심장마비로 급서함으로써 선거 양상이 급변했다.

신익희 후보의 사망으로 싱거운 선거전이 된 상황에서도 투표율이 94.4%에 달한 점은 예사로운 일이 아니었다. 이승만은 총 유효 투표의 70%에 이르는 압도적인 득표로 당선되었으나 2대 대선과는 비교가 안 되는 불법 부정 관권 폭력 선거였던 점을 감안하면 득표율이 크게 낮은 셈이었다. 반면 신익희에 대한 추모표가 185만 표(총 유효 투표의 19%)나 나온 것은 이승만에게는 큰 타격이었다. 조봉암이 216만 표(30%)를 얻은 사실도 특기할 만하다.[25] 조봉암은 관권이 개입한 부정 개표 과정에서 많은 표를 이승만에게 빼앗기고도 그 만큼 득표를 해 자유당 정권에 충격을 주었다. 신익희 추모표와 조봉암의 다수 득표는 자유당 정권에 대한 민심 이반을 의미했다. 거기다가 부정 선거 시비는 자유당 당내에서조차 반발을 샀다. 부정 선거로 당내에 동요가 일어나 당의 쇄신을 주장하던 6명의 의원이 제명당하는 지경이 되었으니 부정 선거가 어느 정도였는지 짐

작할 만하다.[26)]

후보 8명이 경쟁한 부통령 선거에서는 민주당 후보 장면(張勉)이 자유당의 이
기붕을 제치고 당선되었다. 장면은 이기붕보다 약 20만 표가 많은 401만 표를
얻었다.[27)] 아마도 개표가 공정했더라면 표차는 그보다 훨씬 컸을 것이다. 장면
의 당선은 이승만정권을 견제해달라는 유권자들의 여망을 반영한 것이었다. 자
유당으로서는 이기붕의 낙선 역시 적잖은 충격거리였다. 연로한 이승만 아래서
야당 출신 부통령이 등장함으로써 그 후의 한국 정치 판도가 심대한 영향을 받
았다. 장면은 당선 후 6개월 만인 그해 9월 28일 서울 명동의 시공관에서 열린
집회에 참석했다가 경찰이 배후에서 조종한 저격수에 의해 권총 저격을 받았다.
다행히 생명에는 이상이 없었다.[28)]

자유당 정권은 이승만의 3선에는 성공했으나 민심의 이탈로 인해 제4대민의
원선거에서 고전을 면치 못했다. 1958년 5월 2일 실시된 이 해의 선거에서 정원
233명 중 자유당은 126석, 민주당 79석, 무소속 27석, 통일당 1석을 각각 얻어
민주당이 강력한 여당 견제 세력으로 등장했다.[29)] 민주당은 개표 직후 당선자의
번복으로 2명이 추가 당선됨으로써 당선자 수가 81명으로 늘어나고 무소속 1명
을 영입해 모두 82석이 되었다. 4년 전의 제3대 민의원 선거에서 46석을 얻었
던 민주당으로서는 대약진인 셈이다. 혁신계 후보는 선거 실시 직전 진보당사건
이 일어나 거의 전멸하다시피 했다. 제4대 민의원 선거 역시 불법 부정 폭력으
로 얼룩졌다. 적발된 선거 사범만 1,065건, 2,442명에 달했고, 이 중에서 당선
무효 소송 44건, 선거 무효 소송 32건에 달했다. 야당은 선거 후 불법 선거에 항
의하는 전국적인 투쟁을 벌여 여야 간의 선거 공방이 한 동안 계속되었다.[30)]

그의 통치 방식과 '자유민주주의' 논란

1948년 8월에 수립된 대한민국은 우리가 이미 Ⅲ-**4**(단정 수립에 나선 우익
세력)에서 본 바와 같이 '자유민주주의'를 기본 이념으로 하고 있다. 건국 당시
제정된 헌법은 자유민주주의 이념을 여러 조항에서 명문화했다. 건국의 주역이
자 초대 대통령인 이승만 역시 자유민주주의의 신봉자를 자임했다. 이승만정권
의 공보실은 1959년 그의 정치 사상에 대해 "리승만 대통령 각하의 정치 이념은

철저한 자유민주주의이며, 이에 반하는 어떠한 독재주의나 침략주의도 이를 용인하지 않는 것이다"라고 홍보했다.[31]

여기서 말하는 '독재주의'나 '침략주의'는 모두 공산주의를 말한다. 이승만은 공산주의를 "자유 인민의 적이요, 인류의 적"이라고 규정했다. 이 책자는 '세계적인 대사상가'이자 '위대한 지도자'인 이승만은 몸소 체험과 시범을 통해 자유민주주의의 이론을 체계화 해 우리 민족에게 '민족의 진로'를 명시한 것이라고 썼다. 이승만이 말하는 민족의 진로란 바로 '반공·자유·민주주의에 입각한 민족국가의 완성'이었다.[32]

이승만을 '세계적인 대사상가'니 '위대한 지도자'니 하고 치켜세운 공보실의 태도는 바로 당시 이승만의 정치 행태가 극도로 권위주의화 했음을 말해준다. 이 무렵은 이승만이 이미 사실상 종신집권기로 들어간 시점이었다. 이 때문에 1950년대는 '자유민주주의'가 지식인들 사이에서 뜨거운 논점이 된 시기였다. 논의의 초점은 이승만의 권위주의 통치와 북한의 안보 위협이 한국의 자유민주주의를 위협한다는 점이었다. 이 같은 주장은 주로 장준하(張俊河)가 발행한 월간지 《사상계》가 주도했다. 당시 야당이던 민주당 의원 신도성(慎道晟)은 이 잡지의 1955년 8월호에 실린 "한국 자유민주주의의 과제"라는 글에서 한국의 자유민주주주의가 독재정치로 인해 위기에 처해졌다고 주장했다. 그는 "요즘 유행하는 자유민주주의라는 용어는 … 공산주의자들이 스스로 민주주의를 참칭하는 데 대하여 개념의 혼동을 피하기 위해서" 쓰이는 것 같다고 설명했다.[33]

1959년 서울대 헌법학 교수 한태연(韓泰淵)은 그 해 7월호 《사상계》에 쓴 "한국 자유민주주의의 위기"라는 글에서 한국의 민주주의는 가부장적 성격으로 인해 위기에 처해졌다고 진단했다.[34] 그가 지적한 '가부장적 성격'이란 바로 이승만의 정치 행태를 뜻하는 것이다. 이승만정권이 붕괴된 다음인 1960년에는 서울대학교 교수 민석홍(閔錫泓)이 그 해 8월호 《사상계》에 기고한 "현대사와 자유민주주의"라는 글에서 "이승만 독재 정권을 물리친 4·19혁명이야 말로 '진정한 자유민주주의 혁명'이다"라고 찬양했다.[35]

진보당 사건과 조봉암 처형

제3대 대통령선거 결과는 진보당과 조봉암의 운명에 어두운 그림자를 드리웠다. 선거 직후부터 진보당 주변에는 심상찮은 징조가 나타났다. 조봉암은 제2대 대선 때부터 계속 이승만에게 도전해 왔지만 그가 총 유효 투표의 30%라는 예상 밖의 많은 표를 얻은 제3대 대선 때는 막상 진보당이 제대로 창당조차 되지 않은 상태였다. 진보당은 선거 1개월 반 전인 1956년 3월 31일 겨우 창당추진위원회 구성을 마치고 대통령과 부통령 후보를 지명하고 선거에 임한 것이다. 진보당의 정식 창당은 대선이 끝난 다음 6개월이 지난 11월 10일 서울시공관에서 열린 창당대회에서 이루어졌다. 위원장에 조봉암, 부위원장에 박기출(朴己出)과 김달호(金達鎬)가 선출되었다. [36)]

조봉암을 비롯한 고위 당직자 17명이 국가보안법상 간첩죄 등으로 구속된 세칭 진보당사건은 창당 1년 2개월 만인 1958년 1월 13일 발표되었다. 진보당은 그로부터 약 40일 후인 2월 25일 미군정법령 제55조에 의거해 정당 등록이 취소되었다. 공교롭게도 제4대 민의원 선거 2개월여 전이다. 조봉암은 7월 2일의 1심 선고 공판에서 검찰이 사형 구형을 한 간첩 혐의에 대해서는 무죄 판결을 받고 다른 혐의만 유죄로 인정되어 5년형을 선고받았다. 이 선고 공판이 있은 직후 200여 명이 법원에 난입해 "타도 유병진(柳秉辰) 판사(재판장)"를 외치면서 "조봉암을 극형에 처하라"라고 요구하는 시위를 벌였다. 과연 그해 10월 25일 열린 항소심 선고공판에서 조봉암은 간첩 혐의가 인정되어 사형이 선고되고 다른 당 간부들에게도 유죄 판결이 내렸다. 대법원은 1959년 2월 27일 상고심 선고 공판에서 조봉암의 상고를 기각하고 사형을 확정했다. 대법원의 판결 이유는 다음과 같다.

진보당의 강령이나 평화통일론은 법에 저촉되지 않으나 조봉암은 결당 추진 도중 북한 괴뢰 집단의 지령을 받고 북괴와 합작하여 평화 통일의 구호 아래 대한민국을 변란할 목적으로 당을 구성하여 수괴인 당 중앙위원장에 취임한 사실은 충분히 인정할 수 있다. … 조봉암 개인의 내심의 의도가 조직된 정당의 성격을 결정하는 것은 아니라고 할 것이나 결당 목적이 괴뢰 집단과 밀통 야합하여 그 지령하에 대한민국을 전복하려 했음이 명백한 이상, 정을 모르고 결당에 참가한 자는 논외이나 피고인 조봉암은 … 죄책을 면할 수 없고, 동 피고인에 의하여 조직된 진보당 역시 자체 성격의 위법 여부는 불구하고 불법 단체임을 면할 수 없다.

조봉암 자신은 최후 진술에서 그에 대한 재판이 '정치적 음모'라고 주장했다. 변호인 한격만(韓格晩)은 "합법 정당을 불법화하고 정치범에 대해 국가보안법을 적용하는 것은 중대한 과오"라고 비난했다. 언론인 임홍빈(任洪彬)은 이 재판이 완전히 증거에 의하지 않고 자유심증주의에 근거한 부당한 정치 재판이라고 비판했다.[37] 조봉암은 5개월 후인 7월 31일 처형되었다.

사상 유례 없는 3·15부정선거

한국 헌정 사상 유례없는 부정 선거였던 1960년 3월 15일의 제4대 대통령 및 제5대 부통령 선거는 4·19학생혁명의 도화선이 되었다. 놀랍게도 그 부정선거 지령문이 투표일 1주일 전에 신문에 폭로되는 기막힌 일이 벌어졌다. 내무장관 최인규(崔仁圭)가 각 시·도 경찰국장에게 발송한 것을 전남 도경국장이 민주당 원내총무 김의택(金意澤)에게 전달하고, 김의택은 당에 보고한 다음 안전한 보관을 위해 부통령 장면(張勉)이 맡아 있었다. 부정선거지령문이 민주당에 입수된 사실을 탐지한 동아일보 기자 김준하(金準河)가 민주당 대변인 조재천(曺在天)으로부터 이를 입수해 신문에 특종으로 보도했다. 김 기자에게 체포령이 내려지자 그는 몸을 피하라는 신문사의 지시에 따라 밤기차를 타고 지방으로 피신했다.[38] 모두가 극적인 사건 전개이다.

《동아일보》에 보도된 부정선거지령문은 사실이었다. 3·15부정선거는 그 지령문대로 실행되었음이 4·19 이후 허정 과도 정권 때 설치된 특별검찰부의 수사로 밝혀졌다. 지령문에 실린 부정 선거의 방법은 40%의 사전 투표, 3인조 또는 5인조에 의한 반공개 투표, 투표 내용을 다른 사람이 볼 수 있는 내통식 개표소 설치, 유령 유권자의 조작과 기권 강요 및 기권자 표의 대리 투표, 투표함 운반 중 바꿔치기, 개표 시의 혼표와 환표, 최악의 경우 득표수의 허위발표 등 완전한 사기 수법이었다.[39] 자유당 정권은 선거 1년 전인 1959년 1월 초부터 정치 깡패와 폭력배도 가입시킨 대한반공청년단, 한국반공예술인단 등 각종 친여 외곽 조직의 확대정비에 착수했다.

자유당은 그 해 6월 29일 전당대회에서 대통령 후보에 이승만, 부통령 후보에 이기붕을 지명한 다음 본격적인 선거 준비에 착수했다. 그러나 자유당은 정상적인 방법으로는 선거에 이길 수 없다는 판단을 내리고 대대적인 관권 선거를 치르기 위해 내무장관에 저돌적인 최인규(崔仁圭)를 기용해 실무 총책을 맡겼다. 최인규는 전국 경찰의 대규모 인사이동을 단행, 일선경찰서장을 연고지 중심으로 배치하고 전국 읍·면·동 단위의 공무원친목회를 만들어 득표 활동을 벌이도록 했다. 민주당은 1960년 초 전당대회에서 대통령 후보로 조병옥을 선출했다. 그러나 공교롭게도 조병옥은 건강이 나빠 1960년 1월 29일 부득이 치료를 위해 미국으로 떠났다. 그는 미국으로 떠나면서 선거의 조기 실시를 반대한다는 뜻을 밝혔다. 1956년의 대선 때 신익희 붐에 놀랐던 자유당 정권은 야당에게 선거 운동의 기회를 주지 않으려고 선거 일자를 앞당긴 것이다. 이 선거 일정에 따라 2월 1일부터 선거 유세가 시작되었지만 조병옥은 2월 15일 미국 워싱턴의 월터육군병원에서 심장병으로 급서했다. 선거 양상이 4년 전 신익희의 돌연한 별세 때처럼 되고 말았다. 선거의 중점은 부통령 선거로 쏠릴 수밖에 없었다. 자유당과 최인규는 장면이 부통령에 재선되는 '악몽'이 재현되는 것을 막기 위해 부정선거 지령문을 하달한 것이다.[40]

투표 당일이 되자 자유당과 경찰 그리고 반공청년단이 저지른 선거 부정은 극에 달했다. 야당 참관인들이 투표소에서 구타당하고 쫓겨나기도 하고 어떤 지역에서는 부정 투표로 인해 투표자 수보다 더 많은 자유당 후보의 득표가 나오는 난센스가 벌어지기도 했다. 개표 결과 이승만과 이기붕은 각각 88.7%와 79%의 많은 표를 얻어 당선된 것으로 발표되었다.[41] 그러나 야당은 물론 국민 대다수도 이 선거 결과를 받아들이지 않았다. 항의 시위가 전국으로 번져 자유당 정권은 몰락의 길로 들어섰다.

4·19와 이승만정권의 몰락

4·19의 불길은 먼저 대구에서 붙기 시작했다. 선거 유세 기간인 2월 28일 대

구 시내의 경북고등학교와 대구고등학교를 비롯한 고교생 1,000여 명이 최초로 반 정부 시위를 벌였다. 2·28시위의 직접적인 원인은 행정 당국이 장면 민주당 부통령 후보의 개인 선거 연설회에 학생들이 참석하지 못하도록 일요일에 등교를 명령했기 때문이다. 시위 학생들은 '학원의 정치 도구화 반대' 등 구호를 외치면서 경북도청 광장으로 진출했다. 경찰의 시위 진압으로 10여 명이 부상하고 100여 명이 경찰에 연행됨으로써 이 사건은 국회에 비화, 정치 문제화하는 동시에 다른 지역의 시위를 촉발시켰다. 3월 5일과 8일에는 서울과 대전으로 학생 시위가 번져 시위 학생들과 경찰의 충돌로 유혈 사태가 일어난 것을 계기로 투표 당일인 15일까지 전국 각지에서 연일 학원 자유와 공명 선거를 요구하는 학생 시위가 계속되었다.[42]

3·15부정선거가 끝난 후 최초로 시위가 일어난 곳은 마산이었다. 민주당 마산지구당의 부정 선거 폭로를 계기로 바로 투표 당일에 시위가 발발, 저녁 때는 1,000명의 시위대가 민주당마산지구당 당사 앞에서 경찰과 대치하던 중 정전이 된 상태에서 경찰이 발포를 해서 사상자들이 발생했다. 정부는 마산사태가 공산당의 조종으로 일어났다고 거짓 발표를 해 국민들의 분노를 샀다. 정부를 비판하는 여론이 비등하자 내무장관과 치안국장이 책임을 지고 사임한 데 이어 이승만 대통령은 마산사건을 난동이라고 규정했다. 그러나 4월 11일 충격적인 일이 일어났다. 시위 때 행방불명이 된 시위 고교생 김주열(金朱烈) 군의 시체가 마산 앞바다 위에 떠오른 것이다. 그의 눈에는 최루탄이 박혀 있었다. 분노한 학생과 시민 2만여 명이 즉각 경찰을 규탄하는 대대적인 시위에 들어갔다.[43]

마침내 서울에서도 18일 고려대 학생들의 시위가 벌어졌다. 고대생들은 서울 중구 태평로 국회의사당 앞에서 재선거를 주장하는 평화적인 시위를 마치고 안암동의 캠퍼스로 돌아가던 중 종로 4가 천일(天一)백화점 앞길에서 정치 깡패들의 습격을 받고 40여 명의 부상자가 나오는 등 유혈 사태가 일어났다. 이를 계기로 19일 오전부터 각 대학생과 고교생 등 2만여 명이 서울 시내에서 대규모 연합 시위에 들어가자 정부는 오후 5시를 기해 비상계엄을 선포하고 밤 10시에는 계엄군이 서울 시내에 진주했다. 경찰은 이날 오후 경무대로 향하는 시위대에 발포했다. 그러나 사태는 더욱 악화되어 21일에는 내각이 총사퇴하고 23일에는 장면 부통령이 사임했다. 김병로·서상일 등 재야 인사 18명은 이날 시국수습임시협의회를 구성하고 부정 선거 무효를 주장했다. 24일에는 사태 수습을 위해 이승만이 자유당 총재를 사임하고 이기붕은 부통령 당선을 사퇴했다.[44]

그러나 시위는 진정되지 않고 25일에는 대학교수 258명이 선거 재실시와 부정 선거 주모자 처벌 및 이승만 정부의 퇴진을 요구하는 14개 항의 시국선언문을 발표했다. 이 선언에 자극을 받은 시위 군중은 이날 밤 서울 시내에서 철야데모를 벌였다. 학생 시위를 지지하던 미국 정부는 아이젠하워 대통령의 방한계획을 취소하고 원조 중지 방침을 밝혔다. 매카나기(Walter P. McConaughy) 주한 미국 대사는 "이승만의 하야만이 난국을 수습할 수 있는 길"이라고 이승만을 압박했다. 26일에는 10만 명으로 불어난 시위 군중이 이승만의 사퇴를 요구하면서 광화문으로 행진했다. 민주당은 이승만의 사임과 선거를 재실시할 것을 요구하는 성명을 발표했다. 군은 경찰과 달리 시위 군중에 발포하지 않고 관망적인 태도를 취했다. 이승만은 결정적인 순간에 군부의 충성을 확보하는 데 실패한 것이다. 마침내 이승만은 이날 오전 11시 자신의 사임과 정·부통령 선거의 재실시를 발표했다. 국회는 같은 날 본회의를 열어 3·15부정선거를 무효화하는 결의안을 통과시켰다.[45]

12년에 걸친 이승만의 장기 집권은 이로써 마감을 했다. 4·19 시위는 사망자 186명, 부상자 6,259명을 내고 막을 내렸다. 이승만은 그날 오후, 그가 경무대의 주인이 되기 전 거처로 삼았던 서울 종로구 이화동의 이화장(梨花莊)으로 이사했다. 이기붕은 29일 경무대 구내의 가옥에서 가족과 함께 집단 자살로 그의 생를 마감했다. 이승만은 약 한 달 후인 5월 29일 하와이로 망명, 5년 후인 1965년 7월 19일 그 곳에서 노환으로 세상을 떠났다. 조선 왕국이 개국하기 1년 전인 1875년에 출생한 이승만은 조선조 말 풍운이 감돈 개화기와 일제 식민지 시기, 그리고 건국 시기를 거쳐 박정희의 3공 때까지 온갖 영욕으로 점철된 90년 간의 파란 많은 생애를 이국땅에서 쓸쓸히 마감했다. 그의 유해는 고국으로 봉환되어 7월 27일 가족장으로 서울 동작동 국립묘지에 안장되었다.

④ 이승만의 공과

나는 이승만의 용기와 뛰어난 지성에 감명을 받고 한국을 떠났다. 나 역시 공산주의자들을 상대할 때 예측할 수 없게 하는 것의 중요성을 강조한 이(승만)의 통찰력에 대해 많은 생각을 했다. … 그 후에도 그 노인의 현명함을 더욱 더 높게 평가하게 되었다.

     – 리처드 M. 닉슨(Richard M. Nixon, 1953년 휴전 당시 회고)

1. 그의 건국 비전

마지막 개화파이자 한국 보수 세력의 원조

이승만은 두 개의 얼굴을 가진 야누스(Janus) 신상(神像)처럼 정반대의 평가를 받고 있다. 대한제국 마지막 세대의 개화파이자 대한민국 보수 세력의 원조라 할 그는 '건국의 아버지' 또는 '위대한 정치가' '자주적인 지도자'라는 최상의 찬사를 받는가 하면 '분단과 독재의 원흉' 또는 '친일파를 감싸고 민족 정기를 흐려놓은 위선자'라는 극도의 폄하를 동시에 받고 있다. 이승만 정부가 4·19 학생 시위로 붕괴된 지도 60년의 세월이 흘렀지만 아직도 그에 대한 평가는 심하게 엇갈리고 있다. 그것은 12년에 걸친 이승만 시대의 유산이 여전히 현재의 우리에게 남아 있기 때문이다. 그에 대한 공정하고 균형 잡힌 평가가 자리 잡으려면 아마도 좀 더 세월이 흘러야 할지 모른다.

모든 사물을 관찰하는 것이 다 그렇지만, 특히 어떤 역사적인 인물을 평가하는 데는 평가자의 입장이 크게 작용한다. 만약 평가자가 이승만과 정치적으로 다른 입장 —예컨대 대한민국의 건국 자체를 부정적으로 보는 좌파 또는 그 동조자—이라면 대개는 그를 비판적 내지 부정적으로 보게 마련이고, 반대로 그와 정치적으로 같은 입장 −예컨대 우파 또는 그 동조자−라면 대체로 옹호적이거나 긍정적으로 보게 마련이다. 인간의 정치적 성향은 그처럼 관점의 차이를 가져오는 것이다.

오늘의 이 시점에서 불가피한 한계가 있을지라도 이승만을 공정하게 평가하기 위해서는 19세기 말부터 한국 못지않게 격동의 시대를 겪은 중국의 경우를 참고할 필요가 있을 것이다. 중국을 오늘의 발전된 모습으로 만든 덩샤오핑(鄧小平)은 1978년 정권을 장악하자마자 마오쩌둥의 업적 평가를 시도해 당시로서 나름대로의 균형 있는 역사적 평가를 내렸다. 중국공산당은 1981년 6월 27일부터 29일까지 제11기 제6차 중앙위원회 전체회의를 열고 '건국 이래의 당의 약간의 역사적 문제에 관한 결의'라는 문건을 채택했다. 그 가운데서 '마오쩌둥 동지의 역사적 지위와 마오쩌둥 사상'에 대해 다음과 결론을 내렸다.

> 마오쩌둥 동지는 위대한 마르크스주의자이며 위대한 무산계급 혁명가, 전략가, 이론가이다. 그가 10년에 걸친 '문화대혁명'에서 중대한 오류를 범했다고 할지라도 그의 전 생애를 놓고 보면 중국 혁명에 대한 공적이 잘못을 훨씬 능가하고 있다. 그의 공적은 1차적이고 오류는 2차적이다. 그는 우리 당과 중국 인민해방군의 창설 및 발전과 중국 각 민족 인민의 해방 사업의 승리, 중화인민공화국의 창건과 우리나라 사회주의 사업의 발전을 위해 불멸의 공적을 세웠다. 그는 세계 피압박 민족의 해방과 인류의 진보에 커다란 공헌을 하였다.[1]

덩샤오핑은 마오쩌둥이 생전에 자신이 과오를 범한 사실을 알고 있었으며 "내가 죽은 후에 오류는 30%, 공로는 70%라는 평가를 받으면 만족스럽겠다"라고 말했다고 밝힌 바 있다.[2] 마오쩌둥에 대한 평가를 그의 희망대로 '공(功) 7, 과(過) 3'으로 볼 것이냐 여부는 사람에 따라, 시대에 따라 달라지겠지만 그를 균형 있게 평가해야 한다는 합의만은 덩샤오핑에 의해 이룩된 셈이다. 덩샤오핑은 1980년 8월 이탈리아 기자와 회견한 자리에서 중국 정부는 천안문 성루에 걸려 있는 마오쩌둥의 대형 초상화를 영원히 보존할 것이라 밝혔다.[3] 우리도 덩샤오핑이 했던 것처럼 균형 잡힌 시각에서 이승만의 공과를 공정하게 살펴볼 필요가 있지 않을까 생각된다.

이미 우리가 Ⅲ-**4**(단정 수립에 나선 보수 세력)에서 본바와 같이, 이승만은 얄타회담 당시부터 미·소에 의한 한반도의 분단이 필지의 코스라고 인식했다. 해방 후에는 이미 1946년 2월 북한에는 북조선임시인민위원회라는 사실상의 공산 정권이 수립되었다고 판단했다. 우리가 이런 사실들을 인정하고 그의 단정 수립 노력을 논한다면 그의 행동은 상당히 이해될 수 있을 것이며, 반대로 이런 사실을 외면한다면 그가 민족 분단의 원흉이라는 결론 밖에는 나올 수가 없다. 그런 점에서 구 소련 정부의 비밀 문서가 공개된 오늘의 시점에서는 이승만의 단독 정부 수립 노선에 대한 평가도 당연히 달라져야 할 것이다.

이승만의 젊은 시절과 정부의 밀사 활동

이승만을 제대로 평가하기 위해서는 우선 그의 정치 사상의 형성 과정을 알아볼 필요가 있다. 그는 개화사상이 꽃피던 1880년대후반에는 10대 소년이었다. 이승만은 개화당의 수령인 김옥균(1851~1894)보다는 24세가 젊었고, 갑신정변 때 사관 생도를 지휘해 쿠데타에 가담하고 미국에 망명했다가 귀국해서 독립협회를 이끌면서 그를 지도했던 서재필보다는 13세 젊은 나이였다. 이승만은 1895년 4월, 미국 선교사 아펜젤러가 세운 배재학당 영어학부에 들어가 영어와 신문학을 공부하면서 서재필의 강의도 듣고 1897년 7월에 졸업했다. 이승만은 서재필의 강의에 매료되어 그의 지도 아래 조직된 학생 단체인 협성회에 가입해 처음에는 서기를 맡았다가 나중에는 회장이 되었다. 이승만은 나중에 배재학당 시절을 다음과 같이 회고했다.

… 나는 그 곳에서 영어보다 더 중요한 것을 배웠음을 깨달았다. 그것은 정치적 자유의 개념이었다. 한국의 일반 백성이 무자비하게 당하는 정치적 억압에 대해 조금이라도 아는 사람이라면 한 젊은이가 평생 처음으로 기독교 국가에서는 국민들이 법률에 의해 지배자의 횡포로부터 보호받는다는 얘기를 들었을 때 그의 마음속에 어떠한 혁명이 일어났을 지를 쉽게 상상할 수 있을 것이다. 나는 속으로 "우리가 그와 같은 정치적 원칙을 채택한다면 나의 핍박받는 동포들에게 커다란

축복일 것이다"라고 다짐하였다.[4]

22세에 배재학당을 졸업한 이승만은 《협성회회보》를 창간해 주필이 된 것을 시발로 한국 최초의 일간지인 《미일신문》의 주필 겸 사장, 그리고 《제국신문》의 주필 등을 차례로 지내면서 언론 활동을 펴는 한편 서재필의 독립협회에 들어가 급진파 회원으로 맹활약을 했다. 이듬해인 1898년 중추원 의관에 임명된 이승만은 1899년 박영효 추종 세력의 고종 양위 및 박영효 총리 옹립 음모에 가담했다가 체포된 다음 탈옥을 시도하다가 적발되었다. 그는 미국 공사 알렌(Horace N. Allen)의 부탁으로 재판에서 대역죄 부분은 증거 불충분으로 무죄가 되고 탈옥 미수 혐의만 유죄로 인정되어 태(笞) 100과 종신형을 선고받고 1899년부터 꼬박 5년 7개월 동안의 감옥 생활을 했다.[5]

이승만은 을사보호조약 체결 1년 전인 1904년 8월 석방되었다. 그는 옥중에서 많은 국내외의 서적과 신문들을 탐독하는 한편 영한사전을 편찬하고 《제국신문》에 기고문을 쓰는 등 활발한 저술·번역 활동을 벌였다. 이승만은 같은 해 석방되기 직전 감옥 안에서 써서 1910년 미국에서 출판한 《독립정신》이라는 저서에서 프랑스·영국 특히 미국의 정치 제도와 정치 문화의 장점을 소개하면서 전제 군주제 대신 입헌주의 정부를 주창했다. 이승만은 민주주의에 대한 확고한 신념을 갖고 있었다.[6]

이승만은 출옥한 다음 잠시 동안 감리교 계열의 상동(尙洞)교회 소속 상동청년학원 원장으로 봉사하던 중 대한제국의 독립 보존을 위해 미국 요로를 대상으로 외교 활동을 벌이기 위해 비공식 밀사로 1904년 11월 미국에 건너갔다. 개화파 출신의 황실 측근인 민영환과 한규설이 영어를 잘 하는 그를 선발했다. 그는 먼저 하와이에 도착해 하와이교민들의 청원서를 만들어 12월 31일 수도 워싱턴DC로 이동해 이듬해 2월부터 헤이(John M. Hay) 국무장관과 루스벨트(Theodore Roosevelt) 대통령을 만나 일본의 한국 침략 의도를 설명하고 미국의 협력을 호소했다.[7] 그러나 이승만의 비밀 외교 활동은 미국 정부의 이중적 태도로 실패하고 말았다. 루스벨트는 태프트(William H. Taft) 육군장관을 일본에 보내 가쓰라(桂太郎) 장관과 필리핀의 미국 식민 지배와 조선에 대한 일본 종주권을 상호 양해하는 밀약을 이미 7월 27일 체결했기 때문이다.

이승만은 부친의 권유에 따라 귀국하지 않고 미국에서 30세의 만학도로 대학 3학년에 편입해 명문 조지 워싱턴대학교와 하버드대학교 및 프린스턴대학교에서 5년 만에 학사·석사·박사학위를 취득했다. 1910년 9일 한일합병 공표 4일 후 여객선 편으로 대서양을 건너 유럽에서 시베리아 횡단철도 편으로 10월 10일 서울 남대문역에 도착, 6년여 만에 귀국했다. 그는 곧 서울YMCA 학생부간사(학감)에 취임했다. 그러나 이승만은 채 1년 반도 안 된 1912년 3일, 이른바 105인 사건에 관련되어 일제 경찰에 체포될 위기를 맞자 서둘러 미국으로 망명하지 않으면 안 되었다.

독립운동 지도자 이승만

이승만은 하와이에 정착해 교포 교육 사업을 벌이던 중 1918년 10월 앞에서 자세히 설명한 바와 같이 자신을 찾아온 여운홍과 미국의 샤록스 선교사를 통해 고국의 민족 지도자들에게 밀지를 보내 대중 봉기를 독려했다.[8] 이승만은 그의 미간행 영문 비망록(*The 1919 Movement*)에 쓴 대로 자신이 3·1운동 발발에 크게 기여했다고 자랑스럽게 생각했다.[9]

그 후 파리에서 열리는 제1차 세계대전 강화회의에 참석하기 위해 미 본토로 건너간 그는 이미 설명한 바와 같이 미국 정부의 여권 발급 거부로 파리행이 좌절된 다음 1919년 3월 10일 필라델피아에서 서재필로부터 모국에서 대규모 시위가 일어났다는 소식을 듣고 크게 고무되었다. 이승만은 그해 4월 14일부터 3일 간 서재필과 협의해 제1차 한인회의(The First Korean Congress)를 소집 자신도 직접 시위를 조직했다. 그는 미국 독립운동의 요람인 필라델피아에서 서재필을 비롯한 정한경(鄭翰景), 유일한(柳一韓) 등 미국에서 대학 교육을 받은 100명의 독립 지사들이 참가한 이 집회에서 영문으로 번역된 3·1독립선언서를 자신이 직접 낭독했다.[10]

3·1운동 직후 국내외 여러 곳에 수립된 임시 정부들이 저마다 이승만을 영도자로 추대한 것도 결코 우연한 일이 아니다. 그는 일개 망명 독립운동가에서 3·1운동을 계기로 민족의 지도자로 우뚝 선 것이다. 이미 Ⅱ-**1**(3·1운동과 상하이

임시정부의 공화제)에서 살펴본 바와 같이 한성임시정부는 그를 집정관총재로, 초기의 상하이임시정부는 그를 국무총리로, 연해주의 대한국민의회정부는 그를 국무총리로, 서울에서 수립하려던 조선민국임시정부는 그를 부도령(副都領)으로, 평북지방에서 세우려던 신한민국정부는 그를 국방총리로 각각 지명했다. 마지막으로 상하이의 통합 임시정부는 그를 임시대통령으로 선출했다. 그만큼 이승만의 이름 석자가 명성과 권위를 지녔기 때문이다. 그가 실제로 부임한 자리는 통합된 상하이 임정의 임시대통령 자리였다. 이승만은 광복 후 좌·우익이 첨예하게 대립한 시기에도 좌익 계열이 급조, 발표한 '조선인민공화국'의 주석에 추대되었다. 이 역시 그의 명성이 컸던 탓이다.

이승만은 상하이 통합임정 출범 다음 해인 1920년 11월 16일 중국인 복장을 하고 호놀룰루를 출발하는 네덜란드 국적의 운송선에 승선해 12월 5일 상하이에 도착했다. 그는 신변 안전을 위해 배 밑바닥의 창고, 즉 미국에서 일하다가 죽은 중국인 노동자들의 관 보관실에 숨어서 하루 밤을 보낸 다음 배가 미국 영해를 벗어나자 갑판 위로 올라갈 수 있었다. 그의 목에는 일본 경찰이 내건 30만 달러의 현상금이 걸려 있었다. 그가 미국에서 돌보던 구미위원부 일은 서재필과 김규식, 그리고 노백린(盧伯麟)에게 맡겼다.[11]

이승만은 상하이 도착 1주일 후인 12월 12일 임시정부 청사를 순시하고 28일에는 시내의 전 민단사무소에서 열린 환영식에 참석해 그의 일생 중 가장 영광스러운 순간 중 하나를 맞았다. 임정 이동휘 국무총리 등 요인들을 대동하고 환영식장에 입장한 그를 위해 남녀 합창단은 환영 노래를 불렀으며 한 여학생은 그의 목에 화환을 걸어주었다. 저명한 독립운동가들인 박은식, 안창호, 이일림(李逸林)은 그를 위해 열렬한 환영사를 했다. 이승만의 답사가 끝나자 환영식의 마지막 순서로 참석자들은 일제히 '임시 대통령 만세'를 우렁차게 외쳤다. 환영식 순서가 끝나고 이승만이 퇴장할 때는 경무국장(警務局長) 김구를 비롯한 경호원들이 그를 둘러싸고 삼엄하게 경호하는 등 그를 극진히 모셨다.[12]

임정의 기관지인 《독립신문》은 1921년 신년호에 이승만의 상하이 도착을 환영하는 사설을 싣고 주먹만한 활자로 다음과 같이 썼다.

국민아, 우리 임시 대통령 이승만 각하 상해에 오시도다. … 우리의 원수(元首),

우리의 지도자, 우리의 대통령을 따라 광복의 대업을 완수하기에 일심(一心)하자. … 우리는 우리의 생명을 그의 호령 밑에 바치자. 진실로 우리 대통령을 환영할 때에 우리가 그에게 바칠 것은 화관(花冠)도 아니오 송가(頌歌)도 아니라, 오직 우리의 생명이니 … 마침내 그가 '나오너라' 하고 전장(戰場)으로 부르실 때에 일제히 '네' 하고 나서자.[13]

　이승만은 임정 초대 임시 대통령으로 6년 간 재임하는 동안 6개월 간 상하이에서 집무한 다음 워싱턴에서 열린 9개국 회의에 한국 독립 문제를 제기하기 위해 1921년 5월 상하이를 떠나 미국으로 돌아갔다. 이승만은 미국으로 귀환한 다음에도 임정의 운영 문제와 외교적인 독립운동의 방법을 둘러싸고 임정 내의 반대파들과 마찰을 빚었다. 그는 상하이로 돌아오라는 임정 요인들의 요구를 외면하는 등 타협을 거부하다가 드디어 임기 만료 6개월 전인 1925년 3월 임정 임시 의정원에 의해 탄핵됨으로써 임시 대통령 자리에서 물러났다.[14] 그 다음부터 이승만은 미국에서 사실상 개인 자격으로 한국의 독립을 위해 외교 활동을 벌였다.

건국의 청사진 작성과 일본군 시설 공격 계획 당부

　이승만은 미국에서 3·1운동 직후인 1919년 4월과 8월 두 차례에 걸쳐 건국 프로그램이라 할 '건국종지'(建國宗旨)와 '대한공화국 헌법 대강'을 마련하는데 주동 역할을 했다. 첫 번째 문건인 '건국종지'는 1919년 4월 미국 필라델피아에서 개최된 제1차 한인회의에서 채택한 5개의 결의 중 하나이다. 이 결의의 정식 명칭은 '한국인의 열망과 목표'(Aims and Aspirations of the　Koreans)였는데 이승만이 이를 '건국종지'라고 불렀다. 이 문건의 기초자는 유일하며 이승만은 이를 세밀하게 검토해 전체회의에서 무수정 통과되는 데 앞장섰다. 그 내용은 '민주공화국'을 건설하고, 중앙 정부는 국회와 행정부로 구성하며, 대통령은 국회에서 선출하도록 하는 것이다. 이 문건은 또한 민중의 교육 수준이 낮고 자치 능력이 부족한 사실을 감안해 정부 수립 후 10년 간은 중앙집권적 통치를 하되, 정부가 그 기간 동안 국민 교육에 치중함으로써 민중이 미국식 공화제 정부를 운영할 수 있도록 만들어야 한다고 했다.[15] 여기서 대한민국 임시정부와 해방 후 대한민국의 골격이 보인다. 이승만의 기본적인 통치 스타일과 교육 정책도 나타나 있다.

두 번째 문건은 '대한공화국 헌법대강'이다. 이승만은 그해 4월 23일 서울에서 선포된 한성 임시정부의 집정관총재(執政官總裁)에 추대되자 스스로 '대한공화국 대통령'(President of the Korean Republic) 자격으로 수도 워싱턴에 집정관총재 사무실을 열고 곧이어 김규식을 위원장으로 하는 구미위원부(The Korean Commission to America and Europe)도 개설했다. 이 헌법대강은 그해 8월 27일 이승만이 김규식과 공동 명의로 발표한 '한민족의 독립운동 지속 선언 및 이에 대한 지원 요구' 안에 들어있다. '헌법대강'의 정식 명칭은 '대한공화국 헌법의 주요 원칙'(Main Principles of the Constitution of the Korean Republic)이었다. 이 헌법요강은 국체를 공화제로 하고 교육을 특별히 장려한다는 점에서는 앞의 건국종지와 내용이 같지만 종교와 양심의 자유, 언론 결사의 자유, 귀족의 특권 폐지, 정교 분리, 민병대 조직, 소수파 보호, 독립된 사법부 설치 등이 새로 들어갔다.[16]

이승만은 일제가 1941년 12월 7일 미국 하와이의 진주만 해군기지를 기습해 미·일 간의 태평양전쟁이 발발하기 훨씬 이전인 1940년 2월 2일 중국 충칭의 임시정부 수반 김구에게 비밀서한을 보내 "지금 미 육해군은 은밀한 준비에 열심입니다. 우리를 향해 아래와 같은 요구가 있습니다. 만일 (미·일) 전쟁이 벌어지면 도움을 바란다고 합니다"라면서 일본군 주요 시설을 공격하는 작전을 계획해 달라고 요청했다.

그는 이 편지에서 구체적으로 "한국, 일본, 중국, 러시아 각 나라의 항구와 요지에 (중략) 거사 계획을 약속했다가 무르익으면 한꺼번에 일어날 것. 행할 일은 군함·병영·관공서·군수공장 등을 파괴·방화하는 일, 사보타주, 비행기를 포격하고 시위할 것, 군인 수백 수천으로 습격 항전할 것"을 주문했다. 이승만이 김구에게 서한을 보낸 사실은 2019년 3월 서울에서 열린 미술품 옥션에 이 서한이 출품, 전시됨으로써 세상에 알려졌다.[17]

이승만은 해방 직후 귀국한 다음 미 군정청 자문기관인 민주의원(남조선대한국민대표민주의원) 의장에 선출되기 직전인 1946년 2월 6일 서울중앙방송을 통해 "과도정부 당면 정책 33개항"을 발표했다. 이 당면 정책 33개항[실제로 발표된 항목은 32개] 중 새로운 내용은 국민의 평등권과 18세 이상의 투표권, 법률·사회·교육 등 분야에 들어와 있는 일본 제국주의 잔재의 척결, 상공업 진흥, 일본인, 부역자 및 대규모 농장 소유자의 토지 몰수와 유상 분배, 의무 교육 실시, 최소고금령(最小雇金令) 실시, 구인장에 의한 구인, 여행의 자유, 8시간 노동제도, 일부일처제도, 공무원의 취임선서제도 등이다. 특기 할 점은 1948년 건국 후 단행된 농지개혁과 일제 잔재 청산의 구상이 여기에 들어있다는 점이다.[18]

2. 그의 업적

차선을 선택한 단정 수립

이승만의 업적과 과오에 대해서는 논자마다 다른 평가를 하고 있고, 최근까지도 그의 과오가 업적보다 더 크게 부각되는 상황이었다. 그 이유는 ① 이승만이 4·19 학생시위 때 실각해 해외로 망명을 떠난 다음 그에 대한 격하 운동이 일어났고 ② 그의 최대 과오라 할 장기 집권과 독재가 당시에는 물론이고 그의 하야 후에도 지식인들의 강력한 거부감과 혐오의 대상이 되었으며 ③ 이승만정권 붕괴 이후에 들어선 장면정권이 곧 군사 쿠데타로 전복된 다음 박정희정권과 전두환 신군부 정권이 도합 27년 간이나 계속되어 이로 인한 권위주의 정치에 대한 지식인들의 혐오가 이승만정권에 대해서도 부정적으로 작용했기 때문이다. 이런 복합적인 이유로 적잖은 사람들이 이승만을 부정 일변도로 평가하는 경향이 있다.

1980년대에 태풍처럼 기세를 떨친 수정주의 역사관이 이승만 평가에 준 부정적 영향도 크다. 수정주의는 이승만 개인에 대해서 뿐만 아니라 대한민국의 건국에 대해서도 부정적인 평가를 내려 대한민국의 정통성이 크게 훼손당했다. 다행히 1990년대에 들어서면서 사회주의권의 붕괴로 인해 사태가 반전되고 수정주의 역사관에 대한 비판이 일기 시작하면서 이승만에 대해서도 재평가가 불가피하게 되었다. 이승만에 대한 재평가 작업은 주로 우파 학자들을 포함한 보수진영에 의해 진행되었다. 이승만의 공적으로는 대체로 그의 독립운동, 건국, 농지계획, 김일성의 남침 격퇴, 한미동맹조약 체결, 그리고 교육혁명 등이 거론되고 있고 그의 과오로는 친일파 두둔, 전쟁 예방의 실패, 헌정 유린, 언론 탄압 등이 지적되고 있다.[19]

대한민국의 건국 과정과 이승만의 역할에 관해서는 Ⅲ-**4**(단정 수립에 나선 우익 세력)에서 상세히 살펴보았으므로 여기서는 중복을 피하려 한다. 그 대신 그의 단독 정부 수립 노선이 스탈린에 의해 단행된 한반도분단정책이 이미 기정사실이 된 상황에서 내려진 불가피한 결정이었다는 점만 강조하는 것으로 충분할 것이다. 한반도의 분단은 결코 이승만의 단독정부 수립의 결과가 아닌, 원인이었다는 사실을 외면하고는 이승만을 공정하게 평가할 수가 없다. 브루스 커밍스를 비롯한 국내외의 수정주의자들과 친북 좌파 세력들, 심지어 노무현 정부의 수뇌부까지도 이승만을 '분열주의자'라고 평가했지만, 그것은 편견이나 고정관념에 사로잡혀 역사를 제대로 파악하지 못했거나 거짓 선전에 넘어간 오류에 불과하다. 한반도를 분단한 진정한 분열 세력은 소련이며, 미국은 한반도가 소련 또는 중국의 지배 아래 놓이는 것을 막기 위해 신탁통치를 실시하려다가 일이 어렵게 되자 자신의 국익을 위해 남한만이라도 공산화되지 않도록 남북 분단에 동조함으로써 결과적으로 분단의 책임을 면할 수 없게 되었다고 보는 것이 정확한 사실 인식이며 공정한 판단일 것이다.

북한의 남침 격퇴와 한미 안보 체제 구축

이승만은 김일성의 기습 남침을 받고 즉각 미국에 지원을 호소해 유엔으로 하여금 북한군의 '침략 행위'를 규탄하고 미군을 주축으로 하는 유엔군을 신속하게 한국에 파견할 것을 결의하도록 하는 데 성공했다. 이승만은 북한군이 남침을 개시한 25일 오후 미국 정부와 유엔에 지원을 요청하도록 주미대사 장면에게 긴급 지시했다. 장면은 현지 시간으로 25일 오후 2시 긴급 개최된 유엔안전보장이사회에 옵서버로 참석, 유엔의 지원을 호소했다. 이승만은 26일 새벽 3시에는 도쿄의 맥아더 원수에게 긴급히 전화를 걸어 그로부터 무스탕 전투기 10대, 105밀리 곡사포 36문 등 무기를 긴급 지원하겠다는 약속을 받았다.[20] 미국이 군사적 가치가 없다고 자국의 극동방어선에서 제외해 버린 한국을 구하기 위해 군사력을 파견한 근본 원인은 동서냉전이 막 시작된 시점에서 감행된 김일성의 남침을 소련의 대리전으로 판단한 데 있다. 이와 동시에 미국 트루먼 행정부는 1949년의 중국 대륙의 공산화로 인한 이른바 '중국의 상실'에 이어 한반도의 남반부마저 적화되는 경우 일본의 안전이 위협받을 것은 물론이고 국내적으로도 공화당의 격렬한 정치 공세에 직면할 것이라는 정세 판단을 내렸다.

미국은 한국전쟁에 참여해 한국을 방어하는 데 성공했으나 중공의 개입으로 전쟁이 교착 상태에 빠지자 휴전을 모색하게 된다. 장기간의 협상 끝에 1953년 7월 마침내 휴전협정에 조인하게 되었다. 이승만은 그의 지론이었던 북진통일의 호기를 잃게 되자 미국의 휴전협정 조인을 강력하게 반대했다. 이승만은 휴전협정이 조인되면 북한으로 송환될 반공포로 2만7,000명을 석방함으로써 전 세계를 놀라게 했다. 이승만은 능숙한 외교 솜씨를 발휘해 휴전의 대가를 미국 정부로부터 얻어내는 데 성공했다. 그것은 바로 그해 8월 8일 서울에서 가조인된 한미상호방위조약이다. 이승만은 20세기 초에 한민족이 나라를 잃는 쓰라린 역사를 잘 알고 있었다. 당시 조선은 청국, 일본, 러시아 3국이 서로 한반도를 지배하려고 각축을 벌이자 미국을 끌어들여 균세정책(均勢政策)을 통해 독립을 유지하려 했지만 끝내 실패하고 말았다. 국제 정치에 풍부한 식견과 경륜을 가진 이승만은 휴전협정에 동의하는 대신 미국 세력을 한반도에 붙들어 놓기 위해 한미동맹 체제를 구축한 것이다. 이승만은 한미상호방위조약을 가조인한 날 "우리는 앞으로 여러 세대에 걸쳐 많은 혜택을 받게 될 것이다. 이 조약이 있기 때문에 우리는 앞으로 번영을 누릴 것이며 … 우리의 안보를 확보해 줄 것"이라고 말했다.[21]

그의 예측은 적중했다. 한미 동맹 체제는 그 후 한반도에서 전쟁을 억제하고 한국 경제를 비약적으로 발전시키는 데 결정적인 기여를 했다. 부국강병 정책을 추구한 이승만은 미국의 군사 원조를 받아 국방력도 엄청나게 강화시키는 데 성공했다. 6·25 발발 당시 불과 10만 명(육군 8개 사단)이었던 국군이 1954년에 65만 명의 대군(육군 26개 사단)으로 증강된 것이다.

농지개혁

건국 직후 이승만 정부가 농지개혁을 단행, 농민에게 농지를 분배한 것은 그 방식에 관련해 일부 비판이 있지만[22] 그의 큰 업적 중 하나이다. 김일성이 6·25 남침을 개시하기 전 박헌영은 인민군이 서울만 점령하면 남조선의 빨치산과 노동자 농민들이 즉시 봉기해 남한 전역을 해방시킬 것이라고 모스크바에서 스탈린에게 다짐했다. 충실한 마르크스주의자인 박헌영은 남조선의 프롤레타리아 계급이 조선노동당을 강력히 지지할 것으로 확신했다. 그러나 전쟁이 시작되어 인민군이 서울을 점령한 뒤에도 남한 인민들은 봉기하지 않았다. 초조해진 박헌영은 직접 서울에 내려와 방송을 통해 봉기를 호소했다. 역시 실패였다. 남한의 대부분 노동자·농민은 대한민국에 충성했다. 그 이유 중의 하나가 이승만 정부가 농지개혁을 단행했기 때문이다.

이승만 정부의 농지개혁 구상은 앞에서 본 바와 같이 이미 1946년 2월에 발표된 그의 "과도정부 당면 정책 33개항"에도 나와 있다. 그렇다고 해서 농지개혁이 그의 구상만으로 된 것은 물론 아니다. 당시 남한의 보수파 정치 지도자들도 농지개혁 원칙에 공감하던 바였다. 1948년 7월 제헌국회가 제정·공포한 헌법에는 농지개혁의 근거 조항이 마련되어 있었다. 헌법 제86조는 "농지는 농민에게 분배하며, 그 분배의 방법, 소유의 한도, 소유권의 내용과 한계는 법률로써 정한다"라고 규정해 농지개혁의 근거를 마련했다. 농지개혁법안의 심의에 착수한 국회는 분배 방식을 둘러싸고 각 정파 간에 지루한 논쟁을 벌였다. 북한에서는 이미 1946년 무상 몰수·무상 분배 방식으로 단행한 다음이어서 남한의 좌파들 역시 농지의 무상 몰수·무상 분배 원칙을 주장했다. 그러나 지주 계급 출신이 많은 한민당은 무상 몰수·무상 분배 방식에 강력하게 반대했다. 결국 국회는 여야 간 타협이 성립되어 1949년 6월 유상 몰수·유상 분배 방식의 농지개혁법을 제정하는 데 성공했다.

농지개혁은 농지개혁법의 일부 미비 조항을 개정하느라고 시간을 끌다가 6·25사변이 일어나 차질이 생기기는 했으나 대체로 크게 성공적이었다. 이승만 정부의 농지개혁은 조선 왕조 건립 때 태조(太祖) 이성계(李成桂)가 단행한 과전법(科田法) 이래 최대 규모[23]인 동시에 가장 성공적인 토지 개혁이다. 특기해야 할 점은 이승만 정부의 농지개혁이 민주적인 절차에 따라 결정된 사실이다. 공산 국가에서는 예외 없이 지주들을 학살하고 농토를 몰수했다. 러시아는 혁명 후 집단농장화 과정에서 최소한 2,000만 명의 지주가 피살되었고 중국의 농지개혁에서도 5,000만 명 이상의 농민과 지주가 죽었다. 북한에서는 23만 명의 지주 중 15만 명의 지주가 신변 안전과 자유를 찾아 남한으로 내려온 사실로 미루어 지주들에 대한 박해가 상당했을 것으로 보인다.

농지개혁으로 경자유전(耕者有田)의 원칙이 확립되고 봉건적인 지주 계급이 사라졌다. 농지개혁을 위해 이승만 정부는 전체 농지의 40%에 해당하는 89만2천 정보의 땅을 유상 매입, 유상 분배 원칙에 따라 재분배했다.[24] 이 같은 농지개혁 조치로 전체 농지의 92.4%가 자작농지로 변했다. 이것은 농지개혁 조치가 전체 농지의 90%를 자작지로 만든 일본의 경우보다 더 큰 성과였다. 유상 몰수를 위해 국가가 지주에게 보상한 20억 원 가운데 50% 가량이 토지채권으로 지급되어 바로 산업 자본으로 전환되었다. 그러나 전쟁과 인플레로 토지 보상 자금의 산업 자본화 목표는 소기의 성과는 거두지 못했다.

교육혁명

이승만의 교육 정책은 그가 청년 시절부터 주장한 '교육입국'(敎育立國) 철학에 기초하고 있다. 그는 이미 1919년 4월 미국 필라델피아에서 열린 제1차 한인의회가 채택한 '건국종지' 안에 교육 진흥 정책을 중요 과제로 포함시켰다. 독립협회 회원으로서 개화운동가의 한 사람이었던 이승만은 교육을 가장 중요한 개화의 수단으로 인식했다. 이승만은 이 같은 교육 중시 철학 때문에 '교육대통령'(Education President)으로 불릴 만큼 교육면에서 큰 업적을 남겼다.[25]

이승만이 가장 힘을 기울인 교육 시책은 의무교육제도의 도입이었다. 제헌국회에서 제정된 헌법 제16조는 "모든 국민은 균등하게 교육을 받을 권리가 있다. 적어도 초등교육은 의무적이며 무상으로 한다"라고 규정해 교육혁명의 의지를 명백히 했다. 해방 당시의 문맹률은 86%였다. 일제 치하에서 정규 교육을 받은 국민은 전체의 14%이며 그 중 전문학교 졸업 이상의 학력 소지자는 불과 0.2%였다. 이런 열악한 여건에서 선거를 올바로 하고 민주주의를 제대로 실현하는 것은 처음부터 불가능한 일이었다. 더구나 국가의 산업 발전은 바라보기조차 힘들었다. 이승만 정부는 어려운 국가 재정 형편에도 불구하고 정부 수립 이듬해인 1949년 1월에 6개년간의 초등교육의무화 계획을 수립하고 1950년 6월 이를 법제화한 교육법을 제정·공포했다. 이 계획은 6·25 발발로 실시기 지연되어 휴전 후인 1954년부터 집행되었다. 그 결과 1959년까지 학령 아동의 96%가 취학하는 성과를 올렸다. 문맹률은 1959년에 22.1% 내지 15.5%로 감소했다. 이승만 정부는 초등교육 뿐 아니라 중등 및 고등 교육도 대폭 확충, 1959년까지 중학생은 해방 당시의 10배, 고등학생은 3.1배, 대학생은 12배나 늘어났다. 해외 유학생도 이 시기 이후에 크게 늘어나 1953~66년 사이에 정부가 실시한 해외 유학생 선발 시험에 합격한 사람이 7,390명에 달했다. 이들은 주로 미국으로 공부하러 떠났다.[26]

이승만이 이룩한 교육혁명, 특히 각급 학교의 민주주의 교육은 젊은 세대에 민주주의 의식을 심어주어 민주 정치 발전에 결정적인 기여를 했다. 4·19 학생 봉기가 발발한 것도 민주 교육의 영향이 컸다. 4·19는 이승만 정부의 민주주의 교육이 학생들로 하여금 그의 권위주의 정치 체제에 항거케 한 이른바 '토크빌 효과'(Tocquevillean Effect)를 가져왔다.[27] 이승만의 교육혁명은 그 후 박정희 정권 출범을 계기로 본격적으로 추진된 경제개발정책의 인적 자원을 양성했다. 특히 1950~60년대 후반에 미국에서 경제학을 공부한 우수한 고급 인력들은 박정희정권이 시행한 경제개발정책의 브레인이 되었다.

3. 그의 과오

장기 집권한 이승만의 아이러니

미국에서 민주주의 정치를 익힌 이승만은 국내에서 배재학당에 다닐 때부터 자유주의 사상을 주장한 당시로서는 급진 개화파였다. 그는 독립협회 회원으로 입헌군주제를 이룩하기 위해 몸소 실천 운동을 벌인 행동파이기도 했다. 그런데 이승만은 광복된 조국에 돌아와서 건국에 성공하고 대통령에 올라 권력을 잡은 뒤부터는 차츰 권위주의에 빠졌다. 그리고 끝내 독재자가 되어 불명예스럽게 하야하지 않을 수 없었다.

이승만은 대통령으로서 임기 초기에 전쟁을 치렀고 전쟁 중 임시 수도 부산에서 야당의 도전을 받아 자기의 입지를 방어할 필요가 있었을 것이다. 이승만도 인간인 이상 그런 과정에서 정치적 무리수도 있을 수 있었다. 그러나 그의 3선을 위한 1954년의 '사사오입' 개헌부터의 처신은 정당화되기가 힘들다. 이때는 이미 휴전도 성립되고 정치를 비롯한 모든 분야가 정상으로 돌아갈 때였다. 그가 아니면 대통령 할 사람이 없는 것도 아니었다. 그런데도 그는 장기집권의 유혹을 이기지 못하고 1956년에 3선을 강행함으로써 끝내 후진국 형의 '신대통령(新大統領)'으로 전락하고 말았다. 역사적 가정이지만, 이승만이 2기 임기만 끝내고 1956년에 깨끗이 물러났더라면 한국의 민주 정치 역시 한 단계 높은 발전을 이룩했을지 모른다. 만약 그랬었더라면 그는 '한국의 조지 워싱턴', 즉 '한국 민주주의의 아버지'로 국민들의 존경을 받았을 것이다. 설사 그의 후계자들 중에서 '민주주의의 파괴자'가 나오는 경우에도 초대 대통령인 그의 업적은 영원한 귀감이 될 것이다.

이런 일화가 있다. 자유당이 문제의 사사오입개헌을 추진하던 1954년 9월 초순 당의장 이기붕은 당내 소장파 의원인 김영삼, 김철안(金喆安), 김상도(金相道) 3명을 데리고 경무대로 이승만을 예방했다. 당시 26세의 최연소 의원이던 김영삼은 겁도 없이 이승만에게 "박사님, 3선개헌을 해서는 안 됩니다. 3선개헌만 안 하시면 박사님은 위대한 국부로 역사에 영원히 남으실 겁니다"라고 직언했다. 순간 이승만은 안면 근육이 실룩이더니 아무 소리도 없이 문을 열고 나가 버렸다. 이 돌연한 사태에 당황한 이기붕은 "김 의원, 왜 그런 말씀을 드려?"하고 나무랐다. 김영삼은 이 사건을 계기로 3선개헌 추진이 주변 인물들만의 생각이 아닌 것을 알게 되었다는 것이다.[28]

이승만이 권위주의에 빠져 장기 집권의 길로 들어선 원인은 무엇일까. 우선 그의 개인적인 성격과 행태에 근본 원인이 있다고 하지 않을 수 없다. 그는 미국에서 민주정치가 작동되는 모습을 직접 보기는 했지만 기본적으로 그 자신이 조선 왕국의 양반 계급 출신인 데다가 프린스턴대학에서 박사학위를 받은 지적 엘리트여서 권의주의와 엘리트 의식에서 완전히 벗어나기는 힘들었을 것이다. 그의 주변의 참모들도 문제였다. 경무대의 개인 참모들과 자유당 지도부, 그리고 정부 각료들이 대체로 일제 식민지 교육을 받고, 자라나고, 또한 그 중 일부는 총독부관리로서 출세한 관료 출신들로서 하나같이 권위주의에 물들어 있었다. 그들은 이승만의 권위주의적인 사고와 행동에 직언을 하기보다는 그를 추종하고 방조할 뿐이었다. 그들은 때로는 자신들의 기득권을 유지하기 위해 이승만을 오도하고 특히 그의 장기 집권을 부추긴 점도 있었다. 그런 인물들의 대표적 예가 이기붕을 비롯한 자유당 강경파 세력이었다. 그러나 그런 간신배들을 자신의 주변에 둔 것은 역시 이승만의 책임이다.

이승만의 장기 집권과 관련해서 논의되는 것이 필라델피아 제1차 한인의회에서 채택된 '건국종지' 제2항이다. 이 항은 장차 한국에 가급적으로 미국의 정체를 모방한 정부를 수립하되, 정부 수립 이후 초창기 10년 간은 중앙 정부에 권력을 집중하는 것이 필요하다고 규정했다. 이것은 당시 한국의 교육 수준이 저급하고 민주주의적 자치 경험이 부족한 점을 고려해 10년 간은 부득이 권위주의 통치를 할 수밖에 없다는 일종의 교도민주주의적 발상이다.[29]

천추에 한 남긴 친일파 처리 문제

친일파 처리 문제는 이미 해방 정국에서 최대의 정치 쟁점 중 하나였다. 건국 이전인 1947년 3월 미군정 하의 과도입법의원이 친일파처벌법안(정식 명칭 부일협력자 민족반역자 전범 간상배에 대한 특별법률 조례)을 통과시킨 데서도 이런 사정이 잘 나타난다. 당시 미군정은 친일파 처리는 정부 수립 후에 다룰 문제라고 실시를 미루었다. 김구는 이에 대해 1948년 3월 "친일파들은 어떠한 명목이라도 가차(假借)해 애국자로서 조직된 정부의 수립을 방해할 것"이라고 경고했다.[30]

제헌국회는 건국 직후인 1948년 9월 7일, 소장파 의원들이 제출한 반민족행위처벌법안을 통과시켰다. 이 법안은 9월 22일자로 공포되어 시행에 들어갔다. 법안은 '을사5적' 등 15개 유형의 반민족행위자들[31]을 사형에서 10년 이하의 징역에 처하고 유죄로 인정된 자의 재산 전부 또는 2분의 1이상을 몰수한다는 처벌 규정을 두었다. 반민족행위사건을 다룰 반민특위 위원장에는 김상덕(金尙

德) 의원(민족통일본부), 부위원장에는 김상돈(金相敦) 의원(무소속)이 선출되고, 특별재판소장에는 김병로(金炳魯) 당시 대법원장이, 특별검찰부장에는 권승렬(權承烈) 당시 검찰총장이 각각 임명되었다. 그해 10월 23일자로 정식 발족한 반민특위는 1949년 1월 초부터 업무를 개시, 일본군에 비행기를 헌납한 박흥식(朴興植)을 선두로 3·1만세운동 당시 민족대표 33명 중 하나였다가 나중에 친일파로 변절한 최린과 일제로부터 자작 작위를 받은 이지용(李址鎔), 독립운동가를 고문한 일제 경시였고 미군정 아래서 수도경찰청 수사과장을 지낸 노덕술(盧德述) 등 거물급 친일 혐의자들을 속속 체포했다.[32]

그러나 반민특위의 활동은 이승만 정부의 비협조와 친일경찰의 방해로 곧 난관에 부딪쳤다. 특위가 친일 경찰관을 체포하려 하자 경찰은 1949년 6월 6일 특위 사무실을 습격했으며 5일 후에는 이승만 정부가 마침내 특위의 수사를 보조하던 특경대를 강제 해산시켰다. 이승만은 담화를 통해 특위에서 범인들의 명단을 넘기면 정부가 죄의 유무를 묻지 않고 무조건 검거해 넘기겠다고 누차 밝혔으나 특위 측이 법을 어기고 특경대를 설치했기 때문이라고 주장했다. 원래 특위는 이 법의 공소시효가 완성되는 이듬해 3월 말까지 1년 간 조사 활동을 벌이도록 되어 있으나 이승만 정부의 압력으로 활동 기간을 8개월로 단축했다. 이 때문에 7월 7일 특위위원들이 총사퇴하는 사태가 벌어졌다. 후임 반민특위 위원장에는 이인(李仁) 의원(무소소속), 부위원장에는 송필만(宋必滿) 의원(한민당)이 각각 선출되었다.[33]

반민특위가 활동을 마감한 그해 8월 말까지 조사한 건수는 모두 688명이며, 그 중 특별검찰부에 송치된 자는 599명, 특별재판부에 기소된 자는 293명이다. 기소된 자 중 재판을 받은 자는 78명으로 체형이 26명(사형 1명, 무기징역 1명, 징역 2년 6개월~1년의 유기징역 13명, 집행유예 9명)이고 나머지는 무죄 17명, 형 면제 9명, 공소 기각 8명 등이며 공민권 정지자는 23명에 불과했다. 결국 친일파 처단은 용두사미가 되고 말았다. 판결을 받은 대표적인 인물은 다음과 같다.[34]

사형	1명	김덕기(金悳基, 경시)
무기징역	1명	김태석(金泰錫, 고등계)
유기징역	13명	이지용(李址鎔, 자작) 이병길(李丙吉, 중추원 참의)
		조병상(曹秉相, 종로경방단장 중추원 참의) 등
집행유예	9명	송세태(宋世泰) 이병길(李丙吉) 등
공민권 정지	23명	김동환(金東煥, 문인) 등
형 면제	9명	배황수(裵晃洙, 고등계) 박종표(朴鍾杓, 헌병) 등
무죄	17명	김연수(金秊洙, 만주국명예총영사) 노기주(魯磯柱, 경찰)
		권세윤(權世允, 밀정혐의) 양정묵(梁正默, 밀정혐의 승려)
		이영배(李榮培, 고등계) 최종용(崔鍾龍, 직업미상)
		박흥식(朴興植, 화신산업) 김대우(金大羽, 경북도지사) 등
공소 기각	8명	최린(崔麟, 매일신문사장), 노덕술(盧德述, 경시) 등

그러나 유죄 판결을 받은 이들도 얼마 후 모두 이런 명목, 저런 명목으로 풀려나오고 말았다. 이승만 정부가 친일파 문제를 제대로 처리하지 못한 것은 그야말로 천추의 한을 남긴 큰 과오였다. 이승만은 6·25전쟁 발발 당시 한강 철교를 너무 일찍 폭파해 수많은 서울 시민이 피란을 가지 못하도록 함으로써 국민의 원성이 일게 한 육군 공병감 최창식(崔昌植) 대령을 처형했다. 그는 다리 폭파 작업을 현장에서 지휘한 실무책임자에 불과했으나 정치적 속죄양이 된 것이다. 이에 비해 이승만은 친일파 문제 처리에 있어서는 친일 정치세력과 친일 경찰에 둘러싸여 이 문제를 제대로 마무리하지 못했다. 만약 그가 반민족특위의 활동 시한을 무리하게 단축하지 않고 재판의 결과를 기다렸다가 최소한 악질 친일부역자들 몇 명이라도 판결대로 극형에 처했더라면 그 동안 이 문제로 인해 그토록이나 파괴적인 국론 분열은 일어나지 않았을 것이다. 김구는 1948년 3월 기자회견에서 "친일파라고 해서 가혹한 규정을 내려 배제와 처단만을 주장할 수는 없는 것입니다. … 극단의 악질자가 아니면 그들을 포섭해 건국 사업에 조력하도록 하는 것이 옳다고 생각한 것입니다"[35]라고 말했다.

김구의 말대로 악질적인 친일파를 중점적으로 처벌했더라면 이 문제는 별 탈없이 매듭이 났을 것이다. 이승만으로서는 친일파 처리 문제보다는 건국과 공산 세력의 퇴치, 즉 국가의 생존이 더 시급한 문제로 인식되어 친일 경찰을 싸고돌 았을 것이다. 또한 남로당 등 공산 세력은 우익 지도자들이 일제 때 저지른 사소한 문제를 트집 잡아 무조건 그들을 친일파로 매도했기 때문에 이승만은 나중에는 친일파 문제를 거론하는 사람들을 공산 세력과 동일시하는 경향까지 생겼다. 친일파 문제를 정략으로 삼는 혼미한 정치 상황 속에서 점점 감정적으로 흐른 이승만은 그의 완고한 성품과 권위주의적 사고 방식 때문에 일을 그르치고 말았다.

언론인 연행

이승만 정부의 언론 탄압은 부산정치파동 때부터 시작되었다. 경찰은 제2대 대통령선거 이틀 후인 1952년 8월 7일 야당지인 조선일보 주필 홍종인(洪鍾仁)을 4부 장관 사임 기사의 취재원을 밝히지 않는다는 이유로 구속했다. 이어 9월 중순에는 발췌개헌안 통과와 관제 민의 발동을 비판한 동아일보의 주필 겸 편집 국장 고재욱(高在旭)을 정부 전복 음모라는 터무니없는 혐의를 걸어 연행한 다음 4일 간 문초 끝에 석방했다.

이승만 정부는 1954년 11월 사사오입개헌안 통과 다음 달인 12월에는 출판물에 관한 임시조치법안을 마련해 언론을 통제하려 하다가 언론과 야당의 맹렬한 반대가 일자 법안의 국회 제출을 보류했다. 이어 1955년 3월에는 한미행정협정에 관한 기사의 제목에 '괴뢰'라는 단어가 잘못 인쇄된 오식 사건을 트집 잡아 동아일보를 무기 정간 처분했다. 같은 해 9월에는 이듬해의 제3대 대통령선거를 앞두고 학생들을 정치적 목적으로 동원하는 것을 비판한 "학도를 도구로 이용하지 말라"라는 사설을 실은 대구매일신문사에, 백주에 괴한들이 쳐들어가 테러를 일으킨 사건이 발생했다. 사설의 집필자인 주필 최석채(崔錫采)는 국가보안법 위반 혐의로 구속 기소되었으나 나중에 무죄 판결이 났다.

이승만 정부는 1956년 가을에 들어서는 국정보호임시조치법안이라는 해괴한 법안을 만들어 언론을 규제하려 했다. 이를 반대하는 범야 기구인 국민주권 옹호투쟁위원회의 이승만 대통령에 대한 경고결의안 제출과 한국신문편집인협회의 언론자유옹호선언이 나오는 등 강력한 반발이 일자 이 법안은 중도에서 흐지부지되고 말았다.[36) 이승만 정부가 끝내 언론 자유를 제한하는 법안을 관철시킨 것은 제4대 민의원선거를 앞둔 1958년 1월에 통과시킨 협상선거법안과 그해 12월 통과를 강행한 국가보안법 개정안이었다. 전자는 선거보도를 과도하게 규제할 우려가 있는 법안이었고, 후자는 간첩의 범위를 지나치게 확대하는 한편 치안방해죄와 국가기관의 명예훼손죄를 신설해 언론 자유를 위축시키는 악법이었다. 자유당은 무술 경관을 동원해 이 법안을 통과시킴으로써 이른바 '24파동'을 일으켰다.[37)

이승만 정부의 가장 대표적인 언론 탄압 사례는 경향신문 폐간조치였다. 1959년 1월부터 정부는 자유당 정권의 비판에 앞장선 경향신문의 필진들을 연속적으로 구속하더니 4월 30일에는 드디어 신문을 폐간하고 말았다. 서울고법이 경향 측의 청구에 따라 발행 허가 취소 정지 가처분 결정을 내리자 그 날짜로 정부는 다시 무기 정간 처분을 내려 신문 복간을 봉쇄했다. 무기력한 사법부의 판결 지연으로 4·19 후인 1960년 4월 26일에야 경향은 복간하게 되었지만 이승만 정부의 경향신문 폐간 조치는 한국 언론 사상 악성적인 언론 탄압 사건 중 하나이다.

8개월이라는 기간 국정을 맡았다가 무능하다는 말을 들으며 물러나 앉은 나로서, 지금 새삼스럽게 절감되는 것은 만사가 인력만으로 되지 않는다는 것이다. 한 나라를 다스리는 데 있어서 하나님의 특별하신 은총이 없이는 힘들다는 것을 새삼 알게 되었다.

— 장면

1. 잃어버린 '혁명'

민주주의 발전에 귀중한 이정표

4·19 항쟁은 한국 헌정사에 있어서 몇 가지 중요한 의미를 지니고 있다. 우선 지적되어야 할 것은 학생들을 비롯한 젊은 세대의 고양된 민주 의식이다. 4·19 당시의 대학생 이하의 젊은 세대는 1945년 해방 이후에 학교에서 한국 역사상 최초로 민주주의 교육을 받은 세대이다. 민주주의 교육을 받은 학생들에게 공정 선거는 민주주의의 기초로 인식되었다. 감수성이 예민하고 정의감이 강한 그들로서는 선거가 부정하게 치러지는 것과 그런 부정 선거로 구성되는 정부의 정통성을 인정할 수 없었다.

문제는 정치 지도자들과 고위 관료들의 의식과 행동 양식이다. 일제 식민 통치 아래서 굳어진 그들의 권위주의적이고 관료주의적인 낡은 정치 의식과 행동 양식은 젊은 세대의 그것을 따라가지 못했다. 그런 의미에서 4·19는 젊은 세대와 나이 든 세대, 민주적 정치 의식과 비민주적 행동 양식, 그리고 민주 제도와 비민주적 현실의 괴리가 폭발한 것이라고 할 수 있다. 4·19는 급격히 진행된 한국 사회의 변화 과정에서 이승만정권을 붕괴시켰다는 점에서 한국의 민주주의 발전에 중요한 이정표가 되었다. 국민들을 물리력으로 탄압하는 독재 정권이 아무리 막강한 경찰 병력과 군 병력을 보유하고 있더라도 분노한 국민들이 대거 시위에 나설 때는 속수무책일 수밖에 없다. 계엄을 선포하고 시위대를 향해 발포를 하더라도 성난 군중 앞에서는 한계가 있을 수밖에 없다. 10만, 20만의 시위대가 국가 공권력을 무력화시키는 단계에 이르면 그것은 이미 '혁명'이다. 그런 의미에서 4·19 학생 의거는 분명히 혁명이다.

그러나 어떤 사회적 대변혁이 구질서를 무너뜨리기만 하고 새로운 질서를 수립하겠다는 계획이 없었다면 그것을 혁명이라고 부르기는 어렵다. 4·19가 혁명이 되려면 자유당 정권의 붕괴에 그치지 않고 새 정권의 구성 등 새로운 질서를 구축하겠다는 의지와 계획이 있어야 하는데 그렇지 못했다. 시위 학생들에게는 당초부터 그런 계획이 존재하지 않았으며, 시위는 비조직적이었다. 이것은 시위 학생들이 처음에는 선거 재실시를 요구하다가 나중에 이승만의 사퇴를 요구한 데서도 나타난다. 이처럼 요구 사항이 단계적으로 증가하는 시위의 발전 과정을 볼 때 4·19는 계획적인 혁명이라고 할 수는 없을 것이다. 그런 의미에서는 4·19는 혁명이 아니다.[1]

4·19는 이상과 같은 양면성을 지니고 있음에도 불구하고 한국 헌정사에 남긴 의의는 크다. 그것이 혁명이든 아니든, 그런 이론상 문제가 4·19의 중요성을 감소시키는 것은 아니다. 4·19는 국민의 뜻을 저버린 독재 정권은 결국에는 그 국민들로부터 버림을 받고, 마지막에는 무너지고 만다는 사실을 증언한 것이다. 4·19의 역사적 의의는 바로 이 점에 있다.

허정 과도정권

이승만이 1960년 4월 27일 정식으로 대통령 사임서를 국회에 제출하자 대통령권한대행에 허정 외무장관이 취임해 이날자로 과도 정부가 출범했다. 하루 뒤인 28일에는 조용순(趙容淳) 대법원장이 사퇴해 사법부도 수장이 공석이 되었다. 허정 과도 정부는 이승만이 사임한지 이틀 뒤인 29일 첫 국무회의를 열고 5월 1일자로 3·15선거의 무효를 정식으로 확인했다. 이기붕의 자살로 의장이 공석이 된 국회는 2일 곽상훈을 후임 의장으로 선출하는 한편 3·15부정선거 지휘자로 지목된 이기붕, 한희석(韓熙錫), 최인규, 장경근(張璟根) 등의 자유당 간부 8명에 대한 의원직 사퇴 권고안을 통과시켰다. 허정 과도 정부 수반은 3일 기자 회견에서 5대 시정 방침을 발표했다. 그 내용은 반공을 한층 더 견실하게 진전시키고, 부정 선거의 처벌 대상을 고위 책임자와 잔학 행위자에 국한시키며, 혁명적 정치 개혁을 '비혁명적 방법'으로 추진하겠다는 것이었다.[7]

민주당은 6월 15일 국회 본회의에서 내각책임제개헌안을 찬성 208대 반대 3표로 통과시켰다. 자유당이 다수파였지만 이들은 사실상의 정치적 포로 신세가 되어 민주당에 끌려갔다. 새 헌법은 정부 형태로 내각책임제를 채택하고 명목상의 대통령을 두며 국회는 민의원과 참의원의 양원제로 했다. 대통령은 국회에서 선출토록 하고 국무총리 및 각료는 국회의원 중에서 대통령이 임명하도록 했다. 내각은 국회에 대해 연대 책임을 지도록 함으로써 국회가 국정의 중심이 되도록 했다. 국회는 이어 22일에는 개헌에 맞춘 국회의원선거법 개정안을 통과시켰다.[3]

7·29총선

새 헌법에 따라 제5대 국회의원총선거가 1960년 7월 29일 허정 과도 정권의 주관 아래 실시되었다. 민의원과 참의원 의원을 동시에 뽑은 이해의 총선거에는 관권 개입은 없었지만 매표 행위와 폭력 행사가 성행하고 투표함을 부수거나 불을 지르는 선거 부정이 자행되었다. 일부 지역에서는 4·19 주체 세력을 자처하는 운동원들이 자유당 인사들의 입후보를 저지하기 위해 그들의 선거사무소와 자택을 습격하는가 하면 자유당 후보를 납치해 '군민(郡民)재판'에 회부한 사건도 일어났다. 후자의 대표적인 예가 경남 창령난동사건이다. 선거에 관련된 위법사례는 무려 1,793건에 달했고 이 중 413건이 기소되었다.[4]

투·개표 결과 민주당은 민의원 의석 233석 중 175석을 얻어 원내 3분의 2를 차지했다. 참의원에서도 의석 58석 중 과반수인 31석을 얻었다. 무소속은 민의원에서는 49명, 참의원에서는 20명이 당선되었다. 이승만정권 아래서 억눌렸던 혁신계는 많은 후보가 나왔지만 민의원에서 사회대중당 4석, 한국사회당 1석, 통일당 1석, 참의원에서는 사회대중당 1석, 한국사회당이 1석을 차지하는 데 그쳤다. 상당수 자유당 의원들이 무소속으로 출마해 당선되었다. 폐족신세가 된 자유당은 민의원 2석, 참의원 4석을 차지해 실질적으로 소멸 상태가 되었다.[5]

공천 과정에서 나타나기 시작한 민주당 신·구파의 갈등은 선거가 끝나자 더욱 노골화했다. 신파와 구파가 따로 집회를 갖는가 하면 8월 4일에는 구파가 공공연히 분당을 요구하는 성명서를 발표했다. 분당의 명분은 한 정당이 민의원 의석의 3분의 2를 차지하면 일당 독재의 우려가 있다는 것이었다. 구파의 성명에는 선거 때의 폭력·파괴·부정 개표 등의 반 민주 행위가 규명되어야 한다는 대목도 들어 있었다.[6]

2. 4·19 이후의 혼란

민주당 정권의 탄생

제2공화국의 혼란은 국무총리 선출에서부터 빚어지기 시작했다. 8월 8일 동시 개원한 민의원과 참의원은 곽상훈(郭尙勳)과 백낙준(白樂濬)을 각각 의장으로 선출하고 부의장도 뽑아 원 구성을 마쳤다. 민의원과 참의원은 12일 합동 회의를 개최해 제4대 대통령을 선출했다. 제1차 투표에서 재석 259명 중 208명의 표를 얻은 민주당 구파의 윤보선(尹潽善)이 무난히 당선되었다.[7]

그러나 국무총리 선출은 간단치 않았다. 윤보선은 같은 구파인 김도연(金度演)을 총리로 지명하고 국회 인준을 요청했으나 17일 민의원의 인준 표결에서 111표 대 112표로 부결되고 말았다. 윤보선은 캐스팅 보트를 쥐고 있던 25명의 무소속 의원들 중 일부를 청와대로 불러 의견을 나눈 끝에 무소속에서는 구파의 김도연을 지지한다는 말을 듣고 총리 지명을 이렇게 한 것이다. 그러나 무소속 의원들은 김도연에게 등을 돌렸다. 나중에 밝혀진 일이지만, 무소속 의원들은 총리 인준 투표 전날 밤 행동 통일을 결의하고 내무와 국방 장관 자리에 무소속 입각을 타진하는 등 4개항을 김도연과 신파의 장면(張勉)에게 각각 타진했다. 김도연의 구파 진영은 논의를 거듭한 끝에 회답을 회피한 반면 장면의 신파 진영은 긍정적인 회신을 했다. 이에 따라 무소속은 장면 지지로 돌아선 것이다.[8] 윤보선 입장에서는 무소속이 그를 배신한 셈이다. 윤보선은 하는 수 없이 다음 날인 18일 장면을 2차로 총리에 지명해 228명 중 가 117표, 부 107표로 인준안이 가결되었다.[9]

장면은 총리 인준을 받은 후 신구파와 무소속을 망라한 거국 내각을 구성키로 했다. 이것은 22일 청와대에서 열린 윤보선, 장면, 곽상훈, 유진산 4인의 신·구파 영수회담에서 합의된 것이었다. 신파 5, 구파 5, 무소속 2명으로 하기로 했다. 그러나 23일 발표된 조각 내용은 4자회담의 합의를 깬 것이었다. 구파에서 1명, 원외에서 2명만 들어가고 나머지는 신파 일색의 조각이었다. 입각한 구파 장관도 구파 진영에서 추천한 것이 아니라 개별적으로 영입된 것이다. 장면의 조각에 대해 구파와 무소속은 말할 것도 없고 신파 안에서도 소장파 그룹이 장면에게 반발하고 나섰다. 이들 중 구파와 무소속은 장면이 "배신했다"라고 거세게 비난했다. 장면이 4자회담의 합의를 깬 것은 신파 진영이 4자회담의 합의에 대해 불만을 보였기 때문에 신파 입각을 그보다 늘린 것이다.[10] 원인이야 어떻든, 결과적으로 총리 인준과 조각은 정치적 배신의 연속이었다. 장면 내각은 이날 어렵사리 정식 출범은 했지만 조각 파동으로 인해 국민들 눈에는 여간 불안한 출발이 아니었다.

장면의 조각에 반발한 구파는 22일 민의원에 민주당구파동지회라는 별도의 원내 교섭단체를 등록하고 신파 측에서도 이에 대항해 같은 날 민주당이라는 교섭단체를 등록했다. 신구파간에 사사건건 대립이 일자 장면은 내각 출범 겨우 2주일여 만인 9월 10일 개각을 단행했다. 그는 1차 내각 조각 때 지키지 않았던 4자회담 합의를 실현시키라는 윤보선의 압력에 굴복한 것이다. 장면의 2차 조각에는 신구파를 망라했다. 구파 각료 4명과 무소속 각료 2명이 신규로 임명되고 1차 조각 때 입각한 1명의 구파 각료는 다른 장관 자리에 전보되었다. 그러나 구파를 망라한 장면의 개각에도 불구하고 구파는 여전히 신파 중심의 당 중앙상임위원회 출석을 거부해 당기능이 사실상 마비되었다. 민주당의 분열에 대한 국민 비판이 높아지자 양 파에서는 각각 7명의 대표를 선발해 타협을 모색했다. 하지만 협상은 끝내 실패로 돌아가 10월 13일 구파는 분당과 신당 발족을 선언했다. 구파는 약 1개월 후인 11월 14일 원내 교섭단체의 이름을 민주당구파동지회에서 신민당(新民黨)이라는 새 이름으로 수정 등록하고 군사 쿠데타 약 3개월 전인

1961년 2월 20일 신민당을 정식으로 창당했다. 신민당 출범에 맞추어, 장면 내각에 입각했던 구파 각료 5명을 철수시켰다.[11] 이로써 1956년 이승만 독재와 투쟁하기 위해 설립된 민주당은 4년 만에 집권당이 되자 두 개의 정당으로 쪼개지고 말았다.

신구파로 분열되기 전의 민주당은 이승만의 하야로 민주주의 정치를 회복할 수 있는 절호의 기회를 맞이했으나 당내 파벌 싸움으로 인해 출범 초부터 어두운 그림자가 드리웠다. 나중에 밝혀진 바이지만 5·16 군부세력은 이승만정권 때부터 쿠데타를 시도하던 중 4·19 봉기로 계획을 일시 중단하고 민주당 정권 출범을 지켜보고 있었던 것이다. 그러나 민주당 신구파는 절제와 타협의 정신을 외면하고 군사 쿠데타가 일어나는 날까지 끝없는 정쟁을 벌였다.

불안한 신·구파의 동거

윤보선 대통령과 장면 총리의 도를 넘은 대립과 갈등은 민주당 정권의 최대 딜레마였다. 두 지도자는 3대와 4대 대선 때 차례로 세상을 떠난 신익희와 조병옥의 뒤를 이어, 이제는 야당이 아닌, 집권당의 운영을 책임진 최고 권력자로 격상된 동시에 방금 출범한 민주당 정권의 두 축이기도 했다. 이들 두 최고 지도자의 불협화는 당의 위기이자 장면정권의 위기를 부르는 것이었다. 민주당 출범을 계기로 견원지간(犬猿之間)이 된 두 지도자는 정권이 망하는 순간까지 서로 싸웠다. 이것은 민주당의 불행에 그치지 않고, 한국의 민주주의, 그리고 한국 보수 세력의 정권 담당 능력과 국민의 신뢰를 송두리째 해친 큰 불행이었다.

윤보선과 장면의 대립은 국무총리 지명 때로 거슬러 올라간다. 윤보선은 같은 구파인 김도연을 먼저 국무총리에 지명했다. 앞에서 설명한 바와 같이 윤보선은 김도연이 무소속의 지지를 받고 있기 때문에 그를 총리에 지명했다고 주장했으나 구파 진영이 대통령과 국무총리 두 자리를 독식하려 한 것은 숨길 수 없는 사실이다. 신파 측으로서는 자신들이 구파의 윤보선을 대통령에 선출하는 데 협조한 이상 국무총리 자리는 당연히 신파로 돌아올 것을 기대했다. 그러나 국무총리 인준에서 보인 윤보선의 행동은 신파로서는 '배신 행위'로 인정되어 양 파 사이의 나쁜 감정의 응어리로 남게 되었다. 당사자인 장면은 윤보선의 행동을 "평지풍파를 일으키는 정치 투석"이라고 비난했다.[12] 그러나 앞에서 설명한 바와 같이, 장면이 청와대 4자회담 합의를 무시하고 신파 일색으로 조각했을 때는 윤보선에게는 장면의 '배신 행위'로 비쳤다.[13] 결국 배신의 악순환인 셈이다.

윤보선과 장면은 서로 개인적으로 대립하는 데 그치지 않고 신구파의 끈질긴 싸움에서 그들이 각기 이끌고 있는 양 파를 위해 각기 야전 사령관 노릇을 했다. 내각책임제 정부의 대통령은 원래 정당 정치에서 초연해야 하는데도 윤보선은 장면의 1차 조각 때부터 거국 내각 구성 문제에 개입했다. 윤보선의 측근에서는 그를 정치판에 끌어들인 사람이 민의원 의장 곽상훈이라 했다.[14] 구파는 윤보선이 가진 대통령의 권위를 신파와의 싸움에 이용하려 한 것이다. 이로 인해 장면의 눈에는 윤보선이 청와대를 '구파의 참모본부'로 만들어 "장면정권의 타도를 공공연히 시도한 것"으로 보였다.[15]

그렇다고 해서 윤보선의 정치 개입 사실이 장면의 정치적 무능에 면죄부를 준 것은 아니다. 윤보선의 개입이 장면의 정상적인 업무, 즉 그의 정국 운영과 시국 대처 능력을 저해했다는 증거가 없기 때문이다. 오히려 장면의 우유부단한 정치 행태가 윤보선의 정치 개입을 불러들이고 정당화한 측면도 없지 않다. 윤보선과 장면은 국군통수권을 서로 행사하려고 다툼을 벌였다. 윤보선은 심상치 않은 군부의 움직임에 대한 장면의 대처에도 불만이었다. 윤보선은 1960년 12월 경 김도연 신민당 위원장으로부터 최초로 군사 쿠데타 음모에 관한 첩보를 보고 받고 즉시 장면에게 전화를 걸어 철저한 대책을 세우라고 당부했다. 김도연은 자기와 잘 아는 김모 대령이 집에 찾아와서 3·15부정선거와 부정 축재자 처리 미숙과 민주당 신구파 파벌 싸움에 불만을 품은 일부 장교들이 거사 계획을 진행 중이라고 말해주었다는 것이다. 그러나 며칠 후 장면은 "장도영 육군참모총장에게 알아보았더니 별일이 아니랍니다. 걱정할 것 없습니다"라는 말만 했다.[16]

윤보선과 장면의 대결

두 사람 간의 가장 극적인 대결은 아마도 시국 처리 문제를 둘러싼 1961년 3월 23일의 청와대 최고지도자회의일 것이다. 윤보선은 전날 밤 서울 시내에서 발생한 좌경 학생들의 '횃불 데모'를 직접 목격하고 충격을 받았다. 당시는 연일 좌경 시위가 일어나 학생들이 통일을 외치면서 판문점으로 가자고 할 때였다. 시위가 장면 총리 자택 근처에서 열리고 있다는 보고를 받은 윤보선은 청와대 비서실장의 지프차를 타고 비서관 2명만 대동한 채 비밀리에 시위 현장에 갔다. 윤보선을 수행한 비서관의 관찰에 의하면 시위 군중은 '미군 철수', '김일성 만세', '장면 내각 퇴진'을 외치면서 밤늦게까지 '광란에 가까운 데모'를 계속했다는 것이다.[17]

　다음날 청와대에서는 대통령의 지시로 국가지도자회의가 열렸다. 윤보선과 장면, 곽상훈 민의원장, 백낙준 참의원장, 현석호 국방장관, 김도연 신민당 위원장, 유진산 간사장, 양일동(梁一東) 총무, 조한백 총무부장 등이 참석했다. 이날 회의는 윤보선과 장면이 결정적으로 충돌한 자리로 변하는 통에 나중에 양측이 전하는 회의 경과도 서로 다르다. 윤보선 측 설명에 의하면, 이 자리에서 윤보선은 장면 내각에 긴급한 사태를 수습할 방안이 없는 바에야 거국 내각을 만들어 긴급조치를 발동하라고 주장했다. 그러나 장면은 긴급조치 발동 언급이 자신의 퇴진을 촉구하는 것으로 받아들여 "내가 만일 그만두면 나보다 더 잘 할 사람이 어디 있겠는가"하고 화를 냈다. 이에 불쾌해진 윤보선은 "민심의 80%가 현 정부를 지지하지 않으므로 장면 내각이 물러나는 것도 한 방법이 될 것이다"라고 맞받았다.[18] 장면의 설명은 약간 다르다. 이날 회의는 반공 태세 강화를 위한 국민 운동 재개 문제를 논의하자는 것이었는데 화제가 정치로 바뀌면서 윤보선이 "혼란한 정국을 유지할 자신이 있느냐?"라고 따지 듯 묻고는 "약화된 경찰을 믿을 수도 없고, 군부 태도도 믿을 수 없는 불안한 정국에서 책임을 질 수 있느냐?"라고 은근히 장면의 국무총리 사임을 종용했다는 것이다. 장면은 이에 대해 "나의 국무총리직은 법 절차에 의해서 맡게 된 것이므로 내 자의로 정권을 내놓는다, 안 내놓는다 할 수도 없는 것이고, 당신의 강요에 따라 총리직을 사임할 성질의 것도 아닐 줄 안다"라고 말하고는 자리에서 물러났다는 것이다.[19] 결국 이날 회의에서 오해건 아니건 장면은 윤보선의 발언을 국무총리 사임 요구로 인식한 것은 확실하다. 두 사람은 이날을 계기로 정치적인 결별을 한 셈이다.

3. 민주당 정권의 한계

시국 대처에 한계 나타낸 장면

장면정권은 정국 운영 뿐 아니라 시국 대처에도 한계를 드러냈다. 허정 과도 내각의 엉거주춤한 자세를 그대로 이어받은 듯했다. 허정 과도 정권은 발족 때부터 자유당정권의 비리 문제 처리에 미온적이었다. 허정과 민주당은 자유당을 해체하지 않고 그대로 둔 채 내각책임제 개헌을 했기 때문에 자유당 정권의 비리를 엄벌하는 데 필요한 소급입법 조항을 개헌안에 포함시키지 못했다. 하기야 이승만정권을 쓰러뜨린 것은 학생들의 봉기였지 민주당이 아니었으므로 이것은 필연적인 결과이기도 했다. 과도 정권 수반 허정은 '비혁명적인 방법에 의한 혁명 수행'을 주장했다. 민주당 정권의 장면 총리 역시 마찬가지로 주요 문제에 대해 결단을 내리지 못하는 소극적이 태도로 일관했다.[20]

그 대표적인 예가 민주당 정권 발족 후의 부정선거사범과 부패 관련자 및 4·19 때의 발포 명령자에 대한 처벌 문제였다. 서울지방법원은 1960년 10월 8일 발포 명령자로 유충렬(柳忠烈) 서울시경국장에게만 사형을 선고하고 나머지 사형 구형을 받은 홍진기(洪璡基) 내무장관과 곽영주(郭永周) 청와대 경무관에게는 각각 징역 9월과 2년의 가벼운 형을 선고했다. 다른 피고인 4명은 무죄 또는 집행유예로 풀려났다. 분노한 4·19 부상 학생들이 민주당 정권 발족 50일도 채 안된 같은 달 11일 국회의사당의 민의원 본회의장 단상을 점거하고 혁명입법을 요구하는 시위를 벌였다. 이 사건은 민주당 정권 아래서 빚어진 무질서의 대표적인 케이스였다.

민주당의 우유부단한 시국 대처 자세는 당시 언론에 '보수주의'로 비쳐 비판을 받았다. 언론인 송건호(宋建鎬)는 1960년 4·19 후의 정치 상황을 비판하는 '한국 보수주의의 병리'라는 글에서 다음과 같이 말했다.

한국민에게는 '보수주의'라는 말이 퍽 낯 설다. '근대화' '독립' '자유' '민주주의'라는 말은 귀가 아프도록 들어왔고 이제는 감각 마비에 걸릴 정도가 되어 있지만 이 '보수주의'라는 말은 좀처럼 들어본 일이 없다. … 한국 정치사에 '보수주의'란 말이 비로소 저널리즘 입에 오르내리게 된 것이 4월혁명 뒤부터라는 사실도 결코 우연히 아닌 것이다. 그러나 혁명 전이나 후를 막론하고 한국의 민주주의가 엉망 진창이 되고 있는 까닭이 다름이 아닌 이 땅의 정치가 보수적인 기성인들에 독점 되고 있기 때문이라고 말한다면 보수적 경향을 띠고 있는 사람 중에는 대뜸 항의 할 사람이 있을 것이다.[21]

송건호가 말하는 보수주의라는 용어는 요즘 식으로 말하면 수구적인 태도를 뜻한다. 이 글 가운데 '보수주의'라는 단어가 이 무렵 비로소 저널리즘 입에 오르내리게 되었다고 한 말은 반드시 정확한 지적은 아니다. 이미 Ⅰ-**5**(국권 회복 운동과 근대 사상)에서 소개한 것처럼 1909년 11월《황성신문》은 논설에서 '보수주의'의 장점을 지적한 바 있다. 송건호가 보수주의를 비판한 1960년대 초에 쓰인 보수주의라는 용어는 약간의 개념상 혼란을 겪은 다음 사회학자 고영복은 '점진적 개혁'을 주창하는 사상을 '보수주의', '급진적 개혁'을 주창하는 사상을 '진보주의'라고 정리했다.[22]

결국 장면의 민주당 정부는 학생들의 돌발적인 시위가 있고나서야 국회에서 이틀 뒤 개헌도 하지 않은 채 소급 입법인 '민주 반역자에 대한 형사사건 임시처리법안'을 가결했다. 정부는 이를 즉시 공포했다. 그런 다음 국회는 부랴부랴 소급 입법 제정을 가능케 하는 개헌안을 제출, 17일 이를 공고했다. 개헌안은 11월 23일 민의원에서 통과되고 28일에는 참의원을 통과했다.[23] 민주당 정권은 소급 입법에 의해 특별검찰부와 특별재판소를 설치하고 자유당 정권의 부정 선거, 부정 축재, 발포 명령 사건에 대한 수사에 착수했다. 그러나 군사 쿠데타가 일어날 때까지 이를 완결하지 못했다. 5·16군사정부는 혁명검찰부와 혁명재판소를 설치해 이들 사건을 재수사해 매듭지었다.

학생들과 혁신계의 급진 통일 운동

장면정권은 민주당의 분열과 빈곤한 정치 역량, 그리고 비효율적인 행정 능력으로 인해 정국 안정과 사회 질서 유지에 실패했다. 민주당 정권 8개월 동안 시국을 가장 혼란스럽게 한 것이 대학가와 혁신 정당의 급진적인 통일 운동이었다. 이들의 주장은 중립화 통일과 남북 교류가 핵심이었다.

4·19로 권위주의적인 이승만정권이 붕괴되자 즉각 대학가의 급진적인 통일 운동이 일어났다. 서울대의 민통련(민족통일연맹)은 1961년 5월 3일 북한 학생들과 판문점에서 만나 통일 문제 협의를 하자는 제의를 했다. 5월 5일에는 민통학련(민족통일전국학생연맹) 결성준비회의가 열려 남북학생회담을 개최할 것을 북측에 제의했다. 반 외세·민족자결주의 노선을 자임한 민통학련은 이승만정권에 이어 장면정권도 그대로 견지하고 있던 유엔 감시 하의 남북 총선거라는 정부의 통일 방안이 지나치게 비자주적이고 소극적이라고 비난하면서 남북한 직접 대화에 의한 통일 방안 모색을 제의한 것이다. 장면 정부가 이를 불허하자 범혁신계 조직인 민자통(민족자주통일중앙협의회) 주최로 5월 13일 서울 동대문운동장에서 4만여 명이 참석한 가운데 남북학생회담 환영 및 통일촉진궐기대회를 열고 시위를 벌였다.[24]

7·29총선에서 혁신 정당 중에서는 가장 많은 의석(민의원 4석, 참의원 1석)을 얻어 원내에 진출하는 데 성공한 사회대중당(대표 서상일)은 1961년 1월 장면 정부의 통일 방안과 대립되는 중립화통일방안을 당의 정강 정책으로 채택했다. 사회대중당의 통일 방안은 ① 외국군대의 철수와 한반도의 영세 중립화 ② 남북한통일방안의 전면 수용 ③ 영세 중립 보장을 위한 남북한 대표와 미·소 등 관계국가 간의 국제 회의 ④ 선거를 위한 중립국 선거감시위원회의 설치 ⑤ 영세 중립의 국제적 보장 후 남과 북의 일반 군축 ⑥ 통일 문제에 관한 정당 간의 공식 토의에 남북의 일반 군축 문제와 남북한 간의 교역 개방과 비정치적 분야의 교류 문제를 포함시킬 것 등이다.[25] 그러나 이런 주장은 '선 건설, 후 통일'을 내건 장면정권에 의해 거부됨으로써 남북 문제가 5·16군사정변이 일어나기까지 국내 혼란의 한 원인이 되었다.

중립화 통일 방안의 대두

한반도중립화통일방안은 구한말 때부터 김옥균과 유길준, 그리고 고종황제가 제안한 이래 한국에서 오랜 전통을 지닌 통일 방안 중 하나이다. 이승만정권 등장 이후에는 휴전협정 체결 직전인 1953년 5월 일본 도쿄에서 전 동아일보 주필이자 《코리아 효오론(評論)》 편집인인 김삼규(金三奎)가 한반도 중립화를 위한 한국위원회를 조직하고 적극적인 통일 운동을 벌였다. 이 위원회는 한국전쟁과 인도차이나반도 전쟁의 전후 처리 문제를 위해 소집된 제네바회의에 남북한 정부의 해체와 단일 정부의 구성을 위한 총선거 및 중립국감시위원단의 구성을 제안하는 서한을 발송했다. 같은 해 7월에는 미국 UCLA(캘리포니아대 버클리캠퍼스)의 최봉윤(崔鳳潤) 교수가 한반도 영세중립통일방안을 마련해 강대국들과 중요 비동맹 국가 정부에 제안했다. 1955년에는 미국 워싱턴에서 한국문제연구소를 운영하면서 《한국의 소리》(*The Voice of Korea*)를 발행하고 있던 김용중(金龍中)이 김삼규, 최봉윤 등과 함께 통일 중립 민족 정부의 수립을 미·영·소·프랑스 4개국 정부에 제안하는 활동을 벌였다.[26]

미국 조야에도 한반도 중립화 방안을 지지한 인사들이 있었다. 휴전 직후인 1953년 8월 서울을 방문한 덜레스 국무장관을 비롯한 미 정부 고위 관리들이 이승만 대통령에게 중립화 통일 방안을 타진한 바 있다. 물론 이승만은 이를 단호히 반대했다. 미국의 트루먼 대통령은 이보다 앞서 그해 6월 국가안보회의에서 덜레스와 함께 한반도중립화방안에 호의적인 태도를 보였으나 합동참모본부 수뇌들이 미국의 전략적 이해 관계를 내세워 이를 극구 반대했었다.[27]

중립화 통일은 1955년 제2차 세계대전의 패전국으로 연합국의 분할 점령 아래 있던 오스트리아에서 국내 정치인들의 공동 노력으로 실현되었다. 이 나라의 국민당, 사회당, 공산당 등 좌우 정당 지도자들은 임시 연합 정부를 수립하고 사회민주당 우파 출신 수상 레너(Karl Renner)의 주도 아래 영세중립헌법을 제정, 미·영·불·소 4대국이 국제조약을 맺어 중립을 보장받는 방식으로 주권을 회복시켰다. 오스트리아는 그 해 12월 유엔에 정식 가입함으로써 중립화 통일을 성공리에 이룩했다. 오스트리아 중립화 통일은 국제적으로 큰 영향을 미쳐 1960년 11월에는 한국을 방문한 미국의 맨스필드(Mike Mansfield) 상원의원이 중립화통일방안을 제안했다. 이때도 장면 총리는 이를 단호하게 반대했다. 이듬해인 1961년에는 미국 UCLA(로스앤젤리스 소재 캘리포니아 대학)의 스칼라피노(Robert Scalapino) 교수가 내용이 비슷한 중립화와 유엔의 보장 방안을 제안했다.[28] 이 같은 해외의 중립화 통일 운동은 이승만 권위주의 체제가 붕괴된 후 국내에 큰 영향을 미쳤다.

물거품 된 '경제제일주의'

장면정권은 1961년 4월 '5개년개발계획'(1962~66년)을 확정했다. 정부 출범 초에 '경제제일주의'를 표방한 민주당 정권은 경제개발 5개년계획을 세우고 미국과의 환율 현실화를 실현함으로써 미국의 특별 원조를 받으려 했다. 민주당 정권이 4월 28일 발표한 80개항의 정책백서에 이 계획도 들어 있다. 민주당 정권에 앞서 이승만정권도 1957년 4월의 '전원(電源)개발 5개년계획', 그리고 '탄전(炭田)종합개발 10개년계획'과 '재정금융안정계획'을 세우고 1958년에는 '중장기 경제개발계획'의 수립에 들어갔다. 이승만정부는 2년 뒤에는 '경제개발 3개년계획'을 성안했다. 민주당 정권은 이들 계획을 토대로 5개년개발계획을 추진했다.[29]

민주당 정권이 내세운 경제제일주의는 경제의 안정을 기한 다음에야 정국 안정을 바랄 수 있고 참된 민주주의의 실현도 가능해진다는 전제에서 출발했다. 경제제일주의의 구체적인 실현책으로는 농촌 고리채 정리 방안과 환율 현실화를 위한 제반 여건의 조성 방안이 들어 있었다. 불균형 성장 전략도 도입되었다. 환율 현실화는 모든 부패의 온상을 제거하는 방안이며 특혜 융자 중단에 의한 중소기업의 육성책은 한국 경제에 반드시 필요했을 뿐 아니라 당시 원조 공여국인 미국 측에서 민주당 정부에 바라던 바이기도 했다. 미국 측은 환율 현실화에 따른 부작용에 대비한 안정기금 조성을 지원해주기로 합의했다. 재무장관 김영선(金永善)이 방미해 안정기금의 일부인 2천여만 달러를 이미 받았으며 7월에는 장면 총리가 도미해 이 문제를 완전히 타결할 예정이었다. 민주당 정권은 경제 발전을 위한 제반 계획이 마련되어 제2공화국의 기틀이 잡히기 시작할 때에 5·16군사쿠데타를 맞고 말았다. 장면은 "결국 '무능한 장 정권'이란 지탄을 받은 나이지만 조금의 시간적인 여유만 있었더라면 하는 아쉬움도 없지 않다"라고 나중에 술회했다.[30]

민주주의 소생의 기회 놓쳐

민주당 정권의 붕괴는 전적으로 장도영(張都暎) 한 사람의 배신 행위에 기인했다고 해도 과언이 아닐 정도로 허망했다. 장면은 육군참모총장 장도영을 5·16 쿠데타가 일어난 순간까지도 신뢰했다. 이중인격자를 믿은 장면과 국방장관 현석호(玄錫虎)의 무능은 더 말할 것도 없지만, 장도영이 쿠데타 세력과 정부 측에 양다리를 걸치고 자신을 철석같이 믿고 의존했던 총리와 국방장관을 철저하게 속이는 배신 행위를 한 것은 사실이다. 이런 사실은 크게 보면 장면정권의 군부 통제력 결여라고 할 수 있겠지만 작게 보면 장면 개인의 조직 관리 능력의 치명적 결여라 할 것이다. 장면 자신의 말로는 쿠데타가 일어날 때까지 네 번씩이나 군부의 모의 정보를 보고받고 장도영에게 물었으나 그때마다 "제가 참모총장으로 있는 한 아무 염려 마십시오"라는 말만 반복했다는 것이다.[31] 이런 사실을 감안하면 장면은 총리 자격이 없는 사람이라고 해도 결코 가혹한 평가가 아닐 것이다.

장면의 회고록에 기록되어 있는 5·16 당일 새벽의 일화는 민주당 정권의 허망한 최후의 날을 잘 묘사하고 있다. 이날 새벽 국방장관 현석호는 육군참모총장 장도영의 연락을 받고 급히 서울시청 앞에 위치한 507특무대에 가서 그와 함께 쿠데타 진압 작전을 협의하다가 끝내 실패하자 근처의 반도호텔로 가서 국무총리 장면을 피신케 했다. 그는 다시 특무대로 돌아가던 중 시청 앞길에서 혁명군에 사로잡혀 무교동의 대한체육회 자리로 끌려가 몸이 서 있는 채로 한참동안 억류되었다. 시간이 조금 지난 후 길거리에 전단이 살포되었는데 그 안에 장도영 이름으로 된 혁명공약이 인쇄되어 있었다. 현석호는 충격을 받고 한 동안 정신을 잃었다. 그는 얼마 후 다른 사람 10여 명과 함께 시청으로 옮겨져 시장부속실에 계속 억류되었다. 한참 동안 살벌한 침묵이 흐른 뒤 날이 밝아왔다. 그런데 이게 웬 일인가. 장도영이 매우 바쁘게 시장실을 드나들고 있는 모습이 현석호에게 목격되었다. 놀란 현석호는 따져 물었다. "참모총장, 이거 어떻게 된 거예요?" 장도영은 한참 동안 대답을 못하다가 "미안합니다. 미안합니다. 자세한 이야기는 뒤로 미룹시다"라고 답변했다.[32] 배신자와 배신당한 자 간의 이 모습이야 말로 국민이 위임한 정부를 도둑질 당한 장면정권의 참담한 최후를 잘 말해 주는 것이다.

장면 자신은 나중에 쿠데타 주도 세력이 민주당 정권 출범 불과 18일 만인 9월 10일 서울 충무로의 충무장이라는 음식점에 모여 거사 계획을 모의한 사실을 들어 그들이 쿠데타의 명분으로 장면정권의 무능 운운하는 것은 언어도단이라고 말했다. 이 말은 일부 타당한 말이지만 이토록 군부의 거사 계획이 오래 동안 진행되었는데도 새카맣게 모르고 있다가 정권을 탈취당한 것은 기막힌 일이 아닐 수 없었다. 장면은 그의 회고록에서 "당시 장도영이 양다리를 짚지 않고 처음부터 굳세게 나갔거나, 매그루더(Carter B. Magruder, 주한미군사령관)를 만난 윤 대통령이 진압할 뜻만 표시했다면 5·16은 결코 성공되지 못했을 것이다"라고 썼다. 매그루더가 청와대를 방문해 혁명 진압 지시를 윤보선에게 요청하고 있는 순간 장면 자신은 수녀원에 피해 있었다. 장면은 또 "윤 대통령이 이러한 사태를 바랐던 바이고, 먼저 내통을 받았을 때도 기대하고 있던 일이었기 때문에 '올 것이 왔다'는 말을 하지 않았던가"라고 장도영과 윤보선을 함께 비난했다.[33] 내통 운운은 쿠데타 세력의 유력자 중 한 사람인 유원식(柳原植) 대령이 거사 전에 청와대로 윤보선을 찾아간 일을 말한다. 5·16을 전후한 시점의 윤보선의 언행이 오해를 받을 대목이 확실히 있었지만 장면이 군사 쿠데타를 진압하지 못한 책임을 윤보선에게 떠넘기는 것은 총리답지 않는 태도이다. 이승만의 몰락으로 찾아온 한국 민주주의 소생의 기회는 민주당 정권 지도자들의 무책임과 무능 때문에 끝내 사라지고 말았다.

제3부
산업화와 민주화 시기

1. 1961년 5월 16일 아침 박정희·박종규·차지철 등 5·16의 핵심세력이 중앙청 앞에 서 있다. 사진 AP 김천길 기자

2. 1961년 5월 18일 군사혁명위원회를 국가재건최고회의로 개편하고 20일 최고위원들과 새로 임명된 각료들이 이튿날 임명식과 선서식 후 기념촬영을 했다. 사진 앞줄 왼쪽부터. 배덕진 체신장관(준장), 고원증 법무장관(준장), 이주일 최고위원(소장), 김홍일 외무장관(예비역 중장), 박정희 부의장(소장), 장도영 의장(중장), 김종오 합참의장(중장), 김동하 위원(예비역 해병소장), 박임항 위원(중장), 김신 공군참모총장(공군 중장), 김성은 해병대사령관(해병 중장), 정래혁 상공장관(소장).

1. 1962년 2월 3일 열린 울산공업센터 기공식에서 박정희 당시 국가재건최고회의 의장(왼쪽)이 군복을 입고 시삽을 한 다음 다른 사람들의 시삽 모습을 보고 있다. 울산 남구청은 이곳에 건립된 냉동창고를 리모델링해 '울산공업센터기공식 기념관'을 설립키로 했다.

2. 1963년 10월 15일 시행된 제5대 대통령선거 후보자 포스터를 보고 있는 행인들.

1. 1963년 12월 17일 중앙청 광장에서 거행된 박정희 5대 대통령 취임식. 박정희는 약 2년간의 군정기간을 끝내고 예편한 다음 민간인 대통령이 되어 계속 통치했다.

2. 1965년 12월 18일 서울 세종로 정부종합청사 내 외무장관실에서 이동원 장관(왼쪽 넷째)과 시이나 에쓰사부로 일본 외상(오른쪽 셋째)이 한일협정 발효를 축하하며 축배를 들고 있다. 1951년 시작된 한일회담은 13년 8개월간의 줄다리기 끝에 가까스로 타결되어 1965년 6월 22일 일본 도쿄의 총리관저에서 협정이 조인되었다.

421

3選改憲案 電擊통과

野, 무효화 超極限 투쟁

25분만에 투표버...

빨리 議長주변에 모이시오…開票끝난뒤

共和

1. 공화당은 1969년 9월 14일 서울 중구 태평로 국회 제3별관에서 박정희의 3선을 가능케 하는 개헌안을 날치기 통과시켜 장기집권의 길을 열었다(사진은 이튿날 신문지면).

2. 1970년 4월 1일 ㈜포항종합제철 1기 고로 기공식에서 박정희 대통령과 김학렬 경제부총리, 그리고 박태준 포철 회장이 착공 버튼을 누르고 있다(사진 왼쪽부터 박태준 사장, 박정희 대통령, 김학렬 부총리).

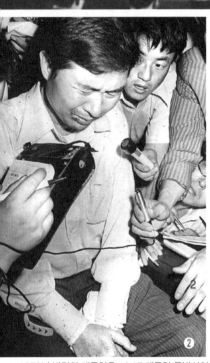

1. 1972년 박정희 대통령은 10·17 대통령 특별선언을 통해 유신을 선포하고 아울러 계엄령을 편 다음 유신헌법제정과 국회해산, 대통령직선제폐지 및 통일주체국민회의에서의 대통령선출 조치를 단행했다. 유신시대는 박정희가 김재규의 총에 맞아 서거한 1979년 10월 26일까지 약 7년간 계속됐다.

2. 1973년 8월 8일 오후 일본 도쿄의 팔라스호텔에서 괴한들에게 납치되어 행방불명된지 5일만인 13일 밤 10시 30분경 서울 동교동 그의 집 앞에서 석방된 김대중이 자택에서 기자들에게 둘러싸여 '피랍 닷새' 동안의 일을 설명하던 중 눈물을 흘리고 있다. 동아일보DB

3. 김대중 납치자택송환사건을 보도한 《동아일보》 1973년 8월 14일자 1면 기사.

1. 1974년 10월 24일 동아일보 동아방송 기자들의 자유언론실천대회 모습.

2. 1974년 11월 27일 서울 종로 5가 기독교회관에서 함석헌, 유진오, 정일형, 이병린, 천관우, 김홍일, 강원용, 이희승 등 종교계·학계·정계·언론계·법조계를 망라한 각계 인사 71명이 모인 가운데 민주회복국민회의 발족식이 열렸다. 김영삼과 김대중도 참석했다. 이들은 한 달 뒤인 12월 25일에는 정식 창립총회를 가졌다.

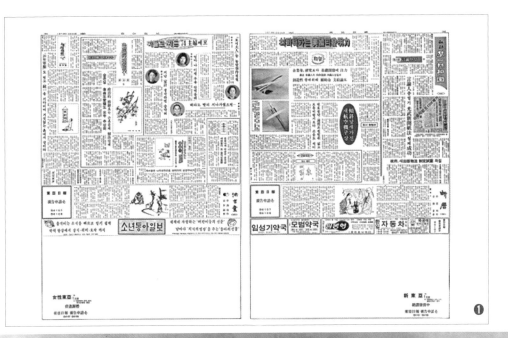

1. 유신정권의 광고탄압으로 1974년 12월 16일-1975년 7월 16일까지 7개월간 광고면이 백지로 발행된 동아일보 지면의 예(1974년 12월 26일자 4면과 5면)

2. 1977년 12월 22일 그해 수출총액이 100억달러에 달해 서울 세종로 이충무공동상 앞에 경축아치를 세우고 '수출의 날' 기념식을 가졌다.

1. 1979년 2월 26일 민주공화당 남산 당사에서 열린 창당16주년 기념식에 참석한 여당 원로들-(사진 왼쪽부터) 김종필 총재 고문, 최규하 국무총리, 윤치영 전 당의장서리, 백두진 전총재고문, 정일권 전 당의장서리이다. 박정희시대의 국무총리 중 초대 최두선을 제외한 4명(정일권, 백두진, 김종필, 최규하) 모두가 한 자리에 모였다.

2. 민주공화당의 다른 원로들- (사진 윗줄 좌로부터) 정구영, 이효상, 김정렬, (아랫줄 좌로부터) 정래혁, 박준규, 장경순

1. 1979년 10월에 부산과 마산에서 일어난 부마항쟁은 유신정권의 신민당 총재 김영삼의 국회의원직 제명 조치가 직접적인 계기가 되었다. 부마항쟁을 계기로 10월 26일 중앙정보 부장 김재규가 차지철 경호실장과 박정희 대통령을 권총으로 살해하여 유신체제의 종말을 불러왔다. 사진 © 정태원

2. 1979년 11월 3일 거행된 박정희 대통령의 국장 모습. 이날 연도에는 시민 200만명이 나와 그의 마지막 길을 지켜보았다. 사진 중앙일보

1. 서울 종로구 궁정동 중앙정보부 안가에서의 김재규에 대한 현장검증 모습.

2. 1979년 12월 13일 새벽 전두환 신군부에 의해 연행되어 조사를 받던 정승화가 이듬해 1월 18일 수갑을 차고 구멍 난 고무신을 신은채 국방부 계엄보통군법회의로 송치되고 있는 모습.

3. 1979년 11월 16일 수도경비사령관 이취임식에서 장태완 신임 사령관(왼쪽)에게 정승화 육군참모총장이 지휘 휘장을 달아주고 있다.

4. 1974년 12월 1일 정병주 특전사령관(오른쪽)이 예하 부대장들의 인사를 받고 있다. 뒤편 왼쪽에 전두환 1공 수단장, 노태우 9공수단장이 서 있다.

1. 12·12사건 이틀 후인 1979년 12월 14일 서울 보안사령부 구내에서 기념 촬영한 12·12사건 주역들-(사진 앞줄 왼쪽부터) 이상규, 최세창, 박희도, 노태우, 전두환, 차규헌, 유학성, 황영시, 김윤호, 정호용, 김기택, (가운데 줄 왼쪽부터) 박준병, 이필섭, 권정달, 고명승, 정도영, 장기오, 우국일, 최예섭, 송응섭, 장세동, 김택수, (뒷줄 왼쪽부터) 남웅종, 김호영, 신윤희, 최석립, 심재국, 허삼수, 김진영, 허화평, 이상연, 이차군, 백운택.

2. 10·26사건 합동수사와 12·12사건을 지휘한 전두환 보안사령관의 핵심 간부들-이들은 대부분 하나회 소속이었다. (앞줄 왼쪽부터) 기획조정처장 최예섭, 참모장 우국일, 사령관 전두환, 육군본부 보안부대장 변규수, 대공처장 남웅종, (뒷줄 왼쪽부터) 인사처장 허삼수, 군수처장 이차군, 한 사람 건너 정보처장 권정달, 보안처장 정도영, 한 사람 건너 국방부 보안부대장 김병두, 비서실장 허화평, 교육대장 백제구, 감찰실장 이상연.

1. 서울의 봄은 1980년 5월15일 절정을 이루어 대학생 10만여명이 서울역 앞 길에 운집해 신군부 성토대회를 연 총학생회장단의 결정에 따라 남대문으로 향하다가 자진해서 행진을 멈추고 해산하는 '서울역 회군'을 단행했다.

2. 최규하정권은 1980년 5월 17일 임시국무회의에서 당시 제주도를 제외한 전국일원에 실시 중이던 비상계엄을 18일 0시를 기해 제주도에도 확대하기로 결정함으로써 학생데모와 야당에 대해 강경정책으로 선회했다. 사진은 이날자《경향신문》호외판.

1. 1980년 5월 20일 광주 금남로에서 시위대와 계엄군이 대치하고 있는 모습.

2. 5월 27일 새벽 2만5천명의 계엄군이 탱크를 앞세우고 전남도청으로 향하고 있다.

3. 5·18 민주화운동 당시 기관총을 소지한 시민군.

4. 5·18 민주화운동 당시 복면을 쓰고 활동한 시민군들.

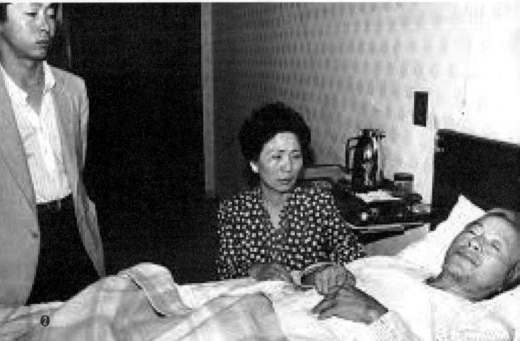

1. 김대중내란음모사건 공판이 1980년 9월 17일 육군본부 대법정에서 열려 김대중에게 국가보안법을 적용해 사형을 선고했다. 1980년 11월 3일의 항소심과 1981년 1월의 대법원의 상고심 공판에서 사형이 확정되었으나 나중에 감형되었다. 사진 동아일보DB

2. 가택연금중인 김영삼은 1983년 5월 2일 '국민에게 드리는 글'을 발표하고 7일부터 단식에 들어가 6월 10일 까지 계속했다.

1. 1987년 6월항쟁 당시 서울시청 앞 광장에 모여든 시위대원들.

2. 1987년 6월 29일 대통령직선제 수용 '특별 선언'을 발표하는 노태우 민정당 대통령 후보.

3. 1987년 13대 대통령선거에서 양 김씨의 동시출마로 유리하게 된 민정당 후보 노태우의 유세 모습(사진 좌)과 대선 포스터(사진 우).

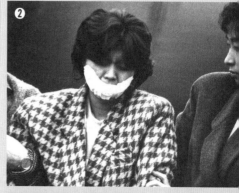

1. 1987년 11월 29일 이라크 수도 바그다드를 출발해 서울로 향하던 대한항공(KAL) 858기가 미얀마 안다만 해역 상공에서 갑자기 사라졌다. 승무원을 포함한 탑승객 115명이 모두 실종되었는데 승객은 대부분 중동 건설현장에서 일하다 귀국하는 건설노동자들이었다.

2. KAL기 폭파범으로 지목되어 체포된 김현이가 대선 하루 전에 한국으로 압송되는 모습

3. 노태우 13대 대통령이 1988년 2월 25일 서울 여의도 국회의사당에서 취임식을 거행하고 있는 모습.

4. 1988년 11월 22일 전두환 내외가 강원도 인제군 백담사에서 유배생활을 시작한 모습.

1. 1988년 12월 국회 광주특위 청문회에서 전두환이 계엄사의 자위권을 언급하자 평민당 이철용 의원이 "살인마"라고 항의하는 장면.

2. 1990년 1월 민정 민주 공화 3당은 노태우, 김영삼, 김종필 세 총재가 합동기자회견을 갖고 민주자유당 (약칭 민자당)으로 합당한다고 발표했다. 이로써 민자당은 원내 총의석 299석 중 216석을 보유한 거대 보수당이 되고 70석의 제1야당인 김대중의 평민당은 상대적으로 왜소화되었다.

3. 평민당 총재 김대중은 1991년 4월 보수대연합에 대항하기 위해 재야인사들을 영입해 신민주연합당(약칭 신민당)을 발족시켰다가 그 해 9월에는 이기택을 민주당과 합당해 통합민주당(약칭 민주당)을 창당했다.

4. 김영삼, 김대중, 정주영이 나란히 출마한 제14대 대통령선거 포스터.

1. 제14대 대통령선거에서 승리해 취임선서하는 김영삼.

2. 김영삼 대통령이 1995년 청와대에서 당·정·청 수뇌들이 지켜보는 가운데 공직선거 및 선거부정방지법, 정치자금법개
   정안, 지방자치법개정안 등 3개 정치개혁법안에 서명하고 있다.

3. 1993년 3월 총무처에 마련된 공직자 재산등록 접수창구.

4. 금융실명제 실시 발표를 듣고 샴페인을 터뜨리는 경제정의실천시민연합 소속 회원들.

5. 김일성조문사절단 파견 주장 등으로 안보불안이 일자 1994년 7월 16일 자유민주총연맹 등 80여개 보수단체의 연합체
   로 발족한 자유민주민족회의 결성대회에서 김일성 조문을 규탄하는 정계원로들

1. 민자당에서 탈당해 보수연합을 깬 김종필은 1995년 3월 자민련(정식 명칭 자유민주연합) 창당대회를 열고 총재에 추대된 다음 박준규 전 국회의장을 최고고문에 추대했다.

2. 1996년 8월 12·12군사반란 및 5·17광주진압 및 비자금사건 1심 선고공판에서 전두환에게는 사형(2심에서 무기로 경감), 노태우에게는 징역 22년 6월을 선고했다. 사진은 앞줄 오른쪽부터 전두환, 노태우, 유학성, 최세창. 사진 연합뉴스

3. 김영삼정권 말기에 발생한 외환위기는 1997년 12월 3일 국제통화기금(IMF)으로부터 긴급 구제금융 580억3500만 달러를 빌리는 대신 IMF의 개혁 프로그램을 받아들이는 사태로 발전했다. 사진은 각서에 서명하는 임창렬 부총리(가운데)와 미셸 캉드쉬 IMF 총재(오른쪽).

V. 산업화와 보수 세력

1 5·16과 경제 개발

> 4월혁명으로부터 5월혁명을 거쳐 발전된 1960년대 한국이 겪어야만 할 역사적 필연적 과제는 정치·경제·사회·문화의 모든 분야에 걸쳐 조국의 근대화를 성취하는 것이며 ….
>
> — 박정희(1963. 12. 17. 제5대 대통령 취임사)

1. 군부 세력의 등장

박정희의 '인조반정'론

5·16군사혁명의 주역 박정희는 자신의 거사를 '인조반정'(仁祖反正)이라고 불렀다. 거사 당일 오전 10시 반 청와대 회의실에서 대통령 윤보선과 첫 대면을 한 그는 "저희는 처자가 있는 젊은 몸으로 오직 국가와 민족을 위하는 애국심에서 인조반정을 하는 심정으로 목숨을 걸고 이 혁명을 일으켰습니다"라고 쿠데타 거행 사실을 '신고'했다.[1] 박정희는 혁명군이 이날 아침까지 서울을 완전 장악한 즉시 장도영 육군참모총장과 김재춘(金在春), 유원식(柳原植) 등 자신의 참모들을 거느리고 청와대에 들이닥쳐 대통령 윤보선을 면담하는 자리에서 그렇게 말한 것이다. 박정희가 청와대를 찾은 목적은 대통령의 군사 혁명 지지 표명과 이날 새벽 군사 혁명위원회 명의로 선포된 비상계엄의 추인을 받아내기 위해서였다.

흥미 있는 사실은 앞으로 Ⅴ-4(박정희가 남긴 유산)에서 자세히 설명하는 바와 같이 6·25전쟁 당시인 1952년 임시 수도 부산에서 벌어진 부산정치파동 때 박정희 자신과 그의 상사인 이용문 장군 등 일부 군부 세력이 모의하다가 실행 직전에 중단한 이승만 축출 쿠데타 작전의 암호명이 '반정'(反正)이라는 점이다.[2] '인조반정'이든 그냥 '반정'이든 과거의 역사적 사건이 자신들의 5·16과 어떤 공통점이 있는가. 인조반정은 광해군(光海君)을 폐위시키기 위해 연회가 열리고 있던 창덕궁에 중신들이 군사를 이끌고 쳐들어간 사건이다. 광해군은 15년 동안 통치하면서 부왕인 선조(宣祖)의 계비 인목대비(仁穆大妃)를 별궁에 유폐시키고 배다른 아우 영창대군(永昌大君)을 죽인 '폐모살제'(廢母殺弟)의 폐륜적인 군주였다. 광해군이 쫓겨난 다음 그의 조카 능양군(綾陽君) 종(倧)이 국왕으로 옹립되어 인조가 되었다. 따라서 5·16과 인조반정은 군인들이 나선 쿠데타라는 점에서 공통점이 있으나 5·16으로 실각한 장면은 인간적으로는 폐륜적인 광해군과는 거리가 먼 통치자였다.

역사적 맥락은 여하간, 5·16은 확실히 한국의 현대사를 완전히 바꾸어 놓은 대사변이었다. 그 때까지 한국인들에게 군사 쿠데타란 남미 같은 제3세계에서나 일어나는 일로 생각되었다. 한국 역사상 무인이 집권하기로는 고려조 때인 11세기에 무신 정권(武臣政權)이 들어선 예와 14세기에 이성계(李成桂)가 역성혁명을 일으켜 조선조를 창업한 예가 있을 뿐이었다. 5·16 직후 어느 구파 지도자는 대통령 윤보선에게 "박정희 장군에게 제의해서 군민공동정권(君民共同政權)을 만들면 어떻겠느냐"고 성급하게 건의했다가 그로부터 '미련 곰 같은 사람'이라는 핀잔을 들었다는 설이 있다. 그가 말한 '공동 정권'이란 박정희 등 군부와 연합한 구파 정권을 뜻한다. 하기야 5·16 세력이 약속한 6개 항의 혁명공약의 마지막 항목인 '혁명군의 원대 복귀' 구절을 곧이곧대로 믿은 민간 정치인도 적지 않았다. 이 사실은 이들 민간 정치인들이 순진했다기보다는 군사정변이 당시 한국 사회에서는 그만큼 전례없는 사건이었음을 의미한다.

박정희 정권의 성격

박정희가 주도한 군사 정권과 민정 복귀 후의 3공 권위 정권, 그리고 4공 유신 독재 정권은 어떤 점에서 고려조의 무신 정권과 유사한 점이 있다. 고려조의 무신 반란은 부패하고 무능한 문신들을 몰아내고 무신들이 직접 정권을 잡은 군사 쿠데타였다. 5·16군사혁명 역시 민주당 정권의 무능과 무질서로 얼룩진 민간 정치인들의 정치판을 뒤집어엎은 군사 쿠데타였다는 점에서 유사점이 있다.

그러나 구미 선진국들처럼 국민 혁명 같은 근대화 과정을 거치지 못한 채 제국주의의 제물이 되었다가 제2차 세계대전 후에는 분단된 개발도상국 처지가 된 한국에서 발생한 5·16군사 정권을 고려조의 무신 정권과 유보 조건 없이 비교하는 것은 지나친 단순 비교이다. 5·16군사정변은 민주주의 정권인 장면정권을 전복했다는 점에서 당시의 다른 제3세계 국가들의 군사 쿠데타와 공통점이 있다. 20세기 중반기는 아시아·아프리카·중남미 지역에서 군사 쿠데타가 열병처럼 번진 시기였다. 1958년 파키스탄의 군부 정권 등장을 시발로, 차례로 들어선 1965년 인도네시아의 수하르토 군부 정권, 1967년 그리스에의 군사 정권, 1973년 칠레의 군부 정권이 그 대표적인 예이다. 군부 세력이 정치의 전면에 나선 것은 1930년대의 스페인, 일본, 태국 및 브라질에서도 있었지만 이들 나라들의 경우는 1950~60년대 개발도상국에서 등장한 군부 정권과는 성격이 다르다. 1930년대의 스페인의 프랑코와 일본 군부 등 파시스트 세력의 정치 개입은 주로 민간 정치인들이 이끈 의회 정치의 부산물인 정치 불안과 사회 혼란을 일거에 해결하려는 전체주의적 색깔이 짙었다. 이에 비해 1950~60년대 제3세계 신생국들에서 일어난 군부 쿠데타는 탈식민지화와 산업화, 그리고 근대화 과정에서 비롯되었다. 제3세계에서는 신생 국가 건설에 수반된 사회 변동과 정치 참여에 대한 수요가 폭발적으로 증가했음에도 불구하고 미성숙한 문민 정치 체제가 이를 수용할 능력을 갖지 못해 이에 좌절한 군부가 들고 일어나 직접 정치 일선에 나선 것이다. 이런 점에서 한국의 5·16도 예외는 아니다.

비교정치학자들은 비민주적인 정치 체제를 전제주의, 절대주의, 권위주의, 독재정치, 압제정치, 폭군정치, 파시스트정권, 교도민주주의, 신대통령제 등 여러 종류로 분류한다. 그러나 박정희 정권은 이 중 어느 하나에만 해당한다고 단순화하기에는 너무도 많은 복합적인 요소를 지니고 있다. 5·16 세력은 이념면에서 극우파적인 폭력의 신봉자이기는 했지만 박정희 등 일부 혁명 주도 세력은 과거에 좌익 경력자였다는 점에서 공산주의를 체질적으로 혐오하는 단순한 극우 사상의 소지자들과는 다르다. 5·16 세력은 애국 열정에 불탄 나머지 급속한 경제 개발에 목표를 두고, 자유민주주의적 가치를 경시하기는 했으나 전적으로 이를 부인하지는 않은 점에서 제2차 세계대전 이전의 유럽 파시스트들과는 달랐다. 5·16 세력은 김종필이 말한 것처럼 "민주주의를 하려면 1인당 국민소득이 적어도 500달러는 되어야 한다"라는 신념 아래 개발 독재 노선에 매진했다. 이제 5·16이 단계별로 어떻게 전개되어갔는지 구체적으로 살펴보자.

5·16의 배경과 명분

5·16 당시 군부는 1960년대 초의 한국 사회에서 가장 잘 교육받고 조직화된 엘리트 집단의 하나였다. 군부는 6·25전쟁이전부터 미국식 교육과 훈련을 받아 의식과 행태 면에서 한국 사회에서 가장 선진화된 집단의 하나였다. 앞에서 언급한 바와 같이 1952년에 피란 수도 부산에서 박정희와 이용문 등 일부 군부 세력이 시도한 바 있는 이승만정권 전복 모의도 이런 배경에서 나온 것이다. 전쟁이 끝나자 65만 대군으로 덩치가 커진 군부 안에서도 정치 의식이 상대적으로 높은 영관급 중견 장교들이 행동에 나섰다. 이들은 민간 정부의 비능률과 부패에 분노해 직접 국가 권력의 장악에 나선 것이다. 그것이 5·16이다. 4·19는 학생들의 봉기였지만, 마지막 단계에서는 군부의 역할이 결정적이었다. 학생 시위가 격화하자 데모 진압에 나선 계엄군이 더 이상 이승만에게 충성하기를 거부함으로써 자유당 정권은 붕괴될 수밖에 없었다.

박정희의 쿠데타는 즉흥적인 것이 아니었다. 민주당 정권이 들어선 다음 정치 불안과 사회 혼란이 격심해지자 다시 거사를 계획한다. 이 때 젊은 장교들이 3·15부정선거의 책임을 규탄하면서 정군(整軍) 운동을 벌이다가 징계를 당한 이른바 '하극상사건'이 일어났다. 박정희 자신도 4·19 이후 부정 선거에 가담한 육군참모총장 송요찬(宋堯讚)의 사임을 공개적으로 요구하던 참이었다. 그는 1960년 9월 김종필(金鍾泌) 등 일단의 영관급 장교들, 즉 육사 8기생들과 쿠데타 계획을 합의하게 된다.[3]

그 후의 박정희의 거사 계획은 한편의 드라마처럼 극적으로 전개되었다. 5·16 주체들은 우유부단한 육군참모총장 장도영을 끌어들이려 하다가 실패하자 그를 중립화·무력화시키는 데 성공하고 해병대와 공수 특전 병력도 포섭하게 된다. 드디어 5월 16일 새벽 3시경 박정희가 지휘하는 쿠데타군은 한강을 넘었다.

이들은 김포 소재 해병 제1여단과 제1공수단, 부평 소재 제33예비사단의 3개 연대, 영등포 소재 제6관구 사령부의 제10경비소대로 구성된 병력이었다. 쿠데타군은 한강 헌병 초소에서 경미한 충돌을 벌였으나 거의 무저항 상태로 서울 입성에 성공했다. 이들 부대들이 한강 다리를 건너기 전 이들보다 앞서 재빨리 서울에 입성해 육군본부를 점령한 부대는 별도의 쿠데타군, 즉 문재준(文在駿) 대령이 지휘하는 포천 소재 6군단 포병단의 5개 대대 병력이었다. 문재준 부대는 의정부·미아리를 거쳐 아무런 저항도 받지 않은 채 서울에 입성했다.[4] 이들과 수색의 제30사단의 3개 대대를 포함한 박정희 지휘 하의 전체 쿠데타 병력은 3,600여 명이었다.[5]

서울에 입성한 혁명군은 중앙청, 국회, 국방부 및 방송국 등 목표 지점을 순조롭게 점령한 다음 민주당 정권의 각료들을 체포하는 한편 청와대를 포위함으로써 사실상 국가 권력을 거의 전부 장악했다. 새벽 5시 KBS의 첫 전파를 통해 발표된 군사혁명위원회 명의의 포고문은 '은인자중하던 군부'가 궐기한 것은 "부패하고 무능한 현 정권과 기성 정치인들에게 이 이상 더 국가와 민족의 운명을 맡겨 둘 수 없다고 단정하고 … 조국의 위기를 극복하기 위한 것"이라고 거사의 명분을 밝혔다. 6개 항으로 된 혁명공약의 골자는 ① 반공 체제의 강화 ② 자유우방과의 유대 공고화 ③ 부패와 구악의 일소 및 퇴폐한 국민 도의와 민족 정기의 확립 ④ 기아선상에서 허덕이는 민생고의 해결 및 경제 재건 ⑤ 공산주의와 대결할 수 있는 실력의 배양 ⑥ 혁명 과업 완수 후 참신하고도 양심적인 정치인들에게 정권을 이양하고 군은 원대 복귀 한다는 것이었다.[6] 민간 정치인들에 대한 총체적인 불신의 표명인 동시에 군부가 국가의 경영을 맡겠다는 선언이었다. 혁명군은 이 성명에서 군사혁명위원회가 행정·입법·사법 3권을 장악한다고 밝혔다. 군부 세력의 거사 명분은 용공사상의 대두, 경제적 위기, 고질화된 정치 풍토, 사회적 혼란과 국민 도의의 피폐 등이었다.[7] 혁명군은 군사 작전을 성공적으로 끝낸 다음 포고령으로 국회를 해산하고 정당과 민간의 정치 활동을 정지시키는 동시에 비상계엄을 선포하고 언론 검열을 실시했다.[8]

장면의 도피와 혁명의 성공

서울에 진입한 혁명군은 국가 기관들을 점거하고 국무위원들을 체포했지만 5·16혁명이 아직 성공한 것은 아니다. 앞에서 설명한 바와 같이 박정희는 거사 당일 아침 장도영과 함께 청와대로 대통령 윤보선을 찾아가 혁명 지지와 비상 계엄에 대한 추인을 받으려고 담판을 벌였다. 그러나 윤보선은 혁명 지지 여부에 대해서는 애매한 태도를 취했고 계엄 추인 문제에 대해서는 단호하게 거부했다.[9] 혁명군이 체포하려던 국무총리 장면은 서울 종로구 혜화동 로터리 근방의 칼멜수녀원에 숨은 채 일체 외부와 연락을 끊었기 때문에 5·16 세력들은 그를 찾을 수가 없었다.

군부 안에서도 쿠데타 발발 직후에는 이를 저지하려는 움직임이 있었다. 우선 군사혁명위원장으로 발표된 육군참모총장 장도영은 거사 직후 처음에는 그 자리에 취임하려 하지 않았다. 미국 국무부가 1996년 공개한 외교 문서에 의하면, 주한 미군 사령관 매그루더(Carter B. Magruder) 장군은 16일 오전 3시경 한국 육군참모총장 장도영 중장이 자신에게 전화를 걸어 한국군 일부가 쿠데타를 일으켰다고 알리면서 한국군 해병대에 대항하기 위해 미군 헌병의 투입을 요청했으나 자신이 거절했다고 워싱턴의 합참의장에게 보고했다.[10] 기회주의적인 장도영은 미군의 지원을 받는 데 실패하자 이날 낮 태도를 바꾸어 혁명위원회 위원장을 맡아 배신자의 길로 들어섰다. 그러나 1군사령관 이한림(李翰林) 중장을 비롯한 전방의 야전군 지휘관들과 육군사관학교장 강영훈(姜英勳) 중장을 비롯한 고급 장성 및 해군 및 공군참모총장과 해병대 사령관은 내심 군사 쿠데타를 못마땅하게 생각하면서도 태도를 유보하고 있었다.[11] 이한림은 예하 부대에 비상대기령을 발동해 명령이 떨어지기만 하면 언제든지 출동할 태세였다. 만약 군 통수권자가 이들에게 혁명의 진압을 명령했더라면 일단 진압군은 움직였을 것이다. 당시 군부 내에 광범위하게 조직된 영관급 장교들의 혁명 가담 때문에 쿠데타 진압 작전이 원활하게 수행될 수 있었을지 여부는 확실하지 않지만 일단 정부가 쿠데타 진압 작전에 나선다면 상황은 달라졌을 것이다.

무엇보다도 문제는 미국 정부 태도였다. 주한 미군 사령부는 5·16 초기 단계에서 명백히 쿠데타를 진압하고자 노력했다. 매그루더 주한 미군 사령관과 그린(Marshall Green) 미국 대리대사는 이날 아침 방송을 통해 합법정부인 장면정권 지지를 공식적으로 표명했다. 워싱턴에서도 국무성의 보울즈(Chester Bowles) 차관은 성명을 통해 장면정권 지지를 밝혔다. 이날 오전 매그루더와 그린은 청와대로 윤보선을 찾아가 군 통수권을 발동, 쿠데타 진압을 명령할 것을 요청했다. 그러나 윤보선은 같은 군인들끼리 피를 흘리게 할 수 없으니 미군이 진압하라고 말하면서 미군 측의 요구를 거부했다. 이에 매그루더는 그것은 내정 개입이 되므로 할 수가 없다고 답하고 먼저 부대로 돌아갔다.[12] 매그루더는 윤보선이 장면의 교체를 원하는 것 같다고 워싱턴에 보고했다.[13] 매그루더는 사령부에서 비상참모회의를 소집, 쿠데타 진압을 위한 한국군 제1군과 미1군단의 동원 계획을 검토했다.

그런데 미국 대리대사 그린은 매그루더가 자리에서 일어선 다음에도 청와대에 남아 윤보선에게 "각하, 제게 점심을 주시겠습니까?"하고 요청해 점심을 먹으면서 계속 윤보선을 설득했다. 그러나 끝내 윤보선은 미군 측의 진압 명령 요청을 거부했다.[14] 그로부터 약 10년 후 그린이 미국을 방문한 김영삼에게 털어놓은 바에 의하면, 5·16 당일 새벽 그가 관저에서 잠을 자고 있는데 케네디 대통령(John F. Kennedy)이 직접 전화를 걸어와 "이 바보들아! 즉각 쿠데타를 진압해 버려라"라고 소리를 질렀다 한다.[15]

17일이 되자 사태는 변하기 시작했다. 윤보선이 17일 비서관을 전방의 이한림 장군 등 지휘관들에게 보내 "야전군은 서울에서 일어난 일에 신경을 쓰지 말고 전방을 잘 지키라"라는 친서를 전달케 해 야전군의 쿠데타 진압 작전을 못하게 했다. 18일은 결정적인 날이었다. 장면의 은신처가 드러나자 피신 55시간 만인 이날 정오 중앙청에 나와 간단한 임시 국무회의를 연 다음 "군사혁명에 대한 정치적·도의적 책임을 느끼고 내각이 총사퇴한다"라는 성명을 발표했다.[16] 이로써 5·16군사정변은 거사 이틀 만에 완전한 성공을 거두었다. 미국 국무부차관보 볼즈는 18일 미 하원 외교분과위원회의 비밀 증언에서 미국 정부는 한국의 군사정권을 승인할 방침이라고 증언했다. 이에 따라 매그루더는 20일 김종필과 회동하고 군사혁명을 사실상 인정했다.[17]

2. 군정과 '자유민주주의'

국가재건최고회의

쿠데타가 성공하자 5·16 주체 세력들은 거사 사흘만인 5월 19일 군사혁명위원회를 국가재건최고회의로 개칭하고 즉시 군정 체제로 들어갔다. 의장에는 장도영, 부의장에는 박정희가 취임했다[장도영은 약 40여 일 후인 7월 3일 의장 자리에서 축출되고 박정희가 의장에 취임했다]. 국가재건최고회의는 6월 6일 국가재건비상조치법을 제정·공포했다. 이 법에 따라 최고회의는 국가의 최고 통치 기관으로서 입법·행정·사법의 3권을 총괄하며 국민의 기본권은 혁명과업의 수행에 지장이 없는 범위 안에서 보장한다고 밝혔다. 최고회의는 '혁명 과업의 신속한 처리'를 위해 혁명검찰부와 혁명재판소를 설치하고 대공 태세와 권력 기반 강화를 위한 국가의 중추적인 정보 기관으로서 중앙정보부를 설치하는 법률을 제정·공포했다.[18]

국가재건최고회의가 착수한 가장 큰 시책은 경제개발5개년계획이었다. 쿠데타 주체들은 거사 직후부터 경제 개발을 위한 준비 작업에 착수, 5·16 이듬해인 1962년에 제1차 경제개발5개년계획을 스타트시켰다. 뒤에서 자세히 살펴보는 바와 같이, 이 계획의 실시로 인해 1961년에 80달러였던 1인당 국민소득이 민정 이양의 해인 1963년에는 100달러에 올라가는 성과를 기록했다. 군정 기간 최고회의는 몇 가지 개혁 시책을 폈다. ① 국민 정신 및 생활 개혁을 위한 운동 단체로서 재건국민운동본부를 발족시키고 ② 농어촌의 고리채 정리 사업에 착수했으며 ③ '정치 풍토 개선책'으로서 구 정치인에 대한 정치 활동 금지 조치를 취하고 ④ 부정축재 조사를 실시했다. 쿠데타 주체 세력은 정치정화법을 만들어 3,000명의 정치인들에 대해 정치 활동을 금지시킴으로써 이들의 참정권을 침해했다. 정치활동금지법 제정을 반대한 윤보선은 1962년 3월에 대통령직을 사퇴했다.[19] 윤보선이 물러나자 최고회의는 박정희를 대통령권한대행으로 선출하였다.

경제우선주의와 '자유민주주의' 유보론

'자유민주주의'라는 단어가 이 무렵에 가장 빈번하게 사용된 것은 하나의 아이러니라 하겠다. 박정희를 비롯한 5·16 주체들은 '자유민주주의'를 자주 언급했다. 박정희는 1961년 12월 최고회의의장 자격으로 미국을 방문한 기회에 미국인들을 상대로 자신이 자유민주주의를 신봉하고 있다고 역설했다. 그는 귀국한 다음 서울에서 가진 내외 기자회견에서도 "혁명 정부는 자유민주주의를 지향하며 신봉하고 있다"라고 밝히면서 "군정은 수단이지 목표가 아니라"라고 천명했다.[20]

그러나 박정희는 실제로는 시급한 경제 건설을 위해서는 민주주의라는 가치는 불가피하게 유보되어야 한다고 판단했다. 박정희는 '선(先) 경제 건설, 후(後) 민주주의라'는 신념을 가진 군인이었다. 그는 혁명 후 공식 연설에서는 자유민주주의와 경제 개발의 촉진을 묶어서 이야기했지만 실제로는 경제 개발 쪽에 우선순위를 두었다. 그는 정치를 혐오했다. 그가 심정적으로 받아들일 수 있는 정치는 '행정의 능률'을 담보할 수 있는 범위 안의 새로운 정치 기풍, 즉 '능률 있는 정치' 정도였다. 5·16이 발발한지 8개월이 된 시점이자 아직 군정 기간이던 1962년 1월 1일 박정희는 대통령권한대행 자격으로 발표한 신년사에서 다음과 같이 말했다.

당면한 우리의 지상 목표는 경제 재건을 위한 산업 개발에 두어야 합니다. 우리가 이상으로 하는 진정한 자유민주주의가 확고한 경제적 기반 없이는 실현을 바라기 어렵다는 것은 너무나도 명백한 사실입니다. … 우리가 염원하는 자유민주의 사회는 결코 안이하게 실현되지 못한다는 것을 깨달아야 하겠습니다. 자주적인 정신과 자조의 노력, 자율적인 행동과 자립 경제의 기반 없이는 형식상의 민주주의가 우리에게 혼란과 파멸의 길만을 약속한 지난날의 경험을 다시 한번 상기해야 하겠습니다.[21]

박정희는 그 해 3월에 발간된 그의 저서 《우리 민족의 나갈 길》에서도 "민주주의라는 빛 좋은 개살구는 기아와 절망에 시달리는 국민 대중에게는 너무 무의미한 것"이라면서 "혁명 기간에 우리가 지향하는 민주주의는 서구적인 민주주의가 아닌, 우리의 사회적·정치적 현실에 알맞은 민주주의를 해나가야만 된다고 생각한다"라고 말하고 "바로 이러한 민주주의가 다름 아닌 행정적 민주주의라고 할 수 있다"라고 주장했다. 그는 행정적 민주주의(administrative democracy)를 구체적으로 설명하여 "비록 우리가 혁명 단계에 있어서 완전한 정치적인 자유민주주의를 향유할 수 없다 하더라도 최소한 행정적 레벨에 있어서는 민주주의적인 원칙에 의하여 국민의 의견과 권리가 존중되어야 한다"라고 말했다.[22] 혁명의 제2인자인 김종필은 1960년대 중반 공화당 정권 초기에 "민주주의가 되려면 1인당 국민소득이 500달러는 되어야 한다"라고 말하는 것을 저자는 일선 기자 시절 여러 번 직접 들었다[실제로 1인당 국민소득이 500달러가 넘은 1974년에는 박정희의 유신 독재가 오히려 강화되었다]. 박정희의 통치 철학은 산업화를 통한 '부강한 민주·복지 국가'의 건설을 통한 '부국강병'이었다. '부국강병'을 지상의 목표로 삼은 군부가 1960년대 이후 약 30년 간 우리 사회의 지배 권력이 되어 한국보수세력의 핵심부를 이룬 점을 우리는 주목할 필요가 있다. 한국의 보수 세력의 기본 이념인 자유민주주의는 이승만 독재에 이어 군부의 권력 장악으로 인해 다시 상처를 입게 되었다.

박정희는 혁명 후 집권 전반기인 1970년대 초까지 해마다 그 해를 '재건과 부흥의 해'(1962년), '일하는 해'(1965년 및 1966년), '건설의 해'(1968년), '약진의 해'(1969년) 또는 '중단 없는 전진의 해'(1971년)라고 이름을 바꾸어가면서 경제 건설을 강조했다. 이는 국민들의 관심과 에너지를 경제 건설에 모으기 위해서였다. 덕택에 박정희 재임 기간 중 경제 성장은 연평균 10%에 달했다. 박정희는 1966년에 이르러 "의존과 빈곤으로 얼룩졌던 한국에 자립과 번영의 터전을 마련"함으로써 그 해를 '민족 중흥의 해'라고 스스로 불렀다.

'자유민주주의'를 둘러싼 논의와 정착화

자유민주주의는 박정희정권 뿐 아니라 반 정부 시위를 벌인 학생들은 물론 야당에서까지 일제히 내건 정치 슬로건이었다. 1963년 1월 5·16 주도 세력인 김종필의 신당은 자유민주주의를 지향한다고 선언했다. 그 다음 달 발표된 민주공화당 창당선언문에는 '한국의 풍토에 알맞은 자유민주주의의 정치 체제'를 확립할 것이라고 주장했다. 같은 무렵에 전국민권수호학생연맹은 발기인 대회를 갖고 자신들이 '자유민주주의'의 밑거름이 될 것을 다짐하는 선언문을 발표했다. 1963년 9월 3일 김준연(金俊淵)을 중심으로 창당한 신당은 당명을 '자유민주당' 으로 하고 반공 보수의 이념에 입각해 군민(軍民) 제휴로 정국 안정을 기약한다 는 정강 정책을 발표했다.[23] 자유민주주의는 당시 유행처럼 야당의 정강 정책으 로 채택되었다. 이승만 정부 당시의 구 자유당 인사들이 1972년에 창당한 자유 당은 "우리는 선열의 충국 애족 정신을 계승하고 개인의 존엄성과 자유 평등을 기본 이념으로 하는 자유민주주의의 유지 발전을 기한다"라고 선언했다. 또한 같은 시기에 나온 김의택, 정일형, 이철승, 김영삼 중심의 야당인 신민당의 선 거 공약 역시 자유와 인권을 존중하는 '자유민주주의의 토착화'를 선언했다.[24]

1963년 연말 민정 이양을 전후해 한국 사회에서 가장 활발하게 토의된 의제 는 근대화와 자유민주주의였다. 그렇기는 하지만 자유민주주의 이념은 다분히 방어적 개념으로 사용되었다. 그 대표적인 예가 1966년 11월 동국대학교가 중진 교수들을 초청한 가운데 개최한 '한국 근대화의 이념과 방향'을 주제로 한 개교 50주년 기념 세미나였다. '자유민주주의'에 관한 주제를 발표한 당시 고려대 오 병헌(吳炳憲) 교수는 "8·15 직후의 자유민주주의는, 명백하고 자신 있는 개념을 정립시키지 못하고 스스로 보수적이라는 죄의식에 사로잡혀서 반동적이 아니라 는 변명에 급급하는 위치에 놓이게 되었다"라고 분석했다. 그에 의하면, 자유민 주주의는 환경이 가져온 제약과 각가지 이념을 내세우는 정치가, 지식인들의 무 의식적인 오해와 왜곡 속에서 일반 국민에게 소원하게 되어 있었다는 것이다. 그는 해방 후 해외로부터 돌아온 망명 정객들이 민주주의, 공화 정권 또는 자유 주의를 강조함으로써 1946년부터 민주주의 개념이 보편화하기 시작했다고 분 석했다. 그에 의하면 한국 특유의 조건 위에서 우여곡절을 겪어온 자유민주주의 는 1948년 대한민국 정부라는 조직체 속에 이식을 끝냈다는 것이다. 그는 이어 다음과 같이 주장했다.

자유민주주의가 한국에 이식되는 과정을 통해 느낄 수 있는 점은 우선 자유민주 주의의 성장 발달은 이에 유리한 조건과 환경의 존재를 전제로 한다. 둘째로는 자 유민주주의는 어느 정도 성장한 후가 아니면 외부로부터의 공격을 물리치기 힘들다는 점이다. 이것은 자유민주주의는 실천 과정에서 비로소 이론을 형성해 간다는 점에서 그러하다. 끝으로 한국의 자유민주주의는 그 출현에서부터 성장 과정을 통하여 외세의 영향을 받아왔으며 이는 그 후에도 불가결한 하나의 지주가 되어왔다.[25]

3. 원대 복귀 공약의 파기

'구악' 뺨친 '신악'

그러나 군정 기간 중 혁명이라는 이름 아래 많은 권력 남용도 저질러졌다. 우선 무엇보다도, 5·16 세력이 전시가 아닌데도 통치의 편의를 위해 비상계엄을 펴놓고 마음대로 지식인 노조원 사회단체 회원 등 정치적 반대자들을 연행해 인권을 유린하고 언론의 활동을 침해한 점이다. 이것은 자유민주주의의 부정이다. 더구나 공산 간첩 사건과 국가 전복 음모 사건의 수사를 주 임무로 해야 할 중앙정보부가 '반혁명사건'이라는 이름으로 민간의 비판 세력과 군부 내의 반대파를 제거하는 정치 공작에 동원됨으로써 중앙정보부의 존재 자체가 국민들 사이에서 불신과 혐오 대상이 되었다. 군정 기간에 적발된 반혁명사건은 13건에 이르렀다. 권력 투쟁 결과 국가재건최고회의 발족 시 32명이었던 장성급 최고위원이 대부분 제거되어 최고회의 말기에는 불과 6명만 남았다. 군정 기간 중 특수범죄처벌법에 따라 체포된 용공 혐의자는 2,000여 명에 달한다.

혁명 주체 세력은 부패의 일소를 혁명공약으로 내걸었지만 5·16 이후 최초로 적발된 부정사건이 아이로니컬하게도 부정축재처리반의 뇌물 수수 사건이었다.[26] 군정 기간 중 상징적인 부정 사건은 4대 의혹사건이다. 4대 의혹사건이란 증권파동사건, 워커힐부정사건, 새나라자동차사건, 슬롯머신사건을 말한다. 증권파동사건은 1962~63년에 중앙정보부가 증권회사들을 설립해 주가 조작을 통해 엄청난 부당 이득을 챙긴 사건이며 워커힐사건은 중앙정보부가 주한미군의 휴양지를 마련하여 외화 획득을 한다는 명분을 내걸고 정부 자금으로 종합 위락 시설인 워커힐을 마련하면서 그중 상당한 액수를 횡령한 사건이다. 새나라자동차사건은 중앙정보부가 일본에서 승용차를 불법 반입한 뒤 이를 시가의 두

배 이상으로 국내 시장에 판매해 거액의 폭리를 거두어들인 사건이며 슬롯머신 사건[당시는 빠찡코사건이라 했다]은 법적으로 금지되어 있는 도박 기계인 회전 당구기 100대를 재일교포의 재산 반입처럼 세관을 속여 국내에 수입하도록 허용해 부당 이득을 취한 사건이다. 이 사건들은 군사 정권이 민정 이양을 앞두고 선거에서 승리하기 위해 정치 자금을 조달하는 과정에서 중앙정보부가 개입해 저지른 부정·불법 행위였다. 군사 정권 최대의 스캔들인 이들 사건은 5·16 이전의 '구악'(舊惡)보다 훨씬 더한 '신악'(新惡)이라는 세평을 받았다. 사건이 드러나자 군사 정권은 제2인자이며 초대 중앙정보부장이었던 김종필을 이른바 '자의반 타의반'(自意半他意半)으로 외유토록 하고 일부 사건 관련자들을 군법회의에 회부하는 선에서 사건을 마무리 지었다.[27]

민정 이양 정치 일정

5·16 주체 세력은 2년 반 동안의 군정을 끝내고 정권을 민간 정치인들에게 돌려주는 과정에서 대부분이 군복을 벗고 민정에 참여했다. 이것은 말할 것도 없이 혁명 과업 수행이 끝나는 대로 참신한 정치인들에게 정권을 이양하고 원대 복귀하겠다는 혁명공약의 위반이다. 세계역사상 쿠데타를 일으킨 군인들이 민간 정치인들에게 정권을 이양하고 군으로 되돌아간 일은 흔하지 않다. 5·16 세력이 곡절은 많았지만 결국에는 계속 정권을 잡은 것은 권력의 속성상 이미 예견되던 바였다. 예비역 장성인 김홍일(金弘壹)과 전 과도 내각 수반 허정(許政)이 박정희에게 3군 총사령관과 같은 육군 원수 자리로 물러나 정치를 지켜보는 선의의 견제 역할을 해달라고 요망한 것[28]도 현실성이 없는 이야기에 불과했다. 문제는 혁명 주체들이 거사 당시에는 원대 복귀할 생각이 실제로 있었으나 막상 혁명을 일으키고 보니 어쩔 수 없이 민간 옷으로 바꾸어 입고 계속 정치를 하게 되었는지, 아니면 처음부터 명분용으로 거짓말을 하려 했는지는 뭐라고 단언하기 힘든 일이다.

혁명 주체들의 원대 복귀 문제는 거사 3개월 후인 1961년 8월 12일 박정희의 '민정복귀보장성명'으로 처음 표면화했다. 그는 이날 성명에서 다음해인 1962년부터 본격적으로 체제 개혁과 경제 개혁에 착수하며, 1963년 초에 새로운 헌법을 제정해 민간 정치인들의 정치 활동을 허용하고, 5월에는 총선거를 통해 정권을 이양하겠다는 정치 일정을 밝혔다. 다만 박정희는 구 정치인 중 부정부패한 자들은 정계 진출을 금지하는 법을 제정하겠다고 발표했다. 이에 따라 최고회의는 1962년 3월 정치정화법을 제정했다. 대통령 윤보선이 이를 반대해 사임했다.[29]

엎치락뒤치락 민정 복귀 선서

박정희 대통령권한대행은 1962년 5·16혁명 1주년 기념식에서 행한 연설에서 헌법 개정 방침을 발표했다. 그가 밝힌 개헌 작업을 위해 7월 11일 최고회의 안에 헌법심의위원회가 발족했다. 원대 복귀를 둘러싼 혁명 주체 내부의 갈등은 이 해 9월부터 표면화했다. 무조건 원대복귀해서 배후에서 민간 정치인들의 행보를 지켜보자는 주장과 예편 후 민간 정부의 특별자문역을 맡자는 주장, 그리고 정당을 만들어 국민의 심판을 받아 정치에 참여하자는 주장 등이 나왔다. 박정희-김종필 라인은 예편 후 정치 참여 쪽으로 기울어졌다. 헌법심의회가 마련한 헌법개정안은 11월 5일 최고회의에서 가결되어 12월 17일 국민투표에서 투표율 85.28%, 찬성 78.78%로 통과 확정되었다.[30]

민정 이양의 해인 1963년이 밝으면서 정치 활동이 허용되자 사태는 복잡하게 전개되었다. 3군 참모총장과 장성급 최고위원들은 박정희의 민정 참여에 반대 의사를 표명했다. 혁명 주체 중에서는 반(反) 김종필파인 방첩부대장 김재춘(金在春)과 최고회의 공보실장 원충연(元忠淵) 등이 군의 정치적 중립을 주장하면서 5·16 주체의 민정 참여를 반대했다. 야당 세력 역시 혁명 주체 세력에게 당초의 혁명 공약을 준수하라고 요구했다. 주한 미국대사 버거(Samuel D. Berger)도 군의 정치 참여에 반대한다는 뜻을 밝혔다.[31]

박정희는 하는 수없이 2월 18일 민정 불참여 성명을 발표하고 9개 항의 시국 수습 방안을 제시했다. 그 요지는 ① 혁명 주체 세력은 개인 의사에 따라 군에 복귀하거나 민정에 참여할 수 있으며 ② 5·16혁명의 정당성을 인정하고 일체 정치 보복을 하지 않는다 ③ 혁명 정부는 합법적으로 기용한 공무원의 신분을 보장한다는 것 등이다. 국방장관 박병권(朴炳權)은 2·18성명을 지지하는 한편 군의 정치적 중립을 선언함으로써 박정희의 민정 불참 결정을 기정사실화했다. 27일에는 이윤영(李允榮) 등 민간 정치인들의 9개 항 수락 선서식과 박정희의 민정 불참 선서식이 동시에 거행되었다. 이를 계기로 정정법에 묶여 있던 4,374명의 구 정치인 중 269명을 제외하고 전원 해금되어 정치 활동을 재개했다.[32]

군복 벗고 '민간 정치인' 대열에

그러나 3월 15일 육군 대위 등 현역 군인들의 시위라는 희한한 사건이 벌어졌다. 수도경비사령부 소속 위관급 장교들이 최고회의 청사 앞에서 군정연장촉구 시위를 벌인 것이다. 박정희는 16일 현역 군인의 시위를 계기로 당초의 민정 불참 선언을 번복하고 계엄 선포와 4년간 군정 연장의 가부를 묻는 국민투표를 실시하겠다고 발표했다.[33] 미국 측은 즉각 박정희가 3·16성명을 철회하지 않으면 한국에 대한 경제 원조를 중단하겠다고 위협했다. 재야 세력 가운데 윤보선, 김도연, 장택상, 김준연, 이범석 등도 박정희를 비난하는 성명을 발표하고 윤보선과 허정은 20일 미 대사관 앞길에서 군정 연장 반대를 주장하는 '산책시위'를 벌였다. 군부는 22일 국방부에서 국방장관 김성은(金聖恩) 주도로 전군의 사단장급 이상의 장성들이 참석한 가운데 국군비상지휘관회의를 소집하고 박정희의 3·16성명을 절대 지지한다는 결의를 하고 청와대를 방문, 박정희에게 이 뜻을 전했다. 이 과정에서 3군 지휘관들은 별판을 달고 대낮에 헤드라이트를 켠 지프차들을 타고 대오를 지어 서울 거리를 시위 행진했다.[34]

민간 정치인들과 군부가 대립하게 되자 박정희, 윤보선, 허정, 장택상 4자회담을 열어 타결책을 모색했다. 이 과정에서 많은 곡절을 겪은 끝에 4월 5일 협상이 성립되었다. 그 내용은 박정희가 9월말까지 국민투표 실시를 연기하겠다는 것으로 그는 이를 4·8성명으로 발표했다. 박정희는 민정 이양을 예정대로 하되, 자신도 옷을 벗고 대통령에 출마함으로써 민정에 참여하기로 했다. 민간 정치인들은 정당 결성을 서둘러 1963년 5월 14일 민정당(民政黨)이 창당되어 윤보선을 대통령 후보로 지명했다. 김종필이 추진한 군부 측의 공화당은 이보다 앞서 2월 26일 창당되었다. 공화당은 정구영(鄭求瑛)을 당 총재에 선출, 과도 체제로 출범했다.[35] 그 후 다음 장에서 살펴보는 바와 같이 박정희는 공화당 후보로 대통령에 출마하면서 총재직도 겸하게 된다.

군부 세력의 대다수가 군정 연장 또는 민정 참여에 찬성한 가운데 이를 반대한 사람들도 있었다. 그 대표적인 예가 1965년 5월 초의 이른바 원충연 대령 등 '반혁명음모사건'이다. 이 사건의 주모자는 육군정훈학교 부교장인 원 대령과 박인도(朴麟道) 대령 두 사람이었다. 두 사람은 박정희가 민정 이양의 약속을 어기자 서울 근교의 탱크부대를 동원해 거사하려 했다는 것이다. D데이를 혁명 4주년인 1965년 5월 16일로 정하고, 뜻을 같이 하는 군인들을 포섭해 거사 계획을 진행시켰다고 한다. 그러나 D데이 10일 전에 음모 세력 중 한 사람이 군 감찰부에 고발해 일망타진되었다. 군법회의에서 원·박 두 대령은 사형선고를 받고 나머지 관련자들도 징역형을 받았다.[36] 2년 후에 두 주모자에 대한 사형선고가 무기로 감형되었다가 1979년 10·26사건으로 박정희가 암살된 후인 1981년 3월 16년 만에 이들은 석방되어 군 교도소 역사상 최장기 복역수로 기록되었다.[37]

② 민족적 민주주의

> 민족적 민주주의의 제일차적 목표는 자립에 있다. 자립이야말로 민족주체성이 세워질 기반이며, 민주주의가 기착 영생할 안주지인 것이다. 민족 자립 없이 거기에 자주나 무슨 주의가 있을 수 없으며, 자립에 기반을 두지 않는 민족주체성이나 민주주의는 한낱 가식에 불과하다.
>
> — 박정희(1967. 4 .15. 방송 연설)

1. 박정희정권 출범

공화당 사전 조직 파문

5·16 주도 세력은 민정 이양에 대비해 민주공화당 창당에 착수했다. 김종필은 중앙정보부 안에 내외문제연구소라는 기구를 만들어 신당 창당 계획을 마련했다. 그는 이 계획에 따라 신당의 핵심 요원으로 충원하기 위해 1962년부터 약 1년 동안 기성 정치인이 아닌, 학계·법조계·경제계·언론계로부터 1,300명의 신인들을 비밀리에 영입해 '재건동지회'라는 단체를 만들었다. 이것이 나중에 5·16 주체 세력 내부에서는 물론 정계에서 말썽이 난 이른바 공화당의 '사전 조직'이다. 김종필은 1962년 12월 23일 워커힐에서 최고위원들에게 재건동지회의 활동 상황을 보고했다. 보고회에 참석한 반 김종필파인 김동하(金東河), 김재춘(金在春), 오정근(吳定根), 강상욱(姜尙郁) 등은 크게 반발했다. 재건동지회가 최고회의의 사전 허가 없이 활동을 벌인 점과 신당 조직이 이원화된 점, 창당 자금을 마련하기 위해 4대 의혹사건을 저지른 점이 집중 추궁을 받았다. 일반 여론도 크게 악화되었다. 결국 그 이듬해 1월 6일 박정희가 주재한 최고회의 전체 회의에서 김종필은 중앙정보부장을 사퇴하고, 반김종필 세력도 공화당 발기인에 참

여하는 선에서 사태가 수습되었다.[1]

신당 발기인대회는 1963년 1월 10일 서울 세종로 삼영빌딩에서 각계 대표 12명이 참석한 가운데 열렸다. 5·16 주체로는 김종필·김동환(金東煥), 예비역 장성으로는 김정열(金貞烈)·조응천(曺應天), 구 자유당 출신으로는 박현숙(朴賢淑)·김원전(金元全), 구 민주당 출신으로는 김재순(金在淳)·서태원(徐泰源), 학계에서는 윤일선(尹日善)·윤주영(尹冑榮), 기타 분야에서는 원로의사 김성진(金晟鎭)과 원로기업인 이원순(李元淳) 등 12명이다. 17일 열린 제17차 발기인대회에서는 당명을 민주공화당으로 결정했다. 발기인 총 수는 나중에 각계 대표를 망라한 78명으로 확정되었다. 창당준비위원회는 2월 2일 서울 종로구 삼일빌딩에서열려 창당준비위원장에 김종필, 부위원장에 정구영을 선출했다.

그러나 공화당의 창당 작업은 박정희가 2월 18일 민정 불참을 선언하고 김종필이 20일 창당준비위원장 자리를 사퇴하자 애로에 부딪쳤다. 공화당은 곡절끝에 26일 서울시민회관에서 5·16 핵심 세력이 빠진 가운데 창당대회를 갖고 당총재에 정구영 창당준비위원장대행을 선출했다. 공화당 창당 이후 반김종필계는 박정희의 지시에 따라 6월 10일 김재춘이 주동이 되고, 최고위원인 유양수(柳陽洙), 유병현(柳炳賢), 박태준(朴泰俊)과 민간 출신의 엄민영(嚴敏永), 소선규(蘇宣奎) 등이 참여한 군민 합동의 범국민 정당 발기인대회를 가졌다. 또한 육사 8기생 가운데 반 김종필계는 제3의 세력으로 이석제(李錫濟), 김형욱(金炯旭), 오치성(吳致成), 조시형(趙始衡) 등이 중심이 되어 5월동지회를 만들었다.[2]

5·16 세력의 분열은 박정희가 8월 31일 공화당 제3차 임시 전당대회에서 대통령 후보에 선출됨으로써 수습되었다. 박정희는 이날 대통령 후보 지명 수락 연설을 한 다음 그를 위해 미리 사의를 표한 정구영에 이어 당 총재로 선출되었다.이에 앞서 박정희의 지시로 공화당과 범국민 정당[6월 14일 가칭 '자유민주당'으로 변경] 발기준비위원회의 통합 교섭이 벌어졌으나 주도권 다툼으로 교섭이 결렬되어 김재춘을 제외한 군부 세력 대부분은 공화당에 개별 입당하고, 잔류파는9월 3일 김도연, 김준연, 서민호 등을 영입해 자유민주당을 창당, 선명 야당의기치를 내걸었다. 이로써 공화당은 5·16 주도 세력의 유일한 정당으로서 지위를굳혔다.[3]

한국적 민주주의와 민족적 민주주의

공화당은 1963년 2월 26일의 창당대회에서 채택한 창당선언문에서 "4·19와 5·16혁명 이념을 계승하고 이 나라의 조속한 근대화를 도모하기 위해" 새로운 지도 세력의 규합과 민족주체성의 확립 및 한국의 풍토에 알맞은 '자유민주주의' 정치 체제의 확립, 그리고 근대화가 수반되는 민주화와 국민 생활 수준 향상을 위한 자유 경제 원칙 하의 합리적 경제 계획 등을 당의 노선으로 내걸었다. 공화당이 내건 당의 이념은 근대화, 민족주체성 확립, 새로운 지도 세력 규합, 한국 풍토에 알맞은 자유민주주의 등의 단어에서 풍기는 바와 같이 근대화와 민족주의를 민주주의에 우선시키는 내용이다. 공화당이 1968년 발간한 당원 훈련 교재는 "당의 기본이념은 민족적 민주주의이며 이는 민주주의와 민족주의의 복합체이다. 한국의 민족주의는 자유민주주의의 민주화 및 민족주의의 민주화라는 과업을 동시에 수행하지 않으면 안 된다"라고 강조했다. 그리고 이 민족주의는 배타나 봉쇄가 아니며 독선과 추종도 있을 수 없고 국제 시류에 조화를 이루는 이성적 민족주의라고 이 책은 강조했다.[4]

박정희는 그해 9월 23일 KBS의 대통령 후보 방송 연설에서 "자유민주주의는 건전한 민주주의의 바탕 위에서 존재해야 한다"고 주장했다. 그는 10월 1일 KBS를 통한 정견 발표에서는 "구 정치인이 주장하는 민주주의는 껍데기 민주주의이자 사대주의적 민주주의이며 가식적 민주주의"라고 비판하고 진정한 민주주의는 무엇보다 건전한 경제적 토대 위에서 확립할 수 있다고 강조했다. 그는 또한 이 자리에서 그 전 해부터 추진된 경제개발5개년계획의 성과와 자립 경제의 당위성을 역설했다. 김종필은 이 무렵 "한국의 근대화와 새 지도력"이라는 제목의 《조선일보》 칼럼에서 '민족주의적 민주주의'를 강조하면서 한국 민주주의의 현실을 민족주의적 관점에서 비판하고 '민족주의 추구'가 '근대화 지향'과 같은 것이라고 주장했다. 그러면서 그는 공화당이 '자주 세력'이며 '개혁 주체'라고 스스로 주장했다.[5] 일부 이론가들은 공화당의 지도 이념을 '근대화 민족주의' 또는 '근대화 지향 세력'으로 평가했다.[6] 공화당의 이 같은 근대화 우선 사상과 민주주의 경시 경향은 불과 9년 후인 1972년에 들어 사실상의 친위 쿠데타인 유신 선포와 뒤이은 유신독재로 고스란히 나타났다. 아이러니컬하게도 Ⅴ-**3**(유신 독재)에서 보는 바와 같이 유신헌법은 민주주의와 자유주의 이념을 송두리째 짓밟으면서도 전문에서는 "우리 대한민국은 … 자유민주적 기본 질서(自由民主的 基本秩序)를 더욱 공고히 하는 새로운 민주공화국을 건설함에 있어서…" 운운하면서 헌법 사상 최초로 '자유민주주의'라는 단어를 헌법에 명시했다.

15만 표 차이의 허구

5·16 주체세력의 지도자 박정희가 군복을 벗고 민주공화당 후보로 출마한 제5대 대통령선거는 1963년 10월 15일 실시되었다. 민정 이양을 앞두고 군부 세력은 제3공화국의 정치 체제를 정당 중심으로 하기로 결정하고 헌법에 이를 반영했다. 즉, 한국 헌정사상 처음으로 헌법에 정당에 관한 규정을 넣어 정당 설립의 자유와 복수정당제의 보장, 그리고 정당에 대한 국가의 보호와 정부에 의한 위헌적 정당의 해산 제소 및 대법원의 해산 판결이 가능하도록 했다. 또한 대통령 후보와 국회의원 후보는 반드시 정당의 공천을 받도록 헌법에 규정했다. 국가재건최고회의는 이 같은 헌법 규정에 따른 정당법을 1962년 12월 31일 제정·공포해 정당정치의 기본 틀을 마련했다.[7] 정당의 헌법상 명문 규정은 일부 문제점에도 불구하고 대의제 민주주의의 발전을 위한 진일보한 제도였다. 최고회의는 또한 1월 16일에는 국회의원선거법을, 2월 1일 대통령선거법을 각각 제정·공포해 민정 이양을 위한 준비 작업을 마무리했다.[8]

제5대 대통령선거에는 민주공화당의 박정희, 민정당의 윤보선, 국민의 당의 허정, 자유민주당의 송요찬, 추풍회(秋風會)의 오재영(吳在泳), 정민회의 변영태(卞榮泰), 신흥당(新興黨)의 장이석(張履奭) 등 7명의 후보가 나왔다. 박순천, 정일형 등 과거 장면 내각 계열의 민주당은 야당 후보 단일화를 위해 후보를 내지 않았다. 선거 운동 기간 중 야당 후보 단일화를 바라는 국민 여망에 부응해 송요찬과 허정이 사퇴함으로써 민정당의 윤보선이 사실상의 야당 단일 후보가 되고 전체 후보 수도 5명으로 줄었다. 그런데 민주당은 야당 단일화를 명분으로 후보를 내지 않았으면서도 막상 선거 운동에서는 윤보선을 지지하지 않고 중립적 입장을 취해 야당 전열은 분열되었다. 이것은 장면정권 당시의 민주당 신구파 싸움의 앙금이 가시지 않았음을 의미한다. 선거 운동 기간 중 윤보선은 박정희 후보의 좌익 경력을 폭로하고 사상 논쟁을 벌였다. 투표율이 85%라는 높은 수치를 보인 것은 국민들이 군부 통치에서 민간 정부로의 이양에 대해 그 만큼 큰 관심을 가진 사실을 반영한 것이었다. 개표 결과 박정희는 윤보선에게 불과 15만 표 차로 이겨 아슬아슬하게 당선되었다.[9] 윤보선은 선거를 부정 선거로 규정하고 공정한 선거를 실시했더라면 자신이 승리했을 것이라고 주장하면서 스스로를 '정신적 대통령'이라고 불렀다.[10] 나중에 밝혀진 사실이지만 5·16 주체들은 만약 이 선거에서 박정희 후보가 패배하게 되는 경우에는 개표를 중도에 중지해 선거를 무효화하고 군정을 연장하는 방안을 음모했다. 다시 말하면 설사 윤보선이 승리하더라고 그에게 정권은 가지 않도록 미리 계책을 짜놓았다.[11] 따라서 제5대 대통령선거는 군부 세력의 집권을 위한 요식 행위에 불과했다.

제3공화국의 첫 국회를 구성하는 제6대 국회의원총선거는 1963년 11월 26일 실시되었다. 헌정 사상 최초로 비례대표제도가 도입되어 선거 방식이 지역구와 전국구로 나뉘었다. 지역구 수는 민주당 정권 때의 233개 구에서 131개로 통합되었다. 이로 인해 종래의 1개 시 또는 군이 하나의 지역구였던 것이 2개 또는 3개의 시·군이 합해 하나의 지역구가 됨으로써 종친회와 출신 학교를 따지는 혈연과 학연의 폐단이 줄어든 반면 출신 정당이 중요시되고 자기 군 출신을 당선시키려는 군 대항 심리도 작용하게 되었다. 헌법의 무소속 출마 금지 조항에 따라 12개 정당 공천 후보들이 경쟁을 벌인 끝에 선거 결과는 여당인 민주공화당의 압승으로 나타났다. 민주공화당은 전국구를 포함해 총 175개의 국회 의석 중 108석을 차지함으로써 과반수를 훨씬 넘었다. 윤보선의 민정당은 41석을 얻어 제1야당이 되고, 그 뒤가 13석을 얻은 민주당, 9석을 얻은 자민당, 2석을 얻은 국민의 당 순이다. 공화당은 박정희 대통령이 정부 시책을 소신 있게 밀고 나갈 수 있는 원내 안정 의석을 얻었다. 그러나 공화당은 과반수를 훨씬 넘는 당선자를 냈음에도 불구하고 지역구 득표율은 대선 때 박정희 후보가 받은 46.6%보다 훨씬 적은 34%에 불과했다.[12] 이것은 여당에 대한 견제 심리가 작용한 것이다.

새로운 '근대화 세력'이라고 자처했던 공화당은 창당 때나 국회의원 후보 공천 때나 참신한 인물을 많이 영입한다고 누차 공언했으나 막상 공천 단계에서 원내 다수 의석 확보를 위해 지명도와 당선 가능성이 높은 구 정치인들, 특히 상당수의 구 자유당 의원 출신을 공천했다. 그 결과 공화당 스스로 공천 결과를 '이상 6, 현실 4'에 그쳤다고 자평했다.[13]

2. 한일 국교와 반 정부 투쟁

6·3계엄 사태

공화당정권은 민정 이양 직후인 1964년 1월 제6대 국회 개원 벽두부터 야당의 치열한 정치 공세에 직면했다. 민정당 대표 윤보선은 14일 정당 대표 기조연설의 서두에서 "박정희 대통령 주변에는 사상적으로 불투명한 사람이 많이 있다"라고 운을 뗌으로써 제5대 대선 투표일 전날에 제기한 사상논쟁을 재연했다. 그는 이어 "오늘날 이 현상은 반공과 부패 일소를 위해, 부정 선거의 근절을 위해, 민생고 해결을 위해 박 정권을 타도할 사태가 아닌가에 대해 박 정권의 답변을 요구한다"라고 공세를 폈다. 공화당 의원들은 이 연설에 자극을 받아 의원총회에서 윤보선의 국회 징계를 논의했을 정도로 거센 반응을 보였다.[14] 자유민주당의 김준연 의원은 3월 26일, 한일국교정상화를 앞두고 박정희 정부는 일본으로부터 1억3천만 달러를 받았다고 의혹을 제기했다.[15]

여야 간에 가장 격렬한 쟁점은 한일회담 문제였다. 박정희는 대통령에 취임하자마자 일본과의 국교정상화를 위해 본격적인 대일 교섭에 나섰다. 한일국교정상화 문제는 이미 미국과 일본이 1951년 미국 샌프란시스코에서 평화조약을 체결했을 때부터 한·미·일 3국 간의 외교 현안이 되었다. 이승만이 1952년에 평화선을 선포하고 이를 침범하는 일본 어선을 나포케 하자 한일 국교 문제는 일본 측으로서도 서둘러 해결하지 않을 수 없는 시급한 외교 문제가 되었다. 이승만과 장면정권 시대부터 한일 교섭이 연이어 벌어졌으나 일본의 식민지 통치에 대한 배상 문제 등 난제들이 해결되지 않아 진척을 보지 못했다. 박정희가 군정 때부터 대일 교섭을 서둔 것은 동서 냉전에 대비해 동북아에서 한일 양국을 외교적·군사적으로 제휴시키려던 미국 케네디 대통령의 강력한 권유도 작용했다. 또한 이에 못지않게 박정희 자신이 한일국교정상화를 이룩해 일본으로부터 경제개발에 필요한 자금을 들여오려 했기 때문이다. 당시 최고회의 의장이던 박정희는 1961년 11월 미국 방문을 마치고 귀국하는 길에 일본에 들려 12일 이케다(池田) 총리와 회담을 갖고 한일 관계를 증진시키기로 합의했다. 그 이듬해 2월에는 혁명 정부의 2인자인 김종필 중앙정보부장이 일본을 방문, 이케다 총리와 회담하고 10월과 11월에는 2차에 걸쳐 오히라(大平正芳) 외상과 교섭을 벌였다.[16] 2차 김종필·오히라 회담에서는 대일청구권 액수를 정한 이른바 '김-오히라 메모'가 교환되어 나중에 국내에서 정치 문제가 되었다.[17]

한일 간에 국교정상화를 협의하는 실무 회담이 박정희의 대통령 취임 다음 해인 1964년부터 본격화했다. 한일국교 문제는 여야 간에 뜨거운 정치 쟁점으로 등장했다. 제1야당인 민정당을 비롯한 야당 세력은 원내에서의 대정부 질문 공세와 함께 원외에서 '대일굴욕외교반대 범국민투쟁위원회'를 조직하고 3월 15일부터 거국적인 한일회담 반대 투쟁에 들어갔다. 24일부터는 서울대, 연세대, 고려대, 동국대, 성균관대, 중앙대 등 거의 모든 서울 시내 대학생들이 한일회담 반대운동에 나서서 5월부터는 학생들의 한일회담 반대 시위가 한층 격화되었다. 시위대원들은 "박 정권 물러나라"라는 구호를 외치기 시작해 한일회담 반대 시위가 정부 타도 투쟁으로 발전했다. 이 같은 사태는 1961년 5·16 군사쿠데타 이후 최초의 대규모 반 군부 시위였다. 박 정권은 출범 불과 반 년 만에 범국민적인 저항에 부딪친 것이다. 6월에 접어들어 시위가 더욱 격화되자 정부는 드디어 3일 서울 일원에 계엄을 선포하고 대학에 휴교령을 내리는 한편 언론을 검열하는 강경 방침으로 돌아섰다. 이것이 이른바 6·3사태이다.[18]

권위주의 언론관과 언론 윤리 위법 파동

박정희는 6·3시위사태를 계엄선포와 군대 동원으로 진압한 다음 앞으로는 더이상 유사한 사태가 재발하지 않도록 언론과 학원을 규제하는 법을 만들려고 했다. 언론이 시위를 선동하고, 느슨한 대학 행정이 학생들의 시위를 부추기는 결과를 가져왔다고 판단한 것이다. 박정희는 6월 26일 국회에 출석해 계엄 해제에 필요한 안전판을 국회가 마련할 것을 요구하는 특별교서를 발표했다.[19] 공화당은 이에 따라 1964년 7월 언론윤리위원회법안과 학원보장법안을 마련, 국회에 제출했다. 학원보장법안은 국회에서 야당 의원들이 몸싸움을 벌이면서 저지 투쟁을 벌여 8월 4일 밤 공화당의 후퇴로 입법이 좌절되었다. 그러나 언론윤리위원회법안은 이보다 이틀 앞선 2일 밤 공화당의 표결 강행으로 국회 본회의를 통과했다. 박정희 정권은 이를 계기로 언론계의 강력한 반발에 부딪쳐 3공 치하에서 최초의 언론파동이 일어났다.[20]

　권위주의적 통치자가 대체로 그렇듯 박정희 역시 국가이익이 언론의 자유보다 우선한다는 권위주의 언론관의 소유자였다. 그의 언론관은 ① 국가 이익의 추구가 언론의 일차적 기능인 동시에 궁극적인 목적이어야 하고 ② 이를 위해 언론은 지도적 기능을 수행해야 하며 ③ 언론의 자유보다 책임을 더 강조하는 것으로 요약될 수 있다.[21] 언론윤리위원회법안은 바로 그의 언론관을 반영한 것으로서 자율적인 기구여야 할 언론윤리위원회의 기능을 법률로 정해 언론윤리를 타율로 강제하려는 내용이었다. 한국신문편집인협회 등 5개 언론 단체들은 공동투쟁위원회를 구성하고 반 민주적인 이 법안의 폐기 운동을 벌였다. 8월 10일에는 전국언론인대회가 열려 이 법안의 철폐 투쟁을 벌일 것을 결의하고 17일에는 이 파동을 계기로 일선 기자들의 단체인 한국기자협회의 발족을 보게 되었다. 기자협회는 이 법의 폐기를 요구하는 청원서를 국회에 내기로 하고 서명 운동에 들어갔다. 대한변호사협회와 예총 등 민간 단체들도 성명을 내 이 법의 철폐를 주장하고 나서자 각계 사회 유지들이 자유언론수호 국민대회 발기준비위원회를 만들게 되어 언론윤리위법 반대 운동이 범국민적으로 전개되었다. 결국 박정희는 9월 9일 유성온천에서 언론 단체 대표들과의 담판에서 이 법안의 공포를 보류하는 방식으로 사실상 법안을 폐기하기로 약속함으로써 언론윤리위원회법안 파동은 약 한 달 만에 막을 내렸다.[22] 그러나 박정희의 이 같은 유연성 있는 언론 정책은 다음 장, 즉 Ⅴ-**3**(유신 독재)에서 보는 바와 같이 1969년의 3선개헌을 계기로 경직화의 길로 들어선다.

한일협정 비준안의 강행 통과

　곡절을 거듭하면서 진행된 한일회담은 1965년 2월에 마무리되어 15일 일본 도쿄에서 이동원(李東元) 외무장관과 시이나(椎名悅三郎) 일본 외상 간에 한일 기본조약이 가조인되었다. 야당이 대일굴욕반대투쟁위원회를 만들어 전국적으로 유세를 벌이자 정부 여당도 이에 맞서 각료들과 공화당 중진들로 구성된 4개 유세반을 편성, 지방에 내려 보는 등 대응 작전을 폈다. 국내에서 여야가 대립을 보인 가운데서도 한일회담은 순조롭게 진행되어 6월 22일에는 그 동안의 쟁점들이 완전 타결을 보아 양국 외무장관이 도쿄에서 한일기본조약과 관련 협정에 정식 서명했다. 야당은 이날 즉시 한일협정 비준 저지 투쟁에 들어갔다.[23]

한일협정 비준안이 7월 14일 여야 의원들의 집단 충돌이 벌어진 가운데 국회에서 발의되자 여야 대치 상태를 해결하기 위해 22일 청와대에서 민정 이양 후 처음으로 박정희와 민중당 대표최고위원 박순천 간의 여야영수회담이 열렸다. 두 사람은 월남파병동의안과 한일협정비준동의안을 대통령이 소집을 요구하는 임시국회에서 처리하기로 합의했다. 이에 따라 박정희는 7월 29일 임시국회 소집을 요구, 8월 13일 국회 본회의가 열렸다. 민중당 소속 의원 55명은 국회 본회의가 열리기 전 특별위원회가 10일 한일협정비준안을 통과시키자 12일 이를 무효라고 주장하면서 전원 의원직 사퇴서를 제출한 다음부터 본회의에 나오지 않았다. 국회 본회의는 예정대로 13일 공화당 의원만으로 베트남에 1개 사단을 보내는 파병 동의안을 가결하고, 14일에는 한일협정비준안을 통과시켰다. 민중당 소속 의원 중 윤보선, 김도연, 정해영, 정일형, 윤제술(尹濟述), 서민호, 김재광(金在光), 정성태 등 8명의 강경파 의원은 비준안이 국회 본회의를 통과하자 민중당을 탈당해 의원직을 사퇴했다.[24]

대학가에서는 격렬한 학생 데모가 연일 계속되었다. 정부는 다시 위수령을 발동해 군대를 서울 시내 각 대학에 진주시키고 휴교령을 내렸다. 박정희는 25일 밤 특별 담화를 발표하고 "학생들의 현실 참여는 망국 풍조"라고 주장하고 "시위가 조절 안 되면 학교를 폐쇄할 것"이라고 경고했다. 그러나 그의 강력한 경고에도 불구하고 27일 고려대에서는 고대생 1,000여명과 서울대, 건국대, 중앙대, 성균관대 등 타교생 100여명이 강당에 모여 군대의 대학 진주에 항의하는 '학원방위 총궐기대회'를 열고 한일협정 무효화와 구속 학생 석방을 요구했다. 정부는 이에 대해 강경 진압 정책으로 나옴으로써 관련 학생들을 대거 연행했다.[25] 정부는 12월 18일 일본 측과 한일협정비준서를 교환, 조약이 발효됨으로써 마침내 국교정상화가 이룩되었다. 조약 발효 당일로 양국은 대리대사를 부임

시켰다.[26)]

3. 부정 선거와 3선 개헌

거듭된 야당의 이합집산

한국의 정통 보수 야당들은 과거 대정부 투쟁 때는 흔히 그랬듯이 한일협정 비준 반대 투쟁 때 역시 강온 양 파로 분열했다. 제5대 대통령선거 때 통합을 이루지 못하고 각기 입후보했던 야당 지도자들은 한일회담 반대와 계엄 해제를 위한 공동 투쟁을 계기로 해서 다시 손을 잡게 되었다. 제1야당인 민정당의 윤보선 대표최고위원은 1964년 11월 25일 김도연이 이끄는 자유민주당을 흡수 합당하는 데 성공해 야당 통합의 터전을 마련했다.

민정당과 자유민주당은 합당하기 전까지 다 같이 당내에서 강온파가 대립되어 분란을 겪고 있었다. 민정당의 경우는 대정부 강경파인 윤보선과 온건파인 유진산(柳珍山) 사이에 대립이 생겨 결국 윤보선은 1964년 8월 언론윤리위원회 법안이 통과되었을 때 유진산이 여당 측과 묵계했다는 이유를 들어 그를 당에서 제명했다. 이른바 '진산파동'(珍山波動)이다. 자유민주당의 경우도 마찬가지였다. 당내 강경파인 김도연과 온건파인 소선규가 대립된 끝에 김도연은 당을 정화하기 위해 소선규를 제거했다. 결국 민정당과 자유민주당은 당의 노선을 선명하게 바꾼 다음 합당한 셈이다.[27)]

그러나 합당한 민정당도 시끄럽기는 마찬가지였다. 민정당 내의 강온파 대립은 1965년 1월 월남파병동의안 처리 때 다시 나타났다. 민정당은 이 때 당무회의와 의원총회 연석회의에서 찬반 토론을 거쳐 파병 반대를 당론으로 정했다. 파병동의안이 국회 본회의에서 표결에 붙여지자 원내총무 정성태는 소속 의원 전원에게 본회의장 퇴장을 지시했다. 그러나 김준연, 나용균, 서범석, 전진한, 이영준(李榮俊), 이상돈(李相敦), 김상흠(金相欽), 정운근(鄭雲近), 유치송(柳致松) 의원은 이 지시를 무시하고 의석에 계속 남아 표결에 참여했다. 표결 결과 최소한 야당에서 6명 이상의 찬성이 나온 것으로 밝혀졌다.[28)]

윤보선은 1965년 초에 당의 목표를 야당 통합과 한일회담 공동 저지에 두겠다고 선언했다. 야당 통합을 바라는 국민 여론도 고조되어 마침내 민정당과 민주당은 5월 8일 합당해 민중당을 발족시켰다. 민중당은 6월 14일 전당대회를 열어 대표최고위원에 박순천을 선출하고 한일협정이 국회에서 비준되는 경우 소속 의원 전원이 국회의원직을 사퇴하기로 결의했다. 그러나 한일협정비준동의안이 막상 국회를 통과하자 사정은 달라졌다. 8월 14일 민중당의 강경파인 윤보선 등은 의원직을 사퇴했지만 다른 33명의 온건파 의원들은 의원직 사퇴서만을 국회에 제출한 채 그대로 남아 있었다. 민중당의 잔류파는 10월 11일 원내로 복귀했다. 국회는 공전 2개월 만에 정상화되었으나 민중당에는 심각한 당 내분이 일어났다. 윤보선 등 당내 강경파는 이듬해인 1966년 2월 15일 신한민주당을 결성했다. 민중당은 창당 9개월 만에 다시 양분된 것이다.[29]

박정희의 권위주의 통치를 견제해야 할 야당은 분열을 거듭함으로써 투쟁력의 약화를 초래했다. 민중당 잔류파인 박순천 대표최고위원은 파병 반대라는 당론에도 불구하고 그 해 9월 고흥문(高興門)·김대중(金大中)·김상현(金相賢) 의원 등을 거느리고 베트남에 파병된 국군 장병의 위문과 실태 파악을 위해 현지 시찰에 나섰다. 박순천은 출발에 앞서 "민중당은 당책으로 국군의 월남 파병을 반대했지만 파병이 이루어진 이상 이를 기정사실로 받아들일 생각"이라고 밝혀 종래의 파병 반대 입장을 철회했다.[30]

야당이 다시 분열되자 여론은 크게 악화했다. 국민들의 비판에 못 이겨 민중당과 신한당은 제7대 대선을 3개월 앞둔 1967년 2월 합당에 합의, 신민당을 발족시켰다. 통합 협상 과정에서 양측의 합의로 대통령 후보에는 신한당의 윤보선을, 당의 대표의원에는 민중당의 유진오를 선출키로 했다.[31] 그러나 약화될 대로 약화된 야당이 다음 대선에서 정권을 잡을 가능성은 별로 보이지 않았다.

개헌을 앞둔 6·8부정선거

박정희 후보는 1967년 5월 3일 실시된 제6대 대통령선거에서 총투표의 51%를 얻어 제1 야당인 신민당 후보 윤보선과 116만 2,125표 차로 낙승했다. 제5대의 15만 6,026표 차에 비하면 그 폭이 크게 벌어진 것이다. 윤보선 이외 4명의 군소 정당 후보들은 득표가 저조했다.[32] 선거 결과 윤보선은 참패를 당한 데 반해 박정희는 안정적인 제2기를 약속받은 셈이었다.

1개월 후인 1967년 6월 8일 실시된 제7대 국회의원총선거는 여당이 내세운 '5·16혁명정신'을 무색케 한 과열 혼탁 부정 선거였다. 이번 선거는 처음부터 과열 기미를 보였다. 그 이유는 ① 정부가 대선 직후 국무위원(장관), 정부위원(차관급)과 그들의 비서 등 정무직 공무원이 선거 운동을 할 수 있도록 관계 법령을 고쳐 선거 때가 되자 이들이 대거 선거구에 내려가 선거 운동을 벌였고 ② 박정희 자신이 당 총재 자격으로 전국을 누비면서 여당 후보 선거 운동을 했고 ③ 박정희 2기 정권이 안정적으로 출범하고 상대적으로 야당세가 꺾임으로써 여당후보들이 안심하고 부정을 저지른 것이다. 이 때문에 많은 지역에서 관권과 금권이 노골적으로 동원되고 대리 투표, 공개 투표, 매수 협박에 의한 후보자 사퇴 공작, 참관인 추방 및 입장거부 등의 여러 가지 불법이 자행되었다. 이런 선거 분위기는 1960년의 3·15부정선거 이후 최악의 것이었다.[33]

투표 결과 총 의원 총수 175석 중 민주공화당이 3분의 2(117석)가 훨씬 넘는 129석(전국구 27명 포함)을 얻어 압승하고 제1 야당인 신민당은 겨우 45석(전국구 17석 포함)을 얻었다. 야당은 전국적으로는 참패했지만 대도시에서는 압승을 거두었다. 야당은 서울에서는 14개 지역구 중 13개를, 부산에서는 7개 구 중 5개를 석권함으로써 도시 지역 민심이 정부에서 떠나있음을 보여주었다.[34] 선거 양상이 이렇게 되자 신민당은 6·8총선을 전면 부정 선거로 규정하고 재선거를 요구하는 대규모 범국민대회를 열고 투쟁에 나섰다. 여당 측에서도 부분적으로 선거 부정이 있었던 사실을 시인하고 4개월 동안 3차에 걸쳐 13개 지역구의 공화당 당선자를 당에서 제명하는 조치를 취했다. 또한 공화당의 전국구 당선자 4명도 제명을 자청해 당을 떠났다. 공화당 의석은 이들이 제명되고 난 뒤에도 여전히 3분의 2가 넘는 122석이어서 개헌선은 계속 확보된 상태였다. 제명된 이들 지역구 및 전국구 당선자들은 '10·5구락부'라는 독자적인 원내 교섭단체를 만들었다. 과거에도 선거 때만 되면 부정 선거 시비가 있었지만 이번처럼 여당이 스스로 당선자를 제명하지 않을 수 없게 된 사례는 일찍이 없었다. 혁명 주체 세력이 만들었다는 공화당은 이로써 국민들의 불신 대상이 되었다. 6·8부정선거로 인한 여야 갈등은 여야 협상 끝에 11월 18일 박정희가 대통령 자격으로 담화를 발표해 사과하는 선에서 타결을 봄으로써 5개월에 걸친 야당 의원들의 국회 등원 거부 사태는 가까스로 해결되었다.[35]

개헌에 대비한 언론 탄압

박정희의 3선개헌안 통과는 6·8부정선거로 말썽을 일으킨 제7대 국회의 작품이었다. 제7대 국회는 전반기에는 개원 초부터 부정 선거 뒤처리 문제로 여야가 극한 대립을 보이다가 후반기에는 공화당의 3선개헌안 날치기 통과로 만신창이가 되었다.

공화당의 3선개헌 공작은 제7대 국회 개원 초부터 은밀히 진행되었다. 원내 의석 3분의 2이상을 확보한 공화당 정권에게 가장 큰 문제는 언론이었다. 박정희 정권은 개헌을 위한 정지작업으로 언론에 재갈을 물리는 음모를 꾸몄다. 그것이 바로 1968년 11월의 동아일보사가 발행하는 월간지 《신동아》(新東亞)의 필화사건이다. 중앙정보부는 처음에는 대수롭지 않은 상업차관 도입 관련 기사를 문제 삼다가 이것이 여의치 않은 것을 발견하고 나중에는 재미 한국인 학자 조순승(趙淳昇) 교수가 쓴 김일성 관계 논문을 트집 잡았다. 중앙정보부는 동아일보 발행인 김상만(金相万), 주필 천관우(千寬宇), 신동아주간 홍승면(洪承勉), 신동아부장 손세일(孫世一) 등을 연행, 조사 끝에 12월 17일자로 천관우, 홍승면, 손세일 3명을 해직시키는 선에서 사건을 매듭지었다.[36]

본격적인 3선개헌 공작은 해를 넘겨 1969년 연초에 시작되었다. 그 방법은 국민 여론을 떠보는 풍선 띄우기였다. 공화당 사무총장 길재호(吉在號)와 당의장 서리 윤치영(尹致暎)은 1월 6일과 7일 차례로 '조국 근대화의 지상 명령을 완수할 강력한 리더십'을 유지하기 위해서는 개헌을 통해 박정희를 계속 대통령으로 모셔야 한다는 요지의 발언을 했다. 그러나 막상 당사자인 박정희는 1월 29일 신민당 의원 이민우(李敏雨) 등 33명이 제출한 "신민당의 개헌 문제에 대한 질의"에 답하면서 "특별한 사유가 없는 한 가급적 본인의 임기 중에는 헌법을 고치지 않았으면 하는 것이 솔직한 심정이며, 꼭 개헌을 할 필요가 있다 하더라도 그 논의의 시기를 연말이나 내년 초로 늦추어도 늦지 않다"[37]라고 별로 '솔직하지 않은' 말을 했다. 이런 애매한 답변에도 불구하고 공화당에서는 개헌 논의가 계속 진행되었다. 이에 따라 학생들의 개헌 반대 시위도 차츰 격화되기 시작했다. 1969년 7월 17일에는 함석헌(咸錫憲), 김재준(金在俊) 등 재야 인사들이 '3선개헌반대 범국민투쟁위원회'를 구성해 개헌반대성명을 냈다. 이들은 3선개헌 안이 통과된 다음인 1970년 4월 19일에는 민주수호국민협의회를 결성하고 박정희3선 저지운동을 벌였다.[38] 재야 세력 중심의 민주화운동이 이 때부터 본격화하기 시작했다.

공화당의 신주류(반 김종필계)인 길재호 등이 추진한 개헌 공작은 야당과 학생들뿐 아니라 당내의 구 주류(친 김종필계) 세력으로부터도 강력한 반발을 받았다. 박정희의 3선을 추진한 일부 신 주류 중에는 김종필을 싫어한 나머지 "김종필 치하에서는 살기 싫다"라고 공공연히 말하는 사람이 있었다. 때마침 문교장관 권오병(權五柄)이 국회 본회의에서 폭언한 것을 문제 삼아 야당 측이 해임 결의안을 제출하자 구 주류 일부 의원들은 박대통령의 부결 지시를 무시하고 4월 8일의 국회 표결에서 야당에 동조, 이를 통과시키고 말았다. 최소한 30명 이상이 당 총재의 지시에 항명한 것으로 나타났다. 격노한 박정희는 그 중 양순직(楊淳稙), 예춘호(芮春浩), 정태성(鄭泰成), 박종태(朴鍾泰), 김달수(金達洙) 등 5명을 당기위원회에 회부해 반당행위자로 제명 처분했다.[39] 친 김종필계인 이들은 모두 당내에서 존경을 받던 강직하고 양심적인 소장파였다.

심야의 날치기 통과

3선개헌 반대 여론이 당 내외에서 증폭되기 시작하자 박정희 정권은 당초의 태도를 바꾸어 개헌 문제를 조기에 매듭짓기로 했다. 박정희는 1969년 7월 25일 특별 담화를 통해 개헌 문제를 자신의 정부에 대한 신임 여부와 결부시켜 처리될 문제라고 언명했다.[40]

공화당은 29일 서둘러 의원총회를 열고 당 소속 의원 109명 중 101명이 참석한 가운데 장장 17시간 반 동안 개헌 문제에 관한 토론을 벌였다. 토론은 신 주류가 지배하던 당무회의에서 만든 개헌안 초안과 개헌안 처리 일정을 놓고 진행되었다. 토론에 나선 30명 중 개헌 찬성자는 당의장 윤치영을 비롯해 정책위의장 백남억(白南檍), 재정위원장 김성곤(金成坤) 등 당직자와 백두진(白斗鎭),

이병희(李秉禧), 이병옥(李炳玉), 김봉환(金鳳煥), 김용순(金容淳), 이현재(李賢宰), 정래정(丁來正) 등이고, 반대자는 정구영(鄭求瑛), 신윤창(申允昌), 오학진(吳學鎭), 김성희(金成熺), 윤천주(尹天柱), 김우경(金遇敬) 등이었다.

양쪽이 팽팽하게 대립하자 이만섭(李萬燮)은 5개 항의 선결 조건을 당 총재에게 요구해 동의를 하면 개헌안을 발의하자는 절충안을 의원총회에 제안해 의원들의 찬성을 얻었다. 이 선결조건은 ① 정부 여당의 과감한 개편에 의한 창당 이념의 구현 ② 부정부패의 발본색원 ③ 정보기관의 사찰 배제 ④ 국민투표의 공정한 관리 ⑤ 6명의 제명 의원 복당이다. 장경순(張坰淳) 국회부의장과 김성곤 당 재정위원장이 29일 밤 11시 반경 5개 항의 선결 조건을 갖고 청와대를 방문해 박정희 당 총재로부터 동의를 얻고 이를 의원총회에 보고했다. 의원총회는 참석자 101명 전원의 만장일치 형식으로 개헌안을 국회에 제출하기로 결의했다. 그러나 개헌파의 집요한 설득과 의원총회의 결의에도 불구하고 공화당의 초대 총재였던 정구영을 비롯한 당내 개헌반대파는 끝까지 굴복하지 않았다. 3선개헌안은 8월 5일 공화당 신 주류인 이른바 '4인체제'(백남억, 김재호, 김성곤, 김진만)의 주도로 소속 의원 108명과 정우회 11명, 신민당 이탈 의원 3명(성락현, 조흥만, 연주흠) 등 모두 122명의 이름으로 국회에 제출되었다.[41]

국회는 3선개헌안을 둘러싸고 여야 의원들 간의 치열한 토론을 벌였다. 9월 10일부터 13일까지 국회 본회의에서 토론이 벌어진 다음 신민당의 이재형(李載灐) 의원은 개헌안 철회동의안을 제안했다. 표결에 붙여져 재석 158명 중 찬성 44표, 반대 114표로 부결되었다. 이 때부터 신민당 의원들은 개헌안 표결을 막기 위해 국회 본회의장을 점거하고 농성에 들어갔다. 본회의장에서 개헌안 표결이 어렵게 된 것을 깨달은 공화당은 드디어 9월 14일 새벽 2시 30분 태평로 국회의사당 건너편에 있는 국회 제3별관에서 야당 의원들 모르게 본회의를 열고 여당 의원만으로 날치기 통과시켰다. 공화당은 재석 의원 171명 가운데 기명 투표를 실시해 찬성 122표(개헌통과선 114표)로 통과되었다고 발표했다. 공화당의 개헌안 심야 날치기 통과는 6·8부정선거에 이은 또 하나의 무리수였다. 국회를 통과한 3선개헌안은 정부 여당의 총력 홍보전에 힘입어 10월 17일 국민투표에 붙여져 찬성 65.1%로 확정되었다.[42]

３선개헌안이 국민투표에서 확정되고 난 후 국내의 정치적·사회적 갈등은 더욱 증폭되었다. 그 대표적인 사건이 월간지 《사상계》 1970년 5월호에 실린 시인 김지하(金芝河)의 풍자 담시(譚詩) "오적'(五賊)"이었다. 이 시로 인해 작자 김지하, 잡지사 대표 부완혁(夫完爀) 등 관련자 4명이 6월 2일 반공법 위반 혐의로 구속되고 잡지는 3개월 후 폐간되었다.[43] 11월 13일에는 서울 평화시장 재단사 전태일(全泰壹)이 근로 조건 개선을 요구하면서 분신 자살한 사건이 일어나 사회에 충격을 주었다. 이 사건을 계기로 노동 쟁의가 증가하기 시작했다.[44] 박 대통령이 3선 연임을 위해 출마할 1971년 4월 27일의 제7대 대통령선거를 약 한 달 앞둔 3월 26일 서울대 학생 50여 명은 서울 세종로의 동아일보사 앞에서 언론이 시국 관련 문제를 제대로 보도를 하지 않는다면서 언론 화형식을 벌이고 '언론에 대한 경고장'을 배포했다. 4월 2일에는 연세대생 500여 명도 비슷한 시위를 벌였다. 이에 자극받은 동아일보 기자들은 4월 15일 기관원의 언론사 출입 중지 등을 요구하는 언론자유선언문을 발표했다. 이것이 박 정권 하의 제1차 언론자유수호선언이다. 이를 시발로 언론자유실천선언운동은 전국 각 언론사로 확산되었다.[45]

③ 유신 독재

세습되었든 자신이 지명하였든 혹은 선출되었든, 한 명이든 소수이든, 아니면 다수로 구성되었든지 간에, 동일한 기구에 입법, 행정, 사법의 모든 권한이 집중되어 있는 것이 바로 독재의 정의라고 단언하는 것보다 더 큰 … 정치적 진실은 아마 없을 것이다.

― 제임스 매디슨(James Madison)

1. 비극의 시발 3선

마지막 직접선거

박정희 대통령은 3기 연임을 위해 1971년 4월 27일 실시된 제7대 대통령선거에 출마했다. 신민당의 김대중 후보 이외에 국민당의 박기출(朴己出), 민중당의 성보경(成輔慶), 자민당의 이종윤(李種潤), 정의당의 진복기(陳福基), 통일사회당의 김철(金哲) 등 군소 정당 후보 5명도 나왔다. 선거 운동 도중 성보경·김철 두 후보가 사퇴해 출마자는 모두 5명으로 줄었지만 선거는 사실상 박정희와 김대중 간의 싸움이었다. 선거는 우려되던 대로 극도의 혼탁 선거였다. 위로는 국무총리와 장관에서부터 아래로는 지방의 말단에 이르기까지 공무원들이 집단적으로 '휴가'를 내고 연고지를 찾아가 정부 업적 홍보를 벌임으로써 '행정선거'라는 별명이 나올 정도로 관권의 동원과 매표 행위가 자행되었다. 그러나 제1 야당인 신민당은 김대중이 이철승과의 대선 후보와 당총재 자리를 맞바꾸기로 한 비밀거래로 2차 투표에서 김영삼을 제치고 후보를 따낸 결과 빚어진 당내 반목으로 선거 운동조차 제대로 안 되었다. 그 결과 박정희는 김대중보다 94만 표를

더 얻어 무난히 당선되었다.[1]

　박정희 후보는 투표일 직전인 25일과 26일 부산과 서울에서 있은 막판 유세에서 "이번이 대통령으로 출마하는 마지막 기회"라면서 "이번에 당선시켜 주면 더 이상 국민들에게 표를 달라고 하지 않을 것"이라고 호소했다.[2] 이 말을 들은 일부 국민들은 박정희가 진정으로 3기 연임만 하고 물러날 생각인가보다 하고 생각했다. 그러나 이 예상은 빗나갔다. 박정희는 제7대 대통령에 취임한 바로 그해 12월에 국가비상사태를 선언하고 이듬해인 1972년에는 뒤에서 살펴보는 바와 같이 '10월유신'을 단행하고 말았다. 유신헌법은 대통령선거를 직선으로 하지 않고 통일주체국민회의에서 간접선거로 행하도록 했기 때문에 제7대 대선이 마지막 직선이 되어버렸다. 박정희는 더 이상 일반 유권자들에게 표를 달라고 호소할 필요가 없게 되었다. 결국 그가 7대 대선 때 당선시켜 주면 더 이상 표를 달라고 하지 않을 것이라던 그의 말이 맞기는 맞은 셈이다.

　제8대 국회의원총선거는 대선 약 한 달만인 1971년 5월 25일 실시되었다. 선거 결과는 민주공화당이 113석(전국구 27석 포함), 신민당이 89석(전국구 24석 포함), 국민당과 민중당이 각각 1석씩을 얻어 여당의 독주가 더 이상 불가능한 의석 분포가 되었다. 신민당은 단독으로 국회를 소집할 수 있는 재적 3분의 1이상을 확보했기 때문에 국정감사권과 국무위원 불신임안 제출권을 행사할 수 있는 의석을 가지게 되었다. 이 같은 총선 결과는 여당에 대한 견제 심리가 작용한 탓이다.[3] 여야가 하기에 따라서는 균형 있는 양당 체제와 안정적인 의회 정치를 할 수 있는 여건이 마련된 셈이다. 그렇기는 하지만 제8대 국회는 박정희가 영구 집권을 하기 위해 필요한 또 다른 개헌을 하는 것이 불가능한 의석 분포여서 결국 얼마 못가서 해산되는 운명을 맞게 된다.

뒤틀리기 시작한 정세

　박정희는 1971년 7월 1일 제7대 대통령에 취임, 3기 연임에 들어갔다. 그는 3선에는 성공했지만 이 때부터 반대 세력의 강력한 저항에 부딪치기 시작했다. 박정희가 김재규(金載圭) 중앙정보부장의 총탄을 맞고 비명에 간 1979년까지의 8년 간 한국의 정치는 독재 권력과 저항 세력 간의 피나는 갈등의 시기였다. 그런 의미에서 그의 불행은 1971년의 3선 때 이미 잉태되었다고 해야 할 것이다.

박정희 정권에 대한 저항과 이로 인한 정치적·사회적 갈등은 그의 3기 임기 개시 직후부터 표출되었다. 박 정권에 대한 저항은 주로 대학가로부터 불붙기 시작해 시민단체로 옮아갔다. 대학가는 두 차례의 선거 직후 부정선거규탄운동을 벌이다가 교련반대운동으로 투쟁을 확대했다. 여기에 일부 교수들의 학원자율화운동도 가세했다. 함석헌, 김재준, 천관우 등 재야 인사들은 민주수호국민협의회를 결성했다. 이 해에는 또 판사에 대한 구속영장신청사건이 도화선이 되어 전국 판사 455명 중 150명이 집단으로 사표를 제출한 이른바 제1차 사법파동이 일어났다. 이 무렵에는 주민들이 정부가 분양한 대지의 불하 가격을 인하할 것을 요구하면서 파출소에 방화한 경기도 광주(廣州) 이주민단지난동사건도 일어났다. 또한 대한항공 노동자 분규가 터졌으며 서해안의 실미도(實尾島)에서 대북 작전 훈련을 받던 특수부대원의 서울 진입 사건도 일어났다. 거기다가 서울 대연각(大然閣) 호텔의 화재로 167명이 죽는 대참사가 발생해 사회 분위기가 극도로 어수선해졌다.[4]

정치권에서도 갈등이 생겼다. 박정희 정권에 대한 야당의 정치 공세가 강화되고 여당 내에서도 이상 기류가 일어났다. 공화당 4인 체제(吉在號, 吉典植, 金成坤, 金振晚)가 야당이 제출한 오치성(吳致成) 내무장관 해임건의안에 동조해 이를 가결시킨 이른바 10·2항명사건이 발생했다.[5] 10월 5일에는 수도경비사령부 소속 군인 30명이 고려대학교에 쳐들어가 학생 5명을 연행해간 사건이 발생해 이 사태를 계기로 전국적으로 대학생 데모가 격화된 가운데 14~15일에는 모두 5만 명의 대학생이 참가한 대규모 시위가 벌어졌다.[6] 이런 사건들로 인해 1971년 한 해의 국내 상황은 어딘가 심상치 않은 분위기로 가득 찼다.

정부는 드디어 10월 15일을 기해 서울 일원에 위수령을 발동했다. 위수령에 따라 무장 군인들이 서울대, 고려대, 연세대 등 8개 대학에 진주하고 서울 시내 각 대학에 휴업령이 내려졌다. 박정희는 이날 학원 질서를 파괴하는 모든 주모 학생을 학원에서 추방하라는 등의 '특명 9개 항'을 담화 형식으로 발표했다. 이에 대해 함석헌, 김재준, 천관우 등 재야의 지도자 64명은 19일 위수령, 대학휴교령 철폐와 구속 학생 석방 및 부정 척결을 촉구하는 긴급선언으로 맞섰다.[7]

국가비상사태 선포

정부는 약 한 달 후인 1971년 11월 19일 위수령을 해제했다. 그러면서도 정부는 그 동안 권력의 비위에 거슬리는 학원 사태 보도를 한 신문사의 간부들을 연행해가는 등 언론을 압박했다. 위수령이 해제되자 대학생들의 반 정부 시위가 다시 일어났다. 이번에는 대외적으로도 위기가 겹쳤다. 1969년 8월 발표된 닉슨 독트린(Nixon Doctrine)에 따른 아시아 대륙으로부터의 미국 군사력의 감축이 이 해 들어 본격화하고 1971년 4월부터는 미·중 간에 핑퐁 외교가 시작되어 양국 화해 기운이 돌기 시작했다. 얼마 후인 그해 10월 25일에는 대만 정부가 유엔에서 축출되고 중국이 회원국이 되는 등 한반도에 안보 위기감이 감돌았다. 남북한 간에는 그 해 8월부터 6·25사변 중 흩어진 이산가족들의 상봉을 실현시키기 위한 남북적십자회담 예비 접촉이 분단 26년 만에 이루어졌다. 내외 상황이 급박하게 전개되자 박정희는 12월 6일, 6개 항의 '국가비상사태선언'을 발표하고 국가 안보를 해치는 사회 불안을 용납지 않겠다고 경고했다. 그는 특히 "언론은 무책임한 안보 논의를 삼가야 하며, 최악의 경우는 자유의 일부도 유보할 결의를 가져야 한다"라고 밝혔다.[8]

야당과 언론은 이에 반발해 "자유의 일부를 유보할 결의 운운"한 정부의 '국가비상사태 선언'을 비판했다. 박 정권은 이 때부터 비판적인 언론에 대한 가차 없는 탄압을 다시 시작했다. 동아일보에 압력을 넣어 비상사태 선포를 맹렬히 비판한 주필 이동욱(李東旭)과 평소 민주화투쟁에 앞장섰던 전 주필 천관우를 8일자로 사임케 했다.[9] 정부의 압력으로 신문 발행인들의 모임인 한국신문협회는 비상사태 선포를 지지하는 성명을 발표했다. 문화공보부는 언론 정화와 프레스카드제 실시를 정부 방침으로 정하고 이를 한국신문협회가 자체 결의로 추진토록 했다. 조선일보 주필 최석채(崔錫采)는 23일 "신문은 편집인의 손에서 떠났다"라는 유명한 말을 남기고 사임했다.[10]

공화당은 27일에는 '국가 보위에 관한 특별조치법안'을 야당이 불참한 가운데 국회 제4별관에서 강행 통과시켰다. 이 법안은 대통령에게 광범위한 비상 권한을 부여한 것으로 안보상 필요시에는 언론 출판에 대해 특별조치권을 발동할 수 있는 규정도 포함되어있다. 야당은 이 법안 통과가 무효라고 선언하고 극한적인 대여 투쟁을 벌임으로써 6개월 간 국회가 공전되는 사태가 벌어졌다.[11] 정국이 교착 상태에 빠지자 '총통제개헌안'을 청와대가 비밀리에 마련 중이라는 풍설이 퍼지기 시작했다.

2. 총통제 국가와 국민적 저항

10월유신 선포

국내외 정세는 1972년으로 접어들면서 한층 더 긴박하게 돌아갔다. 2월에 닉슨 미국 대통령이 중국을 방문해 미·중수교를 이룩한 다음 5월에는 소련도 방문함으로써 동서 화해 분위기가 더욱 고조되었다. 9월에는 일본의 다나카(田中角榮) 총리가 중국을 방문, 정식으로 국교를 맺었다. 남북한 간에는 이후락(李厚洛) 중앙정보부장의 평양 비밀 방문 결과 7·4공동성명이 발표되고 남북조절위원회가 구성되었다. 남북조절위원회는 남북 협력 방안을 논의하기 위해 서울과 평양에서 번갈아 가면서 회의를 가졌다. 이산가족 상봉을 위한 남북적십자회담도 이 해 들어 본격화했다.

1972년 10월 17일 국민들은 라디오의 긴급 뉴스에 깜짝 놀랐다. 박정희 대통령이 이날 오후 돌연 '유신'을 선포하는 '특별 선언'을 발표한 것이다. 국민들에게는 느닷없이 느껴졌지만 '유신' 선포를 위한 작업은 이미 3선 직후부터 치밀하게 계획된 것이다. 특별 선언의 골자는 헌법의 일부 조항을 정지시키고 국회를 해산하며 정당의 정치 활동을 금지시킨다는 것이었다. 이와 동시에 전국에 비상계엄이 선포되고 국회의사당 앞에는 헌병들과 탱크가 배치되었다. 특별 선언의 내용은 ① 1972년 10월 17일 19시를 기해 국회를 해산하고 정당의 정치 활동을 중지시키며 또한 헌법의 일부 조항의 효력을 정지시킨다. ② 일부 효력이 정지된 헌법 조항의 기능은 비상국무회의에 의해 수행되고, 비상국무회의의 기능은 현행 헌법의 국무회의에서 수행한다. ③ 비상국무회의는 10월 27일까지 조국의 평화 통일을 지향하는 헌법개정안을 공고하며, 공고한 날로부터 1개월 이내에 국민투표에서 붙여 확정한다. ④ 헌법개정안이 확정되면 개정된 헌법 절차에 따라 늦어도 1972년 말 이전에 헌정 질서를 정상화시킨다는 것이다. 비상계엄 선포에 따라 설치된 계엄사령부는 이날자로 포고 1호를 내고 유신 비방자와 유언비어 유포자의 처벌 등을 밝혔다.[12] 당시에는 언론 검열로 보도되지 못했지만 계엄 당국은 해산된 8대 국회의 의원인 신민당 소속의 최형우(崔炯佑), 김녹영(金祿永) 등 10여 명을 연행해 김영삼과 김대중의 정치 자금 실상 등을 조사하면서 고문을 가했다.[13]

'10월유신'은 완전한 쿠데타였다. 박정희 대통령으로서는 5·16정변에 이은 두 번째 거사인 셈이다. 5·16은 장면정권을 무너뜨린 군사 쿠데타였으나 이번에는 영구 집권을 위한 친위 쿠데타였다. 5·16 이후 2년 반 간의 군정 기간을 지나고 출범한 박정희정권 1·2기는 권위주의적이기는 했지만 정부 형태는 민주주의 체제를 갖추고 있었다. 이에 비해 '10월유신' 이후 출범한 그의 유신 정권은 말하자면 '총통제 독재 체제'였다. 박정희는 1972년 10월 27일 개헌안(유신헌법안) 공포에 즈음한 특별 담화에서 "우리 현실에 가장 알맞은 국적 있는 민주주의적 정치 체제를 창조적으로 발전시켜 나갈 것"이라고 언명했다.[14] 이것이 이른바 '한국적 민주주의'였다. 박정희의 민주주의 철학은 군정 당시의 '행정적 민주주의'에서 3공 때는 '민족적 민주주의'로, 다시 유신(4공) 때는 '한국적 민주주의'로 바뀐 것이다.

유신헌법안은 그해 11월 21일 국민투표에서 91.5%라는 압도적 찬성으로 확정되었다.[15] 유신헌법은 전문에서 "자유민주적 기본 질서를 더욱 공고히 하는…" 운운했으나 실제로는 민주제도를 완전히 파괴하는 여러 규정을 두었다. 예컨대 대통령은 입법·행정·사법 3부 위에 군림한 국가 원수로서 영도자적 지위를 갖게 되고 이에 따라 대통령은 국회를 해산할 수 있게 했다. 대통령은 국가의 안전 보장과 공공의 안녕 질서에 필요할 때는 국민의 기본권 제한을 비롯한 국정 전반에 걸쳐 긴급조치를 취할 수 있는 등 무소불위의 권한을 행사할 수 있게 되었다. 그러나 이 같이 막강한 권한을 가진 대통령을 국민이 심판할 아무 권리도 갖지 못하도록 했다. 대통령은 임기를 6년으로 하고, 더 이상 국민의 직접선거에서가 아닌, '주권적 수임기관'인 통일주체국민회의에서 선출되도록 했다. 대통령은 자신을 선출하는 통일주체국민회의의 의장이 되도록 해 그 대의원들을 구조적으로 자기의 영향력 아래 둘 수 있도록 했다. 통일주체국민회의는 대통령의 추천을 받아 국회의원 정수의 3분의 1을 선거토록 함으로써 사실상 대통령이 이들 국회의원을 임명케 했다.[16] 유신체제는 말하자면 일종의 총통제였다.

강력한 반대 투쟁에 부딪친 유신 정권

유신헌법에 따라 신설된 통일주체국민회의의 대의원를 뽑는 선거는 1972년 12월 15일 실시되어 2,359명의 대의원을 선출했다.[17] 이들 대의원들은 23일 서울 장충체육관에서 첫 회의를 열고, 곽상훈(郭尙勳) 대의원 등 515명이 추천한 박정희 후보를, 대의원 2,359명 모두가 참석한 가운데 2명의 무효표를 제외한 전원의 찬성으로 제8대 대통령에 선출했다.[18] 그는 27일 대통령에 공식 취임했다. 4공 유신정권이 공식 출범한 것이다. 유신정권의 등장으로 건국 이후 이승만 대통령을 거쳐 박정희 1, 2기에 이르기 까지 명목상으로나마 유지되어온 민주주의는 이제 명실 공히 사라지고 말았다.

유신헌법에 의한 제9대 국회의원총선거는 1973년 2월 27일 실시되었다. 선거 결과 국회의원 정원 219명 중 지역구 정원 146명 가운데서 공화당 73명, 신민당 52명, 민주통일당 2명, 무소속 19명이 각각 당선되었다.[19] 그러나 새로 도입된 대통령 추천 케이스 의원(유정회)이 국회 정원의 3분의 1인 73명에 달했기 때문에 국회는 여권이 완전히 지배하는 꼭두각시 신세가 되고 말았다. 이제 강력한 총통제 대통령에 일당 지배의 강력한 국회가 유신체제를 뒷받침하게 되었다.

하지만 국민의 지지 없는 강권 정권은 한 없이 약한 정부라는 사실이 곧 입증되었다. 유신독재의 정치적 모순은 금방 나타났다. 1973년 8월 8일 일본 도쿄에 머물고 있던 전 신민당 대통령 후보 김대중을 납치해온 사건이 일어났다. 이 사건은 불법 행위를 자행하는 유신 권력에 대한 국민들의 분노와 실망을 더욱 촉발하고 대외적으로는 유신 정권의 신뢰를 국제 사회에서 떨어지게 했다. 그 해 10월부터는 유신 1주년을 맞아 서울대생들의 유신 반대 시국 선언과 시위 행진을 계기로 이듬해까지 학생들의 시위가 이어졌다.[20] 10월 19일에는 서울대 법대 최종길(崔鍾吉) 교수가 중앙정보부에서 조사를 받던 중 의문의 죽음을 당했다.

10월부터 11월 사이에 언론계에서 다시 자유언론운동이 일어났다. 이것이 박정권 하의 제2차 언론자유수호선언이었다. 10월 19일 경향신문을 시발로 11월까지 동아·조선·중앙·한국 등 각 언론사 기자들이 언론자유 수호를 다짐하는 결의문을 채택했다. 이들은 유신 반대 시위와 기자 연행에 관한 사실 보도를 관철시키기로 했다. 일선 기자들의 투쟁이 잇따르자 신문사의 부장 이상 간부급 언론인 단체인 한국신문편집인협회도 여기에 가세했다.[21] 12월 13일에는 전국대학총학장회의가 중앙청에서 소집되어 전국적으로 번지고 있는 학생 시위 대책을 논의했다. 24일에는 장준하(張俊河) 등이 조직한 헌법개정청원운동본부가 유신 철폐 100만 인 서명 작업에 들어갔다.[22]

유신정권은 1974년 1월 8일 긴급조치 1호와 2호를 공포했다. 국민들에게 지겹기 짝이 없던 긴급조치 시리즈가 바야흐로 시작된 것이다. 긴급조치 1호는 유신헌법을 부정·반대·왜곡·비방하는 일체의 행위와 이를 개정하거나 폐지를 주장·발의·제언 또는 청원하는 일체의 행위를 처벌한다는 내용이며, 2호는 긴급조치 위반 사건을 다스릴 비상군법회의를 설치한다는 내용이다.

그러나 긴급조치 1, 2호를 비웃기나 하듯 4월 3일 서울대, 연세대, 성균관대, 이화여대 등 서울 시내 주요 대학은 전국민주청년학생총연맹(民靑學聯)을 결성하고 유신 철폐 시위를 벌였다. 당황한 유신 정권은 "공산주의자의 배후 조종을 받은 민청학련이 시민 폭동을 유발해 정부를 전복하고 노동 정권을 수립하려는 국가 변란을 기도했다"라는 내용의 특별 담화와 함께 긴급조치 4호를 선포했다. 긴급조치 4호는 누구든지 민청학련에 관련하는 행위를 하지 말 것과 위반자는 엄벌한다는 내용이다.[23] 이 사건으로 윤보선 전 대통령, 지학순(池學淳) 주교, 박형규(朴炯圭) 목사, 김지하 시인을 비롯한 인혁당 재건 관련자 21명을 포함, 무려 1,024명이 검거되어 그 중 253명이 송치되고 1차로 54명이 비상군법회의에 회부되었다. 7월 13일 김병곤, 김지하, 이철, 유인태 등 15명은 사형, 정문화 등 16명에게는 무기징역, 나머지 사람들에게는 최고 20년에서 최하 5년의 징역이라는 중형이 선고됐다.

그러나 유신에 대한 국민들의 저항은 그치지 않았다. 학계와 종교계를 중심으로 구속자 석방을 요구하는 시위가 잇따라 일어났다. 각계각층의 반 독재 민주화 투쟁이 그칠 줄 모르는 가운데 미국 의회에서는 한국에 대한 군사 경제 원조의 대폭 삭감을 논의하는 등 국제 여론이 악화되었다. 유신 정권은 국제 여론이 악화되자 뒤에 설명하는 바와 같이 사건 발생 10여 개월 만에 민청학련사건 관련자들을 모두 석방함으로써 이 사건이 날조된 사실임을 스스로 인정했다. 민청학련의 배후 세력으로 발표된 이른바 제2차 인민혁명당(人革黨)사건의 공판에서는 8명에게 사형이 선고되어 즉각 형이 집행되었다.[24]

동아일보 광고 탄압 사건

1974년 8월 15일에는 서울 시민회관에서 충격적인 사건이 벌어졌다. 텔레비전으로 전국에 생중계되는 가운데 이곳에서 열린 광복절 기념식장에서 대통령 박정희의 생명을 노린 저격 사건이 일어났다. 그는 무사했으나 부인 육영수(陸英修)가 범인이 쏜 총탄에 맞아 목숨을 잃었다. 긴급조치들 때문에 유신헌법철폐운동은 한 동안 잠잠했지만 8월 23일 이 조치들이 해제되자 재야 단체, 종교 단체 그리고 학원가를 중심으로 다시 번져갔다. 같은 날 김영삼(金泳三)이 신민당 총재에 당선되어 개헌 운동을 강력하게 추진할 뜻을 밝혔다. 신민당은 9월 정기 국회가 열리자 개헌기초심의특별위원회 구성 결의안을 국회에 제출하는 한편 당내에 개헌추진위원회를 설치하고 그 현판식을 가진 다음 가두시위를 벌였다.[25]

12월 25일에는 재야의 각계 저명 인사 70여 명이 민주회복국민선언대회를 열고 '민주회복국민회의'를 발족시켰다. 이 때 동아일보를 비롯한 야당계 신문들은 국회 개헌특위의 조속한 구성과 유신헌법의 개정을 요구하는 사설을 연거푸 실었다. 이 해 연말에 이르면 유신 반대 시위가 전국적으로 확산되고 전국의 천주교 성당에서 기도회가 열렸으며 유신에 반대한 교수들이 해임되고 미국인 오글(George Ogle) 목사에게는 정부로부터 출국 명령이 내려졌다.[26]

1974년은 유신 체제 아래서 자유언론운동이 만발한 해이기도 하다. 9월 25일과 27일 기독교방송 기자들은 자유 언론 및 민주주의 수호와 부당한 외부 세력의 압력을 용납하지 않는다는 결의문을 채택했다. 이들 일선 기자들의 언론자유운동은 10월 24일 영향력이 큰 동아일보·조선일보·한국일보·중앙일보 기자들이 일제히 자유언론실천결의를 선언함으로써 엄청난 파급 효과를 나타냈다. 25일에는 서울과 지방의 27개 언론사가 언론 자유 실천을 선언했다. 이 운동은 30일까지 계속되어 모두 35개 사 기자들이 자유 언론 실천을 선언했다.[27] 이것이 박 정권 하의 제3차 언론자유수호 결의였다. 동아일보는 기자들의 선언을 계기로 긴급조치 위반자에 대한 고문 사실을 폭로하는 등 더욱 과감한 유신 반대 논조를 폈다.[28]

정부 당국은 12월 16일부터 이듬해 7월 16일까지 무려 7개월 동안 《동아일보》에 광고를 내지 못하도록 광고주에 압력을 가하는 세계 언론사상 전대미문의 광고 탄압 작전으로 나왔다. 동아일보는 이 기간 동안 광고면을 백지로 낼 수밖에 없었으나 유신을 반대한 많은 단체들과 개인들, 심지어 현역 군인과 어린이들까지 격려 광고를 내 탄압받는 《동아일보》를 후원했다. 이것이 이른바 동아광고사태이다. 동아광고사태는 박정희 대통령의 승인을 받아 중앙정보부가 저지른 사건이다.[29]

3. 유신 독재의 종말

파국으로 달린 독재 정권

박 정권은 긴급조치 발동으로는 유신 반대 운동을 막는 데 한계를 느끼자 새로운 국면 돌파 방안을 내놓았다. 박 대통령은 1975년 1월 22일 특별 담화 형식으로 '현행 헌법 찬반 국민투표'의 실시를 발표하면서 "국민이 유신헌법 철폐를 원한다면 (본인에 대한) 불신임으로 간주, 대통령직을 즉각 물러나겠다"라고 밝혔다. 신민당과 재야·종교 단체, 그리고 언론에서는 즉각 이를 반대했다. 언론은 국민투표를 하려면 먼저 국민의 진정한 의사가 반영될 수 없도록 만들어진 비민주적인 국민투표법부터 개정되어야 한다고 주장했다. 당시의 국민투표법은 국민투표에 붙여지는 사항에 관해서 찬반 운동을 거의 완전하게 금지하고 투개표 때 정당 참관인의 참관을 금지하고 있었다. 그러나 정부는 국민투표를 강행, 2월 12일의 투표 결과는 79.8%의 높은 참여율에 73%의 찬성을 얻은 것으로 나타났다.[30] 박정희는 국민투표가 끝나 사흘 후인 15일 민심 무마책으로 긴급조치 1호 및 4호(민청학련 관련) 위반자들을 석방했다.[31]

박정희 정권의 기대와는 달리 유신반대운동은 국민투표 후에도 집요하게 계속되었다. 장준하는 2월 21일 유신반대투쟁을 위해 재야 세력의 단일화를 촉구하는 기자회견을 가졌다. 3월 들어 언론계 일각에서는 참으로 가슴 아픈 사태가 벌어졌다. 광고 탄압을 받던 동아일보사가 3월 8일 경영난을 이유로 기획부, 과학부, 출판부 및 심의실을 폐지하고 해당 부서의 인원 18명을 해임한 것이 도화선이 되어 사내 분규에 휩싸인 것이다. 해임된 사원 중에는 자유언론운동에 앞장선 기자들이 포함되어 있었다. 일부 젊은 기자들은 회사의 기구 폐지 조치가 정부의 광고 탄압을 풀기 위해 권력과 야합해 유신 반대 기자들을 내쫓기 위한 것이라고 주장하면서 기구 폐지 백지화를 요구했다. 회사 측이 이를 받아들이지 않자, 이들은 동아자유언론수호투쟁위원회(약칭 東亞鬪委)를 결성해 신문 제작을 거부하면서 투쟁을 계속했다. 이 과정에서 몇 사람은 상사 모욕 등 이유로 회사 측으로부터 징계를 당하고, 나머지 대부분은 해임자의 전원 복직이 실현되지 않는 한 회사 측의 복귀 지시를 따를 수 없다고 출근을 거부했다. 결국 최종적으로 회사를 떠나게 된 기자·프로듀서 등 총인원은 134명에 달했다.[32] 이것이 이른바 '동아사태'이다. 동아일보사는 이 사태로 인해 정신적·물질적으로 큰 타격을 입었다. 같은 시기에 조선일보사에서도 신문 제작을 둘러싸고 명령 불복종을 했다는 이유로 기자 2명을 징계 면직한 것이 발단이 되어 사내 분규가 발생, 결국 기자 34명이 회사를 떠난 사건이 발생했다. 조선일보 기자들도 조선자유언론투쟁위원회(약칭 朝鮮鬪委)를 만들고 투쟁을 벌였다.[33]

　대학가에서는 4월 3일부터는 유신 반대와 2·15석방 교수들의 복직 및 학생들의 복학을 요구하는 학생 시위가 점차 격화되었다. 정부는 4월 8일 고려대에 휴교 조치를 내리고 학생들의 집회·시위를 금지하는 긴급조치 7호를 공포해 무장 군인들을 진주시켰다. 긴급조치와 군대동원의 악순환이 시작된 것이다. 국내 정세가 이처럼 불안한 가운데 4월 30일 베트남의 수도 사이공이 공산군에 함락되어 베트남이 적화되었다는 충격적인 뉴스가 국민들을 일종의 패닉 상태에 몰아넣었다. 박정희 정권은 5월 13일 긴급조치 7호를 폐지하는 내용의 긴급조치 8호를 공포하고, 같은 날짜로 긴급조치 9호를 선포했다. 모두 14개 항목으로 된 긴급조치 9호는 일체의 유신헌법 비방과 반대를 금지한 초헌법적인 조치로 그 때

까지 발동되었던 모든 긴급조치를 총괄해 하나로 만든 종합판이었다.[34]

여당이 참패한 10대 총선

긴급조치 9호의 선포에도 불구하고 유신 반대 투쟁은 줄기차게 진행되었다. 유신 말기인 1976~79년까지 4년 간은 유신 권력과 유신 반대 세력 간의 결전이 벌어진 기간이었다. 1974년부터 1979년까지 긴급조치로 구속된 사람은 1,086명에 달했다.[35]

1976년 1월 들어 신민당 총재 김영삼은 유신체제를 정면으로 비판해 새해의 유신 반대 투쟁에 불을 지폈다. 검찰은 그를 긴급조치 9호 위반으로 불구속 기소했다. 3·1절을 맞아 윤보선·김대중·함석헌 등 각계 지도자들은 명동성당에서 열린 '3·1절 기념 미사 및 기도회'에 참석, '민주구국선언'을 발표하고 유신 철폐와 박 대통령의 하야를 요구했다. 서명자는 함석헌, 윤보선, 정일형, 김대중, 윤반웅(尹攀雄), 안병무(安炳茂), 이문영(李文永), 서남동(徐南同), 문동환(文東煥), 이우정(李愚貞) 등 10명이었다. 검찰은 서명자를 포함한 가담자 20명을 긴급조치 9호 위반으로 입건했다. 서명자 10명 외에 선언문 제작에 관여한 인사는 문익환(文益煥), 이해동(李海東), 이태영(李兌榮), 함세웅(咸世雄), 문정현(文廷鉉), 김승훈(金勝勳) 등 10명으로 이들 역시 검찰에 연행되었다. 관련자들 중 김대중, 안병무, 이문영, 함세웅 등 11명은 구속 기소되어 징역 5년까지의 유죄 선고를 받았다. 윤보선·함석헌·정일형은 70세 이상 고령이라는 이유로, 이태영과 이우정은 여자라는 이유로, 김승훈·장덕필 신부는 직접 가담하지 않았다는 이유로 구속되지 않았다[김대중은 1978년 12월 27일 박 대통령의 9대 취임식을 기해 형집행정지로 풀려났다].[36]

1977년에 들어서면서 박정희의 유신 독재는 카터(James E. Carter, Jr.) 미국 대통령의 취임을 계기로 국제적 압력을 받게 되었다. 카터의 인권정책과 주한미군의 단계적 철수 계획은 큰 부담으로 작용했다. 그해 3월 윤보선·지학순(池學淳)·천관우 등 재야 인사 10여 명은 '민주구국헌장'을 발표하고 유신헌법의 철폐를 요구했으며 4월에는 천주교정의구현사제단이 '77선언'을 발표했다. 유신 반대투쟁은 1978년으로 접어들면서 서울에서 대규모의 반 유신 대중 시위로 발전했다. 유신 독재에 대한 반대 강도는 더욱 치열해졌다. 그해 2월 24일 윤보선 등 66명은 '3·1민주구국국민선언'을 발표해 유신체제를 강력히 비판하면서 종교·학원· 언론에 대한 탄압을 중지할 것을 요구했다. 7월 4일에는 윤보선, 함석헌, 김대중을 공동의장으로 하는 '민주주의국민연합'이 결성되었다.[37]

5월 18일에는 제2대 통일주체국민회의 대의원 선거가 실시되어 대의원 2,581명을 선출했다.[38] 7월 6일 통일주체국민회의는 박정희를 제9대 대통령으로 선출[39]함으로써 유신2기정권이 출범했다. 그러나 유신2기정권은 축하보다는 사방에서 불길한 저항을 받았다. 10월 17일 윤보선·함석헌·천관우 등 재야 인사 402명과 12개 재야 단체가 다시 '민주국민선언'을 발표하고 유신 철폐를 요구했다. 12월 12일 실시된 제10대 국회의원 선거는 박정희 유신정권에게는 재앙과도 같았다. 여당인 공화당이 참패를 당한 것이다. 전국의 77개 지역구에서 2명씩, 모두 154명을 뽑는 1구2인제의 지역구 선거에서 공화당은 68석, 신민당은 61석, 민주통일당은 3석, 무소속은 22석을 각각 얻었다. 득표율에 있어서는 공화당은 유효투표의 겨우 31.7%를 얻은데 비해 신민당은 32.8%를 얻어 공화당보다 1.1%가 더 많았다.[40] 집권당이 제1야당보다 득표율이 낮게 나온 예는 건국 이래 최초의 일이었다. 이것은 유신 독재 정권으로부터 민심이 완전히 이반했음을 의미하는 것이었다.

부마사태 발발과 궁정동의 총격

선거 역사상 최초로 집권당이 야당보다 득표율이 낮게 나온 제10대 국회의원 선거가 치러진 지 불과 19일 후 1979년 새해가 밝았다. 1979년은 유신 독재가 종을 친 운명의 해였다. 그 전해 연말에 형집행 정지로 석방된 김대중이 윤보선 등과 함께 3월 1일 유신 반대 투쟁을 위해 1년 전에 구성된 민주주의국민연합을 확대한 '민주주의와 민족통일을 위한 국민연합'이라는 긴 이름의 반 유신 투쟁 기구를 결성했다. 5월 30일 신민당 전당대회에서 총재에 복귀한 김영삼은 박 대통령의 사임을 요구하면서 강경한 유신반대투쟁을 벌이기 시작했다.[41]

8월 9일에는 서울의 의류 봉제 업체인 YH무역의 여직공 170명이 회사의 폐업 조치에 반발해 신민당사에 몰려 들어가 농성을 벌이는 사태가 일어났다. 경찰은 사흘 만에 신민당 측의 만류를 무시하고 전경을 투입해 이들을 강제 해산했다. 그 과정에서 여직공 1명이 사망하고 신민당 의원과 취재 기자 몇 명이 부상하는 불상사가 발생했다. 재야 단체와 종교계는 대책위원회를 구성하고 정부의 노동자 탄압 정책을 비난하고 나섰다. 경찰은 이 사건과 관련해 문익환 목사, 이문영 교수, 인명진(印名鎭) 목사, 서경석(徐京錫) 목사, 시인 고은(高銀)을 배후 세력으로 지목, 국가보안법 위반 혐의로 구속했다. 신민당은 이 사건의 전말을 기록한 'YH백서'를 통해 정부의 노동 정책을 비난했다. YH여공이 정부와 여당을 제치고 신민당을 찾아간 것 자체가 그 만큼 노동자들로부터 정부가 불신을 사고 있었다는 증좌였다. 수사 당국은 백서와 관련해 총재비서실장 김덕용(金德龍)을 긴급조치 9호 위반으로 구속했다.[42]

정국이 나날이 긴장을 더해 가는 가운데 박 정권은 김영삼의 신민당 총재직과 국회의원직을 차례로 박탈하는 보복 조치를 취했다. 서울민사지방법원은 9월 8일 신민당 총재단에 대한 직무정지 가처분결정을 내려 김영삼의 총재직 수행을 못하게 했다. 사법부의 이 결정은 김영삼의 반대파가 5월 30일 전당대회에서 행한 총재 선거 때 무자격 대의원들이 투표에 참가했기 때문에 그의 당선은 무효이므로 그의 직무를 정지시켜달라고 제기한 가처분 신청을 받아들인 것이다. 김영삼은 사법부까지 권력의 하수인으로 전락했다고 비난했다.

이런 소란한 분위기 속에서 9월 15일자 미국 《뉴욕타임스》에 보도된 김영삼의 회견 기사가 또 다시 큰 파문을 일으켰다. 김영삼은 회견에서 미국 정부가 공개적인 방법으로 박 대통령에게 압력을 넣어야 한다고 주장했다. 공화당은 이를 문제 삼아 10월 4일 국회에서 변칙적인 방법으로 그를 국회로부터 제명해 의원직을 박탈했다. 이성을 잃은 유신 독재 권력이 감행한 무소불위의 마지막 발악이라 할 것이다. 신민당과 민주통일당 소속 의원 69명은 김영삼의 의원직 제명 결의에 항의해 의원직 사퇴서를 국회에 제출했다.[43] 미국 정부는 6일 김영삼의 제명에 항의하는 표시로 글라이스틴(William H. Gleysteen Jr.) 대사를 워싱턴으로 소환했다. 박 정권에 대한 미국의 강경한 입장을 표시한 것이었다. 미국 대사의 소환은 이승만정권 말기인 1958년 12월 24일 다울링(Walter C. Dowling) 대사를 소환한 이래 21년 만에 처음 있는 일이었다. 당시 이승만의 자유당은 무

술 경관들이 야당 의원을 연금한 상황에서 국가보안법안을 강행 통과시켰다.[44)]

 김영삼 제명 사건으로 10월 16일부터 그의 연고지인 부산과 마산 지역에서 학생들의 항의시위가 벌어졌다. 시위 사태는 차츰 시민들이 가세해 대중 봉기로 발전했다. 이것이 '부마사태'(釜馬事態)이다. 시위가 격렬해지면서 인접 지역으로 확산되자 정부는 18일 부산에 비상계엄을 선포하고 20일에는 마산과 창원 지역에 위수령을 발동했다. 드디어 유신 정권이 파국을 맞이한 것이다. 박정희 대통령이 24일 저녁 청와대 부근의 궁정동 안가에서 만찬 도중 중앙정보부장 김재규(金載圭)의 총에 맞아 경호실장 차지철과 함께 시해되는 충격적인 사건이 일어났다. 이로써 유신 독재는 7년 만에 막을 내렸다.[45)]

4 박정희가 남긴 유산

아시아에서 위기에 처한 나라를 구한 위대한 세 지도자로 일본의 요시다 시게루(吉田茂), 중국의 덩샤오핑(鄧小平), 한국의 박정희를 꼽고 싶다.

― 리콴유(李光耀)

1. 한강변의 기적

"역사상 가장 위대한 지도자"

박정희는 생존 시에는 물론 사후에도 극단적으로 평가가 엇갈라지는 지도자이지만 일반 여론 조사에서는 역대 대통령 중 가장 걸출한 인물로 평가받고 있다. 그는 일부 여론 조사에서는 한국 역사 전 기간을 통해 '가장 위대한 한민족의 지도자'라는 평가를 받았다. 그 대표적인 예가 2001년 12월의 국정홍보원 조사이다. 국정홍보원이 이 때 한국갤럽 등 3개 여론조사기관에 의뢰해 실시한 여론 조사에 의하면 역사상 가장 존경하는 인물이 박정희(21.1%), 세종대왕(19.8%), 이순신(12.7%), 김구(10.5%) 순으로 나왔다.[1]

박정희는 여론 조사뿐 아니라 일부 정치학자들의 공동 평가 작업에서도 역대 5명의 대통령 중 업적·비전·도덕성·용인술·위기관리능력·자질의 6개 항목에서 가장 앞선 대통령으로 평가되었다. 박정희는 업적·용인술·자질의 3개 항목에서 '상'급 평가를, 비전·도덕성·위기관리능력의 3개 항목에서 '중'급 평가를 각각 받았다.[2] 국내에서 뿐 아니라 해외, 특히 제3세계에서는 그의 경제개발정책, 즉 이른바 '박정희모델'은 높이 평가되고 있다. 중국의 덩샤오핑, 북한의 김정일 같은 공산권 지도자들에게도 연구 대상이 되었다.

박정희가 독재자라는 비판에도 불구하고 일반 국민을 상대로 한 여론 조사에서 한국 역사상 가장 위대한 지도자로 평가되고 있는 것은 무엇 때문일까. 역시 그의 경제적 업적과 강력한 지도력 및 국가 발전 비전, 그리고 '하면 된다'라는 자신감과 민족적 자부심을 국민들에게 심어준 데서 그 이유를 찾아야 할 것이다. 그는 재임 기간 중 4차례에 걸친 경제개발계획을 성공적으로 수행해 연평균 9.19%의 높은 경제 성장을 이룩했다. '공업입국', '수출입국'의 비전을 내걸고 과감하게 경제개발정책을 밀어붙인 결과 5·16군사정변이 일어난 1961년에 4,090만 달러였던 수출이 그의 집권 마지막 해인 1979년에는 150억5,550만 달러로 366배가 되었다. 덕택에 1961년 한국의 1인당 국민소득이 불과 82달러였던 것이 1979년에는 20배로 증가해 1,647달러로 껑충 뛰어올랐다.[3] 오늘날 한국이 세계 11위권의 산업 국가가 된 것도 박정희가 쌓아놓은 기반 위에서 가능했다.

극단으로 치닫는 박정희 평가

박정희만큼 극단적인 긍정적 평가와 부정적 평가를 동시에 받고 있는 정치 지도자도 없을 것이다. 박정희를 비판하는 사람들은 그가 군사 쿠데타를 일으킨 독재자이자 반대 세력을 탄압하고 인권, 특히 그 중에서도 언론 자유를 무자비하게 유린한 반민주적 지도자로 규정해 여전히 증오의 대상으로 삼고 있다. 그런가 하면 한국 근대화의 공로자로 그를 존경하는 일부 층에서는 박정희를 비판하는 상대방을 오히려 비난하고 증오하기까지 한다. 최근 들어서는 보수와 진보, 우파와 좌파의 갈등이 고조되면서 박정희에 대한 평가를 둘러싸고도 첨예한 대립이 일어나고 있다. 이로 인해 박정희에 대한 찬양과 비판이 감정적으로 극단화하는 경향마저 나타나고 있다. 즉 박정희를 지지하는 사람들에게는 그의 경제적 업적이 독재와 인권 유린까지 합리화하는 방패로 작용하고 있다. 이들은 한국 국민들에게는 민주주의라는 가치도 중요하지만 그것은 어디까지나 상대적인 가치일 뿐 기아와 빈곤으로 찌들 대로 찌든 1960년대 초의 한국에서는 생존 문제가 더욱 시급했기 때문에 박정희의 개발독재가 불가피했다고 옹호한다. 반대로 박정희를 미워하는 반대자들 가운데는 그의 헌정 유린과 인권 탄압은 물론이고 경제 발전 공로마저 인정하지 않는 사람들이 있다. 이러한 현상은 국민들 중 다수가 박정희 시대를 산 사람들이기 때문에 나타난다. 그런 의미에서 박정희는 우리 마음속에 아직도 살아 있는 인물이라 할 것이다.

박정희에 대한 평가는 쿠데타와 헌정 유린, 인권 탄압 같은 정치적 문제뿐 아니라 그의 경제 정책을 보는 시각에서도 엇갈리고 있다. ① 박정희의 경제 발전 업적을 부인하는 논자들은 그의 개발 독재에 의한 급속한 경제 개발보다는 경제 발전이 다소 지연되었더라도 합법 정권이 민주 방식으로 추진했더라면 한국은 1960년대 이후 균형 발전을 이룩했을 것이라는 주장을 편다. 이른바 병행발전론이다. ② 박정희의 경제개발5개년계획은 이승만정권 말기의 경제개발3개년계획과 장면정권 말기의 경제개발5개년계획을 참고로 수립한 것이므로 그가 아니었더라도 다른 누군가에 의해 추진되었을 것이며 박정희는 우연히 그 시기의 통치자였기 때문에 경제 발전의 공로와 영예를 안게 되었을 뿐이라고 주장한다. ③ 성장 위주의 경제개발정책으로 인한 분배의 왜곡과 노동자 탄압은 오늘날까지 사회적 부담으로 작용하고 있다고 주장한다. 오늘날 나타나고 있는 많은 사회적 병폐는 박정희 시대로부터 비롯되었다는 것이다. ④ 박정희의 재벌 및 중공업 중심의 경제 개발 방식이 초래한 부작용을 들어 당시 한국도 대만식인 중소기업 위주의 개발 정책을 썼더라면 1990년대 후반의 외환 위기와 오늘날과 같은 일자리 창출 없는 경제 성장은 빚어지지 않았을 것이라고 주장한다. 이상 여러 가지 논점 중에서 아마도 가장 예각적인 의견 대립을 보이고 있는 쟁점은 경제 개발과 민주주의의 병행발전론을 둘러싼 공방일 것이다.[4]

학자들의 재평가 작업

박정희를 둘러싼 논란은 2005년 들어 사회과학자들의 토론회를 통한 재평가 작업으로 발전했다. 그 대표적인 예가 2005년 3월부터 시작된 명지대학교 국제한국학연구소 주최 '박정희와 그 시대' 주제의 연속 월례 콜로키엄이었다.

3월 17일 열린 제1회 토론회(박정희 연구는 어디까지 왔나: 현황과 쟁점)에서 발제를 맡은 김일영(성균관대) 교수는 "산업화 초기 단계에서 권위주의적 발전

국가와 경제 발전 사이에는 '선택적 친화성'이 있고, 박정희 정권은 일반적 경험에서 크게 일탈된 것이라고 보기 어렵다"라면서 "1960~70년대의 여러 가지 희생은 가치 선택의 결단에 따른 불가피한 손실로 여겨진다"라고 주장했다. 반면 박명림(연세대) 교수는 "독일·일본 등 군주제 하 초기 산업화 시점의 논리를 공화제 시대의 한국에 적용하는 것은 무리"라고 주장하고 "민주화 이후 경제의 효율성이 박정희 시대보다 떨어지지 않았다는 점을 보아도 '권위주의적 효율성'이 '민주주의적 효율성'보다 높다고 말할 수 없다"고 주장했다. 토론자인 정해구(성공회대) 교수는 "경제 발전을 위해 민주주의를 뒤로 미룰 때 훗날 민주화를 위해 지불해야 하는 비용이 너무 크기 때문에 병행발전이 바람직하다"라면서 "박정희 체제는 지역 갈등·군부 통치 등 부정적 결과를 많이 남겨 우리 사회에 엄청난 부담을 안겨주었다"라고 평가했다. 다른 토론자인 전상인(한림대) 교수는 "박정희에 대한 대중적 향수와 지식인의 부정적 인식 사이에 큰 격차가 있는 것을 어떻게 이해할 것인가"라면서 "1987년 민주화 이후 우리 사회가 당면하고 있는 여러 가지 문제점을 직시하며 박정희를 평가해야 한다"라고 주장했다.[5] 박정희에 대한 상반된 견해가 극명하게 표출된 토론회였다. 이 같은 견해 대립은 아마도 상당 기간 해소되기 어렵겠지만 어느 때인가는 논점들이 정리될 것으로 보인다.

2. 인간 박정희

가난한 청소년기와 만군 장교 시절

박정희는 국가 지도자로서의 그의 업적에 대한 평가만큼이나 한 사람의 인간으로서의 그 개인에 대한 평가도 엇갈린다. 그를 자상하고 인간미 넘치는 겸손한 인품으로 보는 사람이 있는가 하면 차갑고 냉혹한 인간으로 보는 사람도 있다. 그에 관한 많은 책과 영상물을 통해 그의 인생 역정이 일반에게도 상당히 알려져 있으나 아직도 신비의 베일에 싸인 대목은 적지 않다. 그 중에서도 그가 만주군관학교에 지원한 일, 좌익에 가담한 경위, 그리고 군사 쿠데타를 일으키게 된 동기 같은 사항은 아직도 논란의 대상이 되고 있다. 이런 의문에 정답을 내기는 결코 쉽지 않다.

농촌에서 태어난 박정희는 어려운 집안 사정으로 가난한 소년 시절을 보내지 않을 수 없었다. 그는 수업료를 내지 않고 공부할 수 있는 대구사범학교를 졸업하고 문경보통학교 교사로 일하던 도중 나이 20세가 되어서야 만주군관학교에 들어갔다. 박정희는 나이 때문에 합격되지 못할 것을 우려해 '진충보국 멸사봉공'(盡忠報國 滅私奉公)이라는 혈서를 학교로 보내 늦깎이 지원생의 핸디캡을 극복하고 입학 허가를 받았다. 그는 왜 교사 생활을 걷어치우고 뒤늦게 만주군관학교에 들어갔을까. 박정희는 어릴 때 일본 군인들이 훈련하는 모습을 보고 군인이 되고 싶어 했다고 나중에 회고했다. 초등학교 5학년 때 이광수의 소설을 읽고 이순신을 숭배하게 된 그는 6학년 때는 나폴레옹의 전기를 통해 그를 동경하게 되었다. 그는 붉은 망토를 입고 백마를 탄 나폴레옹의 사진을 교사 시절에도 그의 하숙방에 걸어놓았을 정도였다. 박정희는 교사가 된 다음에도 육군대장이 되어 긴 칼을 차고 싶은 꿈을 버리지 못했다. 박정희는 문경보통학교의 어린 제자들에게 "나는 대장이 될란다. 전장에 나가서 용감히 싸워 이기는 대장이 될란다"라고 말했다.[6] 일설에는 문경보통학교의 일본인 교장이 그를 몹시 괴롭혀 이에 대한 반발로 그보다 훨씬 직급이 높은 고급 장교가 되고 싶어 했다는 이야기도 있다.

박정희는 만주군관학교 예과를 1등으로 졸업하고 일본육군사관학교 본과 3년에 편입해 57기생 중 3등으로 졸업했다. 그는 만주로 되돌아가 2개월 간 견습사관 훈련을 받고 1944년 7월 중국 동북지방(만주)의 열하성(熱河省) 흥륭현(興隆縣) 반벽산(半壁山)에 주둔하고 있던 만주군 보병 제8단에 배속되었다. 만리장성의 바로 북쪽 산악지대에 주둔한 연대 규모의 이 부대는 만주로 진격해 오는 마오쩌둥의 팔로군 제17단을 막는 임무를 주로 수행했다. 그의 직책은 단장의 부관 겸 기수였다.[7] 나중에 해방 4개월 전에 만주군 중위로 승진한 박정희는 1945년 8월 15일 일본군이 항복하자 신현준(申鉉俊), 방원철(方圓哲), 이주일(李周一) 등 다른 3명의 조선인 출신 만주군 장교들과 함께 소속 부대(제8단)의 단장(중국인)에 의해 무장 해제를 당했다.[8] 대장이 되려던 박정희의 꿈은 사라지고 말았다. 지금까지 출간된 박정희 전기 가운데 가장 정확한 책을 쓴 조갑제(趙甲濟)에 의하면 박정희는 독립군 토벌대였던 만주군의 간도특설대에 근무했거나 독립 투사를 잡아가둔 정보 장교였던 적도 없다. 또한 일부 사람들이 조작한 것처럼 만주군 부대에 침투한 광복군의 비밀 요원이었던 적도 없다 한다.[9] 그렇기는 하나 그의 만주군 장교 경력 때문에 그는 친일파로 몰려 대한민국의 지도자로서 오점이 찍힌 것은 사실이다.

국방경비대 입대 및 좌익 경력

박정희는 무장 해제를 당한 다음 단장의 호의로 자유의 몸이 되어 광복군이 있던 베이징으로 향했다. 그는 베이징에 도착해 일군·만군 출신 한국인들로 편성된 임정 산하의 광복군 제3지대 평진대대에 편입되었다. 평진(平津)은 베이핑(北平)과 톈진(天津)이라는 지명에서 한 자씩 따서 만든 부대 명칭이다. 이 부대의 대대장에는 신현준 전 만군 상위, 1중대장에는 이주일 전 만군 중위, 2중대장에는 박정희 전 만군 중위, 3중대장에는 윤영구 전 일군 소위였다. 광복군이 평진대대를 편성한 것은 이들이 질서 있게 고국으로 돌아가도록 위한 것이었다. 배편을 기다리는 패잔병 부대지만 역시 기율은 필요했던 만큼 군사 편제로 조직되었다. 박정희는 이 부대에서 8개월 동안 하는 일없이 시간을 보내다가 1946년 5월 미군 수송선으로 다른 사람들과 함께 부산으로 귀국, 각자 고향으로 돌아갔다.[10]

박정희는 4개월 동안 고향인 경북 구미에서 하는 일 없이 세월을 보내다가 1946년 9월 조선경비사관학교에 2기생으로 들어가 3개월 만에 졸업한 다음 소위에 임관되었다. 그는 이듬해 9월 바로 대위로 진급, 조선경비사관학교 중대장이 되면서 남로당 군사부책인 이재복과 최남근에게 포섭되어 경비대 내의 세포 책임자의 한 사람이 되었다. 박정희는 1948년 10월 여순반란사건 때 남로당 관련 사실이 탄로나 체포됨으로써 처형될 위험에 놓였다. 그러나 그는 당시 육본 정보국장 백선엽(白善燁) 대령 등 만군 인맥의 도움으로 군대 내의 공산프락치의 명단을 넘겨주고 생명만은 건질 수 있었다. 박정희는 1949년 2월 군법회의에서 무기징역을 선고받고 육군참모총장의 재판 확인 과정에서 징역 10년에 형집행 면제로 감형되어 자유의 몸이 되었다. 그 대신 박정희는 군에서 파면되어 군복을 벗은 다음 비공식 문관 신분으로 육군본부 정보과에서 일했다.[11]

박정희를 다시 군문으로 돌아가게 한 것은 6·25전쟁이었다. 그는 육군본부가 수원으로 후퇴했을 때 현역으로 복귀했다. 혼란의 시기여서 김종필이 암시장에서 소령 계급장을 구해 박정희에게 달아주었다. 군에 복귀한 박정희는 좌익 경력에도 불구하고 본인이 워낙 총명하고 유능한 데다가 만주군 인맥의 계속적인 도움으로 진급이 빨랐다. 그가 전방 부대인 5사단장에 임명되어 소장으로 진급되었을 때는 조선경비사관학교 2기 동기생의 선두주자가 되었다. 박정희는 소장에 진급되었으나 그 특유의 정의감 때문에 군 수뇌의 부정부패와 부정 선거 가담에 분개해 정군운동을 벌였다. 이 운동은 결국 쿠데타 모의로 이어졌다.

한국 현대사에서 좌익에서 우익으로 전향한 보수계 인사는 많지만 좌익 경력을 지닌 대통령으로서는 박정희가 최초였다. 그의 좌익 경력은 군사혁명 후 국내에서는 물론 미국을 비롯한 우방으로부터도 상당 기간 동안 우려와 경계 대상이 된 것이 사실이다. 5·16 직후 군사 혁명 정부가 북한에서 밀파된 황태성(黃泰成)을 신속히 처형한 것도 그의 좌익 경력 때문에 생길 수 있는 오해를 사전에 막기 위해서였다. 박정희는 1962년의 제5대 대통령선거 때는 경쟁자인 윤보선으로부터 사상 공세를 받았다.

이승만정권 때의 쿠데타 계획

박정희는 이승만정권 당시 영관급 장교 시절에도 군사 쿠데타에 가담할 뻔했다. 그 계기는 1952년의 부산정치파동이었다. 그 때 그는 대령 계급에 육본 작전교육국차장이었다. 작전교육국장은 그가 평생 동안 존경했던 이용문(李龍文) 준장이었고 참모총장은 강직한 이종찬(李鍾贊) 중장이었다. 이승만은 대통령직 선제개헌안을 국회에서 통과시키기 위해 부산 일원에 비상계엄을 선포하고 공포 분위기를 만들어 야당을 압박했다. 그는 군 병력을 시내에 진주시키도록 이종찬에게 지시했다. 그러나 이종찬은 이를 거부했다. 이미 Ⅳ-**2**(전쟁 속의 정쟁)에서 살펴 본 바와 같이 이종찬은 도리어 군의 정치적 중립을 당부하는 '육군본부훈령 217호'를 전 예하부대에 시달했다. 이 지시 각서를 초안한 사람이 바로 박정희였다. 이 때 이용문은 이승만을 제거하고 장면을 옹립하는 쿠데타를 일으키기로 작정하고 박정희를 쿠데타 부대의 지휘관으로 지명했다. 이용문은 장면 국무총리의 전 비서실장이자 그의 평양고보 2년 후배인 선우종원(鮮于宗源)에게 쿠데타 계획을 설명했다. 그러나 선우종원은 이에 부정적인 태도를 취했다. 결국 이용문의 쿠데타 계획은 불발에 그치고 박정희는 거사에 나서지 않았다.[12)

이용문의 군사 쿠데타 계획은 실행에 옮겨지지 못했지만 이 계획은 박정희로 하여금 정치 문제에 관심을 갖게 하고 그가 약 9년 후 군사정변을 일으키는 데 중요한 참고가 되었다. 부산정치파동 이후 강행된 이승만의 3선개헌(사사오입)과 뒤이은 영구 집권 기도는 정치 문제에 눈을 뜬 박정희에게 자유당 정권에 대한 혐오감을 일으켰다. 박정희는 1960년 1월 21일 부산의 군수기지 사령관에 임명된 다음 3·15부정선거에 군이 간여한 사실을 목도했다. 그 자신도 육군본부로부터 부정 선거 가담을 직접 지시 받는 처지였다. 박정희는 이 무렵 자유당정권의 부패 무능, 특히 자유당정권의 제2인자인 이기붕을 빗대 "고목나무에 꽃이 필 수 있는가?"라고 탄식했다. 그는 대담하게도 직접 상사인 육군본부 군수참모부장 김웅수(金雄洙) 중장에게 "이거 혁명이라도 해야 하지 않습니까?"라고 말할 정도가 되었다.[13)

박정희가 최초로 군사혁명을 논의한 시기는 이승만 정부 말기인 1960년 1월로 전해지고 있다. 박정희는 서울 신당동 자택에서 해병 제1상륙사단장이자 만주군관학교 1년 선배인 김동하(金東河) 소장과 만나 거사에 합의한 다음 이튿날에는 김동하 집에서 두 사람이 다시 만났다. 2차 모임에서는 해군과 해병대는 김동하가, 육군은 박정희가 각각 맡아 혁명군을 조직하기로 결정했다. 박정희는 그 후 동지들을 포섭해 혁명 거사 일자를 송요찬 참모총장이 방미에 오르는 5월 8일로 잡았으나 3·15부정선거로 부산과 마산에서 항의 시위(부마사태)가 터지자 거사일을 4월 초순으로 앞당기는 문제까지 검토했다. 그러나 그 전에 4·19가 일어나는 바람에 거사 계획은 불발로 그치고 말았다.[14)

3. 국가 지도자로서의 박정희

부국강병 사상과 경제우선주의

박정희가 메이지 모델의 부국강병 사상을 갖게 된 배경은 기본적으로 그가 받은 일본 교육 탓이겠지만 그의 성장 과정과도 밀접한 관계가 있었을 것으로 짐작된다. 그는 가난한 소년 시절을 회고하면서 자신이 제대로 먹지 못해 키가 작아졌다고 말하는 것을 저자는 여러 차례 직접 들었다. 가난 극복이야 말로 그의 부국강병 사상의 기본 출발점이 아닌가 한다. 그는 또 일제 시대와 해방 후의 혼란기에 일반적으로 약소 민족이 겪는 서러움도 많이 느꼈을 것으로 짐작된다. 그가 성장해서 나라를 부강하게 하고 사회를 바로잡는 데 흥미가 없고 권력 놀음에만 관심을 가진 직업 정치가들을 경멸하고 혐오한 것도 이 때문이다. 그가 쿠데타를 일으켜 직업 정치인들이 이끌던 민간 정부를 전복한 것도 이 같은 그의 부국강병 사상과 그 특유의 정치인관과 밀접한 관련이 있었을 것으로 짐작된다.

박정희는 쿠데타가 성공한 지 채 2개월도 안된 1961년 7월에 경제기획원을 신설하고 경제개발계획을 입안했다. 그리고는 이듬해인 1962년 1월 최종안을 발표하고 즉시 시행에 들어갔다. 이것은 건국 이래 초유의 초고속 경제 개발 행군이라 할 것이다. 제1차 경제개발5개년계획(1962~66년)의 1차적 목표는 공업입국을 통해 가난을 타파하자는 것이었다. 이 계획은 자립경제의 기반 구축을 위해 에너지 공급원의 확보와 도로망, 제철공업 등 공업 입지의 건설에 역점을 두었다. 제1차 5개년 계획의 시행 결과 2차 산업의 성장이 두드러지고 1인당 국민소득은 1962년의 87달러에서 최종 연도인 1966년에는 125달러로 껑충 뛰었다. 이 기간 중 울산공업지구, 호남비료 나주공장, 인천제철공장, 포항종합제철 등이 건설되었다. 포철의 건설은 1970년대의 조선공업과 자동차공업 등 중공업산업의 기초가 되었다.[15]

제2차 경제개발5개년계획(1967~71년)은 산업 구조의 근대화와 수출 증대를 당면 목표로 했다. 박정희는 2차 5개년계획 첫 해인 1967년의 신년사에서 "1970년대에는 아시아의 빛나는 공업 국가를 건설해보자는 것이 이 계획의 목표"라고 밝히고 "오늘날 많은 외국인이 한국에 기적이 일어났다고 말하고 있다"라고 자랑스럽게 선언했다.[16] 실제로 제2차 계획은 당초의 목표를 상회하고 공업 부문에서 빠른 성장을 이룩해 1969년에는 15.5%라는 최고의 고도 성장을 이룩했다. 최종 연도인 1971년의 1인당 국민소득은 1966년보다 두 배가 넘는 289달러에 달했다. 경부고속도로의 건설은 본격적인 공업화 시기의 상징이다. 박 대통령의 경제개발정책으로 1차와 2차 5개년계획 기간인 10년 동안 1인당 국민소득은 3.3배나 증가했다.[17]

고도 산업 국가의 기반

제3차 경제개발5개년계획(1972~76년)은 농어촌 경제의 혁신적 개발, 수출의 획기적 증대 및 중화학 공업의 건설을 중점 목표로 했다. 이 기간 중에 새마을운동도 시작되어 연평균 10.2%의 고도 성장이 이룩되었으며 수출도 거의 배 이상으로 성장했다. 박정희는 1973년에 중화학공업화정책을 입안·발표했다. 중화학공업화정책은 1960년대의 제1, 2차 5개년계획이 성공을 거두자 그가 자신을 갖고 성안한 것이다. 이 무렵 한국의 산업 발전은 경공업 위주에서 중화학공업으로의 전환이 절실한 단계였으며 자주 국방을 목표로 한 방위산업의 육성이 시급했다. 중화학공업을 발전시키지 않고는 수출 100억 달러 목표의 달성이 어렵다고 본 박정희 정부는 선별적인 개발 전략에 입각해 6개 업종을 선정, 1973년부터 1981년까지 9년 계획으로 중점 육성에 착수했다.[18]

수출 100억 달러 목표는 1977년에 달성되었다. 그해 11월 30일 서울 세종문화회관에서 열린 제13회 수출의 날 행사에서 박정희는 떨리는 목소리로 "국민 여러분, 오늘은 우리 민족의 역사에 영원히 기록될 날이 될 것입니다. 누가 우릴 못 사는 민족이라 했습니까"라고 감격적인 어조로 외쳤다. 그의 말이 끝나자 식장에 모인 모든 사람의 얼굴에는 눈물이 글썽이는 장면이 벌어졌다.[19] 1981년까지의 중화학공업 9년 계획은 1979년 박정희의 암살로 완결을 보지 못했지만 고도 산업 국가 건설의 기반은 조기에 완성된 셈이다. 방위산업의 기반도 마련되어 최소한 통상무기에 관한 한 자주 국방의 가능성을 앞당겼다.

제4차 경제개발5개년계획(1977~81년)은 그간의 개발 계획 시행에서 빚어진 경제의 구조적 문제점과 불균형 성장 전략에 따른 부작용을 해소하는 데 주안점을 두었다. 이 기간 동안의 정책 기조는 성장·능률·형평의 세 가지였다. 자력 성장 구조의 실현과 사회 개발의 촉진, 그리고 기술의 혁신과 능률 향상이 구체적인 중점 목표였다. 제4차 계획은 최종 연도보다 2년 앞선 1979년 10월 박정희의 죽음으로 정치적 소용돌이가 일어나자 차질이 빚어졌다. 이 계획이 목표로 한 경제의 구조 개선은 실패로 끝나고 최종 연도인 1981년에 9.2%로 계획된 연평균 경제성장률도 5.5%에 머물렀다.[20] 제4차 계획은 이렇게 파행을 면치 못했으나 그의 전체 집권 기간인 1961년에서 1979년까지 18년 동안 그가 이룩한 경제적 업적은 참으로 빛나는 것이었다.

박정희모델의 그늘

박정희는 '한강변의 기적'이라는 청사(靑史)에 길이 빛나는 업적을 이룩했으나 동시에 적잖은 부정적 유산을 남긴 것도 사실이다. 그 중에서도 가장 심각한 것은 성장 위주의 경제개발정책이 초래한 대내외적 불균형과 불평등의 문제이다.

박정희가 추진한 경제개발정책은 메이지유신(明治維新) 모델, 즉 제2차 세계대전 이전의 일본 경제를 모범으로 삼은 중화학공업 중심의 공업화와 수출 정책이었다. 당연히 그 기조는 공업 위주, 성장 위주, 대기업 위주, 그리고 관 주도가 될 수밖에 없었다. 박정희가 경제개발정책에 착수한 1960년의 한국 사정으로는 그의 이 같은 정책 기조는 어떤 면에서는 불가피한 점도 있었다. 당시 한국은 자본도, 기술도 없는 열악한 상황이었다. 우리에게 있는 것이라고는 오직 풍부하고 저렴한 노동력뿐이었다. 이런 상황에서 생각할 수 있는 유일한 경제개발 전략은 저렴한 노동력을 이용해 만든 값싼 상품으로 해외 시장을 공략하는 것이다. 그것이 '경제입국' '무역입국' 시대의 당위였다. 이 방식은 당시의 한국만 채택한 전략이 아니고 현재도 중국을 비롯한 많은 개발도상국이 걷고 있는 길이다.

박정희 시대에 수출 전쟁에 앞장선 주체는 막강한 돌파력을 지닌 대기업들이었다. 박정희는 제2차 세계대전 이전의 일본 미쓰비시(三菱), 미츠이(三井), 스미토모(住友) 같은 대기업 그룹이 주도하던 경제 체제를 한국에 도입했다. 대기업들은 박 정권이 내건 '수출입국'이라는 기치 아래 일종의 선단(船團)을 편성해 수출 전선에 나섰다. 박정희는 이들 선단의 사령관격인 재벌 총수들을 뒤에서 지휘하는 총사령관 노릇을 했다. 저자는 청와대 출입 시절 박정희 대통령이 그의 사무실 벽에 수출 실적 도표를 걸어놓고 일일이 점검하던 모습을 본 일이 있다. 박정희는 대그룹 총수가 중동에서 대규모 공사를 수주 받고 귀국할 때면 공항에서 바로 청와대로 직행하도록 해서 그를 격려하기도 했다.

박정희 치하에서 경제가 대기업 위주로 운영되다가 보니 대기업의 선단식 경영과 재벌의 경제력 집중, 그리고 정경유착은 불가피했다. 특히 정경유착으로 인한 정치 부패와 공직사회 부패는 완전히 구조화되어 자연생태계의 먹이사슬처럼 되고 말았다. 심하게 말하면 재벌의 돈이 바로 권력의 돈이고, 나라의 돈이 바로 대기업의 돈이나 다름없는 상황이 되었다. 박정희모델은 재벌 특혜와 정경유착 뿐 아니라 노동자의 기본 인권의 탄압이라는 부작용도 초래했다. 대기업 우대의 경제 체제 아래서 노동자들은 생산 요소 이상의 대우를 받지 못했다. 그들은 저임금과 오랜 노동 시간에 시달렸고 삶의 질은 그 만큼 열악해졌으며 이로 인한 상대적 박탈감과 좌절감은 노사 분규와 나아가서 사회 불안의 원인이 되었다. 1970년 11월에 일어난 서울 청계천 평화시장 재단사 전태일(全泰壹)의 분신 자살 사건은 그 대표적인 예다. 박 정권의 철저한 노조 탄압은 1987년의 민주화 이후 강성 노조의 출현을 예고하는 것이었다.

박정희의 수출제일주의는 또한 해외 의존과 외채의 증가를 초래했다. 이로 인한 한국 경제의 허약한 체질은 1997년의 외환위기의 근본 원인 중 하나가 되었다. 과도한 해외 수출 주도의 경제성장정책은 해외 시장의 소비 예측에 대한 어려움으로 인해 투자 시설의 과잉 확충과 과잉 투자 그리고 대외 부채의 증가를 불가피하게 초래했다. 이런 점 때문에 박정희 시대의 경제 모델은 20세기 말에 이르러 선진 경제로의 도약에 커다란 걸림돌로 작용했다. 그러나 1997년의 외환 위기가 박정희의 경제 업적을 훼손하는 것은 아니다. 외환 위기는 박정희 사후 18년 후에 일어난 일이다. 그 동안 후임 정권들이 박정희가 남긴 문제점들을 개선했어야 하는 것이다.

보수 진영의 한 축이 된 군부 세력

고려조에 무신 정권이 연이어 탄생했듯이 박정희정권 다음에 전두환정권이 탄생했고, 전두환정권 다음에 성격은 약간 다르지만 노태우 정권이 바통을 이어받았다. 20세기 한국의 무인 출신 대통령이 이끈 정권은 박정희, 전두환, 노태우 3대에 걸쳐 모두 30여 년 간(1961년~1992년) 계속되었다. 근 1세기나 계속된 고려조의 무신 정권에 비하면 짧은 기간이다.

그러나 김영삼 문민 정권이 들어선 1993년의 시점에서 보면 건국 후 46년의 헌정사 가운데 30여 년은 결코 짧은 기간이 아니었다. 그 뿐 아니라 김영삼은 노태우의 민정당과 합당해 민주자유당(민자당)을 결성함으로써 5공 세력의 지원 아래 대통령에 당선될 수 있었다. 헌정사상 최초로 여당에서 야당으로 수평적 정권 교체를 실현한 김대중 역시 5·16 잔존 세력인 김종필과 손잡음으로써 대통령 당선이 가능했다. 당선 후에는 김종필, 박태준(朴泰俊), 이한동(李漢東) 등 과거 3공 출신의 자민련 세력과 공동 정권을 수립했다. 이런 점을 감안하면 5·16 군부세력은 김대중정권이 끝난 2003년까지도 한국 정치에 영향을 미친 사실을 알 수 있다. 정치 이념에 있어서 자유민주주의를 기본 가치로 하는 한국 보수 세력의 한 축을 군사 쿠데타를 일으킨 군부 세력이 차지했다는 사실은 한국 보수 세력이 지금까지 젊은 세대로부터 외면 받게 하는 태생적 한계 같은 것이 되고 말았다.

5·16군사정변이 우리 사회에 끼친 또 다른 큰 해악은 '목적'이 '수단'을 정당화하는 그릇된 가치관을 국민들에게 심어준 점이다. "이기면 관군(官軍)이고, 지면 적군(賊軍)"이라는 격언이 문자 그대로 적중하는 사회풍조가 만연한 것은 엄연한 군사 쿠데타가 기정사실로 인정된 1960년대 이후부터였다. 물론 지식인들은 어느 시대에도 민주주의를 외치지만 돈벌이에 열중한 사업가나 생업에 바쁜 일반인들은 지식인처럼 민주주의의 가치를 높게 인식하지 않는다. '민주주의도 식후경'이 되는 후진적 풍토에서는 군사 쿠데타도 왕조 시대의 궁정 쿠데타와 별반 다를 것이 없는 것으로 인식되기 싶다. 1987년의 민주화 이후 근 20년이 된 우리 사회에서 민주주의 원칙이 아직도 존중되지 않는 풍토가 남아있는 것은 5·16의 나쁜 유산 중 하나라고 해야 할 것이다.

"그는 정치인 아닌 혁명가"

박정희는 어차피 민주적 지도자는 아니었다. 당연히 의회주의자도 아니었다. 그는 직업 정치인과는 거리가 먼 성장 과정을 거친 인물이다. 직업군인이었다. 박정희는 대구사범학교와 만주군관학교, 일본육군사관학교, 그리고 만주군 장교 시절에 몸에 익힌 군인 정신과 메이지유신의 지도자들이 품었던 부국강병 사상에 깊은 영향을 받은 직업군인 출신이다. 그는 군인다운 투철한 국가관에 입각해 스스로 '무능하다'라고 판단한 민간 정부를 무력으로 전복시킨 쿠데타의 주역이었다. 그 쿠데타가 성공하고 재임 중 경제적 기적을 이룩했기 때문에 5·16은 '혁명'으로 승화되었다. 앞으로 Ⅵ-2(6·29선언)에서 살펴보는 바와 같이, 1997년 4월 대법원은 전두환 전 대통령의 쿠데타에 대해 유죄 판결을 확정했다. 이것은 비록 '성공한 쿠데타'라도 처벌할 수 있다는 사법부의 판단이었다. 이 판단은 전두환에게는 적용되었지만 박정희의 경우는 다르다.

노무현정권 아래서 그의 휘호가 들어간 경기도 수원시에 소재한 화령전(華寧殿)의 운한각(雲漢閣) 현판이 철거되고 서울 광화문의 현판도 철거하려는 움직임이 있었지만, 전두환에게 적용한 사법적 단죄와는 성격이 근본적으로 다르다. 박정희는 좌파 단체인 민족문제연구소가 펴낸 《친일인명사전》에 등재되었지만 그가 일으킨 5·16은 역사적으로 '성공한 쿠데타'로서 기정사실이 되었다.

그러면 정치 지도자로서 박정희를 우리는 어떻게 보아야 하는가. 그를 도와 5·16을 일으키는데 주동적 역할을 했고 최측근에서 평생 동안 그를 보좌한 김종필이 "박정희 대통령을 정치인으로 보면 안 된다. 그는 어디까지나 혁명가이다"라고 말하는 것을 저자는 자주 들었다. 박정희가 혁명가로서는 성공했지만 정치가로서는 실패했다는 의미에서, 혹은 거꾸로 박정희는 정치가로서는 부적합하지만 혁명가로서는 성공이었다는 의미에서 김종필의 말은 일리가 있다. 확실히 박정희의 군사 혁명과 경제 혁명과 근대화 혁명, 그리고 '하면 된다'라는 국민 의식 혁명은 성공적이었다. 그러나 그의 정치적 행태, 특히 유신독재와 그의 사실상의 종신 집권 시도는 부정적일 수밖에 없다. 박정희가 통치한 1960~70년대는 우리 국민에게는 좋은 의미에서든 나쁜 의미에서든 '혁명과 모순의 시대'였다.

Ⅵ. 민주화와 보수 세력

1 서울의 봄과 신군부

정치는 거의 전쟁만큼이나 흥미진진하며 위험한 것이다. 전쟁에서는 한 번 죽지만 정치에서는 여러 차례 죽는다.

- 윈스턴 처칠(Winston Churchill)

1. 앗아간 국민의 기대

유신독재 권력의 상속자 신군부

박정희의 죽음과 함께 유신 체제도 무너졌다. 민주주의를 회복할 절호의 기회가 찾아왔다. 당시 언론은 이를 '서울의 봄'이라고 불렀다. 4·19 학생 봉기로 이승만이 하야한 1960년 4월처럼 군부가 그 본분인 정치적 중립을 지켰더라면 다소의 진통은 있었겠지만 민주 정치는 일단 회복되었을 것이다. 그러나 불행히도 역사는 그렇게 전개되지 않고 '서울의 봄'은 다시 폭풍우에 휩싸였다.

박정희 사후 헌법 규정에 따라 즉시 대통령권한대행에 취임한 최규하 국무총리는 자신의 정부를 '위기관리정부'라고 부르면서 박정희 정부가 이룩한 경제 발전을 지속하되 이에 상응하는 정치 발전도 추구할 것이라고 선언했다. 그는 아울러 최단 기간 안에 정치 일정을 마련해, 새 헌법이 제정되고 새 정부가 구성되는 즉시 곧바로 정권을 이양하겠다고 공약했다. 최규하는 취임 직후 유신 독재의 상징이었던 긴급조치 9호를 해제함으로써 자유롭게 개헌 논의를 할 수 있는 분위기를 만들었다. 그러나 최규하 과도 정부는 과거의 민주당 정권처럼 당초부터 군부를 장악할 능력이 없었다.

김영삼, 김대중 등 민간 정치인들은 어땠는가. 그들은 군부에 인맥도 없었을 뿐 아니라 계엄령 앞에서는 어쩔 수가 없었다. 기본적으로 신군부 세력은 구 정치인들을 불신했다. 김종필은 부패했고 김영삼은 무능하며 김대중은 사상적으로 신뢰할 수 없다는 인식을 가지고 있었다. 그러면 재야 세력을 포함한 시민 사회는 어땠는가. 그들 역시 군부를 제어할 정도로 성장해 있지 못했다. 10·26 박정희시해사건 약 한 달 후인 1979년 11월 24일에 일어난 이른바 '명동위장결혼식사건'이 그 좋은 예이다. 재야 세력은 이날 서울 명동 YWCA에서 결혼식을 가장한 집회를 가졌다. 집회의 공동 주최자는 국민연합과 해직교수협의회 및 민주청년협의회 3개 단체였으며 대회장은 함석헌(咸錫憲), 공동위원장은 재야 인사들인 양순직(梁淳稙), 박종태(朴鍾泰), 김병걸(金炳傑), 백기완(白基琓), 임채정(林彩正) 등 5명이었다. 이날 모임은 최규하 과도 정부의 즉각 퇴진과 공화당 유정회 통일주체국민회의의 해산, 그리고 정치 일정의 단축 등을 요구하는 결의문을 채택했다. 이들의 당면 목표는 12월 6일 실시할 예정인 통일주체국민회의에 의한 대통령선거를 저지하고 곧바로 개헌을 단행해 새 헌법에 따라 대선을 하도록 압력을 가하는 데 있었다.

그러나 전두환(全斗煥) 등 신군부의 장악 아래 있던 군 수사 당국은 이 사건에 단호하게 대처했다. 군 수사 당국은 참석자 거의 전원을 포고령 위반 혐의로 연행, 조사를 벌인 뒤 그 중 18명(구속 14명, 불구속 4명)을 군사재판에 회부하고 나머지 122명은 즉결심판 회부 또는 훈계 방면했다. 양순직, 박종태(朴鍾泰) 등은 구속 기소되고 윤보선, 함석헌 등은 불구속 기소되었다.[1]

신군부가 이처럼 힘으로 민간 세력을 완전 제압함에 따라 개헌 문제를 비롯한 정국 주도권은 이들의 손에 들어갔다. 신군부의 의도대로 1979년 12월 6일 실시된 통일주체국민회의에서의 선거 결과 최규하 대통령권한대행이 제10대 대통령에 당선되었다.[2] 최규하를 선출한 것은 무엇보다도 그가 군부에 만만한 존재였기 때문이다.

신군부의 정권 장악

1979년에 일어난 '12·12사태'는 군 내부의 세력 판도뿐 아니라 나라의 정치 판도까지 크게 바꾼 일대 사건이었다. 전두환(全斗煥) 보안사령관을 지도자로 하는 신군부 세력은 그해 12월 12일 저녁 박정희 암살범인 김재규와의 관련 여부를 조사한다는 구실 아래 정승화(鄭昇和) 육군참모총장을 강제 연행하고 그의 측근들인 장태완(張泰玩) 수도경비사령관과 정병주(鄭炳宙) 특전사령관도 납치했다. 이들을 연행·납치하는 과정에서 무력 충돌이 일어나 약간의 사상자가 생겼다. 이 사건은 '하나회'라는 사조직을 통해 군 내부에 광범하게 세력을 부식한 전두환의 신군부세력이 군권을 손에 넣은 하극상 사건이었다. 전두환은 1980년 4월 14일자로 중앙정보부장 서리도 겸임해 국무회의에 출석할 수 있게 됨으로써 신군부의 힘은 더욱 커졌다.

군부 내의 이런 복잡한 움직임에도 불구하고 1980년의 봄은 표면상으로는 화사한 날씨에 만물이 소생하듯 정치도 되살아나는 듯했다. 정치권은 온통 개헌 논의로 떠들썩했다. 국회에 설치된 헌법개정공청회가 전문가들이 참석한 가운데 개최되었으며 최규하 정부는 이와는 별도로 헌법 개정 문제를 토의하기 위해 69명으로 구성된 헌법개정심의위원회와 그 하부 기구로 '(개헌안)요강작성 13인 소위원회'를 발족시켰다. 학계를 비롯한 많은 민간단체도 공청회나 세미나를 열어 활발하게 개헌의 방향을 토의했다. 신문 지상에도 연일 개헌 논의와 함께 여야당의 움직임이 상세히 보도되었다. 최규하 과도정부는 윤보선과 김대중 등 687명에 대한 복권조치를 단행했다. 문자 그대로 희망에 찬 '서울의 봄'이었다.

'서울의 봄'은 그러나 대학가와 노동 현장에서 연일 계속된 과격 시위로 차츰 4·19직후를 연상시키는 혼란으로 빠져 들어갔다. 5월 14일 서울 시내에서 계엄 철폐 및 전두환 퇴진을 요구하는 학생 시위에 7만 명이 참가하고 15일에는 학생 시위대 약 10만 명이 서울역 광장에서 모여 대대적인 시위를 벌였다. 사회 일각에서는 계엄령 아래서 시위가 용납된다 해서 '물계엄'이라는 소리가 나오기 시작해 신군부에게 거사의 좋은 구실을 주었다.

신군부는 드디어 5월 17일을 기해 행동에 나섰다. 당시까지 제주도를 제외한 전국 일원에 선포되어 있던 비상계엄을 이날 24시를 기해 제주도에도 확대하는 계엄포고 10호를 선포했다. 계엄포고 10호는 국회 폐쇄와 일체의 정치 활동 중지 및 대학 휴교를 명하는 것이었다. 계엄사령부 합동수사본부는 김종필·이후락

(李厚洛) 등을 권력형 부정축재 혐의로, 김대중·예춘호(芮春浩) 등을 사회 혼란 조성 및 학생 노조 선동 혐의로, 그리고 많은 언론인을 혼란 선동 혐의로 연행해 갔다. 한국 현대사상 가장 격렬한 민중항쟁이자 가장 처참한 집단 학살극인 광주사태는 신군부의 5·17조치가 도화선이 되어 18일 발발했다.

광주항쟁은 신군부의 무력 진압으로 사망자 191명, 부상자 852명(1980년 6월 정부 발표)을 낸 일대 유혈 참극으로 끝났다. 신군부는 광주항쟁을 평정한 다음 본격적인 정권 작전에 나섰다. 그들은 우선 최규하의 과도 정부를 사실상 허수아비로 만드는 '국가보위비상대책위원회'(약칭 국보위, 國保委)를 설치했다. 12·12사태가 군권을 잡기 위한 신군부의 군사적 반란이었다면 5·17조치와 뒤이은 국보위 설치는 정권을 위한 정치적 쿠데타였다. 대통령의 자문기관이라는 명목으로 설치된 국보위는 의장인 대통령과 국무총리, 부총리 겸 경제기획원 장관 그리고 외무·내무·법무·국방·문교·문공부 장관 및 중앙정보부장, 청와대 비서실장, 계엄사령관, 합참의장, 각군 참모총장, 보안사령관과 대통령이 임명하는 10인 이하의 위원으로 구성되었다. 형식적으로는 대통령이 주재하는 모양이었으나 각료와 장군이 동격이 된 조직 원리 상 있을 수 없는 기이한 기구였다. 더욱 해괴한 것은 국보위에 상임위원회를 두고 그 안에 13개 분과위원회를 설치케 함으로써 실질적 권한은 상임위원장이 된 전두환에게 있도록 한 점이다.[3] 전두환은 최규하 대통령을 제치고 수해 지역 시찰에 나서는가 하면 텔레비전에 출연해 장시간의 특별 회견을 갖고 국정 운영 문제를 언급함으로써 그 위상이 최규하를 능가했다.

정계의 강제 개편과 언론 장악

정권이 바뀌면 항상 그렇듯이 신군부 역시 각 분야의 '정화작업'에 나섰다. 국보위는 부패 비리 정치인의 척결을 사회 정화의 1차적 목표로 삼았다고 밝히면서 그 이유로 국가적 비상시국을 초래한 가장 무거운 책임이 이들 기성 정치인들에게 있기 때문이라고 주장했다. 국보위는 김종필·이후락 등 공직자가 포함된 부정축재자들의 명단을 공개하고 이들로부터 모두 853억여 원의 재산을 국고에 헌납하겠다는 서약을 받았다고 발표했다.[4] 그러나 많은 해당자가 1987년 민주화 이후 그들의 재산 헌납이 자진 헌납이 아닌, 강압에 의한 것이었다는 이유로 반환 소송을 제기해 대부분 승소함으로써 당시 국보위가 무리를 한 사실이 입증되었다.

국보위는 기성 정치인들의 발을 묶기 위해 1980년 11월 국가보위입법회의에서 정치 풍토 쇄신을 위한 특별조치법을 제정해 567명의 정치인에 대해 8년 간 정치 활동을 금지시켰다.[5] 신군부는 이에 앞서 김종필과 김영삼에게 압력을 넣어 스스로 정치 일선에서 은퇴하도록 했다. 계엄사령부 합동수사반의 조사를 받고 있던 공화당 총재 김종필은 6월 24일 탈당계와 함께 총재직 사퇴서를 공화당 중앙당사에 우송했다. 8월 13일에는 가택 연금 중인 김영삼 신민당 총재가 야당 총재로서 소임을 다하지 못한 모든 책임을 지고 정계에서 은퇴한다는 성명을 발표했다.[6] 김대중의 구속에 이어 김종필과 김영삼이 정계에서 물러남으로써 3김씨 모두 일단 정계에서 배제된 것이다.

신군부는 불량배를 소탕한다면서 2만9,000명에게 강제로 삼청교육을 받게 하고, 많은 공무원·공공기업체 간부 및 언론인과 교수를 직장에서 추방했다. 이에 따라 장차관급 38명을 포함한 각급 공무원 5,490명, 정부투자기업 임직원 3,111명 등 건국 이래 최대 규모인 8,601명이 부패·기밀 누설·무사안일 등 4개 기준에 따라 숙청 또는 직위 해제 당했다.[7] 신군부는 또 언론인 숙청에 나서 언론인들을 대거 해직시켰다. 한국신문협회와 방송협회 및 통신협회 결의에 따른 언론계의 자율 정화 형식으로 강제 해직된 언론인은 총 37개 사에서 717명에 달했다.[8]

신군부는 11월에 들어서는 대대적인 언론사 통폐합을 단행했다. 중앙에서 종합지 1개, 경제지 2개가 다른 신문에 흡수 통합되고 지방지는 1도1지 원칙에 따라 정비했다. 이 때 등록이 취소된 정기간행물은 잡지를 포함해 172종에 달했다. 방송 부문에도 손을 대 민간방송을 없애고 공영방송에 통합했다. 이 때문에 동아방송과 동양방송 등이 KBS에 흡수되었다. 신군부는 또 언론기본법을 제정해 법원의 영장을 받아, 정기간행물과 방송의 표현물을 압수하고 신문사를 폐·정간할 수 있는 근거 규정을 마련하는 등 언론을 통제할 수 있는 제도적 장치를 마련했다. 이와 함께 문공부에 홍보조정실을 신설하고 각 언론사별 담당관을 두어 이른바 '보도지침'을 통해 개별 기사를 통제하는 제도를 마련했다. 물론 신군부의 이 같은 언론 간섭은 언론사에 따라 받아들이기도 하고 거부하기도 해 정부와 언론과의 마찰이 끊임없이 일어났다.[9]

2. 전두환정권 출범

최규하 사임과 정권 인수

신군부에 의해 허수아비가 된 최규하 대통령은 1980년 8월 16일 임기 도중에 물러났다. 그는 사임 성명에서 국보위의 업적을 치하한 다음 "시대적 요청에 따라 새로운 사회를 건설하는 역사적 전기를 마련하기 위해 대통령직에서 물러나기로 했다"라고 말했다.[10] 그러나 누구의 눈에도 그의 사임이 순전한 자의에 따른 것으로 보이지 않았다. 최규하의 사임에 따라 국무총리서리 박충훈(朴忠勳)이 대통령권한대행을 맡았다. 신군부의 움직임은 기민했다. 신군부는 5일 후인 21일 전군 주요 지휘관 회의를 열고 전두환을 '국가 원수'로 추대키로 결의했다. 유신헌법 규정에 따라 통일주체국민회의는 그 엿새 후 대통령 보궐선거를 실시해 단일 후보로 등록한 전두환을 제11대 대통령으로 선출했다.[11] 그의 대통령 선출로 신군부의 정권 장악은 비상계엄 전국 확대 조치 3개월 만에 마무리를 보았다.

전두환은 9월 1일 대통령에 취임하면서 "구시대적 지도층을 역사의 무대에서 퇴장시켰으며 이를 계기로 새로운 가치관을 갖고 있는 청렴하고 양심적인 인사들이 새 시대 창조의 역군으로 등장하게 되었다"라고 말해 정계 개편과 세대 교체의 당위성을 역설했다.[12] 전두환정권은 서둘러 마련한 개헌안을 10월 22일 국민투표에서 확정한 다음 27일 이를 공포했다. 새 헌법은 여전히 권위주의적인 요소가 많았지만 유신헌법보다는 더 인권을 신장하고 대통령의 권한을 축소한 반면 국회의 권한을 늘렸다. 새 헌법은 대통령의 임기를 7년의 단임으로 제한하고, 선출은 대통령선거인단을 신설해 이들이 각 정당에서 추천한 후보 중에서 대통령을 선거하도록 했다. 대선을 간선제로 한 것은 직선제로서는 신군부가 대선에서 승리할 자신이 없었기 때문이다.[13]

전두환의 신군부 정권이 창안해낸 대표적인 정치 공작은 여당인 민주정의당 (약칭 민정당)을 '패권정당'으로 만든 것이다. 신군부는 야당인 민주한국당(약칭 민한당)과 한국국민당(약칭 국민당)을 '위성정당'으로 만들었다. 신군부는 보안 사와 중앙정보부 간부들로 하여금 여당인 민정당의 창당 준비 작업을 하도록 했지만 야당의 창당 문제 역시 정보기관에서 맡아 기본 방향을 결정했다. 신군부 는 두 야당의 총재도 사실상 지명하다시피 했다. 신군부는 앞에서 설명한 정치 풍토쇄신법으로써 대부분 구 정치인들의 정치 활동을 묶으면서 새 정치판 짜기 용으로 그들의 마음에 드는 일부 정치인들은 남겨놓았다. 당시 정가에서 떠돌던 '민정당의 2중대'니 '민정당의 3중대'니 하던 말은 크게 틀리지 않은 평가였다. 신군부의 각본대로 1981년 1월 민정당과 민한당, 그리고 한국당이 잇따라 창당 되었다. 민정당은 창당대회에서 전두환을 총재 겸 대통령 후보로 선출했다. 각 정당들이 창당되고 난 뒤인 1월 24일 비상계엄은 1년 3개월 만에 해제되었다.[14]

5공화국의 공식 탄생

신군부가 당면한 문제는 5·18광주항쟁의 배후자로 지목해 군사재판에 회부한 김대중의 처리 문제였다. 대법원은 1981년 1월 23일 김대중내란음모사건 관련 피고인 12명에 대한 상고심 선고 공판에서 피고인 전원의 상고를 기각, 김대중 의 사형을 확정했다. 그러나 김대중의 사형 집행을 막으려는 국제적 압력이 워 낙 커지자 신군부는 고민에 빠졌다. 신군부는 김대중을 살리는 조건으로 레이건 (Ronald W. Reagan) 신임 미국 대통령과 정상회담을 갖기로 합의했다.[15]

전두환은 1981년 2월 3일 워싱턴의 백악관에서 레이건과 회담하고 카터 대통 령이 결정한 주한미군 철수계획을 백지화하는 한편 미국이 북한과 단독으로 교 섭하지 않기로 합의했다.[16] 레이건과의 회담으로 전두환은 미국의 지지와 협력 을 얻게 되어 국내의 정치적 위상이 강화되었다. 미국 정부는 당초에는 최규하 정권이 추진하던 정치 일정을 지지하면서 신군부의 권력 장악을 막으려 했다. 이를 위해 신군부에게 구실을 주는 과격한 학생 시위를 막기 위해 언론의 협력 을 구했다. 글라이스틴 대사가 1980년의 봄 어느 날 저자를 포함한 한국의 중요 신문사 간부들을 대사관저로 초치해 학생들의 과격한 시위를 자제하도록 언론이 노력해줄 것을 부탁하면서 "한국 군부를 유신 잔당이라고 하지만 미국 군대 역시 보수적입니다. 미국 군대는 한국 군대 이상으로 유신적(維新的)일지 모릅니다"라고 말하던 것이 아주 인상적이었다. 글라이스틴 대사는 '유신적'이라는 말을 한국어로 '유신'(Yoo-Shin)이라고 발음했다. 그러나 신군부가 광주항쟁을 진압하고 권력을 일단 장악하자 미국은 태도를 바꾸어 이를 기성사실로 인정하고 정책을 바꾼 것이다.

신군부가 만든 새 헌법에 따라 치러지는 대통령선거를 위해 우선 대통령선거인단 선거가 실시되었다. 이는 전두환—레이건 정상회담 직후인 1981년 2월 11일 실시되어 5,277명의 선거인단이 선출되었다. 이들 선거인단은 25일 서울 장충체육관에서 실시한 제12대 대통령선거에서 민정당 후보인 전두환을 제12대 대통령에 선출했다.[17] 유신 때와 별반 다름없는 '체육관선거'였다. 전두환은 3월 3일 임기 7년의 단임제인 제12대 대통령에 취임함으로써 '제5공화국'이 정식으로 출범했다. 전두환의 신군부 정권을 5공이라고 부른 것은 신군부 자신들이었다. 새 헌법은 전문에서 "3·1운동의 숭고한 독립 정신을 계승하고 조국의 평화통일과 민족 중흥의 역사적 사명에 입각한 제5민주공화국의 출발에 즈음하여"라고 강조했다.[18] 신군부는 프랑스의 드골 정권이 대통령제 개헌으로 탄생해 '제5공화정'으로 불린 사실에 착안해 전두환정권을 '5공'이라고 부른 것으로 보인다. 그러나 프랑스의 제5공화정은 어디까지나 정체를 지칭하지만 신군부가 말하는 제5공화국은 국체를 지칭하는 듯한 뉘앙스를 풍겨 용어상 혼란을 주고 있다.

대통령선거에 이어 1981년 3월 25일 실시된 제11대 국회의원총선거는 1구2인제의 92개 지역구에서 184명의 의원과 전국구에서 61명을 뽑았다. 선거 결과 민정당은 신군부의 의도대로 과반수 의석을 확보함으로써 패권 정당의 위상을 과시했다. 전체 245석(전국구 61석 포함) 중 민정당은 151석(전국구 61명 포함), 민한당 81석(전국구 24명 포함), 국민당 25석(전국구 7명). 무소속 12석의 의석분포로 나타났다. 좌파 정당인 민사당을 비롯한 민권당, 신정당 등은 각각 2석씩을 얻어 군소 정당으로 전락했다.[19] 유신 치하의 제9대, 10대 국회와 다름없이 무력한 5공 치하의 제11대 국회는 4월 11일 출범했다. 이로써 5공 정부의 체제 정비가 모두 끝난 셈이다.

집권 후의 회유정책

권위주의적이 정권들이 대개 그렇듯이 서슬이 시퍼렇던 전두환의 5공 정권도 출범 초에는 위세가 대단했다. 국민들이 정권에 공포를 느껴 누가 들을까봐 마음대로 이야기조차 하지 못할 정도였다. 언론도 완전히 통제되어 일종의 상시 검열 상태였다. 자택에 연금된 채 원내 진출이 봉쇄된 신민당 전 총재 김영삼의 동정은 보도 금지에 해당했다. 권위주의적 통치는 언론만 통제하면 일단은 이루어진다.

전두환정권은 민심을 회유하는 정책도 썼다. 출범 첫 해인 1981년 8·15광복절을 맞아 광주항쟁 관련자 등 시국사범 1,061명을 특별사면, 형집행정지 또는 가석방 형식으로 석방했다. 개혁 조치의 일환으로 1982년 정초부터 통행 금지를 철폐하고 중고교생의 두발 모양을 자유화한 데 이어 이듬해부터는 교복 착용을 학교 자율에 맡겼다. 그 해(1982년) 2월 10일부터는 65세 이상의 노인들에게 지하철 무료 승차 등 교통비를 경감해 주는 경노우대제를 실시했다. 이중과세의 사실상 시발이 된 '민속의 날'(음력설) 지정도 1985년 1월 전두환정권 때 이루어졌다.

전두환정권은 정치인들에 대한 정치 활동을 규제한지 2년 8개월 만인 1983년 2월 피규제자 567명 중 250명을 제1차로 해제했다. 정치 활동 규제자를 해금하기 시작하면서도 김영삼은 계속 가택 연금 상태로 두었다. 이에 분개한 김영삼은 5월 2일 '국민에게 드리는 글'을 내고 ① 구속 인사의 전원 석방 ② 정치 활동 규제 전면 해금 ③ 해직 교수·근로자·제적 학생의 복직·복권·복교 ④ 언론 자유 보장 ⑤ 개헌 및 국가보위입법회의가 제정한 법률의 개폐 등 5개 항의 요구 사항을 내놓았다. 전두환정권이 이를 간단히 묵살하자 김영삼은 단식 투쟁에 들어갔다. 단식 8일째인 5월 25일 당국은 그를 서울대병원에 강제 입원시켰다. 그러나 그는 병원에서도 단식을 계속해 건강 상태가 악화되었다. 당황한 전두환정권은 드디어 그의 연금 해제를 발표했다. 김영삼은 자신의 연금 해제가 단식의 이유가 아니라고 밝힌 다음 자신이 제시한 5개 항의 민주화 요구를 즉각 수락할 것을 거듭 촉구하면서 단식을 계속했다. 단식은 건강상태의 계속 악화와 의사·가족의 권유로 23일 만인 6월 10일 중단되었다.[20] 김영삼의 단식투쟁은 당시 질식할 것 같은 국내 분위기를 되살리는 데 결정적인 계기를 마련했다.

전두환정권은 이 때부터 강압적인 통치 방식을 바꾸지 않을 수 없었다. 전두환은 이 해 말 국면 전환을 위해 대대적인 유화 정책을 폈다. 구속된 정치인들을 석방하는 동시에 대학가에도 학원자율화조치를 단행했다. 이에 따라 구속 학생 등 공안 사범 500여 명이 석방되고 제적학생 1,300명도 복학되었으며 해직 교수들도 복직되었다.[21] 전두환정권이 유화책으로 나오게 된 것은 집권 초기에 비해 어느 정도 정치적·사회적 안정을 확보했기 때문이다. 전두환은 집권 초기인 1981년 9월 독일 바덴바덴에서 1988년의 올림픽 개최지를 52대 21표로 일본 나고야(名古屋)를 물리치고 서울로 정하는 데 성공했다. 전두환은 이를 자신의 큰 업적으로 자부하면서 서울올림픽을 무사하게 치르기 위해 국제적인 이미지를 개선할 필요를 느꼈다. 이 무렵에는 경제 역시 뒤에서 보는 바와 같이 1980년의 최악 상태에서 회복되어 1983년에는 11.9%의 고도 성장을 이룩해 전두환에게 자신감이 생기게 했다.

3. 빨리 시동 걸린 민주화 투쟁

조직화된 민주운동 세력

전두환정권이 일단 유화 정책으로 나오자 그의 권위주의 통치에 대한 반발은 정계, 재야, 지식인, 대학 등 각 분야에서 봇물이 터지듯 일어나기 시작했다. 전두환정권이 단기간 안에 탄생했듯이 민주화운동 역시 단기간 안에 부활된 것이다. 1984년은 신군부 정권 아래서 민주화운동이 점화되어, 민주화를 위한 장정(長征)이 시작된 해였다. 전두환정권은 2월에 2차 해금 조치를 단행해 202명의 정치인에 대해 정치 활동을 허가했다.[22]

신군부의 집권 과정에서 투옥되었던 학생운동가들이 학원자율화조치로 석방되자 1984년 새 학기부터 학원자율화추진위원회가 대학별로 결성되면서 학도호국단이 해체되는 동시에 총학생회가 구성되었다. 이 해 4월에는 작가·예술가 등 지식인들이 민중문화운동협의회를 만들고, 9월에는 학생운동가 출신들이 민주화운동청년연합을 만들었다. 10월에는 각종 민주화운동 단체의 통합 기구로 민주통일국민회의가 발족함으로써 재야 세력의 연합 전선이 전국적으로 일원화되었다.[23]

1984년 2학기로 들어서자 대학생들의 움직임이 활기를 띠었다. 9월 21일 서울대학교 학생 400명의 횃불 시위가 처음으로 벌어졌다. 뒤이어 대구 경북대학교에서 학생들이 총장실에 쳐들어가 기물을 부수고 불을 지르는 사태가 일어나고 서울대에서 학생들이 학원프락치사건을 이유로 수업을 거부하는 사태가 발생했다. 11월에는 대학생들의 시위가 전국적으로 확대되었다. 이 시기에 전국 42개 대학의 대학생들이 연세대학교에 모여 반독재민주화투쟁전국학생연합을 만들었으며 대학생 264명이 서울 종로구 관훈동에 있는 민정당사를 점거해 농성을 벌인 사건이 일어났다. 또한 6개 대학생 1천 명이 참가한 가운데 전국학생총연맹(전학련)이 고려대학교에서 발족했다.[24]

정부는 11월 3차로 해금 조치를 취해 추가로 84명에게 정치 활동을 허용했다. 해금된 정치인과 교수들은 즉시 민주화운동 단체에 합류했다. 3차 해금 조치에도 불구하고 김영삼·김대중·김종필 3인은 계속 묶여 있었는데 이것은 야권의 강력한 구심점이 형성되는 것을 막아 야당 세력을 분열시키려는 술책에서 나왔다.[25]

재야 단체 중에서도 가장 강력한 새 조직은 정치인 중심의 민주화추진협의회(약칭 민추협, 民推協)였다. 민추협은 광주항쟁 4주년인 1984년 5월 18일에 맞추어 그 결성이 발표되었다. 공동의장에는 김영삼과 미국에 머물고 있는 김대중을 대리한 김상현이 맡았다. 6월 14일 정식으로 출범한 민추협은 발족 선언에서 국민이 자신의 정부를 선택할 수 있고 시민의 참여가 보장되는 민주 정부가 수립되어야 한다고 밝혔다. 이를 실현하기 위한 9개 항의 투쟁 결의 중에는 선거 제도와 비민주적 법률의 개정이 포함되어 있다.[26]

신민당의 결성과 선거 승리

민추협의 신당 결성 움직임은 1984년 연말을 기해 본격화했다. 민추협의 제12대 총선 참여와 신당 창당 계획은 12월 김영삼·김대중·김상현 3인의 이름으로 공식적으로 발표되었다. 신당 출현이 가시화되자 어용 야당인 민한당의 서석재(徐錫宰), 박관용(朴寬用), 홍사덕(洪思德) 등 8명의 의원이 기자회견을 갖고 탈당과 함께 신당 합류를 선언했다. 신당은 과거 유신 정권과 정면 대결을 하다가 신군부에 의해 해산된 신민당의 선명한 이미지를 계승한다는 취지에서 '신한민주당'(약칭 신민당)이라고 했다. 신민당 창당발기인대회는 결의문과 국민에게 드리는 메시지를 통해 정치풍토쇄신법 폐지와 김영삼, 김대중을 비롯한 인사들에 대한 전면적인 정치 해금을 요구하고 신민당이 모든 민주 세력의 총집결체이며 민주 회복의 중심이라는 것을 선언하는 것이다. 신민당은 이듬해인 1985년 1월 창당대회를 갖고 이민우(李敏雨)를 총재로 선출했다.[27]

신민당은 2월 12일 실시된 제12대 국회의원총선거에서 어용 야당이라는 비난을 받던 유치송의 민한당을 완전 제압함으로써 정치 지형을 크게 바꾸어 놓았다. 이 해의 총선은 전두환정권 출범 후 4년 만에 실시되었기 때문에 정권에 대한 국민의 심판이었다. 예상대로 신민당은 선거전에서 선명한 야당의 이미지를 부각시켜 선거 판도가 심상치 않게 전개되었다. 전국의 92개 지역구에서 2명씩 뽑히는 모두 184석의 지역구 의원과 전국구 의원 92석을 합한 총 276석 가운데 민정당은 148석(전국구 61석 포함)을 얻었다. 신민당은 67석(전국구 17석 포함), 민한당은 35석(전국구 9석 포함), 국민당은 20석(전국구 5명), 신정사회당은 1석, 그 밖에 군소 정당과 무소속이 5석을 차지했다. 투표율은 5·16 이후 최고의 높아진 국민들의 관심을 반영해 84.6%에 달했다. 각 당의 지역구 득표율을 보면, 민정당은 불과 35.3%, 신민당 29.2%, 민한당 19.5%, 국민당 9.2%여서 신민당의 일대 승리였다.[28] 신민당이 승리를 거둔 것은 민추협의 두 기둥인 양 김씨의 선명한 이미지가 작용한 것 이외에 민주화 투쟁을 위한 연합 전선에 구 민주통일당과 사회당, 그리고 구 공화당 세력이 동참했기 때문이다. 구 공화당 계열로 신민당에 동참한 이는 박찬종(朴燦鍾), 조홍래(趙洪來) 등이 대표적인 인물이다.[29] 이 선거 결과는 민심이 전두환정권으로부터 멀어지고 있다는 증거이기도 했다. 전두환정권은 출범 불과 3년 만에, 그리고 임기를 3년 남겨놓은 상태에서 커다란 정치적 도전에 직면했다.

내각제 개헌으로 돌아선 전두환정권

제12대 총선에서 돌풍을 일으킨 신민당의 원내 진입은 그 때까지 전두환정권이 추진하던 정국 운영 방식에 큰 변화를 강요했다. 신민당의 승리는 3김씨를 계속 정치 활동 피규제자로 묶어두는 것이 무의미할 뿐 아니라 오히려 마이너스가 된다는 사실을 깨닫게 했다. 그 결과 총선 후 20여 일이 지난 1985년 3월 전두환정권은 마지막 해금 조치를 내렸다. 이제 세 김씨를 비롯한 14명 모두가 정치 활동을 자유롭게 할 수 있게 되었다.[30]

김영삼은 미국에서 막 귀국한 김대중과 3월 5일 회동하고 신민당을 중심으로 야당 통합을 추진하기로 합의하는 한편 민추협의 조직을 확대 강화하기로 했다. 민한당 측에서도 두 김씨의 야당 통합 움직임에 호응해 야당통합추진수권위원회를 구성했다. 총선 패배 책임을 지고 물러난 유치송의 뒤를 이어 민한당 총재로 취임한 조윤형(趙尹衡)은 신민당에 무조건 합당할 것이라고 선언했다. 이를 계기로 민한당 소속 의원들은 당내 협의가 끝나기도 전에 대거 탈당해 신민당으로 들어가는 사태가 일어났다. 4월 들어 민한당 의원 30명과 원외 지구당 위원장 등 28명 및 국민당 의원 3명, 무소속 및 신정당 의원 등 3명이 두 차례에 걸쳐 신민당에 입당했다. 그 결과 신민당은 재적 의원의 3분의 1이 넘는 103석의 의석을 확보해, 단독으로 국회를 소집할 수 있는 거대 야당으로 발돋움했다. 이에 따라 국회는 양당 구도가 되었다.[31]

거대 야당 신민당의 탄생으로 제12대 국회의 개원이 한 달 이상 지체되었다. 신민당이 개원의 조건으로 김대중의 사면 복권과 구속자 석방을 요구하면서 시간을 끌었기 때문이다. 이민우 신민당 총재는 대표 연설에서 대통령직선제로의 개헌을 주장했다. 원외의 민추협 공동대표인 김영삼과 김대중은 공동 성명을 통해 그 해 가을 중에 개헌에 관해 여야 간 합의가 이루어지지 않을 경우 이듬해 봄 이후에는 정국에 예기치 않은 불행한 사태가 일어날 수도 있다고 경고했다. 신민당은 그해 8월 헌법개정특별위원회를 국회에 둘 것을 제안했다. 민정당이 이를 거부하자 신민당은 재야 운동권과 함께 원외 투쟁에 들어가 1986년 2월 민주화운동국민연합을 창립하고 1,000만 개헌서명운동을 벌였다. 국민연합은 직선제 개헌 서명을 받기 위해 전국 각지에서 대중 집회를 개최하고 많은 청중을 동원하는 능력을 과시했다. 전두환정권은 부득이 신민당의 장외 집회 중단을 조건으로 개헌 논의가 가능하다는 양보안을 제시했다. 신민당이 이를 수용하자 이같은 유화적 태도에 불만을 품은 일부 재야 세력, 특히 문익환(文益煥), 백기완(白基玩) 등으로 조직된 민통련은 5월 1일 국민연합에서 탈퇴했다. 민통련은 전두환정권과 민정당 뿐 아니라 신민당까지 비난하고 나서서 신민당과 재야 간의 노선 갈등을 드러냈다.[32]

1986년으로 들어서도 개헌 문제에 돌파구가 마련되지 않자 신민당은 다시 장외로 뛰쳐나가 2월부터 민추협과 함께 개헌 서명 작업을 강행했다. 경찰은 김영삼 신민당 고문이 당사에 나가 개헌 요구 서명을 하자 그를 자택에 감금하고 신민당사를 봉쇄해 서명 서류를 수색하는 강경책으로 대처했다. 이에 이민우 신민당 총재, 김영삼 신민당 고문, 김대중 민추협 공동의장은 공동 성명을 발표하고 그 해 가을까지 직선제 개헌을 완료해 1987년에 대선을 실시할 것 등 7개 요구 사항을 제시했다. 3월부터는 개헌 운동이 종교계와 대학으로 확대되었다. 한국기독교교회협의회가 직선제 개헌을 요구하는 시국선언문을 발표하고 고려대학교 교수 28명도 시국선언문을 발표했다. 4월에는 한신대 교수 42명이 개헌촉구 시국성명을 발표했으며 명동성당에서는 천주교 신자들을 중심으로 개헌서명운동이 벌어졌다. 이후 시국선언을 발표한 교수는 28개교에서 763명으로 집계되었다.

국내에서 개헌 운동 열기가 높아진 가운데 1986년 4월 유럽 4개국을 순방하고 돌아온 전두환은 청와대에서 3당 대표를 초청해 귀국 보고를 위한 간담을 하는 자리에서 내각책임제에 관심을 표시했다. 5월 6일에는 천주교정의구현사제단이 민주화를 위한 시국선언문을 발표했다. 신민당과 재야 측의 개헌 공세가 강화되자 민정당은 6월 들어 개헌 문제를 원내로 수렴하기 위해 신민당과 타협, 국회에 개헌특별위원회를 설치했다. 헌법개정특위는 7월 30일부터 정식 활동에 들어갔다. 신민당과 국민당은 대통령직선제개헌안을, 민정당은 내각책임제개헌안을 각각 제출했다.[33] 그러나 개헌특위가 여야의 대립으로 인해 본격적인 토의는커녕 공청회 한 번도 열지 못한 채 공전을 거듭하자 신민당은 개헌특위를 깨고 10월 7일 전북 군산을 시발로 직선제 개헌원외추진대회를 열고 장외 투쟁에 들어갔다. 이렇게 해서 여야 대화가 교착 상태에 빠진 채 1986년도 저물었다.

② 6·29선언

1974년에서 1990년 사이에 최소한 30여 개의 국가가 민주주의로 이행해 전 세계의 민주정부는 거의 두 배로 늘어났다. … 현재 진행되고 있는 민주 이행의 시대는 근대 세계사에서 일어난 민주화의 세 번째 물결(The Third Wave)을 이루고 있다. 최초의 물결은 … 1820년 미국에서 참정권 확대로 시작되어 1926년까지 약 29개 국가에 민주주의가 확산되었고 … 두 번째 물결은 제2차 세계대전 종결 이후에 시작되어 1962년까지 36개 국가에서 민주주의가 실현되었다.

– 새뮤얼 P. 헌팅턴(Samuel P. Huntington)

1. 역사를 바꾼 박종철 사건

통일민주당 창당과 4·13호헌선언

1986년 하반기부터 정가에 떠돌던 전두환의 내각책임제개헌 추진설은 그 해 연말에 의외의 상황으로 발전했다. 12월 24일 신민당 총재 이민우가 7개 항의 민주화 조치를 조건으로 내각제 개헌도 긍정적으로 받아들일 수 있다고 발표하면서 파란이 일어난 것이다. 7개 항은 지방자치 실시, 언론 및 집회와 결사의 자유 보장, 공무원의 정치적 중립 확보, 2개 이상 정당제도의 정착, 공정한 국회의원선거법 제정, 구속자 석방 등이다. '이민우 구상'이라고 불린 이 제안은 민정당과 국민당 측에서는 환영했으나 막상 신민당 안에서는 소동이 일어났다.[1]

이민우 발언이 당론에 위배된 발언이어서 당내에서 강력한 비판이 제기되었다. 당의 고문직을 맡고 있던 김영삼과 김대중은 대통령제를 선호하고 있었다. 이민우는 결국 그의 구상을 철회했으나 당내에는 평소부터 내각제 주창자인 이철승(李哲承) 등 비주류 세력이 포진하고 있어 문제가 간단치 않았다. 양 김씨는 1987년 2월에 회동하고 직선제개헌을 관철하기 위해서 그해 5월로 예정된 전당대회에서 이민우를 퇴진시키고 김영삼이 그 자리를 맡기로 합의했다. 그러나 이민우는 이에 응하지 않았다. 그를 지지하는 당내 비주류는 당사를 점거하고 김영삼의 당 접수에 반항했다. 마침내 두 김씨는 분당하기로 결정하고 4월 8일 신당 창당을 선언했다.[2]

두 김씨가 신당을 만들기로 한 데는 '이민우 구상'이 여당과 모종 관련을 갖고 추진되고 있지 않는가 하는 불신감도 작용했다. 당시 정가에서는 민정당 측이 이민우에게 내각책임제를 받아들이면 상징적인 대통령 자리를 제공하겠다고 그를 회유했다는 풍설이 나돌았다.[3] 두 김씨는 신당의 이름을 통일민주당(약칭 민주당)으로 정하고 4월 13일 창당발기인대회를 개최했다. 선명한 신당의 창당이 기정사실화하자 신민당 의원 78명이 탈당해 신당에 합류하는 대이동이 일어났다. 이 과정에서 신민당의 일부 비주류 의원들이 폭력배를 동원해 20여 곳에서 신당의 지구당 창당대회를 폭력으로 저지했다. 이것이 이른바 '용팔이사건'이다.[4]

전두환의 4·13호헌선언은 이런 상황에서 발표되었다. 민주당의 창당으로 내각제 개헌이 완전히 물 건너갔기 때문이다. 전두환은 4월 13일 특별 담화를 통해 "여야가 헌법안에 합의한다면 개헌할 용의가 있었지만, 야당의 억지로 그것이 불가능해졌기 때문에 부득이 현행 헌법을 고수할 수밖에 없다"라고 밝혔다. 그는 이어 "평화적인 정부 이양과 서울올림픽 등 국가 대사를 성공적으로 치르기 위해 국론을 분열시키고 국력을 낭비하는 개헌 논의를 지양하고 민정당의 후임 대통령 후보를 결정하겠다"라고 발표했다.[5] 전두환은 대통령선거를 종래대로 간선제로 치르기로 결정하고 노태우를 후보로 내정했다.

6·10항쟁의 기폭제

1987년 6월 10일 발생한 한국 현대정치사상 가장 빛나는 명예혁명인 6월항쟁은 서울대 언어학과 3년생 박종철 군의 고문치사사건을 계기로 시작되었다. 경찰은 당초 이 사건이 그해 1월 15일 최초로 표면화하자 박 군의 사망 원인을 그가 조사를 받던 도중에 일어난 '쇼크사'로 거짓 발표했다. 언론의 집요한 추적 끝에 그가 그 전날 남영동 대공분실에서 경찰의 조사를 받던 중 물고문으로 사망한 사실을 밝혀내자 국민들의 분노는 극에 달했다. 자체 수사에 나선 치안본부는 나흘 후인 19일 부득이 치안본부 대공수사2단 조사관 2명을 고문 혐의자로 구속했다.[6] 전두환정권은 이로써 박 군 사건이 일단락될 것으로 기대했다. 당시로서는 이 사건이 장차 한국 정치의 흐름을 완전히 바꾸어 놓을 줄은 아무도 예상하지 못했다.

　그러나 그로부터 넉 달 후인 5월 들어 박 군 사건은 의외의 방향으로 흘러갔다. 18일 명동성당에서 광주항쟁 7주년 기념 미사가 있은 다음 천주교 정의구현 전국사제단의 김승훈(金勝勳) 신부가 박 군 사건의 범인이 조작되었다고 폭로했다. 검찰은 드디어 사흘 후 박 군 사건의 범인이 5명에서 2명으로 축소되었다고 시인하고 나머지 3명도 추가 구속했다.[7] 이 소식이 보도되자 국민 여론이 극도로 악화된 가운데 민주당과 재야 대표들은 5월 23일 서울 종로구 연지동 기독회관에서 모임을 갖고 전국 규모의 대대적인 항의 집회를 6월 10일에 갖기로 결정했다. 이날 모임에서는 대회 개최 준비를 위해 박종철 군 고문살인은폐조작 규탄범국민대회준비위원회를 발족시켰다. 준비위원회는 김영삼·김대중·김수환(金壽煥) 등 고문 12명과 계훈제·(桂勳梯)·박형규(朴炯圭)·송건호 등 공동위원장 35명, 김상근(金祥根)·오충일(吳忠一) 등 집행위원 87명으로 구성되었다.[8]

　이 무렵 신민당과 재야 단체인 민통련은 나흘 후인 27일에는 25개 운동 단체의 대표 2,196명을 발기인으로 하는, 시민단체의 규모로서는 건국 이후 최대인 '민주헌법쟁취국민운동본부'를 결성했다. 국민운동본부는 발족에 즈음해 6월 10일의 행사 성격을 박 군 사건 규탄과 아울러 '직선제개헌촉구집회'도 겸한 대회로 하기로 계획을 바꾸었다. 국민운동본부는 이렇게 하는 것이 효율적이라고 판단을 내린 것이다. 국민운동본부는 6월 10일의 시위를 오후 6시 서울의 대한성공회 대성당과 전국 대도시에서 가지기로 하고 전국의 자동차는 대회 당일 오후 6시 정각 애국가가 끝남과 동시에 경적을 울리고 모든 교회와 사찰은 타종을 해서 민주 헌법 쟁취를 위한 국민적 의지를 표시하기로 하는 등 국민 행동 요강도 정했다.[9]

펜으로 민주화 투쟁 이끈 언론

마침내 운명의 그날 6·10국민대회는 전국 20여 개 도시에서 수만 명이 참가한 가운데 일제히 열려 격렬한 시위로 변했다. 이날 하루에 3,831명이 경찰에 연행되어 양순직 통일민주당 부총재, 박형규(朴炯圭) 목사 등 지도급 재야 인사를 포함한 220여 명이 구속되었으며 시민 경찰 모두 768명이 부상했다. 이날 저녁 시위대원 일부는 명동성당으로 몰려들어 밤 10시 1천여 명으로 불어난 가운데 횃불을 들고 투석전을 벌여 경찰을 밀어내고 바리케이트를 설치했다. 마침내 이날, 전두환정권을 가장 곤혹스럽게 한 5일간의 명동성당 농성이 시작된 것이다.[10]

6월항쟁은 6·10집회로부터 6·29선언이 나오기까지 거의 매일 전국 중요 도시에서 파상적으로 전개되었다. 시위자들의 명동성당 농성 사태는 전두환정권을 딜레마에 빠지게 했다. 전두환정권은 이들의 해산 방법을 둘러싸고 연일 대책회의를 열어 숙의했으나 군대를 풀어 농성을 해산하자는 강경론과 군대가 아닌, 경찰력으로 해결해야 한다는 온건론이 맞서 결론을 내지 못했다. 결국 전두환은 국민의 분노와 미국의 압력, 그리고 서울올림픽에 대한 고려 때문에 온건론으로 기울어졌다. 명동성당 농성자들은 사제단의 중재로 6일 만에 농성을 풀었다.

그러나 거리의 시위는 그치지 않고 18일 들어서는 대학생들의 심야 시위가 70여 개교가 참가한 가운데 전국 중소 도시까지 확대됨으로써 신민당마저 폭력 시위를 자제할 것을 호소하는 상황으로 발전했다. 26일에는 다시 전국적인 대규모 행진이 개최되어 37개 시·읍에서 사상 최대의 인원인 약 100만 명이 시위에 참여했다. 시위대는 밤늦도록 거리를 행진하면서 경찰과 충돌해 연행자만 3,400여 명이나 되었다. 시위가 후반에 접어들자 넥타이를 맨 샐러리맨, 상인, 노동자, 가정주부들까지 데모에 합류한 사실에 전두환정권은 충격을 받았다.[11] 전국 중요 도시가 모두 최루탄 가스로 얼룩진 긴박한 주말이 지나고 월요일인 29일 마침내 노태우 민정당 대표의 6·29선언이 발표되었다.[12]

언론은 1960년의 4·19항쟁 때처럼 박군고문사건과 6월항쟁의 전 과정에서도 적극적으로 나섰다. 언론은 시위에 관련된 사실 보도뿐 아니라 사설·칼럼 등 의견 기사, 심지어는 시까지 실어 국민 항쟁을 고무하는 동시에 5공 정권의 민주화 결단을 촉구하는 적극적인 논조로 나왔다. 정권으로부터 "혁명을 선동한다"라는 비난과 압력이 언론에 가해졌으나 언론은 이를 개의치 않고 6월항쟁에 불을 붙인 것이다. 6월항쟁은 언론인들로서는 펜으로 싸운 민주 투쟁이었다. 언론은 민주화를 성취하기 위해 국민들을 동원하는 조직역과 국민들에게 홍보하는 선전역을 함께 수행했다고 해도 과언이 아니다. 당시 언론이 수행한 역할에 대해 어느 진보적 정치학자는 다음과 같이 평가했다.

> 언론은 … 한국 현대정치사의 결정적 계기에서 지대한 역할을 수행해 왔다. 이것은 언론의 비판적 기능이 얼마나 중요한가를 보여주는 예증이다. 1987년 6월항쟁과 군부 권위주의의 해체를 가져오는 데도 역시 양심적이고 비판적인 언론의 역할은 커다란 기여를 하였다.[13]

2. 민주화의 길로

여야 대표 회담

공교롭게도 6·29선언을 낳게 한 6월항쟁의 첫날인 10일은 민정당이 장충단체육관에서 임시전당대회를 열어 노태우를 대통령 후보로 지명한 그 날이었다. 이날 저녁 서울역 맞은편 언덕의 남산순환도로 입구에 위치한 힐튼호텔에서 전두환을 비롯한 정부 및 여당의 고위 인사, 그리고 외교 사절들과 국내 내빈들이 참석한 가운데 성대한 축하 파티가 열렸다. 그러나 연회장에는 축하 분위기가 나지 않았다. 그 순간에 호텔 밖 서울역과 남대문 부근에서 대규모 시위가 진행되고 있는 데다 바로 그날 아침 연세대 학생들이 6·10대회 출정식을 갖고 교문 밖으로 진출하려다가 이를 제지하는 경찰과 충돌해 연세대 경영학과 2년생 이한열(李韓烈) 군이 경찰의 최루탄을 맞고 실신한 사건이 발생했기 때문이다. 이튿날 자 신문에 실린 이 군의, 머리에 피를 흘리면서 동료에게 의지하고 있는 모습의 사진은 충격적이었다.[14] 민정당은 어수선한 가운데서 예정된 대통령 후보 지명대회를 강행했지만 긴장된 분위기만은 어쩔 수가 없었다.

축하 파티에서 축사를 한 전두환은 연설의 마지막 대목에서 대통령 후보 노태우의 특별 경호를 당부하는 말을 했다. 그는 특유의 어조로 "대통령 후보가 일을 당하면 골치가 아프거든요!" 하고 농담 삼아 말했다. 그러나 웃는 사람은 거의 없을 정도로 분위기가 굳어 있었다. 긴장된 분위기 속에서 파티가 끝나고 참석자들이 밖으로 나오는 순간 서울역과 남대문 일대에서 경찰이 시위대를 향해 쏜 최루탄 가스가 바람을 타고 언덕바지에 있는 힐튼호텔 쪽으로 날아왔다. 최루탄 가스가 워낙 독해 파티 참석자들의 눈과 코를 찌르듯이 매운 냄새를 풍겼다. 저자도 파티가 끝나고 연회장 밖으로 나오고 있었는데, 어떤 부인이 다가와서 "국장님, 저희는 어떻게 하지요?" 하고 말했다. 소리가 나는 쪽을 바라보니 저자가 잘 아는 어떤 각료의 부인이었다. 그 부인의 눈에도 전두환정권의 앞날이 불안했던 것이다.

6월항쟁이 날이 갈수록 격화되는 와중에서 13일 국민당 총재 이만섭(李萬燮)이 4당대표회담을 제의했다. 그러나 민주당 총재 김영삼은 전두환과의 직접 대화가 아니면 의미가 없다 하고 이를 거부해, 민정당 총재 노태우와 이만섭, 그리고 노태우와 신민당 총재 이민우와의 개별 회담이 성사되었다. 18일부터 시위 분위기가 혁명적 열기로 변한 다음 20일 국회 귀빈 식당에서 열린 노태우·이만섭의 양자 회담이 끝난 다음 두 사람은 공동 발표문에서 시위 사태의 정치력에 의한 평화적인 극복, 폭력적인 방법이나 공권력에 의한 비상조치의 회피, 대화와 타협에 의한 난국 수습 등 세 항목에 합의했다고 발표했다.[15] 노태우가 공권력을 사용해 시위를 해산하지 않겠다고 약속한 것에 의미가 있었다. 같은 날 같은 장소에서 뒤이어 열린 노태우와 이민우의 양자 회담에서도 비슷한 합의가 있었다.[16]

청와대 연쇄 회담과 전두환의 결단

전두환은 24일부터 야당 지도자들 및 종교 지도자들과 접촉하기 시작했다. 그는 이날 김영삼·이민우·이만섭 세 야당 대표들과 차례로 만났다. 김영삼은 국민들에게 대통령직선제와 내각제 중 어느 쪽을 바라는가를 묻는 선택적 국민투표를 실시할 것을 요구했으며 이만섭은 대통령직선제를 촉구했다. 전두환은 계엄령과 같은 비상조치의 선포를 하지 말 것을 요구한 야당 지도자들에게 "비상조치는 절대로 선포하지 않겠다"라고 약속함으로써 직선제 개헌 문제가 한 고비를 넘는 듯한 인상을 주었다. 전두환은 야당 대표들에게 "(나는) 노태우 대표에게 정국을 이끌고 야당과 대화하는 것을 모두 책임지고 하라. 그 결과를 알려주면 나는 받아들이겠다고 했다"라고 밝혔다.[17]

이날 저녁에는 전두환과 노태우의 면담이 급히 이루어졌다. 노태우의 회고에 의하면, 전두환은 청와대로 달려온 노태우에게 "직선제를 해도 이기지 않겠소"라며 직선제를 강력히 권고했고, 이에 노태우는 "직선제로 과연 이길 수 있겠습니까"하고 반문했다는 것이다. 이 자리에서 두 사람 사이에 직선제 개헌을 하기로 합의가 되었다.[18] 노태우는 나중에 자신이 1987년에 접어들면서 직선제 개헌을 고려하기 시작했으며 6월 10일 이후부터는 직선제를 수용하고 김대중을 사면·복권할 수밖에 없다는 생각을 확고히 했다고 주장했다.[19] 전두환은 직선제를 해도 민정당이 질 염려는 전혀 없으므로 이를 받아들일 것을 노태우에게 권고했다고 회고했다. 직선제를 받는 것이 직선제를 하지 않음으로 해서 야기되는 혼란보다는 적을 것이므로 노태우가 이를 건의하는 방식으로 하도록 합의했다고 밝혔다.[20] 전두환은 이튿날부터는 최규하 전 대통령과 김수환(金壽煥) 추기경, 한경직(韓景職)·강원룡(姜元龍) 목사, 오녹원(吳綠園)·서의현(徐義玄)·최월산(崔月山) 스님 등 종교계 원로들과 만나 정국 타개에 관한 의견을 들었다.

29일 발표된 노태우 민정당 후보의 6·29선언은 6개 항으로 되어 있다. 그 골자는 ① 대통령직선제 개헌을 통한 1988년 2월 평화적 정권 이양 ② 대통령선거법 개정과 공정한 경쟁 보장 ③ 김대중의 사면 복권과 시국 관련 사범들의 석방 ④ 인간 존엄성 존중 및 기본 인권 신장 ⑤ 자유 언론의 창달 ⑥ 지방자치 및 교육자치 실시 ⑦ 정당의 건전한 활동 보장 ⑧ 과감한 사회 정화 조치의 단행이다. 정치인들이 중대 결심을 하고 난 뒤에 그렇듯이 노태우도 이날 이 선언을 발표한 다음 비장한 표정으로 국립묘지를 참배했다.[21] 전두환이 아닌, 노태우가 직선제 개헌과 정권 이양을 약속한 것은 다음 대통령선거에서 민주화 선언의 주동자로서 프리미엄을 누리려는 정치적 계산에 따른 것이다.

미국의 헌팅턴 교수는 1980년대에 제3세계의 30여 국가에서 연쇄적으로 일어난 민주화 물결을 '제3의 물결'이라고 부르고 한국에서는 온건한 기성 권력자와 민주화 세력 간에 합의에 의한 권위주의 권력의 '전위'(轉位, transplacement)가 이룩되었다고 분석했다.[22]

미국의 개입

미국 정부는 한국에서 중요한 정치적 변화가 있을 때는 항상 그랬듯이 이번에도 적극적으로 개입했다. 개헌 문제로 한국의 정치 대립이 격화되자 국무성의 시거(Gaston Sigur) 아시아 태평양 담당 차관보는 1987년 2월, 미국 정부는한국의 민주화와 이를 위한 타협을 지지한다고 천명했다. 그 후 6월항쟁이 시작되어 한국 정세가 혁명적 분위기로 변하자 레이건 대통령은 전두환에게 국민의반정부 행동에 무리하게 대응하지 말 것과 반대파와 대화를 가질 것을 촉구하는 친서를 보냈다. 동남아를 순방 중이던 슐츠(George Schultz) 국무장관도 싱가포르에서 가진 기자회견에서 한국의 시위 사태에 계엄을 선포하는 것을 반대한다고 밝혔다.[23] 6월 18일 부산 일대가 과격한 시위로 해방구나 다름없게 되자전두환정권은 그날 밤을 기해 부산 일원에 위수령을 발동했다. 이것은 군대를투입하기 위해서였다. 그러나 하루도 안 된 19일 오후 4시 25분 정부는 위수령을 취소했다. 이것은 레이건의 친서 등 미국의 압력 때문이었다.

미국 정부는 20일부터는 백악관에 한국대책특별반을 설치, 가동하면서 종래의 조용한 외교방식을 지양하고 공개적으로 한국 문제에 개입하기 시작했다. 미국무성은 도이치(Edward Deutsch) 안보 원조 및 과학기술담당 차관과 시거 동아시아 및 태평양 문제 담당 차관보를 연이어 한국에 급파, 전두환을 만나게 했다. 미국 정부의 공개적인 압력 행사였다. 슐츠 국무장관은 23일 기자회견에서공개적으로 "개헌 협상 대비가 한국 정치 발전의 열쇠"라고 밝힌 다음 "국민의의사를 민주적으로 반영할 수 있는 담보 아래 권력 이양을 실현할 수 있도록 여야 협상을 가질 것"을 촉구했다. 같은 날 국무성 대변인은 "현재의 한국 사태를해결하기 위해 군이 개입하는 것은 한국의 국익에 심각한 해악을 끼칠 것이라고 주장하고, 한국군의 지휘관들은 국방에만 전념하고 한국 국민들이 받아들일수 있는 방법을 통해 정치 과정이 전개되도록 하라"라는 내용의 성명을 발표했다.[24] 이것은 전두환이 군을 동원하는 것을 막기 위한 것이다. 군을 동원하지 않는 한 전두환으로서는 민의를 따를 수밖에 없었다.

미국 정부는 6·29선언이 입안되고 있을 때 재빨리 이 사실을 포착해 기정사실화했다. 28일 슐츠 국무장관은 워싱턴에서 방송과의 회견을 통해 "한국 국민들이 경제적 기적을 이룩했듯이 정치적 기적도 이룩할 수 있는 상당한 기회를 맞이했다"라고 말한 다음 "한국 정부는 중요한 문제에 관한 입장을 바꿔 지금 (새로운) 약속을 하려하고 있다. 이것은 미국의 장기적 노력의 일환이기도 하고, 중요한 것은 한국 국민의 장기적 노력의 일환이다"라고 밝혔다.[25] 6·29선언이 발표된 다음날인 30일 미국 하원 동아시아 및 태평양소위원회 위원장 솔라즈 (Steve Solars) 의원은 아시아태평양소위 한국 문제 청문회에서 "이번 일의 공로는 한국 국민, 노태우, 김영삼, 김대중 씨에게 돌아가야 하며, 미 행정부와 의회 간의 협조에 돌아가야 한다"라고 말한 다음 그 자리에 출석한 시거 국무성 아태담당 차관보를 가리켜 '노벨상감'이라고 치켜세웠다.[26]

3. 전두환의 빛과 그림자

법의 단죄 받은 신군부 세력

12·12사태와 5·17광주항쟁 진압 작전은 16년의 세월이 흐른 다음 사법부의 심판을 받았다. 민주화 이후 노태우정권은 두 사건의 정치적 해결책으로 전두환을 강원도 백담사로 유배 보내는데 그쳤다. 김영삼 정부에 들어와서도 검찰은 당초에는 두 사건을 사법적으로 다루는 것을 꺼려 12·12사건을 기소유예하고 5·18광주사건에 대해서는 공소권이 없다고 결정했다.

그러나 1995년 8월과 10월 서석재(徐錫宰) 총무처 장관과 민주당 박계동(朴啓東) 의원의 연이은 폭로로 노태우의 거액 비자금 보유 사실이 드러나 상황은 급변했다. 노태우는 비자금 5,000억 원의 조성 사실을 시인하고 검찰에 구속되었으며 전두환 등 다른 신군부 수뇌들에 대한 사법 처리도 불가피하게 되었다. 김영삼은 11월 5·18에 관한 특별법을 제정할 것을 당정에 지시했다. 이에 따라 정부는 즉각 법안을 기초해 국회로 넘겨 통과시킨 다음 한 달만인 12월 이를 공포했다. 검찰은 11월 말 두 사람에 대한 재수사에 착수, 12월 전두환도 구속 수감했다. 검찰은 이듬해인 1996년 2월 전두환·노태우 등 관련자 16명을 기소했다. 그해 8월 마침내 서울지방법원에서 선고 공판이 열렸다. 이들 사건을 심리한 서울지방법원 형사합의 30부(재판장 김영일)는 12·12사건은 '군사 반란'으로, 광주 5·17무력진압사건은 '내란 목적 살인'으로 규정하고 전두환에게는 사형, 노태우에게는 징역 22년 6월을 선고했다. 무죄 판결을 받은 박준병(朴俊炳) 당시 20사단장을 제외한 나머지 신군부 핵심 세력에게도 모두 유죄를 인정, 징역 10년에서 4년까지 선고했다. 이와 함께 재임 중 재벌 등 기업들로부터 돈을 받은 전두환과 노태우의 뇌물 수수 혐의를 대부분 인정, 각각 받은 금액인 2,259억5천만 원과 2,838억9,600만 원에 대해 전액 추징을 선고했다.[27]

그 해 12월 서울고등법원 형사1부(재판장 권성 부장판사) 심리로 열린 항소심 선고 공판에서는 피고인들의 혐의 사실을 1심 판결대로 유죄로 인정하고 형량만은 약간 감했다. 전두환에게는 무기징역에 추징금 2,205억 원, 노태우에게는 징역 17년에 추징금 2,628억9,600만 원이 각각 선고되었다. 다른 관련자들에게 대해서도 징역 8년에서 3년 6개월로 약간씩 형량을 줄였다. 항소심 판결이 1심과 다른 것은, 1심에서는 피고인들의 내란 행위 종료 시점을 비상계엄 해제 시인 1981년 1월 24일로 규정한 것을 2심은 1987년 6월 29일의 소위 6·29선언 때에 비로소 종료되었다고 규정한 점이다. 권 재판장은 "피고인 전두환은 12·12 군사 반란을 주도하여 하극상의 패역으로 군의 기강을 파괴하였고 5월 17일 내란을 일으켜 힘으로 권력을 탈취하면서 많은 사람을 살상했다"라고 밝힌 다음 "그러나 재임 중 6·29선언을 수용하여 … 권력을 내놓아도 죽는 일이 없다는 원칙을 확립한 일은 쿠데타를 응징하는 것에 못지않게 이 시대에 꼭 필요한 일"이라고 형량을 낮춘 이유를 설명했다. 전두환은 1심과 2심에서 최후 진술 때 "국민의 자긍심을 훼손한 점을 죄송하게 생각 한다"라면서 "국정 최고 책임자로서 본인이 수행한 일에 대해서는 본인 한 사람에게 모든 책임이 있으니 다른 피고인에 대해서는 너그러우신 마음으로 관용을 베풀어 달라"라고 진술했다.[28]

1997년 4월에 열린 상고심 선고 공판에서 대법원 전원합의체(재판장 윤관 대법원장)는 상고를 기각해 피고인 전원의 유죄와 형량을 확정했다. 대법원은 군사 반란 및 내란죄를 인정한 이유로 "폭력에 의해 정권을 장악하는 행위는 어떤 경우에도 용인될 수 없다"라고 밝혔다. 대법원은 이와 함께 "피고인들이 정권을 장악하고 헌법을 개정함으로써 국민들에 의해 그들의 행위가 사실상 불문에 부쳐졌다"라는 변호인들의 항변에 대해서는 "어떤 명시적인 국민적 합의도 이뤄지지 않았다"라면서 받아들이지 않았다. 대법원은 다만 내란의 종료 시점에 대해서는 항소심의 판결을 깨고 1심 판결대로 비상계엄이 해제된 1981년 1월 24일로 판시했다. 즉 신군부 정권이 1980년 10월 국민투표에서 확정한 새 헌법에 따라 1981년 2월 실시된 제12대 대통령선거에서 선출된 전두환의 제5공화국 정부는 합법 정권으로 인정한다는 것이다. [29]

약 1년 간 계속된 신군부에 대한 이 재판은 '성공한 쿠데타'도 후세에 사법적 단죄의 대상이 된다는 전례를 남겼다. 전두환·노태우 두 사람은 그 해 성탄절을 앞두고 구속 2년 만에 김영삼정권에 의해 특별 사면으로 석방되었다. 나머지 관련 신군부 실세들은 이 때 잔여형 집행 정지 형식으로 석방된 다음 김대중정권 때인 1998년 광복절 특사 때 특별 복권되었다.

전두환정권의 경제 실적

전두환은 사법부에 의해 군사 반란과 내란 목적 살인의 수괴로 단죄를 받았음에도 불구하고 그가 퇴임한 다음 실시된 여론 조사에 나타난 그에 대한 평가는 다른 대통령에 비해 나쁘지 않다. 1998년 8월 정부 수립 50주년을 맞아 동아일보가 실시한 여론 조사를 비롯한 각종 여론 조사와 정치학자들의 조사에서 전두환은 박정희 다음으로 대통령으로서의 업적, 특히 경제 분야의 업적을 평가받았다. [30] 전두환에 대한 이 같은 평가는 모두 1997년 4월 대법원에서 그에 대해 유죄 확정 판결이 난 이후에 실시된 조사 결과들이다. 그러면 그 이유는 어디 있을까.

전두환은 당시로서는 거의 불가능하게 보였던 서울올림픽을 유치하는 데 성공했고 6월항쟁에 유연하게 대응해 6·29선언이 나오게 했으며 경제적으로는 고도 성장을 이룩한 것이 평가되었다. 전두환정권 출범 당시의 경제 여건은 결코 순탄치 않았다. 1980년 초의 한국 경제는 총외채 30억 달러에 세계 제5위의 채무국으로서 '사면초가'의 상황에 처해 있었다. 경제 지표를 보면 전두환이 실질적인 권력을 장악했던 1980년의 경제성장률은 −2.1%였고, 소비자물가 상승률은 28.7%에 달했다. 그 결과 경상수지가 당시의 한국 경제 규모로서는 엄청난 54억 1,200만 달러의 적자였다. 또한 실업률은 5.2%에 달하는 등 거의 모든 경제 지표가 최악의 상태였다. 이런 악조건에서 출발한 전두환정권은 경제정책의 기조를 '안정성장'에 두고 일관성 있는 정책을 추진한 결과 경제를 다시 일으킬 수 있었다. 전두환정권도 박정희정권과 다름없이 노동3권을 탄압하고 복지 정책에 소홀한 점은 있었지만 재임 기간 중 평균 10%라는 역대 정권 중 최고의 성장률을 이룩했다. 그러면서도 1982년~87년의 연평균 물가상승률은 3.5%로 억제되어 가장 안정적인 모습을 보였다.[31] 전두환정권은 이 같은 경제 정책의 성공적 수행으로 1986년에 건국 이후 최초로 45억 달러의 국제수지 흑자를 기록했다. 그가 집권한 1980년에 1,597달러이던 1인당 국민소득은 임기 말인 1988년에는 4,295달러로 2.7배 증가했다.[32]

전두환은 우수한 경제 관료들을 영입하고 그들이 소신껏 정책을 추진할 수 있는 권한을 주는 용인술을 쓸 줄 알았다. 전두환은 유능한 경제 관료인 김재익(金在益)을 청와대 경제수석에 임명해 주로 그의 조언에 입각해서 효율적인 경제 정책을 밀어붙였다. 김재익은 전두환이 국보위 상임위원장 시절부터 그에게 자유주의 경제 철학을 수시로 강의했다. 김재익의 건의로 채택된 자유주의적 경제 정책은 그와 경제철학을 같이 한 경제부총리 신병현(申秉鉉)과 재무장관 강경식(姜慶植)에 의해 추진되었다. 김재익이 1983년 버마 아웅산폭탄테러사건으로 순직하자 후임자가 된 사공일(司空壹) 경제수석 역시 자유주의 경제철학의 신봉자로 김재익의 정책 기조를 견지했다. 전두환정권의 경제 정책이 성공한 것은 자유시장주의적 정책 대안을 경제 부서에서 일관성 있게 추진하는 체계를 갖추었기 때문으로 분석되고 있다.[33] 물론 전두환정권이 3저 현상(엔화 환율 저하, 국제금리의 하락, 국제유가의 하락)에 덕을 보아 경제적 호황을 누린 점을 무시해서는 안 된다. 그러나 그가 경제를 중시하고 우수한 경제 관료들을 영입해서 일관성 있는 정책을 쓰지 않았더라면 그런 좋은 국제적 여건을 충분히 활용하지 못했을 것이다.

③ 민주화로의 이행

나는 공개적으로 밝히지는 않았지만 김영삼 씨가 먼저 대통령이 되는 게 낫다는 입장이었다. 그 이유는 김대중 씨를 기피하는 군(軍)의 정서를 알고 있었기 때문이다. … 당시 양 김씨가 타협을 통해 후보 단일화에 성공했다면 우리나라 민주주의는 훨씬 앞당겨졌을 것이다. 그들이 끝내 타협점을 찾지 못하는 것을 보면서 "민주주의에도 시간표가 있구나"라고 생각했다.

– 김수환 추기경(2004년)

1. 노태우정권의 출범

김대중의 신당 창당 강행

노태우의 6·29민주화선언은 곧 바로 실천에 들어갔다. 검찰은 바로 그날로 6월항쟁에 참여했다가 구속된 335명 가운데 219명을 1차로 기소유예처분 방식으로 석방한 것을 시작으로 7월 들어서는 양순직(통일민주당 부총재) 등 나머지 인사들을 포함한 시국 사범 177명을 석방하고 김대중 등 내란음모사건 관련자 18명과 광주사태 관련자 17명을 포함한 2,335명을 사면 복권시켜 정치 활동을 할 수 있게 했다. 김대중 이외에 김상현, 문익환, 예춘호, 이돈명(李敦明), 백기완 등이 이 때 사면 복권되었다.[1]

전두환은 7월 민정당 총재직 사퇴를 선언했다. 노태우는 야당 총재들을 그들의 당사로 차례차례 방문하고 자신이 발표한 6·29선언의 이행을 포함한 민주화 일정의 추진 문제를 협의했다. 개헌 작업을 논의하기 위한 여야중진회담은 1987년 8월에 열려 개헌안 내용에 완전 타결을 보았다. 이에 따라 국회는 10월 12일 마침내 역사적인 대통령직선제개헌안을 찬성 254표, 반대 4표로 통과시켰다. 개헌안은 국민투표에서 93.%의 찬성으로 확정되었다.[2] 새 헌법은 대통령직선제를 채택하는 동시에 그 임기를 5년으로 단축하고 비상조치권을 삭제했다. 새 헌법은 또한 국회의 권한을 강화, 국정감사권을 회복하고 대법원 판사의 임명동의권을 가지게 하는 한편 대통령의 국회해산권을 폐지했다. 사법부의 권한도 강화되어 법관은 대법관회의의 동의를 얻어 대법원장이 임명토록 하고 대법원장과 대법관의 임기도 6년으로 연장했다. 또한 법률의 위헌 여부를 결정하고 탄핵 심판을 맡을 헌법재판소가 신설되었다. 헌법재판소 판사의 임명에는 국회가 동의권을 갖게 했다.[4]

새 헌법에 따라 직선 방식으로 선출하는 제13대 대통령선거에 대비해 각 당은 준비 작업을 서둘렀다. 6·29선언 이전에 이미 민정당 대통령 후보로 지명된 노태우 대표위원은 전두환이 사퇴한 당 총재직도 겸임했다. 반면 제1야당인 통일민주당은 대통령 후보 공천 문제를 둘러싸고 김영삼·김대중 두 사람이 대립해 당이 내분 상태에 빠져들기 시작했다. 김대중 민추협 공동의장은 전두환정권이 직선제 개헌을 받아들이면 자신은 대통령선거에 나서지 않겠다던 불출마 선언을 번복하고 민주당 대선 후보 경쟁에 뛰어들 의사를 시사했다.[5] 그는 그 전 해인 1986년 11월 민추협 사무실에서 전두환정권이 직선제 개헌을 수락한다면 자신은 대통령에 출마하지 않겠다고 선언한 바 있다. 김대중은 직선제 개헌에 "나의 존재가 장애가 된다면 나는 나를 기꺼이 희생의 제단에 바치겠다"라고 선언했었다. 그는 김수환 추기경의 불출마 권고가 자신의 결단을 위해 귀중한 시사를 제공해 주었다고도 말했었다.[6]

이 같은 불출마 선언을 번복하고 재출마 의사를 밝힌 김대중은 시간을 끌다가 8월 들어 민주당에 입당, 상임고문에 취임했다. 양 김씨 측 진영은 즉시 대통령 후보 지명을 위한 협상을 시작했다. 협상은 김영삼의 상도동계 대표 김동영(金東英)과 김대중의 동교동계 대표 이용희(李龍熙) 간에 진행되었다.[7] 김영삼 측은 후보와 총재를 분리하는 역할분담론을 공식 제기했다. 그 골자는 자신이 후보를, 김대중이 총재를 맡는다는 것이었다. 당시의 국내 분위기는 후보 단일화를 바라는 국민 여론이 압도적이었고 김영삼보다는 김대중이 양보하는 것이 순리라는 견해가 다수였다. 김수환 추기경도 이미 앞에서 살펴본 대로 그 전 해 10월 로마에서 그렇게 권했다. 그러나 김대중은 역할 분담 제의를 받아들이지 않앞다. 김영삼이 드디어 대통령선거 출마를 공식 선언한 가운데 민주당 의원총회는 마지막으로 두 김씨의 타협 방안을 논의했으나 양 파의 대립으로 끝내 합의를 이루지 못했다.[8]

마침내 김대중도 내외신 기자회견에서 대통령 출마와 신당 창당을 공식 선언했다. 김대중은 1971년과는 달리 당내 경선으로는 후보를 따낼 수 없다는 사실을 잘 알고 있었으므로 민주주의 원칙인 경선을 거부하고 신당을 창당하는 무리수를 썼다. 김대중은 영남 지역 표가 노태우와 김영삼으로 분산되고 호남표와 서울의 호남계 표를 자신이 독식한다면 승산이 없지 않을 것으로 판단해 야당 분열의 비난을 무릅쓰고 출마를 강행한 것으로 보인다. 신당 창당을 선언한 김대중은 10월 들어 평화민주당(약칭 평민당) 창당발기인대회를 열었다. 김대중의 가장 가까운 측근이자 그가 미국에 체류하는 동안 민추협 공동의장 대행을 맡아왔던 김상현은 이에 반발해 김대중과 헤어져 김영삼 진영에 합류했다. 김대중의 탈당이 확정되자 민주당은 11월 김영삼을 대통령 후보로 공식 선출했다. 김대중의 신당인 평화민주당은 같은 달 창당대회를 열고 그를 총재 겸 대통령 후보로 선출했다.[9]

양 김씨의 동시 출마로 민주당은 둘로 쪼개지고 정치 판세는 마치 1980년 초로 되돌아가는 듯했다. 거기다가 신군부의 강압으로 정계를 은퇴하고 미국에 머물고 있던 김종필 전 공화당 총재도 귀국해 10월 30일 열린 신민주공화당(약칭 공화당) 창당대회를 열고 대통령 후보 겸 당 총재에 공식 선출되어 3김씨가 모두 대선에 나가게 되었다.[10]

야당의 분열과 노태우 소수 정권의 탄생

제13대 대통령선거는 1987년 12월 16일 실시되었다. 민정당의 노태우, 민주당의 김영삼, 평민당의 김대중, 공화당의 김종필 이외에 군소 정당 및 무소속 후보 4명 등 모두 8명이 난립했다. 나중에 군소 정당과 무소속 후보 3명이 사퇴해 후보는 5명으로 줄어들고 이들은 끝까지 치열한 경쟁을 벌였다.[11] 새로운 선거법에 따라 4당 후보들은 한국 선거사상 처음으로 TV유세를 가졌다.

선거는 국민들의 민주화와 직선제에 대한 기대와 열기를 반영해 89.2%의 높은 투표율을 보였다. 개표 결과 노태우는 유효 투표의 36.6%, 김영삼은 28%, 김대중은 27%, 김종필은 8.1%, 그리고 신정일(한주의통일한국당)은 0.5%를 각각 얻어 노태우가 당선되었다.[12] 선거전 양상은 양 김씨의 분열에 따른 국민들의 실망과 안정적인 민주화를 내걸고 보수–중산층에 지지를 호소한 노태우의 '안정론'이 먹혀들어 노태우의 승리가 미리부터 예상되었다. 거기다가 투표 바로 전날 발생한 북한 공작원에 의한 대한항공 여객기 폭발추락사건도 노태우에게 유리하게 작용했다. 노태우의 당선으로 6공화국이라는 '민주화 가교정권'(架橋政權)이 탄생했다. 노태우는 비록 전두환이 지명한 후계 정권이지만 법적으로는 5공 정권과는 다른 민주 정권이었다. 그렇기는 하나 정권의 핵심 세력이 5공의 군부 인사와 그 지지자들이었다는 의미에서 그 후의 김영삼의 문민정부나 김대중의 국민정부와는 달랐다.

이 선거의 문제점은 격심한 지역 대결 양상이다. 노태우와 3김씨는 각기 출신 지역에서 표를 싹쓸이해 노골적인 지방색을 드러냈다. 싹쓸이의 정도는 김대중의 경우에는 훨씬 심해, 그의 호남 지역 득표율은 완전한 '몰표'였다.[13] 서울에서는 노태우와 두 김씨가 근소한 표 차이를 보였는데, 여기서도 대체로 출신 지역별로 투표하는 지방색이 작용한 것으로 보인다.[14] 지방색 앞에서는 민주주의의 대의(大義)나 정당 정치의 원칙 따위는 무력할 수밖에 없었다. 후보들 역시 이를 부추기고 이용했다. 그 결과 노태우정권 당시는 물론 그 후의 정권 아래에서도 지역 감정이 확대 재생산되는 악순환을 낳았다.

노태우는 승리했으나 득표율이 과반수에 미달해 '소수파 대통령' 신세를 면치 못하게 되었다. 소수파 대통령이 나오는 것은 대통령선거제도와도 관련이 있다. 한국의 대통령선거는 1차 투표에서 가장 많은 득표를 한 후보가 무조건 당선되는 단순 다수 제도이다. 프랑스와 남미의 여러 나라처럼 1차 투표에서 과반수 득표자가 나오지 않을 경우 1위와 2위 득표자를 놓고 다시 투표하는 결선투표제를 채택했다면 '소수파 대통령'은 나오지 않을 것이다. 그랬더라면 지역주의도 줄고 민주당도 분열되지 않았을지 모른다.

여소야대 국회와 정치의 활성화

1988년 4월 26일, 6공 들어 처음으로 실시된 제13대 국회의원총선거는 민정당이 과반수에 미달함에 따라 한국 헌정사상 초유의 '여소야대 국회'를 탄생시켰다. 이 때문에 약한 정부와 강한 국회가 대치해 정부의 소신 있는 시책 수행이 어렵게 되었다. 또한 바로 그 점 때문에 민주화는 빨리 진행되었다. 민주화의 속도가 빠른 것은 좋았으나 그 대신 무리와 파행이 일어나고 어떤 경우에는 민주주의라는 이름 아래 불법과 무질서가 판을 쳤다. 이 때문에 노태우정권 초기는 흡사 4·19 직후와 비슷한 상황이 되었다.

제13대 총선의 가장 큰 특색은 1구1인의 소선거구제이다. 유신 직전인 1971년의 제8대 총선 때부터 실시된 1구2인의 중선거구제가 16년 만에 바뀐 것이다. 새 선거제도로 1개의 지역구에서 과거처럼 여야 후보들의 동반 당선이 없어지자 선거구별로 극심한 지방색이 작용했다. 노태우의 민정당은 광주, 전북, 전남, 제주에서 단 1석도 당선시키지 못했으며, 김영삼의 민주당은 대구, 충남, 광주, 전북, 전남에서 단 1석도 당선시키지 못했다. 마찬가지로 김대중의 평민당은 부산, 경남, 경북, 충북, 충남, 제주에서 단 1석도 건지지 못했다. 공화당 역시 광주, 전남, 전북, 경남에서 단 1석도 못 얻었다. 서울에서는 평민당이 17석을 얻은 데 비해 민정당과 민주당은 각각 10석씩을 얻어 결과적으로 민정당과 민주당이 패배를 면치 못했다. 개표 결과를 보면 국회의원 정수 299명 중 민정당 125명(전국구 38명), 평민당 70명(전국구 16명), 민주당 59명(전국구 13명), 공화당 35명(전국구 8명), 한겨레민주당 1명, 무소속 9명으로 나타났다.[15]

제13대 총선의 다른 특징은 전년의 대통령선거에 출마했다가 고배를 마신 3김씨가 모두 국회의원에 당선되어 원내에 진출함으로써 노태우와 이들이 국회에서 다시 대결하게 된 점이다. 이로 인해 제13대 국회는 정치의 장으로서 위상이 높아진 반면 노태우 이후를 노린 양 김씨의 갈등으로 정치가 파행되기도 했다. 제13대 국회는 6공의 첫 의회답게 대폭 물갈이 현상이 일어났다. 5공 치하에서 어용 야당이라는 비판을 받았던 민한당의 유치송 총재를 비롯한 각 당의 중진급 의원들이 대거 탈락하고 초선 의원이 전국구 의원을 합쳐 전체 의석의 56%를 차지했다.[16]

2. 민주화 조치

3단계의 민주화 조치

6·29선언에서 노태우가 약속한 권위주의 청산과 민주화 조치는 ① 1987년 후 반기에서 임기 말까지의 전두환정권 마지막 시기 ② 1988년 2월 노태우정권 출 범 시기 ③ 그해 4월의 여소야대 국회 탄생 이후 시기 등 3단계로 추진되었다.

첫째, 전두환정권 아래서 추진된 민주화 조치는 그가 7월 1일 노태우 민정당 대통령 후보의 6·29선언을 수용하겠다고 밝힘으로써 시작되었다. 전두환정권은 방송 시나리오의 사전심의제를 폐지하고 '동백아가씨' 등 공연 금지 가요 186곡 과 '아침이슬' 등 방송 금지곡 500곡을 해금했다. 그리고 판매 금지 서적 650종 중 431종도 해금해 예술·출판 분야에서 자유화 조치를 먼저 취했다. 전두환정권 은 또한 5공의 대표적 악법인 언론기본법을 폐지하고 정기간행물등록법과 방송 법을 제정하는 한편 문화공보부의 홍보조정실을 폐지해 언론 자유를 대폭 회복 하고 노동관계법도 크게 개정해 노동운동에 대한 각종 제약을 획기적으로 철폐 했다.[17]

둘째, 노태우정권 출범 시기의 민주화 조치는 그의 당선자 시절인 1988년 1월 민주화합추진위원회(민화위, 위원장 李寬求)의 설치로 시작되었다. 민화위는 민 주 발전·국민 화합·사회 발전 등 3개 분과위원회를 구성했다. 민화위는 ① 민주 발전 방안으로는 반 민주적인 법령의 개정과 폐지 준비에 착수하고 ② 국민 화 합 방안으로는 5공 치하에서 '폭동'으로 규정되어 있던 광주사태를 '민주화 투쟁' 으로 재정의하며 ③ 사회 발전 방안으로는 복수 노조의 설립 허용 등 일련의 자 유화 조치를 건의하는 건의문을 채택한 다음 38일 간의 활동을 마쳤다.[18] 노태 우는 2월 25일 대통령에 취임하면서 '민주주의라는 지도'와 '국민 화합이라는 나 침판'으로 "민주주의 시대를 활짝 열겠다"라고 선언했다.[19] 노 정권은 전두환의 동생인 전경환(全敬煥) 전 새마을중앙본부 회장을 비리 혐의로 구속하고 전두환 의 국가원로회의 의장직과 민정당 명예 총재직 등 모든 공직을 사퇴케 했다.[20] 노 정권은 출범 후 안기부와 보안사[1992년 1월 기무사령부로 개칭]의 기능 축 소를 단행하고 검찰의 중립을 보장하는 등 권력 기관의 개혁을 통한 민주화 조치를 취했다. 제12대 국회는 여야 합의로 1988년 3월 지방자치를 부활시키기 위해 지방자치관련법을 전면 개정했다. 노 정권은 군부에 대한 장악력을 강화하기 위해 전두환계를 정리했다. 이상훈(李相薰) 국방장관은 "군의 정치 개입은 시대착오적"이라고 밝히면서 군의 정치적 중립을 다짐했다.[21]

셋째, 1988년 여소야대 국회 탄생을 계기로 한 민주화 조치를 살펴보기로 하자. 4·26총선으로 탄생한 제13대 국회는 여소야대로 인해 여당이 국회 운영의 주도권을 행사할 수가 없었다. 이 때문에 여야는 국회의장을 어느 당에서 뽑을 것이냐는 등의 원 구성 문제와 5공 청산 등 정치 현안들을 둘러싸고 대립해 약 1개월 간 국회 개원조차 하지 못하다가 3김씨 회담에서 겨우 정국 운영 5개 항에 합의했다. 그 내용은 5공 비리, 광주사태 규명, 비민주 악법 개폐, 양대 선거 부정 조사, 지역 감정 해소, 국회법 개정 등 5개 특위를 구성해 국회 안에서 정치 현안을 다루기로 한다는 것이다. 노태우도 야 3당 총재와 영수회담을 갖고 야권의 특위 구성을 수용함으로써 여야의 대치 상황은 일단락되었다.[22] 제13대 국회는 먼저 민주 발전을 위한 법률개폐특별위원회를 설치하고 반 민주적인 법률을 손질하는 작업을 벌였다. 이들 악법은 5·16혁명 이후 국가재건최고회의에서 만든 법률, 10월유신 당시 국회 권한을 대행하던 비상국무회의에서 만든 법률, 그밖에 국회에서 만들었으나 내용이 민주적이지 못한 법률들이다. 여야의 노력으로 국회는 1988년 12월까지 반 민주적 악법의 개정 또는 폐지 및 새 법의 제정을 위해 86건의 법안을 통과시켰다. 개정된 법률 중에는 국가보안법과 집회와 시위에 관한 법, 그리고 국군조직법 군인사법 등이 포함되어 있고 폐지된 법 중에는 사회안전법이 들어있다.[23]

5공 청산과 전두환의 백담사 유배

노태우 정부가 당면한 최초의 난제는 5공 청산 문제였다. 국회는 야 3당 총재 합의와 청와대 영수회담 합의에 따라 1988년 6월 광주사태진상조사특위 등 7개 특별위원회의 구성결의안을 통과시켰다.[24] 이들 특위는 서울올림픽 기간 중에는 정치 휴전을 하기로 한 여야 합의에 따라 올림픽이 끝난 10월부터 본격적인 활동을 개시했다.

5공비리특위와 광주특위는 11월 들어 TV로 생중계되는 가운데 청문회를 열고 증인들을 심문했다. 5공비리특위에서는 전두환의 장인과 동생 등의 개인 비리 사건 및 전두환 퇴임 이후 활동의 터전으로 삼기 위해 재벌 기업들에게 헌금을 강요해 만든 일해재단(日海財團)의 비리내용이 증인들에 의해 샅샅이 공개되었다. 광주특위는 여당의 불참 속에 전두환, 최규하 두 전 대통령에 대한 동행명령장을 발부하기로 의결했다. 국회 문공위에서는 보안사 관계자와 청와대 및 문공부 관계자들, 그리고 언론사주들을 출석시킨 가운데 5공 치하에서 저질러진 언론인 강제 해직과 언론사 강제 통폐합의 진상을 규명하기 위해 청문회를 열었다.[25]

광주특위의 증인으로 채택된 전두환이 계속 국회 출석을 거부하자 그를 처벌하라는 국민 여론이 높아졌다. 진퇴양난에 빠진 노태우정권은 정치적 해결책으로서 전두환을 깊은 산속의 사찰에 '유배'하기로 결정했다. 이에 따라 전두환은 11월 23일 부인과 함께 강원도 인제군 북면 용대리의 내설악 백담계곡에 위치한 백담사(白潭寺)로 들어가 사실상의 귀양살이를 하게 되었다. 그는 출발에 앞서 서울 서대문구 연희동 자택에서 발표한 대국민 담화를 통해 자신의 대통령 재임 중 일어난 비리 사실을 시인·사과하고 139억의 정치 자금을 국가에 헌납하겠다고 밝혔다. 전두환의 유배 조치는 당시로서는 상당히 충격적이었지만 5공 청산에 있어서 태생적 한계를 지닌 노 정권의 고육지책이었다. 노태우는 이틀 뒤 "시국에 관련, 국민 여러분께 드리는 말씀"을 발표하고 스스로 모든 잘못을 사죄하고 참회의 길을 떠난 전두환을 더 이상 사법적으로 단죄하지 않겠으며, 연내에 5공 비리의 조속한 매듭과 함께 시국 관련자 전면 석방을 포함한 민주화 조치를 단행하겠다고 밝혔다.[26]

그러나 전두환의 증언 문제는 그의 유배로 끝나지 않았다. 이듬해인 1989년 9월 정기 국회에서 야당 측은 국정감사에 앞서 그의 증언을 계속 요구했다. 정국 교착 상태를 타개하기 위해 노태우는 12월 15일에 야 3당 총재들과 청와대 영수회담을 가졌다. 이 자리에서 5공 비리 청산과 정국 안정 및 경제 발전을 위해 공동 노력하기로 한다는 등의 11개 항에 대한 합의가 이루어졌다. 그 가운데는 민정당의 정호용(鄭鎬溶) 의원이 특전사령관 당시의 광주 유혈 진압에 책임을 지고 의원직을 사퇴한다는 것과 전두환의 국회 증언도 포함되었다. 증언 청취 방식으로는 1회 서면 질의 후 보충 질의를 하기로 했다. 이에 따라 정호용 의원은 12월 29일 국회의원직을 포함한 모든 공직에서 사임한다는 성명을 발표했다.[27]

국민의 관심은 전두환이 과연 5공특위 청문회에 출석할 것인가라는 문제에 쏠렸다. 전두환은 노 정권의 설득으로 그믐날이자 일요일인 12월 31일 오전 10시 국회 청문회 증언대 앞에 섰다. 그는 선서를 한 다음 125개 항목에 달하는 서면 질의에 답했다. 그의 증언으로써 노태우정권의 5공 청산 작업은 일단 마무리되었다.[28]

사회의 민주화와 노조 운동의 과격화

6·29민주화선언이 나온 다음인 1987년 11월 전두환정권 말기에 이루어진 노동법 개정은 노동 분야 뿐 아니라 사회 전 분야의 민주화를 앞당긴 계기가 되었다. 노조 설립이 자유화되어 먼저 각 언론사의 노조가 결성되기 시작하면서 '민주노조'들이 속속 조직되었다. 먼저 전국교수협의회가 창설되고 뒤이어 전교협(민주교육추진전국교사협의회)이 출범했다. 1989년 11월에는 언노련(전국언론노조연맹)이 설립되어 언론계의 판도에 변화가 오기 시작했으며 1990년 1월에는 전노협(전국노동자협의회)이 탄생했다.[29] 1989년 말까지 민주화 이후 설립된 신규 노조는 약 4천 개에 달했으며 조합원 수는 105만 명에서 194만 명으로 껑충 뛰어오르고 노조의 조직률은 15.7%에서 19.8%로 급증했다. 1989년 4월 770개 단위 노조에 20만 명의 조합원을 거느린 전노협은 보수적인 한국노총에 반대하는 강경한 투쟁 노선을 선택했다.[30]

활발한 노조 운동은 과거 권위주의 정권 당시 노조 탄압으로 유린되었던 노동자의 권리, 즉 임금과 근로 조건의 개선에 크게 기여했다. 노태우 정부는 자주적인 노동운동을 인정하고 노조 설립 절차를 간소화하는 한편 노조 운영에 대한 개입권과 노조의 해산권을 없앴다. 과거에 불필요하게 길었던 냉각 기간도 단축하고 쟁의 심사 제도를 폐지하는 등 가능한 한 노사 간의 타협을 통한 자율적 문제 해결을 장려하기로 했다. 그러나 급진적인 노조 운동에 제동을 걸 수 있는 제3자 개입 금지 조항은 유지되었다.[31]

그런데 노동운동의 자유화는 많은 부작용도 수반했다. 노동운동의 정치화와 과격화를 불러와 파업이 급증했다.[32] 1987년 7월 말까지 노동쟁의가 전국적으로 확대되어 현대중공업, 현대미포조선, 국제상사, 태광산업 등 사업장에서 대규모 분규가 일어났다. 뒤이어 김포공항에서 파업이 일어나 공항 업무가 부분적으로 마비되고 서울대학병원에서 노조원의 농성으로 1주일간 병원 업무가 중단되는 사태가 일어났다.[33] 이듬해인 1988년에는 신문사와 방송사에서 파업 사태가 일어났다. 노사 분규가 심해지자 정부는 민주화 이후 최초로 1989년 1월 방위산업기업인 풍산금속 안강공장의 노사 분규 현장에 경찰 병력을 투입, 농성 중인 노조원들을 강제 퇴거시키고 서울지하철 분규 현장과 울산의 현대중공업 분규 현장에 공권력을 투입했다.[34] 그러나 전교협은 그해 5월 정부 당국의 불허 방침을 무시하고 전교조(전국교직원 노조) 결성을 강행했다. 정부의 교원 노조 불허 방침에 따라 서울시교육위원회는 1989년 7월 전교조에 가입한 공립학교 교사 485명을 직위 해제함으로써[35] 결국 모처럼 만에 찾아온 민주화 바람은 공권력 동원 사태를 초래했다.

3. 좌·우파의 갈등

'우익은 죽었는가'

4·19직후에 그랬듯이 1987년 6·29민주화선언 이후에도 어김없이 민주화 물결에 편승한 좌경 과격파 학생들과 재야 세력의 급진적 통일 운동이 일어났다. 이들은 '반미자주화반파쇼민주화투쟁'이라는 구호를 내걸고 휴전협정의 평화 협정 대체, 한반도 비핵화, 주한 미군 철수, 남북한 불가침조약의 체결, 연방제 통일, 노태우정권 타도를 주장했다. 이 같은 구호와 주장들은 북한의 대남 정책과 거의 일치하는 것으로, 이를 주장하는 급진파 학생들과 재야 세력 안에는 주사파 다수가 포진하고 있었다.

이에 대해 보수 세력은 경계의 목소리를 내기 시작했다. 그 최초가 1987년 10월, 해방 직후의 반공반탁학생운동의 주동 세력과 우파 청년들로 결성된 자유민주총연맹이었다. 위원장에는 이철승(李哲承) 신민당 의원, 부위원장에는 이용택

(李龍澤) 무소속 의원이 선출되고 채문식(蔡汶植) 국회의장, 유치송 민한당 총재 등이 고문으로 추대되었다. 이날 서울의 한국프레스센터에서 열린 대회결성식에서 채택된 선언문은 "김일성 북한 집단은 우리 사회의 민주화 열기를 역이용, 적화 통일 혁명의 호기로 착각하고 있고 대내적으로도 정계·학계·언론계·종교계 일부 인사들의 방관자적 자세로 용공 세력이 독버섯처럼 자라고 있다"라고 밝히고 용공을 자초하는 국내의 모든 기회주의적 정치 세력에 단호히 투쟁하고 공산함정에 잘못 빠져들고 있는 청년 학생들을 구출, 보호해 나가는 범국민운동을 전개할 것이라고 선언했다.[36]

그 다음이 육사 17기 출신인 김용갑(金容甲) 총무처 장관의 발언이었다. 그는 1988년 8월 "학생들의 통일을 빙자한 좌경화 주장이 확산되고 여소야대 정국에서 일부 야당이 인기만을 겨냥, 이를 부추기는 상황이 계속되면 정부는 올림픽 이후에 자유민주주의 체제를 수호할 것이냐, 아니면 학생들의 주장에 무력하게 끌려가 좌경을 허용할 것이냐를 두고 국민의 선택을 묻지 않을 수 없다"라고 말했다. 김용갑은 "최근 학생들의 주장을 살펴보면 이 나라의 민주화가 아니라 김일성의 주장을 그대로 옮겨놓은 것 같다"라면서 "정치권을 비롯한 사회 전반적 분위기에서 이를 말리지 못하면 우리나라가 월남 식으로 공산화 통일되는 것을 허용할 수밖에 없다"라고 주장했다. 김영삼 민주당 총재도 이 무렵 기자간담회에서 남북학생회담 문제를 둘러싼 학원가의 폭력 사태에 우려를 표명하면서 "학생들은 올림픽의 성공적 개최를 위해 폭력적 수단을 즉각 중단해줄 것을 정식 요청한다"라고 호소했다.[37]

김용갑의 발언에 이어 보수 논객 양동안(梁東安)의 유명한 논문 "우익은 죽었는가"가 발표되어 논란을 불러일으켰다. 그해 8월호《현대공론》에 실린 이 논문은 "좌익 세력이 사회 각 분야에서 치열한 사상적·조직적 공세를 전개하고 있으나 … 우익은 반론 한번 제대로 전개하지 못하고 있다"라고 지적하고 각계의 우익은 총궐기해 좌익에 맞서 싸워야 한다고 호소했다. 양동안은 비좌익 세력으로 좌익 세력을 돕는 세력은 '속물적 리버럴리스트들'로 이들은 학계·언론계·정계·법조계·종교계 등에서 좌익에 대한 관용을 지속적으로 주장해 좌익의 세력 확대를 돕고 있다고 주장했다.[38] 양동안은 1980년대에 좌익의 활보에 최초로 공개적으로 맞선 논객이었다.

이 무렵부터 보수 논객들이 차츰 등장하기 시작했는데 그 대표적인 인사는 외교관 출신의 박근(朴槿), 언론인 이도형(李度珩)·김대중(金大中)·류근일(柳根一)·조갑제(趙甲濟), 소설가 복거일(卜巨一), 변호사 김상철(金尙哲) 등이다. 이도형은 《한국논단》이라는 우익 월간지를 발간하면서 좌파 비판에 앞장섰다. 김상철은 한미우호협회를 설립하고 초대 회장에 취임하고 우익 주간신문인 《미래한국》을 창간했다.

시민단체 결성과 공산권 붕괴의 영향

이런 좌·우익의 대결 분위기 속에서 변형윤(邊衡尹, 서울대교수)과 황인철(黃仁喆, 변호사)을 공동대표로, 강문규(姜汶奎)·김관석(金觀錫)·박완서(朴婉緖)·박홍(朴弘)·이세중(李世中)·임원택(林元澤)을 고문으로, 그리고 서경석(徐京錫)을 상임집행위원장으로 하는 중도 노선의 시민단체 경실련(경제정의실천시민연합)이 1989년 7월 서울 명동 YWCA에서 회원 500명이 참석한 가운데 발기인대회를 가졌다. 이 단체는 발기인대회 직후부터 토지 정책에 관한 세미나를 갖는 등 활발한 활동을 벌이다가 그해 11월에는 1,500명이 참석한 가운데 중구 정동 문화체육관에서 창립대회를 가졌다. 폭력 혁명이 아닌 온건·합리적인 개혁 노선 아래 실사구시의 입장에서 공정한 사회, 투명한 사회, 돈 안 드는 선거와 깨끗한 정치가 실현되는 사회, 부정과 부조리가 없는 사회를 이룩하기 위해 경제 정의 실현을 당면 목표로 삼았다.[39] 경실련은 한국 시민운동의 시발점이 되었다. 이어 보수 우파 지식인들이 '자유지성300인회'를 결성했다. 1989년 10월 서울 종로 2가 YMCA 2층 대강당에서 전 동아일보 사장 김성렬(金聖悅), 전 경제기획원 장관 이한빈(李漢彬) 등 온건 우파 성향의 각계 인사 100여 명이 참석한 가운데 발족한 이 단체는 격동하는 국내외 정세 속에서 국내 지성인들의 주체적 역량을 모아 학원 소요, 노사 분규, 통일 문제 등 각종 현안에 보수적인 목소리를 낼 것을 다짐했다.[40] 이들의 활동은 온건하고 정치물이 들지 않았기 때문에 17년이 지난 2005년 현재에도 활발한 활동을 하고 있다.

1989~90년 사이의 소련 및 동구 공산권의 붕괴는 국내 좌파 진영에 엄청난

충격을 주었다. 마르크스 레닌주의적 정통 사회주의를 신봉하던 많은 좌파 지식인은 거의 정신적 공황 상태에 빠졌다. 사회주의 체제의 몰락은 누구보다도 감수성이 예민한 좌파 학생운동가들을 강타했다. 일부 좌파 지식인들 사이에 비공식인 사상 전향의 '고해성사'가 행해지는 등 보수화 물결이 세찼다. 그러나 좌파 지식인들 가운데 공개적으로 사상 전향을 표명한 사람은 별로 없었다. 오히려 일부 극소수 좌파 학자는 소련권의 붕괴에도 불구하고 마르크스 사상은 여전히 유효하다고 주장했다. 다른 일부는 자신의 사상적 노선을 서구식 사회민주주의로 바꾸고 '진보적' 입장을 취했다. 소련권 붕괴로 인한 보수화 물결은 뒤에서 살펴보는 바와 같이 1992년 3월에 실시된 제4대 국회의원 총선에서 노동자 정당을 표방한 민중당이 1석도 얻지 못하는 선거 참패로 나타났다.

4. 보수 대연합

군부 출신 세력과 정통 야당의 결합

제13대 국회의 여소야대 판도는 총선 2년 만인 1990년 1월 전격 발표된 민정·민주·공화 3당의 '보수 대연합'으로 막을 내렸다. 원내 의석이 과반수가 안 되는 민정당은 집권당이면서도 정국 운영을 주도하지 못하고 3야에 끌려가는 무기력한 상황이 되자 그 탈출구를 3당 합당에서 찾았다. 민주당과 공화당은 제2, 제3 야당으로서의 설움과 불투명한 집권 가능성에서 헤어나기 위해 보수 연합이라는 명분을 앞세워 여당 품속으로 들어갔다. 3당 합당으로 전체 의석의 3분의 2를 확보한 민자당(민주자유당)은 그해 2월 합당대회를 거쳐 창당 수속을 마쳤다. 당 총재에는 노태우가, 2인자인 당 대표에는 김영삼이 취임했다. 김영삼의 속셈은 자신이 노태우의 후계자가 되어 차기 대통령선거에 거대 여당의 후보로 출마해 김대중을 제치고 당선되는 것이었다.

3당 합당의 매개가 된 것은 내각제 개헌 합의였다. 원내 의석 216석의 거대 여당이 된 민자당은 일본의 보수 연합인 '자유민주당의 한국판' 같은 인상을 의도적으로 풍겼다. 일본의 자유민주당은 1955년 좌파 연합 세력인 일본사회당이 출범하자 이에 대항하기 위해 보수 세력인 자유당과 민주당이 합한 것이었다.

일본에서는 이것을 소위 '55년 체제'라고 불렀다. 자민당의 탄생은 전후 약 50년 동안 일본의 정국 안정을 가능하게 함으로써 비약적인 경제 발전에 기여했다. 민자당은 이를 의식한 듯 "통합 신당은 온건 중도의 민족 민주 세력의 통합을 통한 새로운 국민 정당이 될 것"이라고 주장했다.[41]

그러나 3당 통합은 노태우와 두 김씨 및 그들의 측근 몇 사람만 알고 당원들의 의견 수렴이나 의사 결정에 필요한 소정 절차를 거치지 않은 밀실 합의여서 당내에서 큰 반발이 일어났다. 민주당의 이기택(李基澤)·김정길(金正吉)·노무현(盧武鉉)·장석화(張石和) 등 소장파는 전통야당을 자임해온 민주당이 신군부 정당인 민정당과 하루아침에 합치기로 한 데 대해 강력히 반발하면서 동참을 거부했다. 이들 소장파는 박찬종, 이철, 홍사덕 등과 함께 그해 6월 15일 이기택을 총재로 하는 새로운 야당인 민주당을 창당했다. 민자당 출범에 강한 반발을 보인 또 다른 세력은 3당 합당으로 고립된 김대중의 평민당이었다. 평민당은 인위적인 3당 합당이 유권자의 의사를 배반한 비민주적인 처사일 뿐 아니라 호남 지역을 배제시킨 패권 연합이라고 비난했다. 평민당은 3당 합당에 대항하기 위해 재야 인사들을 영입해 1991년 4월 신민당(신민주연합당)을 발족시켰다. 신민당은 5개월 후인 9월에는 이기택의 민주당과 합당해 통합민주당을 발족시켰다. 이로써 민주당이라는 간판은 김영삼으로부터 김대중에게 돌아가고 4년 만에 정치 판도는 다시 양당 체제로 변했다. 김대중은 통합민주당의 공동 대표로 이듬해의 제14대 대선에 출마했다.[42]

김영삼과 민정계의 각축

군부 정권과 야합했다는 비난을 무릅쓰고 호랑이 굴로 뛰어든 김영삼의 모험은 내각책임제 개헌 문제를 둘러싸고 곧 위기에 직면했다. 김영삼은 당초 의도대로 노태우의 뒤를 이어 다음 대선에 민자당 후보로 출마하느냐 아니면 노태우의 측근인 박철언(朴哲彦)을 비롯한 민정계 일부 세력의 의도대로 당내 소수 파벌의 보스로서 내각책임제 하의 국회의원 총선에 출마하느냐의 기로에 서게 되었다.

김영삼과 민정계의 대립은 3당 합당 2개월 후인 1990년 4월 김영삼이 돌연

폭탄 선언과 함께 청와대에서 열린 당무회의에 불참함으로써 표면화했다. 그는 "공작정치 치고 망하지 않은 정권이 있느냐?"라고 민정계를 비난했다. 김영삼은 정보 기관이 자신과 그의 측근들을 감시하고 있다고 주장했다. 그는 또 3월의 소련 2차 방문 때 그와 동행한 박철언 정무장관이 사사건건 자신의 동정에 대해 시비를 걸었다고 주장하고 그의 해임을 강력하게 요구했다. 김영삼의 공작정치 비난에 대해 박철언은 김영삼의 당무 거부가 당권 장악 기도라고 비난하고 "내가 방소 기간 중의 비화와 합당 과정에서의 진실을 털어놓으면 김 최고위원의 정치 생명은 하루아침에 끝날 것"이라고 응수했다. 박철언은 김영삼과 고르바초프 소련공산당 서기장의 면담이 극히 짧은 비공식 만남이었음에도 불구하고 김영삼이 이 회담을 과장했을 뿐 아니라 이 회담으로 한반도에 전쟁 위험이 사라졌다고 말한 김영삼의 발언은 국정 책임을 맡지 못할 인물임을 스스로 보여준 것이라고 비난했다. 구 민주당계의 소장 의원들은 박철언의 장관직 및 의원직 사퇴를 주장하고 나섬으로써 김영삼과 박철언의 대립은 민정계 대 구 민주당계의 싸움과 당의 위기로 확대되었다. 결국 박철언은 김종필과 박태준의 권유에 따라 장관직에서 물러났다.[43]

박철언의 사임으로 김영삼의 당무 거부 사태는 1주일 만에 끝이 났으나 2개월 후 내각책임제개헌합의각서 체결 사실이 《중앙일보》에 보도되자 다시 파문이 일어났다. 노태우, 김영삼, 김종필 3인이 서명한 합의서는 ① 의회와 내각이 함께 국민에게 책임지는 의회민주주의의 구현 ② 1년 이내에 의원내각제로의 개헌 ③ 연내 개헌 작업 착수 등을 담고 있다. 이에 대해 김영삼은 이를 부인하고 민정계 역시 부인해 파문은 그럭저럭 가라앉았다. 그러나 그해 10월 내각책임제개헌합의서의 사본이 같은 《중앙일보》에 공개되자 다시 파동이 일어났다. 김영삼은 민정계가 비공개키로 한 약속을 어겼다면서 다시 당무를 거부했다. 민정계는 합의서 공개를 계기로 내각제 개헌을 정식으로 추진할 뜻을 밝혔다. 구 민주계는 내각제 개헌을 반대하는 입장이어서 당 내분이 새로운 양상으로 발전했다. 계파간의 대립이 첨예화하자 노태우는 구 민주계의 김동영(金東英) 정무장관을 불러 유출된 합의문은 강령 제정을 위한 것이며 연내에는 개헌 논의를 유보하고 합의문 유출을 엄중 문책할 것을 약속했다. 그러나 김영삼은 이에 만족하지 않고 당권의 상당 부분을 대표최고위원인 자신에게 할애할 것을 요구했다. 민정계가 이를 거부하자 그는 경남 마산으로 낙향하고 구 민주계 의원 50여 명도 김영삼 지지를 결의하면서 합의문 유출 책임자 규명을 요구함으로써 분당 위기로 확대되었다. 결국 노태우는 민자당 원내총무 김윤환(金潤煥)을 마산으로 보내 "민주계가 반대하면 내각제 개헌은 현실적으로 불가능하지 않느냐"고 달램으로써 11월의 청와대 회담을 가능케 했다. 청와대 회담에서 노 김 두 사람은 ① 국민이 반대하는 내각제 개헌은 하지 않으며 ② 대표최고위원 중심으로 당을 운영하고 ③ 당기 문란 행위를 엄중 문책하며 ④ 민주 개혁 입법을 조속히 처리한다는 점에 합의했다. 합의서 유출에 책임을 지고 민정계의 박준병(朴俊炳) 사무총장이 사퇴했다.[44]

　　그러나 4월 파동과 10월 파동의 수습에도 불구하고 민정계의 내각제에 대한 집념은 사라지지 않았다. 민정계는 만약 다음 대선에서 김영삼·김대중 양 김씨가 대결하는 상황이 되면 사실상의 '준전시상태'가 될 것이라는 우려를 공공연히 표명했다. 김영삼은 이에 대항하기 위해 1991년 4월 김대중과 만나 시한부 연합 전선을 구축했다. 두 사람은 공안 통치 배격과 내각책임제 반대, 소선거구 고수 등의 합의 사항을 발표해 민정계를 압박했다. 그 결과 김영삼과 대립하던 박철언 체육청소년부 장관은 1991년 4월 민자당 내의 최대 규모인 그의 사조직 월계수회를 해산했다. 노태우와 김영삼은 또한 담판 끝에 김영삼의 장래 대항마로 소문이 난 노재봉(盧在鳳) 국무총리를 경질하기로 합의해 당 내분을 일단 봉합했다. 이로써 당내의 내각책임제론은 수그러들었다. 그렇지만 민자당의 당내 갈등은 1991년 7월의 이른바 '제주파문'으로 재연되었다. 청와대 최영철(崔永喆) 정치특보가 제주에서 열린 한 세미나에서 민자당의 차기 대통령 후보는 현 대통령 임기 1년 전에 경선으로 선출될 것이며 노태우 대통령은 여전히 내각제를 선호하고 있다고 발언한 데서 비롯되었다. 이 발언으로 당내가 다시 소란해졌다. 그러나 노·김 양자가 8월에 만나 차기 후보 지명 등 일체의 정치 일정 논의를 연말까지 중지하기로 합의해 파문은 잠잠해졌다. 노태우는 다음해 2월 두 달 후로 다가온 제14대 총선을 김영삼 당 대표 중심으로 치르기로 했다고 발표해 양자 관계가 개선되었다.[45]

총선 참패와 제2차 여소야대

민자당은 1991년 3월 실시된 기초의회의원 선거와 6월 실시된 광역의회 선거에서, 두 선거 모두 50%의 낮은 투표율에도 불구하고 친여계 무소속을 포함해 전체 의석의 70%를 당선시키고 득표율로는 65%를 얻었다. 3당 합당의 효과를 거둔 것처럼 보였다. 그러나 창당 이후 최초의 총선거인 1992년 3월의 제14대 국회의원 선거에서 민자당은 여지없이 참패하고 말았다. 이른바 제2차 '여소야대'였다. 민자당은 총 149석(지역구 116석과 전국구 33석)을 겨우 얻어 전체 의석의 과반수에서 1석이 모자라는 초라한 결과를 빚었다. 민정계는 대구·경북을 제외한 여타 지역에서 참패했으며 구 민주계는 부산을 제외한 여타 지역에서 참패했다. 공화계는 김종필의 출신 지역인 대전과 충남에서조차 고배를 마셨다. 이에 비해 김대중의 '통합민주당'은 총 97석(전국구 22석 포함)을 얻었으며 현대그룹의 정주영(鄭周永)이 급조한 국민당은 돌풍을 일으켜 총 31석(전국구 7석 포함)을 얻었다.[46]

민자당의 정권 주도권이 소멸한 제14대 국회는 노태우정권 초기의 여소야대 국회와는 달리 여야 간의 극한 대립으로 의회 정치가 실종되고 말았다. 여당의 의안 날치기 처리와 야당의 물리적 저지, 그리고 단식 농성이 일상화하다시피 되었다. 이 같은 국회의 파행상은 정당정치 일반에 대한 국민들의 실망과 불신으로 나타났다. 각종 여론 조사에 의하면 여당과 야당은 모두 20%에 미치지 못하는 지지율을 얻었을 뿐이며 50%의 응답자가 지지하는 정당이 없다고 대답했다.[47] '구국의 결단'이라던 민자당의 보수 대연합 명분은 여지없이 퇴색하고 말았다.

총선 패배를 둘러싸고 민자당 내 민정계는 김영삼의 책임론을 거론했으나 구민주계에서는 대선 후보를 먼저 확정하고 총선을 치러야 한다는 주장을 민정계가 거부했기 때문에 총선 패배를 불러왔다고 반격했다. 민정계의 박태준 최고위원과 이종찬, 박철언 등을 중심으로 한 '7인중진협의체'는 "우리 국민은 새로운 정치 지도자의 출현을 갈망하고 있다"라는 '반김영삼선언'을 발표했다. 그러나 노태우는 김대중에 대항할 인물은 김영삼 이외는 없다는 '대안부재론'과 민정계의 실력자 김윤환(金潤煥) 등이 주장한 '김영삼대세론'에 동조했다. 노태우는 민정계의 박태준에게 후보 경선 출마를 중도 포기케 하고 김영삼에게 손을 들어주었다. 김영삼은 마침내 1992년 5월 민자당 전당대회에서 경쟁자 없이 대통령 후보로 지명 받는 데 성공했다.[260]

4 민주주의의 심화

군의 목적은 그 사회를 지키는 데 있지, 그 사회를 규정짓는 데 있지 않다. 한 국가는 민주주의 없이도 군에 대한 문민 통제를 할 수 있지만 문민 통제 없이는 민주주의를 갖지 못한다.

― 리처드 H. 콘(Richard H. Kohn)

1. 권위주의 잔재 청산

김영삼정권 탄생의 의의

김영삼은 1992년 12월 실시된 제14대 대통령선거에서 김대중에게 거뜬히 승리함으로써 야당 분열로 인한 5년 전 제13대 대선에서의 패배를 설욕했다. 민자당 후보로 나간 김영삼은 총 유효 투표의 41.4%를, 민주당의 김대중 후보는 33.4%를, 그리고 통일국민당의 정주영 후보는 16.1%를 각각 얻었다.[1] 평생의 라이벌인 김영삼에게 진 김대중은 다음날 정계 은퇴를 발표했다. 그의 정계 은퇴 선언은 동아일보 등 일부 언론사가 선정한 그 해의 국내 10대 뉴스 중 하나가 되었다. 정계 은퇴를 밝힌 김대중은 이듬해 1월 유학차 영국으로 떠났다.[2] 나중에 밝혀진 일이지만 김대중은 그 때 정치적 보복을 우려해 거짓으로 정계 은퇴를 선언한 것이다.

김영삼의 당선은 그의 정치 생명을 건 3당 합당이라는 모험이 성공한 결과였다. 그는 '변절'이라는 비난을 무릅쓰고 호랑이굴에 들어가 기어코 호랑이를 잡는 데 성공했다. 그의 당선은 한국의 민주주의 발전사에 있어서 몇 가지 중요한 의미를 지니고 있다. 김영삼 정부의 출범은 본질적으로 군부 세력이었던 노태우

정권과는 달리 민주화를 보다 확고하게 정착시킬 수 있는 계기가 되었다. 노 정권에 의해 민주화로 '이행'된 한국 정치는 김영삼 정부에 의해 민주화가 '공고화'되고 '심화'되는 민주화 2단계를 맞이한 것이다. 김영삼은 그러나 권위주의 세력인 민정계와의 연합으로 집권이 가능했던 만큼 이들과 완전히 절연하고 정치와 사회를 탈군사화하는 데는 태생적 한계가 있었다. 김영삼정권이 처음에는 전두환과 노태우의 처벌을 기피한 것이 그 대표적인 사례이다.

그러나 김영삼 정부는 이 같은 한계에도 불구하고 1961년 장면정권이 군사 쿠데타로 무너진 이후 32년 만에 국민의 직접선거에 의해 구성된 첫 문민정부라는 특징을 가지고 있다. 이승만정권과 장면정권도 다 같은 문민정부였지만 두 정권 다 민중 봉기 또는 정변으로 무너진 데 비해 김영삼 정부는 제대로 임기를 마치고 평화적으로 차기 정부에 정권을 이양한 점에 차이가 있다. 평화적 정권교체를 이룩한 정권으로 말하면 김영삼정권 말고도 전두환정권과 노태우정권이 있다. 그러나 전·노 두 정권의 경우는 수평적 교체가 아닌 수직적 교체였다. 또한 두 대통령은 퇴임 이후 다 같이 재판에 회부되어 유죄 판결을 받았다. 다시 말하면 정권의 출범이나 퇴장이 모두 평화적으로 이루어진 정권은 김영삼 정부가 헌정사상 처음이라는 이야기이다. 이 사실은 한국 헌정사에 그 만큼 파란이 많았다는 것을 의미하는 동시에 한국의 민주화가 이런 과정을 거쳐 점진적으로 발전되어 김영삼 정부에 이르러 비로소 정착된 것을 의미한다.

김영삼은 정통 보수 야당 출신으로 세대로 따지다면 대한민국 우파 세력의 제2.5세대 내지 제3세대에 속하는 셈이다. 그는 6·25전쟁 중인 1951년 장택상 국무총리의 비서로 정치에 입문해 휴전 이후인 1954년 5월 제3대 민의원 선거 때 자유당 후보로 당선되었다. 그러나 그 해 11월 사사오입개헌파동이 일어나자 입당 7개월 만에 자유당을 탈당하고 범야 세력의 원내 교섭단체인 호헌동지회에 가입해 민주당 창당에 참여한 이래 줄곧 당내 구파로 활동해 왔다. 정치적 노선에 있어서 김영삼은 이승만 이후 처음으로 직접선거에 의해 당선된 보수 우익의 민간인 출신 대통령이다. 그런 점에서 한국 보수 우익 세력의 이념인 자유민주주의의 발전을 위해 김영삼이 얼마나, 그리고 어떻게 노력했는가를 살펴보는 것도 의의가 있을 것이다.

선거 제도 개혁과 지방자치제 확대

1993년 2월 25일 국회의사당 앞 광장에서 열린 김영삼의 대통령 취임식을 주의 깊게 지켜본 사람이라면 취임사를 낭독할 때 개혁을 외치면서 목소리의 옥타브를 높이던 그의 열변을 기억할 것이다.[3] 그는 '변화와 개혁'을 통해 '한국병'을 치료해 '신한국'을 창조하자고 외치면서 부정부패의 청산, 경제 살리기, 국가 기강 확립 세 가지를 강조했다.[4] 김영삼이 재임 중 이룩한 대표적 개혁 노력은 -자신의 아들을 비롯한 권력 측근의 비위 사건으로 이미지가 흐려지기는 했으나- 부정부패를 추방하고 깨끗한 정치를 이룩하기 위한 정치 개혁에 집중되었다. 그는 또 권위주의 잔재 청산, 헌정사의 정통성과 민족 정기 확립, 군의 문민화 작업을 위해 노력했다. 구체적으로 보면 지방자치제의 본격 실시, 고위 공직자 재산 공개, 군사 쿠데타 단죄, 금융실명제 실시 등이다. 그런가 하면 그는 뒤에서 설명하는 바와 같이 경제를 잘못 운영해 국가 부도의 위기에 빠짐으로써 민주 세력이 반드시 국가 경영을 잘 하지는 못한다는 사실을 보여주었다.

김영삼 정부가 민주주의 정착을 위해 단행한 중요한 조치는 돈 안 드는 선거 제도의 정착과 지방자치제의 확대 조치였다. 김영삼 정부는 1994년 3월 임시 국회에서 여야 합의로 정치 개혁 입법을 실현함으로서 민주주의 정착의 터전을 마련했다. 통합선거법인 공직선거 및 부정선거방지법의 제정을 통해 종래까지 정부 여당이 정략적으로 정하던 선거일을 법정화하고 대중매체를 통한 선거 운동과 선거 기간의 단축, 그리고 선거 사범 처벌의 강화 등을 단행했다.[5] 1997년 10월에는 여야 합의로 설치된 국회의 정치개혁특위를 가동해 옥외 집회 금지 등 돈 많이 드는 선거 방식을 폐지하는 공직선거 및 선거부정방지법, 정치자금법 등의 개정에 성공했다.[6]

김영삼 정부는 1994년 3월에는 지방자치법을 개정, 기초 및 시·도단체장의 선거를 도입하고 1995년 6월의 제4대 지방 선거부터 이를 실시했다.[7] '민주주의의 학교'라는 지방자치제는 노태우정권 때는 시·군의 기초의회와 시·도의회 의원만을 선거로 뽑아 아직 걸음마 단계였다. 김영삼은 민족사의 정통성 확립 작업의 일환으로 4·19를 혁명으로, 5·16를 군사정변으로, 광주사태를 광주민주화운동으로, 6·10항쟁을 명예혁명으로 고쳐 부르기로 정했다.[8]

김영삼 정부 아래서 시민 사회도 괄목할 만큼 성장했다. 김 정권은 시민단체의 협력을 얻어 국정을 수행한 최초의 정부였다. 김영삼 정부는 출범 초 경실련 등의 주장을 받아들여 금융실명제, 부동산 투기 근절 등 강력한 개혁 드라이브를 걸었다. 김영삼은 정권 중반인 1994~95년 서울대 교수이면서 경실련 간부인 박세일(朴世逸), 이각범(李珏範) 등을 연속해서 청와대 정책기획수석으로 기용했다.[9] 한국의 대표적인 시민운동 단체인 참여연대도 김영삼 치하에서 발족했다. 참여연대는 1994년 9월 학계 및 법조계 인사 약 300여 명으로 설립되었다. 참여연대는 문민정부 하에서도 인권 침해가 계속되고 있고 민주주의 절차가 무시되는 정치 관행이 존속되고 있다고 주장하면서 시민의 적극적인 참여와 연대 속에서 국가 권력의 감시, 권력의 사회화, 인권 보장이 민주주의 발전에 중요하다고 주장했다.[10] 이 때문에 김영삼 정부는 시민단체들로부터 비판과 견제를 자진해서 수용했다. 그러다가 김영삼의 차남 김현철의 비리 사건 발생 이후에는 시민단체들과의 관계가 악화되었다.

권위주의 청산과 탈군사화

김영삼 정부가 단행한 가장 중요한 민주화 조치는 권위주의 잔재의 청산이었다. 김영삼은 취임 직후인 1993년 3월 군부 내의 대표적인 사조직이었던 '하나회' 회원인 김진영(金振永) 육군참모총장과 서완수(徐完洙) 기무사령관을 전격 경질했다.[11] 이를 시발로 12·12사태 관련 장성들과 각종 비리 사건 관련 장성들 및 하나회 출신 장성들에 대한 대대적인 숙군이 단행되었다. 박정희정권 때부터 육군 내에서 특수한 위치를 차지해 오다가 10·26사태를 계기로 전두환의 신군부 정권을 탄생시킨 하나회는 이를 계기로 해체되었다.

또 다른 중요한 군부 숙정 작업은 무기 도입 계획인 율곡사업 부정의 척결이었다. 김영삼은 취임 직후 먼저 감사원으로 하여금 차세대 전투기 기종 변경 등 23개 사업에 대한 특별감사를 단행케 한 다음 위법 행위자를 검찰에 고발하는 수순을 취하도록 했다. 그 결과 노태우정권 당시의 국방장관 2명과 해군·공군 참모총장 등 군 관련 고위 인사 7명이 한꺼번에 구속되었다. 육군 뿐 아니라 해군과 공군 수뇌들도 진급 부정에 관련해 뇌물을 받은 혐의로 대거 구속되었다.

구속된 사람들은 해군 장성 5명과 대령 2명, 그리고 공군 장성 5명이었다. 김영삼 정부는 출범 6개월 만에 율곡사업비리, 12·12사태 관련자 및 하나회 출신 합참의장, 각군 총장 및 군 사령관급을 전면 교체하고 군단장급의 62%, 사단장급의 39%를 인사 조치했다. 이로 인해 장군 19명, 영관 29명이 해임 또는 전보 조치되고, 장군 20명과 영관 6명은 전역되었다.[12]

5공 청산의 대표적인 사례는 이미 Ⅵ-2(6·29선언)에서 설명한 전두환·노태우 두 전직 대통령을 포함한 군 수뇌 16명이 관련된 12·12 군사 반란과 5·18광주 학살 관련 내란 목적 살인사건 및 뇌물 수수 사건의 형사 처벌이었다. 김영삼은 취임 3개월 만에 광주항쟁 13주년을 맞아 최초로 관민 합동으로 5·18민중항쟁 추모식을 거행했다. 김영삼 정부는 초기에는 군 관련 사건들에 대해 지역적 배려와 노태우 등에 대한 배려로 수사를 꺼렸다. 그러나 앞에서 언급한 바와 같은 경위로 신군부에 대한 사법적 단죄가 이루어지고 하나회의 해산으로 군의 정치 개입 가능성이 크게 감소된 것은 민주주의의 정착을 위해 한 단계 전진한 것이다.

2. 개혁 정책

재산 등록 조치와 깨끗한 공직 풍토의 기반

김영삼의 개혁 드라이브는 취임 직후 "단 한 푼의 정치 자금도 받지 않겠다"라는 폭탄 선언으로 시작되어 공직자 재산 등록 및 공개, 그리고 공직자 비리 척결, 과거 청산, 금융실명제 전격 실시 등으로 이어졌다. 김영삼은 청와대 앞길과 인왕산을 개방하고 청와대 경내의 골프연습장과 공항의 대통령 전용 시설도 없애는 등 권위주의 잔재 청산에 앞장섰다. 그는 일제 잔재 청산을 위해 임정 요인 5인의 유해를 봉환하고 구 조선총독부 건물도 철거하는 등 과감한 조치를 취했다.

김영삼이 가장 역점으로 둔 개혁 조치는 부패 방지 조치였다. 그는 취임 직후 17억여 원에 달하는 자신과 가족의 재산을 솔선해서 자진 공개하고 '부패와의 전쟁'을 선포한 다음 자신이 앞으로 일체의 정치 자금을 받지 않겠다고 선언했다.[13] 또한 그는 청와대의 경비 절감을 위해 점심과 저녁 식사를 칼국수나 설렁탕으로 제한하는 조치를 취했다.[14] 김영삼은 새 정부 각료 및 여당인 민자당 의원과 청와대 수석비서관 등 고위 공직자들도 자발적으로 재산을 공개토록 했다. 각료들이 재산 공개를 하자 언론이 검증에 나섬으로써 정가에 큰 파란을 몰고 왔다. 이 과정에서 박양실(朴孃實) 보사, 허재영(許在榮) 건설 등 각료 2명이 재산 축적 과정에 의문이 일어 재임 며칠 만에 자진 사임했다.[15] 국회에서도 재산 등록 파문이 일어나 김재순(金在淳) 전 국회의장을 비롯해 유학성(俞學聖), 김문기(金文起) 의원 등이 의원직을 사퇴했다. 박준규(朴浚圭) 국회의장은 의장직을 사퇴하는 동시에 민자당을 자진 탈당하고 임춘원(林春元)·정동호(鄭東鎬) 의원 등은 당으로부터 제명 처분을 당했다. 또한 이원조(李源朝), 금진호(琴震鎬) 등 5명에 대해서는 총재 명의로 경고 조치되었다.[16] 이 때 김재순의 정계 은퇴 성명에 나온 '토사구팽'(兎死狗烹)이라는 말이 정가에서 한동안 회자되었다.[17] 정부 여당의 재산 공개에 이어 야당인 민주당도 그 뒤를 따랐다. 이런 혁명적인 조치에 김영삼의 인기는 90%대를 기록했으며 그는 이 같은 개인적 인기를 바탕으로 개혁 조치를 밀고 나갔다.[18]

김영삼은 곧 이어 공직자 재산 등록의 제도화에 착수했다. 여야는 그 해 5월 국회 본회의에서 그 때까지 유명무실하던 공직자윤리법 개정안을 통과시켜 행정·입법·사법 3부 소속 주요 공무원 3만여 명의 재산을 등록토록 했다. 이것은 당시 '김영삼 개혁 입법 1호'라고 불렸다. 등록된 공직자의 재산은 3부별로 설치된 공직자윤리위원회가 성실 신고 여부를 심사하도록 했다.[19] 이에 따라 3부 소속 공무원 2만 1,291명이 재산 등록을 하고 그 중 1,167명의 재산이 공개되었으며 김덕주(金德株) 대법원장이 재산 공개와 관련해 대법원장직을 사퇴했다.[20] 이듬해인 1995년 3월에는 시행령을 고쳐 재산 등록의 범위를 9급 이상의 국세청·관세청·법무·검찰·감사원 소속 공무원에게 확대, 등록 대상이 9만4,000여 명에 달하도록 하고 공개 범위도 지방의회 의원까지 포함되도록 넓혔다.[21]

금융 및 부동산 실명제 실시

김영삼 대통령의 경제 정책은 전반적으로 실패한 것으로 평가되고 있으나 그의 금융실명제와 부동산실명제 실시는 획기적인 개혁 조치였다. 그는 취임 6개월 만인 1993년 8월 대통령 긴급재정명령(제16호)을 발동해 금융실명제를 실시했다.[22] 금융실명제는 전두환정권 때인 1982년 이철희·장영자 부부의 어음사기 사건을 계기로 추진되다가 중단되었으며 노태우정권 때도 실시하려다 무기 연기된 것을 11년 만에 김영삼정권에 의해 비로소 단행된 것이다.

금융실명제가 전격 발표되자 '검은 돈'을 가진 특수 계층을 제외한 일반 국민들은 크게 환영했다. 실명제는 정치·경제·사회 등 모든 분야의 부패를 줄이고 투명성을 높이는 데 필요한 모든 개혁의 기초라는 점에서 획기적인 조치였다. 그러나 금융실명제가 실시됨에 따라 경제의 여러 부문에서 보완의 필요성이 대두되었다.

금융실명제 실시 이후 자금 거래 내역이 국세청에 통보될 지도 모른다는 불안 심리가 확산되자, 이러한 불안 심리를 진정시키기 위하여 정부는 두 차례에 걸쳐 자금 출처 조사의 완화, 생산 자금과 가계 생활 자금에 대한 세무 조사 배제, 금융 거래를 근거로 한 세무 조사의 배제, 제2단계 금리자유화, 개인별로 2억 원까지는 실명 전환에 따른 자금 출처 조사 배제 등 보완 조치를 취했다.[23]

금융실명제의 법적 근거였던 대통령 긴급재정명령은 3년 후인 1997년 12월 국회에서 통과된 '금융실명거래 및 비밀보장에 관한 법률'로 대체되었다. 이 법은 외환 위기로 빚어진 극심한 경기 침체와 기업의 자금난을 해소하고 과소비를 진정시키기 위한다는 이유로 100만 원 이하의 소액 입금과 국내 금융기관에 입금되는 외환의 환전, 외화 예금 및 외화 표시 채권 구입 등의 경우에는 1년간 실명 확인 절차를 생략할 수 있도록 하고, 금융세율을 16.5%에서 22%로 올리는 대신 금융 소득 종합과세를 무기한 연기시켰다. 또한 자금 출처를 묻지 않는 무기명 장기 채권을 한시적으로 발행할 수 있도록 해 금융실명제의 취지가 크게 후퇴했다.[24]

부동산실명제는 1995년 7월부터 시행에 들어갔다. 3월에 제정된 부동산실명제법(부동산 실권리자 명의 등기에 관한 법률)에 따라 부동산 거래를 반드시 매매 당사자의 실제 이름으로 하도록 의무화했다. 이로써 그 동안의 차명을 통한 탈세 및 탈법에 의한 부동산 투기를 하는 것을 방지할 수 있게 되었다. 이 법은 명의신탁에 의한 타인 명의의 등기를 금지하고 이를 위반할 경우에는 그 등기는 무효가 될 뿐만 아니라 부동산 가액의 30%에 해당하는 과징금 및 5년 이하의 징역 및 2억 원 이하의 벌금에 해당하는 형사처벌도 하도록 했다.[25] 이 법으로 그동안 국가 경제의 성장 잠재력을 좀먹고 유한·부유층의 치부 수단이 되어온 부동산 투기와 탈세를 크게 방지할 수 있는 제도적 장치가 마련되었다.

새로운 노사 관계 정립

김영삼의 노동 정책은 취임 전반기의 '중립적 노사 정책'과 후반기의 '신 노사 관계 구상'으로 나뉜다. 초기의 노동 정책은 과거 군사 정권의 노동 정책과는 달리 노조 활동의 자율성을 보장하고 노사 관계에 있어서 국가의 중립성을 견지한다는 것이 골자이다. 김영삼정권은 집권 초반기 '문민 개혁'의 일환으로 노동 정책에도 민주화와 개혁 정책을 도입하려고 했다. 김영삼은 1993년 6월 "정부는 노동자와 회사 어느 쪽에도 기울지 않고, 위법에 대해 엄정히 법을 지킬 것"이라고 밝힘으로써 노사 양측에 대해 균형적인 자세를 나타냈다.[26] 정부는 이에 따라 당시까지 불법화되어 있던 민주 노조 운동 세력, 즉 전노협(정식명칭 전국노동조합협의회)을 대화 파트너로 인정하겠다는 입장을 밝히고 교원노조사건으로 해임된 교사들을 복직시켰다. 그러나 이 같은 노동 운동 완화 정책은 1993년 7월 시작된 현대그룹노동조합총연합(약칭 현총련)의 연대 파업을 계기로 큰 변화를 보였다. 경제 단체는 물론이고 정부 안에서도 경제 부처를 중심으로 중립적 노동 정책이 오히려 노사 분규를 조장하고 있다고 반발했다. 결국 정부는 과거 군사 정권 하에서조차 한 번도 발동하지 않았던 '긴급조정권'을 1993년 7월 현대자동차 노조 파업 때 발동하게 된다.[27] 김영삼 정부의 노동 정책은 그 무렵 그가 내걸었던 '세계화' 전략과 맞물려 국제 경쟁력의 강화로 주안점이 옮겨갔다. 이 점에서 그의 초기 노동 정책은 노동운동의 신장이라는 측면에서는 한계가 있었다.

김영삼의 본격적인 노사 관계 개혁 노력은 집권 후반인 1996년 4월 발표된 그의 '신 노사 관계 구상'에서 잘 나타났다. 그는 이날 "21세기 세계 일류 국가로의 도약을 위한 신 노사 관계 구상"이라는 제목의 발표에서 공동선의 극대화, 참여와 협력, 노사 자율과 책임, 교육 중시와 인간 존중, 제도와 의식의 세계화라는 5대 원칙 아래 노동법 개정, 기업문화, 노동운동 등 광범위한 노사 관계 개혁을 추진하겠다고 천명했다.[28] 이 구상에 따라 5월 노·사 각 5명씩과 공익 대표 20명으로 구성된 노사관계개혁위원회가 대통령 직속 자문 기구로 발족했다. 노개위에는 비합법 단체인 민주노총도 들어갔다. 노개위는 외부 인사를 초청한 공개 토론회, 공청회, 워크숍 등을 통해 노동법 개정에 관한 외부 의견을 수렴해서 노동법의 전면적인 개정안(공익위원안)을 마련했다. 이 개정안은 그러나 야당의 반대에 부딪쳐 그해 12월 국회에서 그 내용이 약간 수정된 채로 여당에 의해 날치기 통과되었다. 그 골자는 정리해고제 및 변형시간제를 도입해 노동시장을 유연화하고 무노동 무임금, 전임자 임금 지급 금지, 살쾡이파업 금지 등 노동운동에 대한 규제와 상급 단체의 복수 노조 허용의 3년 간 유예 등이었다.[29] 국회 심의 과정에서 재계의 로비로 삽입된 복수 노조 유예 규정은 민노총을 인정하지 않는 것이어서 거센 반발을 불러 일으켰다.

노동계는 즉각 반발하고 사상 초유의 총파업을 2개월 간 벌였다. 노동계의 파업에 야당과 일부 진보적 대학 교수들이 가세하자 김영삼 정부는 출범 이후 최초의 위기 상황을 맞이했다. 김 정권은 노동법의 비민주적인 날치기 통과와 당시 막 터져 나온 한보그룹의 대출부정사건으로 인해 코너에 몰렸다. 당시는 아무도 예측하지 못했지만 이 기간의 국가적 혼란은 연말에 밀어닥친 외환 위기의 전주곡이었다. 김 정권은 결국 양보를 택해 법의 재개정으로 방향을 전환, 이듬해인 1997년 3월 여야 합의로 복수 노조 인정, 퇴직금 우선 변제 범위, 공무원 단결권 보장, 파업 시 사외 대체 근로의 금지, 정리해고 규정 2년 유예, 노동위원회 위상 강화 등에 관한 규정을 신설하는 노동법 재개정안을 통과시켰다.[30] 그러나 새로운 노사 관계는 제대로 정착도 되기 전에 외환위기를 맞이하고 말았다.

3. 개혁의 후퇴

보수 대연합의 붕괴

김영삼은 보수 대연합을 표방하면서 창당한 민자당의 후보로 대통령에 당선되었으나 곧 그의 민주계와 김종필 사이에 당내 갈등이 일기 시작했다. 민주계는 김종필 대표 체제가 개혁과 세계화의 추진에 걸림돌이 된다는 주장을 공공연히 제기했다. 이 같은 주장은 민주계의 맏형격인 내무장관 최형우(崔炯佑)가 앞장서서 폈다. 그는 1994년 12월 국민은 개혁을 바라고, 새 인물을 원하고 있는 만큼 당 대표제를 복수의 부총재제로 바꾸어야 한다고 주장했다.[31] 그것은 김종필을 당 대표 자리에서 축출하는 것을 의미하는 것이다. 민주계와의 공존이 불가능하다고 판단한 김종필은 마침내 이듬해 1월 민자당 대표직 사퇴를 선언하고 2월에는 탈당과 신당 창당을 선언했다. 그는 성명을 발표하면서 구국의 결단인 3당 통합의 정신이 소멸되고 정치적 약속과 신의가 지켜지지 않는 상황에서 탈당은 불가피했다고 말했다.[32]

김종필이 창당한 자민련(자유민주연합)은 2월에 발기인대회를 갖고 선언문에서 "절대 권력의 독선과 독단, 오만과 전횡 앞에 민주 대의는 여지없이 무너졌다"라고 주장하면서 김영삼 정부를 '문민 독재'라고 비난했다. 자민련에는 김종필계 국회의원 9명과 전 의원 35명이 합류했다. 자민련은 1995년 3월의 창당대회에서 총재에 김종필을 선출했다. 민자당에서 탈당한 전 국회의장 박준규가 최고고문에, 구 민정계의 구자춘(具滋春)·김용환(金龍煥) 의원과 정석모(鄭石謨)·최각규(崔珏圭)·김용채(金容采) 전 의원, 그리고 김경오(金璟梧) 한국여성단체협의회 명예회장 등 6명이 부총재로 각각 지명되었다. 자민련은 그 후 김복동(金復東)·한영수(韓英洙) 등이 이끌던 신민당을 흡수, 민자당과 민주당에 이은 원내 제3당이 되었다. 그 후 무소속 의원들을 영입해 그해 5월에는 소속 의원 20명으로 원내 교섭단체를 만들었다.[33] 김종필의 사퇴로 공석이 된 민자당 대표위원 자리에는 민정계의 이춘구(李春九)가 지명되었다.[34] 이것은 충청도 민심을 배려하고 당내 민정계와 공화당계의 반발을 무마하려는 김영삼의 고육지책이었다. 민자당의 민정계는 이춘구 이외에 김윤환 등이 남아 있어 여전히 최대 파벌이었으나 1992년의 대통령선거 때 후보 지명 과정에서 이종찬, 박태준 등이 탈당함으로써 크게 약화되었다.

민자당은 분당 사태 등의 영향으로 1995년의 6·27지방선거에서 참패했다. 15개 시·도 지사 가운데 각 당의 당선자는 민자 5, 민주 4, 자민련 4, 무소속 2명이었다. 기초단체장의 경우는 민자 70, 민주 84, 자민련 23, 무소속 53명이었다.[35] 지방선거에서 참패한 민자당은 얼마 후 또 다시 큰 정치적 타격을 받았다. 그것은 그해 10월 국회에서의 노태우의 천문학적인 비자금 보유 사실의 폭로였다. 비자금 폭로가 사실로 드러나 노태우가 11월 구속되자 민자당의 이미지는 더욱 나빠졌다. 김영삼은 12월 민자당 당무회의 결의를 거쳐 당명을 '신한국당'으로 바꾸었다.[36]

그러나 신한국당은 이듬해인 1996년 4월 실시된 제15대 국회의원총선거에서 또 다시 패배, 국회는 3당 합당 이전과 같은 여소야대로 되돌아갔다. 개표 결과 전체 의석 299석(전국구 46석 포함) 중 신한국당은 139석(전국구 18명 포함)을 얻어 과반수에 11석이나 미달했다.[37] 신한국당은 선거 후 무소속 의원들을 영입해 151명의 원내 교섭단체를 등록하기는 했으나 종전과 같은 보수 대연합 정당의 성격은 완전히 탈색되고 말았다. 이 같은 정계 판도의 전개는 1년 반 후의 제15대 대통령선거에서 김종필과 김대중의 제휴로 이어져 신한국당 이회창(李會昌)의 패인 중 하나로 작용하게 된다.

권력 핵심의 부패와 김영삼의 추락

깨끗한 정치를 내건 김영삼 정부에 최초로 일격을 가한 사건이 장학로(張學魯)사건이다. 상도동 가신 출신인 청와대 제1부속실장 장학로는 1990년의 3당 합당 이후 기업인들로부터 도합 6억2,000만 원을 받은 혐의로 1996년 3월 구속되었다. 김영삼은 이 때문에 대국민 사과문을 발표했다.[38]

김영삼정권에게 한보(韓寶)사건은 커다란 재앙이었다. 5조7,000억 원의 비리가 개재된 이 사건으로 김영상의 둘째아들 김현철(金賢哲)이 구속됨으로써 김영삼의 신뢰와 위신을 땅에 떨어트렸다. 이 사건은 기아자동차부도사건과 함께 국가적 재앙인 IMF사태의 한 국내적 요인이 되었다. 한보사건은 1997년 1월에 터졌다. 정치 권력과 결탁한 한보철강은 한 해에 6천억 원의 이자 부담과 5조 원에 이르는 금융 특혜를 받았고, 사건이 터지기 한 달 전에도 8천억 원의 긴급 지원을 받았다. 한보의 공장 설립부터 금융 대출에 이르기까지 모든 경영 방식이 의혹투성이였다. 비등하는 여론에 못 이겨 수사에 착수한 검찰은 한보그룹 정태수(鄭泰守) 총회장과 김종국(金鍾國) 재정본부장 이외에 뇌물을 받은 현역 국회의원 4명과 장관 1명, 은행장 2명 등 모두 9명을 구속했다.[39] 그러나 사건의 핵심이라고 할 수 있는 대출 외압의 배후 실세는 시원스럽게 밝혀지지 않았다. 야당은 배후의 '몸통'으로 김영삼의 차남 현철을 직접 거명하고 나섰다. 김영삼은 2월 사과 담화를 통해 혐의가 있다면 현철을 사법 처리하고 사회 활동도 중단시키겠다고 밝혔다. 검찰은 곡절 끝에 5월 마침내 김현철과 김기섭(金己燮) 전 안기부 운영차장을 알선수뢰 혐의로 구속했다.[40]

김영삼정권 아래서 국가 기관의 무단 도청을 금하는 통신비밀보호법이 제정된 것은 인권 옹호를 위한 개혁 조치라는 점에서 의의가 있다. 1993년 12월 국회 본회의를 통과한 이 법안은 사전에 법원의 영장이 없는 전화 감청이나 대화 감청·서신 검열 등을 할 수 없도록 했다. 그러나 노태우정권 때까지 행했던 안전기획부의 무단 도청 행위는 이 법에 따라 김영삼정권 때 잠시 동안 중단되었다가 1994년 초에 부활됨으로써 김영삼정권의 개혁 의지에 한계를 보였다. '미림'이라는 당시 안기부의 도청팀은 도청 내용을 청와대로 직보했음이 밝혀졌다. 안기부의 불법 도청은 김대중정권 당시 국정원에서도 계속되었다. 김영삼정권이 국가 기관의 도청 행위를 근절했던들 그 다음 정권에서는 계속되지 않았을지 모른다는 점에서 아쉬움이 있다.[41]

신한국당이 1997년 7월 제15대 대통령선거에 나갈 후보로 이회창(李會昌)을 선출하자 김영삼에게는 다시 시련이 찾아왔다. 신한국당 집행부는 김현철의 구속으로 이미지가 나빠진 김영삼이 더 이상 당에 머물고 있는 것을 원하지 않았다. 김영삼은 이회창의 요구에 따라 신한국당 총재직을 사퇴하고 이회창이 후임 총재로 선출되었다. 이회창과 김영삼의 갈등은 신한국당이 제기한 김대중의 670억 원 비자금 관리 의혹에 대한 고발 사건을 검찰이 그 해 10월 수사 유보를 발표하자 표면화되었다.[42] 신한국당은 김영삼과 김대중의 밀약설을 제기하면서 크게 반발하고 나섰다. 이회창은 긴급 기자회견을 갖고 김대중의 비자금 수사와 김영삼의 탈당을 공개적으로 요구했다. 다음 달 경북 포항에서 열린 신한국당 경북 지역 필승결의대회에서 일부 당원들이 김영삼의 상징인 '03 마스코트'를 몽둥이로 내리치는 사건이 발생해 당내의 민주계가 거세게 항의하는 사태로 발전했다.[43] 결국 김영삼은 신한국당을 탈당했다. 신한국당은 11월, 김대중의 새정치국민회의의 창당으로 군소 정당이 된 민주당과 합당해 한나라당을 창당함으로써 김영삼이 손수 만든 신한국당은 역사 속으로 사라지고 김영삼의 위상 역시 추락하지 않을 수 없었다.[44]

외환 위기와 국가적 치욕

김영삼에게 최대의 시련이었던 외환위기는 1997년 초 한보·삼미·한신공영 등 대기업의 연쇄 부도와 금융 기관의 점차적인 부실화 및 환율의 급상승으로 그 징후가 나타나기 시작했다. 전년 12월 말 844원이던 미국 달러화에 대한 환율이 이 해 3월 말에 897원으로 치솟은 다음 잠시 진정 국면에 들어갔다가 7월 기아자동차 부도사태를 계기로 다시 뛰기 시작해 10월의 홍콩 외환 위기 때는 965원으로 급등했다. 외국의 투자가들은 한국도 동남아 각국이 겪고 있는 외환 위기에서 예외가 아닐 것이라는 판단을 내리고 투자 자금을 본격적으로 회수하기 시작했다. 이 때문에 환율은 연말에 1,415원으로 폭등하고 가용 외화 보유고도 10월 말의 223억 달러에서 11월 말에는 73억 달러, 12월에는 한때 30억 달러로 감소했다. 국가 부도 위기에 직면한 것이다. 그 때까지 경제의 펀더멘털(기초)이 튼튼하다면서 방심하던 정부는 막판에 환율 방어를 위해 150억 달러를 쏟아부었으나 아무 효과도 없이 외환 보유고만 축냈다.[45]

드디어 정부는 11월 21일 IMF(국제통화기금)의 구제 금융 신청을 공식 선언했다. 지루한 협상 끝에 마침내 12월 3일 정부는 IMF 측과의 차관각서에 서명함으로써 기한부 경제 주권 상실이라는 치욕을 당하게 되었다. 차관을 받기로 한 규모는 IMF, IBRD(국제부흥개발은행), ADB(아시아개발은행) 등 3개 은행과 미국 일본 등 13개국에서 모두 580억 달러로, 사상 최대규모였다. 조건은 부실 금융 기관 정리, 재벌 개혁, 긴축 재정, 통화 정책, 그리고 고금리 유지 등이었다. 그 사이에 환율은 더욱 치솟아 그 해 말에는 1,700원대가 되었고 금리는 25%대로 폭등한 반면 종합주가지수는 400원 아래로 폭락했다. 1997년 연초 한보로부터 시작된 대기업의 부도는 한라그룹 부도에 이르기까지 도미노 현상을 일으켜 부도난 대기업만 12개에 달해 외환 금융 위기가 경제 전반의 위기로 확대되었다.[46]

김영삼 정부는 1960년대 초에 장면정권이 그러 했듯이 국가경영에 실패했다. 이 사실은 민주화가 곧 국가 경영의 안정성을 보장하는 것이 아님을 말해주는 예이다. IMF사태야말로 투쟁 일변도의 민주화 세력에게 좋은 교훈이 되었다.

1차 북핵 위기와 김영삼의 미국 북폭 반대

김영삼 대통령은 1993년 2월 취임사에서 어떤 이념도 민족만큼 중요한 것은 없다고 북한에 대해 유화 제스처를 보였다. 그는 바로 비전향 장기수 이인모(李仁模)를 북한에 송환함으로써 김일성에게 행동으로 호의를 표시했다. 그런데 북한은 이인모 북송 발표 바로 다음날인 3월 12일 핵확산금지조약 탈퇴를 선언해 김영삼을 실망시켰다. 북핵 1차 위기가 폭발한 것이다. 북한은 영변의 5MW 원자로를 정지시키고 플루토늄을 다량 함유한 연료봉을 교체함으로써 핵개발 의지를 표명했다. 북한은 1992년 노태우 정부 당시 남측과 서명한 비핵화공동선언에 따라 핵확산금지협정(NPT)에 가입하고 국제원자력기구(IAEA)의 핵 사찰을 받기 시작했으나 채 1년이 지나기도 전에 핵 개발 징후를 다시 보였다. IAEA가 북한의 핵 개발 의혹을 제기한 것이다. 북한은 뒤이어 한미 팀스피리트 훈련 재개를 빌미로 남북 고위급 회담을 결렬시키고 곧바로 한반도비핵화공동선언도 사문화시켜 버렸다.

김영삼은 1993년 6월 4일 취임 100일 기자회견에서 "핵무기를 갖고 있는 상대와는 결코 악수할 수 없다"라고 격렬하게 북한 정권을 비난했다.[47] 클린턴 미국 대통령은 강경 자세로 돌아 영변 핵시설 폭격이라는 초강수 계획을 세웠다. 클린턴은 5월 18일 윌리엄 페리 국방장관에게 항공모함 5척을 동해로 보내, 작전 계획 5027하에 북한의 핵 시설을 공습하는 명령을 내렸다. 그러나 김영삼은 클린턴과의 전화 통화에서 "한국 내의 미국 민간인 철수, 북핵 시설 폭격은 한반도에서 전면전을 불러올 것"이라면서 북폭을 강력히 반대했다. 당시 상황으로 보아 미국이 영변 핵 시설을 폭격하는 경우 김영삼 말대로 한반도에서 전쟁이 일어났을지 여부를 단언할 수는 없지만 당시의 북한 군사력으로 판단할 때 그럴 가능성은 낮았다고 볼 수 있다. 여하간 클린턴의 폭격 계획은 무산되고 미국은 제네바에서 북한과 협상을 개시했다. 1994년 10월 18일 미·북은 최종 합의에 도달했다. 북한이 핵 활동 동결 및 관련 시설을 해체하고 NPT에 복귀하여 IAEA의 사찰을 받기로 했다. 그 대신 미국은 북한에 경수로 원전 2기 건설과 중유 제공을 약속했다. 경수로 건설비의 3분의 2인 40억 달러는 한국이 부담하게 되었다. 공사도 착수되었으나 얼마 못가 제네바합의는 이런저런 이유로 파기되고 북한은 다시 은밀하게 핵 개발을 추진했다.[48]

제4부
좌파정권 등장 시기

1. 신한국당은 1997년 7월 21일 이회창을 그해 12월에 있을 제15대 대통령선거에 나갈 당 후보로 선출했다. 신한국당은 대선 직전인 그해 11월 초순 세칭 꼬마민주당 조순 후보와 후보 단일화를 이룩해 당명을 한나라당으로 바꾸었다.

2. 이회창은 이인제의 출마로 큰 타격을 입고 결국 김대중에게 패배했다. 이회창과 이인제, 그리고 김대중이 나란히 출마한 제15대 대통령선거 포스터.

3. 김대중 대통령 일행이 2000년 6월 14일 저녁 평양을 방문하고 김정일과 함께 '우리의 소원은 통일'을 합창하는 모습.

565

1. 2001년 8월 동국대 교수 강정구의 만경대정신 방명록 사건을 계기로 한나라당이 임동원 통일원장관에 대한 해임건의안을 제출하자 김종필은 9월 3일 김대중정권에 대한 협력입장을 바꾸어 임동원이 그날 중 사퇴할 것을 요구했다.

2. 그러나 임동원이 자진사퇴를 거부하자 국회본회의는 9월 3일 찬성 148표, 반대 119표로 해임건의안을 통과시켰다. 사진은 이만섭 국회의장이 이를 선포하는 모습. 이로써 민주당과 자민련의 연립정부가 붕괴되었으나 자민련 소속 이한동 총리는 사임하지 않고 2002년 7월까지 재직했다.

3. 자유시민연대가 2006년 3월 4일 산하에 북한인권위원회 창립식을 개최하는 모습.

4. 김태길 서울대 명예교수, 강영훈 전 국무총리 등 각계 원로들이 주축이 된 '성숙한 사회가꾸기 모임'이 2001년 8월 14일 '오늘의 난국을 생각한다'는 제목의 성명서를 발표했다.

5. 비전@한국이 2002년 3월 22일 한국의 시장경제와 민주주의를 주제로 포럼을 개최했다.

6. 2002년 3월 12일(화) 서울 프레스센터에서 열린 '바른사회를 위한 시민회의'의 창립총회.

1. 2002년 6월 29일 연평도 서쪽 해역에서 벌어진 2차 서해교전에서 북한 해군의 선제공격으로 침몰된 참수리 357호. 이 전투에서 해군 전사자 6명, 부상자 19명의 인명손실도 났다.

2. 2002년 7월 16일 서울 명동 거리에서 이철승 자유민주민족회의 의장과 서정갑 예비역대령연합회 회장 등 회원들이 '북한무력도발규탄 및 탈북난민 정착지원 궐기대회'를 열었다.

3. 이회창 후보가 박근혜 및 김동길의 지원을 받으면서 지지를 호소하는 장면(사진 좌)과 16대 대선포스터(사진 우). 이회창은 아들 병역부정 의혹과 부친의 친일경력 논란으로 노무현에 비해 근소한 표차로 다시 낙선의 고배를 마셨다.

4. 이회창의 아들 병역문제를 물고 늘어진 김대업(사진 좌)과 나중에 그의 폭로가 허위로 밝혀지자 "나는 정권탈취에 이용당했다"고 고백했다는 TV보도 화면(사진 우). 그는 해외로 도피했다가 3년만인 2019년 6월말 필리핀에서 체포되어 국내로 송환되었다.

1. 2003년 3월 1일 최초로 북측 대표가 내려와 자리를 함께 한 3·1절 84주년 기념 민족공동행사가 서울 워커힐에서 진행된 같은 날 서울시청 앞 광장에서는 '반핵반김 자유통일 3·1절 국민대회'가 약 7만여명(경찰 추산)의 시민이 참석한 가운데 개최되었다. 사진 통일뉴스

2. '반핵반김국권수호국민협의회'(운영위원장 서정갑)는 2004년 8월 6일 서울 세종로에서 5,000여 명의 시민들이 참석한 가운데 노무현정권의 '적색쿠데타 음모' 규탄대회를 가졌다. 사진 미래한국

1. 강영훈 전 총리 등 전 국무총리 7명, 박관용 전 국회의장등 국회의장 5명을 포함한 각계 원로급 보수인사 1,074명은 2004년 9월 9일 '민주주의 수호를 위한 시국선언'을 발표하고 노무현 탄핵을 다시 주장하는 별도의 결의문도 내놓았다.

2. 2005년 11월 7일 열린 뉴라이트전국연합(상임의장 김진홍) 창립대회.

3. 2006년 4월 26일 자유주의연대 교과서포럼 등 단체들이 연합한 뉴라이트재단 설립을 발표하는 기자회견 모습. 왼쪽에서 세 번째가 이 단체의 고문격인 안병직 교수.

1. 17대 대통령선거 투표일을 하루 앞둔 2007년 12월 18일 서울 신촌 현대백화점 앞에서 열린 거리유세에서 한나라당 이명박 후보가 지지를 호소하고 있다.

2. 17대 대통령선거 포스터.

3. 이명박 대통령은 취임한지 얼마 안된 2008년 4월 19일(현지시각) 미국을 방문하고 대통령별장인 캠프 데이비드(워싱턴 DC 근교 메릴랜드주 프레데릭 카운티 위치)에서 조지 부시 대통령과 자신의 대통령취임 이후 첫 한미정상회담을 가졌다. 두 정상은 기존의 한미 관계를 민주주의 시장경제 등 보편적 가치를 바탕으로 공동이익을 추구하는 전략적 동맹관계로 격상시키기로 합의했다. 두 정상은 또한 한미FTA에 대해 연내 비준에 적극 나서기로 했다. 이로써 노무현 정부 때 소원해진 한민동맹 관계가 상당히 복원되었다.

1. 2010년 11월 11일 서울 강남구 삼성동 코엑스 회의실에서 열린 제5차 주요20개국(G20) 정상회의에서 이명박 대통령이 개최국이자 의장국의 정상 자격으로 개막연설을 하고 있다.

2. 새누리당 박근혜 대선후보가 제18대 대통령선거 투표일 이틀전인 2012년 12월 17일 경기도 군포시 산본동 거리 유세에서 시민들을 향해 손을 흔들고 있다.

3. 제18대 대통령선거 포스터.

1. 박근혜 대통령이 2013년 5월 미국 백악관 집무실에서 바락 오바마 미국 대통령(오른쪽)과 정상회담을 하고 있는 모습.

2. 박근혜 대통령이 2015년 9월 3일 중국 베이징 자금성 망루에 올라 천안문 광장에서 열린 '항일 전쟁 및 세계 반파시스트 전쟁 승전 70주년(전승절)' 기념행사에 참석해 참석자 일동과 함께 박수를 치고 있다. 사진 동아일보 변영욱 기자

1. 2015년 3월 5일 발생한 리퍼트 주한미국대사에 대한 테러사건을 계기로 애국단체총협의회(애총협)와 한국기독교총연합회(한기총), 대한민국애국시민연합(애국연합) 등 대표적인 보수단체들이 18일 서울 중구 세종대로 소재 한국프레스센터에서 '종북세력청산범국민협의회'를 출범 시켰다.

2. 2016년 2월 26일 서울 용산구 국방컨벤션에서 예비역 장성들의 모임인 성우회가 북한의 4차 핵실험과 장거리 미사일 발사를 규탄하는 성명서를 발표하고, 북핵 폐기 1000만인 서명운동을 지속적으로 전개하기로 결정했다.

찬성 234 표 - 반대 56 표 - 기권 2표 - 무효 7표

SBS NEWS 탄핵 표결 -특수본 출신 5명 포함…수사기록·자료 검토 속도

박근혜 대통령 탄

1. 박근혜 대통령에 대한 탄핵소추안은 2016년 12월 2일 국회에서 발의되어 9일 국회 본회의에서 재석의원 299명중 찬성 234표, 반대 56표, 무효 7표로 통과해 헌법재판소에 회부되었다. 언론은 새누리당에서 비박계 의원 62명이 찬성표를 던진 것으로 보도했다.

2. 2017년 3월 10일 오전 서울 종로구 재동 헌법재판소 대심판정에서 박근혜 대통령 탄핵심판 사건에 대한 결정 선고 재판을 진행하고 있다.

13. 이정미 헌법재판소 소장 권한대행이 결정문을 낭독하고 있다.

1. 박근혜 제18대 대통령이 헌재에 의해 파면된지 21일 후이자 이명박 대통령이 구속되는 9일 후인 2017년 3월 31일 검찰의 특별수사 본부에 의해 구속되어 서울구치소에 수감되었다.

2. 박근혜 대통령 파면으로 제19대 대통령선거일이 2017년 5월 9일로 결정되자 자유한국당의 대선주자 홍준표 후보가 2017년 4월 22일 서울역광장에서 '자유대한민국 수호를 위한 서울대첩' 유세를 벌였다. 그는 "5월9일은 단순한 대통령 선거가 아니라 이 나라 체제를 선택하는 전쟁이다"고 주장했다. KBS 뉴스 캡처.

3. 제19대 대통령선거 포스터. 홍 후보는 2위로 낙선하고 더불어민주당의 문재인 후보가 당선되었다.

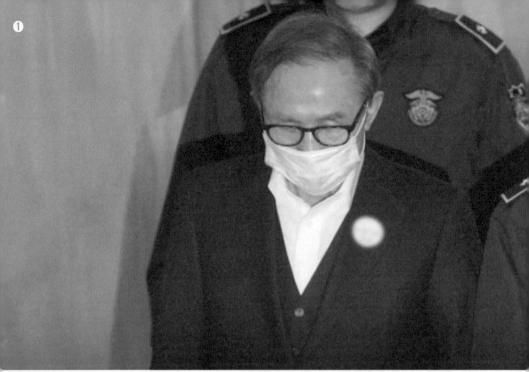

1. 이명박 제17대 대통령이 2018년 3월 22일 다스 회사자금 횡령과 삼성 뇌물수수 혐의로 구속되었다. 이 사진은 그가 2019년 3월 6일 서울 서초구 서울고등법원에서 열리는 항소심 공판에 출석하는 모습이다.

2. '안보를 걱정하는 예비역 장성 일동'이 주최한 9·19남북군사합의서에 관한 국민 대토론회가 2018년 11월 21일 서울 용산구 전쟁기념관 1층 평화홀에서 열렸다. 이 모임에는 이종구·이상훈 등 전 국방부 장관 12명과 전 육·해·공군 참모총장, 전 해병대 사령관 34명 등 420여 명의 예비역 장성들이 참여했다. 이날 행사에는 휠체어를 탄 백선엽 장군(사진 앞줄 맨 왼쪽)도 나와 후배 장성들을 격려했다. 이들 예비역 장성들은 2019년 1월 25일 한국프레스센터에서 모임을 갖고 대한민국 수호예비역장성단을 결성했다.

1. 양승태 전 대법원장이 2019년 1월 24일 사법사상 처음으로 사법행정권 남용 혐의로 구속되었다. 사진은 그가 한 달 후인 2월 26일 서울 서초동 서울중앙지법에서 열리는 보석 여부 결정을 위한 심문에 출석하는 모습이다.

2. 3.1운동 100주년을 맞은 2019년 3월 1일 자유대한민국 수호와 좌파 전체주의·부정 대선 문재인 정권 퇴진 요구 범국민 총궐기대회에 참가한 대한민국수호예비역장성단 회원들.

3. 이들은 광화문 광장의 이순신 장군 동상 앞에서 '자유 대한민국 수호 선언문'을 낭독했다. 요지는 "우리는 100주년 3.1운동 기념일에, 자유대한민국의 정통성과 정체성을 부정하고 공산주의체제로 변혁을 시도하는 주사파 정부에 결사 항전할 것을 선언한다"는 것이다.

1. 2017년 1월 23일 서울 한국프레스센터에서 열린 한국자유회의 창립회의 모습. 앞줄 오른쪽 네 번째가 이 단체의 대표인 노재봉 전 국무총리.

2. 2017년 11월 10일 서울 인사동 자유민주센터에서 열린 자유민주국민연합 창립식 모습. 참석자는 노재봉(오른쪽에서 4번째), 서경석(2번째), 제재형(3번째), 송정숙(5번재) 등이다.

3. 2018년 4월 20일 서울 세종문화회관 세종홀에서 1천여명의 인파가 참석한 가운데 열린 대한민국수호비상국민회의 출범식 광경. 단상에서 박관용 공동의장이 발언하고 있다.

4. 댄 슈나이더 미국보수주의연합(ACU) 사무총장이 최영재 KCU(한국보수연합) 대표, 제이아에바 일본 보수연합(JCU) 대표와 함께 2019년 5월 20일 황교안 자유한국당 대표와 조원진 우리공화당 대표를 만나고 기념촬영을 했다. 사진은 오른쪽부터 최영재, 아에바, 황교안, 슈나이더, 조원진 등이다.

5. 2019년 5월 21일 서울 용산구 그랜드하얏트호텔에서 열린 한미자유우호의 밤 행사 모습. 댄 슈나이더 미국보수연합(ACU) 사무총장이 인사말을 하고 있다.

6. 자유전선(상임대표 유광호, 상임집행위원장 이동호) 창립대회가 2019년 5월 22일 서울 프레스센터에서 개최되었다. 노재봉 전 국무총리, 앤드루 크릴리 미국 하와이 뉴인스티튜트 대표, 댄 슈나이더 미국보수주의연합(ACU) 사무총장, 고든 챙 미국 변호사가 참석했다.

1. 2019년 4월 25일 오후 서울 여의도 국회의사당 의안과 앞에서 자유한국당의 나경원 원내대표를 비롯한 의원들과 보좌관들이 더불어민주당의 공수처법안 등 패스트트랙 지정 법안 제출을 저지하기 위해 몸으로 막아서면서 구호를 외치고 있다. 이날 사태로 2020년 1월 2일 황교안 당대표와 나경원 원내대표 등 의원 14명이 불구속 기소되고 다른 의원 10명과 보좌진 1명이 약식기소되었으며 여당인 더불어민주당에서는 이종걸 박범계 등 의원 4명과 당직자 4명이 불구속 기소되고 의원 1명이 약속기소되었다. 사진 뉴스1.

2. 2019년 9월 21일 오후 서울 광화문광장에서 자유한국당 의원들은 '문재인정권의 헌정유린 중단과 위선자 조국 파면 촉구대회'를 개최한 다음 황교안 당대표(사진 앞줄 왼쪽에서 5번째), 나경원 원내대표(앞줄 왼쪽에서 4번째) 등 당간부들을 앞세우고 청와대 앞까지 행진을 하고 있다.

2019년 10월 3일 서울 광화문광장에서 열린 조국 법무부 장관 파면 촉구 집회에서 참가자들이 '조국 사퇴' 등 손 팻말을 들고 구호를 외치고 있다. 집회 인파는 세종대로 사거리 기준으로 북쪽 광화문 삼거리에서 남쪽 옛 삼성본관까지 1.5km 구간까지 이어졌다. 한때 세종대로 사거리에서 지하철 1호선 종각역 구간의 왕복 8차로도 집회 참가자로 붐볐다.

사진 동아일보 원대연 기자.

1. 자유한국당 황교안 당대표가 2019년 11월 20일 서울 종로구 청와대 분수대 앞에서 문재인정부의 지소미아 종료 결정에 항의하는 단식농성을 시작해 저녁에는 추위 때문에 국회의사당으로 농성장을 옮기고 이튿날 아침에는 다시 청와대 앞으로 되돌아가는 왕복단식을 계속했다. 그는 단식 8일째인 27일 밤 11시 쯤 의식을 잃고 쓰러지자 구급차로 서울 신촌 세브란스병원으로 후송되어 치료를 받고 의식을 회복했다. 사진 연합뉴스

2. 2019년 12월 27일 국회 본회의장에서 문희상 국회의장(가운데)이 심재철 자유한국당 원내대표 등 소속 의원들의 저지를 뚫고 의장석에서 국회의원선거에 준연동형 비례대표제도를 도입하는 공직선거법 개정안의 통과를 선포하면서 의사봉을 두드리고 있다. 사진 동아일보 안철민 기자

1. 2020년 1월 10일 서울 종로구 청와대 사랑채 앞에서 자유한국당 심재철 원내대표(가운데 마이크 앞에서 선 사람)와 소속 의원 30여명이 문재인의 검찰인사 규탄대회를 갖고 있다. 사진 연합뉴스

2. 자유한국당 의원들이 2020년 1월 30일 국회의사당 본청에서 열린 의원총회에서 청와대 하명수사 의혹 등에 대한 비판 문구가 담긴 손팻말을 들고 구호를 외치고 있다. 황교안 대표(앞줄 가운데)는 이날 하명수사 의혹으로 청와대 전·현직 참모 등 13명이 기소된 데 대해 "문재인정권 청와대는 범죄사령부"라고 비난했다. 사진 동아일보 장승윤 기자

1. 국민의힘 당 이준석 새 대표가 2021년 6월 11일 서울 여의도 중앙당사에서 열린 전당대회에서 당기를 흔들고 있다. 〈사진 매일경제. 한주형〉

2. 2021년 11월 5일 서울 용산구 백범김구기념관에서 열린 제2차 전당대회에서 국민의힘 20대 대통령 후보로 확정된 윤석열후보가 당원들에게 인사하는 모습.

2021년 11월 5일 국민의힘 20대 대통령후보로 확정된 윤석열은 후보 수락
연설에서 "저의 경선 승리를 문재인 정권은 매우 두려워하고 뼈아파할 것"이라면서 "(그것은 본인이) 조국의 위선,
추미애의 오만을 무너뜨린 공정의 상징이기 때문"이라고 말했다.

VII. 좌우경쟁 시대의 보수세력

① 김대중 노무현정권 시기의 보수세력

어떤 나라보다도 가장 축복받은 나라는, 겉으로 꾸며대는 것이 아닌 실제 행동에 의해, 이성적으로 말하고 쓰고 투표함으로써, 잘못되는 이들을 즉시 노출시킴으로써, 상호간에 좋은 감정으로써, 진실한 사람을 볼 줄 아는 안목을 가진 사람들에 의해서, 그리고 광적 분파주의자들과 허망한 사기꾼들이 아닌 사람들을 선택함으로써, 국민들의 시민정신이 계속해서 그리고 날마다 지켜지는 나라이다.

– 윌리엄 제임스(William James)

1. 양차 대선 패배로 야당 신세

지리멸렬된 한나라당

한국의 보수주류를 자처하던 한나라당은 1997년과 2002년의 대통령선거에서 연거푸 쓴 잔을 마셨다. 두 번 다 이회창이 후보로 나와, 처음에는 새정치국민회의의 김대중 후보에게 겨우 39만여 표 차이로 지고, 두 번째는 민주당의 노무현에게 57만여 표 차이로 패배했다. 두 차례 선거에서 한나라당이 진 원인은 약간씩 다르다. 두 번 모두 이회창 아들의 병역문제가 큰 쟁점이 된 것은 같지만, 1997년에는 이인제의 동반출마로 인한 한나라당의 내부분열이, 2002년에는 이회창 부친의 친일경력도 문제가 되고 반미 촛불시위의 위력도 크게 작용했다.

1997년의 대선은 한나라당에게 10년간의 야당신세를 가져온 중대한 해였다. 1997년의 선거패배가 김대중정권뿐 아니라 5년 후의 노무현정권 등장도 가능케 했기 때문이다. 한나라당은 김대중과의 대결 때 문자 그대로 적전분열 상태였다. 이회창에 맞서 대선후보 지명경선에 나섰다가 실패한 이인제(李仁濟)가 이회창 아들의 병역문제로 인기가 떨어지자 당초의 경선결과 승복을 번복하고 국민신당을 만들어 출마함으로써 한나라당의 표를 분산시켰다. 여기다가 이회창을 미워한 김영삼은 선거전에서 이인제를 지원했다. 그 해 12월 18일 실시된 제15대 대통령선거에서 이인제가 얻은 득표수를 보면 그의 출마가 이회창에게 얼마나 치명적인 영향을 주었는지를 알 수 있다. 이인제는 492만여 표를 얻었던 것이다.[1]

이에 비하면 김대중의 선거전략은 주도면밀했다. 그는 Ⅵ-4(민주주의의 심화)에서 설명한 바와 같이 1992년 12월 18일 실시된 제14대 대통령선거에서 김영삼에게 패배하자 그 이튿날 거짓으로 정계은퇴를 선언하고 이듬해 1월 유학차 영국으로 떠났다. 그는 불과 6개월도 안된 7월 4일 귀국했다. 그는 귀국회견에서 "나는 정치를 다시 하지 않을 것이며 정치재개에 대한 기대나 오해는 하지 말아 달라"고 정치와의 단절을 거듭 강조했다.[2] 김대중은 1994년 1월 통일과 평화 문제를 연구하는 단체인 아시아태평양평화재단을 설립했다. 그러나 김대중은 이듬해인 1995년에 실시된 6·27지방선거에서 민주계 후보의 지원에 나섬으로써 사실상 정계에 복귀했다. 김대중은 그 여세를 몰아 7월 18일 신당 창당을 선언함으로써 명실 공히 정계복귀를 실현했다. 새정치국민회의(약칭 국민회의)라는 김대중의 신당은 8월의 발기인대회에 이어 9월 5일 창당대회를 열고 정식으로 출범했다. 그의 신당이 생기자 민주당 의원 65명이 국민회의로 옮겨 감으로써, 소속의원이 최다였을 때 96명이던 민주당은 하루아침에 미니정당으로 전락했다. 김대중은 이로써 2년 후의 제15대 대통령선거에서 네 번째 도전할 발판을 마련했다. 그의 신당 창당으로 3김시대는 부활하고 지역분할정치가 재등장했다.[3]

김대중 집권의 의미

김대중의 집권은 선거에 의해 정권이 여당에서 야당으로 넘어간 한국 헌정사상 최초의 '수평적 정권교체'였다. 정변 아닌 선거로 정권이 이양된 경우는 전두환 정부에서 노태우 정부로 넘어갔을 때가 처음이었으나 그것은 같은 여당진영 안에서의 권력의 '수직적' 승계에 불과했다. 노태우 정권이 김영삼에게 넘어갔을 때도 마찬가지였다. 그런 점에서 김대중의 당선은 헌정사상 괄목할 만한 일이다. 다만 김대중의 집권은 김종필과 박태준 등 구 군부세력(5·16세력)과의 공조로 가능했다는 점에서 김영삼이 신군부세력과 손을 잡고 민자당을 만들어 끝내 집권에 성공한 점과 유사하다.

김영삼에게 '배신'을 당하고 민자당을 탈당한 김종필은 당초에는 뒤에서 살펴보는 바와 같이 김대중과 보수주의 논쟁까지 벌일 정도로 관계가 소원했지만 차츰 김대중 쪽으로 기울어졌다. 두 사람의 공조노력은 4·11총선에서 자민련이 약진해 50석을 얻은 직후부터 본격적으로 시작되었다. 그 후 모두 6차례에 걸쳐 지방선거와 국회의원 보궐선거에서 양당의 공조가 다져지는 가운데 마침내 제15대 대선을 두 달 앞둔 1997년 10월 26일 양당 협상대표인 한광옥(韓光玉, 국민회의)과 김용환(金龍煥, 자민련) 두 부총재가 내각책임제를 매개로 한 후보단일화 협상을 사실상 매듭지었다. 양당은 11월 30일 협상기구 전체회의를 열어 대통령 후보는 김대중으로 단일화 하고, 그가 당선되는 경우에는 실질적인 각료 임명 및 해임 제청권을 갖는 실세총리는 자민련의 김종필이 맡도록 한다는데 최종 합의했다. 이로써 이른바 'DJP후보단일화'가 이룩되었다.[4] 각각 호남지방과 충청지방의 맹주였던 김대중과 김종필의 야권후보 단일화 성공은 지역감정이 맹렬하던 당시 분위기에서는 그들에게 절대적으로 유리한 국면의 전개였다. 거기다가 7월 24일의 국회의원 보선에서 경북 포항 북구에 출마해 당선된 경남 양산 출신의 무소속 박태준도 나흘 후 DJP진영에 합류했다. 이로써 세칭 'DJT연합'이 이루어져 김대중 김종필 두 사람은 영남지역에 교두보를 확보했다.[5]

김대중과 김종필은 출신 성분 뿐 아니라 정치적 이념면에서도 차이가 있었다. 그럼에도 불구하고 양자는 정권을 잡기 위해 공조를 한 것이다. 이 점은 한국의 민주화가 그 만큼 굴곡을 거치면서 점진적으로 이루어졌음을 의미하는 것이다. 동시에 보수세력을 자처하는 김종필이 김대중과 악수를 한 것은 한국의 보수세력이 그 만큼 집권을 위해서라면 이념적 정체성을 상실하는 무소신 무철학의 집단임을 말하는 것이기도 하다.

김종필의 김대중 돕기

김종필은 김대중과 손을 잡기 전에 유명한 '위장보수 논쟁'을 벌였다. 이 논쟁은 김대중이 1995년 8월 11일 국민회의 발기인대회에서 신당의 이념을 '중도보수'라고 선언했을 때 벌어졌다. 김종필의 자민련은 8월 23일 김대중이 말하는 '중도보수주의'가 무엇을 의미하느냐고 공세를 폈다. 김종필은 그해 10월 2일 충북 제천 단양지구당 개편대회에 참석해 치사를 하면서 다시 "새로 만든 당이 보수주의를 표방하고 있지만 보수주의를 논할 수 있는 사람은 본인뿐"이라고 주장하고 6·25때 싸우지 않은 사람, 국가보안법 개정을 주장하는 사람, 소련붕괴 후 옷을 갈아입고 보수주의자를 자처하는 사람은 보수주의자의 자격이 없다고 비난했다.

반박에 나선 국민회의측은 김종필이 '보수주의자를 위장한 수구반동'이라고 응수해 양 당간의 설전은 이튿날도 계속되었다. 자민련은 제15대 국회의원 총선 직전인 이듬해 2월 27일에는 제1차 중앙위원회 전체회의에서 '보수화 특별선포식'을 갖고 '자유민주주의 선언'을 발표했다. 자민련은 이 선언에서 "이 시대의 진정한 가치는 보수이기 때문에 참된 보수정당이 한국정치의 중심이 되어야 한다"고 주장하고 이를 구현하기 위해 자유·자율경제, 복지사회, 의원내각제, 역사단절 거부, 전통가치 보존, 자유민주체제 수호 등 6개 항의 강령을 제시했다.[6] 이런 김종필은 그로부터 정확히 1년 8개월 후 제15대 대선을 앞두고 그가 위장보수라고 규탄하던 김대중과 손을 잡고 대통령선거에 이긴 다음 김대중 정부의 '실세' 국무총리에 취임해서 친북적인 햇볕정책을 지원했다.

그러나 김종필은 2년 후인 2000년 2월, 제16대 총선을 앞두고 민주당이 내각제개헌 약속을 지키지 않는다며 공조파기를 선언한 뒤 총선기간동안 전국을 돌며 "거짓말장이들과의 공조회복은 절대 없다"고 목청을 높였다. 김종필의 김대중과의 공조파기는 오래 가지 않고 총선 직후인 5월, "이 정권은 비열한 정권"이라고 비난한 이한동(李漢東) 자민련총재가 총리서리에 임명되고 다음 달 남북정상회담 직후 청와대에서 김대중과의 회담을 계기로 끝이 났다.

그런데 김종필과 김대중의 공조는 그로부터 1년 뒤에 대북정책을 둘러싼 이견으로 끝내 붕괴되고 말았다. 김종필과 김대중의 공조붕괴는 2001년 8월의 이른바 '만경대방명록사건'이 계기가 되었다. 이 사건은 당시 북한에서 열린 통일대축전 행사에 초청되어 평양을 방문한 좌파인사들이 정부와의 약속을 어기고 북측이 요청한 3대헌장기념탑 행사에 참석한 다음 이들 중 통일연대 소속 동국대 강정구(姜禎求) 교수가 김일성 생가인 만경대를 방문해서 빚어진 사건이다. 강정구는 만경대에서 "만경대 정신 이어받아 통일위업 이룩하자"는 글을 방명록에 써서 큰 파문이 일어났다. 이 사건으로 강 교수와 범민련 간부 6명이 검찰에 구속되었다. 야당인 한나라당은 임동원(林東源) 통일원장관 해임건의안을 국회에 제출했다. 이 때 공동여당인 김종필의 자민련은 여당 아닌, 야당 편을 들어 9월 3일 해임건의안이 통과되고 세칭 DJP공조가 깨어지고 말았다. 이로써 자민련의 명예총재였던 김종필은 김대중과 결별했다. 그러나 자민련이 파견한 이한동(李漢東) 국무총리는 사표를 내지 않고 그대로 눌러앉아 자민련 내부의 보조불일치를 보였다.

노무현 당선에 정몽준과의 합작 크게 기여

2002년 12월 19일 실시된 제16대 대통령선거는 민주당 후보 노무현의 승리로 막을 내렸다. 그는 한나라당 후보 이회창을 앞에서 설명한 바와 같이 57만여 표 차이로 물리치고 당선되었다.[7] 노무현이 승리한 원인은 민주당의 16개 시도별 대선후보 국민참여 경선과정에서 조성된 홍보효과와 주한미군 장갑차의 교통사고로 사망한 두 여중생의 추모 촛불집회에서 좌파세력이 부추긴 반미정서 및 호남 지방의 노무현 후보 몰표, 그리고 이회창 후보 두 아들의 병역미필 문제를 둘러싼 김대업의 흑색선전공작 및 이에 관련된 좌파매체의 지속적인 확대보도의 효과를 들 수 있다. 이회창은 두 아들문제로 부도덕하고 부패한 기득권층의 대표인물로 비쳐 많은 부동표를 잃었다. 노무현은 보수세력이 형성한 '낡은 질서'의 청산과 세대교체, 그리고 변화와 개혁을 슬로건으로 내걸고 젊은 층과 소외층을 결집하는데 성공했다. 이에 따라 노무현의 승리를 결정적으로 만든 이른바 '노풍'이 거세게 불어 투표일 직전에는 노무현이 여론조사에서 이회창을 앞서 한나라당을 놀라게 했다. 노무현은 이를 '시민혁명'이라고 했다.

그러나 또 하나의 결정적 이유는 보수성향인 국민통합21 후보 정몽준(鄭夢

準)과 노무현의 후보 단일화 성공에 따른 보수 및 중도 성향 표의 분산이었다. 노무현은 정몽준과 합작하기 이전인 선거초반에는 여론조사에서 불과 10%대의 낮은 지지율을 보이다가 정몽준과 합작 성공 효과로 지지율이 급상승했다. 그러나 정몽준은 투표 바로 전날 저녁 노무현과의 공조파기 선언을 해 선거막판에 선거판국이 뒤집히는 듯한 형세였으나 이것이 도리어 노무현진영의 결속을 불러왔다. 20~30대의 젊은 유권자들은 이때도 인터넷을 통해 노무현을 위한 SOS를 전파해 하루 밤 사이에 표를 결집하는데 성공했다. 결국 4년 전 제15대 대선에서 이인제가 김대중을 도왔듯이 이때도 노무현이 보수성향 정몽준의 도움으로 당선함으로써 보수세력의 협력으로 좌파세력이 다시 정권을 잡는데 성공한 것이다.

세대교체의 거센 소용돌이

노 정권의 탄생으로 한국을 반세기 이상 지배하던 보수세력은 노무현과 그의 지지층인 386세대와 475세대의 젊은 세대에 의해 교체되었다. 노무현의 집권 이후의 권력이동 과정에서 파생된 거센 소용돌이가 한국사회의 각 분야에서 일기 시작했다. 청와대 비서실은 이들 386세대가 장악했다. 노무현이 취임하기에 앞서 임명한 청와대 1, 2급 비서관 37명 중 31명이 386세대였다. 그들의 평균연령은 44세로, 그들 대부분은 노무현의 개인적 지지자들이며 출범 당시의 비서실에는 직업관료는 한 사람도 없었다. 비서관들 중 10명은 민주화운동 또는 이념문제로 투옥된 경력을 지녔다.

2004년 11월 9일 서강대 석좌교수이자 천주교단의 원로인 정의채(鄭義采) 신부는 서울 중구 명동성당에서 열린 서울대교구 평신도사도직협의회 주최 하상신앙대학 강연회에서 "권력지향적이고 이념편향적인 386세대식 사고를 가진 사람들을 권력 핵심에 앉히는 바람에 혼란이 계속되고 있다"고 노무현을 비판했다. 그는 "정권 핵심에 있는 386세대는 무능 무지 무경험한 탓에 아직도 사회주의 이념에 사로잡혀 있는 수구중의 수구"라고 비난했다.[8]

2. 김대중·노무현 두 정권과의 갈등

햇볕정책의 문제점들

김대중 정부와 보수세력의 갈등은 주로 남북관계로 인해 빚어졌다. 김대중은 1998년 2월 취임사에서 대북정책의 기본으로 ① 무력도발의 불용인 ② 흡수통일의 배제 ③ 가능한 분야부터 협력의 추진 등 3개 원칙을 제시했다.[9] 김대중 정부는 이에 따라 계속 북한에 남북대화를 제의했으며 김대중 자신은 평양정상회담이 실현되기까지 무려 9차례에 걸쳐 김정일에게 남북정상회담 수락을 직접 호소했다.

김대중 정부가 북측과의 남북정상회담을 개최키로 합의한 사실을 발표한 것은 2000년 4월 10일이었다. 이날은 바로 제16대 국회의원총선거 투표일을 사흘 앞둔 시점이어서 남북정상회담을 총선에 이용한다는 의혹을 받기에 충분했다. 그는 이보다 앞서 그해 1월 새천년민주당 창당대회에서는 여당이 총선에서 승리하는 경우 이를 바탕으로 남북정상회담을 제의하겠다고 언명했다.[10] 나중에 밝혀진 일이지만 이때는 이미 남북정상회담 개최를 위해 남북 간에 막후 접촉이 진행되고 있던 무렵이었다. 김대중 정부가 남북정상회담 개최를 발표했음에도 불구하고 사흘 후에 실시된 제16대 국회의원총선거는 여당의 참패로 끝났다. 2년 전 출범한 김 정권에 대한 중간평가 성격을 띤 이 선거에서 국회 총의석 273석 중 야당인 한나라당이 과반수에서 4석이 모자라는 133석을 얻어 제1당이 된데 반해 여당인 민주당은 115석, 그 우당인 자민련은 17석을 얻었을 뿐이다. 민주당과 자민련의 의석을 다 합쳐도 한나라당의 의석에 미달된 것이다.[11] 여당이 참패한 이유는 김대중 정부의 호남편중 인사에 대한 다른 지역의 반발과 정부고위층을 대상으로 한 신동아그룹의 옷로비사건, 그리고 정부가 언론을 장악하기 위해 만들었다는 언론문건 파문 등으로 민심이 크게 이반했기 때문이다. 김대중은 총선에 앞서, 여당인 새정치국민회의의 인기가 떨어지자 2000년 1월 당명을 새천년민주당으로 바꾸고 총선에 임했다. 그러나 당명을 바꾸어도 국민들의 지지는 상승하지 않았으며 평양남북정상회담 개최합의 발표 역시 도리어 부정적으로 작용했다. 김대중이 북한에 매달리는 듯한 유화적인 대북자세가 국민의 불신을 산 것이다.

　김대중은 2000년 6월 13일부터 15일까지 평양에서 김정일 북한 국방위원장과 역사상 최초의 남북정상회담을 갖고 5개 항의 남북공동선언을 발표했다. 이 선언 가운데 가장 문제가 된 것은 제2항의 통일조항이다. 이 조항은 양측이 "남측의 연합제안과 북측의 낮은 단계의 연방제안에 공통성이 있다고 인정해 이 방향에서 통일을 지향하기로" 합의했다는 내용이다.[12] 연합제와 낮은 수준의 연방제는 외교, 군사권을 각기 양쪽에서 가진다는 점은 공통적이지만, 근본 성격이 서로 다르다. 연합은 2개 국가를 인정하나 연방제는 1국가를 의미한다. 공통점이 아니라 엄청난 본질적 차이점이다.

　평양정상회담의 다른 문제점은 전쟁방지와 평화유지, 특히 북한의 핵무기개발 문제에 관해 아무런 합의를 보지 못한 점이다. 공동선언에 '평화통일' 대목은 있어도 전쟁방지나 평화유지 또는 핵무기에 관련된 구절은 전무했다. 김대중은 서울로 돌아와 공항에서 귀경보고 연설을 하는 가운데 김정일에게 핵과 미사일 문제를 이야기했다고 밝혔으나[13] 공동선언에는 전혀 반영되지 않았다. 김대중은 정상회담 성사 자체에 급급했기 때문에 북측이 싫어하는 전쟁방지나 북핵개발 중단을 요구하지 않아 그의 임기 말기인 2002년 6월에는 우리 해군 6명이 전사한 제2차 연평해전이 발생하고 그해 10월에는 제2차 북핵위기(고농축우라늄 핵탄두 개발)가 일어났다.

　김대중의 평양방문으로 노태우정권 당시인 1991년 12월에 체결한 역사적인 남북기본합의서가 사실상 사문서(死文書)가 되어버린 점도 문제였다. 이 합의서는 거의 완벽한 '한반도평화대장전'이었을 뿐 아니라 김대중 자신도 그의 취임사에서 남북한은 "남북기본합의서를 실천만 하면 남북문제를 성공적으로 해결하고 통일에의 대로를 열어나갈 수 있다"고 강조했다. 그러나 평양정상회담 후에 발표된 6·15공동선언에서는 이 합의서의 준수약속조항은커녕 합의서 자체가 한 마디도 언급되지 않았다.

보수세력의 반발

　김대중 방북결과에 대한 한나라당의 반응은 처음에는 미지근한 것이었다. 한

나라당 남북관계특위는 남북공동성명이 발표된 직후인 6월 15일 위원 전원이 참석한 가운데 회의를 열고 이를 검토했다. 회의가 끝난 다음 당대변인이 발표한 성명은 "평화와 통일을 위한 남북정상의 분위기 조성 노력을 높이 평가한다. 냉전 사각지대로 인식되었던 한반도가 평화노력의 상징지역으로 세계에 인식되었다는 점도 성과라 할 수 있다"고 언급한 뒤 6개 항목의 문제점을 적시했다. 중요한 문제점은 공동선언 1항의 '자주적 통일' 부분이 북의 태도 여하에 따라 주한미군 철수요구로 즉각 이어질 수 있는 가능성이 있고, 2항의 '연합제안과 연방제안의 공통성'에서 '공통성'이 어떤 것인지 불분명할 뿐더러 북의 연방제안은 '1국가 인정'논리로, 체제논쟁과 외세배격 주장으로 이어질 수 있다는 것이다. 한나라당 대변인의 이 성명은 추후 국가 안보 및 이념적 정체성 확립이란 차원에서 이들 문제점들을 본격적으로 제기하는 방안을 강구키로 했다고 덧붙였다.[14]

8월 16일 이회창 주재로 잇따라 열린 한나라당의 주요당직자회의와 부총재단회의도 남북정상회담 결과에 대한 당의 대책을 논의했으나 뚜렷한 결론을 내리지 못했다. 이회창은 남북정상회담이 남북관계 긴장을 완화시키고 있다는 점에 대해서는 동의했지만 남북공동선언문 등에서 야당의 총재로서 우려하지 않을 수 없는 사안이 많이 있다고 지적했다. 부총재단 회의에서는 남북정상에 대한 평가를 놓고 의견이 엇갈렸다. 최병렬(崔秉烈) 부총재는 "김대통령이 제안한 연합제안은 야당때 개인적으로 제안한 것으로 국가간 정상회담에서 대한민국의 모든 국민이 합의한 것처럼 논의하는 것은 잘못된 것"이라고 지적한 것으로 알려졌다. 그러나 박희태(朴熺太) 이부영(李富榮) 부총재 등은 "남북정상회담은 국민적 대세이므로 환영해야 하며 야당도 이를 받아들여야 한다"면서 "김대통령의 노고를 치하해야 한다"고 긍정 평가한 것으로 전해졌다.[15] 한나라당이 이처럼 미지근한 태도를 보인 것은 당시 남북정상회담에 대해 흥분과 환영이 지배적인 국내 분위기를 거스르기 어려웠던 사정도 있으나 아직 확고한 입장정리를 못한 것이 주된 원인이었다. 이 때문에 17일 청와대에서 열린 김대중과 이회창의 여야영수회담 역시 덕담수준의 이야기로 시작되어 통일방안 등에 대한 문제점 지적으로 끝났다.

그러나 이회창은 19일 당사에서 가진 특별회견에서는 비판적인 시각을 분명히 하면서 김대중의 대북정책에 대한 '국민적 합의'와 '국회동의'를 요구해, 일부 언론은 이회창이 강경방침으로 선회했다고 풀이했다. 이회창은 6·15 공동선언이 긴장완화와 평화정착을 언급하지 않았고, 북측 연방제 주장을 수용한 듯한 표현을 포함했으며 국군포로와 납북자 문제를 언급하지 않은 것 등을 문제점으로 지적했다. 대북경협과 지원에 관련해서는 좀 더 엄격한 상호주의 원칙을 강조하는 동시에 북한의 선(先)자구노력을 촉구했다.[16] 같은 날 청와대로 초청되어 김대중과 오찬 회동을 가진 김영삼 전 대통령도 "남북한간의 대화도 좋지만 국내에서 대화하고 동의를 얻는 것이 중요하다"면서 "국회동의를 반드시 얻어야 한다"고 역설했다.[17] 그런데 한나라당 내에서는 이회창의 기자 회견이 끝난지 5분도 안된 시각에 좌파성향인 김원웅 의원이 "민족적 관점을 벗어난 당론에는 승복지 않겠다"고 공개성명을 발표하면서 "당 주요회의 결과는 냉전적 사고의 틀을 벗어나지 못한 시대착오적 발상"이라고 주장해서 이회창을 정면으로 치받는 사태가 일어났다.[18]

우파 시민단체들의 결성과 저항

한나라당에 비해 일부 보수시민단체들의 입장은 훨씬 단호했다. 대표적 우익단체인 자유민주민족회의 이철승 대표는 남북공동선언이 발표된 즉시 한 인터넷 신문과의 인터뷰에서 "이번 회담은 아웅산 테러, KAL기 폭파, 최은희·신상옥 납치, 이한영 피살 등 여러 가지 죄악을 저지른 김정일에게 면죄부를 주는 꼴"이라고 비난했다. 보수 월간지 《한국논단》 발행인 이도형은 한 인터넷 신문과의 인터뷰에서 "민주적 절차를 거치지 않고 뽑힌 김정일과의 만남을 어찌 남북정상회담이라고 표현할 수 있는가" 라며 '정상회담'이라는 용어 자체에 강한 불쾌감을 표시했다.[19]

김대중을 반대하는 재야 보수세력은 신속하게 결집하기 시작했다. 1987년의 민주화 이후 탄생한 우파 또는 중도우파 단체는 이미 Ⅵ-3(민주화로의 이행)에서 설명한 바와 같이 노태우 정부 때인 1989년 7월과 10월에 각각 출범한 경실련(정식명칭 경제정의실천시민연합)과 자유지성300인회이다. 김영삼 정부 때인 1994년 7월에는 우파행동단체인 자유민주민족회의가 발족했다.[20] 이듬해인 1995년 4월에는 육해공군해병대 예비역대령연합회(회장 서정갑)이 출범했는데 김대중의 평양방문 이후 그의 대북유화정책을 맹렬히 규탄하는 활동을 벌이다가 2001년부터는 보수원로들을 옹립, 대규모 김정일 및 좌경정권 규탄 대중집회와 신문광고를 통한 홍보작전을 벌이기 시작했다.[21]

김대중 정부 당시인 2000년 11월에는 자유시민연대가 발족했다. 헌법을 생각하는 변호사모임, 대한참전단체연합회, 한국기독교 교회청년연합회 등 10개 보수단체와 회원 200여명이 11월 27일 서울 기독교회관에서 가진 자유시민연대 발기인총회에서 발기인 대표 정기승(鄭起勝·헌법을 생각하는 모임 회장) 변호사는 "우리는 지금 우리사회가 자유민주주의 가치와 질서를 지키는 건전하고 건강한 방향으로 나아가느냐, 패망의 길로 빠져드느냐의 기로에 서 있음을 목도하고 있다"고 선언했다.[22] 2001년 5월 11일에는 대학교수 등 지식인들이 주동이 된 '비전@한국'(공동대표 김문조 고려대학교 사회학 교수 등 12명)이 창립총회를 가졌다. 중도–보수 계열의 40~50대 교수들이 주축이 된 이들 지식인 300명은 '자유민주주의와 시장경제'를 내세웠다.[23] 이 단체 회원들은 이듬해 3월 12일 김성기(법무법인 신우 대표변호사) 등 7명을 공동대표로 '중도·온건 보수'를 표방하는 '바른사회를 위한 시민회의'를 만들었다.[24] 앞에서 소개한 육해공군예비역대령연합회는 2002년 친북좌익세력명단공개추진본부(본부장 서정갑)를 발족시켰다.

3. 보수세력의 궐기

국가보안법 개정 추진과 대북저자세

보수세력을 크게 자극한 것은 여당인 민주당이 2000년 연내에 남북 화해협력 분위기에 맞도록 국가보안법 개정을 추진하기로 결정한데서 비롯되었다. 당내에서도 재향군인회장 출신인 장태완 민주당 최고위원은 최고위원회의에서 국가보안법 개정에 대한 반대의견을 강력히 제기함으로써 재향군인회가 국보법 개정에 대한 조직적인 반대 움직임을 보였다. 정승화(鄭昇和, 전 육군참모총장) 성우회장 등 재향군인회 대표들은 김진호 당 안보위원장을 면담하고 여당이 국보법 개정을 강행할 경우 재향군인회가 반대시위에 나설 것임을 밝혔다.[25]

그러나 김대중은 2001년 1월, 재향군인회와 함께 보안법 개정을 반대하는 예비역 장성들의 모임인 성우회(회장 정승화) 회원들와 오찬을 함께 하면서 "고무찬양죄 정도는 없애는 쪽으로 국가보안법을 개정해도 형법으로 얼마든지 수사가 가능하다"며 보안법 개정의향을 거듭 밝혔다.[26] 그러나 김대중은 공동여당인 자민련까지도 보안법 개정을 반대하자 그해 2월 들어 그의 태도를 바꾸어 법 개정을 김정일 서울 답방 이후로 연기했다.

김대중 정부의 비전향장기수의 북송과 그해 9월 북한 노동당 창건 55주년 기념행사에 초대된 정당 사회단체 대표들의 방북승인 결정도 보수세력을 자극한 요인들이다. 한나라당의 김용갑 의원이 여당인 민주당을 '조선노동당 2중대'라고 비난한 것은 이 무렵이었다. 이해 연말 들어 북한은 남북정상회담 이후 반년간 자제했던 대남공세를 재개해 남북관계에 마찰을 일으키고 '남남갈등'이라는 표현조차 이상한 사회갈등을 불러왔다. 북측은 대남 선전용 보도매체를 동원해 남한 내부에서 표명되는 여론과 의견에 대해 사사건건 시비를 걸거나 남한 국민의 자존심을 훼손하는 무례(無禮)를 일삼았다. 북한은 이정빈(李廷彬) 외교통상부 장관의 대북포용정책과 아웅산사건 희생자 추모 발언을 문제삼고 새해 예산의 국방비 증가와 '통일의 최대 장애는 북한체제'라는 통일부의 여론조사 등을 꼬투리잡아 시비를 걸었다. 북한당국은 특히 북한을 주적으로 설정한 《국방백서》를 강도 높게 비난했으며 4차 장관급회담에서 이를 문제 삼아 회담을 지연시키기도 했다. 북한은 대한적십자사 장충식(張忠植) 총재의 모월간지 인터뷰 내용을 문제 삼았다. 결국 장 총재는 2차 이산가족 상봉기간 중 일본으로 출국하지 않으면 안되는 수모를 겪었는데 서울에 온 장재언(張在彦) 북한적십자회 위원장은 장 총재를 겨냥해 "죄에 죽고 올바르게 재생해야 할 것"이라며 극언까지 쏟아내 남측 국민들의 감정을 자극했다. 북한은 6·15공동선언에 담긴 '낮은 단계 연방제'의 해석을 놓고도 이념적으로 전혀 양보하지 않는 자세를 보였다. 북측은 "낮은 단계는 연방제로 가기 위한 잠정적 조치"(10월9일 노동신문), "북남공동선언은 연방제 통일로 나아가는 길을 명시"(12월5일 평양방송) 등의 입장을 잇달아 발표했다. 이에 야당과 보수 여론이 강하게 반발하고 나섬으로써 보수와 진보세력 간에 갈등이 깊어졌다.[27]

보수세력의 분노

김대중 정부의 대북 저자세는 보수파세력과 좌파세력간의 첨예한 대립을 불렀다. 2001년 8월 14일 강영훈 전 국무총리, 김태길(金泰吉) 서울대 명예교수 등 '성숙한 사회 가꾸기 모임' 소속 사회 각계 원로·중진 115명은 '광복의 날에 즈음하여 오늘의 난국을 생각한다'는 성명을 발표하고 "헝클어져 가는 조국의 현실을 아픈 마음으로 생각한다"면서 "우리가 만들어야 하는 것은 진정한 '민주적 공론의 광장'으로 진보와 보수, 중도가 모두 제 색깔을 당당히 드러내고 합리적 토론을 통해 공동선(共同善)을 추구하는 세상"이라고 강조했다.[28]

상황을 더욱 복잡하게 만든 것은 국내에 우후죽순처럼 등장한 여러 친북단체들이 김대중의 평양방문 이후 통일운동을 빙자해 공공연하게 친북활동을 전개한 점이다. 그 대표적인 예가 2001년 평양에서 열린 광복절 공동행사였다. 앞에서 설명한 바와 같이 이 행사에 참석한 남측대표 일부가 정부와의 약속을 어기고 평양 교외의 통일탑 앞에서 열린 평양축전 개폐회식에 참가하고 일부 인사들은 김일성의 생가인 만경대를 방문해 말썽을 일으켰다. 앞에서 이미 설명한 강정구 교수의 만경대정신사건은 이때 일어났다. 강 교수 사건이 말썽을 빚자 그 분란의 와중에서 통일연대(정식명칭 6·15남북공동선언 실현과 한반도 평화를 위한 통일연대)는 "연방제 통일을 왜 불온시하느냐"라는 항의성명을 발표하고 "남측 당국이 사법처리 운운하는 것에 분노한다"고 정부를 역공했다. 통일연대는 6·15 공동선언의 통일조항을 근거로 "찬반을 떠나 연방제 통일방안이 과거처럼 불온시 될 수 없다"고 주장했다.[29]

서울에서 열린 2002년의 8·15경축 대회는 보수세력의 맹렬한 반대 속에서 개최되었다. 이날 서울에서는 두 개의 광복절 집회가 열렸다. 하나는 남북 양측의 두 민화협(남측은 민족화해협력범국민협의회, 북측은 민족화해협의회)이 서울 워커힐호텔에서 공동주최한 '민족통일대회'였다. '우리 민족끼리'와 '민족

공조'를 슬로건으로 내건 이 집회는 사실상의 반미통일 집회였다. 이를 주최한 남측 민화협의 가맹단체 중 하나인 통일연대는 이 행사를 '반통일세력', 즉 보수세력의 '통일방해 활동'을 '대중의 힘'으로 '제압'해 6·15공동선언을 실천할 것이라고 공언했다. 북측 민화협 역시 "이번 공동행사는 외세와 반통일세력에 타격을 줄 것"이라고 주장했다.[30] 다른 하나의 집회는 민족통일대회에 항의하기 위해 우파인 자유시민연대가 북한대표단이 서울에 도착하는 날 오후 여의도 국회 앞에서 개최한 '굴욕적 대북정책 및 북한의 위장평화공세규탄대회'였다.[31]

아스팔트 보수세력의 등장

노무현의 대통령 취임 후 최초로 일어난 여야 간의 본격적인 갈등은 노 정권의 안보정책방향을 가늠할 수 있는 국정원 간부 임명을 둘러싸고 일어났다. 국회 정보위원회는 2003년 4월 23일, 그가 지명한 국정원장 후보인 인권변호사 고영구(高永耈)와 기조실장 내정자인 서동만(徐東晩) 상지대 교수에 대한 인사청문회를 개최한 결과 두 사람의 이념과 사상을 이유로 고영구에 대해서는 '부적절', 서동만에 대해서는 '불가'라는 보고서를 정부에 보냈다. 보고서는 이들 두 사람이 정보분야의 비전문가들이자 국보법 완전폐지 활동, 간첩 김낙중(金洛中) 석방운동, 한총련 간부 수배 해제 요구, 한통련(韓統聯) 관련자 구명활동 등을 벌인 이유를 들었다. 당시 국회는 보수당인 한나라당이 다수당이었으나 이날의 청문회보고서는 여당에서도 찬성해 여야 만장일치로 채택되었다. 그러나 노무현은 두 사람의 임명을 강행하면서 "시대가 어느 시대인데, 국정원이 정권의 시녀역할을 하던 때 행세하던 사람들이 나서서 〔두 사람에게〕색깔을 씌우려 하느냐"고 반박했다. 노대통령이 야당과 정면대결을 벌이자 정국은 크게 경색되었다.[32]

노무현 정부 출범을 계기로 여러 우파단체가 새로 결성되었다. 그 중에서도 직접 행동에 나선 단체는 2003년 3월 결성된 '국민행동친북좌익척결본부'(약칭 국민행동본부, 본부장 서정갑)이다. 이 단체는 예비역대령연합이 만든 친북좌익세력명단공개추진본부의 후신으로 반핵·반김(정일) 집회를 조직하는데 앞장섰다. 그해 3·1절을 맞아 정오부터 서울시청 앞 광장에서 개최한 '반핵·반김 자유통일 국민대회'(집행위원장 김상철, 金尙哲)는 노 정권 출범 후 최초의 보수 진영 모임이었을 뿐 아니라 참가 인원이 10만여 명(경찰추산)에 달하는 대규모 집회였다. 이날 집회에는 강영훈 이철승 이영덕(李榮德) 김동길 박홍(朴弘) 등 보수진영 지도자들을 비롯한 100여 우파 단체 회원들이 참가해 노무현정권의 대북정책을 규탄했다. 이 대회와는 별도로 같은 날 여의도 한강시민공원에서도 보수계의 한국기독교총연합회와 한국기독교지도자협의회 주최로 7만여 명(경찰추산)이 참가한 가운데 '3·1절 기념 나라와 민족을 위한 구구금식기도회'가 열렸다. 반면 같은 날 서울 워커힐호텔에서는 북측 인사 100명이 초청된 가운데 남북한 종교인 7백여 명이 모여 '평화와 통일을 위한 3·1절 민족대회'를 열고 외세배격과 민족공조를 다짐했다. 이날 오후에는 여중생범대위 등 250여 개 단체 회원 2천명이 서울 탑골공원에서 3·1 민족자주 반전평화 실현 집회를 가진 다음 저녁에는 광화문에서 촛불 대행진을 벌였다. 3·1절 행사가 이처럼 두 파로 갈라져 거행된 것은 해방 직후인 1946년 우익과 좌익이 서울운동장과 남산공원에서 별도의 집회를 가진 이래 처음이었다.[33]

절정에 이른 거리의 보혁갈등

2003년 광복절은 보혁갈등이 더욱 첨예화한 날이었다. 이날 자유시민연대 재향군인회 한국기독교총연맹 등 100여개 보수단체로 구성된 반핵·반김국민협의회(집행위원장 안응모, 安應模) 소속 1만여 명(경찰 추산)은 오후 4시부터 서울시청 앞에서 '건국 55주년 반핵·반김 8·15국민대회'를 연 다음 서울역까지 가두행진을 벌였다. 이 모임에는 원내의 최병렬(崔秉烈) 한나라당 대표도 참석했다. 참석자들은 집회 도중 김일성 동상 모형 해체식, 대형 인공기 및 김정일 초상화 화형식 등을 가졌으며 '한미 갈등 조장하는 반역세력 타도하자'고 적힌 대형 풍선을 띄우기도 했다(이 협의회는 그해 10월부터 상설기구화했다). 이에 반해 한총련과 통일연대 등 좌파단체 소속 1만3천여명(경찰 추산)은 이날 낮 12시 서울 대학로 마로니에공원에서 '반미·반전 청년학생 대행진' 행사를 가진 뒤 오후 5시경 종각역 네거리에서 '반전 평화 8·15 통일 대행진' 행사를 가졌다. 이들은 '반전 반핵' 등이 적힌 플래카드와 피켓 등을 들고 "살인미군 철수하라"

"6·15공동선언 이행으로 우리끼리 통일하자"는 등의 구호를 외쳤다. 또 시민들에게 배포한 유인물을 통해 "미국의 전쟁연습으로 한반도 전쟁 위기가 심화되고 있다"고 주장했다. 이들은 이어 저녁 8시경에는 세종로 동아일보 사옥 건너편 소공원에서 신효순, 심미선 양을 위한 촛불 추모행사를 열고 반미시위를 벌였다.[34]

좌우 양파의 대결은 이듬해인 2004년 3·1절에서도 계속되었다. 이날 정오 보수계의 반핵·반김국민협의회(운영위원장 봉두완, 奉斗玩) 회원들은 서울시청 앞에서 3만여 명(경찰추산)의 군중이 참석한 가운데 친북좌익세력과 부정부패 척결을 위한 국민대회를 열고 노무현 정부를 반미−친북정권이라고 비난하면서 반미−친북세력의 척결을 호소했다. 오후 3시 종로 탑골공원에서는 개신교와 불교 등 7개 종단과 민화협, 통일연대 등이 참여하는 남측 민족공동행사 추진본부가 '평화와 통일을 위한 3·1 민족대회'를 열었다. 당초 추진본부측은 북측과 공동으로 3·1 민족대회를 추진했으나 무산되자 남측만 대회를 열었다.[35]

좌우 양파 대결의 제2라운드는 이라크 파병결정을 둘러싸고 빚어졌다. 노무현이 방미기간 중 이라크 파병을 약속하자 민주노총 참여연대 등 350여개 시민단체로 구성된 '이라크파병반대 비상국민행동'이 5월 14일부터 서울 광화문에서 이라크 파병 철회를 위한 촛불행사를 열었다. 이에 대항해 보수단체인 자유청년연대는 11일 오후 7시 광화문 동화면세점 인근에서 '서해교전 2주기 촛불추모제'를 갖고 매주 화요일에 촛불집회를 열었다.[36]

2004년 광복절은 두 진영의 군중집회로 인해 더욱 분위기가 고조되었다. 제59주년 광복절을 맞은 8월 15일 좌파인 통일연대는 오전 1만5천여 명(경찰추산 7천여 명)이 모인 가운데 연세대 노천극장에서 민족통일대회를 개최하고 6·15 남북공동선언 이행과 국가보안법 폐지 등을 촉구했다. 이에 반해 보수단체들로 구성된 '반핵·반김 국권수호 국민협의회'(운영위원장 서정갑, 徐貞甲)는 같은 날 오후 서울시청 앞 광장에서 3천여 명(경찰추산 2천5백여 명)이 모인 가운데 '대한민국 건국 56주년 국민화합 대축제'를 열고 노무현 정부를 규탄하면서 국론통합 등을 호소했다.[37]

2005년 중반기에 들어 보수단체들 사이에서 새로운 연합체 구성 움직임이 일어났다. 7월 26일 서울 중구 태평로 한국프레스센터에서 전국 보수단체 165개가 가입한 자유민주비상국민회의(대표의장 김상철)가 출범했다. 이날 출범식에는 이철승(자유민주민족회의 상임의장) 서정갑(국민행동 본부장) 김학원(金學元, 자민련 대표) 등 800여명이 참석했다.[38] 이 단체는 2003년 10월부터 상설기구화한 반핵·반김국민협의회(운영위원장 임광규, 林洸圭)와 함께 보수진영의 양대 산맥이 되었다.

4. 역전 거듭한 양 세력의 싸움

탄핵소추 기각이 몰고 온 역풍

노무현과 보수세력의 대결은 2004년 3월 12일, 한나라당과 민주당이 주동한 국회의 탄핵소추안 가결로 클라이맥스에 달했다. 이날 국회는 재적의원 271명의 3분의 2가 넘는 193명의 찬성으로 탄핵소추안을 의결했다. 민주당은 원래 노대통령이 대선에 출마했을 때 그가 속한 정당이었으나 2003년 11월 당내의 노무현 지지세력이 떨어져 나가 열린우리당을 만들자 야당 신세가 되어 그의 탄핵소추에 나선 것이다. 헌정사상 최초인 탄핵소추결의에 따라 노 대통령의 권한은 이날자로 정지되고 고건(高建) 국무총리가 대통령권한대행이 되었다.[39] 노무현에 대한 탄핵소추 사유는 ① 그가 2004년 4월의 제17대 총선을 앞두고 열린우리당 지지를 호소하는 발언을 해 헌법과 법률을 위반했고 ② 그의 측근들이 불법자금과 뇌물을 수수하는 과정에서 노무현은 교사범관계 또는 공동정범 내지 간접공범 관계에 있었고 ③ 국민경제를 파탄시킨 근본원인이 그의 거듭된 말실수와 위헌적 재신임 국민투표제안과 총선 올인작전 등 부당행위에 있다는 것이다.[40] 그러나 탄핵소추안의 근본적인 원인은 야당이 극도로 불신하는 노무현을 중도하차 시키려는 데에 있었다.

탄핵소추안 통과는 열린우리당과 친 노무현 성향의 시민단체들로부터 거센 반발을 불러일으켰다. 탄핵반대 서명운동과 대규모 촛불시위가 도심지에서 연일 계속되었다. 이 기간 동안 가장 눈에 띄는 활동을 벌인 또 다른 주역은 KBS를 비롯한 친정부적인 방송매체들이다. 방송들은 탄핵소추안이 국회에서 통과되는 날부터 많은 시간을 할애해 연일 야당에 의한 탄핵소추안 통과를 '쿠데타'로 매도했다.

한나라당과 민주당은 결국 노무현탄핵안이 헌법재판소에서 기각되어 엄청난 후폭풍을 맞았다. 2004년에 실시된 제17대 국회의원총선거는 전례 없이 살벌한 분위기 속에서 진행되었다. 한나라당은 탄핵 후폭풍과 대선 불법자금에 대한 검찰 수사로 인기가 급격히 떨어졌다. 한나라당은 거액의 현찰을 실은 자동차를 대기업 임원이 직접 몰고 와서 전달한 선거자금을 받은 사실이 드러나 '차떼기당'이라는 별명이 붙었다. 4·15총선 결과는 열린우리당의 압승이었다. 열린우리당은 전체 의석 299석 중 과반수가 넘는 152석, 한나라당은 121석, 민주당은 9석, 민주노동당(약칭 노동당)은 10석을 각각 얻었다.[41] 이 선거의 특징은 열린우리당의 압승과 다수당으로의 발돋움, 그리고 한나라당의 패배와 원내소수당으로 전락 및 좌파정당인 민노당의 성공적인 원내 진출이다. 제16대 국회 말에 이룩된 여소야대 판도를 완전히 뒤집어놓은 것이었다. 386세대의 무더기 진입으로 제17대 국회는 운동권 출신 의원 수가 70년대의 민청학련 출신 및 '80년 봄' 세대들을 합쳐 총의석의 44.5%에 달해 제16대(19.5%)의 두 배 이상이나 되었다. 이 때문에 제17대 국회는 진보좌파가 보수우파를 누르는 판세가 되었다.[42]

노무현에 대한 탄핵소추사건은 여당의 총선 압승 이후 5월 14일 헌법재판소에서 기각되었다. 헌재가 심의에 착수한지 63일 동안 7차에 걸친 평의 끝에 내려진 결정이었다. 헌재는 탄핵소추가 국회의 의사결정의 자율권에 의해 적법하게 진행 결정되었다는 사실을 인정한 다음 노대통령 측근의 비리는 그의 대통령 재임 중 발생한 것이 아니고 또한 대통령 직무와 직접 연루된 사실이 밝혀지지 않았기 때문에 탄핵사유에 해당되지 않으며 그의 선거법 위반혐의는 사실로 인정되나 대통령이 물러날 만큼 중대한 사안은 못된다고 기각 이유를 밝혔다.[43]

4대 '개혁입법' 들고 나온 여당

열린우리당이 2004년 4월의 총선에서 승리해 제17대 국회를 장악하자 곧바로 착수한 것이 각종 '개혁입법'이었다. 법안 수는 100여개에 달했으나 그 중 대표적인 것은 태풍의 눈인 국가보안법 폐지안, 과거사진상규명법안, 사학관련법안, 언론관련법안 등 이른바 4대 '개혁입법안'이었다. 열린우리당 이부영(李富榮) 당대표는 그 해 10월 17일 의원총회에서 4대 개혁입법안을 "한 시대의 고비를 넘는 작업"이라고 말하고 그것은 또한 총선민의를 존중하는 것이며 열린우리당의 존재 의의이기도 하다고 언명했다.[44] 열린우리당은 과거사규명법안과는 별도로 16대 국회에서 통과시킨 친일행위조사법의 개정안을 제출했다. 그것은 친일행위 조사대상자의 범위를 대폭 넓히는 내용이었다. 여야간의 타협으로 이들 4개 개혁입법안 중 국가보안법 폐지안을 제외하고는 모두 부분적으로 수정된 채 통과되었다. 한나라당은 국보법 폐지에 대해서는 물리력으로라도 막기로 했기 때문에 여당이 후퇴했다. 한나라당의 협조로 통과된 사학관련법안과 언론관계법안은 사학 측과 언론계의 맹렬한 반발을 샀다.

당초 열린우리당이 국보법 폐지를 당론으로 확정한 데는 노무현의 역할이 컸다. 국보법 폐지추진 주동자는 노무현 자신이었다. 그러나 국가보안법 폐지에 대해서는 야당인 한나라당은 물론 여당인 열린우리당 내에서도 신중론이 강력히 제기되었다. 신임 김승규(金昇圭) 법무장관도 8월 9일 취임기자회견에서 전임 강금실(康錦實) 장관과는 달리 보안법 폐지를 반대했다.[45] 여기에다가 헌법재판소와 대법원이 8월 26일과 9월 2일 각각 보안법을 지지하는 판결을 내리자 분위기가 보안법의 유지 내지 개정 쪽으로 기울어지는 듯했다.[46] 이런 분위기를 서둘러 반전시킨 이가 바로 노 대통령이었다. 그는 대법원 판결 사흘 뒤인 9월 5일 "국보법은 위헌이든 아니든 악법"이라고 말하면서 이 문제는 법리(法理)가 아닌, 역사적 판단에서 판단해야 한다"고 언명했다.[47] 그의 이 발언으로 열린우리당은 하루 밤 사이에 보안법 폐지로 당론을 바꾸었다. 이 바람에 열린우리당은 '거수기'라는 비난을 받게 되었다.[48] 노무현의 발언이 나오자 보안법 위반혐의로 재판을 받던 범민련 관련자가 재판을 거부하는 사태가 일어나고 일부 전직 교사들은 재직 시에 반공교육을 거부하지 못한 것을 참회하면서 국보법 폐지를 요구하는 기자회견을 가졌다. 민주노총 등 30여개 단체가 가입한 전국민중연대의 웹사이트에는 이 무렵 김일성 일가족의 동영상이 올라 파문을 일으켰다.[49] 보안법 폐지가 기정사실화 된 듯한 상황이었다.

노무현의 발언에 대해 한나라당은 "대법원과 헌법재판소 판결도 무시한다면 대통령이 법치주의를 포기하겠다는 것인가"라고 맹렬하게 비난했다. 한나라당은 북한이 남북대화 재개의 조건으로 국보법 폐지를 거론한 것을 들어 "노 대통령의 발언 배경엔 '국가안보를 팔아서라도 남북정상회담을 성사시켜 보자'는 의도가 있는 것 아니냐"고 성토했다.[50] 실제로 북한의 민족화해협의회는 9월 4일 대변인 담화를 통해 "보안법 철폐 여부는 남측 내부의 '법' 문제가 아니라, 북남 관계의 전도를 좌우하는 관건적 문제"라면서 "보안법 철폐를 반대해 온 사람은 앞으로 누구를 막론하고 공화국에 발을 들여 놓을 수 없으며 우리와 상종할 체면도 없게 될 것"이라고 강조했다.[51]

국가보안법 폐지 저지에 성공

이렇게 되자 보안법 폐지 문제를 둘러싼 보수 진보 양 진영의 대립은 각계 원로들을 포함한 보수계 인사들의 시국선언으로 한층 격화되었다. 전 국무총리 7명과 국회의장 5명을 포함한 각계의 보수인사 1,074명은 2004년 9월 9일 '민주주의의 수호를 위한 시국선언'을 발표했다. 이 선언문은 "대한민국이 친북-좌경-반미세력 손아귀에 들어가고 있다"고 맹렬히 비난했으며 별도의 결의문은 노대통령의 탄핵을 주장했다. 이 시국선언문에 동조하는 서명자는 그 후 1천5백 명으로 늘어났다.[52]

그러나 이들 보수계 인사들의 시국선언에 대해 노무현 정부의 반응은 차가웠다. 이해찬(李海瓚) 국무총리는 9월 15일 국회의 대정부질문에 대한 답변에서 "명단을 봤는데 쿠데타의 선봉에 있던 분들이 여러 분 있지 않느냐. 그런 분들이 폐지해선 안 된다고 하는 것은 공감을 얻지 못할 것"이라고 주장하면서 "국보법처럼 악법이 어디 있느냐"고 말해 국보법 폐지 소신을 굽히지 않았다.[53] 이렇게 되자 강영훈 현승종 전 국무총리 등 원로들을 포함한 보수계 인사들은 다시 10월 4일 오후 서울시청 앞 서울광장에서 10만여 명(경찰 추산)이 운집한 가운데 반핵·반김국민협의회(운영위원장 서정갑) 주최로 열린 '국보법 사수 국민대회'에 참석해 보안법 폐지반대를 다시 요구하는 성명서를 발표했다.

이날 대회는 노무현정부 출범이후 최대 규모였다.[54] 보수계 원로·중진들은 12월 8일 거듭 세종문화회관에서 국가원로회의(공동의장 강영훈 유창순) 모임을 갖고 "국가의 안전과 발전을 위해 대통령 국회의장 정당대표에게 보내는 국가원로들의 권고문"을 채택했다.[55]

국보법 폐지문제를 둘러싸고 국회에서 여여 의원 간의 물리적 대치가 계속되고 원외에서 폐지반대여론이 일자 노무현은 드디어 12월 23일 청와대에서 여당 지도부를 만난 자리에서 국보법 문제 등을 둘러싼 여야 협상에 대해 "차근차근 해결해 가자"고 밝혔다.[56] 노무현 자신의 강력한 추진으로 발동이 걸렸던 국보법 폐지문제는 이 같은 그의 태도변화로 한 고비를 넘기게 되었다. 보수세력의 국보법 폐지 반대운동이 결실을 거둔 것이다.

전작권 환수 저지에는 실패

2006년에 벌어진 가장 격렬한 보수세력의 움직임은 노무현의 전시작전통제권 회수반대 운동이었다. 8월 11일 예비역 장성 모임인 성우회, 국민행동본부, 육군 해군 공군 사관학교 총동창회, 해병대전우회 등 173개 시민단체 회원 2만여 명은 서울광장에서 모여 항의집회를 연 것을 시발로 광복절에는 서울시청 앞 광장에서, 9월 3일에는 서울시청 앞 광장에서 5만여 명이 참가한 대규모 집회가 개최되었다. 각계인사 500만 명의 반대서명 운동이 벌어진 가운데 교수 변호사 등 지식인 730명과 전직 외교관 160명이 별도로 반대성명을 발표했으며 전직 국방장관 합참의장 참모총장들도 집단으로 반대의사를 표명했다.

그러나 그해 9월 한미양국 정상은 한국군에 대한 전시 작전통제권을 2012년 4월 17일부로 국군에게 전환하기로 합의했다. 노무현은 보수세력의 작통권 환수반대 움직임에 대해 12월 21일 평화통일자문회의 상임회의 석상에서 "작통권 하나 없는 군대 만들어 놓고 나 국방장관이요, 나 참모총장이오 하며 별 달고 거들먹거린다"고 거칠게 비난했다.[57]

그런데 2006년은 남북관계에서 특기할 해이다. 이해 7월 5일 북한은 대포동 2호 미사일을 발사하고 10월 9일에는 1차 핵실험을 실시했다. 핵실험은 함경북도 길주군 풍계리에서 행해져 TNT 약 0.8kt 규모의 핵폭탄을 지하에서 폭발시키는 실험이었다. 이날부터 한반도에서 북핵의 위험이 현실로 다가오기 시작한 것이다. 그러나 노무현은 북한의 미사일과 핵 실험을 변명하는데 바빴다. 그는 "북핵 개발은 협상카드에 불과한데 미국이 과잉 대응한다"고 말했다. 그는 대포동 2호 미사일 발사에 대해서는 "한국에는 위험이 안 된다"고 논평하고, 풍계리 핵실험에 대해서는 "북한 핵무기의 위협을 과장해서는 안 된다. 현재로서 북한 핵무기 개발로 한반도의 군사 균형이 깨지지 않았다"고 엉터리 주장을 했다.[58]

노무현정권 하의 친일파 청산 작업

열린우리당의 4대 개혁입법 중 하나인 과거사진상규명입법 작업과는 별개로 추진한 친일행위규명법안 역시 노무현정권의 중요정책의 하나였다. 이 법에 따라 친일반민족행위진상규명위원회(약칭 반민규명위)가 2005년 5월 31일자로 발족했다.

반민규명위는 발족과정에서부터 곡절이 있었다. 당초 이 위원회의 근거법(정식명칭 일제강점하 친일반민족행위 진상규명에 관한 특별법)은 2004년 3월 제16대 국회 말기에서 제정되었다. 그러나 그 해 4월의 제17대 총선에서 열린우리당이 압승하자 그해 12월 29일 조사대상자의 범위를 넓힌 개정안을 통과시켰다. 개정된 법률은 당초의 명칭에서 '친일'이라는 단어를 삭제한 '일제강점하 반민족행위 진상규명에관한 특별법'이라고 하고 조사범위를 군인의 경우 당초의 중좌(중령)에서 소위로 낮추었다. 이것은 열린우리당이 만주국군 중위 출신인 3공 대통령 박정희를 조사범위에 넣기 위한 책략이라 해서 법개정 과정에서 논란이 일어났다.

반민규명위는 2009년 11월 27일까지 3차에 걸쳐 모두 1,005명의 친일반민족행위자 명단을 확정 발표했다. 이 숫자는 건국초인 1948년에 제정된 반민족행위처벌법에 의해 설치된 특별재판에 회부된 293명에 비하면 엄청나게 많은 수이다. 이 명단에는 김연수 박흥식 등 경제계, 김성수 김활란 유억겸 백낙준 등 교육계, 방응모 유광렬 이상협 등 언론계, 최린 갈홍기 노기남 등 종교계, 최남선 이광수 김동인 모윤숙 서정주 유진오 정비석 정인섭 주요한 채만식 최정희 유치진 이서구 등 학술 문화계, 김기창 김은호 김인승 현제명 등 예술계 인사들이 포함되었다.

이미 Ⅳ-④ 이승만의 공과에서 설명한 바와 같이 건국 직후인 1948년 9월 친일파를 조사한 반민특위는 모두 688명을 조사해 그 중 599명을 특별검찰부에 송치했으며 그 중에서 기소된 수는 293명이었다. 반민특위가 조사한 친일파 수가 상대적으로 적은 것은 제헌국회 당시 여야가 친일파의 범주를 악질적인 '반민족행위자'들에 국한하기로 결정했기 때문이다. 이에 비해 노무현정권의 반민규명위는 친일파의 정의를 확대해 '일제에 적극 협력한 자'로 했다. 반민규명위는 정부가 임명한 11명의 인사들로 구성되었다. 반민규명위는 친일파 문제 처리에 있어서 좌익계인 여운형의 대일협력행위에 대해서는 그가 건국동맹을 만들어 비밀리에 독립운동을 했다는 이유로 불문에 부치면서 일제 치하 국내에서 김성수 김활란 백낙준 등의 교육을 통한 민족자강운동은 고려에 넣지 않았다. 중일전쟁과 태평양전쟁 시기에 전쟁수행에 광분한 일제 통치 아래서 이들이 경영하는 학교들이 과거에 도산 안창호가 설립한 대성학교가 그랬던 것처럼 강제폐교될 것을 우려한 나머지 피동적으로 동원되어 행한 일을 문제 삼아 '일제에 적극 협력한 자'로 규정하는 것은 불공정하다는 비판을 불러일으켰다.

박정희 대통령과 장면 부통령 및 황성신문 주필 장지연, 그리고 애국가 작곡가 안익태는 명단에 포함되지 않았으나 다음에 설명하는 바와 같이 민간단체인 민족문제연구소가 2009년 11월에 펴낸 《친일인명사전》에는 이름이 들어가 논란이 일었다.

박정희 《친일인명사전》에 수록

민족문제연구소가 펴낸 《친일인명사전》의 편찬사업은 노무현 정부의 재정지원 아래 진행되었다. 그러나 2003년 12월 여소야대의 16대 국회 예결위 예산조정소위가 한나라당의 제안으로 기초자료 조사 예산 5억 원 전액을 삭감하자 사업 자체가 좌초 위기에 빠졌다. 이에 노무현이 민간기부금 모집을 도왔다.

노무현은 2004년 1월 국무회의에서 이 사전 편찬을 위한 기부금품모집 허가를 심의 의결하는 자리에서 "다양한 관점에서 비롯된 다양한 활동들이 이루어지도록 정부가 유연성을 가져나가는 것이 좋다"고 밝혔다. 이를 계기로 단시일안에 7억원에 가까운 민간기부금이 들어와[59] 예정대로 편찬사업을 완수했다.

2009년 11월에 발간된 《친일인명사전》에는 앞에서 설명한 반민규명위가 친일파로 규정한 1,005명이 포함된 모두 4,389명의 친일인사 명단이 수록되어[60] 반민규명위 명단의 4배에 달했다. 이 사전의 친일파 선정기준은 앞에서 설명한 정부 레벨의 반민규명위와 같지만 여기에 '(당사자의) 지위에 따른 책임과 지식인의 도덕적 책무'를 강조했다고 한다.[61] 이 사전에 수록된 박정희의 '친일'행적은 그가 만주국 군관학교에 지원했을 때 연령초과로 입학이 안 되자 혈서를 쓰고 충성을 맹세해 입학한 사실과 그 후 일본 육사 3학년에 편입되어 졸업한 뒤 만주국군 6관구 소속 보병 제8단에 배치된 것이 사실상 전부이다. 그는 이 부대에서 소대장 신분으로 중국공산당 소속 8로군과 동북항일연군, 그리고 소련군을 상대로 한 작전을 몇 달 간 수행한 다음 8·15해방 1개월 전에 겨우 만주군 중위로 진급한 것으로 기재되어있다. 그러나 김일성부대가 포함된 동북항일연군은 박정희가 1944년 4월 일본 육사를 졸업하고 만주국군에 배치되기 4년 전인 1940년 말에 사실상 소멸되었음으로 이 부분의 기술은 오류가 아닌가 한다. 그렇다면 박정희를 친일파로 규정한 심사결과에 문제가 있는 것이 아닐까. 이에 대한 논란은 많지만, 자신을 '올드레프트'(구좌파)의 반(反)대한민국적 좌파 사관에서 탈피한 '뉴레프트'(신좌파)임을 자부하는 주대환 사회민주주의연대 공동대표의 논평을 소개하면 결론은 다음과 같다.

아니, 해방 당시 반민특위에서 박정희나 백선엽 같은 일본군 또는 만주군 하급 장교 부류는 애당초 친일파니 뭐니 하는 검증 대상 자체가 아니었습니다. 그들은 해방 당시 20대 청년인데 친일을 하면 얼마나 했겠습니까. 혈서(血書)요? 입학 나이 제한에 걸리니까 그랬겠죠.[62]

당초부터 《친일인명사전》 편찬에 대해서는 보수 진보 양세력 간에 심각한 갈등이 있었다. 연구소 측에 의하면 116개 대학 1만명 이상의 교수들이 이를 지지하는 서명에 동참했다. 이에 반해 보수세력은 처음부터 맹렬하게 반발했다. 그 대표적인 예가 2005년 10월 강영훈 등 전직 국무총리 9명, 김수한 등 전직 국회의장 6명을 포함한 각계 원로 1,500명이 발표한 제2시국선언문이다. 이 선언문은 이 사전 편수작업이 "대한민국의 민족사적 정통성을 부정하고 오히려 정통성을 북한에 부여하는 친북·좌경세력에 의하여 주도되고 있다"고 비난했다.[63] 아닌게아니라 민족문제연구소는 2012년 11월에는 이승만과 박정희를 헐뜯는 다큐멘터리 '백년전쟁' 시리즈 두 편을 펴내어 보수세력의 거센 반발을 받았다. 민족문제연구소 측은 이 시리즈들이 그동안 "친일 민족반역 세력들이 숨기고 미화했던 역사를 바로잡기 위해서"라고 했지만 그러나 대법원은 2019년 11월 이 동영상을 방영한 RTC방송에 대해 방송통신위원회가 제재를 가한 것을 부당하다고 판결, 민족문제연구소의 편을들어 다시 한 번 보수세력의 분노를 샀다. 보수세력측에서는 이 시리즈가 불순한 동기에서 제작된 것으로 단정했다.

5. 다시 불기 시작한 우파바람

뉴라이트의 등장

노무현 정부 들어 좌파바람이 세차게 불기시작하자 보수진영은 2004년을 분수령으로 새로운 우군을 맞게 되었다. 그들이 곧 젊은 우파들이었다. 이들은 노무현정부 아래서 좌우파대결의 절정을 이룬 이 해 후반기를 맞아 보수 원로·중진들과 손을 잡고 우파진영의 실지회복 운동에 나섰다. 이들 새 우파세력은 1980년대에 활동한 좌파운동권 출신의 386세대 지식인들과 온건보수 성향의 50대 종교지도자 등이 주축을 이루었다. 이들 우파세력은 초기에는 주로 신문 기고와 강연 등을 통해 국정혼란의 원인이 좌파세력에 있다고 공격했다. 그러다가 2004년 말부터 신우파세력의 연대와 조직화에 착수했다. 동아일보 조선일보 등 보수언론은 이들의 움직임을 '뉴라이트'(New Right)운동이라고 통칭하면서 지면을 통해 지원했다.[64]

이들 386세대는 2004년 11월 22일 서울 중구 정동 세실레스토랑에서 기자회견을 갖고 '자유주의연대'의 출범을 선언했다. 자유주의연대는 창립선언문에서 "자유민주주의와 시장경제라는 대한민국의 역사적 정통성이 현 집권세력에 의해 훼손되고 있다"며 "수구 이념을 대체하고 올바른 발전 방향을 제시할 역사적 소명에 부응하기 위해 이 모임을 출범시킨다"고 밝혔다. 이 단체는 신지호(申志鎬) 서강대 겸임교수가 대표를 맡고, 홍진표(洪晋杓) 바른사회를 위한 시민회의 정책실장, 차기환(車基煥) 변호사 등 60여명의 운영위원과 회원으로 구성되었다. 신지호는 "구(舊)우파가 산업화세력이라면 자유주의연대는 선진화세력이다. 우리는 구우파의 국가주의를 버리고 자유주의를 택했다"고 말했다. 자유주의연대는 그들의 이념이 일방적 세계질서가 아닌 다자주의를 지지한다는 점에서 미국의 '네오콘(Neo Conservative, 신보수주의자)'과 다르고, 약육강식의 처방을 거부한다는 점에서 '신자유주의'와도 다르다고 주장했다. 우파의 이념은 '자유경쟁, 시장원리, 자유무역, 개인의 창의성에 대한 인센티브 강조, 작은 정부, 탈규제와 민영화, 변화에 신중한 태도' 등으로 요약되지만 한국의 우파는 '특권 부패 비합리 불투명 정실 정경유착' 등의 이미지를 뒤집어쓰고 '수구꼴통' 또는 '꼴보수'로 비난받아 왔다는 것이 이들의 인식이다. 따라서 한국의 우파가 건강해지려면 '우파 내 혁명'이 선행되어야 하며, 또한 한국의 좌파가 진정한 '뉴레프트(New Left)'가 되려면 북한 정권에 반대해야 하고 과거의 마르크스주의나 주체사상을 깨끗이 털어내야 한다는 것이다.[65] 신일철은 21세기의 양대 비전이자 양대 키워드는 '자유주의'와 '시장'인데 여기에 '뉴라이트'가 추가되었다고 분석했다.[66]

자유주의연대의 발족을 전후해 중도우파 성향의 시민단체들이 2004년 말부터 속속 결성되었다. 그 대표적인 단체는 다음과 같다.[67]

21세기 지구넷(회장 하영선)
헌법포럼(대표 이석연)
자유주의연대(대표 신지호)
기독교사회책임(고문 김진홍)

교과서포럼(공동대표 박효종, 이영훈, 차상철)

시민과 함께하는 변호사들(공동대표 강훈, 이석연)

뉴라이트싱크탱크(공동대표 조성환, 제성호)

자유지식인 선언 그룹(대표 신일철)

선진화정책운동 그룹(대표 서경석)

자유주의교육연합(추진위원장 조전혁)

헌법을 생각하는 변호사모임(회장 정기승)

바른사회시민회의(공동대표 조동근 외 3명)

이들 신우파 내지 중도우파의 연대 움직임이 2005년 들어서면서 나타났다. 뉴라이트 운동에 참여한 시민 사회단체 대표들은 1월 21일 서울 강남구 삼성동 코엑스 인터컨티넨탈호텔에서 모임을 갖고 뉴 라이트 운동 확산 방안을 협의한 끝에 연대기구로서 뉴라이트네트워크를 결성하기로 했다. 이날 모임에는 교과서포럼의 박효종(朴孝鍾) 서울대 교수, 바른 사회를 위한 시민회의의 윤창현(尹暢賢) 명지대 교수, 자유주의연대의 신지호 서강대 겸임교수 등 20여명이 소속 단체를 대표해 참석했다. 뉴라이트 네트워크 창립대회는 10월 18일 서울 세실 레스토랑에서 자유주의연대 교과서포럼 뉴라이트싱크넷 자유주의교육운동연합 북한민주화네트워크 의료와 사회포럼 한국기독교개혁운동 등 8개 단체가 참가한 가운데 열렸다.[68] 2006년 4월 26일에는 뉴라이트네트워크가 핵심세력이 되고 안병직(安秉直) 서울대 명예교수를 이사장으로 하는 뉴라이트재단이 출범했다. 뉴라이트재단은 뉴라이트운동의 싱크탱크의 역할을 맡아 출판 정책연구 교육 등 3대 사업을 벌이기로 했다. 뉴라이트재단은 1998년에 한기홍, 김영환, 홍진표 등 운동권 출신들이 창간했던 계간지 《시대정신》을 2006년부터 새로운 보수이론지로 재창간하고 법인명칭도 사단법인 시대정신으로 개칭했다.

이들 단체들의 연대움직임과는 별도로 뉴라이트전국연대와 뉴라이트전국연합이라는 두 연합체의 결성 움직임이 5월 들어 표면화했다. 뉴라이트전국연대는 그해 5월 충남 도고온천에서 뉴라이트충청포럼이 중심이 된 모임에서 결성하기로 되었으며 뉴라이트전국연합은 6월 30일 서울 명동 은행회관에서 김진홍(金鎭洪, 두레공동체 대표) 목사와 이영해(李永海) 한양대 교수를 비롯한 1천여 명이 참석한 가운데 발기인대회를 가졌다. 그러나 두 단체는 그해 10월 통합투진위원회 모임을 열어 국민의 염원에 부응하는 무조건적인 통합추진과 나라를 살리는 순수한 마음으로 일치단결한다는 2대 통합원칙에 합의했다. 이에 따라 두 단체는 11월 7일 서울 중구 태평로 한국프레스센터에서 양측회원 700여 명이 참가한 가운데 단일기구인 뉴라이트전국연합 창립대회를 가졌다. 전국연합은 이날 김진홍 목사를 상임의장으로, 공동대표에 이화여대 강혜련(姜惠蓮, 경영학) 교수와 연세대 유석춘(柳錫春, 사회학) 교수, 중앙대 제성호(諸成鎬, 법학) 교수 등 8명의 교수를 각각 선출했다. 이날 대회에는 박근혜(朴槿惠) 한나라당 대표와 한화갑(韓和甲) 민주당 대표, 이명박(李明博) 서울시장, 손학규(孫鶴圭) 경기도지사, 국민중심당 신국환(辛國煥) 대표 등 야당지도자들이 내빈으로 참석했다. 전국연합은 창립선언문에서 '공동체자유주의'를 노선으로 내세우면서 "개인의 존엄과 자유, 권리를 존중하는 정치적 자유주의와 시장의 자원배분 기능을 통해 경제발전을 도모하는 경제적 자유주의 실현과 함께 빈부격차나 소외, 차별문제를 해소해야 한다"고 선언했다. 전국연합은 또한 노무현 정권의 좌편향 개혁을 자유주의적 개혁으로 전환시키고 2007년 대선에서 좌편향 정권의 재집권을 저지하는 데 총력을 기울이겠다고 밝혔다. 발족당시 5,300여 명의 회원을 둔 전국연합은 2007년까지 전국 234개 시군에 지역조직을 세우고 10만 명의 회원을 모집하기로 했다. 전국연합은 2006년 9월 25일 정권교체를 위해 보수대연합에 적극 참여하겠다고 밝히고 한나라당 소장파 모임인 새정치수요모임 토론회에 참석했으며 가능하면 민주당 국민중심당과도 연대하기로 했다.

뉴라이트네트워크와 뉴라이트전국연합의 출범으로 개혁적 우파진영에는 지식인 중심의 전자와 대중운동단체 성격이 강한 후자의 쌍두마차 체제가 이룩되었다. 좌파정권의 재집권 저지라는 점에서는 공통점이 있으나 구 우파세력과의 관계에서는 일정한 거리를 두려는 전자와 연대를 형성할 수 있다는 후자의 차이가 있다.[69] 이들 두 단체이외에 2006년 4월 중도성향의 선진화정책운동이 회원 2천명을 가입시켜 선진화국민회의로 확대 개편되었다. 공동상임위원장에 박세일 이명현 이석연 3명이, 사무총장에 서경석이 각각 취임했다. 이와 아울러 한반도선진화재단(이사장 박세일)도 설립되었다. 이로써 뉴라이트운동진영에는 뉴라이트네트워크와 뉴라이트전국연합의 두 산맥 이외에 성격이 보다 중도적인 선진화국민회의 및 한반도선진화재단이 중요한 역할을 하게 되었다.

이들 뉴라이트 운동단체를 중심으로 2005년 말부터 분야별 뉴라이트 조직을 결성하는 운동이 일어났다. 그해 11월 뉴라이트 전국연합은 뉴라이트 대학생연합을 결성하고 11월에는 뉴라이트청년연합을 결성한데 이어 2006년 1월에는 뉴라이트 교사연합을 조직하고 3월에는 젊은 세대를 교육할 뉴라이트목민학교를 만들었다. 전국연합의 공동대표인 제성호 교수는 친북반국가행위진상규명위원회를 만들었다. 뉴라이트네트워크는 1월에 자유교원조합을 조직하고 11월에는 뉴라이트재단의 핵심 중 한 사람인 소설가 복거일이 문화예술계의 좌편향을 바로 잡기 위해 문화미래포럼을 조직했다.

우파 지식인들의 활동은 2006년 2월 좌파적 역사해석을 반박한《해방전후사의 재인식》의 출간으로 국민들의 관심을 끌었다. 우파 학자 20여명이 모두 2권의 책에 28편의 논문과 대담을 실은 이 저서는 1980년대 좌파운동권의 교과서가 된《해방전후사의 인식》의 내용의 잘못을 지적해 한국 근현대사의 해석을 둘러싼 활발한 보−혁 논쟁을 유발했다.[70]

한나라당의 새 노선과 국민의식의 보수화

새로운 이념적 좌표를 모색해 오던 한나라당은 2005년 2월 '공동체자유주의'와 '개혁적 보수' 노선을 당의 기본노선으로 공식 설정했다. 한나라당은 2월 4일 충북 제천에서 1박 2일간의 연찬회를 갖고 '2007년 중도개혁노선에 기반한 집권 프로그램'의 일환으로 이 같은 당의 새로운 노선을 채택했다. 박세일 정책위의장은 연찬회 정리 발언을 통해 "시장경제와 자유를 중시하는 보수만이 국가 번영을 가져올 수 있으며 좌파적 정책으로는 빈부 격차 등을 해결할 수 없다는 게 역사의 교훈"이라면서 "한나라당이 공동체자유주의와 개혁적 보수를 추구하면 열린우리당은 '수구 진보'가 될 것"이라고 말해 의원들의 추인을 받았다. 박세일은 "20세기 구 진보와 구 보수 등 반 선진화 세력이 나라의 선진화를 가로막고 있다"고 강조하면서 "자유주의로 무장한 선진화 세력이 나와야 한다"
고 밝혔다. 그는 참여민주주의 이름으로 의회 민주주의를 무력화시키는 세력,
선동가에 의한 포퓰리즘 혹은 중우정치, 민중민주주의(폭민정치) 세력 등을 반
선진화 세력으로 규정, 노무현의 참여정부를 직접 겨냥했다.[71]

공동체자유주의 이념은 한나라당의 싱크탱크인 여의도연구소가 2004년 7월
의 전당대회에 앞서 마련한 '5107 프로젝트'의 하나였다. '5107'은 2007년 대통
령선거에서 한나라당이 51% 이상의 득표로 집권한다는 집권계획의 코드네임
이다. '5107프로젝트'에 나타난 한나라당의 기본방향은 자유민주주의, 시장경
제체제, 공동체주의, 실용주의적 개혁주의를 핵심가치로 한 '공동체자유주의'
였다. 그해 2004년 12월 28일 국회 헌정기념관에서 열린 한나라당 여의도연구
소 주최 '확 트인 시장, 그늘 없는 세상'을 주제로 한 공개토론회에서 박근혜 대
표는 기조연설을 통해 "대한민국이 경제강국으로 발돋움하기 위한 경제 선진화
의 기본가치로 '공동체자유주의'를 제시한다"고 밝혔다.[72]

공동체자유주의는 시장과 민간의 역할 확대를 극대화하되, 사회적 약자
에 대한 따뜻한 배려를 잃어서는 안 된다는 절충노선이다. 공동체자유주의
(Communitarian Liberalism)는 원래 1980~90년대에 서양에서 자유주의자
와 공동체주의자간의 치열한 논쟁을 거친 끝에 자유주의자들이 공동체주의자
들의 요구를 일부 수용함으로써 나온 사상이다.[73] 국내에서는 박세일을 포함한
경제학자들이 주동이 되어 1996년에 만든 '안민(安民)포럼'[당초에는 '신자유포
럼'으로 출범, 2000년 12월 개명]이 공동체자유주의를 기본노선으로 채택했다.
안민포럼에 의하면 공동체자유주의는 21세기 세계화시대 정보화시대에 국가의
발전과 개인의 완성을 동시에 달성할 수 있는 21세기형 자유주의를 표방하고
있다.[74]

한나라당의 '공동체자유주의' 새 노선은 그러나 당시 국민들에게는 생소한 이
념이었다. 그것은 절충주의적인 이 노선이 갖는 델리케이트한 측면이 일부 지
식인들에 의해 애매한 중도노선으로 비판대상이 되어 일반국민들은 그 실체
를 파악하는데 어려움이 있기 때문이다. 그럼에도 불구하고 한나라당은 노무현
정부 말기부터 크게 지지도가 올라갔다. 2004년 총선이후 한나라당의 선거압

승은 이미 앞에서 설명한 바와 같지만 2007년 신년 여론조사에서 밝혀진 정당별 인기도는 한나라당이 39.5%, 열린우리당이 9.7%, 민주노동당이 6.7%, 민주당 6.3%로 나타났다. 이것은 한나라당이 정치를 잘해서가 아니라 노무현 정부에 대한 국민불신에서 비롯된 반사이익이라고 하는 편이 공정할 것이다. 특기할 만한 현상은 노정권 집권말기에 나타난 국민의식의 보수화, 특히 젊은 층의 '진보이탈'이다. 한국일보의 여론조사에 의하면 진보적 이념성향을 가진 사람은 2002년 전체의 24.9%에서 2006년 18.6%로 감소하고 중도는 38.6%에서 45.1%로 증가하는 동시에 보수는 34.7%에서 36.3%로 증가했다.[75] 노무현 집권 4년 동안 국민의식이 이처럼 보수화한 것은 노무현 정부의 좌경정책 실패, 특히 경제침체와 보수세력, 뉴라이트의 이념투쟁이 일정한 성과를 올린데 기인한다.

② 정권 되찾은 보수세력

행운과 타고난 재능·노력, 그리고 부의 다양성을 통해서만이 섬나라인 영국이 고귀한 과거와 약동하는 미래를 가진 위대한 사람들의 고향이 될 수 있다고 믿는다. 나는 그들의 종이 되는 것이 행복하다.

　　　　　　—영국 보수당수 마이클 하워드((Michael Howard)의 '보수주의자 강령' 제13항)

1. 이명박정권의 공과

531만 표 차이의 의미

2007년 12월 19일 실시된 제17대 대통령선거는 한나라당 이명박(李明博) 후보의 승리로 끝났다. 보수세력은 10년만에 정권을 되찾았다. 이명박은 총유효투표의 48.67%인 1,149만여표를 얻어 26.14%인 617만표를 얻은 대통합민주신당의 정동영(鄭東泳) 후보 보다 무려 531만여 표가 더 많은 대통령선거 역사상 최대의 대승을 거두었다.[1]

이명박의 선거승리 원인은 그의 '경제대통령'이라는 구호가 선거전략으로서 주효했기 때문이다. 반면에 정 후보는 노인층을 폄하하는 발언으로 반발을 산 탓도 있지만 그보다는 노무현의 국정실패와 좌파세력에 대한 유권자들의 실망과 혐오가 압도적인 요소였다. 이명박의 당선은 그의 개인적 인기나 한나라당의 지지도를 훨씬 초월하는 보수세력의 단결, 즉 위기감에 빠진 보수세력이 이번에는 반드시 좌파정권을 종식시켜야겠다는 결의에 힘입은바 크다.

2008년 2월 취임한 이명박 대통령은 인수위시절과 광우병파동에서 나타났듯이 국내정치에서는 미숙함을 드러내 리더십위기를 자주 겪었다. 또한 원칙을 앞세운 그의 상호주의 대북정책으로 인해 북측의 강한 반발을 샀다. 김정일의 맹렬한 반발에 이어 천안함 폭침사건이 일어나는 등 계속 시련을 겪었다. 그러나 이명박은 경제와 외교에서는 상당한 성과를 올렸다. 다만 친서민정책과 공정사회 실현을 다짐한 그의 사회정책은 결실을 보이지 못했지만 노무현 정부때 헝클어진 경제를 일으켜 세운 것은 그의 공로이다. 분야별로 자세히 살펴보기로 하자.

정권 인수위의 시행착오

이명박 정부는 출범 초부터 거듭된 시행착오와 국내 반대세력의 집요한 저항과 해외여건 악화로 고전을 거듭했다. 시행착오는 그의 대통령 취임이전에 출범한 정권인수위원회에서부터 시작되었다. 2007년 12월 26일 출범한 인수위(위원장 이경숙 숙명여대 총장)는 의욕이 앞서 아직 임기가 남은 노무현 정부의 관련부서 책임자를 불러 업무보고를 받는 자리에서 호통을 치는가 하면 새 정부 출범 후 관련부서에서 신중하게 검토해서 입안해야 할 정책들을 미리 발표하여 혼선을 빚었다. 예컨대 유류세 인하, 이동통신 요금 인하, 아파트 분양가 인하, 신용불량자 원금 탕감 등 인기영합적인 정책과 초등학교부터의 영어몰입 교육제도 실시 등 국가의 백년대계와 관련된 정책들을 마구 쏟아냈다. 이 때문에 '오렌지'의 미국식 발음인 '어륀지'가 시중에 유행하는 일이 벌어지기도 했다.

인수위가 이 같은 행정차원의 인수준비에 골몰하는 바람에 그 본연의 임무인 새 정권출범에 필요한 정지작업, 즉 당내 화합을 비롯한 보수세력 내부의 결속과 권력층 요소 요소에 포진해있던 구정권 인사들의 정리 같은 체제정비를 통한 원활한 정권인수 준비작업이 소홀히 되었다. 그 결과 이명박 취임 후에도 정부 안팎에 구정권 계열 인사들이 버티고 앉아 새 정부에 저항하는 사태가 벌어졌다. 결국 이명박 정부는 2008년 2월 25일 출범 후 순조로운 항해에 실패하고 취임 불과 3개월 만에 촛불시위라는 거센 역풍을 맞아 정치적 위기에 봉착했다.

인사파동과 총선 공천 파문

이명박의 두 번째 시행착오는 새 정부 고위직 인선 미숙과 이로 인한 인사파동이다. 그는 대통령에 취임하기 직전인 2월 10일과 18일 청와대 수석비서관 7명과 각료후보 15명을 각각 지명하는 등 신속성을 과시했다. 그러나 이들 인사들 중 부동산 투기의혹을 받은 자산가가 상당수 포함되어있어 말썽이 빚어졌다. 청와대 실장 수석비서관의 경우 평균 재산규모가 36억원대에 달했다. 이 때문에 세간에는 이명박이 강남 땅 부자 출신과 고려대, 소망교회 및 영남 출신, 그리고 서울시장 재직 시의 인맥을 편중 임명했다 해서 '강부자' '고소영' 내각, 그리고 'S라인'이라는 신조어가 생겼다. 결국 수석비서관 1명과 장관지명자 3명이 자진 사퇴함으로써 그의 측근위주 인사원칙과 청와대의 인사검증 시스템이 비판의 대상이 되었다. 이명박의 인사파행은 그 후에도 계속되어 2011년 1월 현재 국무총리 1명, 감사원장 1명을 포함한 고위공직 후보 모두 9명이 국회의 청문회 이전 또는 도중에 중도하차했다.

이명박은 대선에서 승리한 후 중도실용노선을 내걸고 과감한 보수개혁을 회피하는 동시에 그동안 김대중정권과 노무현정권을 상대로 길거리에서 싸워 그의 당선에 기여한 '아스팔트 보수투사들'을 의식적으로 외면했다. 당시 이명박 측근에 포진한 진보적인 참모들은 이들 투사들을 '극우파'로 규정하고 이명박과 일정한 거리를 두도록 영향력을 발휘했다.

이명박이 범한 또 다른 실책은 대선후보 라이벌이었던 박근혜 끌어안기를 않고 박근혜 계열을 배제한 점이다. 그의 박근혜 배제방침은 제18대 국회의원 총선을 앞두고 후보공천에서 강행되어 일대 파동이 일어나게 된다. 2008년 4월 9일 실시된 제18대 총선에서 한나라당은 전체의석 299석 중 153석을 얻어 81석을 얻은 민주당보다 훨씬 많은 원내과반수의 의석을 얻었으나 이른바 '안정적 과반 의석'(상임위 과반수인 158석)을 확보하는 데는 실패했다. 이것은 이재오를 비롯한 친이계가 후보공천에서 박근혜계를 철저하게 배제해 공천파동이 일어남으로써 친박계의 대거탈당사태가 불러일으켰기 때문이다.

당내분으로 인해 한나라당이 얻은 의석수는 당초 예상된 170석 보다 17석이나 모자라는 결과가 되었다. 박근혜계의 대거 탈당에 책임이 있는 경남 사천지구의 친이계 사무총장 이방호(李方鎬) 후보도 박근혜돌풍으로 낙선의 고배를 마셨다. 이 바람에 민주노동당의 강기갑(姜基甲)이 어부지리를 얻었다. 만약 한나라당이 친이·친박계로 분열되지 않았더라면 원내의석 3분의 2가 넘는 180석 이상까지도 획득할 수 있었을지도 모른다. 왜냐하면 한나라당에서 떨어져 나간 친박연대(14석)와 친여 무소속(18석)이 30명을 넘었기 때문이다.[2] 뿐만 아니라 한나라당 당선자 중에도 친박계 비주류가 34명이나 되어 친이계로서는 사실상 패배를 당한 것이라 할 수 있다.[3] 여하간 총선 결과는 친이계의 당내 독주에 대한 반발에서 비롯된 것으로 이명박의 정치적 지도력에 끝까지 멍에가 되었다.

쇠고기 파동과 촛불시위

이명박 대통령이 집권 첫해에 입은 가장 큰 타격은 미국과의 성급한 쇠고기 협상 타결과 이로 인해 일어난 1987년 이후 최대 규모의 촛불시위였다. 이명박은 취임 직후인 4월 19일 부시 대통령의 초청으로 미국을 공식 방문했는데 그가 정상회담 장소인 캠프데이비드에 도착하기 11시간 전 정부는 미국과 쇠고기 협상을 극적으로, 그러나 졸속으로 타결 지었다. 한미 양국은 도축 당시 월령 30개월 미만인 소에서 뼈를 제외한 살코기로 제한되어있던 미국산 쇠고기를 2단계로 사실상 전면수입개방을 허용하기로 합의했다. 협상 결과가 발표되자 시민단체들은 이명박 대통령의 방미와 한미FTA(자유무역협정) 비준을 위한 졸속합의이며 광우병 발병 우려가 많다고 비난했다. 가장 크게 말썽이 난 대목은 30개월 이상 된 쇠고기의 수입 허용과 한국검역당국의 검역주권을 현저하게 제한한 조항이었다.

여기에 불을 지른 것이 광우병 위험성을 과장한 MBC의 PD수첩이었다. 당시 일부 진보적인 인터넷매체들은 괴담 수준의 광우병 공포 기사를 실리기는 했지만 결정적으로 불을 지른 것이 영향력이 막강한 MBC가 4월 29일의 방송이 미국에서 인간광우병으로 죽었다는 여성의 동영상을 방영, 광우병 공포심을 확산시킨 사건이다. 이로 인해 사흘 후 서울 청계천광장에서 처음으로 개최된 촛불시위는 연인원 98만명이 참가한 가운데 8월 초까지 106일 간 계속되었다. 촛

촛불집회는 민주항쟁 21주년이 되는 6월 10일 경찰추산 8만여명[국민대책회의 측 60만 명 주장]이 참가한 세종로와 태평로 일대의 시위로 절정에 달했다. 촛불시위는 처음에는 광우병 소문에 민감한 여중생과 유모차를 끄는 가정주부 등 여성들이 주된 참가자였으나 차츰 좌파단체들이 사태를 장악해 반이명박 시위로 변했다. 시위대원은 청와대로 향하려고 시도하다가 경찰과 충돌하는 가하면 세종로에 위치한 동아 조선 두 보수계 신문사가 시위대의 습격대상이 되었다.

결국 이명박 정부는 미국측에 추가협상을 제의, 재협상 수준의 추가협의를 통해 6월 21일 협상을 타결 지었다. 이에 의하면 국민이 안심할 때까지 30개월 이상 된 미국산 쇠고기의 수입을 금지하고 이를 미국 농무부가 보증하기로 하며, 미국에서 광우병이 발생할 경우 한국측이 쇠고기 수입을 중단할 권리를 갖고 있다는 점을 공식 확인했다. 추가협상 타결 뒤에도 촛불시위는 한동안 계속되다가 끝이 났지만 이명박 대통령은 이로 인해 530만표라는 압도적인 표차로 당선된 강력한 정치적 기반을 모조리 상실, 리더십의 위기를 맞았다. 그는 시위가 격화된 6월 19일 발표한 사과담화에서 자신이 촛불시위를 청와대 뒷산에 올라가 바라보았다고 밝히면서 "제가 오래 전부터 즐겨 부르던 〈아침이슬〉 노래 소리도 들었습니다"고 말해 시위대의 환심을 사려는 듯 한 나약한 자세를 보였다. 그의 인기는 20%대로 급락했다. 그는 추가협상 타결 하루 전인 6월 20일에는 대통령실장 등 청와대 수석비서관 7명을 모두 교체함으로서 그의 취임 4개월 만에 대통령실은 전면 물갈이되는 사태가 일어났다. 이 때 쇠고기협상을 주도한 정운천(鄭雲天) 농림수산식품부 장관 등 각료 3명도 물러났다.

노무현 수뢰사건 처리에 보인 리더십위기

이명박 대통령의 취임 2년차인 2009년 5월에 일어난 노무현 투신자살사건은 전례 없는 전직 대통령의 자살이라는 충격을 불러왔다. 노무현은 재임 중 평소 가까운 사이였던 박연차(朴淵次) 태광실업 회장으로부터 미화 6백만 달러 이상을 받은 혐의로 검찰의 수사를 받았는데 그는 4월 30일 대검찰청 중앙수사부에 출두해 심문을 받았다. 그런데 5월 11일 미국에 살고 있는 그의 딸에게 아파트 구입 계약금으로 40만 달러를 송금한 사실이 추가로 밝혀지자 궁지에 몰린 노무현은 결국 5월 23일 새벽 경남 김해군 자신의 집 뒷 봉화산의 높이 30m의 부엉이바위 절벽에서 투신자살로 생을 마감했다.[4]

노무현의 자살로 인해 이명박 대통령은 그의 반대세력과 지지세력으로 부터 동시에 십자포화를 맞아 진퇴유곡의 궁지에 몰렸다. 이명박은 야당으로 부터는 정치보복을 위한 표적수사로 노무현을 죽음으로 몰아넣었다고 비난을 받았는 가 하면 그의 지지세력인 우파진영으로 부터는 노무현의 부패사건에 대해 단호 하지 못해 그의 구속을 망설이다가 피의자가 자살함으로써 중대한 혐의사실을 영구미제사건으로 만들고 말았다는 반발을 받았다. 이명박 정부는 노무현의 장 례를 국민장으로 치렀는데 6일간의 애도기간에 일어난 그에 대한 동정여론이 이명박에 대한 반감으로 확산되어 그 여파가 이듬해 한나라당의 지방선거에 까 지 영향을 주었다. 2007년 대선 참패 후 노무현을 멀리하던 민주당 지도부는 그의 죽음에서 비롯된 애도무드를 계기로 그를 받들기 시작했다. 한나라당은 2009년 6월 2일 실시된 제5회 동시지방선거에서 전국 시도지사 16명 중 불과 6명을 당선시키는 부진을 면하지 못한데 비해 민주당은 7명을 당선시키는 정 치적 승리를 거두었다. 오세훈 서울시장은 간신히 재선에 성공했으나 서울시내 구청장 자리와 서울시의회는 대부분 민주당이 휩쓸어 오 시장의 소신 시정이 불가능하게 되었다. 또한 교육감 선거에서는 보수세력의 분열과 한나라당의 무 대책으로 서울과 경기도에서 전교조가 민 진보계가 당선되어 이명박정부와 한 나라당은 큰 정치적 타격을 입었다.[5] 그러나 7월 28일 실시된 국회의원 재보궐 선거에서는 민주당의 지나친 자만으로 인해 사태가 역전되어 전체 의석 8명 가 운데 한나라당이 5명을 당선시켜 3명을 당선시킨 민주당에 승리함으로써 어느 정도 체면을 세웠다.[6]

이명박의 공로–글로벌 경제위기 탈출 선두주자

이명박 대통령은 2007년 대선 때 화려한 경제공약으로 '경제대통령'의 이미 지를 과시했다. 즉 그의 '747비전'은 자신이 집권하면 연평균 7% 성장으로 10 년 안에 1인당 국민소득 4만달러 시대를 열어 대한민국을 세계 7대 경제강국으 로 만들겠다는 의욕적인 것이었다. 그는 또 자신이 대선에서 승리하는 경우 승리 자체만으로 당시 2000선이었던 코스피(KOSPI) 지수가 3000선으로 치솟을 것이라고 장담했다. 현대그룹의 CEO출신인 그는 당시 노무현 정부의 경제정책 실패, 즉 규제, 투자감소, 고용 불안, 그리고 소비위축의 악순환 구조를 소비, 투자, 고용, 소비로 이어지는 선순환 구조로 전환시킴으로써 그의 화려한 경제비전이 달성될 수 있을 것이라고 공약했다.

그러나 그가 대통령에 취임한 지 불과 7개월만인 2008년 9월 158년의 역사를 자랑하던 미국 4위 투자은행인 리먼브러더스(Lehman Brothers)의 파산으로 비롯된 미국발 글로벌 경제위기는 그의 화려한 공약을 일단 물거품으로 만들었다. 취임 첫해인 2008년 한국경제는 글로벌 경제위기의 여파로 수출과 내수가 동반 침체해 경상수지가 11년만에 적자로 돌아서 64억 달러의 적자를 기록했다. 이로 인해 국내총생산(GDP)은 전년 5%의 반토막인 2.5%로 감소하고 1인당 국민소득도 2만 달러에서 1년 만에 다시 1만 달러대로 하락했다. 코스피 지수는 그 해 연말에는 900선으로 추락해 증권투자들의 금융재산이 반토막으로 줄어들었다. 무엇보다도 심각한 것은 사실상의 '백수'가 400만에 달하는 실업대란이다. 청년실업자가 늘어나고 자영업자가 무너지면서 중산층이 몰락했다. 1997~98년 외환위기 이후 최악의 경제 불황이었다.

그러나 이명박 정부는 집권 2년차인 2009년 들어 실지회복의 전기를 마련하는데 성공했다. 한국경제는 이 해에 0.2% 성장으로 더욱 악화되었으나 마이너스 성장을 나타낸 OECD 국가들에 비해서는 일단 플러스 성장이어서 중국과 인도를 제외하고는 단연 글로벌 경제위기를 맨 먼저 탈출하는 국가로 발돋움했다. 그 이듬해에는 수출호조에 힘입어 글로벌 경제위기 이전을 회복했다. 즉, 한국은 2010년 사상 최대인 4,650억 달러의 수출을 기록해 세계 7위의 무역대국으로 발돋움하고 6.1%의 높은 성장률을 기록했다.[7] 이것은 한국이 이 해에 세계 양대 소비시장인 미국과 EU을 비롯해 인도, 아세안, 남미 등 세계 주요 경제권과 FTA를 맺어 'FTA중심국가'로 부상한데도 큰 원인이 있다. 위기 속에서도 이제 한국은 '글로벌 대한민국'으로 발돋움한 것이다. 이것은 이명박 정부의 미숙한 국내정치에도 불구하고 그의 경제정책은 기본적으로 건전했던 덕분이다.

한미동맹 회복과 G20 가입으로 국제지위 향상

이명박은 2008년 대통령에 취임하자마자 부시 대통령의 별장으로 초대되어 노무현 정부 때 소원해진 양국관계를 복원하는데 성공했다. 양국 정상은 이해 4월 19일 캠프데이비드에서 회담을 마치고 발표한 공동발표에서 한미동맹을 민주주의 시장경제 등 보편적 가치를 바탕으로 공동이익을 추구하고 한반도의 안정 뿐 아니라 세계평화에 기여하는 '21세기 전략적 동맹관계'로 격상하기로 합의했다고 발표했다. 양측은 2만8,500명의 주한미군을 2008년 말까지 2만5,000명으로 줄이기로 노무현 정부 때 합의한 것을 뒤집고 현상대로 유지하기로 합의했다.[8]

양국관계는 2009년 1월 오바마 미행정부의 출범을 맞아 한층 심화되었다. 6월 16일 워싱턴에서 열린 양국정상회담에서는 한미동맹을 미래지향적이고 포괄적인 동맹관계로 발전시키기 위한 '한미동맹 공동비전'을 채택했다. 이 합의문은 북한이 무력으로 도발할 경우 핵우산을 포함한 '확장된 억지력' 등 모든 수단을 동원해 한국에 대한 안보 공약을 이행하기로 했다. 한미동맹 공동비전에서 주목할 점은 "우리는 동맹을 통해 한반도의 공고한 평화를 구축하고 자유민주주의와 시장경제 원칙에 입각한 평화통일에 이르도록 함으로써 한반도의 모든 사람들을 위한 보다 나은 미래를 건설해 나갈 것을 지향한다"고 밝힌 점이다.[9] 미국 정부가 공식적으로 한반도의 통일을 자유민주주의와 시장경제원칙에 입각한 평화통일을 지향한다고 적극적인 입장을 밝혀 '한국 주도의 통일'을 지지한 것은 처음이다.

이 때문에 한국은 2008년 세계의 선진국, 중진국, 그리고 개도국의 3개 그룹을 대표하는 20개국으로 구성된 주요20개국(G20)의 일원으로 화려하게 등장하는데 성공했다. 서아시아, 즉 중동지역을 제외한 아시아 30개 국가 중에 중국 일본 한국 인도 인도네시아의 5개국만이 이 기구의 회원으로 가입해 대한민국의 위상이 그 만큼 향상된 셈이다. 이명박 정부가 G20에 들어가는데는 부시가, 2010년의 제5차 G20정상회의를 서울에서 개최하는데는 부시의 후임자인 버락 오바마 대통령이 결정적 역할을 했다. 덕분에 이명박은 제5차 G20정상회의 의장으로서 미중간의 무역 및 환율 마찰을 감소하는데 도움이 되는 양국의

IMF(국제통화기금)의 지분율 재조정에 중재역할을 하는데 성공했다.

대북 상호주의 정책과 천안함 연평도사건

이명박 대통령은 김대중 정부의 햇볕정책과 노무현 정부의 평화번영정책을 무원칙한 유화정책으로 규정하고 '비핵 개방 3000'이라는 실용적 상호주의 원칙에 기초한 적극적 대북변화유도정책을 대북정책의 기조로 삼았다. 이 원칙은 북한이 핵을 포기하고 개혁개방정책으로 전환하면 북한의 1인당 국민소득이 3천 달러가 될 수 있도록 경제지원을 하겠다는 것이다. 그러나 그동안 남한의 좌파정권들로부터 막대한 달러를 받아 핵무기와 미사일 개발을 하는데 재미를 본 북한의 김정일 정권은 크게 반발했다. 그 이유는 간단하다. 햇볕정책을 내건 김대중정권은 북한의 개혁개방을 유도한다는 명분이라도 내세웠지만, 노무현 정부는 김정일의 협박에 굴복해 아예 '개혁' '개방'이라는 용어조차 폐기하고 경제지원의 원칙을 '민족경제의 균형 있는 발전과 유무상통의 원칙'으로 바꿈으로써 상대주의원칙을 완전히 포기했던 것이다.[10]

북한당국은 이명박 정부의 비핵 개방 3000정책을 '반통일 대결선언'이라고 비난하고 나섰다. 이로 인해 남북관계는 계속 갈등을 빚었다. 북한당국은 이명박을 '역도'라고 매도하면서 김대중과 노무현이 그들과 체결한 6·15공동선언과 10·4정상선언을 이행할 것을 거듭 요구했다. 북측은 드디어 이명박 정부의 상호주의원칙을 바꾸기 위해 끊임없는 대남 압박정책을 썼다. 이명박 정부 출범의 해인 2008년에 금강산 관광객 총격살해사건을 일으키고 이명박정부의 금강산 관광중지 조치를 트집 잡아 금강산 주재 남측요원의 추방조치를 취했다. 북측은 또한 개성공단 폐쇄협박과 상주인원 감축 및 남북군사분계선 출입금지 등 보복조치를 취했다. 2006년의 미사일 발사와 1차 핵실험에 이어 2009년 5월 2차 핵실험을 단행한 북측은 남북기본합의서와 부속합의서의 서해 해상 경계선(NLL) 조항의 폐기를 선언했다. 이해 11월의 서해안 대청도 해전, 2010년 3월 26일 해군 46명의 생명을 앗아간 천안함 폭침사건, 그리고 같은 해 11월 23일 해병대원과 민간인 모두 4명을 희생시킨 연평도 포격사건은 이명박정권 출범 초기에 보인 김정일정권의 대남 강압정책에서 이미 예견된 것이었다. 천안함

사건과 연평도사건 때 국민들은 확전을 우려해 단호한 자위권행사를 하지 않은 이명박 대통령의 초기 대응에 상당히 실망했다. 그러나 북한측의 계속적인 협박을 받았음에도 불구하고 이명박 정부의 국방부가 미국측의 확고한 지지를 바탕으로 연평도에서의 사격훈련을 강행하자 실망감이 상당히 가라앉았다.

통일정책으로의 전환

이명박 정부는 천안함사건에 대해 유엔안보리에서 대북 제제결의안을 채택하도록 외교적 노력을 기울였다. 또한 노무현 정부가 참여를 거부한 핵무기와 미사일의 확산방지를 위한 미국 주도의 공동군사작전인 PSI(Proliferation Security Initiative, 대량살상무기확산방지구상)에 참여키로 했다.

이명박 정부는 출범 3년차인 2010년 12월 들어 기왕의 대북정책을 대폭 전환하는 기미를 보이기 시작했다. 이명박은 12월 9일 쿠알라룸푸르를 방문한 기회에 말레이시아 동포간담회에서 "머지않아 통일이 가까운 것을 느낀다. 이는 중대한 변화이며 누구도 막을 수 없다"고 밝혔다. 다른 정부 고위당국자는 같은 시기에 "(내년도 대북 정책은) 북한과의 대화보다는 우리 내부의 통일 역량을 강화하는 데 초점을 맞췄다"며 "북한 주민들의 변화를 이끌어낼 수 있는 방안들을 마지막까지 고민 중"이라고 밝혔다.[11]

이명박 정부의 이 같은 대북정책의 변화는 종래의 분단관리 위주의 현상유지적 대북정책을 통일이라는 적극적인 대북정책으로의 방향전환을 시사한다. 12월 29일 통일부는 새해 업무보고에서 2011년의 대북정책 기본방향을 북한 지도부와 주민을 분리해 개방을 유도하는 데 초점을 맞추어 장기적인 통일한국을 위한 준비작업도 본격화해 북한의 '바람직하면서 근본적인' 변화를 이끌겠다고 발표했다. 이 자리에서 이명박 대통령은 흡수통일론을 부인하면서 "가장 바람직한 통일은 평화적 통일"이라며 "일부에서 말하는 흡수통일이라든가, 이런 것은 논할 일이 아니라고 생각한다"고 밝혔다. 그는 또한 "시간이 걸리더라도 평화적 통일을 해야 한다. 전쟁을 억지하고 도발을 억지하는 정책을 통해 평화를 정착하고자 한다"고 밝혔다.[12]

그러나 이 무렵부터 국내에서는 흡수통일론이 공공연하게 제기되었다. 일부

진보진영에서도 금기를 깨고 이를 논의하기 시작했다. 진보성향의 김근식 교수(경남대)는 사회민주주의연대(대표 주대환) 주최 토론회에서 발제문을 통해 "실제 통일은 결코 합의에 의한 대등 통일을 허용하지 않는다"고 지적하고 "통일이 시작되는 순간 그 이후의 통일 과정은 가장 냉정하고 냉혹한 힘의 관계를 반영하게 된다"고 흡수통일의 필연성을 주장했다.[13]

2. 박근혜정권의 중도퇴장

헌정사상 최초로 탄핵–파면당한 대통령

2012년 12월 19일 실시된 제18대 대통령선거는 새누리당 박근혜(朴槿惠) 후보에게 승리를 안겨주었다. 새누리당은 정권 재창출에 거뜬히 성공했다. 박근혜는 최종 개표 결과 과반수인 1,577만 3,128표(51.6%)를 얻어, 1,469만 2,632표(48.0%)를 얻은 민주통합당 문재인(文在寅)에게 3.6%p(108만 496표)차로 크게 이겼다.[14] 건국이후 최초의 부녀대통령이 된 박근혜의 득표율 51.6%가 아버지 박정희 3대 대통령의 5·16군사쿠데타 거사 일자와 우연히도 일치한 것은 우연치고는 너무도 기이한 우연이라 할 것이다. 마치 박근혜가 대통령에 당선된 순간부터 아버지가 그랬던 것처럼 운명적으로 세찬 풍파가 기다리고 있음을 예고라도 하는 것 같았다.

박근혜가 최초의 독신 여성대통령이어서 그랬겠지만 선거전이 한창 치열하게 벌어진 2012년 12월 초 서울 시내의 어느 식당에서 있은 정치부기자 출신 원로언론인들의 정례모임에서였다. 선거결과를 전망하는 열띤 토론 도중에 어느 회원이 "박근혜는 떨어져도 걱정이고, 당선돼도 걱정"이라고 말하자 많은 참석자들이 이에 공감했다. 당시 분위기로는 박근혜 후보가 낙선하고, 남북연방제를 선거공약으로 내건 문재인 후보가 당선되어도 걱정이며, 반대로 독신여성인 박 후보가 당선되는 경우 과연 그가 대통령직을 원만하게 수행할 수 있을지도 걱정이라는 것이었다. 이 자리에서 한 가지 일치된 의견은 박근혜는 전임대통령들처럼 뇌물을 받는 일은 결코 없을 것이라는 점이었다.

이들 언론인들의 예측은 적중했다. 박근혜는 임기 11개월을 앞두고 헌정사상 최초로 탄핵을 당한 대통령이라는 비극의 주인공이 되고 말았다. 시련은 박근혜 한 사람에게만 온 것이 아니라 그 후 수년 동안 온 나라에 찾아왔다.

박근혜의 실수는 당선 직후 그의 내각 구성 제1보라 할 초대 국무총리 지명에서부터 일어났다. 그는 2013년 1월 첫 총리후보로 헌법재판소장 출신이자 대통령직인수위원장인 김용준을 지명했다. 그러나 김 후보의 법관재직중 부동산 투기의혹과 두 아들의 병역문제가 야당인 민주통합당에 의해 제기되자 총리 지명 5일만에 본인이 자진사퇴하고 말았다. 총리지명자가 자진사퇴한 것은 헌정사상 첫 번째 사건이다. 김용준의 자진사퇴 사건은 인사검증의 소홀에서 비롯되었지만 박근혜는 이로 인해 '밀실인사'를 한다는 비판을 받기 시작했다.

박근혜의 총리인사 파행은 그 후에도 반복되었다. 김용준 대신 박근혜 정부의 초대 국무총리에 임명된 정홍원 제42대 총리가 2014년 4월 27일 세월호 침몰사건에 책임을 지고 사의를 표명하자 박근혜는 자신의 새누리당 비대위원장 시절 당의 정치쇄신특별위원장을 지낸 안대희 전 대법관을 후임으로 지명했다. 그러나 안대희가 변호사 시절 전관예우를 받아 5개월 동안 16억원, 하루에 천만원씩 수입을 올렸다고 야당이 비난하고 나서자 본인이 청문회 준비 도중 전격 하차했다. 이에 따라 언론인 출신 문창극이 그의 후속 타자로 총리후보에 지명되었다. 문창극에 대해 일부 방송은 기독교 장로인 그가 교회에서 행한 강론 내용을 '친일사관'이라고 왜곡하면서 그를 친일파로 몰았다. 이에 대해 여당인 새누리당 일부 중진들은 적극적인 방어 대신 본인의 자진사퇴론을 제기함에 따라 문창극은 후보 지명 14일만에 국회의 청문회 자리에 서보지도 못한 채 스스로 물러났다. 그의 사퇴로 사의를 표명했던 정홍원 국무총리는 그 이듬해인 2015년 2월 16일 이완구 후임총리가 취임할 때까지 10개월간 총리직에 유임되었다. 결국 박근혜 정부 출범 초기에 일어난 국무총리 임명을 둘러싼 말썽은 약 2년간이나 계속된 셈이다.

박근혜가 국무총리인사에서 서툰 솜씨를 보인 것은 앞에서 설명한 원로정치부기자들의 예상이 적중한 예이다. 이에 반해 그에 대한 검찰과 특검의 먼지 털이식 수사에도 불구하고 그가 대통령에 재직하는 동안 개인적으로 뇌물을 받은 사실이 드러나지 않은 것은 이들 원로정치부기자들의 예상 그대로였다. 그의 선임 대통령들이 친인척 비리사건을 미연에 방지하지 못한 것을 본 박근혜는 자신의 친남매들까지 청와대에 얼씬도 못하게 했다. 그러나 그는 뜻밖에도 최순실이라는 괴물같은 여성에게 이용당해 헌정사상 최초로 탄핵 당한 대통령이 된 것은 천추의 한이라 할 것이다.

박근혜의 공적

박근혜는 아버지 박정희를 닮아 아주 부지런한 통치자였다. 보수적인 점도 마찬가지였다. 때로는 아버지 이상으로 보수적이었다. 그는 한 때 박정희의 유신조치까지 서슴없이 옹호하면서 대한민국의 적화를 예방하는 부득이한 조치였다고 방어하고, 인혁당 사건에 대해서도 역사가 판단할 일이라고 주장했다.

그러나 그는 2012년 9월 23일, 18대 대통령선거를 3개월 앞두고 여의도 중앙당사에서 열린 기자회견에서 "5·16, 유신, 인혁당사건은 대한민국 헌법가치를 훼손하고 정치발전을 지연시키는 결과를 가져왔다"고 밝히고 인혁당 유족들에게 사과했다.[15] 대선에서 승리하기 위해 아버지의 행적을 비판하는 것이 큰 어려움이었겠지만, 그는 선거에 이기기 위해서는 민심에 따라야 한다는 주변의 건의를 받아들인 것이다.

박근혜는 국정방향을 경제부흥, 국민행복, 문화융성, 평화통일 기반구축이라는 4대 국정기조에 두고 이를 달성하기 위한 14대 추진전략을 세웠다. 그러나 그는 최순실사건으로 중도하차했기 때문에 국정을 마무리할 시간여유가 없었다. 그는 최순실 사건으로 5년임기의 만료일(2018년 2월 24일)을 11개월여 앞둔 2017년 3월 10일 헌법재판소로부터 파면결정을 받고 물러났다. 하지만 실제로는 2016년 12월 9일 국회에서 그에 대한 탄핵소추안이 가결되어 헌법재판소에 넘겨지는 순간 대통령직무가 정지되었다. 이 때문에 실제로 그가 대통령으로 일한 것은 원래의 임기 5년보다 14개월 15일이 모자라는 3년 9개월 15일 간이었다. 이 점을 감안하면서 그의 대통령으로서의 공과를 평가하자면 내정면에서는 김영란법 제정, 공무원연금개혁, 통합진보당 해산, 교원노조의 법외노조화조치, 자유민주주의의 통일한국을 이룩하기 위한 통일준비위원회 출범이 그의 대표적인 공적에 해당한다. 대외정책면에서는 이명박 정부에 이은 원칙

있는 대북정책 및 북한의 무력도발에 대한 지휘관의 재량권부여를 통한 안보태세 확립, 사드배치, 한중FTA, 동북아평화구조 수립 및 평화통일을 위한 국제환경 조성노력을 그 예로 들 수 있다.

대외정책 중에서 그가 가장 힘을 기울인 것이 대한민국 주도의 통일을 실현하기 위한 국제환경의 조성, 특히 그 중에서도 대중국외교의 심화노력이었다. 그는 2014년 3월 28일 독일 드레스덴 공과대학에서 통일의 구상을 밝히는 연설을 했다. 그는 이 연설에서 평화통일의 기반 조성을 위해 첫째, 이산가족 재회 등 남북 주민의 인도적 문제 우선 해결, 둘째, 북한의 복합농촌단지 조성 등 남북 공동번영을 위한 민생 인프라 구축, 셋째, 각종 교류사업 등 남북 주민간 동질성 회복을 강조했다. 그리고 그는 이상의 계획을 실현하기 위한 남북교류협력사무소 설치도 제안하면서 동북아 평화협력구상을 발전시켜 북한의 안보 우려도 다룰 수 있는 동북아 다자안보 협의체를 추진해 나갈 수 있을 것이고 밝혔다. 그는 이 같은 계획을 준비할 대통령직속 통일준비위원회를 출범시키겠다고 말했다.[16]

그는 또한 국내외의 일부 비판의 소리를 무릅쓰고 2015년 9월 3일 중국 베이징에서 열린 항일전쟁 및 세계 반파시스트 전쟁 승전 70주년 기념행사에 서방진영 국가원수로서는 유일하게 참석했다. 그러나 그는 귀로에 비행기 안에서 기자들을 불러 곧 한중양국이 한반도통일을 위한 협의를 서울에서 개시한다고 때 이른 일방적 발표를 하는 실수를 범해 대중외교에 큰 차질을 빚고 결국 양국 협의도 성사되지 않았다. 2016년 2월 북한의 장거리 미사일인 광명성호 발사를 계기로 개성공단 가동을 중단시키고 경북 성주에 사드를 배치하기로 결정하면서 야기된 한중외교 마찰로 그의 이 같은 장기간의 외교노력은 완전히 수포로 돌아가고 말았다.

박근혜의 과오

그의 과오도 적지 않다. 박근혜에게 힘이 부친 분야는 경제였다. 그는 '창조경제'라는 기치를 내걸고 연간 4%의 GDP성장, 70%의 고용율 달성으로 재임기간 안에 국민소득 4만 달러시대를 열겠다는 '474비전'을 공약했다. 그러나 그의 재임기간(2013~16년)동안 '근혜노믹스'의 실적은 2.9%의 성장률, 59.1%의 고용율, 2만 7,561달러의 1인당 국민소득이라는 초라한 성적표를 남겼다. 2.9%의 성장률은 노무현 정부의 4.5%, 이명박정부의 3.2%에 미치지 못했다.[17] 이것은 박근혜 정부가 노동 교육 금융 공공분야 등 4개분야 개혁을 위한 관계법령개정안이 국회에서 잠잔데다가 부동산정책 실패로 인한 가계부채가 2013년 취임초기의 963조원에서 2016년에는 1,343조로 급등한데 원인이 있다. 박근혜에게는 자유주의·시장경제에 대한 기본가치와 전략적 사고가 결여되었다는 지적을 받고 있다. 박근혜정부는 출범 1년 이상이 지난 시점에서도 대형마트 규제가 경제민주화의 상징적 조치라는 식의 인기정책에 몰입한 나머지 저성장 국면을 해결하지 못했다. 박근혜는 국정운영의 철학이 담긴 취임사에서 행복, 희망, 신뢰, 창조경제, 경제민주화 등을 수차례 언급한 반면 보수우파의 핵심적 가치인 성장, 번영, 재산권, 법치 등은 놀랍게도 한 번도 언급하지 않았다는 것이 조동근 명지대 교수의 지적이다.[18]

박근혜는 다른 내정면에서는 민주적 정치지도자에게는 금물인 권위주의에 빠져 야당과 언론과의 원활한 소통 실패는 물론이고 여당 내부에서도 소수파와 화합이 잘 되지 않은 점을 들 수 있다. 이로 인해 그는 비박계 당간부들을 잘 만나주지도 않았다. 2016년 4월의 제20대 국회의원총선거 때는 비주류의 유승민 등 일부 의원들을 배신자로 규정하고 공천에서 배제하는 과정에서 비주류의 김무성 당 대표가 직인을 감추어놓고 서울을 떠나버려 서류결제가 불가능해진 이른바 '옥쇄파동'까지 일어났다. 이 소동은 총선에서의 굴욕적인 패배로 나타났다. 개표 결과 여당인 새누리당이 종래 의석에서 30석을 상실해 야당인 더불어민주당 보다 1석이 모자라는 122석을 얻어 16년 만에 여소야대가 되어 버렸다. 더불어민주당은 최순실사건이 터지자 새누리당의 비박계 62명의 동조를 얻어 재적의원 3분의 2 이상 찬성으로 박근혜 탄핵소추안을 통과시키는데 성공했다.

그는 2008년 이명박 대통령 당시 여당인 새누리당 대표이면서 이명박이 당초 행정수도로 공약한 세종시를 과학도시로 전환시키려 방침을 바꾸자 이에 강력하게 반대했다. 이명박이 대통령 당선 후 자신과 친박계를 철저하게 소외시킨데 대한 불만을 가진 박근혜는 여당의 당대표 신분임에도 국회 본회의에서 안건토론에 직접 나서서 반대연설을 하는 진풍경을 연출하기도 했다.

박근혜의 최대과오는 청와대 비서실 인사였다. 그가 만약 청와대 참모진을 직언파들로 채웠던들 최순실사건은 미연에 방지되었을 것이다. 그는 또한 당간부들의 강력한 반대에도 불구하고 국회법의 국회선진화조항을 기어코 통과시켜 국회의 만성적인 비효율을 초래했다.

박근혜 탄핵의 문제점

박근혜는 앞에서 열거한 바와 같이 대통령 재직 중 최순실사건을 비롯한 몇 가지 과오들을 범했기 때문에 그의 탄핵도 당연한 것인가. 우선 집권당인 새누리당에 자중지란이 일어나 소속의원 62명이 탄핵소추안에 가담한 점에서 한국 보수세력의 역사적 오점이었다. 이 점에서 새누리당의 후신인 자유한국당은 명확한 입장 정리가 필요하다. 그렇지 않고는 당의 단합은 물론이고 다음 국회의원총선과 대통령선거 전략 수립도 제대로 될 수 없을 것이다.

박근혜 탄핵 및 파면의 정당성에 대한 문제점은 첫째 불충분한 탄핵사유와 둘째 탄핵절차의 중대한 하자라는 두 측면에서 판단해야 할 것이다. 박근혜에 대한 국회의 탄핵소추 사유는 4건이었다. 그 중 공무원인사권 남용, 언론탄압, 세월호 인명구조 의무위반 등 3건은 헌재에 의해 증거부족 또는 탄핵사유에 해당되지 않는다는 이유로 기각되고, 나머지 1건인 최순실 관련부분만 헌재가 인용했다. 결국 최순실이라는 한 여인이 저지른 사건 때문에 헌법수호 의지가 없다는 이유로 대통령 자리가 날아간 것이다. 이 점에 관해서는 이미 저자가 졸저《한국진보세력 연구》(2018)에서 자세히 설명했기[†] 때문에 중복을 피하려 한다. 그러나 박근혜 퇴진 후 후임자인 문재인 대통령이 지금까지 저지른 온갖 과오들, 특히 여러 분야의 국정파탄과 대한민국의 기본체제 등 자유민주적 기본질서의 경시 경향을 박근혜의 과오와 비교해 보면, 박근혜에 대한 탄핵사유는 상대적으로 약하다는 것이 저자의 판단이다. 당초 더불어민주당 소속의원으로

[†] 남시욱(2018), 《한국진보세력연구》, 청미디어, pp. 632~644 참조할 것.

박근혜 탄핵소추안에 찬성표를 던졌다가 나중에는 후회를 하게 된 이언주 의원(무소속)이 고백했듯이 박근혜를 파면시킨 헌재 결정은 박근혜 탄핵이 아닌, 한국의 자유민주체제에 대한 탄핵이 되고 만 것이 아닌지 저자 역시 의문을 떨칠 수가 없다.

다음으로 박근혜 탄핵절차에는 어떤 흠결이 있었는지 살펴보자. 국회의 탄핵소추에서부터 헌재의 인용결정에 이르기 까지 모든 단계에서 광풍과도 같은 대규모 촛불시위에 쫓기듯 허둥지둥 진행한 소추이며 재판이었다. 냉정을 잃은─때로는 박근혜 축출을 바란─언론이 연일 부추긴 촛불시위에는 선량한 시민들이 대거 참가했지만 반국가단체와 이적단체, 그리고 일본의 공산계열 노조원 220명을 포함한 무려 1,503개에 달하는 단체들이 치밀하게 조직한 군중동원이 있었다. 심지어 드루킹 일당도 9만건의 인터넷 댓글조작으로 여론조작에 한몫을 한 사실이 나중에 판명되었다. 국회는 언론보도와 최순실에 대한 공소장의 박근혜 부분만을 증거로 해서 탄핵소추 결의를 했다. 원칙으로는 국회는 이 무렵 막 활동을 시작한 특별검사와 국회의 진상조사위가 신중한 조사를 통해 결론을 내린 다음에 탄핵소추안을 의결해 헌재에 제출해야 했다. 그러나 국회는 탄핵소추부터 먼저 단행해 외국 언론으로부터 '거꾸로 된 탄핵'이라는 비판을 받았다.

헌재의 재판과정은 더욱 미흡했다. 헌재는 재판관 정원인 9명이 참여해서 재판을 하는 것이 원칙인데도 1명이 결원인 상태에서 재판을 속결로 강행했다. 또한 대통령의 탄핵심판은 법에 따라 6개월 안에 하도록 되어있는데도 3개월 만에 파면결정을 하고 말았다. 이렇게 된데는 촛불시위의 위력이 결정적인 작용을 했다. 문재인 대통령도 국회의 탄핵소추서 제출 직후인 2016년 12월 17일 언론과의 회견에서 만약 헌재가 박근혜 대통령의 탄핵기각 결정을 내린다면 "다음은 혁명밖에는 없다"고 공언했다. 헌재의 심판결과는 재판관 8명 전원 일치의 파면 결정이었다. 2∼3명 정도가 반대할 가능성이 있어 재판결과를 예측할 수 없다던 일부 예상을 완전히 뒤집는 것이었다.

헌재 결정 후에는 더욱 한심한 소식이 들렸다. 헌재 결정 2년이 지난 2019년 3월 8일, 영향력 있는 우파 유튜브매체인《펜 앤드 마이크》가 귀를 의심할만한 내용의 보도를 했다. 그 골자는 법조인 출신의 모 인사의 증언에 의하면 2017년 3월 10일 헌법재판소의 박근혜 탄핵선고공판 1주일 전쯤 헌재의 모 재판관이 '재판관 만장일치의 탄핵 결정 가능성'을 청와대에 전하면서 박근혜 대통령의 자진하야를 종용했다는 것이다. 그러나 박근혜는 이 제의를 거부하고 헌재의 공식 선고까지 기다렸다고 한다.[19] 만약 이 보도가 사실이라면, 헌재 재판관들은 박근혜에 대한 선고를 앞두고 서로 협의했다는 이야기가 되고, 또한 공판 기밀을 미리 당사자에게 누설하면서 골치 아픈 선고공판을 피하려는 일종의 거래를 피소추인측과 시도했다는 이야기가 된다. 이것이야 말로 '사법농단'이 아닌가. 이 사건은 언젠가는 그 진상을 분명히 밝혀야 할 것이다.

Ⅷ. 기로에 선 보수세력

① 문재인정권 시기의 보수세력

나는 사회적 협력에 필요한 정의의 역할을 서술하고 사회의 기본구조인 정의의 문제를 간단히 살펴보려 한다. 그리고는 정의의 주된 이념으로서의 공정성을 제시하려 한다.

— 존 롤스, 《정의론》에서.

1. 적폐세력으로 몰린 보수정권

문재인정권의 이명박 구속

문재인 대통령은 2017년 5월 출범 초 국정의 최우선 순위로 '중단 없는 적폐 청산'을 선언했다. 문재인정부는 적폐 청산의 일환으로 전임 대통령 두 사람과 대법원장 한 사람을 사법처리했다. 아이러니컬하게도 바로 그의 전임자이자 문재인이 적폐세력으로 단죄한 박근혜 전 대통령도 재임 중 적폐청산이라는 슬로건을 내걸고 한국사회의 고질적인 환부를 도려내려했다. 그러나 박근혜가 시도한 적폐청산과 문재인의 그것은 성격이 달랐다. 전자는 박근혜가 정권 출범 2년이 지난 후에 제기한 것으로 누적된 적폐를 제도적으로 개혁하자는 것으로 보이고, 후자는 문재인정권 출범 직후 착수되어 전 정권의 비위 캐기와 당사자 처벌에 방점이 있었다는 의미에서 그렇다. 박근혜는 세월호 사건이 일어났던 2014년 7월 18일 신임 장차관들에게 임명장을 수여하는 자리에서 "오랜 세월 사회 곳곳에 누적된 적폐를 개혁하겠다"고 밝혔다. 그는 "약도 먹다가 끊으면 내성만 키워 시작하지 않은 것만 못하다"고 말한 다음 "적폐도 완전히 뿌리를 뽑을 때까지 최선을 다해 청산해야 한다"고 밝혔다.[1]

박근혜는 2017년 3월 10일 최순실사건으로 헌법재판소로부터 파면 결정이 내려 대통령 자리에서 물러난 다음 검찰에 구속된 날짜 역시 문정권 출범 이전인 3월 31일이었지만 그에 대한 재판절차는 문정권 아래서 진행되었다. 박근혜의 혐의는 직권남용 등 18개 항에 달했다. 박근혜의 바로 전임자인 제17대 대통령 이명박은 2018년 3월 23일 뇌물수수 등 14개 항의 혐의로 구속되어 그 다음 달 기소되었다. 양승태 전 대법원장은 2019년 1월 24일 직권남용 등 무려 47개 죄목으로 건국 후 최초로 구속된 사법부 수장이 되었다.

이들 3명에 대해 문재인정부의 검찰이 어느 정도 철저히 수사를 했는가는 이들에 대한 기소장의 길이에서도 잘 나타난다. 기소장의 길이를 보면 박근혜 154쪽, 이명박 259쪽, 양승태 296쪽이다. 양승태의 경우 장문의 기소장 이외에 재판부에 제출된 수사기록이 A4용지 17만 5000쪽 정도에 책자로는 350권 분량에 달했다. 이 때문에 '트럭기소'라는 비아냥이 생겼다. 재판부도 검찰의 기소장이 너무 장황하다고 법정에서 30분간 지적하면서 기소장 변경을 요청했다.[2]

이명박의 구속은 앞(Ⅶ-②-1. 이명박 정권의 공과)에서 설명한 바와 같이 2006년 5월 23일 자살한 16대 대통령 노무현의 죽음과 밀접한 관계가 있다. 노무현이 부인의 재벌로부터의 수뢰 혐의에 대해 검찰의 수사를 받던 중 극단적인 선택을 하자 김대중은 바로 그날 "노 대통령의 자살은 이명박정권에 의해서 강요된 거나 마찬가지"라고 격렬하게 비난했다. 그는 "검찰이 노무현 본인, 부인 아들 딸 형 조카사위까지 소환해 마치 소탕작전을 하듯 공격하고는 매일 같이 수사기밀 발표를 금지한 법을 어기면서 언론 플레이를 했으며 노 대통령의 신병을 구속하느니 마느니 등 심리적 압박을 계속했다"고 지적했다.[3] 이 무렵 진보계열의 어떤 언론인은 "노무현 죽음의 본질이 진보개혁세력 씨 말리기의 제1막"이라고 분노했다.[4]

나중에 밝혀진 사실이지만, 친노무현 세력이 이처럼 흥분한 데는 까닭이 있었다. 2007년 11월 경 제17대 대통령선거를 앞두고 노무현 대통령의 형 노건평과 이명박 한나라당 후보의 형 이상득 사이에 중요한 밀약이 체결되었다. 그 내용은 노무현 정부는 이명박의 BBK투자의혹사건 수사에 개입하지 않고, 곧 정권을 인수할 이명박 측은 전직 대통령을 수사하거나 구속시키지 않는다는 것이었다. 그러나 이명박정권은 이 약속을 어기고 노무현을 수사해서 모욕을 주어 결국 자살로 몰았다는 것이다. 이명박 측의 말도 내용은 일치한다. 다만 세부적으로는 약간 다르다. 이명박의 측근인 추부길 전 청와대 홍보기획비서관이 2015년 4월 중앙일보와의 회견에서 밝힌 바에 의하면 이 밀약은 이명박 대통령 취임 초에는 실제로 지켜졌다는 것이다. 그해 11월 16일 BBK의 김경준 대표가 미국에서 급거 귀국하자 검찰은 그를 구속했지만 이명박은 무혐의 처분을 받았다. 정권이 이명박에게 넘어간 다음인 2008년 2월 특검의 결론도 무혐의였다. 이명박 자신도 정부출범 직후에는 노 전 대통령 측을 의식해서 "전직 대통령을 예우하는 문화를 만들어야 한다"는 말을 자주 했다. 사정이 급변한 것은 이명박정권 출범 3개월 후인 2008년 5월에 일어난 광우병 파동 때였다. 이명박 정부는 그해 7월 광우병파동에서 빚어진 촛불정국을 돌파하기 위해 이른바 '박연차게이트'로 유명해진 태광실업 탈세 및 뇌물사건에 대한 전면적인 수사에 착수한 것이다.[5] 국민의 입장에서 보면, 퇴임대통령과 신임대통령 측의 밀약은 부도덕한 정치거래이기는 하나 당사자 입장, 특히 노무현 쪽 입장에서는 용서할 수 없는 배신행위이다. 그런 점에서 문재인 정부의 이명박에 대한 장기간에 걸친 가혹할 정도의 수사강도에는 이명박 측의 배신행위에 대한 복수심도 영향을 주었을 것이다.

문재인 정부가 사법처리한 두 보수정권의 수뇌들 가운데는 3명의 국정원장(원세훈 남재준 이병기)도 포함되어있다. 문재인 정부는 과거의 군사정부가 구정권을 청산하듯 보수정권 요인들을 적폐세력으로 몰아 대거 구속했다. 문재인 정부는 19개 행정부처에 모두 39개 TF를 만들어놓고 검사 등 조사관 589명을 투입해 전 정권의 비리를 캤다. 이들 TF의 조사 끝에 검찰로 고발된 적폐사건은 서울중앙지검 검사 241명 중 40%에 달하는 97명이 맡아서 7개월 넘게 수사를 벌였다.

양승태 대법원장과 한일관계

문재인 정부 출범 후 검찰이 건국 이래 처음으로 벌인 사법부 전체에 대한 적폐사건 수사에서 조사를 받은 전·현직 법관은 100여명에 달했다. 사법부에 대한 검찰 수사는 2019년 1월 24일 양승태와 사법적폐 관련 전·현직 법관 13명을 재판에 넘기면서 마무리 수순으로 들어갔다. 검찰은 또한 사법농단 수사 과정에서 적발된 법관 66명의 관련 비위 사실을 증거자료와 함께 대법원에 통보했다. 과거 같으면 사법부파동이 일어났을 텐데 대법원장이 구속되는 정권교체기의 삼엄한 상황이어서 조사를 받은 법관들은 비교적 고분고분했다.

그런데 양 전 대법원장에게 적용된 직권남용 등 무려 47개 죄목 중 눈에 띄는 사항이 있다. 일제 때 노무자로 강제 징용된 피해자들이 낸 재상고사건의 심리를 그가 지연시킨 것이 주심 대법관에게 대한 직권남용이라는 점이다. 이것은 청와대와 외교부의 요청에 의한 것이었다. 그런데 대한민국 정부의 3부 중 하나인 사법부의 수장이 한일관계와 국가이익의 관점에서 정책적 판단을 하고 이를 담당 대법관과 협의한 것을 불법적인 재판간여로 규정해 형사처벌을 한 것이 과연 온당한지는 앞으로도 큰 쟁점이 될 것이다.

양승태에 대한 재판은 첫 회부터 난관에 봉착했다. 그는 자신에 대한 공소장이 '소설'에 지나지 않는다면서 "무려 80명이 넘는 검사를 동원해 8개월 넘는 수사를 한 끝에 300페이지나 되는 공소장을 (검찰이) 창작했다. 저는 법관 생활을 42년 했지만 이런 공소장은 처음 보았다"고 첫 공판에서 주장했다.

선거공약으로 적폐청산을 약속한 문재인 대통령은 7~8건에 달하는 사건에 대해 직접 수사지시를 내리고 그 중 일부사건에 대해서는 수사가이드라인까지 제시해 권력남용이라는 비난을 받았다. 그는 특히 사법농단사건에 대해서는 '중대한 헌법위반'이라고 주장하고 철저히 규명할 것을 여러 차례 강조했다. 그는 특히 인도순방기간에도 국군기무사령부(기무사)가 촛불시위 때 계엄령 선포 여부를 검토한 문건을 작성한 혐의와 세월호유족 사찰 의혹에 대한 수사를 육군과 기무사 출신이 많은 국방부검찰부를 배제하고 별도의 독립수사팀을 구성하라고 지시했다. 김학의 전 법무차관의 성접대의혹사건과 이른바 언론사주가 관련되었다는 장자연사건에 대해서는 담당자가 직을 걸고 철저히 수사할 것을 지시하면서 이들 사건은 설사 공소시효가 지났더라도 엄정한 수사를 통해 진상을 밝히라고 명령했다. 이 때문에 문재인은 야당의 곽상도 의원으로부터 직권

남용 혐의로 고소를 당해 현직대통령이 형사고소를 당하는 초유의 사태가 벌어졌다.

문재인 정부의 적폐수사 과정에서 다수의 피의자들이 스스로 목숨을 끊었다. 국정원 댓글사건의 검찰수사를 방해한 혐의를 조사하는 도중 국정원에서 법률자문역을 한 공안통인 변창훈 서울고검 검사와 정치호 변호사가 자살하고, 기무사령부의 세월호 유가족 사찰혐의를 조사받던 이재수 전 사령관은 투신자살했다. 또한 드루킹사건 때는 노회찬 정의당 의원이 스스로 목숨을 끊었으며, 방위산업비리 혐의를 받은 KAI(한국항공우주산업) 경영부정 수사 때는 김인식 부사장이 목을 매 숨졌다.

문재인의 한국 주류세력 교체론

문재인 대통령은 후보시절인 2017년 1월 《대한민국이 묻는다》라는 제목의 책에서 "우리 정치의 주류세력을 교체해야 한다"고 주장했다. 그는 "조선시대 때 세도정치로 나라를 망친 노론세력이 일제 때 친일세력이 되고, 광복 후에는 반공이라는 탈을 쓰고 독재세력이 되었지만, 한번도 제대로 된 청산을 하지 않았기 때문에 그들은 여전히 기득권을 누리고 있다"고 말했다. 이 같은 그의 믿음은 자신이 밝힌 것처럼 논쟁을 불러일으킨 수많은 한국사 저서들로 이름을 날린 이덕일(李德一) 한가람역사문화연구소장으로부터 영향을 받은 역사관이다. 문재인은 이들 한국의 주류 기득권 세력은 서양의 귀족들이 '노블레스 오블리주'를 다하는 것과는 달리, 납세 병역 등 국가에 대한 기본의무조차 이행하지 않는다고 비판했다. 이 때문에 이들 주류세력은 극우적이고 수구적인 사이비 보수가 되었음으로 이들을 교체하지 않으면 평등한 세상도 공정한 세상도 불가능하다는 것이다.[6]

문재인정부가 2018년 7월 3일 대통령 직속기구로 발족시킨 '3·1운동 및 대한민국임시정부 수립 100주년 기념사업추진위원회'의 공동위원장을 맡은 한완상[다른 공동위원장은 이낙연 국무총리]은 문재인의 주장을 한층 체계화했다. 그는 노론세력→친일세력→반공독재세력으로 이어진다는 문재인의 주류세력 계보론과 3·1운동 정신으로의 교체론을 도식화해서 이를 한층 체계적으로 발전시

컸다. 그는 2018년 7월 5일 언론과의 인터뷰에서 이 위원회의 향후 사업방향에 관해 '대한민국의 법통과 정체성의 확고한 정립'이라고 명확히 하면서 "분단 고착과 남북갈등으로 정치적 이득을 보아왔던 대한민국의 주류세력의 구조를 3·1운동 정신으로 바꾸는 역할을 하겠다"고 밝혔다. 보수세력이 분단고착으로 정치적 이득을 보아왔다는 그의 주장은 전형적인 좌파이론이다. 그는 문 대통령이 3·1운동과 임시정부 수립100주년 사업을 북한과 공동으로 추진하는 것을 '친일을 기반으로 하는 주류교체' 작업의 일환으로 보는 이유가 남북 대치 상황에서는 민주화, 노동운동, 인권 운동 등이 모두 색깔론으로 통제되었기 때문이라고 설명했다.[7]

문재인의 주류세력 교체 주장은 2019년 3월의 3·1절 100주년 기념사에서 더욱 구체화되었다. 그는 이날 친일잔재세력의 청산과 민족정기 확립을 바탕으로 하는 진정한 국민의 국가를 완성해 남북이 대립과 갈등을 끝내고 한반도의 새로운 평화협력질서인 '신한반도체제'로 전환해 통일을 준비해 나가자고 역설했다.[8]

2019년 연초에 많은 국민들은 문재인 대통령의 신년인사를 듣고 적잖게 놀랐다. 그는 1월 1일 자정을 기해 자신의 트위터와 페이스북 등 SNS에 올린 새해 인사에서 한반도에 '돌이킬 수 없는 평화'를 만들겠다고 다짐했기 때문이다. 그가 다짐한 '돌이킬 수 없는 평화'는 과연 어떤 것인가. 얼마 후 문 대통령의 대북정책, 특히 그가 김정은과 합의한 수도권 일대의 방어태세 약화조치를 보수야당들 보다 더 격렬하게 비난하고 나선 것이 대한민국수호예비역장성단(약칭 대수장)이었다. 문재인의 대북정책에 반대하는 예비역 장성 415명으로 결성된 이 단체는 2019년 1월 30일 출범식에서 9·19남북군사분야합의서를 망국적인 협정으로 규정하고 이를 2월말까지 수정하라고 시한을 박아 문 대통령에게 요구했다.[9]

2. 보수세력이 당면한 엄중한 현실

6·13 동시선거 참패와 보수세력의 사분오열

문재인 정부 출범 이듬해인 2018년 6월 13일 실시된 제7회 전국 동시 지방선거 및 국회의원 재·보선(6·13 동시선거) 결과는 보수세력에 충격적인 패배를 안겼다. 지방선거의 경우 광역단체장은 집권여당인 더불어민주당이 14명, 자유한국당은 불과 2명, 무소속 1명, 기초단체장은 더불어민주당이 151명, 자유한국당은 그 절반도 안되는 53명을 각각 당선시켜 여당의 싹쓸이로 끝났다. 교육감의 경우에는 더불어민주당이 14명, 자유민주당은 겨우 3명이 당선되는 굴욕적인 패배였다. 미니총선이라 불린 이해의 국회의원 재·보선의 경우에도 민주당이 11석, 자유한국당은 1석을 각각 얻어 보수세력에게 대타격을 주었다.[10]

지역별로 보면 자유한국당은 지방선거에서 수도권과 부산경남지역을 더불어민주당에 내주고 말았다. 종래 보수당의 텃밭이라고 하던 이른바 PK지역, 즉 부산 경남 울산 3곳에서 더불어민주당 출신 광역단체장들이 대거 당선되었다. 서울의 경우에는 25명의 기초단체장들, 즉 구청장들 중 24명을 더불어민주당 후보들이 차지했다. 자유한국당이 국회의원 재·보선에서 겨우 1석을 얻은 지역은 바로 경북 김천으로, 이 당은 완전한 TK당으로 전락하고 말았다. 6·13 국회의원 재·보선 결과 국회의 의석분포는 더불어민주당 130석, 자유한국당 113석으로 바뀌었으며, 이에 따라 범여 진보계 의석은 모두 154석(더불어민주 130, 민주평화 20, 민중 1, 무소속 3석), 범야 보수계 의석은 모두 146석(자유한국 113, 바른미래 30, 대한애국 1, 무소속 2석)으로 재편되었다.[11] 자유한국당의 후신인 미래통합당·미래한국당은 2020년 4월 15일 실시된 제21회 국회의원 총선에서 다시 엄청난 패배를 맛보았다. 총의석 300석 가운데 180석을 진보여당(더불어민주당·더불어시민당)에 빼앗기고 불과 103석 밖에 얻지 못했다. 같은 보수계의 국민의당 의석 3석과 합쳐도 범보수계는 106석밖에 되지 못했다.

새로운 보수시민단체 탄생과 국제적 연대

2017년 봄의 박근혜 탄핵과 문재인 정부 출범을 전후한 새누리당의 3차례에 걸친 연속적인 선거패배를 계기로 보수세력은 국민들의 불신감 증대와 당 내분, 그리고 무력감으로 인해 거의 빈사상태에 빠졌다. 그러나 곧 이 같은 보수세력의 폐허 위에 보수민간운동단체들이 불사조처럼 등장하기 시작했다. 이들은 노무현정권 아래서 탄생한 대표적인 아스팔트 보수세력인 서정갑의 예비역대령연합을 대표로 하는 기존 단체들 외에 2004~05년 노무현 정부 치하에서 우후죽순처럼 탄생한 뉴라이트 물결처럼 차례로 결성되기 시작한 2010년대의 새로운 보수시민단체들이다.

이들 신·구 보수단체들은 2019년 10월 3일 개천절을 맞아 서울 광화문광장에서 숭례문에 이르기 까지 도심지역에서 사상 최대규모의 조국(曺國) 법무장관 구속 및 문재인퇴진 촉구 시위를 벌였다. 이날 시위는 개신교의 한국기독교총연합회(한기총) 총회장 전광훈 목사가 이끈 국민혁명본부 등 여러 시민단체들과 자유한국당의 황교안 당대표와 나경원 원내대표 및 우리공화당의 홍문종·조원진 공동대표가 주도했다. 문재인정권 시대에 결성된 이들 새로운 보수 단체들은 2017년 1월에 결성된 보수원로들의 모임인 한국자유회의(실행간사 이동호)를 선두주자로 해서 자유민주국민연합(대표 노재봉), 대한민국수호비상국민회의(공동대표 박관용), 자유전선(상임대표 유광호), 한국보수주의연맹(KCU, 대표 최영재), 그리고 한국보수연합(KCC, 대표 이정훈)이다. 이들 중 KCU와 KCC는 미국 일본 등의 보수주의연맹과 연대해 서울에서 친선의 밤을 가지면서 좌파세력을 상대로 한 공동투쟁을 결의했다.

그 중에서도 2019년 5월 21일 서울 용산구 그랜드하얏트호텔에서 ACU가 KCC와 합동으로 개최한 한미자유우호의 밤 행사에서 강연을 한 ACU이사인 고든 챙(Gordon Chang) 변호사는 "문 대통령은 지금까지 대한민국의 성장 기반이 된 자유민주주의를 무너뜨리고 있다"고 신랄하게 비판해 참석자들의 우렁찬 박수갈채를 받았다. 바야흐로 한국의 보수세력 지도자들도 문재인 시대에 들어와 외국의 보수단체를 네트워크를 만들어 국제무대에서 활동하는 시대를 연 셈이다.

3. 좌파정권의 국정혼란

오면초가(五面楚歌)의 국가위기 상황

2019년 7월 23일은 대한민국 국민들이 일찍이 경험한 적이 없는 '충격의 날'이었다. 중국 러시아 두 나라의 폭격기들이 독도부근의 방공식별권(KADIZ)을 침입한 사건이 발생했다. 이 과정에서 러시아 조기경보통제기 1대는 단독으로 독도 상공의 한국영공을 침범해 한국 전투기가 긴급 발진해 경고 사격을 가하자 일단 물러났다가 얼마 후 2차로 침범한 뒤 이탈했다. 이로 인해 3개국 공군기 30 여대가 뒤엉켜 3시간 동안 일촉즉발의 대치상태를 보여 국민들을 놀라게 했다. 더욱 충격적인 사실은 일본정부가 자위대 전투기를 긴급 발진시키고는 외교루트를 통해 한국과 러시아 양국 정부에 "우리(일본) 영토에서 이러한 행위를 한 것은 받아들일 수 없다"고 항의한 점이다. 중러 양국 공군의 이 같은 행위는 미국의 인도–태평양전략에 한국이 가담하는 것을 견제하려는 속셈에서 빚어진 것으로 전문가들은 보고 있다.

그런데 이틀 후인 25일에는 북한의 김정은 정권이 동해 상공으로 탄도미사일 2발을 발사해 국민들을 다시 충격에 빠지게 했다. 북한은 그 이튿날 조선중앙통신을 통해 자신들의 미사일 발사를 "남조선 군부 호전세력들에게 엄중한 경고를 보내기 위한 무력시위"라고 공공연히 협박했다. 이날의 조선중앙통신 보도에 의하면 김정은은 미사일 발사를 현장지도 하는 자리에서 "남조선 당국자가 사태발전의 위험성을 제때에 깨닫고 최신무기 반입이나 (한미) 군사연습과 같은 자멸적 행위를 중단하라"고 문재인 대통령에게 공개적으로 경고했다. 김정은은 이어 "(남조선 당국자가) 하루빨리 지난해 4월과 9월 (남북 정상회담 때)과 같은 바른 자세를 되찾기 바란다 "고 촉구했다. 김정은이 언급한 한국의 '최신 무기'란 공군이 도입한 F–35A 스텔스 전투기, '군사연습'은 8월로 예정된 한·미 연합훈련을 각각 가리키는 것이다.

북한이 이날 발사한 요격불능의 '북한형 이스칸데르' 미사일은 한국에 대한 직접적인 위협이다. 김정은의 이같은 오만한 태도에 대해 막상 청와대는 별다른 입장을 내놓지 않아 국민들을 더욱 실망시켰다. 북한의 미사일 발사에 대한 도널드 트럼프(Donald J. Trump) 미국 대통령의 태도 역시 한국 국민들을 크게 실망시켰다. 그는 25일(현지 시간) 《폭스뉴스》 인터뷰에서 "그저 작은 것들(smaller ones)을 시험한 것뿐"이라고 대수롭지 않게 말했다.[12] 이것은 트럼프가 북한과의 비핵화 실무회담 개최를 위한 노력은 계속 이어가겠다는 메시지로 해석되지만 북한이 발사한 탄도미사일이 한국에게는 큰 위협일뿐 아니라 탄도미사일 기술을 사용한 발사 행위를 금지한 유엔안보리 결의(1874호) 위반임을 제대로 인식하지 않고 있는데서 나온 무책임한 언급이었다. 그런데 북한의 김정은은 그해 9월 2일 잠수함발사탄도미사일(SLBM)을 동해상으로 발사한 데 뒤이어, 10월 30일에는 모친상을 당한 문재인 대통령에게 조의문을 보내 우리정부로 하여금 그 동안 경색된 남북관계에 돌파구가 마련될지 모른다는 기대감을 갖게 했다. 그러나 김정은은 바로 그 다음날인 31일 동해상에서 동쪽을 향해 약 370km 날아간, 초대형 방사포(KN-25)로 짐작되는 발사체 2발을 발사해 또다시 대남도발을 감행했다. 청와대는 국가안전보장회의를 열고 이 사태를 검토한 다음 "북한이 단거리 발사체를 발사한데 대해 강한 우려를 표한다"고만 발표하는데 그쳤다.

이 같은 상황은 한반도에 더 이상 전쟁은 없을 것이며 새로운 평화의 시대가 열렸다던 2018년의 4·27 판문점선언이 무색하게 되었음을 의미한다. 그 동안 북핵문제는 더욱 악화되었다. 미 국방부 산하 국방정보국(DIA) 분석가들은 북한이 지난해 6월 12일의 싱가포르 미·북 정상회담 이후 북한이 12기의 핵무기를 추가 생산해 2019년 8월 현재 총 20~60기의 핵무기를 보유하고 있는 것으로 추산했다. 그런데도 3대 한·미 연합군사훈련인 키리졸브연습, 독수리훈련, 을지프리덤가디언(UFG)연습은 모두 형해화되었다. '동맹연습'이라는 명칭으로 축소된 키리졸브연습은 이해 3월 '19-1 동맹'이라는 이름하에 치러졌으나 컴퓨터 시뮬레이션 중심의 지휘소연습(CPX)에 불과했다. 그나마 연습의 명칭에서 북한의 눈치를 보느라 앞으로는 '동맹'이라는 단어도 삭제할 계획인 것으로 알려졌다.

드디어 8월 4일에는 한일관계가 최악의 상황으로 발전했다. 일본은 이날 반도체 등의 핵심 소재에 대해 수출 규제를 강화해 한국을 이른바 백색리스트 국가에서 제외해버렸다. 이 보다 앞선 7월 1일 일본 경제산업성이 반도체 제조 핵심 소재 수출을 규제하겠다고 발표한지 1개월여만이다. 일본정부의 이 같은 수출제재조치는 문재인 대통령이 2018년 1월 9일 외교부가 박근혜 정부 당시 일본측과 합의한 위안부문제처리방안, 즉 일본측의 출연으로 조성하는 화해치유재단을 통한 위자료 지급 방식을 전면 백지화한다고 발표한데서부터 우려되던 바 였다. 더구나 2018년 10월 30일에는 대법원이 일제시기 징용공들에게 일본의 기업체가 배상금 1억원씩을 지급하라는 판결을 내려 사태는 더욱 악화되었다. 결국 징용공 측은 배상금을 받기 위해 해당 일본기업의 한국내 자산에 대한 압류 조치에 들어갈 기세를 보여 아베정부가 경제보복에 나선 것이다. 문재인정부는 트럼프 미국 행정부에 한일간 중재를 요청했으나 미국측이 일본이 중재에 응하지 않는다는 이유로 중재활동을 거부하자 일본과 군사정보를 공유토록 한 '지소미아'(GSOMIA, 군사정보보호협정)를 파기하겠다고 선언했다. 이로써 대한민국의 안보상황은 하루아침에 급전직하, 그야말로 '오면초가'(五面楚歌) 상태에 빠지고 말았다. 결국 문재인정부는 미국의 강력한 압력으로 곤경에 빠져 11월 22일 일본의 수출규제 철회라는 '조건부'로 '지소미아' 파기 결정을 3개월 만에 유보해 국가위신만 추락시켰다.

보수야당의 책무

안보상황의 급격한 악화는 한국의 핵무장론을 불러일으켰다. 같은 달 29일 국회에서 열린 한국당 최고위원회의에서 조경태 최고위원은 "대통령은 전술핵 재배치에 대해 미국과 협상에 들어가야 한다"며 "만약 미국이 받아주지 않는다면 즉각적으로 NPT(핵확산금지조약)를 탈퇴하고 자강(自强)할 수 있도록 핵무기 개발을 해야 한다"고 촉구했다. 그는 "대한민국이 만약 핵무장을 했다면 일본·러시아·중국·북한 등이 이렇게 우리를 얕잡아보지 않았을 것"이라고 목소리를 높였다. 그 전날 열린 당 북핵외교안보특별위원회의에서 특위 위원장인 자유한국당 소속 원유철 의원도 "대한민국 국민 80%가 이제 우리도 전술핵 재배치나 자위권 차원에서의 핵 보유를 해야하는 것 아니냐는 반응을 보이고 있는 것을 결코 가벼이 여겨선 안 된다"고 주장했다.

유사한 주장은 이 무렵 미국에서도 나왔다. 미국 국방부 산하 국방대학이 2019년 7월 25일 발간한 《21세기 핵 억지력: 핵태세 검토보고서》에서 미국정부가 한국 일본과 비전략핵무기 공유협정을 조속히 체결해야 한다고 건의했다.[13] 그런데 미국정부가 이 방안을 실제로 채택하는 경우에도 문재인 정부의 태도가 문제이다. 국내에서는 이 방안에 긍정적인 자유한국당과 부정적인 더불어민주당이 갑론을박하고 국외에서는 중러 양국이 협박조로 강력하게 반대 의사를 표명하는 가운데 문재인 정부는 일찌감치 이 방안을 거부하는 입장을 명확히 했다.[14]

문재인 정부의 정책 실패는 외교 문제에 국한되지 않았다. 경제는 소득주도성장이라는 잘못된 좌파정책에서 빚어진 최저임금과 반시장적인 주52시간 근무제 강행으로 인해 2019년 10월 현재 오히려 정규직은 35만명 줄고, 비정규직이 86만명 늘어나는 아이러니를 연출했다. 자영업자 등 소상공인들은 불경기에 따른 급격한 매출감소와 인건비 때문에 속속 폐업해 거리의 상가건물들이 텅텅 비고 잘못된 주택정책으로 아파트 값은 요동치는 사태가 발생했다. 거시경제 역시 최악이었다. 2019년의 한국경제는 글로벌경제위기 때인 2009년 이후 10년만에 최저인 2.0%의 성장에 그쳤는데, 그것도 문재인정부가 세금을 퍼부어 1%대로 추락할 것을 겨우 끌어올린 결과였다. 이 바람에 1인당 국민총소득(GNI)이 전년대비 0.4% 감소해 2018년의 3만3,400달러에서 3만2천여달러로 뒷걸음쳤다.[15] 국방태세 역시 북한과의 성급한 군사협정으로 수도권의 방어가 허술하게 되어 예비역 장성들의 극심한 반발을 샀다. 거기다가 조국 법무장관사건 이후 불거진 이른바 '3대 친문재인 게이트'라는 유재수 전 부산 경제부시장의 비리혐의에 대한 청와대 감찰중단 의혹, 2018년 6월 13일 동시선거 당시 울산시장 선거 불법개입 의혹, 그리고 우리들병원의 거액대출 비리의혹사건은 문재인 정권의 신뢰를 땅에 떨어뜨렸다.

보수세력은 이상과 같은 각 분야의 국정난맥상을 시급히 바로잡아 나라를 정상화해야 할 중대한 시기를 맞았다.

② 보수세력의 역사적 공과

> 민주주의가 치명적으로 결함이 있는 제도라는 사실은 역사나 인간의 본성을 파악한 사람에게는 뉴스거리가
> 아니다. 미국의 제2대 대통령 존 애덤스는 이미 1814년에 "민주주의는 독재정치나 귀족정치만큼 지속적이지
> 못하다. 여태 껏 자살을 하지 않은 민주주의는 존재한 적이 없다"고 언명했다.
>
> —마이클 스타크스(Michael Starks), 《민주주의의 자살—미국과 세계를 향한 부고》에서

1. 보수세력의 공로

한국 보수세력의 시조는 개화파 3세대 이승만

지금까지 우리는 개화기로부터 오늘에 이르기까지 130년에 걸친 한국 근·현
대사의 발자취를 밟아 보는 긴 여정에 올랐었다. 이제 한국 보수세력에 관해 제
기된 질문들의 답변을 시도할 차례이다. 우선 한국 보수세력의 기원과 사상과
공과와 자리매김의 문제이다.

우리가 발견할 수 있는 사실은 오늘의 한국 보수세력의 뿌리가 1870~1880
년대 조선조 말기에 수구적인 집권세력과 위정척사파에 맞서 문명개화와 부국
강병을 도모한, 당시로서는 진보적인 개화파라는 점이다. 1800~1830년대에
출생한 박규수 오경석 유홍기 등이 '개화파 1세대'라면, 김옥균 홍영식 박영효
서광범 서재필 등 1850~1860년대 출생의 개화당은 '개화파 2세'들이다. 아마
도 그 다음의 '제3세대'는 이승만 안창호 양기탁 신흥우 등 독립운동가들일 것
이다. 1870~1880년대에 출생한 이들 독립투사들은 일제하에서는 3·1운동과
대한민국임시정부 수립에 주도적 역할을 했다. 이들 중 이승만은 젊은 시절 개
화파의 일원이었고 3·1운동 직후에는 대한민국임시정부의 대통령이 되었으며

광복 후에는 대한민국을 세우고 초대 대통령이 된 건국의 주역이다. 그는 말하자면 여러 가지 의미에서 한국 우익·보수세력의 시조 격이다.

개화파 3개 세대와 보수세력의 인맥(괄호 안은 출생연도)

1세대	박규수(1807) 오경석(1831) 유홍기(1831)
2세대	김옥균(1851) 홍영식(1855) 유길준(1856) 박영효(1861) 오세창(1864) 이상재(1850) 서재필(1864) 윤치호(1865)
3세대	이승만(1875) 김구(1876) 안창호(1878) 양기탁(1871년) 신흥우(1883)

건국과 산업화 민주화 달성

한국의 보수세력은 건국과 산업화와 민주화를 이룩함으로써 오늘의 한국을 세계 제10위권의 경제대국이자 정보최선진국으로 만든 주역들이다. 한국의 현대사를 전통주의 관점에서 해석하든 수정주의 관점에서 핵석하든 이 점만은 누구도 부인 하지 못할 역사적 사실이요 객관적인 자리매김일 것이다. 대한민국은 약 20년씩의 시간차를 두고 1960년대에는 산업화 단계로, 1980년대에는 민주화 단계로 들어섬으로써 서양에서 300~400년 이상이 걸린 산업화와 민주화를 불과 반세기 만에 달성하는 기적을 이룩했다.

흔히들 한국 보수세력의 업적을 건국과 산업화에만 국한하는 경향이 있으나 민주화 역시 보수세력의 업적임을 외면해서는 안 될 것이다. 한국에 민주주의의 기적을 이룩한 민주화세력은 넓은 의미에서는 1980년대 후반에 뚜렷이 성장한 총제적인 국민역량이지만 그 가운데서도 정통 보수야당의 역할은 컸다. 1987년의 6월항쟁을 성공시킨 중요한 추진세력은 이미 설명한 바와 같이 김영삼 김대중이 이끈 민주통일당이라는 정통보수야당과 이를 지원한 김수환 추기경 등 종교계와 각계의 지도자들, 즉 한국보수세력이었다. 6월항쟁을 적극적으로 지원한 당시의 언론들, 즉 현재 '수구언론'이라고 매도당하고 있는 동아 조선 등 보수신문의 역할도 정당하게 평가되어야 할 것이다.

2. 보수세력의 과오

부국강병 사상이 권위주의 정치 초래

한국의 보수세력은 많은 과오도 범했다. 그들의 공로가 과오보다는 분명히 더 컸지만, 과오는 어디까지나 과오이다. 보수세력은 그 사실을 인정하지 않으면 안된다. 일부 보수세력은 일제 때 친일하고, 이승만정권과 박정희정권 때는 독재에 앞장서거나 협력했다.

한국에서 권위주의정치가 출현한 배경은 한국 보수세력의 원조라 할 개화파들의 부국강병사상과 실력양성론, 그리고 사회유기체적 국가관과 사회진화론적 국제관과 관련이 있다. 개화파 중 일부는 근대화와 실력배양을 최고의 가치로 신봉함으로써 국권수호와 민족주의적 가치를 경시하는 과오를 범했다. 급진적인 근대화사상에 매몰되어 국권수호를 그르친 예가 친일파로 변절한 일부 개화파들의 경우이다. 근대화와 실력배양 때문에 민주주의를 희생한 예는 명치유신 모델을 따른 박정희의 권위주의통치였다.

한국보수세력의 또 다른 과오는 부정과 부패, 그리고 도덕적 퇴행이다. 장기간의 권위주의 정치는 권력층의 특권의식과 부패를 가져왔다. 이승만정권 12년, 박정희정권 18년, 그리고 전두환정권 7년간의 권위주의적 통치를 거치면서 부패, 특히 권력형 부패와 정경유착이 일상화되었다. 그렇다고 독재만이 부패의 원인은 아니다. 민주화 이후의 노태우 김영삼 김대중, 그리고 노무현정권과 문재인정권에서조차 권력에 대한 감시와 견제력이 미치지 못하는 권력핵심부에는 여전히 불법과 부정의 독버섯이 온존하고 있었음이 드러났다. 권력형 부패와 공직자비리는 동전의 양면이다. 지난 반세기 동안 공직자들이 저지른 부패의 규모는 과거 왕조시대의 탐관오리들 보다 훨씬 더 컸다. 김대중 정부는 부패방지위원회를 만들어 부패추방에 나섰으나 대통령의 아들 3명이 모두 비리에 연루되는 등 그 성과는 그 전 정권과 큰 차이가 없었으며 그 후의 노무현 정부나 이명박 정부 아래서도 마찬가지이다. 국제민간단체인 국제투명성기구(TI)에 의하면 2018년 한국의 부패인식지수(CPI)는 10점 만점에 5.7점을 얻어 조사대상 180개국 중 45위를 기록했다. 부패인식지수가 높을수록 청렴도가 높음을 의미한다. 한국의 부패인식지수는 1995년 4.3점에서 2012년 5.6점으로 올라갔다가 2016년 5.3점으로 내려온 다음 2018년 5.7점으로 다시 올라가 청렴의 정도가 개선되었으나[1] 아직 만족스럽지 못하다.

자유민주주의 구현은 아직도 숙제

우리는 앞에서 민주주의와 자유주의가 결합한 자유민주주의의 수용과 발전 과정을 살펴보았다. 민주주의와 자유주의는 흔히 동의어로 인식되기도 하지만, 앞에서 설명한 바와 같이 두 가지 사상은 그 기원과 내용이 서로 다르다. 민주주의는 군주 1인지배나 과두통치가 아닌, 다수 국민의 통치를 의미하는 '국가권력의 소재'(the location of state's power)를 규정하는 사상인데 반해, 자유주의는 봉건군주나 절대왕권으로부터 시민의 제반 권리를 보장받는 '국가권력의 제약'(the limitation of state's power)을 의미한다.[2]

이런 관점에서 오늘의 상황을 본다면 6·29 민주화선언 이후 30여년이 지났음에도 불구하고 시민적 자유와 책임을 핵심가치로 하는 자유민주주의적인 가치의 구현은 아직도 요원한 상황이다. 이로 인해 권위주의적 정치문화와 행동양식, 그리고 전통적 관료조직에 의한 관치주의와 계속적인 규제는 정치부패와 공무원부패의 온상이 되고 있다. 이 점은 건국 후 3개의 진보정권 시기를 제외한 50여년간 대한민국을 통치한 보수세력에 그 책임이 있다.

③ 무엇을 해야 하는가

그 나라에 세계와 교섭할 영웅이 있어야 세계와 교섭할지며, 세계와 분투할 영웅이 있어야 세계와 분투하리니, 영웅이 없고야 그 나라가 나라 됨을 어찌 얻으리요.

– 신채호

1. 한국 보수세력의 제 자리 찾기

보수해야 할 가치

자유와 평등, 경쟁과 공정, 성장과 분배, 그리고 개방과 보호, 보수와 진보, 또한 개인과 사회, 시장과 국가—이들 서로 상충되기 쉬운 명제들은 인간사회의 역사가 시작된 이래 어느 나라, 어느 사회도 쉽사리 해결할 수 없는 난제들이다. 보수주의는 인간사회의 발전을 혁명적 방식이 아닌, 점진적 방식에 의해 실현하자는 태도를 말한다. 문자 그대로 그 사회의 기본적 가치를 보존하면서 변화를 추구하자는 것이다. 영국의 보수주의는 혁명 대신 의회정치제도를 지키자는 것이고, 독일과 프랑스의 현대 보수주의는 사회주의혁명으로부터 기존의 공화정을 지키자는 것이며, 미국의 보수주의는 200여 년 전의 독립선언서에 규정된 자유주의를 지키자는 것이다. 일본의 보수주의는 공산혁명으로부터 천황제를 지키자는 것이다.

그러면 한국의 보수세력이 지켜야 할 가치는 무엇인가. 보수주의 자체는 변화에 대한 신중한 태도를 말하는 것이지 특정한 정치적 이념을 지칭하는 것이 아니다. 이 때문에 보수세력이 이념적 혼란에 빠진다면 곧바로 정체성

위기에 처할 수밖에 없다. 현재 문재인정부와 투쟁하고 있는 한국 보수세력이 지켜야 할 확고한 정치적 이념은 무엇일까. 한국의 보수세력은 건국과정에서부터 자유민주주의와 시장경제체제를 이념으로 받들고 이를 공산주의로부터 지키려했다. 이들이 지키고자 한 자유민주주의와 시장경제체제는 당시는 물론 현재도 아직 완전히 실현되지 않은 미완성의 가치체계이다. 그런 미완성의 이념을 지키면서 가꾸어 가려는 것이 지금까지 한국보수세력이 걸어온 발자취이다.

한국 보수세력의 원류인 개화파들은 민회(국회)를 설치해 영국식 입헌군주국가로 나라를 근대화하는 것을 최고의 이상으로 생각했다. 이 점은 자유민주주의 사상과 민주제도가 1945년 광복 후 미군정에 의해 비로소 한국 땅에 이식된 것이 결코 아니라는 사실을 말해 준다. 한국의 보수세력에게 보존할 무슨 가치가 있느냐는 일부 논자들의 질문은 한국의 근·현대사를 모르는 우문이다. '진보'를 내세우는 좌파세력은 대한민국의 건국과정과 6·25전쟁의 원인 등 현대사의 중요한 사건들의 진상을 왜곡함으로써 국가의 정통성을 부정해 왔다. 진보세력의 수정주의 역사관은 최근 20여 년 동안 한국의 젊은 세대의 정신을 오염시켰다. 이로 인해 한국의 보수세력은 그동안 '역사전쟁'에서 밀리고 민족주의와 통일문제의 주도권도 좌파세력에게 빼앗겼다. 그러나 이제 북한정권이 3대 세습이라는 봉건왕조로 타락하고 동족을 향해 미사일로 위협하는 지경이 됨으로써 국내의 종북 좌파세력의 입지는 좁아졌다.

보수세력과 수구 반동

한국사회에서는 '보수'라는 말은 수구, 반동, 기득권유지라는 의미를 풍기는 반면, '진보'는 진취와 선진을 의미하는 것으로 인식되는 경향이 아직도 강하다. 이 때문에 적지 않은 양심적인 우파인사들은 자신이 수구파와 동일시되기 쉬운 어감을 풍기는 보수주의자가 아니라고 한다. 하기야 20세기의 자유시장경제와 현대 보수주의의 아버지라 일컬어지는 하이에크(Friedrich August von Hayek)조차도 자신은 '자유주의자'이지 '보수주의자'가 아니라고 말했다.[1] 한국에서도 보수적이면서 동시에 진취적인 지식인들은 충분히 하이에크처럼 말할 만도 하다. 실제로 이명박정부 때인 2009년 7월 보수적 지식인 시민단체인 뉴라이트전국연합(2005년 11월 결성)이 "자유주의가 진정한 진보입니다"라는 모토를 내걸고 자신들의 단체 명칭을 '자유주의진보연합'이라고 바꾼 일이 있다. 이에 대해 좌파세력은 이들이 진보진영의 성과 이름을 도용한다고 비난하면서 '진보'라는 말은 입에 올리지 말라고 요구했다. 그런데 보수세력이 '보수주의세력'의 준말이고 진보세력은 '진보주의세력'의 준말로 본다면 어떤 시민운동단체가 지향하는 이념과 실존하는 실체는 별개의 문제이다. '자유주의진보연합'은 구식 마르크스독재주의보다 더 진보한 자유주의 이념을 추구하는 단체라고 스스로 주장한다면 그만이다. 왜냐하면 '진보'라는 단어는 이들이 지향하는 이념적 성향이 아닌, 실체를 지칭한다는 의미가 되기 때문이다.

따라서 한국의 보수세력은 호칭 문제에 구애되기 보다는 보수주의 철학을 제대로 정립해야 한다. 보수주의철학의 아버지인 버크(Edmund Burke)는 보수주의자이기는 해도 수구파는 아니다. 버크는 프랑스혁명의 과격성을 비판해 오늘날까지 보수주의의 원조가 되었지만 그는 결코 수구적인 왕당파를 옹호하지는 않았다. 그는 미국혁명을 찬양했으며, 프랑스대혁명의 민주주의원칙을 지지했다. 버크는 '자코뱅(Jacobin)독재'라고 불린 과격파의 테러와 공포정치가 영국에 상륙하는 것을 우려한 것이다. 한국의 보수세력도 과감한 자기혁신을 통해 수구 반동 기득권의 이미지를 털어버려야 한다. 그렇게 함으로써 현재의 국가위기를 극보할 수 있을 것이다.

2. 한국 보수세력의 당면과제

자유민주주의와 시장경제 사수해야

한국의 보수세력은 아무리 현재의 여건이 어렵더라도 자유민주주의와 시장경제체제를 수호하고 나아가서 '통일선진한국'을 이룩해 세계에 우뚝 서는 반듯한 나라를 만들겠다는 확고한 신념이 흔들려서는 안된다. 이를 위해서는 북한 비핵화가 선결문제이다.

그러나 지금도 북핵문제의 해결전망이 보이지 않는 가운데 북한정권은 2019

년 7월부터 계속적인 미사일발사실험을 대남경고용이라고 공언하면서 대한민국을 협박했다. 그런데도 문재인 대통령은 김정은을 옹호하는데 급급해 과연 확고한 북핵 해결 의지가 있는지 의심을 사고 있다. 문재인은 그해 4월 15일 김정은이 한반도 비핵화와 평화구축에 대한 확고한 의지를 안팎으로 거듭 천명했다고 말하더니 8월 5일에는 북한에 대한 무조건적인 경제지원인 '평화경제'를 강조했다.[2] 하기야 북한 당국의 "핵은 미국의 범죄역사를 끝장낼 정의의 보검"이라는 주장을 사실상 옹호한 좌파집권자는 그만이 아니다. 일찍이 김대중 대통령은 "북핵은 수단이고, 목적은 미국과의 관계 개선"이라고 비호했고, 노무현 대통령은 "북한의 핵개발은 남한공격용 아닌 대미 방어용"이라고 북측을 감쌌다.

문재인은 아직도 그가 2012년의 제18대 대선에서 패배할 당시에 공약인 연방제통일을 정식으로 폐기하지 않고 있다.[3] 그는 2019년 9월 19일 저녁 평양의 능라도 5·1경기장에서 15만명의 평양 시민들을 상대로 행한 연설에서 "나와 김정은 위원장은 북과 남 8천만 겨레의 손을 굳게 잡고 새로운 조국을 만들어 나갈 것"이라고 선언했다.[4] 그 '새로운 조국'은 과연 어떤 나라인가. 그 새로운 조국에서 자유와 인권, 그리고 민주주의와 시장경제체제가 보장되는가. 문재인은 그 후에도 북핵문제가 해결될 가망이 여전히 보이지 않는데도 계속 종착지가 어딘지 불분명한 그의 통일을 향한 질주를 멈추지 않으려 한다. 이 때문에 그가 2018년 9월 19일 김정은과 말썽 많은 군사협정을 맺었듯이 덜컥 통일에 관한 어떤 합의를 해버리지 않을까 국민들은 불안한 것이다. 그는 같은 날 평양 정상회담 직후 행한 공동언론발표에서는 "전쟁 없는 한반도가 시작되었다"고 터무니없는 선언을 했다.[5]

이제 보수세력은 나라가 당면한 절체절명의 위기를 수습하는데 앞장서야 하는 국면을 맞았다. 촛불혁명과 포퓰리즘 및 인민민주주의, 그리고 전체주의화 경향으로 위협받는 자유민주주의체제를 수호해야 한다.

문재인 정권은 2019년 연말인 12월 27일과 30일 각각 공직선거법 중 국회의원선거조항과 고위공직자수사처설치법안을 제1야당인 자유한국당을 배제한채 이른바 4+1협의체, 즉 민주당, 바른미래당 당권파, 정의당, 평화민주당 및 대안신당과 협력해 경호권을 발동한 상태에서 무리하게 통과시켰다. 개정된 국회의원선거조항은 준연동형비례제를 통해 좌파정당인 정의당 등 범여 군소정당의 의석을 늘리는 대신 우파정당인 자유한국당의 의석을 줄이는 제도여서 집권당의 계속 집권을 용이하게 하는 내용이다. 고위공직자수사처설치법안은 검찰의 정치적 중립을 무력화시키는 대통령직속의 막강한 수사기관을 신설하는 것이어서 위헌논란을 불러일으켰다. 과연 예상대로, 문재인정부는 2020년 연초에 취임한 신임 추미애 법무장관 취임 5일째인 1월 8일 단행한 검찰간부 인사에서 문재인 자신이 관련된 것으로 알려진 울산시장선거개입사건을 비롯한 이른바 친문청와대게이트사건을 수사하던 윤석열검찰총장의 수사팀을 모조리 경질해버렸다.[6] 문재인은 '1·8검찰대학살'로 알려진 전대미문의 이 검찰인사에서 검찰총장의 의견을 듣지 않은 채 검찰간부들을 대거 갈아치우는 일방적 인사를 단행했다. 검찰청법 규정에 따르면 검사 인사는 법무장관이 검찰총장의 의견을 들어 인사 대상자를 대통령에게 '제청'하도록 되어있다. 자유한국당은 추미애를 직권남용죄로 고발했다.

윤석렬을 20대 대선후보로

문재인 정권의 국정난맥상과 국가적위기가 어디까지 갈지 모르는, 그야말로 백척간두의 중대한 시점에 당도한 대한민국 보수세력의 책임은 문자 그대로 중차대하다. 경제파탄을 비롯한 내정의 여러 분야에서 문재인정권이 저지른 과오도 크지만 그보다 더 심각한 상황은 남북관계에서 벌어졌다. 문재인은 최근까지 유엔에서 실시중인 대북경제제재를 완화하면 북핵문제의 해결실마리가 마련될 것이라고 주장해왔다. 그러나 북측은 2020년 새해 들어 경제제재와 핵을 맞바꾸는 일은 없을 것이라고 선언해 설사 제재완화가 선행되더라도 핵포기는 없을 것임을 분명히 했다. 북한 외무성은 2020년 1월 11일 김계관 외무성고문 명의의 공식 담화문을 통해 "평화적 인민이 겪는 고생을 조금이라도 덜어보려고 일부 유엔 제재와 나라의 중핵적인 핵 시설을 통째로 바꾸자고 제안했던 베트남에서와 같은 협상은 다시는 없을 것"이라고 공식 발표했다.[7] 이 같은 북측 태도표명은 지금까지의 문재인정권의 대북핵정책이 중대위기에 직면했음을 의미한다.

지난 80년대까지 한국에서는 군인의 총구에서 정권이 창출되었고, 2016~7년에는 거리의 촛불시위로 정권의 향방이 좌우되었다. 박근혜 정부가 탄핵을 받아 퇴진한 것은 집요한 좌파세력의 선동도 작용했지만 집권당인 새누리당의 적전분열도 한 원인이다.

한국의 보수세력은 제20대 대통령선거의 승리를 위해 단순히 문재인정권에 대한 심판에만 목표를 두어서는 안된다. 위기에 빠진 대한민국을 다시 소생시킬 수 있는 확실한 비전을 제시해 국민들에게 희망과 꿈을 주어야 할 것이다.

한국의 보수세력은 2021년 4월 7일에 실시된 재보궐선거에서 대승을 거두어 기사회생의 전환점을 마련했다. 이 선거에서 국민의힘 당은 문재인정부의 부동산정책 실패에 힘입어 상징성이 큰 서울과 부산시장 자리를 오세훈 후보와 박형준 후보가 각각 압도적인 표차로 당선하는 대승리를 쟁취했으며 여세를 몰아 11월 5일에는 윤석열 전 검찰총장을 20대 대통령후보로 선출했다.[8]

그러나 보수세력이 다시 정권을 찾아오리라는 결정적인 징후는 아직 보이지 않고 있다. 여론조사기관인 한국사회여론연구소(KSOI)가 조사한 바에 의하면 윤석열 국민의힘 대선후보는 후보 확정 1주일 만에 인기가 급상승, 43%를 얻음으로써 31.2%를 얻은 더불어민주당의 이재명 후보 보다 상당한 우세를 보였다. 그러나 2022년 3월 9일의 20대 대통령선거 때까지는 4개월이나 남아있어 한국 보수세력의 앞길은 낙관하기에는 이르다.

이 책의 결론부인 본절(Ⅷ-③) 제목 바로 아래 실린 신채호의 글은 대한제국이 멸망하기 직전인 1909년에 그가 피를 토하는 심경으로 집필한 애국계몽논설들 가운데 하나인 "20세기 신동국지영웅(二十世紀新東國之英雄)"의 한 구절이다. 현재 대한민국이 당면한 위기상황은 어떤가. 이를 극복할 인물들이 나오기를 간절히 기다리는 사람은 저자만은 아닐 것이다.

A Study of Conservatives in Korea

The Fourth Edition

주 석
참고문헌
찾아보기

제1부 개국과 일제시기

Ⅰ. 한국 보수이념의 기원

Ⅰ-① 자유민권사상의 수용

1) 신용하(2000), 《초기개화사상과 갑신정변연구》, 지식산업사, p. 14; 이만열은 이들 세 사상을 민족주의와 연결시켜 위정척사사상을 '고전적 민족주의', 개화사상을 '개화계 (부르주아) 민족주의', 동학사상을 '민중적 민족주의'로 나눈다. 이만열(2001), "문명개화와 국권의 상실", 장희익 임현진 외, 《한국의 지성 100년》, 민음사, p. 53.
2) 이광린(1979b), 《한국개화사상연구》, 일조각, p. 213.
3) 신국주(2004), 《근대조선정치사연구》, 박영사, pp. 19~22; 이선근(1961), 《한국사 최근세편》, 진단학회/을유문화사, pp. 223~310.
4) 박은식 지음, 김승일 옮김(2000), 《한국통사》, 범우사, p. 75. 및 p. 90.
5) 이현희(2003), 《이야기 인물한국사》, 청아출판사, p. 407.
6) 김용욱(2004), 《한국정치론》, 오름, 77~80; 신복룡(1977), 《한국정치사상사》, 나남출판, pp. 301~331.
7) 손세일(1970), 《이승만과 김구》, 일조각, pp. 17~18.
8) 임경석(2003), 《한국 사회주의의 기원》, 역사비평사, p. 25
9) 신용하(2000), pp. 67~78.
10) 김한식(1999) 《실학의 정치사상》, 일지사, pp. 331~332.
11) 박충석(2002), 《한국정치사상사》, 삼영사, p. 78.
12) 김한식(1999), pp. 192~203.
13) 임형택(2000), 《실사구시의 한국학》, 창작과 비평사, pp. 330~333; 박충석(2002), pp. 142~143.
14) 신용하(2000), p. 30.
15) 박규수는 이 때 비로소 사상적 전환을 해 개화파가 되었으며 그 이전까지는 대원군의 위정척사 노선에 따라 쇄국과 천주교탄압정책에 동조했다는 새로운 연구결과가 나왔다. 김명호(2005), 《초기 한미관계의 재조명》, 역시비평사, pp.
16) 신용하(2000), pp. 15~25.
17) 신용하(2000), pp. 41~50.
18) 신용하(2000), p. 30; 이광수(1931), "박영효 씨를 만난 이야기", 《동광》 1931. 3.
19) 이광린(1979a), 《개화당연구》, 일조각, p. 6.
20) 신용하(2000), p. 49.
21) 신용하(2000), p. 49, p. 56.
22) 신용하(2000), pp. 32~33.
23) 최준(1990), pp. 14~20.
24) ibid., pp. 14~20.
25) 관훈클럽신영연구기금(1983), 《한성순보 한성주보 번역판》, p. 1.
26) 안외순(2002), "혜강 최한기의 정치사상", 이재석 외, 《한국정치사상사》, 집문당, p. 341
27) 이광린(1969), 《한국개화사연구》, 일조각, pp. 27~28.
28) 유길준 저, 채훈 역(1976), 《서유견문》, 대양서적, pp. 98~126.

29) 블룬츨리의 저서 *Allgemeines Staatsrecht*(일반국법학, 1875)는 일본에서 가토(加藤弘之)에 의해 《국법범론》(國法汎論)이라는 이름으로 번역되었다. 김효진(2000), 《근대 한국의 국가사상》, 철학과 현실사, p. 123

30) 유길준 저, 한석태 역주(1998), 《정치학》, 경남대학교출판부, pp. 127~128.

31) 김용구(1997), 《세계관 충돌의 국제정치학》, 나남출판, pp. 264~268.

32) 신용하(2000), p. 45.

33) 김한식(1999), 《실학의 정치사상》, 일지사, p. 117.

34) 관훈클럽신영연구기금(1983), 《한성순보 한성주보 번역판》, p. 26.

35) *ibid.*, pp. 116~117.

36) *ibid.*, pp. 24~26.

37) *ibid.*, pp. 73~74.

38) *ibid.*, pp. 166~168.

39) *ibid.*, pp. 194~195.

40) *ibid.*, pp. 224~226.

41) *ibid.*, pp. 288~289.

42) 이 책은 북경의 외국어학교인 동문관(同文館) 총교습(總敎習, 교장)으로 있던 미국인 선교사 마틴(William A. P. Martin, 중국명 丁韙良 또는 丁冠西)이 미국 법률가이자 외교관인 휘튼(Henry Wheaton, 중국명 惠頓)이 저술한 *Elements of International Law*(1836)를 중국어로 번역해 1864년에 동문관에서 간행한 것이다. 이광린(1969), pp. 27~31.

43) 김효진(2000), 《근대한국의 국가사상》, 철학과 현실사, pp. 411~493.

44) 두 책은 《만국공법》을 펴낸 마틴이 모두 번역한 것으로, 1877년에는 미국 법학자 울시(Theodore D. Woolsey)의 《공법편람》(公法便覽, *Introduction to the Study of International Law*, 1860)을, 1880년에는 독일 법학자 블룬츨리의 《공법회통》(公法會通, *Das Moderne Völkerrecht*, 1868)을 각각 간행했다. 이광린(1969), pp. 27~31.

45) 관훈클럽신영연구기금(1983), pp. 660~665; 김효진(2000), p. 450.

46) 관훈클럽신영연구기금(1983), p. 170.

47) ibid., p. 757.

48) 《독립신문》 1898. 1. 20.

49) 관훈클럽신영연구기금(1983), pp. 38~38.

50) *ibid.*, pp. 498~501.

51) 이광린(1979b), pp. 192~193.

52) 관훈클럽신영연구기금(1983), pp. 432~434, pp. 450~451.

53) 정성희(2003), 《한국사 101장면》, 가람기획, p. 247; 귀츨라프가 이 때 조선인들에게 중국어로 된 주기도문을 한글로 번역케 한 것으로 유명하다. 이 때문에 한국에서의 개신교 선교원년을 1832년으로 앞당겨야 한다는 주장이 제기되었다. 《아이굿뉴스》, 2014.6.22, *http://www.igoodnews.net/news/articleView.html?idxno=43084*; 반면 일부 외교사가는 그가 성경을 주고 가기는 했어도 중국에서 아편 수출에 관련된 경력을 가진 점으로 미루어 그의 진정한 내한 목적이 아편을 비롯한 수출시장 조사에 있었음으로 그가 처음으로 성경을 조선에 전파했다는 사실 하나만으로 그를 높게 평가하는 것은 비판받아야 한다고 지적했다. 김용구(2006), 《세계외교사》, 서울대학교 출판부, p. 400.

54) 이광린(1979b), p. 211.

55) *ibid.*, pp. 221~223.

56) 이선근(1961),《한국사 최근세편》, 진단학회/을유문화사, pp. 919~920.

57) 이광린(1979b), p. 122, pp. 229~230.

58) 대표적인 것은 중학 산수 교과서로 쓰인 《산학신편》(算學新編)과 지리교과서인 《사민필지》(士民必知), 그리고 《지세략해》(地勢略解), 그 밖에 《생리학》(生理學), 《세계역사》(世界歷史)가 있다. 전문학교 수준으로는 《천문학》(天文學), 《논리학》(論理學), 《철학》(哲學), 《미생물학》(微生物學), 《천로역정》(天路歷程) 등이 있다. 최준(1990), pp. 42~44.

Ⅰ - ② 개화파의 근대화운동

1) 김용구(1989),《세계외교사(상)》, 서울대학교출판부, pp. 261~262; 이선근(1961),《한국사 최근세편》, 진단학회/을유문화사, pp. 394~395.

2) 신용하(2000), p. 59.

3) 이광린(1969), pp. 35~36; 황준헌 원저, 조일문 역,《조선책략》, 건국대학교출판부, pp. 22~35..

4) 이광린(1969), pp. 45~52.

5) ibid., pp. 186~187.

6) 신용하(2000), pp. 107~143.

7) ibid., pp. 107~143.

8) 이광린(1979b), pp. 212~216.

9) 김용구(1989), p. 306.

10) 신기석(1967),《한말외교사연구―청한종속관계를 중심으로》, 일조각, pp. 66~77; 신기석(1981),《동양외교사》, 탐구당, pp. 122~128.

11) 김용구(1989), pp. 306~307; 이광린(1979a),《개화당연구》, 일조각, pp. 141~142.

12) 이광린(1979a), pp. 159-171.

13) 일본역사가들 중 갑신정변을 조선의 개화를 위한 독립운동이라고 찬양한 이는 명치시대에는 鈴木省吾(조선김씨명사언행록), 渡邊修二郎(동방관계), 菊池謙讓(조선왕국), 信夫淳平(한반도) 등이고, 소화시대에는 田保橋潔(근대일선관계의 연구) 등이다. 한국학자로는 李淸源(조선근대사), 李瑄根(한국사―최근세편) 등이다. 신국주(2004), pp. 286~290.

14) 이광린(1979a), p. 173.

15) 신국주(2004), pp. 288~289.

16) 신용하(2000), pp. 179~227.

17) 이광린은 갑신정변 주동자들이 거사에 필요한 병력을 일본 측에 의존했다고 지적하면서도 갑신정변이 한국에 있어서의 근대민족주의이 선구적 운동인 점은 인정한다. 이광린(1979a), pp. 149~182.

18) 예컨대, 강만길은 갑신정변이 대외적으로는 청나라와의 종속관계를 청산하고 대내적으로는 전제주의 정치체제를 임헌군주제로 바꾸려 한 정치개혁이었다고 그 역사적 의의를 높이 평가했다. 강만길(2003a),《고쳐 쓴 한국근대사》, 창작과 비평사, pp. 189~190.

19) 신용하(2000), pp. 201~202.

20) 김용구(1997), p. 222.

21) 이광린(1979a), p. 151.

22) 신용하(2000), pp. 71~78.

23) *ibid.*, p. 17

24) *ibid.*, p. 57.

25) 이광린(1979a), pp. 15~16.

26) *ibid.*, pp. 16~17.

27) 블룬츨리의 저서(Charakter und Geist der Politischen Parteien, 《정당의 특성과 정신》, 1869)는 일본에서 《국정정당론》(國政政黨論)이라는 이름으로 초역 발간되었다. 이태진(2003), "한국 근대의 수구 개화 구분과 일본 침략주의", 이기백 편, 《한국사 시민강좌 33집》, 일조각, pp. 54~55.

28) *ibid*, pp. 55~56.

29) 이광린(1979a), pp. 171~173.

30) 신용하(2000), pp. 181~196.

31) *ibid.*, pp. 234~235.

32) *ibid.*, p. 196.

33) 이광린(1979a), p. 174~181.

34) 박은식 지음, 김승일 옮김(2000), pp. 123~124.

35) 이태진(2003), p. 60.

36) 이광린(1979b), p .167.

37) 신용하(2000), pp. 265~266.

38) 신국주(2004), pp. 275~278.

39) *ibid.*, pp. 812~815.

40) 김용구(1989), pp. 314~316.

41) 김용구(1997), p. 231.

42) 신기석(1981), pp. 138~139.

43) 이선근(1961), pp. 823~824.

44) 김용구(1989), pp. 314~323.

45) *ibid.*, pp. 319~321.

46) 김용구(1989), pp. 314~323.

47) 삼단과 삼조는 한문으로는 三端(先赴同赴, 席次隨後, 要事密尙)과 三條(呈文, 嘲帖, ▨書)임. 이선근(1961), pp. 843~845; 신기석(1967), 《한말외교사연구—청한종속관계를 중심으로》, 일조각, pp. 243~245.

48) 신기석(1981), pp. 139~140.

49) 김용구(1997), pp. 258~259.

50) *ibid.*, pp. 256~257.

51) 이선근(1961), pp. 697~704; 이광린(1979a), pp. 206~207.

Ⅰ- ③ 개화파와 수구파의 대립

1) 신국주(1986), 《한국근대정치외교사》, 거목, pp. 367~371.

2) *ibid.*, pp. 378~385.

3) 이선근(1963), 《한국사 현대편》, 진단학회/을유문화사, pp. 177~197.

4) 일본군은 원래 궁궐침입의 기회를 이용해 김옥균이 암살된데 대한 보복으로 민비를 시해할 계획이었으나 그녀가 고종과 함께 있었기 때문에 뜻을 이루지 못했다는 이론이 있다. 이태진(2003), pp. 65~66.

5) 이선근(1963), pp. 224~227.

6) 신국주(1986), pp. 386~392.

7) *ibid.*

8) 이선근(1963), pp. 265~270.

9) *ibid.*, pp. 271~277.

10) 이선근(1963), pp. 225~250; 신국주(2004), pp. 390~392.

11) 신국주(2004), pp. 389~392; 이선근(1963), pp. 225~250.

12) 이선근(1963), pp. 329~330.

13) 이선근(1963), pp. 332~340.

14) *ibid.*, pp. 476~496.

15) *ibid.*, pp. 507~527.

16) 신기석(1981), pp. 177~181.

17) 이선근(1963), pp. 596~645; 《동아일보》 2006. 6. 5.

18) *ibid.*, pp. 729~730.

19) *ibid.*, pp. 683~687.

20) 이때 헐버트(Homer B. Hulbert)를 비롯하여 존스(G. H. Jones), 게일(J. S. Gale), 언더우드, 애비슨(O. R. Avison) 등 선교사들이 교대로 고종을 호위했다. *ibid.*, pp. 683~687.

21) *ibid.*, pp. 729~734.

22) *ibid.*, pp. 847~852.

23) 이선근(1963), pp. 847~852.

24) 이광린(1979), pp. 155~156.

25) *ibid.*, pp. 156~158.

26) 이선근(1963), pp. 830~846; 이광린(1979), pp. 153~162.

27) 신용하(2003), pp. 154~156.

28) 한영우(1997), 《다시 찾는 우리 역사》, 경세원, pp. 490~491.

29) 이선근(1963), pp. 856~857.

30) 최준(1990), pp. 57~59.

31) 이선근(1963), pp. 859~862.

32) 신용하(1979), 《독립협회연구》, 일조각, pp. 204~218; 신용하(2003), "서재필의 독립협회 운동과 사상", 서재필기념회, 《서재필과 그 시대》, pp. 147~149; 최준(1990), pp. 60~61; 이선근(1963), pp. 866~876.

33) 독립협회 회장 윤치호는 취임 즉시 "우리는 황제와 황실을 사랑한다. 황제와 황태자 및 황실에 불경한 말을 엄금하며 (회원이) 민주주의와 공화주의를 옹호하는 것은 금지한다"고 선언했다. *The Independent* 1898. 11 .1.

34) 최준(1990), pp. 61~62.

35) *ibid.*, pp. 63~67.

36) 한영우(1997), pp. 491~492.

37) *ibid.*, pp. 492~493.

38) 최준(1990), p. 48.

39) *ibid.*, pp. 48~51.

40) *ibid.*, pp. 51~56.

41) 《독립신문》 1896. 11. 22.

42) 관훈클럽신영연구기금(1984a), 《대한매일신보 1》, p. 421(대한매일신보, 1907. 11. 8.).

43) *The Independent*, 1896. 7. 23; 1896. 8. 20.

44) 《독립신문》 1897. 3. 9; 1898. 10. 16; 1897. 2. 20.

45) 《독립신문》 1897. 6. 10.

46) 《독립신문》 1899. 1. 10.

47) 《독립신문》 1897. 4. 17.

48) 이택휘(2003), "서재필의 개화 민주 민권사상", 서재필기념회, 《서재필과 그 시대》, p. 187; 서재필은 미국의 고등학교(Harry Hillman Academy)에서 3년간 수학하는 동안 인문교육을 통해 이들의 사상을 철저하게 체득했다. 김운태, "서재필의 정치사상", 서재필기념회(2001) 편, 《개화 독립 민주》, p. 281.

49) 《독립신문》, 1897. 6. 24.

Ⅰ - ④ 국권회복운동과 근대사상

1) 이광린(1999), pp. 56~57; 박성수(1996), 《이야기 독립운동사》, 교문사, pp. 72~74; 장상철 외 (1999), 《새로 쓴 국사사전》, 교문사, p. 235.

2) 이광린(1999), pp. 56~57.

3) 최준(1990), pp. 105~106; 장상철 외(1999), p. 235.

4) 김효전(2000), 《근대 한국의 국가사상―국권회복과 민권수호―》, 철학과 현실사, pp. 43~46, pp. 690~691.

5) 김효전(2003), "이준과 헌정연구회(1)―당시의 신문보도를 중심으로", (근대한국의 법제와 법학 18), 《인권과 정의》, 2003. 1, 대한변호사협회, pp. 1~25.

6) *ibid.*, pp. 1~25.

7) 박은식 지음, 김승일 옮김(2000), pp. 435~436.

8) 김효전(2003), pp. 1~25.

9) *ibid.*

10) *ibid*

11) 이광린(1979), 《한국개화사상연구》, 일조각, pp. 256~257.

12) 일본에서는 헉슬리의 *Lectures on Origin of Species*(London, 18 62)가 伊澤修二에 의해 《生種原始論》(1862)으로, 다윈의 *The Descent of Man*의 제2판(1874)이 神津專三郎에 의해 《人祖論》(1881)으로 번역되었다. 유길준 저, 채훈 역(1973), 《서유견문》, 대양서적, pp. 246~252; 이광린(1979), pp. 256~257.

13) 이광린(1979), pp. 260~266.

14) *ibid.*, pp. 266~287.

15) 오재완(2002), "한국의 정치적 현실주의의 이론적 논의와 정책 적용", 우왕평화연구원 편, 《정치적 현실주의의 역사와 이론》, 화평사, pp. 333~335.

16) 최준(1990), pp. 137~138, pp. 154~155.

17) 이광린(1999), p. 58; 장상철 외(1999), p. 156.

18) 김도형(2000), 《대한제국기의 정치사상연구》, 지식산업사, pp. 111~112.

19) 장상철 외(1999), p. 156.

20) 관훈클럽신영연구기금(1984c), 《대한매일신보 3》, p. 2235.

21) 《대한매일신보》 1905. 2. 22. http://www.kinds.or.kr/dhandata/19050222DMD02.pdf

22) 관훈클럽신영연구기금(1984b), 《대한매일신보 2》, p. 1739(대한매일신보, 1908. 12. 25).

23) 관훈클럽신영연구기금(1984d), 《대한매일신보 4》, p. 3055(대한매일신보, 1910. 2. 23).

24) 송병헌 외(2004), 《한국자유민주주의의 전개와 성격》, 민주화운동기념사업회, pp. 38~39.

25) 인용은 이승만(2008), 《풀어쓴 독립정신》, 청미디어, pp. 124~168.

26) 김도형(2000), pp. 426~429.

27) 이광린(1999), p. 58; 장상철 외(1999), p. 327.

28) 그 근거는 신민회가 공화제를 주장한 일이 없으며 안창호나 일본 측 수사기록에도 그런 흔적이 없다
는 것이다. 김도형(2000), p. 423.

29) 신일철(1997), 《현대 사회학과 한국사상》, 문예출판사, p. 229; 강만길(2003a), p. 236; 박명규
(1984), "도산 안창호의 사회사상", 신용하 편, 《한국현대사회사상》, 지식산업사, p. 117.

30) 강만길(2003a), p. 236.

31) 관훈클럽신영연구기금(1984d), p. 3567.

32) 관훈클럽신영연구기금(1984d), p. 3551.

33) 이광린(1979b), p. 278.

34) 한국문화간행회(1981), 《황성신문 20》, 경인문화사, p. 50.

35) 김도형(2000), pp. 126~127.

36) 관훈클럽신영연구기금(1983), p. 18.

37) *ibid.*, p. 147.

38) *ibid.*, p. 682.

39) *ibid.*, p. 36.

40) *ibid.*, p. 150.

41) LG상남언론재단(1996), 《독립신문 4》, p. 628(독립신문 1899. 10. 19).

42) 《대한매일신보》 1904. 12. 20. *http://www.kinds.or.kr/dhandata/19041222DMD02.pdf.*

43) 관훈클럽신영연구기금(1984b), p. 1539(대한매일신보, 1908. 10. 25).

44) 관훈클럽신영연구기금(1984d), p. 3411(대한매일신보, 1910. 6. 15).

45) 山室信一, "國民國家と國民帝國への眼差し", 徐興慶編 《近代東アジアのアポリア》 (2014), 國立台灣
大學出版中心. pp. 56~45.

46) 박승희·주정균(1908), 《최신경제학》, 보문사, pp. 16~18.

47) 김효진(2000), pp. 251~252.

48) 관훈클럽신영연구기금(1984c), p. 1963(대한매일신보, 1909. 3. 13).

49) 관훈클럽신영연구기금(1984d), p. 3265, p.3268(대한매일신보, 1910. 4. 28, 29).

50) 관훈클럽신영기금(1984d), p. 3280, p. 3285, p. 3425, p. 3428, p. 3517(대한매일신보, 1910. 5. 3;
1910. 5. 4; 1910. 6. 18; 1910. 6. 19; 1910. 7. 15).

51) 《대한매일신보》는 민영린과 사회당(진보당)에 대해 "소위 정당이니 사회당이니 하는 자들은 당파를
조직하는 데나 분주하며 관광이나 발기하여 오고가고 서로 교접이나 할 뿐이오 시찰단에나 입참하
여 의기가 양상할 뿐이오"하고 논설에서 비판했다. 관훈클럽신영기금(1984d), p. 3315(대한매일신
보 1910. 5. 13.자 논설 "국민의 정신"); 민영린은 한일합병후 일제로부터 백작 작위를 받았다가 아편
을 흡인한 죄로 징역 3월 집행유예 3년의 판결을 받아 작위가 취소되었다. 반민족문제연구소(1994),
《임종국 선집 1, 친일, 그 과거와 현재》, 아세아문화사, pp. 265~266.

52) 관훈클럽신영기금(1984d), pp. 3456, 3460(대한매일신보, 1910. 6. 28; 1910. 6. 29); 최준(1990), p. 164.

Ⅱ. 식민 치하의 좌우 대립

Ⅱ - ① 3·1운동과 상하이 임시정부의 공화제

1) 이보형(1960), "3·1운동에 있어서의 민족자결주의의 도입과 이해", 동아일보사(1960), 《3·1운동50주년 기념논집》, pp. 184~185.
2) 신용하(2001), pp. 166~169.
3) ibid., pp. 172~182; 한국독립운동사연구소, 《한국독립운동사사전, 3~7 :운동·단체편 4》, pp. 337~339; 이정식, 《대한민국의 기원》, 일조각, 2006. p. 69.
4) ibid., pp. 173~181.
5) ibid., pp. 172~182; 송건호(1979), pp. 38~43.
6) 유영익(2019), 《이승만의 생애와 건국비전》, 청미디어, p. 112.
7) 이기형(1984), 《몽양 여운형》, 실천문학사, p. 67.
8) 고하선생전기편집위원회 편, 《독립을 향한 집념-고하 송진우 전기》, 동아일보사, 1990. p. 108.
9) ibid., pp. 108~109.
10) ibid., p. 109; 그런데 여운홍은 만년에 《몽양 여운형》이라는 형의 전기를 출간하면서 그 책 안에 자신의 이야기도 쓰고 있는데 어떤 이유에서인지 그가 하와이에서 이승만을 찾아갔다는 이야기를 쓰지 않았다. 또한 그는 1919년 2월 16일에 한국에 입국해 고국 땅을 울며 밟았다고 쓴 다음 서울에서는 친우인 박영래(朴榮來) 집에 유숙하면서 이상재, 최남선, 함태영, 이갑성 등을 만났다고 쓰면서도 김성수나 송진우를 만났다는 것은 쓰고 있지 않았다. 여운홍이 한국에 도착했다는 날짜는 송진우 측이 말하는 그의 입국 일자와도 일치하지 않는다. 여운홍(1967), 《몽양 여운형》, 청하각, p. 34.
11) 이현희(1991), "3·1운동과 인촌 김성수", 동아일보사(1991), 《평전 인촌 김성수》, pp. 213~219.
12) ibid., p. 218.
13) 신용하(2001), p. 162.
14) 박한설(1960), "3·1운동 주도체 형성에 관한 고찰", 동아일보사, 《3·1운동50주년 기념논집》, pp. 189~201; 이현희(1991), pp. 213~229; 신용하(2001), p. 186.
15) 《동아일보》2019.7.3.
16) 교파별로는 장로회 182명, 미국감리회 50명, 남감리회 33명, 동양선교회 9명이었다. 《한국성결신문》, 2019.02.27.
17) 이상옥(1960), "3·1운동 당시의 유언", 동아일보사, 《3·1운동50주년 기념논집》, pp. 379~381; 국편찬위원회 《한국독립운동사Ⅱ》, pp. 219~220; 《서울600년사》, "민족자결주의와 고종황제의 붕어", http://seoul600.visitseoul.net/seoul-history/sidaesa/txt/6-1-3-1.html.
18) 송건호(1979), 《한국현대사론》, 한국신학연구소, pp. 46~48.
19) 박한설(1960), pp. 198~200.
20) ibid., pp. 198~200.
21) 박한설(1960), pp. 198~200.
22) 신용하(2001), pp. 199~200.
23) 선언서 낭독자는 정재용(鄭在鎔, 경신학교 졸)이라는 설과 한위건(경성의전 학생)이라는 설로 갈라져있다.

24) 《위키백과사전》은 조선충독부의 공시 기록과 학자들의 서로 다른 추산치를 제시하고 있다. 우선 조선충독부의 공식 기록에는 집회인 수가 106만여 명, 사망자는 7,509명, 구속자는 4만7천여 명으로 되어있으며 신복룡 교수와 일본의 야마베 겐타로는 약 50만 명 정도가 3·1운동에 참여하였다고 보고 있다. 신복룡(2001), 《한국사 새로보기》, 풀빛, p. 216; 야마베 겐타로(山邊健太郎) 지음, 최혜주 옮김(2011), 《일본의 식민지 조선통치 해부》, 어문학사, p. 108, *https://ko.wikipedia.org/wiki/3%C2%B71_%EC%9A%B4%EB%8F%99*; 한말의 언론인이자 사학자이며 상하이 임정의 대통령을 지낸 박은식은 3·1운동에 관해 시위 기간 약 3개월, 집회 회수 1,542회, 참가 인원 202만3,098명, 투옥자 46,948명, 사망자 7,509명, 부상자 15,961명, 그리고 47개 교회당, 2개 학교, 715채의 민가가 소각되었다고 기록하고 있다. 박은식 저, 남만성 옮김(1999), 《한국독립운동지혈사(상)》, 서문당, p. 204.

25) 강만길(1993), "이완용", 반민족문제연구소, 《친일파 99인 1》, 돌벼개,   p. 54;   반민족문제연구소(1994), 《임종국 전집 1, 친일, 그 과거와 현재》, 아세아문화사, p. 185.

26) 강만길(1993), p. 54;《임종국 전집 1, 친일, 그 과거와 현재》, p.185.

27) 반민족문제연구소(1994), 《임종국 전집 1, 친일, 그 과거와 현재》pp. 181~195; 이명화(1994), 《친일파99인 2》, 돌베개, pp. 35~43

28) *ibid.*

29) 배항성, "김윤식", 반민족문제연구소 편(1993),《친일파 99인 1》, 돌베개, pp. 133~135.

30) 신용하(2001), pp. 188~189; 박성수(1996), 《이야기 독립운동사》, (주)교문서, pp. 208~210.

31) 박성수(1996), p. 209.

32)《독립신문》 1896. 6. 20.

33) 신용하, "서재필의 독립협회운동과 사상", 서재필기념회(2003), 《서재필과 그 시대》, p. 139.

34) 김용직(1999), 《한국근·현대정치론》, 풀빛, p. 245.

35) 김한식(1999), 《실학의 정치사상》, 일지사, pp. 215~217.

36) 신용하(2000), 《초기개화사상과 갑신정변연구》, 지식산업사, pp. 54~55, p. 72.

37) 관훈클럽신용연구기금(1984b), p. 1303.

38) 관훈클럽신용연구기금(1984c), p. 2207.

39) 1907년 국내에서도 양계초의 책을 중역한 伯倫知理 저 安鍾和 역, 《國家學綱領》라는 이름의 52쪽짜리 소책자가 廣學書鋪라는 출판사에서 간행되었다. 대본이 된 양계초의 번역서는 이 책으로 추측된다. 김효진(2000), pp. 683~684.

40) 박찬승(2000), "일제 지배 하 한국민족주의 형성과 분화", 한국독립운동사연구소, 《한국독립운동사연구 제15집》, p. 3.

41) 신용하(2004), 《증보 신채호의 사회사상연구》, 나남출판, pp. 254~255.

42) 김도형(2000), 《대한제국기의 정치사상연구》, 지식산업사, pp. 404~405.

43) 박찬승(2000), p. 11.

44) 박은식 지음, 남만성 옮김(1999), 《한국독립운동지혈사(상)》, 서문당, pp. 151~153.

45) 박찬승(2000), pp. 51~53.

46) 이현희(1987), 《삼일독립운동과 임서정부의 법통성》, 동방도서, pp. 42~43.

47) 이들 29명은 도쿄 대표 최근우(崔謹愚)·이광수(李光洙), 미주 대표 선우혁(鮮于爀, 위임대표), 노령 대표 이동영(李東寧)·조성환(曺成煥)·조완구(趙阮九), 동삼성 대표 김동삼(金東三)·이시영(李始榮)·조소앙(趙素昻)·이회영(李會榮)·김대지(金大地), 상하이 대표 여운형(呂運亨)·신석우(申錫雨), 국내 대표 김철(金徹)·서병호(徐丙浩)·최창식(崔昌植)·현순(玄楯)·손정도(孫貞道)·김구(金九)·홍진(洪震) 등이다. 추헌수(1995), 《한민족의 독립운동과 임시정부의 위상》, 연세대학교출판부, pp. 31.

48) 의정원 의원은 현순, 신익희(申翼熙), 조성환, 이광(李光), 최근우, 조소앙, 김대지, 남형우(南亨祐), 이광수, 이회영, 이시영, 조완구, 신채호, 김철(金澈), 신석우, 조동진(趙東珍), 조동호(趙東祜), 여운형, 여운홍(呂運弘), 현창운(玄彰運), 김동삼(金東三) 등이다. 신용하(2001), p. 321.
49) 목도·손지과 공저, 조일문 역(1994), 《피어린 27년 대한민국 임시정부》, 건국대학교출판부, p. 27; 추헌수1995), p. 31.
50) 이현희(1987), pp. 56~61.
51) 이현주(2003), 《한국사회주의 세력의 형성: 1919–1923》, 일조각, pp. 100~101.
52) 독립운동사편찬위원회(1973), 《독립운동사자료집 제6집》, 독립유공자사업기금운용위원회, pp. 243 ~245.
53) 이현희(1987), pp. 45~49, p. 56.
54) 추헌수(1998), pp. 115~118.
55) 신용하(2001), pp. 333~334.
56) *ibid.*, pp. 336~348.
57) 송건호(1979), p. 43.
58) 신용하(2001), pp. 150~151.
59) 조동걸(2001), 《한국근현대사의 이상과 형상》, 푸른역사, pp. 334~335.
60) 박찬승(2000), pp. 54~55.
61) *ibid.*

II - 2 사회주의 세력의 생성

1) 신용하(2001), p. 149.
2) 김기승(2002), "사회민주의", 한국사시민강좌편집위원회 편, 《한국사강좌 25》, 일조각, p. 156; "한국 독립승인결의안" 및 "한국독립에 관한 결정서", 삼균학회(1986), 《삼균주의연구논문집 8》, pp. 193~ 204.
3) 《독립신문》 1920. 4. 10.
4) 최준(1990), p. 224.
5) 신용하(2001), p. 177.
6) 박은식(1946), 《한국독립운동지혈사》, 서울신문사 출판국, p. 59.
7) 임경석(2003), 《한국 사회주의의 기원》, 역사비평사, p. 72.
8) *ibid.*, pp. 176~205.
9) *ibid.*, pp. 210~256.
10) *ibid.*, pp. 266~268.
11) *ibid.*, pp. 299~308.
12) *ibid.*, pp. 349~362.
13) 상하이파 공산당의 간부였고 제3차 조선공산당 책임서기를 지낸 김철수는 회고담에서 "이동휘가 진 독수에게 무정부주의보다는 공산주의로 전환해서 철 같은 조직으로서 공산 혁명 운동을 힘써 보라 고 역설하자 진독수는 즉석에서 쾌락하고 바로 동지를 규합해 중국공산당을 창당했다"라고 말하고 있으나 당사자인 이동휘의 아들 리영일이 쓴 기록에는 그런 대목이 없으며 중국 측 문헌에도 진독수 가 중국공산당을 조직할 때 코민테른 대표 보이틴스키(Grigory N. Boitinsky, 維經斯基)의 역할은 언급하고 있으나 그런 대목은 보이지 않는다. 한국정신문화연구원 현대사연구소 편(1995), 《지운 김

철수), pp. 7~8; 반병률(1998), 《성재 이동휘 일대기: 조국광복만을 위해 살다 간 민족의 거인》, 범우사, p. 248; 김방(1999), 《이동휘 연구》, 국학자료원, pp. 191~192; 리영일(1981), "리동휘 성재 선생", 윤병석 편(1998), 《성재 이동휘 전집 상》, pp. 69~235; 中共中央黨史 研究室 著 胡繩 編(1991), 《中國共産黨的七十年》, 北京: 中共黨史出版社, pp. 20~21; 朱文華(2005), 《陳獨秀評傳》, 靑島: 靑島出版社, p. 124.

14) 이 사건은 소련 극동지방의 아무르 강 지류인 제야(Zeya) 강변에 위치한 아무르 주의 소도시 스보보드니(Svobodny, Amur Oblast)에서 일어난 군사 충돌 사건이다. 이 도시의 이름은 원래 알렉세예프스크(Alexeyevsk)였으나 소련 혁명 후 스보보드니(러시아의 자유)로 바뀌었다. 이 사건은 일본군의 추격을 피해 수십만의 동포가 살고 있는 스보보드니로 이동한 대한독립군단 소속 독립군들이 1921년 6월 28일 러시아 소련 적군(赤軍)의 무장 해제 요구를 받고 이에 불응하자 소련군에 의해 대량 사살당한 사건이다. 피해 규모에 관해 여러 설이 있으나 1,000명 정도의 대한독립군단 병력 가운데 전사자와 행방불명자를 제외한 864명 전원이 포로가 된 것으로 추정된다.

15) 이현주(2003), pp. 265~281.

16) 강만길(2003b), 《고쳐 쓴 한국현대사》, 창작과 비평사, p. 75; 이현주(2003), p. 293.

17) 임경석(2003), pp. 116~119.

18) ibid., pp. 119~120.

19) ibid., pp. 120~122.

20) 《조선일보》 1922. 2. 4.

21) 《동아일보》 1922. 2. 18.

22) 임경석(2003), pp. 560~561.

23) 송건호(1979), 《한국현대사론》, 한국신학연구소, pp. 136~137.

24) ibid., pp. 137-138.

25) 성대경(2000), 《한국현대사와 사회주의》, 역사비평사, p. 38.

26) 강만길(2003b), p. 76.

27) ibid., pp. 76~77.

28) 조선공산당 사건 때 체포된 사람들 가운데 제1차 공산당사건의 임원근(林元根), 김단야(金丹冶), 홍증식(洪增植) 그리고 박헌영(朴憲永) 등은 원래 동아일보에 있다가 조선일보로 옮겨간 사람들이었으며, 이봉수(李鳳洙)·이석(李奭)은 동아일보, 조이환(曹利煥)은 시대일보 기자였다. 이 외에도 박길량(朴吉陽—시대일보 강화지국장), 독고전(獨孤佃)(조선일보), 박형관(朴亨寬)(조선일보 신의주국 기자), 조동근(趙東根)(조선일보 안동지국장), 김상주(金尙珠)(조선일보 지국장) 등도 신문사 관계자들이었다. 제2차 공산당사건에 관련된 언론인은 강달영(姜達永)(조선일보 진주지국장), 이봉수(李鳳洙)(동아일보 경제부장), 홍남표(洪南杓)(시대일보 비서부장), 홍덕유(洪悳裕)(조선일보 지방부장), 구연흠(具然欽)(시대일보 논설부장), 민창식(閔昌植)(매일신보 인쇄직공), 여의선(呂義善)(시대일보 기자), 김명규(金明奎)(시대일보 마산지국 기자), 김재홍(金在泓)(조선일보 지국장), 김단야(金丹冶)(본명 김태연(金泰淵)(전 조선일보 기자), 어수갑(魚秀甲)(시대일보 기자), 구창회(具昌會)(시대일보 판매부서기), 유연화(柳然和—시대일보 기자), 강표환(姜杓煥)(농민사 인쇄직공), 이호(李浩)(염군사(焰群社) 주간)), 배성룡(裵成龍)(조선일보 경제부장), 이병엽(李秉燁)(조선일보 기자), 김유성(金有聲)(시대일보 광주지국장), 이민행(李敏行)(시대일보 사원), 조용주(趙鏞周)(조선일보 지방부 기자), 설병호(薛炳浩)(시대일보 광주지국장), 도용호(都容浩)(조선일보 함흥지국장), 장진수(張震秀)(시대일보 배달부) 등이다. 이 사건 당시에는 언론인이 아니었으나 후에 언론인이 된 사람은 해방 후 조선공산당 기관지 해방일보1945. 9. 19. 창간)의 사장이 된 권오직(權五稷)과 동아일보 창간 당시 잠시

논설위원이었던 박일병(朴一秉)도 이 사건에 관련되었다. 이때 구속된 사람 가운데 시대일보 기자였던 박순병(朴純秉)은 8월 25일 옥중에서 사망했다. 정진석(1991), "동아와 조선의 언론으로서의 성격과 방향-20년대 전반기 민족지도론의 방향", 독립기념관, 《한국독립운동사연구》, *http://www.independence.or.kr/NEW/media_data/thesis/1991/199101.html.*

29) 강만길(2003b), pp. 77~78.

30) *ibid.*, pp. 79~80.

Ⅱ- ③ 좌·우 세력 분열의 서막

1) 이현희(1987), 《3·1독립운동과 임시정부의 법통성》, 동방도서, pp. 92~101.

2) *ibid.*, pp. 198~199.

3) 이현희(1987), pp. 224~228; 인촌기념회(1976), 《인촌김성수전》, pp. 256~257.

4) 인촌기념회(1976), pp. 257~258.

5) 송건호(1979), pp. 73~74; 신용하(2002), 《일제강점하 한국민족사(중)》, 서울대학교출판부, pp. 217~ 223.

6) 최준(1990), pp. 186~188.

7) *ibid.*, pp. 192~193, p. 223.

8) *ibid.*, pp. 197~199.

9) 김민환(2003), 《한국언론사》, 나남출판, pp. 310~311.

10) 최준(1990), pp. 262~268.

11) *ibid.*, pp. 81~82.

12) 이듬해인 1921년 10월에는 부산 절영도에서 노동자 800여 명이, 1922년 3월에는 부산 조선방직회사에서 500명이 파업 투쟁을 벌였다. 이어 1923년 1월에는 군산의 여러 정미공장에서 300여 명이 파업에 참가하고 1923년 3월에는 서울, 대구, 부산, 영주 등지에서 메이데이 기념 투쟁을 벌였다. 그해 8월에는 부산 조선방직에서 노동자 1,670명, 그리고 평양 양말 공장에서는 1,000명이 파업에 참가했다. 또한 1924년 3월에는 군산 정미공장에서 2,644명이 파업을 일으켰다. 일제가 발표한 통계에 의하더라도 1923년부터 1925년 사이에 전국에 걸쳐 172건의 노동자 파업이 일어나 1만8,492명이 참가했다. 유재근(1996), 《근촌 백관수》, 동아일보사, pp. 105~109.

13) 신용하(2001), p. 486; 송건호(1979), pp. 81~82.

14) 임경석(2003), p. 557.

15) *ibid.*, pp. 557~558.

16) 김일성은 그의 생전에 자주 우익을 '민족주의 세력'이라고 불렀다. 예컨대, 그는 "한때 민족주의 운동은 공산주의 운동과 함께 우리나라 민족 해방 투쟁에서 양대 구성 부분을 이루고 있었습니다. 조선 민족 해방 투쟁은 민족주의 운동으로부터 시작되었습니다. 1940년대 전반기에도 민족주의는 여전히 하나의 사조로 남아 있었고 민족주의 운동 세력도 미약하나마 하나의 반일 애국 력량으로 존재하였습니다"라고 말했다. 김일성, 《세기와 더불어》 8권, "반일애국력량과의 단합을 위하여", http://www.ndfsk.dyndns.org/ kuguk8/ku17/ih_02_0915.htm.

17) 임경석(2003), p. 559.

18) 경상북도경찰부(1934), 《고등경찰요사》, p. 47;. 이현희(1987), pp. 103~104에서 재인용..

19) 최준(1990), pp. 207~208; 동아일보사(2000), 《민족과 더불어 80년: 동아일보 1920~2000》, p. 189.

20) 조동일(2005), 《한국문학통사 5》, 지식산업사, pp. 239~249.

21) *ibid.*, pp. 240~249.

22) 신용하(2002), p. 24.

23) 인촌기념회(1976),《인촌김성수전》, p. 262.

24)《동아일보》 1924. 1. 2~5.

25)《동아일보》 1924. 1. 29.

26) 이현희(1987), pp. 102~103.

27) 신용하(2002), p. 23; 인촌기념회(1976), p. 263.

28) 인촌기념회(1976), p. 266.

29) *ibid.*, p. 262.

30) *ibid.*, p. 265~266.

31) *ibid.*, p. 266.

32)《동아일보》 1924. 1. 3.

33) 경상북도경찰부(1934),《고등경찰요사: 폭도사편집자료》.

34) 인촌기념회(1979), p. 266.

35) 송건호(1979), pp. 85~86.

36) 박찬승(2003), "안재홍", 한영우선생정년기념논총간행위,《한국사인물열전 3》, pp. 313~314.

37) 신용하(2002), p. 25; 인촌기념회(1979), p. 285.

38) 인촌기념회(1979), p. 303.

39) 임종국(1994),《친일, 그 과거와 미래, 아세아문화사》, 164~165.

40) 임경석(2003), p. 199~200.

41) *ibid.*, pp. 178~179.

42) 김구(2000),《백범일지》, 도서출판 우래, pp. 193~194.

43) *ibid.*, pp. 194~195.

44) 임경석(2003), pp. 189~193.

45) 추헌수(1995), pp. 124~125.

46) 신용하(2002),《일제강점기 한국민족사(중)》, 서울대출판부, pp. 490~491.

47) *ibid.*, pp. 493~494.

48) *ibid.*, pp. 494~496; 추헌수(1995), pp. 125~132.

Ⅱ-④ 일제 하의 좌우합작 운동

1) 신용하(2002), pp. 406~407.

2) *ibid.*, pp. 406~407.

3) 박찬승(2003), pp. 316~317.

4) 신용하(2002), pp. 408~409.

5) 유재근(1996), pp. 135~136.

6) *ibid.*, p. 136; 김재명(2003),《한국현대사의 비극—중간파의 이상과 좌절》, 도서출판 선인, pp. 233~234.

7) 유재근(1996), p. 136; 신용하(2002), pp. 409~410.

8) 신용하(2002), p. 412; 유재근(1996), pp. 136~137.

9) 유재근(1996), pp. 138~139; 신용하(2002), pp. 409~424.

10) 신용하(2002), p. 411.

11) 유재근(1996), pp. 142~144; 신용하(2002), pp. 424~446.

12) 신용하(2002), pp. 434~436.

13) *ibid.*, pp. 446~451.

14) *ibid.*, pp. 451~454; 역사학연구소(2003), 《강좌 한국근대사》, 풀빛, pp. 180~182.

15) 신용하(2002), pp. 454~455.

16) *ibid.*, pp. 504~507.

17) *ibid.*, pp. 504~507.

18) 강만길(2003b), p. 84.

19) *ibid.*, p. 84.

20) *ibid.*, pp. 91~92.

21) *ibid.*, pp. 93~94.

22) *ibid.*, pp. 92~93.

23) *ibid.*, pp. 97~98.

24) *ibid.*, p. 99.

25) *ibid.*, pp. 105~107.

26) 서대숙(1989), pp. 32-33; 강만길(2003b) , pp. 103~105; 《동아일보》, 1937.5.5. 호외.

27) 보천보 습격 당시 현지 안내자였던 이선호(李善鎬)는 당시의 김일성은 김성주가 아닌 다른 김일성이 었다고 증언했다. 배진영(2004), "김일성은 보천보 습격 당시 현장에 없었다", 《월간조선》 2004.12; 또한 중국의 조선족 작가 유순호가 최근 출간한 《김일성평전》(상·중·하)에는 실제로 보천보를 공격한 지휘관이 김일성의 동북항일연군 2군 6사 참모장인 중국인 왕작주(王作舟)이며 김일성은 현장에 가지 않았다고 쓰고 있다. 당시 김일성은 다른 곳에서 작전을 벌이다가 보천보 전투 발생 다음 날인 1937년 6월 5일 압록강 건너편 23도구에서 왕작주 부대와 합세했다고 한다. 이 사실을 그 동안 중국과 북한 정권이 숨겨왔다는 것이다. 주성하, "보천보 전투, 누구의 작품인가"(주성하 기자의 서울과 평양사이), 《동아일보》 2019. 6. 13. 2면.

28) 강만길(2003b), pp. 100~107.

Ⅱ - ⑤ 폭압 통치 하의 좌·우 세력

1) 송건호(1979), pp. 183~184; 박찬승(2003), "안재홍", 한영우선생 정년기념논총 간행위원회 편, 《한국인물열전 3》, 돌베개, p. 319.

2) 송건호(1979), pp. 182~184.

3) 《동아일보》 1932. 4. 18.

4) 송건호(1979), pp. 182~184.

5) *ibid.*, p. 280.

6) 실력양성론에 대해 우리나라의 대부분 역사학자는 비판적이며 같은 견해를 가진 미국의 학자로는 Carter J. Eckert(*Offspring of Empire: The Koch'ang Kims and the Colonial Origins of Korean Capitalism, 1876-1945*, Seattle and London: University of Washington Press, 1991)가 있다. 반면 대표적인 실력양성론 긍정론자는 박정신(朴正信, 미국 오클라호마주립대학교 역사학과 및 국제대학원 교수)과 호주의 역사학자 Kenneth M. Wells(*New God, New Nation-Protestants and Self-Reconstruction, Nationalism in Korea, 1896-1937*, Honolulu: University of Hawaii Press, 1990)이다. 박정신(1999), "실력양성론", 이기백 편, 《한국사시민강좌 제25집》, 일조각, pp. 41~66.

7) 윤재근(1996), pp. 110~112.

8) 신용하(2001), p. 177.

9) 윤재근(1996), pp. 110~118.

10) 이 시기에 결성된 대표적 친일 단체는 조선청년운동에 대항하는 교풍회(矯風會), 황민화를 선전하는 국민협회, 평안도 지방의 친일 선전 단체인 대동동지회(大東同志會), 친일적인 한말 고급 관료들의 모임인 대정친목회, 친일 여론 조성 목적의 유민회(維民會) 유생들을 포섭하기 위한 대동사문회(大東斯文會) 친일 유생 양성 목적의 유도진흥회, 보부상 단체인 상무사(商務社), 친일 테러 단체인 노동상애회(勞動相愛會), 소작인 운동을 탄압하기 위한 조선인소작회상조회, 일본 낭인들의 단체인 동광회(同光會) 조선총지부, 친일파 거물들의 친목 단체인 조선구락부, 일선융화를 표방한 동민회(同民會), 내선일체를 포방한 비슷한 성격의 갑자구락부(甲子俱樂部) 애국 단체들을 핍박하기 위해 만든 친일 단체 연합체인 각파유지연맹 등이다. 신용하(2002), pp. 11~19. 일제는 중일전쟁과 태평양 전쟁 수행을 위해 각종 전쟁 수행 단체를 만들어 조선의 지도급 인사들을 가입시켜 징병 독려, 전쟁 물자 공출 등을 독려케 했다. 이들 단체 가운데 대표적인 것은 방송선전협의회(1937년 1월 조직), 조선부인연구회(1937년 1월), 조선문예회(1937년 5월), 조선국방협회(1937년 4월), 애국금차회(愛國金釵會, 1937년 4월), 조선군사후원연맹 1937년 5월), 국민정신총동원 조선연맹(1938년 6월), 시국대응 전선사상보국연맹(時局對應全鮮思想報國聯盟, 1938년 7월), 시국대책조사위원회(1938년 8월), 국민총력 조선연맹(1940년 10월), 조선임전대책협의회(朝鮮臨戰對策協議會, 1941년 8월), 조선임전보국단(朝鮮臨戰報國團, 1941년 8월), 조선언론보국회(朝鮮言論報國會, 1945년 6월) 등이다. 1948년 9월 발간된 김구의 한독당 계열인 민족정경문화연구소의《친일파 군상》(親日派群像)이라는 보고서는 이들 단체에 가입한 인사들의 명단을 실었다. 이 보고서는 친일파를 ① 자진해서 나서서 성심으로 활동한 자와 ② 피동적으로 끌려서 활동하는 체 한 자로 양분한 다음 ①을 다시 5개 유형으로 나누었다. 즉, (갑) 친일과 전쟁 협력이 옳지 않음을 알면서도 자기의 재산, 또는 지위의 보전, 신변의 안전 등을 위해 (친일 행위를) 행한 자, 예컨대 윤치호 김동원 등, (을) 친일을 해 내선일체를 기하고 전쟁에 협력해 일본이 승전할 시는(그들은 일본의 패전을 예상치 못하고) 조선 민족의 복리를 도할 수 있다고 생각한 자, 예컨대 박희도 신태악(辛泰嶽) 등, (병) 친일과 전쟁 협력으로써 관헌의 환심을 사서 관력을 빌려 세도를 부리며, 이권 등을 획득해 사익을 도하며 또는 대의사(代議士), 고관 등 영달을 목적한 자, 예컨대 이성환(李晟煥), 이각종(李覺鍾), 문명기(文明琦) 등, (정) 고관 전직자 친일파의 거두 등 이러한 기회에 일층 적극 진충보국하면 자기 개인은 물론이요 민족적으로는 장래에 유리할 것으로 생각한 자, 예컨대 한상룡(韓相龍), 한규복(韓圭復), 박춘금(朴春琴), 고원훈(高元勳), 이성근(李聖根), 김시권(金時權), 조병상(曹秉相), 이승우(李升雨) 등, (무) 광병적 친일 및 열성 협력자, 예컨대 이광수, 김동환(金東煥), 문명기 등으로 분류했다.¹⁾ 이 보고서는 ②의 경우, 즉 피동적으로 끌려서 (친일)활동을 하는 체 한 자를 그 활동의 정도에 따라 4가지로 분류했다. (갑) 경찰의 박해를 면하고 신변의 안전 또는 지위, 사업 등의 유지를 위하여 부득이 끌려다닌 자, 예 김성수(金性洙), 유억겸(俞億兼) 등, (을) 원래 미국과 영국에 호의를 가졌으나 일본에는 호감을 가지지 아니했거나, 혹은 친미 배일사상의 소지자였으나 (일제의) 위협에 공포를 느끼고 직업을 유지하기 위해 과도의 친일적 태도와 망종적 협력을 한 자, 예 장덕수, 주요한, 신흥우, 김활란(金活蘭), 유진오(俞鎭午), 정인섭(鄭寅燮), (병) 누구의 추천인지 총력연맹 기타 친일 단체, 전쟁 협력 단체의 간부 또는 강연회의 연사 등으로 피선·발표되었으나 거절하기 곤란해 그 이름만 걸어두었거나 또는 부득이 출석은 했으나 발언도 하지 아니한 자, 예 최익한(崔益翰), 조만식, 최용달(崔容達), (정) 신문기자(주로 경성일보) 회견 등에서 시비를 드러내지 않고 큰 지장이 없을 정도의 기술적 담화 발표를 한 것이 지상에는 자기 의사와 다르게 발표되었으나 정정을 촉구할 수 없어서 그대로 방임한 자, 예 여운형, 안재홍 등

으로 나누었다. 이상과 같이 친일 행위의 여러 유형을 분류해서 평가를 내린 이 보고서는 일제 하에서 누가 어떤 담화를 발표하고, 어떤 강연회의 연사가 되고, 또 어떤 친일적 전쟁 협력적 단체의 간부로 그 이름이 발표되었다 해서 기계적 속단으로 특정인을 친일파로 경솔하게 속단하지 말 것을 촉구했다. 김학민·정운현 편(1993), 《친일파죄상기》, 학민사, pp. 351-355; 이 보고서가 작성되어 발표된 시점은 한창 친일파 문제로 국내가 떠들썩할 때였다는 사실을 감안하면 그 신중하고 공정한 태도에 주목하지 않을 수 없다. 실제로 당시의 총독부 기관지의 보도는 말할 것도 없고, 그들이 만든 공문서도 어떤 목적을 가지고 자의적으로 작성된 경우가 많다. 친일파를 단죄할 때 옥석을 제대로 가리기 위해서는 이런 기록들의 신빙성을 충분하게 검증하지 않고 맹목적으로 신뢰하는 이른바 '문서숭배주의'를 경계하지 않으면 안 될 것이다. 2006년 8월 민족문제연구소는 이들 거의 대부분을 일률적으로 친일인명사전 수록 예정자로 발표해 무책임하다는 비난이 쏟아졌다.

11) *ibid.*, p. 281.

12) 반민족연구소(2002), 《친일파 99인 3》, 돌베개, pp. 158~159; 정운현(1999), p. 283.

13) 반민족연구소(2002), pp. 153~154; 정운현(1999), pp. 283~284.

14) 반민족연구소(1994), 《친일파 99인 2》, 돌베개, p. 250; 반민족연구소(2002), p. 28, p. 163.

15) 송건호(1979), pp. 280~281.

16) *ibid.*, pp. 281~282.

17) *ibid.*, p. 282.

18) *ibid.*, p. 283.

19) *ibid.*, pp. 283~284.

20) *ibid.*, p. 285.

21) 최규진(2000), "꼼뮤니스트그룹의 당재건운동", 성대경 편, 《한국현대사와 사회주의》, 역사비평사, pp. 113~123.

22) 손건호(1979), p. 349~350.

23) 김준엽 김창순, 《한국공산주의운동사 5》, pp. 327~328.

24) 최규진(2000), pp. 137~139.

25) 송건호(1979), pp. 352~354.

26) 이기형(1993), 《몽양 여운형》, 실천문학사, pp. 251~252.

27) 강만길(2003b), pp. 116~119; 건국동맹에 관해서는 이설이 있다. 여운형의 전기를 쓴 이정식(李庭植)은 당시 일본의 고등경찰과 헌병대가 파업을 하지 않았다면 그러한 큰 조직은 결성될 수 없었을 것이라고 주장하면서 건국동맹 결성을 사실상 부인했다. 이정식(2008) 《여운형-시대와 사상을 초월한 융화주의자》, 서울대학교 출판부, pp. 487~488.

28) 전상숙(2004), 《일제시기 한국사회주의 지식인 연구》, 지식산업사, pp. 181~182, pp. 271.

29) *ibid.*, pp. 259~284.

30) 임종국(1994), 《친일, 그 과거와 현재》, 아세아문화사, pp. 43~45.

31) 조선총독부 보안과가 집계한 통계를 근거로 연도별 전향자 수를 보면 1932년에 331명이던 사상 전향자가 1933년에는 493명, 1934년에는 614명, 1935년에는 411명, 1937년에는 435명으로 늘어났다. 그 후에는 조선군참모부 통계에 따르면 1938년에 318명, 1939년에는 493명, 1940년 상반기 435명으로 증가했다. 전상숙(2004), pp. 259~284.

32) 전상숙(2004), pp. 259~284.

33) *ibid.*, pp. 292~297.

34) 《조선일보》 1937. 2. 10; 1937. 2. 11; 1937. 2. 14.

35) 전상숙(2004), pp. 297~298.
36) ibid., pp. 298~302.
37) ibid., pp. 296~302.
38) 송건호(1979), pp. 235~236.
39) ibid., pp. 235~236.

제2부 건국과 전쟁시기

Ⅲ. 건국 시기의 좌우 대립

Ⅲ-① 해방 정국의 좌우 갈등

1) 강만길(2003b), p. 205; 고하선생전기편찬위원회(1990), 《독립을 향한 집념-고하 송진우 전기》, 동아일보사, pp. 425~430.
2) 송진우를 1차로 만난 이는 총독부 경무국 차석사무관 하라타[原田]이고, 2차로 만난 이는 조선군 참모장 카사키[神崎]와 경기도 경찰부장 오카[岡久雄]이고, 3차로 만난 이는 하라타와 경기도 보안과장 타나카[田中鳳德, 田鳳德]이며, 4차로 만난 이는 경기도지사 이쿠다[生田]와 경찰부장 오카였다. 고하선생전기편찬위원회(1990), pp. 425~430.
3) 고하선생전기편찬위원회(1990), p. 429.
4) 총독부와 송진우의 비밀 접촉에 대해 일부 정치인과 학자들이 부정적 내지 회의적인 견해를 표명하고 있다. 회의를 표시하는 정치인과 학자는 이영근(李榮根), 김대상(金大商), 이동화(李東華), 진덕규(陳德奎) 등이다. 엔도가 후일 기자회견에서 송진우와의 정권 이양 교섭 사실을 말하고 있지 않았고, 이쿠다 역시 송진우를 접촉한 것은 행정권 이양 교섭 때문이 아니었다고 말했고, 당시 한국인으로서 가장 고위직 총독부 관리였던 최하영(崔夏永)의 회고에도 총독부가 송진우를 접촉했다는 낌새를 못 챘다고 말한 것이 부정론 또는 회의론의 근거이다. 여운형계의 일부 인사들은 이것을 김준연(金俊淵)의 '조작'이라고 주장하기도 했다. 이에 대해 송진우 측에서는 이런 주장들은 모두 잘못된 '8·15전후사(前後史)의 왜곡'이라고 반발하고 있다. 하나의 단순한 역사적 사실을 둘러싸고 문제가 이렇게 된 것은 해방 정국의 혼란상을 말해주는 것이기도 하지만, 동시에 그 혼란의 와중에서 빚어진 또 하나의 좌우 갈등이기도 하다. 앞으로 언젠가는 이 문제에 관한 결정적인 자료들이 나오겠지만, 저자의 판단으로는 총독부의 치안 관계 당국자들이 송진우 측과 비밀 교섭을 벌인 것은 사실로 보인다. 송건호는 총독부가 여운형 측에 연락하기에 앞서 송진우에게 먼저 경기도 경창부장 오카를 보낸 것은 기록하면서 송진우가 총독부 측의 요구를 거절한 것은 쓰지 않고 있다. 그러나 정무총감 엔도가 나서서 송진우를 접촉하지 않은 것은 그의 완강한 거부 태도를 미리 보고 받고 있었기 때문인 것으로 추측된다. 송진우와 총독부가 비밀교섭설이 사실로 보이는 이유는 당시 총독부 고위층이 항복 후의 혼란을 수습할 수 있는 인물로 일찍부터 송진우, 여운형, 안재홍 3인을 생각하고 있었다는 것이 일본 측 자료에 나오고 있는 점, 그리고 총독부가 여운형에게 항복 바로 전날인 14일 저녁에야 급히 사람을 보낸 점 때문이다. 송진우에게 타진하고 설득하고 간절하게 부탁했으나 거절당했기 때문에 자존심이 상한 이쿠타가 나중에 딴 소리를 하는 것으로 보는 것이 타당할 것이다. 뒤에서 설명하는 바와 같이, 총독부 측이 항복 이후에도 송진우에게 사람을 보내 계속 치안 유지에 협력해 줄 것을 요청한 데서도 그런 추측이 가능하다. 그리고 무엇보다도 송진우

측이 이 문제에 관해 상대방의 '부인' 주장을 반박해가면서까지 굳이 거짓말을 한다고 볼 이유나 필요성을 발견할 수 없다. 고하선생전기편찬위원회(1990), pp. 443~444; 송건호(1979), p. 421; 森田芳夫(1964), 《朝鮮終戰の記錄: 美蘇兩軍進走と日本の引揚》, 巖南堂, pp. 67~68.

5) 여연구 지음, 신중연 편집(2002), 《나의 아버지 여운형》, 김영사, p. 137; 송건호(1979), pp. 409~410.

6) 여연구 지음, 신중연 편집(2002), p. 142.

7) 최준(1990), pp. 310~311.

8) 송건호(1979), pp. 410~412.

9) *ibid.*, pp. 410~411.

10) 강만길(2003b), p. 255.

11) *ibid.*, pp. 255~256.

12) 김남식(1975), 《실록 남로당》, 신현실사. pp. 4~6.

13) *ibid.*, pp. 6~7.

14) 역사학연구소(2003), p. 245.

15) 여연구 지음, 신중연 편집(2002), p. 148 및 pp. 138~139.

16) 김학준(1990), 《고하 송진우 평전》, 동아일보사, p. 304; 인촌기념회(1976), pp. 467~470; 고하선생전기편찬위원회(1990), p. 445.

17) 여연구 지음, 신중연 편집(2002), p. 149.

18) 고하선생전기편찬위원회(1990a), p. 439~441.

19) 인촌기념회(1976), pp. 468~470; 고하선생전기편찬위원회(1990a), pp. 438~444.

20) 고하선생전기편찬위원회(1990a), p. 442.

21) Cumings(2002), pp. 120~122; 김용욱(2004), 《한국정치론》, 오름, pp. 242~243.

22) 국사편찬위원회(2002), 《한국사 52, 대한민국의 성립》, p. 96; 森田芳夫(1964), p. 269.

23) 고하선생전기편찬위원회(1990a), pp. 441~442.

24) *ibid.*, p. 447.

25) *ibid.*, pp. 439~445.

26) 여연구 지음, 신중연 편집(2002), p. 187.

27) 김남식(1975), p. 44.

28) *ibid.*, pp. 45~46; 여연구 지음, 신중연 편집(2002), p. 190; 《매일신보》 1945. 9. 15..

29) 김현우(2000), 《한국정당통합운동사》, 을유문화사, pp. 88~91.

30) 전현수(1995), "소련군의 북한 진주와 대북한정책", 독립기념관 한국독립운동사연구소, 《한국독립운동사연구 제9집》, p. 365.

31) 《동아일보》 2004. 10. 4. "급조된 인공, 등 돌린 좌우".

32) 1955년 12월 15일 북한 최고재판소는 박헌영에 대한 사형 판결에서 "(피소자 박헌영은) 해방된 조선에 자본주의 제도를 확립할 목적에서 매국 역적 리승만을 대통령으로 하고 친미⊠친일 반역분자들을 대표적 세력으로 하는 친미 정권 '조선인민공화국'을 조작하고 조선공산당과 남조선 민족전선으로 하여금 이를 지지케 하는 범죄 활동을 꾀함으로써 모든 권력을 조선 인민들 자신이 장악할 인민 정권의 수립을 반대하였다"라고 판시했다. 김남식(1975), p. 639.

33) 김세균(1992), "해방 초기의 민중운동", 서울대학교 한국정치연구소 편, 《한국의 현대정치》, 서울대출판부, p. 61; 손호철(1991), "한국전쟁과 이데올로기 지형−국가, 지배연합, 이데올로기−", 《한국정치학의 새 구상》, 풀빛, pp. 155~166.

34) '진보적 민주주의'란 바로 김일성의 혁명 이론에서 나온 개념이다. 김일성의 혁명 이론은 철저한 론이어서, 조선이 나아갈 길은 '진보적 민주주의'의 길이며, 그것은 부르주아 민주주의도, 프롤레타리아 민주주의도 아니라고 보았다. 김일성은 1945년 9월 한 집회에서 "반제 반봉건 민주주의 혁명 단계에서 조선이 나아 갈 길은 진보적 민주주의의 길이며 해방된 조국 땅에 세워야 할 국가는 민주주의 자주 독립 국가입니다. 이것이 바로 우리의 건국 로선이며 인민 대중이 념원하는 길입니다"라고 말했다. 《김일성저작집》제2권, p. 26; 김일성은 같은 해 10월 3일에는 평양노동정치학교에서 '진보적 민주주의에 대하여'라는 제목으로 같은 내용의 강연을 행했다. http://ndfsk.dyndns.org/kuguk8/munon61.htm.

35) 여연구 지음, 신중연 편집(2002), p. 193.

36) 여연구 지음, 신중연 편집(2002), pp. 152~155.

37) 최준(1990), pp. 312~314.

38) 김세균(1992), p. 69.

39) Cumings(2002), p. 134.

40) 고하선생전기편찬위원회(1990), p. 453.

41) *ibid.*, pp. 451~453.

42) *ibid.*, p. 453.

43) *ibid.*, pp. 455~460

44) U. S. State Department(1969), *Foreign Relations of the United States(FRUS), 1945, Vol. VI,* pp. 1043~1044; 국사편찬위원회, 《한국현대사》, 탐구당, p. 231.

45) *ibid.*, pp. 457~458.

46) *ibid.*, pp. 458~460; 고하선생전기편찬위원회(1990b), 《거인의 숨결: 고하 송진우관계자료문집》, 동아일보사, pp. 176~178.

47) 고하선생전기편찬위원회(1990a), p. 453.

48) Cumings(2002), p. 205.

49) *FRUS,* 1945, Vol., p. 1069; 최준(1990), pp. 319~321.

50) Cumings(2002), p. 209.

III- 2 반탁운동과 좌·우 세력

1) Cumings, Bruce(2002), *The Origins of the Korean War, Vol. I,* Seoul: Yuksabipyungsa, pp. 179~188.

2) 강만길(2003b), p. 259.

3) *ibid.*, pp. 259~260.

4) 고하선생전기편찬위원회(1990), p. 473.

5) 강만길(2003b), p. 260.

6) 《동아일보》 1945. 12. 2.

7) Cumings(2002), pp. 180~181.

8) 최종건 역편(1976), 《대한민국임시정부문서집람》, 지인사, pp. 170~171, pp. 454~455.

9) 《동아일보》 1945. 12. 4; Cumings(2002), p. 192.

10) 김학준(1990), p. 337.

11) 심지연(2004), 《한국정당정치사》, 백산서당, pp. 34~35; 김현우(2000), pp. 127~128.

12) 강만길(2003b), p. 260.

13) 《동아일보》 1945. 12. 29.

14) Cumings(2002), p. 222.

15) 김학준(1990), p. 349.

16) 《동아일보》 1945. 12. 27; 《조선일보》 1945. 12. 27.

17) Cumings(2002), pp. 215~217.

18) 《동아일보》 1945. 12. 29; 《조선일보》 1945. 12. 29.

19) Cumings(2002), p. 192.

20) 조동걸(2001), p. 346.

21) 고하선생전기편찬위원회(1990), pp. 480~482.

22) 《동아일보》 1946. 1. 2.

23) 손세일(1970), pp. 203~205; Cumings(2002), p. 192.

24) Cumings(2002), p. 289.

25) 김현우(2000), pp. 132~133.

26) Cumings(2002), p. 525 note 53.

27) 강만길(2003b), pp. 260~261.

28) 《동아일보》 1946. 1. 5.

29) 《동아일보》 1946. 1. 6.

30) 《조선일보》 1946. 1. 5; Cumings(2002), pp. 224~225.

31) 《동아일보》 1946. 1. 7~10; 강만길(2003b), p. 261.

32) *ibid.*, p. 262.

33) Cumings(2002), pp. 230~235.

34) 《조선일보》 1946. 2. 15; 김재명(2003), 《한국현대사의 비극: 중간파의 이상과 좌절》, 선인, p. 319.

35) 《조선일보》 1946. 2. 26.

36) 김재명(2003), p. 235.

37) *ibid.*, pp. 305~306.

38) 강만길(2003b), pp. 262~263; Cumings(2002), pp. 236~237.

39) *ibid.*, pp. 210~211.

40) Cumings(2002), pp. 249~253.

41) *ibid.*, p. 254.

42) *ibid.*, p. 250.

43) *ibid.*, p. 253.

44) *ibid.*, pp. 256~257.

45) *ibid.*, pp. 256~257.

46) *ibid.*, p. 258.

Ⅲ- ③ 분단 전야의 좌·우 세력

1) Cumings(2002), p. 260.

2) *FRUS, 1946, VIII, The Far East*, pp. 713~714, pp. 706~709.

3) 김운태(2002), 《미군정의 한국통치》, 박영사, pp. 240~241; 군정이 선거 무효를 선언한 김도연은 재선거에서 다시 당선되었으나 재선 출마를 거부한 김성수 지역에는 조소앙이, 장덕수 지역에는

신익희가 당선되었다. 그러나 조소앙은 임정의 선거 보이콧 방침에 따라 의원직을 수락하지 않고 신익희는 임정을 탈퇴했다. 손세일(1970), p. 249.

4) 입법의원의 정당별 당선자는 다음과 같다.

소속 정당	당선 의원	지명 의원	합 계
좌익 및 온건파	6	31	31
한민당	21	2	23
독촉	13	3	16
한독당	6	4	10
무소속 및 친우파	5	5	10
합 계	45	45	90

출처: McMahon, John E., Antecedents, Character, and Outcome, p. 43. Cumings(2002), p. 262에서 재인용.

5) Cumings(2002), pp. 261~262.

6) 김운태(2002), p. 241; Cumings(2002), pp. 261~262.

7) 김운태(2002), pp. 240~241.

8) 김운태(2002), p. 243.

9) 김현우(2000), pp. 214~215.

10) 김운태(2002), pp. 278~279.

11) ibid., p. 197.

12) 국사편찬위원회(1982), 《한국현대사》, 탐구당, p. 248; Cumings(2002), pp. 169~178.

13) 국사편찬위원회(1982), p. 248; 안용현(1992), 《한국전쟁비사 1-건군과 6·25》, 경인문화사, p. 49~50.

14) ibid., pp. 248~249.

15) 김삼웅 정운현(1993), 《친일파 II》, 학민사, pp. 202~203; Cumings(2002), pp. 175~176.

16) (사)한국반탁반공학생운동기념사업회 편(1990), 《한국학생건국운동사》, 제2판, (사)한국반탁반공학생운동기념사업회 출판국, pp. 60~66.

17) ibid., pp. 116~121.

18) ibid., pp. 121~123.

19) ibid., pp. 123~136.

20) ibid., pp. 434~472; ibid., pp. 492~494, pp. 495~496.

21) 《서울신문》 1946. 6. 5; 인촌기념회(1976), p. 506.

22) 김인걸 외(2003), pp. 42~47; 심지연(2004), 《한국정당정치사》, 백산서당, pp. 54~55.

23) 《서울신문》 1946. 6. 5.

24) 《서울신문》 1946. 6. 11.

25) 손세일(1970), p. 240.

26) 인촌기념회(1976), p. 518.

27) 국사편찬위원회(2002), p. 136.

28) 국사편찬위원회(2002), p. 195.

29) 중앙일보사(1996), 《발굴자료로 쓴 현대한국사》, 중앙일보사, p. 248; 김현우(2000), 《한국정당통합운동사》, 을유문화사, pp. 170~172.

30) 국사편찬위원회(2004), 《쉬띄꼬프일기 1946~1948》, 해제(xxvⅱⅱ-xxⅸ), 1946년 9월 24, 26-27일자(pp. 18~23) 및 9월 26일자(pp. 21~22).

31) 김현우(2000), p. 192.

32) 이들 국가는 폴란드(사회당과 노동당이 폴란드연합노동당으로), 헝가리(사회민주당과 공산당이 헝가리노동당으로), 불가리아(사회당과 공산당이 불가리아공산당으로), 루마니아(사회민주당과 공산당이 루마니아노동당으로), 체코슬로바키아(사회민주당과 공산당이 공산당으로), 알바니아(공산당이 알바니아노동당으로 개칭) 등이다. Lankov, Andrei(2002), *From Stalin to Kim Il Sung: The Formation of North Korea 1945~1960*, New Brunswick, New Jersey: Rutgers University Press, pp. 29~30.

33) 김인걸 외(2003), p. 41.

34) 김현우(2000), pp. 123~124; 김용욱(2004), 《한국정치론: 조선왕조에서 대한민국까지 체제변동과정》, 오름, p. 252.

35) 김현우(2000), pp. 191~198.

36) *ibid*. pp. 202~203.

37) *ibid*. pp. 210~211.

38) *ibid*.

39) 김남식(1975), pp. 277~278.

40) *ibid*., p. 278.

41) *ibid*., pp. 278~283; 김운태(2002), pp. 145~146.

42) 김남식(1975), pp. 283~289; 강만길(2003b), pp. 212~213; Cumings(2002), pp. 351~379.

43) Cumings(2002), p. 380.

44) 국사편찬위원회(2003), 《소련군정문서, 남조선 정세 보고서 1946~1947》, p. 161.

45) 국사편찬위원회(2004), 해제(ⅹⅹⅹⅱ-ⅹⅹⅹⅲ) 및 1946년 9월 28일자(p. 24), 10월 21일자(pp. 33~34).

46) 국사편찬위원회(2004), 1946년 9월 28일자(p. 24), 10월 21일자(pp. 33~34).

47) 국사편찬위원회(2004), 1946년 12월 7일자(pp. 56~58).

48) 국사편찬위원회(2004), 1947년 1월 4일자(p. 90).

49) 동아일보사(1975), pp. 159~298.

50) 중앙일보 특별취재반(1992), 《비록 조선민주주의인민공화국》, 중앙일보사, pp. 128~135.

Ⅲ- ④ 한반도의 분단

1) 김성보(1995), "소련의 대한정책과 북한에서의 분단질서 형성, 1945-1946", 역사문제연구소 편, 《분단 50년과 통일시대의 과제》, 역사비평사. p. 56; 이정식(1998), "냉전의 전개과정과 한반도 분단의 고착화", 유영익 편, 《수정주의와 한국현대사》, 연세대학교 출판부, p. 73; 평양주재 소련군사령부 정치부의 6개항 요강은 전현수(1995), "소련군의 북한 진주와 대북한정책", 독립기념관 한국독립운동사연구소, 《한국독립운동사연구 제9집》, pp. 351~355.

2) 스탈린의 이 지시가 1981년 공개되었을 때는 문제의 1, 2, 7항이 삭제된 상태였다가 1993년 2월 26일자 일본 《마이니치신문(每日新聞)》에 그 전문이 공개되었다. 국내에서는 《동아일보》가 같은 날짜 신문에서 이 기사를 전재했다. 《동아일보》 1993. 2. 26; 당초 문제의 조항들을 공개하지 않은 것은 소련 당국이 한반도 분단의 책임을 지게 될 것을 우려했기 때문이다. 전현수(1995), pp. 354~355.

3) 백학순(2004), "북한에서의 '단일적 지도력'의 확립과 당 국가 건설", 경남대학교 북한대학원 편, 《북한현대사》, p. 48.

4) 전현수(1995), p. 355.

5) 김운태(2002), p. 159.

6) 중앙일보 특별취재반(1992), 《비록 조선민주주의인민공화국》, 중앙일보사, pp. 176~177; 김남식 (1975), 《실록 남노당》, 신현실사, p. 61.

7) 전현수(1995), p. 362.

8) 최명·김연각(1993), "해방직후 북한정권 수립과정에 있어서의 소련군의 역할", 서울대학교 한국정치연구회 편, 《한국의 현대정치 1945~1848》, p. 136; Lankov(2002), p. 14..

9) 전현수(1995), pp. 375~376.

10) 구 소련의 국방성 문서를 근거로 란코프는 김일성이 귀국 직후 소련군 평양위수사령부 부책임자로 임명되었다고 기술했으나 실제로 근무하지는 않은 것 같다. Lankov(2002), p. 18.

11) 중앙일보 특별취재반(1992), pp. 67~71, pp. 328~330; 전현수(1995), p. 365..

12) 이 내용은 레베데프가 1991년 4월 15일자 일본 《산케이신문(産經新聞)》에 실린 회견 기사에서 밝힌 것으로, 같은 날자 《서울신문》에 전재되었다. 그는 이 회견에서 김일성의 본명은 김성주이며, 독립 투쟁의 영웅 김일성과는 다른 인물이라고 주장했다. 《서울신문》 1991. 6. 25; 또한 전 북한 인민군 작전국장 유성철은 카자흐스탄의 알마타에서 나오는 《고려일보》에 1991년 5월 24일부터 연재 중인 "피바다의 비화"라는 회고록에서 김일성은 1937년 보천보 전투에서 진짜 김일성 장군이 영웅적인 전사를 했다는 소식을 듣고 자신의 이름을 김일성으로 바꾸어 쓰기 시작했다고 주장했다. 김일성은 귀국 후인 1945년 추석날 원산시 인민위원회 초청으로 추석 행사가 한창인 공설운동장으로 가는 길에 소련에서 같이 귀국한 유성철 등 동지를 모아놓고 "동무들, 오늘은 추석날인데 조심하시오. 술도 마시지 말고 방탕질도 하지 마오. 혹시 사람들이 김일성을 보았는가 물으면 우리는 선발대가 되어 보지 못했다고 하고 그 분은 뒤이어 올 거라고 말하시오. 연세를 물으면 보지 못해서 모른다고 하시오"라고 조국 땅에서 첫 교시를 내렸다고 그는 썼다. 《서울신문》 1991. 6. 12. 〈모스크바=연합〉.

13) Lankov(2002), p. 16.

14) 메클레르는 김일성이 어느 지방의 연설회에서 강물에 익사한 소년의 부모를 따뜻하게 위로하고 소련의 요양소로 보내주겠다고 약속하는 등 그가 가는 데마다 인기를 끌 수 있는 해프닝을 갖도록 연출했다. 그는 남한방송이 김일성은 인종적으로 한국계가 아니라는 방송을 하여 인기가 떨어지기도 해 그의 이미지 개선 작업에 나섰다고 했다. 메클레르는 또한 1945년 9월 스탈린이 김일성을 모스크바로 불러 북한의 지도자로 낙점했다고 주장했다. The Moscow Times, 2004. 7. 22, http://www.themoscowtimes.com/stories/ 2004/07/22/003.html; 당시 극동군 사령부에 근무했던 공산당 간부 코바넨코(I. I. Kobanenko)도 같은 주장을 하고 있으나 란코프는 시기적으로나 스탈린과 김일성의 격의 차이를 근거로 이런 주장에 의문을 표시했다. Lankov(2002), p. 18.

15) Lankov(2002), pp. 17~19.

16) 최명·김연각(1993), p. 138.

17) 최명·김연각(1993), pp. 137~138.

18) ibid., pp. 137~140.

19) 김인걸 외(2003), 《한국현대사 강의》, 돌베개, 78~81.

20) 최명·김연각(1993), pp. 145~147; 통일부(2004), 《북한개요》, p. 95.

21) Cumings(2002), pp. 184~186.

22) 그는 원래 태평양전쟁 발발 후 얼마 안 된 1942년 2월 20일에 '한국독립문제의 몇 가지 측면'이라는 메모를 작성해 한국인의 자치 능력 결여 등을 이유로 한반도의 신탁통치안을 제기하고 이에

따라 임정과 광복군을 비롯한 어떤 독립 단체도 승인해서는 안 된다고 건의한 사람이다. 고정휴 (2004), 《이승만과 한국독립운동》, 연세대학교 출판부, pp. 493~499.

23) Cumings(2002), pp. 184~186.

24) ibid., pp. 179~184.

25) 김인걸 외(2003), p. 42.

26) Ree, Erik van,(1989), *Socialism in One Zone*, Oxford: Berg, p. 273.

27) 강만길(2003), pp. 211~212.

28) Cumings(2002), pp. 218~219.

29) FRUS(1946), 8: 652~653; Cumings(2002), p. 245.

30) 김인걸 외(2003), p. 94.

31) ibid., p. 95.

32) 강만길(2003), pp. 213~214.

33) 김인걸 외(2003), pp. 41~43..

34) ibid., pp. 42~44..

35) 김기승(1999), p. 166.

36) 우사연구회 엮음, 심지연 지음(2000), 《송남헌회고록—김규식과 함께 한 길》, 한울, pp. 96~98.

37) 김인걸 외(2003), pp. 98~100.

38) ibid., 《한국현대사 강의》, 돌베게, pp. 96~97.

39) 우사연구회 엮음, 심지연 지음(2000), pp. 102~106.

40) 강만길(2003), p. 267.

41) 우사연구회 엮음, 심지연 지음(2000), pp. 109~110.

42) 강만길(2003), p. 268.

43) 우사연구회 엮음, 심지연 지음(2000), pp. 117~118.

44) 강만길(2003), pp. 268~269; 우사연구회 엮음, 심지연 지음(2000), pp. 125~127.

45) Lankov(2002), pp. 44~45.

46) ibid.

47) 김남식(1975), 《실록 남노당》, 신현실사, pp. 357~363.

48) 최능진의 입후보 등록 서류가 괴한들에게 빼앗기는 사건이 일어나자 미 군정청은 그가 다시 서류를 갖출 수 있도록 등록 마감 시간을 연장해 줄 것을 해당 선거관리위원회에 지시했다. 최능진은 그 후 체포되어 대전형무소에 수감되었다가 한국전쟁 발발 후 사형에 처해졌다. 송남헌(2000), pp. 121~122; 최능진은 체포당하기 전 자신의 운명을 예견한 듯 주한 미군 사령관 수석고문 (Chief Advisor)으로 일하다가 미국으로 돌아가는 서재필을 조선호텔에서 만나 인사를 하면서 "저승에서 만납시다"라고 말했다. 백학순2003(), "서재필과 해방정국", 서재필기념회, 《서재필과 그 시대》, p. 509.

49) 김용욱(2004), p. 264; 김용욱(2004), pp. 264~265.

50) 이밖의 유명 당선자는 이영준(무, 서울 5), 이청천(무, 서울 6), 김도연(무, 서울 7), 김상돈(무, 서울 8), 김동원(무, 서울 9), 곽상훈(무, 경기 1), 조봉암(무, 경기 2), 이재형(무, 경기 10), 이재학 (무, 강원 3), 황호현(독촉, 강원 7), 나용균(한민당, 전북 4), 백관수(한, 전북 7), 조한백(무, 전북 11), 이정래(한, 전남 14), 김준연(한, 전남 20), 장홍담(한, 전남 24), 조용규(한, 전남 27), 서상일 (한, 경북 2), 전진한(대한노동총연맹, 경북 28), 허정(한, 경남 2), 김약수(조선공화당, 경남 16) 등이다. 중앙선거관리위원회(1981a), 《대한민국선거사 제1집》, pp. 970~988

51) 김현우(2000), pp. 237~238. 정당별 득표 상황은 다음과 같다.

5·10총선 정당별 득표 상황

정당·단체	당선자 수	당선 비율(%)	득표수	득표 비율(%)
무소속	85	42.5	2,745,483	40.3
대한독립촉성국민회(이승만 계)	55	27.5	1,775,543	26.1
한국민주당	29	14.5	916,322	13.5
대동청년당(이청천 계)	12	6.0	655,653	9.6
조선민족청년단(이범석 계)	6	3.0	151,043	2.2
대한노동총연맹(이승만 계)	1	0.5	106,629	1.6
대한독립촉성농민총연맹(이승만 계)	2	1.0	52,512	0.8
기타(조선민주당, 대한청년당 외 8개)	10	5.0	401,554	5.9
합 계	200	100	6,804,739	100

출처: 중앙선거관리위원회(1981a), 《대한민국선거사 제1집》, pp. 1083~1085.

52) *ibid.* pp. 239~240.
53) 헌법의 중요 경제 관련 조항은 다음과 같다. 제5조에서 "대한민국은 정치·경제·사회·문화의 모든 영역에 있어서의 각인의 자유·평등과 창의를 존중하고 보장하며 공공복지의 향상을 위하여 이를 보호하고 조정하는 의무를 진다"라고 규정했다. 제15조에서는 재산권은 보장된다고 규정하면서도 그 행사는 공공복리에 적합하도록 해야 한다고 제한함으로써 개인의 재산권에 일정한 한계를 명시하고 제6장을 경제 관계 장(章)으로 해 경제 질서를 상세하게 규정했다. 우선 제84조는 "대한민국의 경제 질서는 모든 국민에게 생활의 기본적 수요를 충족할 수 있게 하는 사회 정의의 실현과 균형 있는 국민 경제의 발전을 기함으로 기본으로 삼는다. 각인의 경제상 자유는 이 한계 내에서 보장된다"라고 '경제상 자유의 한계'를 명시함으로써 요즘 식으로 표현하자면 국가에 의한 시장 경제 개입의 길을 열어놓았다. 제5장에 규정된 다른 경제 조항으로는 지하자원의 국유화(제85조), 농지의 농민 분배(제86조), 공공사업의 국영화 또는 공영화(제87조), 국방상 또는 국민생활상 긴절한 필요에 의한 사기업의 국·공유화(제88조) 등이 있다.
54) 정용대(2002), "소앙 조용은의 삼균주의 정치사상", 《한국정치사상사》, 집문당, pp. 496~497.
55) 이승만은 국회의원 재적 198명, 재석 196명 중 180표를 얻었다. 중앙선거관리위원회(1981a), p. 989.
56) 국사편찬위원회(2002), 《한국사 52, 대한민국의 성립》, p. 420; 임영태(2001), 《대한민국50년사 1, 건국에서 제3공화국까지》, 들녘, p. 124.
57) 이현희(1997), 《대한민국 어떻게 탄생했나》, 대왕사, p. 30.
58) 김인걸 외(2003), pp. 95~97.
59) Lankov(2002), pp. 42~44.
60) *ibid.*
61) *ibid.*, pp. 43~44.
62) 김인걸 외(2003), pp. 116~117.
63) 국사편찬위원회(2002), pp. 464~465.; 김인걸 외(2003), pp. 116~117.
64) Lankov(2002), p. 47.
65) 조선중앙년감(1949), p. 13; 국사편찬위원회(2002), p. 464.
66) 김인걸 외(2003), pp. 116~117.

67) 이들의 대표적 저서를 발행 연도순으로 보면 Cho, Soon Sung(1967), *Korea in World Politics, 1940-1950*, Berkeley: University of California Press; Suh, Dae-sook(1967), *Korean Communist Movement, 1918-1948*, Princeton: Princeton University Press; -----(1970), *Documents of Korean Communism, 1918-1948*, Princeton: Princeton University Press; Scalapino, Robert A., Chong-sik Lee(1972), *Communism in Korea*, 2 vols, Berkeley: University of California Press.

68) Cumings, Bruce(1981 & 1990), *The Origins of the Korean War*, 2 vols, Princeton: Princeton University Press; -----(1997), *Korea's Place in the Sun, A Modern History*, New York: W. W. Norton and Company.

69) 최명·김연각(1993), pp. 149~151.

70) 전현수(1995), pp. 376~377.

71) Van Ree, Erik,(1989), p. 10, pp. 274~275.

72) Cumings(2002), pp. 474~492.

73) 전현수(1995), pp. 362~363.

74) *ibid.*, pp. 370~371.

75) *ibid.*, pp.370~375.

76) 역사학연구소(2003), p. 241.

77) 고정휴(2004), 《이승만과 한국독립운동》, 연세대하교 출판부, pp. 456~461.

78) 이정복(1993), "미군정의 점령정책과 국가기구의 형성", 서울대 한국정치연구소 편, 《한국의 현대정치 1945-1948년》, 서울대 출판부, pp. 20~21; 고정휴(2004), p. 476.

79) 포츠담회담에서는 38선을 동해상에서의 공중 작전과 해상 작전의 경계선으로 하기로 미·소 간에 합의되었다. Ree(1989), p. 48.

80) 이정복(1993), pp. 20~21.

81) 전현수(1990), pp. 365~366.

82) 우사연구회 엮음, 심지연 지음(2000), pp. 97~98.

83) *ibid.*, pp. 101.

84) *ibid.*, p. 97.

85) *ibid.*, pp. 120~122.

86) 김재명(2003), p. 366.

Ⅳ. 자유민주주의의 파행

Ⅳ- ① 건국 과정의 도전들

1) 강만길(2003b), p. 269.

2) 우사연구회 엮음, 심지연 지음(2000), p. 124; 김재명(2003), pp. 352~353.

3) 우하연구회 엮음, 심지연 지음(2000), p. 97.

4) 김남식(1975), pp. 420~421.

5) 《동아일보》 2001. 6. 1.

6) 강만길(2003b), pp. 216~217.

7) 대한민국국사편찬위원회(1988), 《대한민국사》, 탐구당, p. 77.

8) 역사학연구소(2003), 《강좌 한국근현대사》, 풀빛, pp. 273~274; 강만길(2003b), p. 218.

9) 역사학연구소(2003), p. 274; 강만길(2003b), p. 218.

10) Lankov(2002), pp. 40~41.

11) 안용현(1992), pp. 84~85; 《동아일보》 1950. 1. 13, 1950. 6. 20.

12) 김인걸 외(2003), pp. 109~114.

13) 심지연(2004), 《한국정당정치사》, 백산서당, pp. 64~65.

14) 김용욱(2004), 《한국정치론》, 오름, pp. 286-287.

15) 동아일보사(1975), 《비화 제1공화국 1》, 홍우출판사, p. 142; 김용욱(2004), p. 287.

16) 김현우(2000), pp. 245~253

17) 역사학연구소(1995), pp. 272~273.

18) 조용중(2004), 《대통령의 무혈혁명—1952 여름, 부산》, 나남출판, p. 41.

19) 인촌기념회(1976), pp. 564~566.

20) 조용중(2004), p. 34.

21) 인촌기념회(1976), pp. 567~568; 조용중(2004), pp. 42~43.

22) 조용중(2004), pp. 49~58.

23) ibid., pp. 58~59.

24) ibid., pp. 66~68.

25) ibid., pp. 66~69.

26) 김용욱(2004), pp. 291~292.

27) 심지연(2004), pp. 74~75.

28) 조용중(2004), p. 100.

29) 210개 선거구에서 나온 후보 205명 중 정파별 당선자 수는 이승만을 지지하는 여당계가 57명(대한국민당 24, 국민회 14, 대한청년단 10, 대한노동총연맹 3, 일민구락부 3, 대한부인회 1, 불교계 1명, 여자국민당 1명)이며 야당계는 27명(민국당 24명, 사회당 2명, 민족자주연맹 1명), 그리고 무소속은 126명이었다. 중앙선거관리위원회(1981a), pp. 1104~1106.

30) 김용욱(2004), pp. 292~293.

31) 조용중(2004), pp. 106~107.

32) ibid., p. 107.

IV– ② 전쟁 속의 정쟁

1) 안용현(1992), p. 150.

2) 안용현(1992), p. 247; 조용중(2004), pp. 110~111.

3) 란코프는 1991년 1월 19일 타슈켄트에서 이루어진, 전 북한 조선인민군 작전국장이었다가 소련으로 망명한 유성철(俞成哲)과의 면담에서 이 같은 사실이 밝혀졌다고 썼다. Lankov(2002), p. 41.

4) 토르쿠노프, A. V. 저 구종서 역(2003), 《한국전쟁의 진실과 수수께끼》, 에디터, p. 112; 김인걸 외(2003), pp. 116~126.

5) 인촌기념회(1976), p. 584.

6) 안용현(1992), p. 251.

7) 《동아일보》 2006. 8. 14.

8) 김용욱(2004), p. 293.

9) 조용중(2004), p. 111.

10) 1951년 10월 1일자의 이 사설에 대해《동아일보》는 "런던 타임쓰 사설을 박함"이라는 사설을 썼다. 《동아일보》1951. 10. 19.

11) 조용중(2004), pp. 115~122.

12) 김용욱(2004), p. 296.

13) ibid., p. 297.

14) 조용중(2004), p. 115~126.

15) ibid., p. 127~136.

16) ibid., p. 129.

17) ibid., pp. 129~130.

18) ibid., pp. 143~150.

19) ibid.

20) ibid., pp. 157~161.

21) ibid.

22) ibid., p. 186.

23) 김현우(2000), pp. 273~274.

24) 조용중(2004), pp. 194~196.

25) ibid., pp. 196~198.

26) ibid., pp. 198~206.

27) ibid., pp. 211~215.

28) ibid., pp. 208~209.

29) ibid., pp. 216~217.

30) ibid., pp. 216~224.

31) ibid., pp. 224~226.

32) ibid., pp. 227~239.

33) ibid., pp. 239~241.

34) 장병혜 장병초(1992),《창랑 장택상 자서전: 대한민국 건국과 나》, p. 111; 조용중(2004), p. 244.

35) 창랑장택상기념사업회(1992),《상록의 자유혼: 창랑 장택상 일대기》, p. 125.

36) 허정(1979),《내일을 위한 증언, 샘터》, p. 184.

37)《중앙일보》1972. 6. 19. '남기고 싶은 이야기들'. '내가 아는 이 박사'.

38) 조용중(2004), pp. 258~259.

39) ibid., pp. 249~250, pp. 268~276.

40) ibid., pp. 286~297.

41) 김용욱(2004), pp. 306~307.

Ⅳ- ③ 장기 집권의 시작과 끝

1) 대통령 후보 4명 가운데 이승만은 유권자 825만 9,428표 중 투표를 한 총 투표자 727만 883명의 74.6%에 달하는 523만 8,769표를 얻었으며 무소속 3명은 모두 11% 이하의 득표를 했다. 즉, 조봉암은 79만 표, 이시영은 76만 표, 신흥우는 21만 표를 얻었다. 중앙선거관리위원회(1981a), p. 991.

2) 김용욱(2004), pp. 447~448; 김현우(2000), p. 281.

3) 김현우(2000), pp. 282~285; 김용욱(2004), pp. 447~448.

4) 모두 9명이 출마한 부통령 선거에서 총 투표자 727만882명 중 함태영(무소속)은 294만3,813표, 이범석(자유당)은 181만5,692표를 얻고, 다른 경쟁자인 조병옥(민국당), 이갑성(자유당), 전진한(대한노동총연맹), 임영신(조선민주당), 백성욱(무소속), 정기원(무소속)은 모두 50만 표 이하를 얻었다. 중앙선거관리위원회(1981a), p. 1005.

5) 김현우(2000), pp. 282~285; 김용욱(2004), pp. 447~448.

6) 김용욱(2004), pp. 283~284.

7) 김현우(2000), pp. 282~285.

8) ibid., p. 286.

9) ibid., pp. 285~286.

10) ibid., cit., pp. 284~287.

11) 김용욱(2004), p. 308.

12) 김현우(2000), p. 287.

13) ibid., pp. 288~289.

14) 정당별 당선 의석은 정원 203석 중 자유당 114석, 민국당은 15석, 국민회 3석, 대한국민당 3석, 그리고 제헌의원동지회 1석, 무소속 67석이다. 중앙선거관리위원회(1981a), p. 1125~1126; 김현우(2000), pp. 289~290.

15) ibid., pp. 292~293.

16) 표결 결과는 재적 의원 203명 중 출석 의원 202명에 찬성 135, 반대 60, 기권 6, 무효 1, 결석 1표로 부결되고 말았다. 개헌 정족수 136표에 1표가 모자랐다. ibid., p. 293.

17) 최준(1990), p. 373; 김용욱(2004), p. 309.

18) 김현우(2000), p. 294.

19) ibid., p. 294.

20) 김영삼(2000a), 《김영삼회고록-민주주의를 위한 나의 투쟁 1》, 백산서당, p. 101.

21) 김현우(2000), pp. 295~296.

22) ibid., pp. 296~299.

23) ibid., pp. 296~301.

24) ibid., p. 309.

25) 이승만은 총 유효 투표(721만 표)의 70.0%(504 6,437표)를, 조봉암은 30%(216만3,808표)를 각각 얻었으며, 무효표로 처리된 신익희 추모표는 총 투표 수(960만 표)의 약 19%(185만 표)였다. 중앙선거관리위원회(1981a), p. 1012, p. 1020.

26) 김현우(2000), pp. 309~311.

27) 그 밖에 박기출(진보당)은 중도에 사퇴하고, 윤치영(국민당), 이윤영(조민당), 백성욱(무소속), 이범석(무소속)은 30~20만 표를 각각 얻었다. 중앙선거관리위원회(1981a), p. 1020; 김용욱(2004), pp. 449~450.

28) 최준(1990), p. 384.

29) 중앙선거관리위원회(1981a), p. 1148~1149.

30) 김현우(2000), pp. 320~322.

31) 공보실(1959), 《우리 대통령 리승만 박사》, pp. 40~45.

32) ibid.

33) 신도성(1955), "한국 자유민주주의의 과제", 《사상계》, 1955. 8, p. 100.

34) 한태연(1959), "자유민주주의의 위기", 《사상계》, 1959. 7, p. 19.

35) 민석홍(1960), "현대사와 자유민주주의", 《사상계》, 1960. 8, pp. 97~98.

36) 김용욱(2004), p. 312.

37) *ibid.*, p. 313.

38) 김준하(2002), 《대통령과 장군》, 나남출판, pp. 32~35.

39) 김용욱(2004), p. 315; 김현우(2000), p. 333.

40) *ibid.*, p. 315.

41) 대통령 후보 이승만은 963만33,76표를 얻었으며 4명의 부통령 후보 중 이기붕은 833만7,059표, 김준연은 24만9,095표, 임영신은 9만7,533표, 장면은 184만3,758표를 각각 얻었다. 중앙선거관리위원회(1981a), p. 1028, p. 1036; 김현우(2000), pp. 450~451.

42) 대한민국사편찬위원회(1988), 《대한민국사》, pp. 470~471; 동아일보사(2000), 《민족과 더불어 80년: 동아일보 1920~2000》, p. 338; 역사학연구소(2003), pp. 298~299.

43) 김용욱(2004), pp. 319~320; 역사학연구소(2003), p. 300.

44) *ibid.*, pp. 320~321.

45) *ibid.*, pp. 320~321; p. 451.

Ⅳ-④ 이승만의 공과

1) 중국공산당 중앙문헌연구실 편, 허원 옮김(1990), 《정통 중국현대사: 중국공산당의 역사문제에 관한 결의》, 사계절, p. 47.

2) 중국공산당 문헌편집위원회 편, 김승일 옮김(1994), 《등소평문선 하》, 범우사, p. 121.

3) CRI(China Radio International, 중국국제방송), *http://kr.chinabroadcast.cn/1/2004/08/21/1@18784.htm.*

4) "올리버(Robert T. Oliver) 수집 이승만의 영문 자서전 원고(*Rough Sketch, Autobiography of Dr. Syngman Rhee,* 1912)", p. 5; 유영익(2003), 《젊은 날의 이승만》, 연세대학교 출판부, p. 7에서 재인용.

5) 유영익(2003), pp. 5~28, p. 77.

6) *ibid.*

7) 유영익(2019), 《이승만의 생애와 건국비전》, 청미디어, pp. 34~37.

8) 고정휴(2004), "이승만과 구미위원부", 연세대 현대한국학연구소, 《이승만 대통령의 역사적 재평가》, pp. 99~100.

9) 유영익(2019), pp. 306~307.

10) *ibid.*, p. 112, pp. 114-116, pp. 306-307.

11) 손세일(1970), pp. 66~67.

12) *ibid.*, pp. 68~69.

13) 《독립신문》 1921. 1. 1.

14) *ibid.*, pp. 77~94.

15) 유영익(2004), "이승만대통령의 업적-거시적 재평가", 연세대 현대한국학연구소, 《이승만 대통령의 역사적 재평가》, pp. 272~273.

16) *ibid.*, pp. 273~274.

17) 《조선일보》2019.3.22.

18) *ibid.*, pp. 274~277.《독립신문》

19) 김인서는 이승만의 업적으로 독립운동, 건국 공로, 6·25동란 때의 적군 격퇴, 한미상호방위조약 체결 등 4대 공로와 민주주의 발전, 교육의 발달, 전재(戰災) 복구, 경제 안정 등을 8대 치적으로 들고, 3·15부정선거와 4·19때의 발포로 인한 다수의 사상자 발생, 국민방위군부정사건, 거창양민학살사건, 탐관오리와 정상배, 밀수와 공비(共匪)의 방치, 반공 포로 불법 석방으로 인한 우방 배신, 헌법 운영 과오 등을 5대 죄과로 들었다. 김인서(1960?), 《망명노인 이승만 박사》, pp. 2~3; 송건호는 분단 책임, 친일파 비호, 비자주적인 대외 정책을 3개 과오로 들었다. 송건호(1984), "이승만", 《한국현대인물사론》, 한길사, pp. 253~254; 김삼웅은 분단 책임, 친일파 중용, 한국전쟁 유발 내지 예방 실패, 독립운동가 탄압, 헌정 유린, 정치 군인 육성, 부정부패, 매판 경제, 양민 학살, 극우 반동, 언론 탄압, 정치 보복 등을 12개 죄목을 들었다. 김삼웅(1995), "이승만은 우리 현대사에 어떤 '악의 유산'을 남겼는가?", 《한국 현대사 뒷 이야기》, 가람기획, pp. 282~285; 유영익은 정치면의 업적으로 건국, 외교면의 업적으로 유엔의 대한민국 승인 획득, 평화선 선포, 한미상호방위조약 체결 성공, 군사면의 업적으로 6·25 때의 미국의 지원 획득과 성공적 방어와 한국군 60만 대군의 육성, 경제면의 업적으로 농지개혁과 상공업 및 무역의 진흥을 통한 1953~60년 간 연평균 4.9%의 경제 성장 성취, 교육면의 업적으로는 의무교육 도입을 통한 교육 기적의 실현, 사회면이 업적으로는 평등, 양반 제도 몰락, 여성 해방, 문화면의 업적으로는 한글 전용, 개천절과 단군 연호 병용 등을 통한 민족주의 고양 등을 들고. 이승만의 업적은 전적으로 그의 개인적 성취라기보다는 해방 이전부터 배양 축적된 한민족 전체의 역량 때문에 가능했던 점, 그의 업적 가운데 일부는 6·25전쟁으로 가능해진 점, 그의 업적은 다른 신생국 지도자의 업적과 비교해서 상대적으로 평가되어야 하는 점, 그의 업적이 대체로 미국의 적극적 지원 아래 이루어지고 남한의 미국화를 촉진한데 대한 비판이 있는 점, 그의 업적은 대체로 장기적인 국익을 위한 것이어서 일반 서민들의 적극적인 호응을 얻지 못한 점, 그의 위업은 독재를 통해 달성되어 민주주의를 최고의 가치로 받드는 현대인에게 평가절하되게 마련이라는 점 등 6개항을 감점(減點) 고려사항으로 넣어 그를 종합 평가해야 한다고 주장했다. 유영익(2004), pp. 288~290.

20) 안용현(1992), pp. 251~252.

21) 한표욱(1996), 《이승만과 한미외교》, 중앙일보사, pp. 174~175.

22) 강만길은 이승만 정부의 농지개혁이 유상 몰수·유상 분배여서 민족해방전선 좌·우익 진영이 다같이 지향했던 혁명적 개혁은 못된다고 주장했다. 강만길(2003), pp. 305~306.

23) 유영익(2004), p. 283.

24) 1945년 해방 당시 남한의 전체 경지 중 자작농지는 37%에 불과하고 나머지는 모두 소작농지였다. 농가별로 보면 인구의 75%를 차지한 농민 가운데 자작농이 14%, 반소작농은 35%, 소작농은 49%였다; 한영우(2004), p. 579.

25) *ibid.*, p. 271.

26) 유영익(2004), p. 284; 박명림(2004), "민주주의, 교육, 그리고 국민형성: 이승만시기를 중심으로", 연세대 현대한국학연구소, 《이승만 대통령의 역사적 재평가》, pp. 151~152.

27) 박명림(2004), p. 157.

28) 김영삼(2000a), pp. 95~96.

29) 유영익(2004), "3·1운동 후 서재필의 신대한 건국구상", 연세대 현대한국학연구소, 《이승만 대통령의 역사적 재평가》, pp. 384~385.

30) 백범사상연구소(1996), 《백범어록》, 사계절출판사, p.

31) 반민족 행위의 유형은 한일합병에 협력한 자, 한국의 주권 침해 조약 모의자, 일본 정부로부터 작위수여자, 일본제국 국회의원, 일본 총독부 중추원 부의장 고문 또는 참의, 칙임관 이상의 관리, 밀정 행위자, 독립 방해 단체의 수뇌 간부, 악질적인 반민족 행위를 한 군·경찰 관리, 군수공업 책임 경영자, 반민족 죄질이 현저한 도·부의원, 악질적 죄악이 현저한 관공리, 악질적인 지도적 행동을 한 일제 국책 단체의 수뇌 간부, 악질적인 반민족 언론 저작 행위자 등.

32) 오익환(2004), "반민특위의 활동과 와해", 송건호 외, 《해방전후사의 인식》, 한길사, pp. 129~159.

33) ibid., pp. 159~173.

34) 구속영장 발부는 408건으로 그 중 처벌 대상이 된 직위 보유자, 즉 이른바 '당연범'은 198건이었다. 그 내역은 중추원 참의 120건, 습작자 43건, 지사 35건이다. 이들에 대한 처리는 체포 305건, 미체포 173건, 자수 61건, 검찰 송치 559건, 기소 221건, 석방 84건, 영장 취소 30건 등이다. 오익환(2004), pp. 299~300; 김인걸 외(2003), pp. 114; 허종(2003), 《반민특위의 조직과 활동》, 선인, pp. 299~300.

35) 백범사상연구소(1996), 《백범어록》, 사계절출판사, p.

36) 최준(1990), pp. 367~367, pp. 376~380, pp. 387~388.

37) ibid., pp. 392~395.

Ⅳ- 5 4·19와 장면의 약체 정권

1) 다수의 정치학자들과 역사학자들이 4·19를 학생혁명이라고 하지만 그렇지 않은 사람 중 강만길은 '4·19항쟁' 또는 '4·19민주화운동', 김영명은 '4·19민주화운동' 또는 '4·19학생봉기'로 부르고 있다. 강만길(2003), p. 203, p. 232; 김영명(1999), p. 126, p. 129.

2) 김용욱(2004), pp. 323~324; 심지연(2004), p. 114.

3) ibid., p. 324.

4) ibid., pp. 324~325, p. 453.

5) 중앙선거관리위원회(1981a), pp. 1174~1175.

6) 김용욱(2004), pp. 328~329.

7) ibid., pp. 330~331.

8) 김준하(2002), pp. 166~167.

9) 김용욱(2004), p. 331.

10) 김준하(2002), pp. 166~171.

11) ibid., pp. 171~173.

12) 운석선생기념출판위원회(1967), 《한알의 밀이 죽지않고는—장면박사회고록》, 양우당, p. 63.

13) 김준하(2002), pp. 168~169.

14) ibid., p. 171.

15) 운석선생기념출판위원회(1967), pp. 64~67.

16) 김준하(2002), pp. 208~209.

17) ibid., pp. 204~205.

18) ibid., pp. 205~208.

19) 운석선생기념출판위원회(1967), pp. 78~80.

20) 김인걸 외(2003), pp. 212~214.

21) 송건호(1978), 《한국민족주의의 탐구》, 한길사, pp. 245~246.

22) 고영복, "한국적 보수주의",《조선일보》1964. 11. 24.

23) 김준하(2002), pp. 198~203.

24) 김용욱(2004), p. 334.; 역사학연구소(2003), p. 303.

25) *ibid.*, pp. 333~334.

26) *ibid.*, pp. 334~337.

27) *ibid.*, pp. 334~336.

28) *ibid.*, p. 336.

29) 운석선생기념출판위원회(1967), pp. 74~83.

30) *ibid.*, pp. 74~75.

31) *ibid.*, pp. 86~80.

32) *ibid.*, p. 522.

33) *ibid.*, p. 89.

제3부 산업화와 민주화 시기

V. 산업화와 보수 세력

V-1 5·16과 경제 개발

1) 김준하(2002), p. 51.

2) 조갑제(1999c),《내 무덤에 침을 뱉어라 3. 혁명전야》, 조선일보사, p. 39.

3) *op. cit.*, pp. 196~199.

4) 조갑제(1999d),《내 무덤에 침을 뱉어라 4. 국가개조》, 조선일보사, pp. 32~43.

5) 한국군사혁명사편찬위원회(1962),《한국군사혁명사 제1집(국가재건최고회의)》, 국가재건최고회
   의 군사혁명사출판위원회, pp. 213~220.

6) 조갑제(1999d), pp. 57~58.; 김인걸 외(2003), pp. 265~266.

7) 한국군사혁명사편찬위원회(1963), pp. 173~190.

8) 김용욱(2004), p. 342.

9) 김준하(2002), pp. 51~54.

10) 김종환, "〈발굴〉 미 국무부 69년대 비밀외교문서(1부)―미국의 눈에 비친 한국 지도자들",《신동
    아》1996. 12. http://www.donga.com/docs/magazine/new_donga/9612/nd_422.htm.

11) 김용욱(2004), p. 342.

12) 김준하(2002), pp. 60~62.

13) "케네디 존슨대통령 기념도서관 소장문서(1)―미국대통령 기밀문서 속의 박정희와 케네디",《월
    간조선》, 1991. 12.

14) 김준하(2002), p. 62.

15) 그린은 1969년 김영삼이 미국을 방문했을 때 그를 자기 집에 초대해 저녁을 먹으면서 5·16 당시의
    비화를 이야기하는 가운데 케네디 대통령이 호통을 친 일화를 털어놓았다고 김영삼이 귀국길에
    일본 도쿄에서 저자에게 전해 주었다. 그러나 김영삼은 나중에 낸 그의 회고록에서 케네디가 그린
    에게 "장면 박사는 어디 있나"하고 물었다는 내용만 남기고 있다. 김영삼(2000a), pp. 157~158.

16) 정대철에 의하면, 장면은 제2군부 사령관이던 박정희 배후에 그의 직속 상관인 최경록 2군사령 관이 있고, 그 배후에는 다시 민주당 초대 외무장관인 정일형이 있는 것으로 오해했다고 하는 바 이야말로 장면이 얼마나 정세에 어두웠는가를 다시 확인시켜주는 것이다. 정대철, "정일형−최경 록, 박정희의 배후로 착각했다: 장면 최후의 고백", 《신동아》1996. 4, *http://www.donga.com/ fbin/new_donga*.

17) 김용욱(2004), p. 343.

18) 대한민국사편찬위원회(1988), pp. 91~92; 심지연(2004), pp. 157−160; 김용욱(2004), pp. 343 ~344.

19) 김준하(2002), pp. 133~134.

20) 《조선일보》1961. 12. 7.

21) http://www.archives.go.kr/president/pjh/speech5.html.

22) 박정희(1962), 《우리민족의 나갈 길》, 동아출판사, pp. 226~227.

23) 《조선일보》1963. 1. 1, 1963. 2. 16, 1963. 9. 4.

24) 《조선일보》1973. 2. 9.

25) 《조선일보》1966. 11. 3.

26) 조갑제(1999d), pp. 254~257.

27) 대한민국사편찬위원회(1988), pp. 96~97.

28) 김용욱(2004), p. 345.

29) *ibid.*, p. 344.

30) 중앙선거관리위원회(1981a), p. 1377.

31) 김용욱(2004), p. 345.

32) *ibid.*, p. 345.

33) 《동아일보》1963. 3. 16.

34) 《조선일보》1963. 3. 21, 1963. 3. 23.

35) 김용욱(2004), p. 346.

36) 《조선일보》1965. 5. 11, 1966. 4. 22.

37) 《조선일보》1981. 3. 4.

V−2 민족적 민주주의

1) 김용욱(2004), p. 349.

2) *ibid.*, pp. 352~353.

3) *ibid.*, pp. 352~353.

4) *ibid.*, pp. 352~353.

5) *ibid.*, pp. 352~353.

6) 한승조는 공화당의 지도이념을 '근대화 민족주의'라고 규정했다. 한승조(1976), "한국정치의 지도 이념과 영도자", 김운태 외, 《한국정치론》, 박영사, pp. 451~473.

7) 심지연(2004), pp. 165~167.

8) 김용욱(2004), pp. 454~455.

9) 박정희는 총 유효 투표의 46.6%인 470만2,640표를, 윤보선은 454만6,664표를 각각 얻어 표 차 이가 15만6,026표였다. 중앙선거관리위원회(1981a), p. 1045.

10) 《동아일보》 1963. 11. 15.

11) 이와 같은 사실은 전 중앙정보부장 김형욱이 나중에 모 야당 인사에게 털어놓은 내용으로 당시 정계에서는 공공연한 비밀이었다.

12) 중앙선거관리위원회(1981a), pp. 1244~1247; 김용욱(2004), p. 456.

13) 민주공화당(1973), 《민주공화당사》, 공화출판사, pp. 112~113.

14) 《동아일보》 1964. 1. 15.

15) 《조선일보》 1964. 3. 27. 김준연은 이 발언으로 나중에 박정희 정권에 의해 구속되었다. 《조선일보》 1964. 4. 26.

16) 《조선일보》 1962. 11. 13.

17) '김·오히라 메모'의 존재는 1962년 12월 중순 일본 요미우리신문에 먼저 보도되어 국내에서도 알게 되었다. 《조선일보》 1962. 12. 18.

18) 김용욱(2004), pp. 360~361.

19) 《조선일보》 1964. 6. 27.

20) 김용욱(2004), p. 362.

21) 최준(1990), p. 409.

22) 한국신문편집인협회(1987), 《신문편집인협회30년사》, pp. 72~82.

23) 김용욱(2004), p. 362.

24) ibid., pp. 362~363.

25) ibid., p. 364.

26) 외무부(1971), 《60년대의 한국외교》, p. 242

27) 김현우(2000), pp. 430~441.

28) 김용욱(2004), pp. 364~366.

29) 김현우(2000), pp. 457~459.

30) 김용욱(2004), p. 366.

37) 김현우(2000), pp. 457~469.

32) 박정희는 568만8,666표, 윤보선은 452만6,541표를 각각 얻었으며, 오재영 등 군소당 후보들은 모두 40만 표 이하를 득표했다. 중앙선거관리위원회(1981a), p. 1053.

33) 김용욱(2004), p. 367~368.

34) 중앙선거관리위원회(1981a), pp. 1302~1305.

35) 김용욱(2004), pp. 368~369.

36) 동아일보사(1985), 《동아일보사사 권3》, pp. 318~343.

37) 김용욱(2004), p. 369~371.

38) 김인걸 외(2003), pp. 307~308; 강만길(2003), p. 237.

39) 김용욱(2004), p. 370.

40) ibid., pp. 370~371.

41) ibid., p. 373.

42) 중앙선거관리위원회(1981a), p. 1385; 김용욱(2004), pp. 372~373.

43) 김민환(2003), 《한국언론사》, 나남출판, p. 521.

44) 김영명(1999), 《한국현대정치사》, 을유문화사, 193.

45) 최준(1990), p. 436.

V - ③ 유신 독재

1) 박정희는 634만2,825표를, 김대중은 539만5,900표를 얻었다. 중앙선거관리위원회(1981a), p. 1060; 김용욱(2004), pp. 455~456.
2) 《동아일보》 1971. 4. 26.
3) 중앙선거관리위원회(1981a), p. 1360; 김용욱(2004), p. 457.
4) 김영명(1999), p. 194; 한국정신문화연구원(2004), 《한국사연표》, 동방미디어, 676~677.
5) 심지연(2004), pp. 217~219.
6) 김용욱(2004), p. 374; 역사학연구소(2003), p. 352.
7) ibid., p. 374; 김인걸(2003), p. 348; 한국정신문화연구원(2004), p. 676.
8) 김용욱(2004), pp. 374~375.
9) 동아일보사(1990), 《동아일보사사 권 4》, p. 74.
10) 조선일보사(1990), 《조선일보70년사 제2권》, pp. 3-107~109.
11) 김용욱(2004), pp. 374~375.
12) 김인걸(2003), pp. 326~327.
13) 이들이 고문당한 사실은 1975년 2월 18일 신민당이 18명의 당 소속 8대 국회의원들이 고문을 당했다고 폭로함으로써 밝혀졌다. 언론은 이를 근거로 이들에 대한 고문 사실을 자세히 보도했다. 동아일보사(1990), 《동아일보사사 권4》, pp. 111~114.
14) 대통령비서실(1973), 《박정희대통령연설문집 제4집》, 동아출판사, p. 307.
15) 중앙선거관리위원회(1981b), 《대한민국선거사 제2집》, p. 311.
16) 심지연(2004), pp. 228~230; 김용욱(2004), pp. 390~391.
17) 중앙선거관리위원회(1981b), p. 303.
18) 중앙선거관리위원회(1981b), p. 295; 김용욱(2004), p. 458;
19) 중앙선거관리위원회(1981b), p. 377.
20) 김영명(1999), p. 217.
21) 김민환(2003), 《한국언론사》, 나남출판, pp. 500~501.
22) 강만길(2003), p. 240.
23) 김인걸 외(2003), pp. 328~329.
24) 《한국일보》 2003. 9. 23, 2003. 10. 10, 2003. 10. 17.
25) 김용욱(2004), p. 392.
26) 동아일보사(1990), pp. 96-97.
27) 김민환(2003), pp. 503-504.
28) 동아일보사(1990), p. 96.
29) ibid., pp. 120~149.
30) 중앙선거관리위원회(1980), 《대한민국선거사 제3집》, p. 393.
31) 김용욱(2004), p. 392; 김영명(1999), p. 217.
32) 동아일보사(1990), pp. 164~214; 김민환(2003), pp. 504~506.
33) 조선일보사(1990), pp. 3-263~277; 김민환(2003), pp. 504~506.
34) 김영명(1999), pp. 217~218.
35) 김인걸 외(2003), p. 324.
36) 《한국일보》 2003. 10. 31.

37) 역사학연구소(2003), 354; 김현우(2000), p. 532; 김영명(1999), p. 219.

38) 중앙선거관리위원회(1980), 《대한민국선거사 제3집》, pp. 385-388.

39) 재적 대의원 2,581명 중 2,578명이 투표에 참여, 박정희가 2,577표를 얻었다. 중앙선거관리위원회(1980), p. 380.

40) 중앙선거관리위원회(1980), p. 371.

41) 김영명(1999), p. 219; 김용욱(2004), p. 393.

42) 《한국일보》 2003. 11. 15; 《국민일보》 1994. 10. 15.

43) 《국민일보》 1994. 10. 15; 김용욱(2004), p. 393.

44) 《조선일보》 2002. 12. 10.

45) 《한국일보》 2003. 11. 15; 《국민일보》 1994. 10. 15.

V-④ 박정희가 남긴 유산

1) 이 조사는 전국의 성인 남녀 4,500명을 대상으로 한 '한국인의 의식-가치관' 조사였다. 《한국일보》, 2001. 12. 29; 이 밖에 1996년 말 공보처가 코리아리서치에 의뢰해 전국의 성인 남녀 4,500명을 대상으로 면접 조사했을 때도 '역사적으로 가장 좋아하는 인물'로 세종대왕(18.8%)이나 이순신 장군(14.1%)보다 박정희(23.4%)를 꼽았다. 김구는 10.0%, 안중근은 4.3%였다. 《동아일보》, 1997. 1. 1; 또한 동아일보가 코리아리서치센터와 함께 2004년 연말 1,502명의 전국 성인 남녀를 대상으로 조사해 2005년 1월 1일자에 발표한 여론 조사에 의하면 박정희는 과오보다 업적이 훨씬 큰 지도자로 평가되었다. 자신이 '진보'라고 밝힌 사람의 65.8%가 그에 대해 '경제 발전 등 긍정적 업적이 더 많다'라고 답한 반면 '독재 등 부정적 측면이 더 많다'라고 응답한 사람은 24.8%에 불과했다. 심지어 열린우리당과 민주노동당 지지자 중 각각 63.1%, 58.7%가 박정희를 긍정적으로 평가했다. 《동아일보》 2005. 1. 1.

2) 함성득(1999), 《대통령학》, 나남, p. 291.

3) 통계청(1999), 《한국통계연감 제46호》, p. 371, p. 547.

4) 김일영(2005), 《건국과 부국: 현대한국정치사 강의》, 생각의 나무, pp. 445~453.

5) 조선일보, 2005년 3월 18일자.

6) 조갑제(1999b), 《내 무덤에 침을 뱉어라 2. 전쟁과 사람》, 조선일보사, p. 86.

7) ibid., pp. 136~139.

8) ibid., pp. 152~155.

9) ibid., p. 146.

10) ibid., pp. 166~167.

11) ibid., pp. 236~240.

12) 조용중(2002), pp. 221~222.

13) 조갑제(1999c), pp. 129~130.

14) ibid., pp. 130~131, p. 151.

15) 대한민국사편찬위원회(1988), pp. 192~193.

16) 행정자치부, "'박정희대통령 1967년 신년사", http://www.archives.go.kr/president/pjh/speech10html.

17) 대한민국사편찬위원회(1988), pp. 193~195.

18) 대한민국사편찬위원회(1988), pp. 195~198.

19) *http://www.parkchunghee.co.kr/board.*
20) 대한민국사편찬위원회(1988), pp. 200~201.

VI. 민주화와 보수 세력

VI-① 서울의 봄과 신군부

1) 《한국일보》, 2003. 11. 2. "민주화 발자취-6·3사태에서 6월항쟁까지(21): YWCA위장결혼식".
2) 최규하는 통일주체국민회의 대의원 827명의 추천을 받아 단독 출마. 재적 대의원 2,560명 중 2,549명이 투표에 참여한 가운데 실시된 제10대 대통령 선거에서 2,465표를 얻어 당선되었다. 중앙선거관리위원회(1980), p. 383.
3) 국가보위비상대책위원회(1980), 《국보위백서》, pp. 9~19.
4) *ibid.*, p. 32.
5) 심지연(2004), pp. 316~317.
6) *ibid.*, pp. 300~301.
7) 국가보위비상대책위원회(1980), pp. 34~44.
8) 김민환(2003), p. 509-510.
9) *ibid.*, p. 510-515.
10) 심지연(2004), p. 301.
11) 통일주체국민회의 재적 대의원 2,540명 중 2,525명이 투표에 참가해 전두환이 2,524표를 얻고 무효는 1표로 단독 입후보한 그가 당선되었다. 중앙선거관리위원회(1980), 《제11대 대통령선거총람》, p. 203.
12) 심지연(2004), p. 308.
13) *ibid.*, pp. 307~315.
14) *ibid.*, pp. 325~333.
15) 김대중은 대법원에서 사형이 확정된 1981년 1월 23일 대통령의 특별 사면에 의해 무기징역으로 감형되고 이듬해인 1982년 3월 3일에는 징역 20년으로 감형된 다음 12월 17일 서울대병원에 이송되어 치료를 받다가 23일 형집행정지로 석방되어 병 치료 명목으로 미국으로 출국했다. 이른바 김대중내란음모사건의 다른 관련자인 문익환(文益煥), 이문영(李文永), 이신범(李信範), 조성우(趙誠宇), 이해찬(李海瓚), 설훈(薛勳), 송기원(宋基元) 등 7명도 김대중 석방 다음 날인 12월 24일 형집행정지로 석방되었다. 《동아일보》, 1982. 12. 24.
16) 《동아일보》, 1981. 2. 3.
17) 전두환은 투표에 참여한 선거인단 5,271명의 90.23%인 4,755표. 민한당의 유치송(柳致松)은 404표, 국민당의 김종철(金鍾哲)은 85표, 민권당의 김의택(金義澤)은 26표를 각각 얻었다. 중앙선거관리위원회(1985), 《제12대 대통령선거총람》, p. 35.
18) 국가보위비상대책위원회(1980), p. 251.
19) 중앙선거관리위원회(1981), 《제11대 국회의원선거상황》, p. 153.
20) 김용욱(2004), p. 403.
21) 김영명(1999), p. 250.
22) 심지연(2004), p. 341.
23) 김용욱(2004), pp. 403~404.

24) *ibid.*, p. 405.

25) 심지연(2004), p. 343.

26) *ibid.*, pp. 341~342.

27) *ibid.*, pp. 345~346.

28) 중앙선거관리위원회(1985), 《제12대 국회의원선거총람》, p. 100.

39) 김용욱(2004), pp. 464~465.

30) 심지연(2004), p. 349.

31) *ibid.*, pp. 349~350.

32) 김용욱(2004), p. 405.

33) 심지연(2004), p. 352; 김현우(2000), p. 604.

Ⅵ-2 6·29선언

1) 김현우(2000), pp. 604~605.

2) *ibid.*, pp. 605~607.

3) 심지연(2004), p. 356; 김영배, 《오로지 한 길만을》, p. 114.

4) 심지연(2004), pp. 357~358.

5) 《동아일보》 1987. 4. 13.

6) 《동아일보》 1987. 1. 19.

7) 1987년 5월 21일 검찰이 고문 경관 3명을 추가로 구속하기 3일 전인 18일 저녁 서울 명동성당에서 열린 광주항쟁 7주년 기념추모미사가 끝난 뒤 천주교정의구현전국사제단의 김승훈(金勝勳) 신부가 박종철군고문치사건의 진상을 발표했다. 그는 "박 군의 진짜 고문범은 현재 구속 기소 중인 조한경 경위와 강진규 경사가 아니라, 학원문화 1반 소속의 황정웅 경위와 방근공 경사, 이정오 경장 등 3명이라고 폭로했다. 동아일보, 1987. 5. 19; 검찰 조사 결과 고문범은 바뀐 것이 아니라 5명에서 2명으로 축소 조작된 사실이 밝혀졌다. 동아일보, 1987. 5. 22; 남시욱(2004), "박종철 고문치사사건 특종보도는 6월항쟁, 6·29선언의 밑거름", 《신동아》 2004. 3, pp. 507~508.

8) 《동아일보》, 1987. 5. 23.

9) 《동아일보》, 1987. 5. 30, 1987. 5. 27.

10) 《동아일보》, 1987. 6. 10. 1987. 6. 13.

11) 《동아일보》, 1987. 6. 15, 1987. 6. 19. 1987. 6. 27.

12) 《동아일보》, 1987. 6. 29.

13) 최장집(2001), 《한국민주주의의 조건과 전망》, 나남출판 p. 368.

14) 《동아일보》, 1987. 6. 10.

15) 이만섭(2004), 《나의 정치인생 반세기》, 문학사상사, pp. 330~333.

16) 《동아일보》, 1987. 6. 20.

17) 《동아일보》, 1987. 6. 24. 1987. 6. 25.

18) "노태우 육성회고록"《월간조선》 1999. 5.

19) *ibid.*, 1999. 6. p. 215

20) 김성익(1992), 《전두환 육성증언》, 조선일보사, pp. 425~433.

21) 《동아일보》, 1987. 6. 29.

22) 헌팅턴은 이들 각국의 민주화 과정을 변형(transformation), 전위(轉位, transplacement) 교체

(replacement) 개입(intervention)의 4개 형태로 나누었는데, 한국은 전위에 속하는 것으로 분류했다. Huntington, Samuel P.(1991), *The Third Wave: Democratization in the Late Twentieth Century*, Norman: University of Oklahoma Press, pp. 109~207).

23) 《동아일보》, 1987. 6. 20.

24) 《동아일보》, 1987. 6. 23, 1987. 6. 24. 1987. 6. 25.

25) 《동아일보》, 1987. 6. 29.

26) 《중앙일보》, 1987. 7. 1.

27) 《조선일보》, 1996. 8. 27.

28) 《조선일보》, 1996. 12. 17.

29) 《동아일보》, 1997. 4. 18.;《한겨레》, 1997. 4. 18.

30) 1998년 동아일보가 리서치 앤 리서치(R&R)와 공동으로 5백 명의 여론 선도층 및 2천 명의 일반인을 상대로 실시한 여론 조사에서 전두환 정권은 박정희 정권 다음으로 그 업적을 평가받았다. 즉, 업적 순에서 박정희 정부(12.8점), 전두환 정부(9.8점), 이승만 정부(8.1점), 노태우 정부(7.9점), 장면 정부(7.8점), 김영삼 정부(7.1점) 순으로 나온 것이다. 동아일보 1998년 8월 15일자; 1998년 4월 아주대학교 영자지(*The Aju Globe*)가 재학생 182명을 상대로 한 여론 조사 발표에 의하면 경제 분야의 성공적인 대통령으로는 박정희(87%) 다음이 전두환(12%)으로 나타났으며 그 아래가 김영삼(1%), 노태우, 이승만(각각 무) 순이었다. 문화일보 1998년 4월 2일자; 한국외국어대학의 안병만(安秉萬) 교수는 1992년과 1998년 두 차례에 걸쳐 역대 대통령에 대한 평가 작업을 했다. 그는 1998년 2월 한 달 동안 정치·행정학자 204명을 대상으로 설문 조사를 벌여 집계한 내용을 5월 한국행정학회 춘계학술대회에서 '역대 대통령의 리더십 평가'라는 제목으로 발표했다. 평가 대상이 된 역대 지도자는 윤보선과 최규하를 제외한 6명의 대통령과 장면 총리였다. 평가 기준은 자질, 통치 태도, 정책 역량, 인사 정책, 정책 수행 만족도 등이었다. 박정희 대통령은 정책 입안 집행에서, 이승만은 대외 분야에서 으뜸으로 나왔고, 전두환은 경제 소양에서 호평이었으며 박정희와 전두환은 용기와 결단력에 있어서 1, 2위를 차지했다. 문화일보, 1998년 5월 4일자; 고려대 함성득 교수팀이 1999년에 분석한 역대 대통령의 평가에 의하면 5명의 역대 대통령 중 전두환은 종합 평가에서 박정희와 이승만에 이어 3위를 차지했다. 평가 기준 6개 항 중 전두환은 임기 중 업적과 용인술 및 위기관리능력, 그리고 자질에 있어서 '중급', 비전과 도덕성에 있어서는 '하급'으로 나왔다. 함성득(1999), 《대통령학》, 나남, p. 291.

31) 《매일경제》, 2003. 2. 25, "역대대통령 경제성적표".

32) 통계청(1999), pp. 547~549.

33) 서상묵(2003), "서상목의 시장경제 이야기", *http://www.smsuh.com/column.htm*.

Ⅵ-③ 민주화로의 이행

1) 《조선일보》, 1987. 6. 30, 1987. 7. 7;《동아일보》, 1987. 7. 9.

2) 김현우(2000), pp. 614~615.

3) 《동아일보》, 1987. 10. 12.

4) 《동아일보》, 1987. 7. 17.

5) 《동아일보》, 1986. 11. 5.

6) 《동아일보》, 1987. 9. 7.

7) 《동아일보》, 1987. 9. 19, 1987. 10. 10, 1987. 10. 20.

8) 《동아일보》, 1987. 10. 29~30, 1987. 11. 9, 1987. 11. 12.

9) 《동아일보》, 1987. 10. 30.

10) 군소 정당 및 무소속 후보는 사회민주당의 홍숙자(洪淑子), 일체(一體)민주당의 김선적, 한주의 통일한국당(한主義統一韓國黨)의 신정일, 그리고 무소속의 백기완(白基院) 등 모두 8명이었다. 나중에 홍숙자는 김영삼 지지를 선언하고 사퇴했으며 김선적은 노태우 지지를 선언하고 사퇴하고 백기완은 야권 후보 단일화를 촉구하면서 사퇴했다. 김현우(2000), p. 618.

11) 노태우는 828만2,738표, 김영삼은 633만7,581표, 김대중은 611만3,375표, 김종필은 182만3,067표, 신정일(한주의통일한국당)은 4만6,150표을 각각 얻었다. 중앙선거관리위원회(1988), 《제13대 대통령선거총람》, pp. 94~95; 조선일보사(1988), 《제13대 대통령선거자료집》, p. 202.

12) 노태우는 대구에서 69.8%, 경북에서는 64.8%, 김영삼은 부산에서 55%, 경남에서는 50.7%, 김대중은 광주에서 93.8%, 전남에서는 87.9%, 전북에서는 80.9%를 각각 득표했다. 중앙선거관리위원회(1988), pp. 94~95

13) ibid.

14) 224개의 지역구에서 민정당 87명, 평민당 54명, 민주당 46명, 공화당 27명, 한겨레민주당 1명, 무소속 9명이 각각 당선되었는데 득표율은 민정당 33.6%, 민주당 23.6%, 평민당 19.2%, 공화당 15.4%로, 민주당이 평민당 보다 높지만 소선거구제도 때문에 의석수는 거꾸로 나왔다. 총원 75명의 전국구는 민정당 38석, 평민당 16석, 민주당 13석, 공화당 8석을 각각 차지했다. 중앙선거관리위원회(1988), 《제13대 국회의원선거총람》, p. 94..

15) 《동아일보》, 1988. 4. 27; 김용욱(2004), p. 470.

16) 동아일보사(1988), 《동아연감 1988》, pp. 32~39.

17) 《동아일보》, 1988. 2. 23.

18) 《동아일보》, 1988. 2. 25.

19) 《중앙일보》, 1988. 4. 13.

20) 김영명(1999), p. 286.

21) 《중앙일보》, 1988. 5. 18, 1988. 5. 28, 1988. 5. 30.

22) 동아일보사(1989), 《동아연감 1989》, p. 132.

23) 《중앙일보》, 1988. 6. 27.

24) 《중앙일보》, 1988. 11. 2, 1988. 11. 18, 1988. 11. 21, 1988. 12. 12.

25) 《중앙일보》, 1988. 11. 23, 1988. 11. 25.

26) 《중앙일보》, 1989. 12. 16, 1989. 12. 23. 1989. 12. 29.

27) 《중앙일보》, 1990. 1. 1.

28) 동아일보사(1990), 《동아연감 1990》, pp. 10~13; 동아일보사(2001), 《동아연감 2001》, p. 21.

29) 김영명(1999), pp. 278~279.

30) ibid., p. 279.

31) 노사 분규는 1985년 265건, 1986년 276건이던 것이 1987년 3,749건, 1988년 1,873건, 1989년 1,616건으로 불어났다. 동아일보사(1900), p. 190.

32) 한국정신문화연구원(2004), p. 697.

33) 《중앙일보》, 1989. 1. 4, 1989. 3. 16.

34) 《중앙일보》, 1989. 7. 27.

35) 《동아일보》, 1987. 10. 24.

36) 《조선일보》, 1988. 8. 14.

37) 《조선일보》, 1988. 8. 30.

38) 《조선일보》, 1989. 7. 14.

39) 《동아일보》, 1989. 10. 4.

40) 동아일보사(1990), pp. 82~83.

41) 동아일보사(1992), 《동아연감 1992》, p. 57.

42) 동아일보사(1991), 《동아연감 1991》, p. 90.

43) ibid. p. 35, p. 54, pp. 78~80.

44) 연합통신사(1992), 《연합연감 1992》, pp. 354~356.

45) 1992년 3월 24일 실시된 제14대 국회의원총선거 결과는 투표율 70.1%로 지역구에서 민자당 116석(전국구 33명), 민주당 75석(전국구 22석), 국민당 24석(전국구 7명) 신정당 1석, 무소속 21석을 각각 얻었다. 득표율은 민자당 38.5%, 민주당 29.2%, 국민당 17.4%, 신정당 1.8%, 민중당 1.6%, 공명당 0.1%, 무소속 11.5%이었다. 중앙선거관리위원회(1992), 《제14대 국회의원선거총람》, p. 112.

46) 김영명(1999), pp. 290~300.

47) 《동아일보》 1992. 5. 19.

Ⅵ-4 민주주의의 심화

1) 군소 후보인 신정당의 박찬종(朴燦鍾), 대한정의당의 이병호(李丙昊), 무소속의 김옥선(金玉仙), 백기완(白基琓)은 한 자리 수의 득표율을 얻는 데 그쳤다. 중앙선거관리위원회(1992), 《제14대 대통령서거총람》, pp. 122~123; 동아일보사(1993), 《동아연감 1993》, p. 69.

2) 동아일보사(1993), p. 53; 동아일보사(1994), 《동아연감 1994》, p. 15.

3) 《조선일보》 1993. 2. 26자에 자세한 그날의 스케치가 실려 있다.

4) 《동아일보》 1993. 2. 25.

5) 동아일보사(1994), pp. 60~63.

6) 《조선일보》 1997. 11. 1.

7) 《조선일보》 1994. 3. 5.

8) 《한국일보》 1993. 6. 11; 《경향신문》, 1994. 11. 12.

9) 《조선일보》 1994. 12. 24; 1995. 12. 21.

10) 《한겨레신문》 1994. 9. 10.

11) 《동아일보》 1993. 3. 8.

12) 《한국일보》 1993. 10. 5.

13) 《동아일보》 1993. 3. 5.

14) 《동아일보》 1993. 2. 28.

15) 김영명(1999), pp. 294~299.

16) 《동아일보》 1993. 4. 3.

17) 《조선일보》 1993. 3. 30.

18) 《조선일보》 1993. 4. 26.

19) 《한국일보》 1993. 5. 21.

20) 《동아일보》 1993. 9. 11.

21) 《서울신문》 1994. 10. 1.

22) 《경향신문》 1993. 8. 13.

23) 《동아일보》 1993. 9. 1, 1993. 9. 25.

24) 《동아일보》 1997. 12. 30, 1998. 1. 1.

25) 《조선일보》 1995. 1. 27, 1995. 3. 19; 《동아일보》, 1995. 6. 25.

26) 《조선일보》 1993. 6. 22.

27) 《조선일보》 1993. 7 21.

28) 《조선일보》 1996. 4. 25.

29) 《조선일보》 1996. 12. 27.

30) 《조선일보》 1997. 3. 10.

31) 《동아일보》 1994. 12. 14.

32) 《동아일보》 1994. 12. 14, 1995. 2. 10.

33) 《동아일보》 1995. 2. 22, 1995. 3. 1, 1995. 5. 17, 1995. 5. 26.

34) 《동아일보》 1995. 2. 8.

35) 광역의원의 경우도 민자 287명, 민주 359명, 자민 86명, 무소속 143명으로 민자당이 참패했다.
《동아일보》1995. 6. 29.

36) 《동아일보》 1995. 12. 7.

37) 전체 의석 299석(전국구 46석 포함) 중 신한국당은 139석(전국구 18명 포함), 국민회의는 79석
(전국구 13명 포함), 자민련 50석(전국구 9명 포함), 민주당 15석(전국구 6명 포함), 무소속 16석
을 각각 차지했다. 여당인 신한국당의 득표율은 유효 투표의 34.5%였다. 중앙선거관리위원회
(1996), 《제15대 국회위원선거총람》, p. 142, p. 165; 《동아일보》1996. 4. 13.

38) 《조선일보》 1996. 3. 23.

39) 동아일보사(1998), 《동아연감 1998》, p. 196.

40) 《조선일보》 1996. 2. 26, 1997. 9. 18.

41) 《동아일보》 2005. 7. 26, 2005. 8. 6.

42) 《동아일보》 1997. 10. 21.

43) 《경향신문》 1997. 11. 8.

44) 《동아일보》 1997. 11. 8, 1997. 11. 17.

45) 동아일보사(1998), 《동아연감 1998》, pp. 54~55.

46) 동아일보사(1998), pp. 55~56.

47) 《동아일보》 1993. 6. 5.

48) 《동아일보》 1994. 10. 19.

제4부 좌파정권 등장 시기

Ⅶ. 좌우경쟁시대의 보수세력

Ⅶ-① 좌파집권 10년간의 보수세력

1) 김대중은 1,032만6,276표를 얻고, 이회창은 그보다 39여만 표가 적은 993만5,718표를, 이인제는
492만5,591표를 각각 얻었다. 중앙선거관리위원회(1998), 《제15대 대통령선거총람》, pp. 140~141.

2)《국민일보》 1993. 7. 5.

3)《동아일보》 1995. 8. 12 , 1995. 9 .6.

4)《동아일보》 1997. 11. 4.

5)《동아일보》 1997. 7. 29.

6)《조선일보》 1995. 8. 25, 1995. 10. 3 ;《한겨레신문》, 1995. 10. 4, 1996. 2. 28.

7) 노무현은 1,201만 4,277표, 이회창은 1,144만 3,297표를 얻었으며, 민주노동당의 권영길은 95만 7,148표를, 하나로국민연합의 이한동(李漢東), 호국당의 김길수(金吉洙), 사회당의 김영규(金榮圭) 등은 모두 8만표 이내를 얻었다. 중앙선거관리위원회(2003),《제16대 대통령선거총람》, p.277 ;《동아일보》2002. 12. 20.

8)《동아일보》 2004. 11. 10.

9)《동아일보》 1998. 2. 26.

10)《동아일보》 2000. 1. 21..

11) 그 밖에 민국당은 2석, 한국신당은 1석, 무소속이 5석을 차지했다. 중앙선거관리위원회(2000), 《제16대 국회의원선거총람》, p. 226 ;《조선일보》, 2000. 4. 15.

12)《동아일보》 2000. 6. 16.

13)《조선일보》 2000. 6. 16.

14)《동아일보》 2000. 6. 16;《문화일보》 2000. 6. 15.

15)《세계일보》 2000. 6. 17.

16)《경향신문》 2000. 6. 20

17)《서울신문》 2000. 6 20.

18)《국민일보》 2000. 6. 20

19)《경향신문》 2000. 6. 16.

20)《한국일보》 1994. 7. 17.

21)《세계일보》 2001. 5. 23.

22)《동아일보》 2000. 11. 28.

23)《조선일보》 2001. 4. 17, 2001. 7. 24.

24)《조선일보》 2002. 3. 13.

25)《한겨레》 2000. 12. 12.

26)《동아일보》 2001. 1. 17.

27)《세계일보》 2000. 12. 22.

28)《한국일보》 2001. 8. 15.

29)《조선일보》 2001. 8. 20.

30)《동아일보》 2002. 8. 22 ; *http://mac615.com/moim/board.cgi?id=macpds&action=simpleview&gul=14*;《조선중앙통신》 2002. 8. 10, *http://www.chongryon.com/korea/koreaonn~rjo/ron~2002/08/2002~08~ 010.htm.*

31)《한국일보》 2002 .8. 14.

32)《경향신문》 2003. 4. 24, 2003. 4. 25.

33)《동아일보》 2003. 3. 2

34)《동아일보》 2003 .8. 16.

35)《동아일보》 2004 .3. 2;《조선일보》 2004. 3. 2

36)《동아일보》 2004. 5. 12 ;《한겨레》, 2004. 5. 16.

37) 《동아일보》 2004 .8. 16 ;《조선일보》, 2004. 8. 16.

38) 《동아일보》 2005. 7. 27.

39) 《조선일보》 2004. 3. 13.

40) 《조선일보》 2004. 3. 13 ;《동아일보》, 2004. 3. 13.

41) 이밖에 자민련은 4석, 국민통합21은 1석, 무소속은 2석을 각각 얻었다. 중앙선거관리위원회
(2004),《제17대 국회의원선거총람》, p.151.

42) 《조선일보》 2004. 4. 16.

43) 《조선일보》 2004. 5. 15.

44) 《한국일보》 2004. 8. 10.

45) 《동아일보》 2004. 9. 3.

46) 《조선일보》 2004. 9. 6.

47) 《동아일보》 2004. 9. 7 ;《조선일보》 2004. 9. 7.

48) 《동아일보》 2004. 9. 8.

49) 《경향신문》 2004. 5. 6.

50) 《동아일보》 2004. 9. 6.

51) 《경향신문》 2004. 9. 10.

52) 《동아일보》 2004. 9. 16.

53) 《조선일보》 2004. 10. 6.

54) 《조선일보》 2004. 12. 9.

55) 《한겨레》 2004. 12. 24

56) 《동아일보》 2006. 8. 12;《조선일보》 2006. 12. 22.

57) 《동아일보》 2006. 11. 3.

58) 《경향신문》 2009. 11. 8.

60) 민족문제연구소 홈페이지, *https://www.minjok.or.kr/archives/78448.*

61) 조세열, "친일인명사전 편찬의 쟁점과 의의",《역사비평》, 2010년 여름호(통권 91호), 역사문제
연구소, p. 279, *http://www.minjok.or.kr/userdata/pdf/dicdip.pdf.*

62) 주대환, "이승만의 농지개혁은 2000년 민족사에서 가장 큰 사건,"《월간조선》 2017.7호,
http://pub.chosun.com/client/news/viw.asp?cate=C01&nCateM=M1001&nNewsNumb=20
170624948&nidx=24949.

63) 《데일리안》, 2005.10.18.

64) 《동아일보》는 2005. 1. 1.자 신년호에 '신년기획 / 창간 85주년 동아의 정신을 말한다'라는 김용
직 교수(성신여대·정치학)의 글을 실었는데, 김 교수는 "동아는 개인의 자유와 창의성에 기초한
자유주의 정신의 '뉴 라이트' 운동을 발굴해내 다시 화합과 통합의 비전을 제시하고 있다. 올해
우리 모두가 다시 찾아야 할 소중한 자산이 바로 연면히 이어져온 자유주의 정신과 그 가치관이
라고 생각된다"라고 썼다.《동아일보》 2005. 1. 1.

65) 《동아일보》 2004. 11. 18.

66) 신일철(2004),《뉴라이트와 시장의 철학》, FKI미디어, p.15.

67) 《동아일보》 2004. 10. 23, 2004.11.11., 2004.11.23., 2005.1.26., 2005.2.4. 2005.3.23.,
200.5.16;《미래한국》 2005.6.25.

68) 《동아일보》 2005. 1. 22, 2005. 10. 19.

69) 《국민일보》 2005. 11. 8 ;《동아일보》 2005. 11. 8, 2005. 4 .27.

70) 《동아일보》 2006. 2. 9.

71) 《동아일보》 2005. 2. 5 ;《문화일보》 2005. 2. 5.

72) 《헤럴드경제》 2004. 12. 29.

73) 대표적인 자유주의자는 드워킨(Ronald Dworkin), 롤스(John Rawls) 등이며 대표적인 공동체주의자는 벨라(Robert Bellah), 산델(Michael Sandel), 셀즈니크(Philip Selznick) 등이고, 대표적인 공동체자유주의자는 로티(R. Rorty), 드워킨(Ronald Dworkin), 래즈(Joseph Raz), 셀즈니크(Philip Selznick), 바이너(Ronald Beiner) 등이다. 뮬홀, 스테판, 스위프트, 애덤 저 김해성, 조영달 역(2001),《자유주의와 공동체주의》, 한울, pp.11~12 ; Selznick, Philip(1994), "Foundations of Communitarian Liberalism", *The Responsive Community*, vol.4, no.4(Fall 1994), pp.16~28 ; Rasmusson, Arne(1997), "Justice and Solidarity in a 'Communitarian' Perspective"(*http://www.umu.se/religion/ personal/arne.rasmusson/Justice.pdf*).

74) *http://www.thinknet.or.kr.*

75) 《문화일보》 2006. 12. 30; 《한국일보》 2006. 12. 17.

Ⅶ -2 정권 되찾은 보수세력

1) 《동아일보》 2007. 12. 21.

2) 각당이 얻은 의석수는 다음과 같다(괄호 안은 비례대표): 한나라당 153(22), 통합민주당 81(15), 자유선진당 18(4), 민주노동당 5(3), 창조한국당 3(2), 친박연대 14(8), 무소속 25. 중앙선거관리위원회, http://www.nec.go.kr:7070/abextern.

3) 한나라당은 총선 이후 친박계 의원들을 입당시켜 의석이 172명으로 불어났으며 민주당도 2석이 증가해 83석이 되고 무소속은 23명으로 줄어들었다. 친박연대는 2010년 2월 당명을 미래희망연대로 바꾸었는데, 2010년 12월 현재 국회의 의석분포(도합 297명)는 한나라당 171명, 민주당 83명, 자유선진당 16명, 미래희망연대 8명, 민주노동당 5명, 창조한국당 2명, 국민중심연합 1명, 진보신당 1명, 무소속 7명이다. *http://www.assembly.go.kr/renew09/mem/mem/mem_nego_index.jsp?M_idx=2_05&name_idx =all.*

4) 《동아일보》 2009. 5. 13, 2009. 5. 24.

5) 제5회 전국동시지방선거 결과는 다음과 같다. **시도지사**(16) 한나라당 6, 민주당 7, 자유선진당 1, 무소속 2; **기초단체장**(228) 한나라당 82, 민주당 92, 자유선진당 13, 민주노동당 3, 국민중심연합 1, 미래연합 1, 무소속 36; **시도의원**(지역구 680+ 비례 81) 한나라당 252+36, 민주당 328+32, 자유선진당 38+3, 민주노동당 18+6, 진보신당 3, 국민참여당 3, 미래연합 1, 친박연합 1, 무소속 36; **지방의원**(지역구 2,512+ 비례 376) 한나라당 1,087+160, 민주당 871+154, 자유선진당 95+22, 민주노동당 90+25, 창조한국당 1, 진보신당 22, 국민중심연합 2, 국민참여당 17+7, 미래연합 10+1, 친박연대 12+7, 무소속 305. 중앙선거관리위원회, *http://www.nec.go.kr/nec_new2009/nec_html/info_election/election02.jsp.*

6) 중앙선거관리위원회,*http://www.nec.go.kr/nec_new2009/nec_html/notice/notice03.jsp?bcSeq=675.*

7) 《문화일보》 2011. 1. 1.

8) 《문화일보》 2011. 4. 20.

9) 《문화일보》 2011. 6. 17.

10) 자세한 내용은 남시욱(2018),《한국진보세력연구》, 청미디어, pp. 525~526을 참고할 것.

11) 《조선일보》2010. 12. 27.

12) 《동아일보》 2010. 12. 30.

13) 《문화일보》2010. 12. 23.

14) 박근혜 후보와 문재인 후보의 득표율은 소수점 이하를 사사오입한 숫자이며, 중앙선거관리위원회가 집계한 공식 득표율은 박근혜 51.55%, 문재인 48.02%이다. 중앙선거관리위원회, 18대 대통령선거 개표현황, *http://info.nec.go.kr/electioninfo/electionInfo_report.xhtml*.

15) 《중앙일보》2012.9.24., *https://news.joins.com/article/9408719*

16) 《오마이뉴스》2014.3.28., *http://www.ohmynews.com/NWS_Web/View/at_pg.aspx?CNTN_CD=A0001974369*.

17) 《매일경제》, 2016.3.28, *https://www.mk.co.kr/news/economy/view/2017/03/208846*.

18) 《뉴데일리》2016.2.24., *http://www.newdaily.co.kr/site/data/html/2016/02/24/2016022400147.html*.

19) 《펜앤드마이크》, 2019.3.8., *https://www.pennmike.com/news/articleView.html?idxno=16820*.

Ⅷ. 기로에 선 보수세력

Ⅷ − 1 문재인 정부 시기의 보수세력

1) 《MBN 뉴스》 2014.7.20.,
   http://www.mbn.co.kr/pages/vod/programView.mbn?bcastSeqNo=1075934.

2) 《조선일보》2019. 3. 25.

3) *http://www.pressian.com/news/article/?no=67882#09T0*.

4) "오연호리포트: 인물연구 노무현 죽음의 본질," 《오마이뉴스》2009.5.25,
   http://www.ohmynews.com/NWS_Web/view/at_pg.aspx?CNTN_CD=A0001139771.

5) 《중앙일보》2015.4.28 *https://news.joins.com/article/17684403*.

6) 문재인(2017), 《대한민국이 묻는다》, 21세기북스, p. 231, pp. 236~237.

7) 《중앙일보》2018.7.5.

8) 《조선일보》2019. 3. 2, *http://news.chosun.com/site/data/html_dir/2019/03/01/2019030101018.html*.

9) 《펜앤드마이크》, 2019.1.31,*https://www.pennmike.com/news/articleView.html?idxno=15143*.

10) 중앙선거관리위원회, *http://info.nec.go.kr/electioninfo/electionInfo_report.xhtml*.

11) 《동아일보》 2018. 6. 14; 2020. 4. 17.

12) 《동아일보》 2019.7.27. *http://www.donga.com/news/article/all/20190726/96717799/1*.

13) 《문화일보》2019.7.31.

14) 《조선일보》2019. 8. 7,
    http://cdb.chosun.com/search/pdf/i_service/read_pdf.jsp?PDF=20190807A06JH6&Y=2019&M=08&VIEW=1.

15) 《문화일보》 2020.1.22.

Ⅷ − 2 보수세력의 역사적 공과

1) Transparency International, *http://www.transparency.org*, *Corruption Perceptions Index*

2019. 1, 국가지표체계, K.indicator, *http://www.index.go.kr/unify/idx-info.do?idxCd=4067*.
2) Holden, Barry(1993), *Understanding Liberal Democracy*, Harvester Wheatsheat, p. 17.

Ⅷ-③ 무엇을 해야 하나

1) 하이에크는 "내가 보수주의자가 아닌 이유"(Why I Am Not a Conservative)라는 글에서 "내가 지금까지 설명한 것으로써 내가 내 자신을 보수주의자로 간주하지 않은 이유를 설명하는 데 충분할 것이다 … 나는 비록 전 생애에 걸쳐 '자유주의자'로 자처했지만 미국에서 이 용어(자유주의)가 계속 오해를 불러일으킬 뿐 아니라 나의 입장과 합리주의적인 유럽대륙의 자유주의, 그리고 심지어는 영국의 공리주의적인 자유주의 사이에 존재하는 간격을 더욱 상세히 알게 되었기 때문에 최근에는 우려감을 떨치지 못하고 있다는 사실을 이미 표명했다"고 언급했다. F. A. Hayek(1960), *The Constitution of Liberty*, Chicago: The University of Chicago Press, reprinted by Routledge & Kegan Paul Ltd.(1990), p. 407.
2) 《한국경제》2019.8.5., *https://www.hankyung.com/politics/article/2019080537817*.
3) 《파이낸셜뉴스》2017.4.25, http://www.fnnews.com/news/201704252258597018.
4) 청와대웹사이트, "5월1일 경기장 연설(2018.9.20.),《문재인 대통령 연설문집 제2권 상》(2018.5.10.~2018.10.31.), p. 323, *http://gonggam.korea.kr/fcatalog/ecatalog.jsp?Dir=1600&catimage=&callmode=admin*.
5) "2018 제3차 남북정상회담 공동발표문(2018.9.19.)", *ibid.*, p. 318.
6) 《중앙일보》2020.1.9. 및 1.23.
7) 《연합뉴스》2020.1.11,*https://www.yna.co.kr/view/AKR20200111035452504*.
8) *http://www.hani.co.kr/arti/politics/assembly/913542.html*.

참고문헌

단행본

강만길(2003), 《고쳐 쓴 한국근대사》, 창작과 비평사.
강만길(2003), 《고쳐 쓴 한국현대사》, 창작과 비평사.
강정인 외(2002), 《민주주의의 한국적 수용》, 책세상.
고당기념사업회 편(1995), 《고당 조만식 회상록》.
고정휴(2004), 《이승만과 한국독립운동》, 연세대학교 출판부.
고하선생전기편찬위원회(1990), 《독립을 향한 집념-고하 송진우 전기》, 동아일보사.
고하선생전기편찬위원회(1990), 《거인의 숨결: 고하 송진우관계자료문집》, 동아일보사.
골드스틴, 노옴 저, 이준구 역(2000), 《세계의 지도자 김대중》, 어문각.
국사편찬위원회(1965), 《한국독립운동사》 5권.
국사편찬위원회(1968), 《자료 대한민국사 1》.
국사편찬위원회(1982), 《한국현대사》, 탐구당.
국사편찬위원회(2002), 《한국사 52, 대한민국의 성립》.
국사편찬위원회(2003), 《소련군정문서, 남조선 정세 보고서 1946-1947》.
국사편찬위원회(2004), 《쉬띄꼬프일기 1946-1948》.
권희경(1989), 《한국혁신정당과 사회주의인터내셔널》, 태양.
김구(2000), 《백범일지》, 도서출판 우래.
김남식(1975), 《실록 남로당》, 신현실사.
김남식(1984), 《남로당연구》, 돌베개.
김대중(1994), 《나의 길, 나의 사상》, 한길사.
김도형(2000), 《대한제국기의 정치사상연구》, 지식산업사.
김명호(2005), 《초기 한미관계의 재조명》, 역사비평사.
김민환(2003), 《한국언론사》, 나남출판.
김병국 외(1999), 《한국의 보수주의》, 인간사랑
김삼웅 정운현(1993), 《친일파 II》, 학민사.
김석근 외(1999), 《한국의 자유민주주의》, 인간사랑.
김성익(1992), 《전두환 육성증언》, 조선일보사.
김영명(1999), 《한국현대정치사》, 을유문화사.
김영삼(2000), 《김영삼회고록-민주주의를 위한 나의 투쟁 1》, 백산서당.
김용구(1989), 《세계외교사 상》, 서울대학교 출판부.
김용구(1997), 《세계관 충돌의 국제정치학》, 나남출판.
김용욱(2004), 《한국정치론: 조선왕조에서 대한민국까지 체제변동과정》, 오름.
김용직(1999), 《한국근·현대정치론》, 풀빛.
김운태 외(1976), 《한국정치론》, 박영사.
김운태(2002), 《미군정의 한국통치》, 박영사.
김인걸 외(2003), 《한국현대사 강의》, 돌베개.
김일영(2005), 《건국과 부국: 현대한국정치사 강의》, 생각의 나무.
김재명(2003), 《한국현대사의 비극-중간파의 이상과 좌절》, 도서출판 선인.
김준엽 김창순(1986), 《한국공산주의운동사 5》, 청계연구소.
김준하(2002), 《대통령과 장군》, 나남출판.
김중순 저, 유석춘 역(1998), 《문화민족주의자 김성수》, 일조각

김학민 정운현 편(1993), 《친일파죄상기》, 학민사.
김학준(1990), 《고하 송진우 평전》, 동아일보사.
김한식(1999)《실학의 정치사상》, 일지사.
김현우(2000), 《한국정당통합운동사》, 을유문화사.
김효전(2000), 《근대 한국의 국가사상−국권회복과 민권수호−》, 철학과 현실사.
남시욱(2018), 《한국진보세력연구》(개정증보판), 청미디어.
노무현(1994), 《여보 나좀 도와줘》, 새터,
노무현(2003), 《노무현의 리더십 이야기》, 행복한책읽기.
대한민국국사편찬위원회(1988), 《대한민국사》, 탐구당.
독립운동사편찬위원회(1973), 《독립운동사자료집 제6집》
동아일보사(1975), 《비화 제1공화국 1》, 홍우출판사.
동아일보사(1975), 《동아일보사사 권 1》, 동아일보사.
동아일보사(1978), 《3·1운동 50주년 기념논집》.
동아일보사(1985), 《동아일보사사 권3》.
동아일보사(1987~1990), 《현대사를 어떻게 볼 것인가》전 5권.
동아일보사(1990), 《동아일보사사 권 4》.
동아일보사(2000), 《민족과 더불어 80년: 동아일보 1920−2000》.
라종일 외(1990), 《신보수 우익론》, 예진출판사.
맥렐런, 데니비드 저, 구승회 역(2002), 《이데올로기》, 이후.
목도 손지과 공저, 조일문 역(1994), 《피어린 27년 대한민국 임시정부》, 건국대학교출판부.
문재인(2017), 《대한민국이 묻는다》, 21세기북스.
뮬홀, 스테판, 스위프트, 애덤 저, 김해성 조영달 역(2001), 《자유주의와 공동체주의》, 한울.
미드, 그란트 E. 저, 안종철 역(1993), 《주한미군정연구》, 공동체.
민경국(2003), 《자유주의와 시장경제》, 위즈비즈.
민족문제연구소(2000), 《한국근현대사와 친일파 문제》, 아세아문화사.
민주공화당(1973), 《민주공화당사》, 공화출판사.
박근(1997), 《한국보수주의의 위기》, 한국논단.
박근(2002), 《한국의 보수여, 일어나라》, 월간조선사.
박기출(2004), 《한국정치사》, 이화.
박명림(1996), 《한국전쟁의 발발과 기원》, 전2권, 나남출판.
박성수(1996), 《이야기 독립운동사》, (주)교문사.
박은식(1946), 《한국독립운동지혈사》 서울신문사 출판국.
박은식 지음, 남만성 옮김(1999), 《한국독립운동지혈사》, 상 하권, 서문문고.
박은식 지음, 김승일 옮김(2000), 《한국통사》, 범우사.
박정희(1962), 《우리민족의 나갈 길》, 동아출판사.
박충석(2002), 《한국정치사상사》, 삼영사.
박효종 외(2005), 《한국의 보수를 논한다》, 바오.
반민족문제연구소 편(1994), 《임종국 선집 1, 친일, 그 과거와 현재》, 아세아문화사.
반민족문제연구소 편(1995), 《임종국 선집 2, 또 망국을 할 것인가》, 아세아문화사.
반민족연구소(1994), 《친일파 99인 2》, 돌베개.
반민족연구소(2002), 《친일파 99인 3》, 돌베개.
백범사상연구소(1996), 《백범어록》, 사계절출판사.
보비오, 노르베르토 저, 황주홍 역(1999), 《자유주의와 민주주의》, 문학과지성사.
삼성경제연구소(2000), 《한국경제의 회고와 과제》, 삼성경제연구소.

서대숙 저, 서주석 역(1989), 《북한의 지도자 김일성》, 청계연구소.
서울대학교 한국정치연구소 편(1993), 《한국의 현대정치 1945-1948》, 서울대학교출판부.
서재필기념회 편(2001), 《개화 독립 민주》.
서재필기념회 편(2003), 《서재필과 그 시대》.
성대경(2000), 《한국현대사와 사회주의》, 역사비평사.
소르망, 기 저, 허문강 역(1991), 《사회주의종말의 여로》, 한국경제신문사.
손세일(1970), 《이승만과 김구》, 일조각.
손호철(2003), 《현대한국정치: 이론과 역사 1945-2003》, 사회평론.
송건호(1978), 《한국민족주의의 탐구》, 한길사.
송건호(1979), 《한국현대사론》, 한국신학연구소.
송건호 외(1989), 《해방 전후사의 인식》 전6권, 한길사.
송병헌 외(2004), 《한국자유민주주의의 전개와 성격》, 민주화운동기념사업회.
신국주(1986), 《한국근대정치외교사》, 거목.
신국주(2004), 《근대조선정치사연구》, 박영사
신기석(1967), 《한말외교사연구-청한종속관계를 중심으로》, 일조각.
신기석(1981), 《동양외교사》, 탐구당.
신복룡(1977), 《한국정치사상사》, 나남출판.
신용하(1979), 《독립협회연구》, 일조각.
신용하(2000), 《초기개화사상과 갑신정변연구》, 지식산업사.
신용하(2001), 《일제강점기 한국민족사(상)》, 서울대학교출판부.
신용하(2002), 《일제강점하 한국민족사(중)》, 서울대학교출판부.
신용하(2004), 《증보 신채호의 사회사상연구》.
신일철(1997), 《현대 사회학과 한국사상》, 문예출판사.
신일철(2004), 《뉴라이트와 시장의 철학》, FKI미디어.
심지연(2017), 《한국정당정치사》(증보판 3판), 백산서당.
안영섭 외(1990), 《신보수 우익론》, 예진출판사.
안용현(1992), 《한국전쟁비사 1-건군과 6·25》, 경인문화사.
안희수 편저(1995), 《한국 정당 정치론》, 나남출판.
양동안(2001), 《개정신판 대한민국건국사》, 현음사.
여연구 지음, 신중연 편집(2002), 《나의 아버지 여운형》, 김영사.
역사문제연구소(2004), 《인물로 보는 친일파 역사》, 역사비평사.
역사학연구소(2003), 《강좌 한국근대사》, 풀빛.
와다 하루끼 저, 서동만 역(2003), 《한국전쟁》, 창작과비평사.
우사연구회 엮음, 심지연 지음(2000), 《송남헌회고록-김규식과 함께 한 길》, 한울.
운석선생기념출판위원회(1967), 《한알의 밀이 죽지않고는-장면박사회고록》, 양우당.
유길준 저, 채훈 역(1976), 《서유견문》, 대양서적.
유길준 저, 한석태 역주(1998), 《정치학》, 경남대학교출판부.
유영익(1998), 《수정주의와 한국현대사》, 연세대학교 출판부.
유영익 편(2003), 《이승만 연구》, 연세대학교 출판부.
유영익(2003), 《젊은 날의 이승만》, 연세대학교 출판부.
유영익(2019), 《이승만의 생애와 건국비전》, 청미디어.
유재근(1996), 《근촌 백관수》, 동아일보사.
윤건차 저, 장화경 역(2001), 《현대 한국의 사상흐름》, 당대.
이강수(2003), 《반민특위 연구》, 나남출판.

이광린(1969), 《한국개화사연구》, 일조각.
이광린(1979), 《개화당연구》, 일조각.
이광린(1979), 《한국개화사상연구》, 일조각.
이광린(1999), 《한국근현대사논고》, 일조각.
이기백(2004), 《한글판 한국사신론》, 일조각.
이기형(1993), 《몽양 여운형》, 실천문학사.
이기형(2005), 《여운형평전》, (주)실천문학사.
이나미(2001), 《한국 자유주의의 기원》, 책세상.
이덕주(2002), 《조선은 왜 일본의 식민지가 되었는가》, 에디터.
이덕주(2003), 《식민지 조선은 어떻게 해방되었는가》, 에디터.
이만섭(2004), 《나의 정치인생 반세기》, 문학사상사.
이만열(2000), 《우리 역사 5천년을 어떻게 볼 것인가》, 바다출판사.
이명화(1994), 《친일파 99인 2》, 돌베개.
이상두(1985), 《현대정치와 정치사상》, 태양사.
이선근(1963), 《한국사 현대편》, 진단학회/을유문화사.
이선근(1961), 《한국사 최근세편》, 진단학회/을유문화사.
이정식(2008), 《여운형-시대와 사상을 초월한 융화주의자》, 서울대학교 출판부.
이현주(2003), 《한국사회주의세력의 형성: 1919-1923》, 일조각.
이현희(1987), 《삼일독립운동과 임시정부의 법통성》, 동방도서.
이현희(1997), 《대한민국 어떻게 탄생했나》, 대왕사.
이현희(2003), 《이야기 인물한국사》, 청아출판사.
이흥환(2002), 《미국 비밀 문서로 본 한국 현대사 35장면》, 삼인.
인촌기념회(1976), 《인촌김성수전》, 인촌기념회.
임경석(2003), 《한국 사회주의의 기원》, 역사비평사.
임영태(2001), 《대한민국50년사 1, 건국에서 제3공화국까지》, 들녘.
임종국(1979), 《해방전후사의 인식 1》(2004년판).
임지현(2001), 《우리 안의 파시즘》, 삼인.
임현진 송호근 공편(1995), 《전환의 정치, 전환의 한국사회》, 사회비평사.
임형택(2000), 《실사구시의 한국학》, 창작과비평사.
장동진(2001), 《현대자유주의 정치철학의 이해》, 동명사.
장병혜 장병초(1992), 《창랑 장택상 자서전: 대한민국 건국과 나》.
장상철 외(1999), 《새로 쓴 국사사전》, 교문사.
장회익 외(2001), 《한국의 지성 100년》, 민음사.
전명혁(2006), 《1920년대 한국사회주의 운동연구》, 선인.
전상숙(2004), 《일제시기 한국사회주의 지식인 연구》, 지식산업사.
정경환(2000), 《증보판 한국현대정치사 연구》, 신지서원.
정성희(2003), 《한국사 101장면》, 가람기획
정진석(1987), 《대한매일신보와 배설》, 나남.
정진석(2005), 《언론조선총독부》, 커뮤니케이션북스.
조갑제(1999), 《내 무덤에 침을 뱉어라 2. 전쟁과 사람》, 조선일보사.
조갑제(1999), 《내 무덤에 침을 뱉어라 3. 혁명전야》, 조선일보사.
조갑제(1999), 《내 무덤에 침을 뱉어라 4. 국가개조》, 조선일보사.
조동걸(2001), 《한국근현대사의 이상과 형상》, 푸른역사.
조동일(2005), 《한국문학통사 5》, 지식산업사.

조선일보사(1988), 《제13대 대통령선거자료집》.

조선일보사(1990), 《조선일보70년사 제2권》.

조선일보사 사료연구실(2004), 《조선일보 사람들》, 상 하권.

조용중(1990), 《미군정하의 한국정치현장》, 나남.

조용중(2004), 《대통령의 무혈혁명-1952 여름, 부산》, 나남출판.

중앙일보 특별취재반(1992), 《비록 조선민주주의인민공화국》, 중앙일보사.

중앙일보사(1996), 《발굴자료로 쓴 현대한국사》, 중앙일보사.

진덕규(2000), 《한국 현대정치사 서설》, 지식산업사.

최민지 외(1978), 《일제하 민족언론사론》, 일월서각.

최상용(1998), 《미군정과 한국민족주의》, 나남출판.

최장집(1997), 《한국사회와 민주주의》, 나남출판.

최장집(2001), 《한국민주주의의 조건과 전망》, 나남출판.

최장집(2003), 《민주화 이후의 민주주의》, 후마니타스.

최종욱 외(1997), 《보수주의자들》, 삼인.

최준(1990), 《증보판 한국신문사》, 일조각.

추헌수(1995), 《한민족의 독립운동과 임시정부의 위상》, 연세대학교출판부.

카, E. H. 저, 박종국 역(1997), 《역사란 무엇인가》, 육문사.

커밍스, 브루스 저, 김자동 역(2001), 《한국전쟁의 기원》, 일월서각.

커밍스, 브루스 저, 한기욱 역(2002), 《한국현대사》, 창작과비평사.

토르쿠노프, A. V. 저, 구종서 역(2003), 《한국전쟁의 진실과 수수께끼》, 에디터.

한국사회민주주의연구회(2001), 《한국 사회민주주의 선언》, 사회와 연대.

한국신문편집인협회(1987), 《신문편집인협회30년사》.

한국정신문화연구원(2001), 《장면, 윤보선, 박정희-1960년대 초 주요 정치지도자 연구》, 백산서당.

한국정신문화연구원(2004), 《한국사연표》, 동방미디어.

한국정치학회 김유남 편(2001), 《한국정치연구의 쟁점과 과제》, 한울.

한배호 편(1996), 《한국현대정치론 Ⅱ-제3공화국의 형성, 정치과정, 정책》, 오름.

한배호 편(2000), 《한국현대정치론 Ⅰ-제1공화국의 국가형성, 정치과정, 정책》, 오름.

한상도(2004), 《중국혁명 속의 한국독립운동》, 집문당.

한승조 외(1990), 《해방 전후사의 쟁점과 평가》 2권, 형성출판사.

한영우(1997), 《다시 찾는 우리 역사》, 경세원.

한용원(1989), 《민중민주주의 정체》, 박영사.

한표욱(1996), 《이승만과 한미외교》, 중앙일보사.

한흥수 편(2000), 《한국정치동태론》, 오름.

함성득(1999), 《대통령학》, 나남.

허정(1979), 《내일을 위한 증언》, 샘터.

허종(2003), 《반민특위의 조직과 활동》, 선인.

현대사연구소 편(1998), 《한국현대사의 재인식 3-한국전쟁 직전의 한국사회 연구》, 오름.

현대사연구소 편(1998), 《한국현대사의 재인식 6-현대사의 흐름과 한국현대사》, 오름.

현대한국학연구소(2004), 《이승만 대통령의 역사적 재평가-연세대학교 국제학대학원 현대한국학연구소 제6차 국제학술회의 논문집》.

황준헌 원저, 조일문 역(2001), 《조선책략》, 건국대학교출판부.

渡部學(1968), 《朝鮮近代史》, 勁草書房.

森田芳夫(1964), 《朝鮮終戰の記録: 美蘇兩軍進走と日本の引揚》, 巖南堂.

山邊健太郎(1979), 《日韓併合小史》, 岩波新書.

Berkowitz, Peter ed.(2004), *Varieties of Conservatism in America*, Stanford, Cal: Hoover Institution Press.

Berkowitz, Peter ed.(2004), *Varieties of Progressivism in America*, Stanford, Cal: Hoover Institution Press.

Cho, Soon Sung(1967), *Korea in World Politics, 1940–1950*, Berkeley: University of California Press.

Cumings, Bruce(2002), *The Origins of the Korean War*, 2 vols, Seoul: Yuksabipyungsa.

─────(1997), *Korea's Place in the Sun, A Modern History*, New York: W. W. Norton and Company.

Eckert, Carter(1991), *Offspring of Empire: The Koch'ang Kims and the Colonial Origins of Korean Capitalism 1876–1945*, Seattle: University of Washington Press.

Hayek, F. A.(1960), *The Constitution of Liberty*, Chicago: The University of Chicago Press, reprinted by Routledge & Kegan Paul Ltd.(1990).

Holden, Barry(1993), *Understanding Liberal Democracy*, Harvester Wheatsheat.

Huntington, Samuel P.(1991), *The Third Wave: Democratization in the Late Twentieth Century*, Norman: University of Oklahoma Press.

Kim, Choong Soon, *A Korean National Entreprneur, A Life Historry of Kim Sŏngsu, 1891–1955*, New York: State University of New York Press.

Kloppenberg, James T.(1986), *Uncertain Victory, Social Democracy and Progressivism in European and American Thought, 1870–1920*, New York: Oxford University Press.

Lankov, Andrei(2002), *From Stalin to Kim Il Sung: The Formation of North Korea 1945–1960*, New Brunswick, New Jersey: Rutgers University Press.

Meade, E. Grant(1952), *American Military Government in Korea*, New York: King's Crown Press.

Scalapino, Robert A. Chong-sik Lee(1972), *Communism in Korea*, 2 vols, Berkeley: University of California Press.

Suh, Dae-sook(1967), *Korean Communist Movement, 1918–1948*, Princeton: Princeton University Press;

─────(1970), *Documents of Korean Communism, 1918–1948*, Princeton: Princeton University Press.

─────(1988), *Kim Il Sung, the North Korean Leader*, Columbia University Press.

Van Ree, Erik(1989), *Socialism in One Zone*, Oxford: Berg.

Wilson, John K.(2001), *How the Left Can Win Arguments and Influence People*, New York: New York University Press.

Thompson, Kenneth W.(1960), *Political Realism and The Crisis of World Politics*, New York: John Wiley & Sons Inc.

논문

강만길(1993), "이완용", 반민족문제연구소, 《친일파 99인 1》, 돌벼개.

고정휴(2004), "이승만과 구미위원부", 연세대 현대한국학연구소, 《이승만 대통령의 역사적 재평가》.

김기승(2002), "사회민주주의", 한국사시민강좌편집위원회 편, 《한국사강좌 25》, 일조각

김동춘 외(2001), "배부른 우파들의 불만", 《계간 사회비평》, 2001년 겨울호.

김삼웅(1995), "이승만은 우리 현대사에 어떤 '악의 유산'을 남겼는가?", 《한국 현대사 뒷 이야기》, 가람기획

김세균(1992), "해방 초기의 민중운동", 서울대학교 한국정치연구소 편, 《한국의 현대정치》, 서울대출판부.

김성보(1995), "소련의 대한정책과 북한에서의 분단질서 형성, 1945-1946", 역사문제연구소 편,《분단 50년과 통일시대의 과제》, 역사비평사.

김운태, "서재필의 정치사상", 서재필기념회(2001) 편,《개화 독립 민주》.

김일성, "반일애국역량과의 단합을 위하여",《세기와 더불어》제8권, http://www.ndfsk.dyndns. org/ kuguk8/ku17/ih_02_0915.htm.

김종환, "〈발굴〉미 국무부 69년대 비밀외교문서(1부)-미국의 눈에 비틴 한국 지도자들",《신동아》 1996년 12월호.

김효전(2003), "이준과 헌정연구회(1)-당시의 신문보도를 중심으로", (근대한국의 법제와 법학 18), 대한변호사협회.《인권과 정의》, 2003. 1호.

남시욱(2004), "박종철 고문치사사건 특종보도는 6월항쟁, 6·29선언의 밑거름",《신동아》2004년 3월호.

노태우(1999), "노태우 육성회고록"《월간조선》1999년 5월호.

민석홍(1960), "현대사와 자유민주주의",《사상계》, 1960년 8월호.

박명규(1984), "도산 안창호의 사회사상", 신용하 편,《한국현대사회사상》, 지식산업사.

박명림(2004), "민주주의, 교육, 그리고 국민형성: 이승만시기를 중심으로", 연세대 현대한국학연구소,《이승만 대통령의 역사적 재평가》.

박정신(1999), "실력양성론", 이기백 편《한국사시민강좌 제25집》, 일조각.

박찬승(2000), "일제 지배 하 한국민족주의 형성과 분화", 한국독립운동사연구소,《한국독립운동사 연구 제15집》.

박찬승(2003), "안재홍", 한영우선생정년기념논총간행위 편,《한국사인물열전 3》.

배진영(2004), "김일성은 보천보 습격당시 현장에 없었다",《월간조선》2004.12;

배항성, "김윤식", 반민족문제연구소 편(1993),《친일파 99인 1》, 돌베개.

박한설(1960), "3·1운동 주도체 형성에 관한 고찰", 동아일보사,《3·1운동50주년 기념논총》.

백학순(2003), "서재필과 해방정국", 서재필기념회,《서재필과 그 시대》.

백학순(2004), "북한에서의 '단일적 지도력'의 확립과 당 국가 건설", 경남대학교 북한대학원 편,《북한현대사》.

서상묵(2003), "서상목의 시장경제 이야기", http://www.smsuh.com/column.htm.

손세일(2003), "이승만과 김구(22)-민족주의의 두 유형",《월간조선》, 2003년 5월호.

손호철(1991), "한국전쟁과 이데올로기 지형-국가, 지배연합, 이데올로기-",《한국정치학의 새 구상》, 풀빛.

송건호(1984), "이승만",《한국현대인물사론》, 한길사.

신도성(1955), "한국 자유민주주의의 과제",《사상계》, 1955년 8월호.

신용하(2003), "서재필의 독립협회 운동과 사상", 서재필기념회 편,《서재필과 그 시대》.

안외순(2002), "혜강 최한기의 정치사상", 이재석 외,《한국정치사상사》, 집문당.

오익환(2004), "반민특위의 활동과 와해", 송건호 외,《해방전후사의 인식》, 한길사.

오재완(2002), "한국의 정치적 현실주의의 이론적 논의와 정책 적용", 우암평화연구소 편,《정치적 현실주의의 역사와 이론》, 화평사.

유영익(2004), "이승만대통령의 업적-거시적 재평가", 연세대 현대한국학연구소,《이승만 대통령의 역사적 재평가》.

유영익(2004), "3·1운동 후 서재필의 신대한 건국구상", 서재필기념회 편,《서재필과 그 시대》.

이광수(1931), "박영효 씨를 만난 이야기",《동광》, 1931년 3월호.

이만열(2001), "문명개화와 국권의 상실", 장희익 임현진 외,《한국의 지성 100년》, 민음사.

이보형(1960), "3·1운동에 있어서의 민족자결주의의 도입과 이해", 동아일보사(1960),《3·1운동50주년 기념논집》.

이정복(1993), "미군정의 점령정책과 국가기구의 형성", 서울대 한국정치연구소 편, 《한국의 현대정치 1945-1948년》, 서울대 출판부.

이정식(1998), 냉전의 전대과정과 한반도 분단의 고착화", 유영익 편, 《수정주의와 한국현대사》, 연세대학교 출판부.

이태진(2003), "한국 근대의 수구 개화 구분과 일본 침략주의", 이기백 편, 《한국사 시민강좌 33집》, 일조각.

이택휘(2003), "서재필의 개화 민주 민권사상", 서재필기념회 편, 《서재필과 그 시대》.

이현희(1991), "3·1운동과 인촌 김성수", 동아일보사(1991), 《평전 인촌 김성수》.

임종국(1977), '일제말의 친일군상', 《대화》지 8월호.

임종국(1979), "일제 말 친일군상의 실태", 송건호 외, 《해방전후사의 인식 1》(2004년판), 한길사.

전현수(1995), "소련군의 북한 진주와 대북한정책", 독립기념관 한국독립운동사연구소, 《한국독립운동사연구 제9집》.

정용대(2002), "소앙 조용은의 삼균주의 정치사상", 《한국정치사상사》, 집문당.

정진석(1991), "《동아》와 《조선》의 언론으로서의 성격과 방향-20년대 전반기 민족지도론의 방향", 독립기념관(1991), 《한국독립운동사연구》.

정진석(2005), "일제말기 매일신보 필화사건의 전말", 《문학사상》, 2005년 7월호.

주성하, "보천보전투, 누구의 작품인가"(주성하 기자의 서울과 평양사이), 《동아일보》 2019. 6. 13. 2 면.

최규진(2000), "꼼뮤니스트그룹의 당재건운동", 성대경 편, 《한국현대사와 사회주의》, 역사비평사.

최명 김연각(1993), "해방직후 북한정권 수립과정에 있어서의 소련군의 역할", 서울대학교 한국정치연구회 편, 《한국의 현대정치 1945-1848》.

최용식(2004), "무엇이 YS정권의 실패를 불렀는가", http://www.taeri.org/21/?doc=bbs/gnuboard. php&bo_table=issue&page=1&wr_id=607&PHPSESSID=2474f2b96a820fd0f170ce19626a056f

"케네디 존슨대통령 기념도서관 소장문서(1)-미국대통령 기밀문서 속의 박정희와 케네디 - 케네디 존슨대통령기념도서관소장 문서", 《월간조선》, 1991년 12호.

한태연(1959), "자유민주주의의 위기", 《사상계》, 1959년 7월호.

"한국독립승인결의안" 및 "한국독립에 관한 결정서", 삼균학회(1986), 《삼균주의연구논문집 8》.

한승조(1976), "한국정치의 지도이념과 영도자", 김운태 외, 《한국정치론》, 박영사.

함재봉 외(2001), "특집: 이데올로기와 민주주의", 《계간 사상》, 2001년 겨울호.

홍진표(2004), "한 골수 386 주사파 출신의 체험적 고백", 《월간 조선》, 2004년 10월호.

Aspaturian, Vernon V.(1976), "The Foreign Policy of the Soviet Union", Rosenau James N., et al(ed), *World Politics*, London: The Free Press.

Rasmusson, Arne(1997), "Justice and Solidarity in a 'Communitarian' Perspective", http://www.umu.se/religion/personal/arne.rasmusson/Justice.pdf.

Selznick, Philip(1994), "Foundations of Communitarian Liberalism," *The Responsive Community*, vol. 4, no. 4(Fall 1994).

국내외 정부·단체 기록 및 통계자료

공보실(1959), 《우리 대통령 리승만 박사》

국가보위비상대책위원회(1980), 《국보위백서》.

대통령비서실(1973), 《박정희대통령연설문집 제4집》, 동아출판사.

대한민국국회(1998), 《대한민국국회 50년사》.

외무부(1971), 《60년대의 한국외교》.

최종건 역편(1976), 《대한민국임시정부문서집람》, 지인사.
한국군사혁명사편찬위원회(1962), 《한국군사혁명사 제1집(국가재건최고회의)》, 국가재건최고회의 군
　　　사혁명사출판위원회.
경상북도경찰부(1934), 《고등경찰요사: 폭도사편집자료》.
중국공산당문헌편집위원회 편, 김승일 역(1994), 《등소편 문선》, 상 하권.
중국공산당 중앙문헌연구실 편, 허원 옮김(1990), 《정통 중국현대사: 중국공산당의 역사문제에 관한
　　　결의》, 사계절.
미국무성비밀외교문서/김국태 역(1984), 《해방 3년과 미국 I》, 돌베개.
《미국외교문서: 한국편 1942-1948: *Foreign Relations of the United States*》, 전2권, 원주문화사
　　　(1992).
서동구 역편(1977), 《한반도 긴장과 미국-25년 전과 오늘, 미국무성 외교문서가 벗긴 6·25 비록
　　　1950.1~12》, 대한공론사.
신복룡 편(1992), 《한국현대사관계 미국관문서 자료집》, 상 하권, 원주문화사.
주한미군사령부(1988), 《주한미군사: *History of the United States Armed Forces in Korea*》, 돌베개
주한미군사령부군정청 편(1993), 《주한미군정청관보: *Official Gazette: United States Army
　　　Military Government in Korea*》, 전 4권, 원주문화사.
U. S. State Department(1948), *Korea, 1945-1948: A Report on Political Developments and
　　　Economic Resources with Selected Documents*, The Department of State.
Department of State, Division of Publications Office of Public Affairs(1947), *Korea's
　　　Independence*, Washington D. C.: U. S. Government Printing Office.

신문·잡지·방송·연감

관훈클럽신영연구기금(1983), 《한성순보 한성주보 번역판》.
한국문화간행회(1981), 《황성신문 20》, 경인문화사.
LG상남언론재단(1996), 《독립신문 1-4》.
관훈클럽신영연구기금(1984c), 《대한매일신보》 전 4권.
동아일보사, 《동아연감》1988~2018년 판.
《조선중앙통신》 2002. 8. 10, *http://www.chongryon.com/korea*.
조선통신사(1949), 《조선중앙년감 1949》.
Independent(The), 1898. 11. 1.
Independent(The), 1896. 7. 23, 1896. 8. 20.
Moscow Times(The), 2004.7.22., *http://www.themoscowtimes.com*.
CRI(China Radio International, 중국국제방송, *http://kr.chinabroadcast.cn*.

저서 및 매체

사 항

알파벳

지은이

남시욱 南時旭
· 경북 의성 출생
· 서울대 문리대 정치학과 졸업
· 서울대 대학원 정치외교학부 졸업, 석사 박사
· 독일 베를린 소재 국제신문연구소(IIJ) 수료
· 동아일보 수습 1기생 입사
· 동경특파원 정치부장 편집국장 논설실장 상무이사
· 한국신문방송편집인협회 회장
· 문화일보사 사장
· 고려대학교 석좌교수
· 세종대학교 석좌교수
· 동아일보사 부설 화정평화재단 21세기평화연구소 이사장(현)
· 수　　　상 : 동아대상(논설),서울언론인클럽 칼럼상, 위암 장지연상 (신문부문), 중앙언론문화상(신문부문)
　　　　　　 서울시문화상(언론부문), 홍성현 언론상 특별상, 임승준 자유언론상,인촌상(언론부문)
　　　　　　 서울대언론인대상 김상철자유정의평화상, 우남이승만애국상 수상
· 주요저서 : 《항변의 계절》,《체험적 기자론》,《인터넷시대의 취재와 보도》
　　　　　　《6·25전쟁과 미국》,《한국진보세력 연구》

제4판
한국 보수세력 연구

2011년 3월 25일 증보판 발행
2020년 2월 5일 3판 인쇄
2020년 2월 10일 3판 발행
2021년 11월 20일 4판 발행

지은이 : 남시욱
발행인 : 신동설
발행처 : 청미디어
신고번호 : 제2015-000023호
신고연월일 : 2001년 8월 1일

주소 : 서울 동대문구 천호대로83길 61, 5층(화성빌딩)
Tel : (02)496-0154~5
Fax : (02)496-0156
E-mail : sds1557@hanmail.net

정가 : 28,000원
979-11-87861-13-3 (93340)